ISBN 978-0-483-17540-2
PIBN 10665530

Basler Zeitschrift

für

Geschichte und Altertumskunde.

Herausgegeben

von der

Historischen und antiquarischen Gesellschaft
zu Basel.

Vierter Band.

Basel.
Verlag von Helbing & Lichtenhahn
(vormals Reich-Detloff.)
1905.

Druck von M. Werner-Riehm in Basel. IV. 1905.

INHALT.

Sechs Abbildungen im Text.

e zweite Beschreibung Basels
von Enea Silvio.

:sgegeben von Dr. Eduard Preiswerk.

trage der historischen Gesellschaft bringe ich ı Enea Silvio's II. Descriptio Basileæ, die schon des «Concilium Basiliense» angezeigt wurde, :. Das Stück ist uns erhalten im Codex O. III. 35. Jniversitätsbibliothek in einer schlechten Aber zweiten Hälfte des 15. Jahrhunderts. Die Her-Textes war daher nicht ganz leicht. Ich spreche lle Herrn Staatsarchivar Dr. Rudolf Wackernagel)berbibliothekar Dr. C. Chr. Bernoulli für ihre Iilfe meinen besten Dank aus.

te Beschreibung Basels aus der Feder Enea chon längst bekannt und ist im V. Bande des Basiliense» neuerdings publiziert worden. Sie an den Präsidenten des Basler Konzils, Julian ichtet und wurde im Jahre 1433 geschrieben. *Beschreibung* ist eingeleitet durch zwei Briefe, der erste sich an den in Basel weilenden Erz-Mailand, Francesco Picciolpasso, wendet, dem unter anderm auch für die verliehene Pfründe zweiten Briefe dediziert der Verfasser sein Werk hof von Tours, Philippe de Coetquis. Dieses : datiert vom 28. Oktober 1438, welches Datum , richtig ist. Das Verhältnis der beiden Be-..zu einander soll in dieser Einleitung kurz er-n.

g. Voigt, Enea Silvio I, 149.

', f. Gesch. und Altertum. IV, 1.

in die alte Disposition, so z. B. durch die Abhandlung über die Ausdehnung der deutschen Sprache oder durch die prachtvolle Schilderung des Rheins zwischen Mainz und Köln, Früchte seiner Reise mit dem Kardinal Albergati nach Arras und seiner abenteuerlichen Fahrt nach Schottland. Auch sprachlich hat er sein Werk umgestaltet. Obschon er gelegentlich ein gutes Bild oder eine lateinische Wendung, auf die er besonders stolz ist, herübernimmt, so formt er doch jeden Satz wieder neu und scheint im ganzen absichtlich die gleichen Ausdrücke zu vermeiden.

In seinem Einleitungsschreiben an den Erzbischof von Mailand berichtet Enea, er habe früher durch einen Brief die Basler Bürger gegen sich aufgebracht; zwar sei ihr Zorn ganz ungerechtfertigt gewesen, sei dieser doch mehr von seinen Neidern erregt worden, als von den Bürgern selbst ausgegangen; dennoch verdanke er nur dem Erzbischof, daß er wieder nach Basel habe zurückkehren können; jetzt wolle er versuchen, durch einen Brief das wieder gut zu machen, was er durch einen Brief Schlimmes angerichtet habe und wolle durch diese Beschreibung Basels die Gemüter der Bürger sich zu versöhnen suchen. — Ist dieser frühere Brief, auf den sich hier Enea bezieht, die uns erhaltene erste Beschreibung von 1433? Es läßt sich nicht sicher entscheiden. Denn lesen wir die erste Beschreibung darauf hin durch, was etwa ein gutes Basler Herz hätte erzürnen können, so finden wir einige solcher Stellen. Z. B.: «Die Vornehmen . . . kleiden sich in schwarzes Tuch, die übrige Menge ist ohne Pflege, zerfetzt, unordentlich, nur mit schlechter Leinwand bedeckt». Oder: «Meist sind sie (die Basler) den Lüsten ergeben, leben

Hause glänzend und verbringen einen großen Teil ihrer t beim Essen». Und schließlich: «Wenig Laster gehen r diesen Leuten vor, sie seyen denn dem Aetty Baccho l der Frau Venus zu viel ergeben», wie Wurstisen die lle wiedergibt. Diese Bemerkungen sind in der zweiten chreibung weggelassen. Aber sollte man nicht annehmen, 3 Enea, wenn er die erzürnten Basler durch Lob beftigen wollte, das, was er in der ersten Beschreibung r Basel besonders Günstiges gesagt hatte, in der spätern derholen oder durch Ähnliches oder noch Stärkeres eren werde? Dies ist jedoch nicht der Fall. In der frühern eichnet er die Basler als große Leute, in der spätern von mittlerer Statur. Bei Besprechung der nicht besonders rken Mauern der Stadt fügt er bei, doch den wahren utz der Stadt mache die Eintracht und die Vaterlandse ihrer Bürger aus. Dieses Lob fehlt in der zweiten daktion. Auch die schöne Phrase «emori pro libertate m superari volunt» wiederholt er nicht. Doch mindert s alles die große Wahrscheinlichkeit nicht, daß Enea an er Stelle unsre erste Beschreibung meint; nur läßt es sich ht mit völliger Sicherheit feststellen.

Vielfach hat Enea dem neuen Werkchen eine andre sführung als dem frühern gegeben mit Rücksicht auf den bischof von Tours, dem, wie wir schon erwähnt, die zweite scriptio gewidmet ist. So sind sicher die wiederholten örterungen über die gesunde Lage, die Ruhe, die Sicher- t der Stadt und daß sie sich deshalb vorzüglich zum Konorte eigne, geschrieben, um dem Erzbischof zu gefallen. ser wurde damals (1438) in Basel mit höchster Spannung vartet. Zu Beginn des Jahres hatte das Konzil Papst gen IV. suspendiert. Sowohl das Schicksal des Papstes des Konzils hing nun davon ab, wie die weltlichen Mächte [illegible] dem Bruch zwischen Papst und Konzil stellen werden. [illegible] andern kam es darauf an, wessen Partei Frank- [illegible]greifen werde. Bis zum Oktober hielt dieses zurück. [illegible]schien als bevollmächtigter Gesandter des Königs [illegible]reich Philipp Coetquis, der Erzbischof von Tours.[1])

[1]) [illegible]menta conciliorum saec. XV. t. III., p. 162.

zu sein. — Vor fünf Jahren hatte Enea seine erste B schreibung Basels an den damals allmächtigen Konzilsprä denten Julian Cesarini gerichtet und dessen Wohlwoll dadurch erworben. Nun wendet er sich mit der zweit Beschreibung in derselben Absicht an die neue Größe d Tages.

* *

Reverendissimo in Christo patri *Mediolanensi Francis Pociolpasso* Eneas[a]) Silvius salutem. Superfuit michi sup rioribus diebus non nichil ocii, in quo, dum essem quav alia cura solutus, cepi, ut fit, preterita meminisse, que du evolvo attencius, eo me dignitati tue obligaciorem agnosc Caritates enim erga me tue, haut facile dixerim, quam mult experimenta transierint[b]). Nam, ut taceam preposituram te michi collatam et innumerabilem creditam plebem, illi diligencie tue nequeo oblivisci, qua me Basiliensium indi nacione liberasti. Quamquam erat illa quidem injusta et a emulis meis magis quam ab ipsis civibus preparata, eo tame creverat, ut interdictus michi in hanc urbem reditus vid retur, nisi causam meam tua benignitas suscepisset placati que civibus calamitoso mihi exuli magis quam criminos reditum impetrasset. Sed odio illi, ut scis, epistola me quedam videbatur dedisse causam; ea propter cogitavi, mod an possem epistola redimere, quod amisi epistola. Cumqu Philippum archiepiscopum Thuronensem virum insignem multarum rerum lectione peritum ad nos venturum sciren preparavi sibi, ut fieri solet, in prima visitacione munusculu pregustacionum scilicet studiorum meorum.

Descripsi igitur hanc urbem eamque veritate servata pr ingenioli viribus laudavi. Descriptionem vero ipsi Philipp dedico, ut uno labore duplex officium persolvam et bomin scilicet optime de me meriti et diu absentis memoria ostendens et crudescentes erga me animos Basiliensiu emolliens. Accessi igitur ad scribendum jamque opus e solvi. Vereor tamen, ne nimium michi crediderim nostri

---

a) Eneus. — b) transierim. — c) nosti.

[illegible] consilium, qui swadet in Arte Poetica, ne preci[illegible] edicio nonumque prematur in annum.[1]) Racionem [illegible] tarditatis Quintillianus adducit, ut refrigerato inven[illegible]nis amore non ut auctores sed ut lectores opera nostra [illegible]igencius emendemus.[2]) At ego vix stilo ab ultimo versu [illegible]racto libellum edo ideoque magis timeo, ne ridiculum opus [illegible]tenderim ne ve aliquem, ut antea feci, meis leserim[a]) ver[illegible], et dum graciam quero, reportaverim odium. Opus igitur [illegible]chi consilio est, nec alium quam te hic habeo, qui michi sane velit et recte possit consulere. Sunt enim in te [illegible]urime littere et ita rerum es practicus, ut non solum tibi [illegible]d aliis quoque tua prudencia queat sufficere. Committo [illegible] igitur cure tue et epistolam, ut, si quiddam[b]) sit, quod [illegible]ordicum putes aut Basiliensibus grave, id tecum adimas. [illegible]queo namque michi consulere. Adeo enim sum veritatis [illegible]ator, ut, dum illam sequar, me deseram. Sed habeo in [illegible] dilectione spem firmam, ut in re ista judicium quam[illegible]ctissimum feras, nec enim voles me in odium illorum rursus [illegible]idere, a quo tua sum semel opera liberatus. Vale.

Reverendissimo in Christo patri *Philippo archiepiscopo* [illegible]*uronensi* Eneas Silvius[c]) salutem. Divisionem, que nunc [illegible]get ecclesie, nec te ferre arbitror non moleste nec bonum [illegible]quem virum. Horribile namque est miseras mortalium [illegible]imas ad inferos catervatim deferri et ipsam inconsutilem [illegible]risti tunicam in particulas laniari imprecatusque sepe illi [illegible]m malum, qui scismati causam dedit et tantam discordiarum [illegible]citavit molem. Soleo tamen in hac turbacionum congerie [illegible]ipsum recolligere et cur tam multis tempestatibus affli[illegible]mur excogitare. Nec me fugit, quia peccata nostra eciam [illegible]nas exigunt.[d]) Venit tamen in mentem quiddam[e]) aliud [illegible]que scriptum esse: necessaria esse scandala.[3]) Quero [illegible] originem ista necessitudo assumat. Dic, inquam, me [illegible]um rogo, cur est scandalum necessarium? An bonum [illegible] ex scandalo gignitur? Ubi dum sileo nec, quid re-

[illegible] — [b]) quidam. — [c]) Silveus. — [d]) [Am Rande:] pecata [illegible] [illegible]] . . . plagarum. — [e]) quidam.

[illegible] Arte Poetica v. 388. — [2]) Epist. ad Tryphonem 2. [illegible] VIII. 7.

stituam, scio, occurrit Athanasius heros et tamquam mihi dormienti «En ego» ait «Enea, tam clarus essem aut tam multa eruditissime conscripsissem, nisi me arcius veritatis emulus excitasset; quam multa Nestorius ac Macedo, dum scandala faciunt, ingenia excuderunt; an non Helvidius et Vigilancius, dum alter perpetuam Marie virginitatem impugnat, alter sepulchra martirum prohibet visitari, Jeronimi tubam inflant; num Augustinum complures heretici atque Ambrosium evigilant; quid tu scis, an hec quoque tribulacio afferat fructum, an ex hac contentione emergant et expoliantur ingenia, que aliter perpetuo latuissent.» Nec plura locutus evanuit. Tum puer studiolum meum ingressus venturum te esse regium oratorem ad sinodum inquit. Exulto statim tam felici nuncio. «En» inquam[a]) «hoc non predixisti Athanasi. Mel eciam ex petra sugam; redditur michi Philippus; redditur pater, meum swavium, mea vita.» Soloque audito Philippi nomine revivisco et experior, quia non solum publicas sed privatas quoque utilitates afferunt scandala. Namque ut ad te redeam decus pontificum, quo ego te unquam tempore sine hac tribulacione vidissem?

Sit tamen, obsecro, felix tuus adventus et utinam nobis pacem apportes, qui stante divisione venisti. Utrumque est jocundus, et jocundus sim tuo reditui et mirum in modum alacer. Paravique tibi munusculum, non quale merearis, sed quale potui, descriptionem istius urbis, in qua nec pompam verborum nec oratorum lenocinia queras. Volo scilicet nudam et sua dumtaxat laude contentam aspicere[b]) veritatem sitque hujusmodi apud te pignus mei amoris. Quo tibi in primo congressu audeam et felicem precari adventum et prosperum. Vale. Ex Basilea quinto kalendas novembris anno millesimo quadringentesimo tricesimo octavo.

Basilea sicut michi videtur aut Christianitatis centrum aut ei proxima est. Extremos namque Christianorum, Pannonios ad orientem habet, ad meridiem Siculos; taceo Ciprios magis Grece quam Romane sapientes. Occiduam partem vicini gradibus Hispani colunt, septentriones Daces et Gethe. Nec ultra hos populos recte colitur Christus veraque hiis

---

[a]) inquit. — [b]) aspice.

inibus clauditur religio. Quorum si ex aliquo Basileam petas ion magis te Ungarum cupias esse quam Hispanum, nec Getham quam Siculum, ut aptissimam[a]) profecto generali oncilio[b]) urbem judices et quo facillimum Christiana ecclesia ossit convenire.

Provinciam circumjacentem Alsaciam nominant.[c]) Et quia icuti veteribus placuit Gallie fines Rodanus et Oceanus[d]) ac ursus Pirenei montes et Renus efficiunt,[e]) Basileam constat atis Gallici esse soli. Et licet hodie dicatur Bisuntine pro- incie, non tamen ejusdem nacionis habetur. Sed, ut sermo Germanus est, nacionis eciam Germanice urbem dicunt.

Eamque nacionem haut injuria Christianitatis mediam eputaverim porcionem nec errorem crediderim, si hanc inam nacionem et plus soli et plus hominum habere lixerim quam Italiam, Galliam, Hispaniam, nec iste quidem aciones inter se differunt quantum sola Germania a se liscrepat. Continet enim latissimas terras et ut Scoticam n septentrionem fugientem taceam, tribus omnino diversis ititur lingwis: Dalmatica, Pannonica et Theutonica, que iltima longe lateque patet, tantumque a se distant[f]), ut ion melius alterutrum se intelligunt quam Gallici atque talici. Et si recte inspicias, licet Britanni quintam se esse relint, nescio quomodo, nacionem, aut Theutonicum sermonem iut Theutonico similem . . .[g]), nec tamen Britannus Australem ntelligit ac esse lingwam[h]) eandem michi manifestissima acione deduco; Austriam michi omnes Theutonicam esse oncedunt. Huic finiti Bavari sunt. Mox Swevi usque ad Renum succedunt. Minima inter istos discretio sermonis est eque invicem recte audiunt. Swevos autem Reni accole isque ad Moguncian facile suscipiunt. Moguntinos autem ieque Confluencia neque Colonia respuit. Coloniam[i]) vero [illegible] aliquamdiu coluerunt nec Brabancic lingwam[k]) abhorrent [illegible] Flandrensem. Illic Oceanus haut magno gurgite Bri[illegible] a continenti disterminat. Ceterum si Flandrensem [illegible] in Angliam duxeris aliquando non inepte ipsoватereris [illegible]rete. Adeo namque vicinis inter se verbis utuntur,

[a]) amplissimam. — [b]) [Am Rande:] Nota. — [c]) [Am Rande:] Alsacia. — [d]) [illegible] — [e]) [Am Rande:] Gallia. — [f]) distat. — [g]) Keine Lücke [illegible]schrift. — [h]) ligwam. — [i]) Colunam. — [k]) lingwe.

ut sine ullo negocio in alterius lingwam alter concedat. Scotus vero, quantum ego meis fatis in eam plagam deductus perpendi, non plus ab Anglico quam Australis a Bavero distat, ut hanc Teutonicam lingwam nexu et concatenacione quadam ab Austria usque in Scociam facile productam videas.

Existimo tamen sermonem Theutonicum solos in Angliam Saxones transtulisse, quos eam invasisse insulam diuque possedisse non est ambiguum. Sed hanc lingwam cum multum auxerit natura celi frigida et fecunda hominum alitrix, tum maxime ampliavit potencia principum, qui[a]) innumerabilibus septi populis alienas terras pulsis veteribus habitatoribus coluerunt. Teutonicos namque sepe transisse Renum ibique oppida plurima sui moris ac sermonis condidisse, nonnulla vero in suam lingwam vertisse constat.

Eoque modo satis michi perswadeo Basileam quoque, ut eo redeam, quo sum digressus, principium habuisse. Nam neque veteres eam historie nominant neque vestigium in urbe aliquod aut signum vetustatis apparet, licet aliqui Basilium[b]) quendam Romanum, a quo Basilea sit dicta, urbis huius aut legerint aut sompniaverint auctorem.

Hanc urbem perlabitur Renus duasque in partes scindit fluvius quidem tam libris historicorum quam versibus poetarum illustris. Hujus origo Alpibus est, qui Germaniam ab Italia terminant. Ideoque inter asperrimos montes plurimasque valles fluitans apud opidum Reneck lacum tota Germania famosum inflat, quem[c]) licet plurima in ipsis ripis jacencia castella nobilitant, precipue tamen Constancia memorabilem efficit, que circa eius exitum sita maximam etate nostra coegit sinodum tam Johannis ejectione sicque Martini assumptione insignem. Ibique adeo lacus[d]) coartatur, ut ripas utrasque non maximo ponte coniungant, sed modo amplus modo artus ad Steyn, id est lapidis opidum, veniens ad naturam denique fluminis revertitur iterumque suo nomine Renus agnoscitur potestque usque Schaffhusen tractari navieulis. Ex hinc vero ingentem descensum habet, ut per confragosa saxa abruptosque colles sese precipitans neque navigio neque ulli vecture efficit locum. Ca-

a) se. — b) Basilius. — c) quam. — d) locus.

[illegible] situm est locis, quod Teutonici Kaiserstůl, Latini re Cesaris dicunt sedem, quem locum opinantur aliqui ji propter ejus oportunitatem quam propter convenienciam minis Romanorum olym fuisse castra. Huc priusquam enus adveniat ex alto monte scopulis interruptis tanto fragore sonitu se deicit, ut ipsemet fluvius suum conqueri casum nentarique videatur, et fidem hiis prestent, que Nilo scri- intur, cujus collisione et strepitu circumvicini accole sordi sduntur. Nec mirum, cum hujus fluminis, qui torrens eo co instar Nili potest existimari, tribus vero stadiis rumor auditur. Post hec sive transacto caucior malo sive futuri riculi timidus aut solus pergere cursus non prius sese timo precipicio[a]) credit, quam venientes ex Alpibus amnes viarum comites suscipit et[b])... discrimina. Quibus connisus uffenburgencia saxa et asperrimos egreditur scopulos mox- le veluti multo labore domitus et rapidissimis casibus fati- tus humilem[c]) se ac navigii sustinentem[d]) prebet. Inswetus men adhuc ponderis et sicuti post longam vacacionem ductus ad frenum equus nonnunquam sessorium[e]) excut- re nititur, sic antequam Rinfelden, hoc est Reni campum, vius videat, navigia interdum disturbat et quasi graviori ndere lesus indignare atque recalcitrare videtur. Locus t enim quem naute horrendo nomine Helhoc id est Uncum ferni vocitant, ubi carinam sepe mordentibus saxis, quo inor est, aqua majus discrimen adducit. Exinde inferioris amannie urbes excurrens et paludibus exceptus[f]) Hol- ndie nomen prius amittit, quam Oceano misceatur.

Hunc olym fluvium et Germani et Galli bibebant suamque tique ripam tenebat. Hodie vero totus est Teutonicus, nec quam Reni ripas sermo contingit Gallicus. Eiusque rei onis, ut ego puto, auctor potencia fuit. Etenim cum diu [illegible] Galliarum et Germanie ipsum tenuissent[g]) regnumque [illegible] in orientalem et occidentalem Franciam divisissent, [illegible] ex Francorum genere orientalem Franciam, id est [illegible], rexit Conradus. Quo mortuo Heinrici Saxonis [illegible] Otto et regnum et Romanum imperium Theutonicorum

[illegible] — [b]) Vom Kopisten eine Lücke angedeutet. — [c]) humile. [illegible] — [e]) sessorum. — [f]) exceptis. — [g]) tenuisset.

primus suscepit regnante adhuc in occidentali Francia Ludwico Karoli filio. Hic igitur Belgas Reni transitum prohibentes in fugam dedit totamque Belgiam ferro et flamma vastavit, adversus quem [a]), cum magnum incolarum odium excitaretur, speravit Ludwicus provinciam hanc paterno tempore amissam posse recuperare Alsaciamque ingressus ab Ottone repellitur, qui progressus in Belgiam omnia in deductionem recepit. Unde per longa patet tempora a regibus Teutonicis illa provincia est obtenta, ut eciam hodie sermo testatur. Est enim in Belgia quicquid inter Mosam et mare, Alamannum sermonem observat. Nec nos fugit ducatum Brabancie non a Francorum rege sed ab imperio dependere.

Sed ut ad Renum redeam,[b]) nusquam est tota Europa fluvius tam frequentibus opidis tamque amplissimis urbibus circumseptus. Magnitudinem ejus plurima exsuperant flumina, nobilitatem et amenitatem circumjacentis patrie nulla. Namque ut taceam clarissimas urbes Argentinam, Spiram, Wormaciam et alias quamplures, quid satis de Agrippina dicemus, hanc enim urbem Egidius Romanus, qui expulso Hilderico regnavit in Galliis, tenuit, sed redeunte illo Romanis extrusis ex Francorum incolatu Colonie[c]) nomen accepit,[d]) cujus urbis, si quis magnificenciam splendoremque contempletur, non mercatorum aut privatorum civium sed regiam urbem diiudicet, quid de Moguncia[e]), que pulchro fluvio dominatur. At qui vero inter Moguncıam et Coloniam pressus hoc loco incedat et quasi cursum ejus vicini utrinque montes retinere vellent coartata apud Moguncıam valle parum defuit, quin conjuncti invicem[f]) meatum fluminis interdicerent, nec ausus esset Renus tam artis faucibus se committere, nisi hortante Mogano et se socio promittente audaciam recepisset. Caute tamen et presse inter ignotas graditur valles nec prius se aperit, quam recepto apud Confluenciam Mose subsidio licencius pergit. Rupes quidem utrinque altissime et vineis contecte sunt earumque vinum pars magna Alamannie potat. Ibi tot edificia totque castella e rupibus eminent, ut quasi nivem celitus demissam occupare colles et universa montium

---

[a]) quam. — [b]) [Am Rande:] Renus. — [c]) Colonie Colonie. — [d]) [Am Rande:] Colonia. — [e]) [Am Rande:] Moguntia. — [f]) inficem.

spicias, quorum tanta est magnificencia, tantum decus, rnatus, ut ampliora hic rustica pallacia sint quam ana et majori cum licencia ad delectacionem ameni- : constructa. Super colles haut parva planicies ›i et florida prata et lucidi fontes et frondosi luci : quod omnia superat, naturam ipsorum locorum ad existimabis natam. Videntur enim colles ipsi ridere lam a se diffundere jocunditatem, qua intuentes nec expleri aut saciari valeant, ut universa regio hec s recte haberi et nominari queat et cui nichil ad vel ad pulchritudinem toto orbe sit par. Quid, si cant homines, cum procul ex alto montis vertice ıam molem et amplitudinem circumiacencium con- villarum, quid hic faciant, cum Reno vecti atque in :dentes tam variorum castellorum ornatum tamque edificiorum congeriem aspiciant? Ubi non tantum ud Florenciam uno die discurrentes sed tribus aut oculos pascent nec hore momentum sine miraculi transibunt. Atque ista de cursu Reni sufficiant.

›s vero nutriat pisces[a]) cuiusque saporis salmones : utrum murenas ferat, illorum est inquirere, quibus ı vite sed gule vita deservit. Nos vilibus contentos :[b]) sicut neque gustare sic illa investigare non decet. npetum amnis rara supra Moguntiam navigia trahuntur. ut Basileam revertar. Latitudo[c]) fluminis inter urbem passibus extenditur. Solet interdum liquefactis[d]) ivibus Alpium urbem inundare camposque omnes in tos aquis obtegere et ipsum pontem, quo minor majori conjungitur. Urbis autem porcio, quam esse ıvium diximus, ad Prisgaudiam[e]) respicit, vini fru- e fertilissimam[f]) regionem. Habet ad purgandas sordes multiplicem rivum totaque in plano sedet. m ejus omnia episcopo Constanciensi[g]). Ideoque non urbis sed aliam per se urbem nonnulli estimant.

:ra urbis porcio sicuti lacior ita eciam magnificencior didior habetur. Duplici jugo eminet. Medius torrens

---

[Am Rande:] Pisces Reni. — [b]) agwillis. — [c]) [Am Rande:] Lati- — [d]) liquefieri. — [e]) Prisaveliam. — [f]) feracissimam. — [g]) Con-

immundiciem omnem secum trahit, qui variis undique pontibus coopertus vix tota urbe apparet nec semitam intersecat ullam. Hinc atque inde splendide platee nobiliumque familiarum ornatissime domus et semper cetibus hominum frequencia compita. Inter alia vero urbis edificia augustiori quadam amplitudine ac magnificencia prestant, ipsa magna dei templa ac delubra sanctorum, que non minus dicia quam ornata dijudices. Non tamen vestita marmore, quia ipsum tota ignorat regio, sed molli lapide nec multum duriore cipho utuntur. Sacre autem domus tali a suis queque tribubus pietate coluntur, tali religione observantur, ut incertum sit, magis laudes an mireris. Habent et ipse matrone pro censu cuiusque ligneas in templo cellulas, quibus se ipsas cum ancillis claudunt parvisque foraminibus divina prospectant, ut sicut apes in alvearibus[a]) sic mulieres in templis queque suis distincte casulis videantur, quem morem licet admodum(?) probem plus tamen rigori hyemis quam honestatis amori tribuo. Affigere hiis templis clipeos non nisi nobilibus concessum. Tecta domorum tota urbe decora, pleraque tamen vitra variis distincta coloribus, ut radiis solaribus lacessita mirabili splendore nitescant. Summa cacumina ciconie[b]) obsident eaque avis apud Basilienses inviolabilis est, sive quod innoxium verentur[c]) animal ledere, sive quod vulgo credentes orbatas fetibus aves ignem parare domui nocenti putant. Quitquit sit horum, ille et impune[d]) nidificant et pullos suos liberrime alunt. Non est hujuscemodi operis singularum explicare delicias edium. Plus enim utilitatis habent quam ostentacionis,[e]) et licet extrinsecus picte et nominibus dominorum inscripte sunt, non tamen superbe atque elate videntur. Intus vero preclara insunt cubicula et ditissima supellex habetur. Et quia longissimas ac rigidissimas hyemes vicini septentriones efficiunt, (remedium quoque contra naturam usus invenit) hic aulas more thermarum singule domus habent, ubi et pavimentum forti robore sternunt et quicquit supra circaque est, abiete pulcherrima tegunt et ne servatus calor effugiat fenestras vitreas construxere. Ibi

---

[a]) almaribus. — [b]) [Am Rande:] Ciconie. — [c]) ferentur. — [d]) in pine. — [e]) [Am Rande:] domus picte.

...tranquilli[a]) artes suas excolunt, ibi eciam magna
t. [b]) Sunt in hiis locis plurime aves, que quasi
...re servato dulcissime modulantur. Calles neque
...ue superflua latitudine ambiciosi. Solum durum
...drigarumque rotis inviolabile, humanis tamen pe-
...e noxium. Fontes tota urbe scaturiunt dulces
...denia et propugnacula neque tanto apparatu sunt,
...ivitates aut suis viribus diffidentes videantur, ne-
...ta neglecta, ut petulanter inconsulte haberi possint.
...ea murorum duplex est. Nam et urbs et suburbia
...uisque anguntur foveis. Fuisse in hoc loco quon-
...os] eorum e tumulis deducti lapides et circa ipsas
... foveas collati indicant, qui literis inscripti Judaicis
...ium more gentis aut nomen sepulti[d]) hominis
...ere novo plurima intra urbem prata rident, que
...umbras habent ad voluptatem iocundissimam,
...tulis quercubus vel frondosis et in latum deflexis
...mis conteguntur venientemque ad se[f]) blandissimo
...piunt.[g]) Mirabilem quoque aut ludentibus aut
...ectantibus leticiam prebent. Urbis situs neque
montibus, unde se preclare ostentet, nec rursus
camporum equore, ut quoquoversus aperiatur.[h])
...n ac procellas[i]) et habitatorum incommoditatem
...aliginem vero et acris mi puritatem in plano ex-
quidem in omni re maxime probat medium inter
...Hec sortita est civitas procul namque ab iniqui-
et fastigia planiciei remota. Sic tamen utrumque
...r et neutrius utilitatis fit expers, ut misericordia
...e fruatur. Ficu caret atque castaneis fructusque
...nt[k]) quibus est nocivum frigus. Victus autem, sive
...olo plurima nascuntur frumenta, sive quod vicine
...me subministrant[l]) ubertim suggerit[m]), et quamvis
... urbe populus sit et concilii causa infiniti pene
...nfluant, semper cerealia et Liberi munera equo-
...dunt.

...nulle. — [b]) [Am Rande:] aves in domibus. — [c]) silicis. —
...) tiliarumque. — [f]) venientemque ad se invenentem blandissimo.
...de:] arbores. — [h]) [Am Rande:] Quod montes et planicias (sic!)
... causa. — [i]) procellus. — [k]) adsunt. — [l]) submonstrant. — [m]) sugerit.

Nec ego huic urbi ficum dederim, quod[a]) longissime a mari abierit. Licet enim vendendis comparandisque mercibus sit forsitan utile, nimis tamen salsa est et amara vicinia maris. Ideoque Plato Atheniensis,[1]) cum civitatem, que bene ac beate viveret, in suis libris institueret et, que adesse quene abesse oporterent[b]), diligenter inspiceret[c]), eam procul a mari positam voluit, nec putavit sapientissimus philosophus urbem aliquam esse posse beatam, que aut littore foret posita aut salsis fluctibus tunderetur. Sunt enim hujusmodi civitatibus non solum finitimorum investiganda consilia sed remotissime cuiusque gentis studia cognoscenda, quod quanto est difficilius tanto maritimas urbes inquieciores reddit. Unde et Troya[d]) nobilissima Asie culmen bis classe capta atque diruta refertur. Genuam vero clarissimam Ligurie urbem secundo Punico bello eximproviso captam et solo equatam legimus. Quid eversionem Phocensium referam, quid hic Athenas, quid Alexandriam, quid Siracusas[e]) classibus destructas recenseam[f]). Inquieta est omnis maritima civitas permultisque subjacet incommodis. Quis non abhorreat acris crassitudinem, quis celi non timeat inconstanciam, quis pallentes[g]) morbos et insalubritatem littorec[h]) plage non dampnet, quis tocius maritime confinitatis[i]) non fugiat inclemenciam. Quod si forsitan aliqui longa defessi via mediterraneum situm vituperent et navi pocius quam equo ferantur, eos rogo, ut oblitum laborem cum perpetua securitate[k]) compensent.

Erat olim Basilea suo subjecta episcopo, ut qui feudabilem a cesare urbem accepisset. Unde et gladii potestatem habebat et animi adversionem in facinorosos homines.[l]) Postea vero, sive ut oportuit, sive ut voluit ipse, nichil de hoc compertum habeo[m]), ab sese dominium[n]) abdicavit. Habet tamen annuos ex singula familia nummos et veteris dominii[o]) et pristine potestatis vestigium. Cives autem sic pretaxatis quibusdam legibus cesari serviunt,

---

[a]) quot. — [b]) oporteret. — [c]) inspicere. — [d]) [Am Rande:] Troia. — [e]) si Siracusas. — [f]) recensaret. [g]) palantes. — [h]) littore. — [i]) confimitatis. — [k]) finitate. — [l]) [Am Rande:] Episcopus dominus civitatis. — [m]) homo. — [n]) domineum. — [o]) dominei.

[1]) Νόμοι IV, 1.

ut liberi magis quam subditi videantur. Neque enim ut in nostris urbibus tirannidem sibi vindicant[a]) neque dominandi cupidum execant. Et si libertas est vivere,[b]) ut velis, hii vere liberi sunt equalique jure inter se vivunt. Italici vero, ut de mea patria verum cciam invitus promam, dum imperare singuli volunt, omnes servire coguntur, ut qui regem aut cesarem aut aspernantur, vilissime plebi subiciuntur.[c]) Unde nec ullum apud eos diuturnum imperium nec ullibi magis quam in Italia fortuna jocatur. Hii vero presenti rerum statu contenti pacatissimam custodiunt civitatem, nec sibi aliquis sed rei publice gerit officium, et quamquam popularis gubernacio sit, ita tamen inter se nobilis et plebei munera sorciantur, ut nulli umquam querele aut discidio locus relinquatur. [d]) Consilia hiis duo sunt. Alterum novum, alterum vetus. Novum decernit, vetus tamen swadet et consulit, quod[e]) agendum putet et quod isto anno est novum sequenti antiquum erit. Et tam in hoc quam in illo duorum et quadraginta . . . . (?)[f]) suffragium res transigitur[g]); in utroque nobiles et plebei. Tocius enim administrande[h]) rei publice tercia porcio debetur nobilitati. [i])Summa tamen imperii penes magistrum civium. Hunc non nisi militem creant neque milicie nisi nobilis ascribitur. Plebeum vero nisi summis diviciis aut clarissimis belli facinoribus decoratum aut milicie dignum censent. [k])Post hunc magister zunfftarum sequitur. Habent enim singule artes mechanice zunfftam, hoc est, societatis illius principem, quibus omnibus magister zunfftarum preest. Tercio loco[l]) scultetus est, qui jus dicit populo, nec statuti aut conswetudinis egredi normam potest. Capitalia negocia per advocatum[m]) et quatuordecim viros et cum novo consilio transiguntur. Id est in omni causa sangwinis. Magistratus annui sunt. Curiali vero modo ius dicitur aut consilia discussuri petunt. Nulli ex publico sumptus, sua cuique domui ex privato est vita. Conswetudine[n]) magis quam lege scripta utuntur, Lacedemoniis[o]) quam Atheniensibus

---

[a]) vendicant. — [b]) [Am Rande:] libari. — [c]) [Am Rande:] Itali. — [d]) [Am Rande:] Consilium vetus, novum. — [e]) quam. — [f]) primum (?) — [g]) transsigitur. — [h]) administrandei. — [i]) [Am Rande:] Magister civium. — [k]) [Am Rande] Magister zunfftarum. — [l]) [Am Rande:] Scultetus. — [m]) [Am Rande:] Advocatus. — [n]) conswetudinem. — [o]) Lacedoniis.

empta procuratoris atque advocati verba, omnia summaria sunt, utiliusque arbitrantur rei publice alteri parti cito consulere quam protracta cognicione utramque decipere. In judicio rigidi severique. Reum neque pecunia neque preces iuvant. Nulli tanta potencia, ut impune delinquat. Unicum est in urbe sacellum idque divo Baptiste dicatum; huc sepe siccarii impurique homines quasi ad asilum confugiunt neque hic perpetuo sed ad tempus impunitatem habent. Relegatis[a]) ab urbe nulla spes reditus, nisi extraneum aliquem et magnum secuti virum redeant, tunc enim, nisi est ardua culpa, civitas eis permittitur. Unde et cardinalibus et illustrium oratoribus principum sepe hoc datum est gracie. Ad questionem criminum asperrimis atque acerbissimis cruciatibus instant[d]) adeoque miseros vexant reos, ut cervicem gladio dare beneficium existiment. Ita tamen obstinati sunt aliqui, ut excarnificari priusquam fateri delictum velint, sive quod nimium vite sunt cupidi sive quod ignominiam[e]) eciam post mortem verentur[f]), dampnatos[g]) vero sic justicia exigente afficiunt, ut ipsam nunc horror non exposicio rei sive recordacio ingerat. [h]) Carnificem quidem spontaneum eoque solo questu viventem habent, quem hominem licet non approbem, civitatem vero eo utentem[i]) probem. Plus tamen laudo plectendos capite huic exercicio custodiri. Illorum autem et damno et abhominor corruptelam, qui peregrinos et sepe nobiles tam vili ministerio coninquinant. [k]) Rem furto subtractam, si reperiatur, non vero domino sed judici adjudicant, ex quo evenit, ut[l]) furtum[m]) passi prius cum furibus transigant, quam judicium prosequantur. Quam legem, licet aliqui furum alitricem existiment, ipsi ut diligencie nutricionem custodiunt, quia et cauciores cives et magis vigilantes efficiat[n]). Nulla hic studia gentilium litterarum. Poeticam oratoriamque prorsus ignorant. Grammatice tamen ac dyalec-

---

[a]) similes. — [b]) comites. — [c]) religatis. — [d]) instanti. — [e]) ignoranciam. — [f]) ferentur. — [g]) dampnatus. — [h]) [Am Rande:] Lictor. — [i]) utente. — [k]) [Am Rande:] Res furrate iudici adiudicantur. — [l]) [Am Rande:] furtum. — [m]) fructum. — [n]) efficiant.

tice operam adhibent. Confluunt huc ex vicinioribus opidis quamplures adolescentes, quibus ex elemosina victus est, magister[a]) ex publico. Mos est civibus sepe ex simbolis esse suntque cenacula in rem hanc altera hyemi altera estati idonea. Vestitus tam feminis quam viris frugi. Nullius pruine tantus rigor, ut lanium aliquod inter calceos sumant. Precipua feminis cura circa[b]) pedes atque mamillas et quam illos parvos et graciles tam istas grandes et tumidas ostentare laborandi. Forma hominum mediocris. Mores uti mortalium[c]) varii. Nulla apud eos interpretacio juramenti. Quod promissum[d]) est sine exceptione custodiunt. Nec alia[e]) rapiunt nec sua effundunt presentique fortuna contenti. Viri boni esse quam videri malunt.

Ut sit morate[f]) civitati aut injuria sit inditum nomen Basilee, quod a Greco susceptum, reginam significat. Regina igitur est inter adjacentes civitates Basilea et nunc presertim, quum reginam ecclesie[g]), id est sanctam sinodum, intra se habet.[h]) Alii dicunt ingentis stature basiliscum a conditoribus urbis primisque fundatoribus hoc loco repertum indeque Basileam dictam. Quod si est ita, non tamen hec significacio a natura concilii[i]) procul abiit. Ut enim homines solo visu basiliscus intererit, sic hereticos solo auditu concilium enecat. Rectius tamen hujusmodi nomen a basi,[k]) hoc est fundamento, deduxerim, quia divina disposicione provisum erat futurum hic generale concilium, quod fundamentum fidei, id est auctoritatem ecclesie, roboraret.

---

[a]) magistro. — [b]) citra. — [c]) moralium. — [d]) premissum. — [e]) aliam. — [f]) morati. — [g]) ecclesiam. — [h]) [Am Rande:] Regina, Basiliscus. — [i]) consilii. — [k]) [Am Rande:] basi.

Drei wiedergefundene Werke aus Holbeins früherer Baslerzeit.

Von

Daniel Burckhardt-Werthemann.

I.

Scheibenrisse aus Holbeins früherer Baslerzeit gehören nicht eben zu den Seltenheiten; ungleich viel größere Raritäten sind aber *ausgeführte Glasgemälde*, denen Visierungen des großen Meisters zugrunde gelegen haben; die Finger einer Hand reichen hin, die notorischen Stücke aufzuzählen. Ausgeführte Glasgemälde lassen Schlüsse zu, wie sich Holbein seine zahlreichen, fast ausschließlich getuschten Vorzeichnungen in *Farben* übersetzt dachte, sie erweitern damit in wertvollster Weise unsre Kenntnis von Holbeins koloristischer Kunst. Geschah auch die Ausführung der Glasgemälde durch einen besondern Techniker, den Glasmaler, so ist es doch nicht ausgeschlossen, daß auch der erfindende Meister dabei ein entscheidendes Wort mitgesprochen und nicht allein die mehr oder minder handwerkliche Übertragung seiner künstlerischen Ideen genau überwacht, sondern wohl auch bei ganz hervorragenden Stücken bisweilen selbst Hand angelegt hat; namentlich dürfte er — ganz oder teilweise — solche Partien ausgeführt haben, an die sich jeder sichere Zeichner auch ohne Spezialkenntnis der Glasmalertechnik wagen konnte, es gilt dies vornehmlich von den mit Schwarz und Silbergelb aufgemalten Teilen, den Köpfen, Einzelheiten im Faltenwurf etc., dann vor allem von den umfangreichen Grisaillen des Oberstückes und der Umrahmung, jene zumeist figürlichen, diese vorwiegend ornamentalen Charakters.

An eine derartige Mitarbeit des erfindenden Meisters läßt die uns vorliegende Scheibe denken. Das kostbare Stück befindet sich in der reichen Sammlung des Herrn Rudolf Vischer-Burckhardt. Von Kraus[1]) und Gatrio[2]) kurz erwähnt, ist das Glasgemälde der Holbeinforschung bisher vollständig entgangen; eine gute Nachbildung des in mehr als einer Hinsicht höchst beachtenswerten Kunstwerkes mag daher allgemein willkommen sein.

Die Reproduktion (Abbildung 1) enthebt uns einer eingehenden Beschreibung. Der Künstler — es ist offenbar Holbein — hat als architektonisches Motiv der prunkvollen Umrahmung des Wappens einen Triumphbogen gewählt; den Ausbau der nicht sichtbaren oberen Teile überließ er der Phantasie des Beschauers, der ihn etwa nach Analogie des schönen Signetes von Valentin Curio[3]) ergänzen mag. Dieser kleine Buchholzschnitt von 1522 nimmt sich überhaupt aus wie eine Reminiscenz an die zwei Jahre ältere Glasscheibe, die Grundformen des architektonischen Aufbaues kehren auf ihm wieder, [illegible] hat hier der Meister in der Anbringung der ornamen[illegible] Einzelheiten eine weise Ökonomie walten lassen; zu[illegible] einer luftigen Wirkung hat er beispielsweise auf [illegible] die hintere Bogenöffnung verschließende Lunette ver[illegible], so daß gegenüber dem in phantastischem Jugend[illegible] geschaffenen, von perspektivischen Fehlern durch[illegible] nicht freien Glasgemälde das Signet in seiner ruhigen, [illegible]-einfachen Wirkung schon als reifes Meisterwerk [illegible]

[illegible] große, sprudelnde Reichtum der ornamentalen [illegible] ist in der ausgeführten Scheibe weniger aufdringlich, [illegible] Reproduktion es vermuten läßt. Die gesamte Um[illegible] ist ganz in hellgrauer Steinfarbe gehalten, wenige [illegible] wie die Musikinstrumente der Engelskinder, die [illegible] die Festons, die Rosetten in der Kassettendecke [illegible]onnengewölbes etc. sind in Silbergelb ausgeführt; der [illegible] bildet somit eine ruhige Folie für das farbige, von [illegible] und von einer goldenen Inful bedeckte

[illegible] und Altertum im Ober-Elsaß, 480. — [2]) Die Abtei Murbach, [illegible] in Heitz und Bernoulli, Basler Büchermarken, No 103.

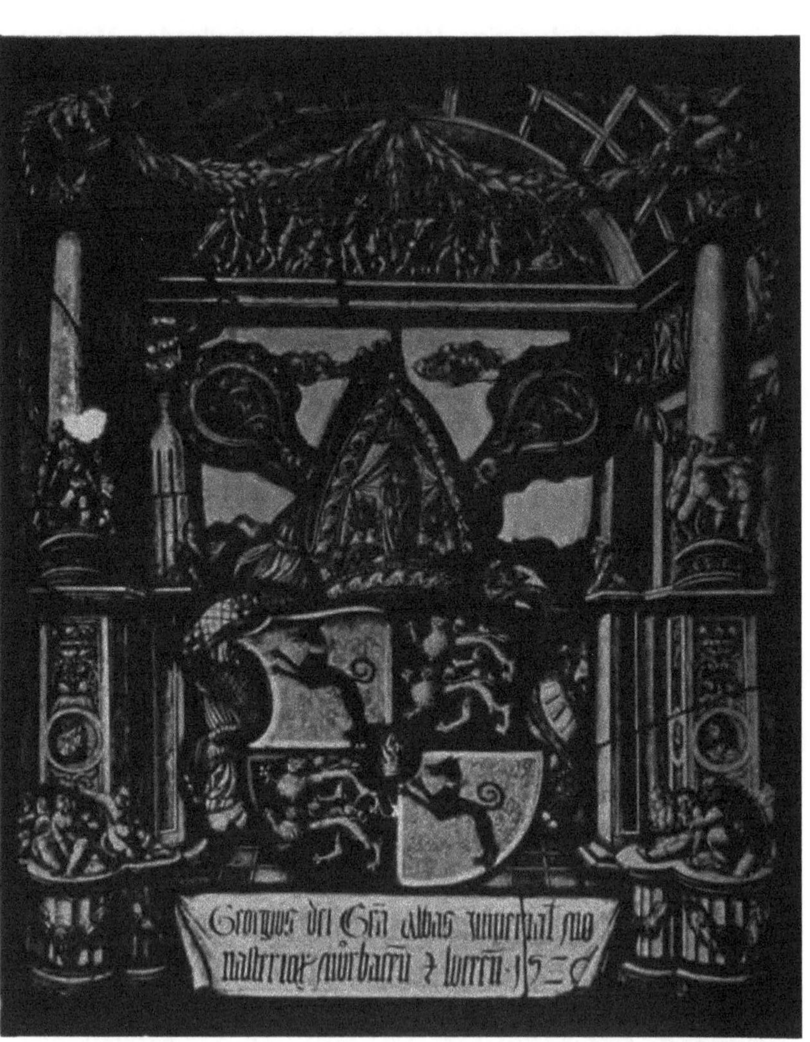
Georgius dei grā abbas imperialiū mo
nasteriorꝫ murbacēn z lutrēn · 15

Grisaillen der Umrahmung lassen bei ihrer freien, durch- [illegible]ungenen Ausführung sehr wohl daran denken, [illegible] selbst hier Hand angelegt habe; beweisen [illegible] Vermutung mangels geeigneten Vergleichs- [illegible]lich nicht; daß aber einst von Holbeins Hand [illegible] dem Glasgemälde existiert hat, wird durch [illegible] Kunstsammlung befindliche Tuschkopie [illegible] Seite der Umrahmung unsrer Scheibe dar- [illegible]ßen deckt sich die Kopie genau mit dem [illegible]mälde, dessen Größe 0,614 Meter Höhe bei [illegible] beträgt.

[illegible]tafel am Sockel der Wappenumrahmung [illegible] der Scheibe: Georgius dei Gratia abbas [illegible]teriorum murbacensis et lutrensis und gibt [illegible] Schenkung an. Dem Stifter, Georg von [illegible] der tüchtigeren Äbte der mächtigen Abtei [illegible]ß, war 1510 die Würde eines Abtes von [illegible] geworden, drei Jahre später erstieg er eine [illegible] und wurde zum Abt von Murbach ge- [illegible] den Abtstab von Luders niederlegen zu [illegible] Doppelherrschaft verdankte er päpstlicher [illegible]che Union der beiden Klöster erfolgte erst [illegible] Rud. Stör v. Störenburg, seit 1542 Nachfolger [illegible]münster.

[illegible] wohl mit der kostbaren Scheibe bedacht [illegible] es ein elsässisches oder gar schweizerisches [illegible] es das Ratshaus einer elsässischen Stadt? [illegible] kommen hier wohl in Wegfall.) War es [illegible] einer der zahlreichen murbachischen Herr- [illegible] es ein Wirtshaus, in dem der Prälat auf [illegible] abzusteigen pflegte; war es der Sitzungs- [illegible] Körperschaft oder die Trinkstube einer [illegible]schaft, etwa die «Herrenstube» von Gebweiler? [illegible] können ins unendliche vermehrt werden, das [illegible] gibt mit seiner im Lapidarstil gehaltenen [illegible] Antwort, auch die figürlichen Dekorationen [illegible] der Suche nach persönlichen Beziehungen im [illegible] denn, daß man in den Reliefs der Lunette — [illegible] festlichem Zug Münzen und kostbare Gefässe einhertragen — eine Anspielung auf die reichen Silberbergwerke der Äbte von Murbach erkennen wollte;, der Beschenkte wäre dann vielleicht jener Johann Hiltprand von Basel gewesen, der das murbachische Silberbergwerk von Plancher-les-Mines in Pacht besaß. Mit dieser Annahme wäre auch der Holbeinsche Ursprung des Gemäldes erklärt, indem Hiltprand, wie es im 16. Jahrhundert des öftern vorkam, vom Stifter *nicht das fertige Glasgemälde*, sondern nur den zur Anfertigung einer Scheibe erforderlichen Geldbetrag in bar erhalten hätte, um seinerseits das Glasgemälde bei einem ihm genehmen Meister seines Heimatortes in Auftrag zu geben.

Damit wäre der Knoten in etwas prosaischer Weise gelöst, ohne daß man an persönliche Beziehungen zwischen Abt und Künstler zu denken brauchte.

Völlig anders gestaltet sich aber die Lösung der Frage, wenn der Nachweis erbracht ist, daß Holbein nicht nur das *eine*, uns vorliegende Exemplar einer murbachischen Wappenscheibe geschaffen hat, sondern daß noch andre mit dem Wappen des Abtes Georg versehene Scheiben auf Holbeinische Entwürfe zurückgehen; in diesem Falle könnte kein andrer denn der Abt selbst als Besteller der Scheiben, ja vielleicht sogar als persönlicher Gönner Holbeins angesprochen werden, wäre es doch ein seltener Zufall, wenn *mehrere*, in den Landen des Oberrheins vielleicht weit von einander angesessene Persönlichkeiten oder Korporationen einmütig aus den ihnen vom Murbacher Abt zugewendeten Geldbeiträgen bei ein und demselben *Basler* Künstler ihre Bestellungen gemacht hätten. In den 1520er Jahren war der am Oberrhein weit populärere Hans Baldung ganz besonders eifrig mit dem Zeichnen von Glasgemälde-Entwürfen beschäftigt. Zur guten Stunde hat Herr Dr. Paul Ganz kürzlich im Schlosse von Heiligenberg eine Glasscheibe gefunden, ein sicheres Werk Holbeins, das allerdings erst aus dem Jahre 1528 stammt, jedoch wiederum das Wappen des Abtes von Murbach zeigt. Weitere Mitteilungen überlassen wir dem Finder und möchten einzig feststellen, daß durch diese Entdeckung *persönliche* Beziehungen Holbeins zum Abte von Murbach wahrscheinlich werden, Beziehungen, die bei dem regen geistigen Verkehr zwischen dem Elsaß und Basel durchaus nichts Auffallendes besitzen.

Vielleicht läßt sich sogar der direkte Weg noch nachweisen, auf welchem der junge Künstler die Bekanntschaft des mächtigen geistlichen Fürsten machte.

Ende 1517 war Hans Holbein der Ältere, Vater des Basler Malers, nach der Antoniterpräceptorei Isenheim bei Gebweiler gezogen, um daselbst ein großes Altarwerk — [illegible] und plastische Figuren — auszuführen. Es war wohl eine der letzten Arbeiten des tüchtigen Augsburger Meisters, während deren — teilweise vielleicht durch Ge[illegible] besorgten — Vollendung er auch anderweitige Aufträge annahm, jedoch Isenheim als Standquartier offenbar beibehielt, da er sein kostbares, drei Zentner schweres Malergerät daselbst zurückgelassen hatte.[1] «Zum offter Mol» [illegible] er in der Folgezeit seinen Sohn Hans, der in [illegible] also in der Nähe von Isenheim lebte, das Malergerät [illegible]; aus unbekannten Gründen weigerte sich aber der Kloster-Konvent, dem wiederholten Ansuchen des jungen Künstlers zu willfahren; auch als der Vater Holbein die [illegible] geschlossen hatte, war dem Sohn die im Kloster [illegible] Erbschaft vorenthalten worden. Der weitere Ver[illegible] dieses Handels ist für uns gleichgültig, wichtig ist nur [illegible], daß der junge Holbein während seiner frühern [illegible] Zeit mit den Antonitern von Isenheim im Verkehr [illegible] wohl sicherlich zur Geltendmachung seines Rechtes [illegible] persönlich in der Präceptorei vorgesprochen hat. Wer [illegible] die Gegend von Gebweiler besucht, wird unfehlbar [illegible] Schritte zu der einsamen Klosterruine von Murbach [illegible], wieviel eher mochte vor vierhundert Jahren das [illegible] noch in seinem vollen Glanz dastehende Stift mit [illegible] zahlreichen Gebäuden und seiner gewaltigen roma[illegible] Kirche den Wanderer locken? Ist die Vermutung [illegible], daß bei Anlaß seiner Reise nach Isen[illegible] junge Holbein persönlich dem Abt von Murbach [illegible] angetragen hätte?

[illegible] seiner elsässischen Fahrten dürfte der Meister [illegible] raum des merkwürdigen Centralbaues von

[1] [illegible] Archive über Hans Holbein etc., S. 7.

Ottmarsheim skizziert haben, um diese Wanderreminiscenz später auf der Geißelungscene seiner gemalten Passion zu verwerten; ins Elsaß weist auch der frühe, wohl gleichzeitig mit dem Murbacher Glasgemälde entstandene Scheibenriß mit einer Darstellung der heiligen Richardis, der Patronin von Andlau.

II.

Hatte sich Holbein im Jahre 1520 der Gönnerschaft eines geistlichen Herrn zu erfreuen, so finden wir ihn ein Jahr später als wohlbestallten Maler des Basler Ratssaales. Die Kenntnis der traurigen Geschichte des für Holbeins künstlerische Entwicklung so wichtigen, seit 1817, bezw. 1824/25 unwiederbringlich verlorenen Bilder-Cyklus dürfen wir bei den Lesern dieser Zeitschrift voraussetzen. Drei Originalentwürfe des Meisters, einige wenige Fragmente der Wandbilder selbst, Kopien nach verschollenen Holbeinischen Entwürfen und mehr oder minder gelungene Rekonstruktionsversuche des Hieronymus Heß können uns allein noch einen Begriff von den Wandbildern geben, so daß jede Bereicherung dieses dürftigen Materiales willkommen sein muß.

Im Besitz von Frau Rosalie Vischer-Sarasin in Bern befindet sich das von uns als Abbildung 2 wiedergegebene Bruchstück eines Wandbildes (0,325:0,186 Meter). Wir sehen einen in starker Untensicht gegebenen, von einem antikisierenden Helm bedeckten männlichen Kopf, am obern Saum des Gewandes ist auf einem weißen Band die rätselhafte Inschrift MORS . F (Mors fiat?) zu lesen. Ein Blick auf die Charondas-Komposition des Hieronymus Heß (Abbildung 3) läßt sofort erkennen, daß uns im vorliegenden Fragment der *Kopf des holbeinischen Charondas* erhalten ist. Ein Vertikalstreifen auf der linken Seite des Fragmentes, der etwa ein Viertel des Charondaskopfes bis hinunter zum Spruchband begreift, der unten abschließende schwarze Horizontalstreifen und wahrscheinlich auch der Helm sind neben vielfachen Retouchen in Ölfarbe *moderne* Ergänzungen, die offenbar von einem Basler Maler aus dem ersten Viertel des 19. Jahrhunderts (H. Heß?) angebracht wurden, um das Fragment bildmäßig zuzustutzen, es «salonfähig» zu machen. In diesem

Zustand mag es dann in das Kabinett eines Basler Sammlers gelangt sein.

Über die heutige Färbung, die bei der schon genannten starken Überarbeitung nur noch wenig zuverlässig ist, läßt sich bemerken, daß der Kopf ein kupfriges Karnat besitzt, der Leibrock hochrot ist (nicht gelb wie bei Heß), der von einer roten Feder bekrönte Helm stahlfarben, der Hintergrund schmutzig graugrün; in Grün ist ferner das merkwürdige, für die Rekonstruktion der Charondas-Komposition besonders wichtige *Schulter-Fragment* unten rechts gehalten, das offenbar als der Rest einer neben Charondas sitzenden männlichen Gestalt anzusprechen ist.

Daß der Kopf des Fragmentes dem Charondasbild angehört, dürfte demnach klar sein; ist er aber auch wirklich das Werk Holbeins und nicht etwa die Arbeit eines späteren Restaurators der Wandbilder? Auf den ersten Blick nimmt sich der Kopf allerdings aus wie das Erzeugnis eines italienisierenden Manieristen von der Richtung des Hans Bock, aber auch bei Holbein finden wir viele ganz analoge Köpfe. Aus dem «Totentanz» nennen wir gleich die ersten Holzschnitte «Sündenfall» und «Vertreibung aus dem Paradies», in welchen jeweilen der Kopf des Adam mit Charondas zu vergleichen ist; in den Bildern der Lyoner Ausgabe des Alten Testamentes hat Abihu, der vom himmlischen Feuer verzehrte Sohn des Aaron, größte Ähnlichkeit mit dem Kopf unsres Wandbildes. Es unterliegt daher keinem Zweifel, daß sich die Heßsche Aquarellkopie des Wandbildes bei der Figur des Charondas getreu an das 1817 zutage getretene, auf Holbein direkt zurückgehende Fragment gelehnt hat.

Sollte man nun aus diesem *einen* Falle verhältnismäßig zuverlässiger Wiedergabe darauf schließen dürfen, daß auch die genannte Heßsche Redaktion der Charondasgeschichte getreue und zuverlässig sei? Auf das entschiedenste muß die Frage verneint werden.

Aus dem Amerbachschen Nachlaß bewahrt die öffentliche Kunstsammlung eine zweite Komposition zur Charondasgeschichte, es ist die alte Nachzeichnung oder Pause des *Holbeinschen Originalentwurfes* zum Wandbild (Abbildung 4), also ein Werk, das den Vorzug besitzt, auf den Künstler

Textabbildung 31

Tod des Charondas. Kopie des Hier. Heß nach dem Wandgemälde Holbeins im Basler Rathaus

Textabbildung 4:
Tod des Charondas. Alte Kopie eines Originalentwurfes von Holbein zu dem Wandgemälde im Basler Rathaus.

Textabbildung 2:
Charondas. Bruchstück aus dem Wandgemälde Holbeins im Basler Rathaus.

direkt zurückzugehen. Vom Heßschen Aquarell (Abbildung 3) weicht die Zeichnung — abgesehen von der Verschiedenheit fast aller Einzelheiten (Charondaskopf!) — vor allem darin ab, daß sie bedeutend schmaler ist; die figürliche Komposition ist in ihren allgemeinsten Umrissen ungefähr dieselbe, nur ist sie auf der Zeichnung koncentriert, geschlossen, auf dem Aquarell dagegen unkünstlerisch auseinandergezogen; auch die in ihren Einzelmotiven stark an die Murbacherscheibe gemahnende Renaissance-Architektur wirkt durch die Koncentration ihrer Teile nur auf der Zeichnung wahrhaft reich und prunkvoll-wuchtig; auf dem Aquarell hat sie durch das ungebührliche Auseinanderziehen sämtlicher Horizontalteile ihren Reiz total eingebüßt, sie ist mager, schwächlich — ganz unholbeinisch geworden. Wird schon durch diese ganz allgemeine Beobachtung die direkte Anlehnung des Heßschen Aquarelles an das Holbeinsche Wandbild in hohem Grade fraglich, so tritt noch ein weiteres Moment dazu, das geeignet ist, Heß als gewissenhaften Kopisten zu disqualifizieren.

Auf dem Fresko-Bruchstück wird unten rechts neben dem Charondaskopf eine grünbemalte Schulter sichtbar; sie muß einer menschlichen Gestalt angehören, welche etwas nach hinten, zur Linken des Charondas sitzend, angebracht war. Der zu dieser Schulter gehörende Kopf hat sich unsrer Ansicht nach in einem stark mit Ölfarbe übergangenen, auf der Kunstsammlung aufbewahrten Bruchstück erhalten, einem von pelzverbrämtem Barett bedeckten Kopf eines bartlosen Mannes, der sich wie von Schreck erfüllt etwas nach rechts wendet. Der Mann trägt einen roten Leibrock und darüber — eine grüne Pelzschaube. Die rechte Schulter der Figur hat der Restaurator hinzugefügt, indem er diesen Teil aus dem Charondasfragment, wo er im Original erhalten war, hinüberkopierte und das Bruchstück nach Anbringung von einigen herzhaften Ölfarben-Retouchen präsentabel machte. Dicht neben dem Kopf des Charondas war also im Wandbild ein zweiter Kopf zu schauen, dies trifft aber *nur* bei dem Entwurf (Abbildung 4) zu, auf dem Aquarell (Abbildung 3) steht Charondas gänzlich isoliert da. In der definitiven Ausführung der Wandbilder ist also offenbar das *Format* der Skizze maßgebend geblieben, die einzelnen

Figuren des Entwurfes hat aber Holbein auf die mannigfaltigste Weise variiert, man erinnere sich nur, wie frei er auf dem 1530 entstandenen Rehabeambild vorgegangen ist: auf dem Entwurf ist der Kopf Rehabeams in völliger Vordersicht gegeben; im Wandbild erscheint er aber im Profil. Wenn wir einer 1776 datierten Tuschkopie von Joh. Störcklin Glauben schenken dürfen, ist Holbein auch beim Bauernfriese des Hauses «zum Tanz» in starker Weise von seinem ersten Entwurf abgewichen.

Kehren wir zu unserm Wandbild zurück. Hier wurde der spießbürgerliche Charondas des Entwurfes bei der Ausführung in einen pathetisch-heroischen übersetzt, für den sich der philisterhafte Pelzrock nicht mehr recht eignete; denken wir uns aber die Charondasgestalt der definitiven Ausführung (Abbildung 3) in den Entwurf (Abbildung 4) übertragen, so muß — ganz wie es uns das erhaltene Fragment zeigt nicht nur der *Kopf*, sondern auch ein *Teil der Schulter* des dicht danebensitzenden Mannes sichtbar werden.

Wie ist nun Heß dazu gekommen, ein der Holbeinschen Komposition durchaus nicht entsprechendes, übertrieben breites Format zu wählen? H. A. Schmid[1]) hat in seiner Abhandlung über «die Gemälde Holbeins im Basler Großratssaal» einen von Deputat J. F. Huber an Hegner, den Holbeinbiographen, gerichteten Brief veröffentlicht. Das Schreiben (vom 7. Mai 1817) gibt in ziemlich oberflächlicher Weise von der Entdeckung der Wandbilder Kunde, es spricht lediglich von den historischen Scenen und erwähnt die in Renaissance-Gehäusen stehenden, die größeren Kompositionen einrahmenden Einzelfiguren mit keinem Worte; wenn Huber von «größeren» und «kleineren Hälften» der Malereien spricht, ist man daher durchaus im unklaren, ob er die vielfigurigen Darstellungen allein unter einander vergleicht oder ob er auch die Einzelfiguren dazu bezieht und wenn dies der Fall sein dürfte, mit welchen Kompositionen er die Einzelbilder jeweilen als ganzes betrachtet wissen will. Hubers wertvollste Bemerkung ist neben seinen Mitteilungen über die Fundstelle zweier Bilder für uns *die*, daß

---

1) Jahrbuch der kgl. preußischen Kunstsammlungen XVII, 81.

die «Versammlung von Richtern» (d. h. die Charondasgeschichte) dergestalt «ruiniert sei, daß sich nur mit Mühe ein Karton davon nehmen ließe». An der Wand waren also offenbar nur noch dürftige Bruchstücke vorhanden, aus denen der Zusammenhang der Darstellung nicht mehr erkennbar war, selbst die Breiten-Ausdehnung der Komposition war anscheinend nicht mehr ersichtlich, indem nur von der äußersten Gruppe rechts noch einige wenige Köpfe erhalten waren, dann größtenteils zerstörte Partien folgten, welche den Beschauer darüber im unklaren ließen, ob der linksseitige Abschluß der Komposition erst an der Ecke des Saales erfolgte oder ob dazwischen noch ein andres Bild eingeschoben war.

Hatten sich 1817 vielleicht noch dürftige Spuren eines solchen gezeigt, so hat sich doch Heß bei seiner Rekonstruktion jedenfalls nicht daran gekehrt, seine sogenannte «Kopie» hat er vielmehr *so* gestaltet, als ob der linksseitige Abschluß des Bildes mit der Saalecke zusammenfiele. Vergleichen wir die Heßsche Komposition (Abbildung 3) mit dem Originalentwurf (Abbildung 4), so ergibt sich, daß die größere Breite des Heßschen Aquarelles dem Entwurf gegenüber fast genau dem Format einer jener «Einzelgestalten im Renaissance-Gehäus» entspricht, durch welche Holbein seine vielfigurigen Stücke flankiert werden ließ. *Als linksseitiger Abschluß der Langwand des Großratssaales diente also eine Einzelfigur* und nicht wie Schmid a. a. O. auf Grund des unzuverlässigen Heßschen Aquarelles annahm, die «Charondasgeschichte».

Als Heß von der Birmannschen Kunsthandlung mit der Anfertigung seiner Kopien oder vielmehr Rekonstruktionen beauftragt wurde, hat er in erster Linie für die Bildung des Innenraumes die Kopie des Holbeinschen Originalentwurfes (Abbildung 4) vorgenommen und ist nur darin von seiner Vorlage abgewichen, als er aus den eingehend erörterten Gründen die ganze Architektur stark in die Länge ziehen und konsequenterweise auch den Lauf der bei Holbein rechtwinklig gebrochenen Ratsherrensitze in einer geraden Linie anordnen mußte. Bei der Ausführung seiner *Figuren* ist er aber so frei verfahren, daß nach dieser Seite hin die «Kopie nach Holbein» fast gänzlich zum urchigen «Heß» geworden ist.

Heß hat sich nicht einmal die Mühe genommen, alle erhaltenen Originalreste für seine Arbeit zu verwerten, höchstens fünf Köpfe dürften bei ihm auf Holbein zurückgehen (er benutzte hierbei die Fragmente und den Entwurf). Alles andre aber — auch die an Usteris kostümgeschichtliche Auffassungen erinnernden Trachten — ist freie Erfindung *Heßsche* Originalarbeit sind natürlich auch die Füllungen der die Komposition einrahmenden Pilaster, nur die Jahreszahl 1521 muß der Kopist irgendwo auf dem Wandbilde selbst, das auf der rechten Seite noch am besten erhalten war, vorgefunden haben.

Es liegt uns fern, auf Grund dieser Richtigstellung eine neue Hypothese über die Anordnung der Rathausbilder vorzubringen, wissen wir doch nicht einmal mit Sicherheit, ob die aus dem Beginn der 1520er Jahre stammenden Entwürfe auf sämtliche drei Wände des Saales oder nur auf deren zwei zu verteilen sind. (Die vierte Wand war eine durch eine ununterbrochene Fensterreihe eingenommene Langwand und konnte für Malerei nicht in Betracht kommen.)

Der am 15. Juni 1521 zwischen dem Rat und dem Maler abgeschlossene Verding trägt Holbein auf, den «Sal uff dem Richthuß zemolen», wobei es sich von vorneherein um *sämtliche* bemalbare Wandflächen handelte. Daraufhin hat der Künstler unter Assistenz eines Humanisten (Beatus Rhenanus?) wohl sicherlich nach und nach Entwürfe für den *ganzen* Saal ausarbeiten müssen. Anderthalb Jahre nach Beginn der Arbeit (29. November 1522) hatte Holbein die Langwand und eine Schmalwand fertig ausgemalt, die Bemalung der *zweiten* Schmalwand sollte er aber nach Anordnung der Dreierherren «bis vff wythterenn bescheit lossenn anston». Dem Künstler mag diese Erkenntnis schwerlich leid getan haben; die ihm für die Ausmalung des *ganzen* Saales kontraktlich versprochenen 120 Gulden waren ihm ausbezahlt worden, trotzdem nur zwei Wände fertig waren.

Als Holbein im Jahre 1530 aus England zurückgekehrt endlich zur lange vertagten Ausmalung der dritten Wand schreiten sollte, konnte aus äußern und innern Gründen nicht mehr davon die Rede sein, daß auf jene Entwürfe der Jugendzeit zurückgegriffen werde. Dem mittlerweile reformationsfreundlich gewordenen Rat mochte das Programm nach der sachlichen Seite hin nicht mehr genügen und aus Dr. Ludwig Iselins Notizen ist sattsam bekannt, wie gering der reife Holbein der 1530er Jahre von seinen früheren Versuchen dachte. So ist es nicht allein möglich, sondern sogar höchst wahrscheinlich, daß uns für die dritte Wand des Ratssaales zweierlei Entwürfe erhalten sind:

1. Solche aus dem Beginn der 1520er Jahre, die nicht zur Ausführung gelangten und zu denen beispielsweise jene Einzelfiguren gehört haben mögen, deren auf den Entwürfen vorhandene Inschriften von Groß unter den «Inscriptiones Curiæ Basiliensis» (1624) *nicht* verzeichnet worden sind, woraus hervorgehen muß, daß die Malereien überhaupt nicht existiert haben.

2. Die schönen Kompositionen von 1530, «Samuel und Saul» und «Rehabeam», welche die Folge der Rathausbilder in glänzender Weise beschlossen.

Wenn ein künftiger Herstellungsversuch der ehemaligen Innen-Ausstattung des Ratssaales nicht zum guten Teil in der Luft stehen soll, wird man diesen Tatsachen Rechnung tragen müssen und für den Nachweis der weder in Entwürfen vorhandenen noch in den Jahren 1817/1825 aufgedeckten Malereien in erster Linie die uns durch Groß a. a. O. überlieferte, dem Weisen Anacharsis in den Mund gelegte Bilderinschrift zu beachten haben. Die in Büchertiteln mehrfach erhaltenen cyklischen Darstellungen lehren uns, daß Holbein, bezw. sein wissenschaftlicher Ratgeber die zur Illustrierung bestimmter moralischer Sätze dienenden Stoffe ausnahmslos der beidnischen und jüdischen Geschichte zu entnehmen pflegte; für ein *neutestamentliches* Historienbild, wie H. A. Schmid[1]) ein solches mit der Komposition «Christus und die Ehebrecherin» vorschlägt, wäre daher unter der Folge von ausschließlich «antikischen» Geschichtsbildern schwerlich Raum gewesen, während die in alter Kopie überlieferte Figur eines «Christus» im Cyklus der Einzelgestalten mehr allegorischen Charakters (Sapientia, Temperantia etc.) und als Seitenstück des «David» nicht stören konnte. Auch die Bildercyklen der Renaissance scheinen ihre Gesetze gehabt zu haben.

---

[1]) a. a. O. 88.

III.

In die Holbein nahestehenden Basler Humanisten- und Buchdruckerkreise führt uns das dritte Werk, ein Holzschnitt aus dem Jahre 1522, dessen Kenntnis wir Herrn Professor Fritz Baumgarten von Freiburg i. B. verdanken. Von Kinkel[1]) einst als Arbeit Hans Baldungs beschrieben, wurde der merkwürdige, einzig in dem Exemplar der Stadtbibliothek Zürich (Abbildung 5) erhaltene Holzschnitt vom Verfasser dieses Aufsatzes als Werk Holbeins erkannt. Baumgarten, der dieser Zuweisung beipflichtete, hat das Blatt neuerdings publiciert[2]) und mit einer eingehenden Erläuterung versehen. Die vollständige Feststellung der in mehr als einer Hinsicht interessanten Entstehungsgeschichte unsres Werkes ist indessen erst Herrn Dr. Theoph. Burckhardt-Biedermann gelungen, der seine Entdeckungen im vorliegenden Heft der «Basler Zeitschrift» veröffentlicht und uns durch diese Abhandlung der Aufgabe enthoben hat, auf den sachlichen Inhalt des Holzschnittes näher einzutreten.

Der *«deutsche Herkules»*, ein seinen Maßen nach fast plakatartiger Holzschnitt (0,315:0,222 Meter), gehört neben dem «kreuztragenden Christus» zu den größten, nach Zeichnungen Holbeins geschnittenen Werken. Seine Entstehungszeit läßt sich nicht genau ermitteln. Wir wissen nur aus einem an Vadian gerichteten Brief des Thurgauers Ulrich Hugwald, daß das Blatt soviel wie sicher in der Offizin des Joh. Froben erschien und daß der Künstler bei der Publikation die Rolle eines enfant terrible gespielt hatte: er hatte — vielleicht in der Stube des Druckerherrn Froben — der Unterhaltung des Erasmus mit einigen Humanisten beigewohnt und dabei, wie einst im Jahre 1515 bei der Illustrierung der laus stultitiae, die Gelegenheit erhascht, die spitzigen Redewendungen des Erasmus in einer flüchtigen Skizze («figmentum leve») festgehalten. Damit nicht genug, arbeitete er seine Skizze weiter aus; sie wurde in Holzschnitt vervielfältigt und unter den Auspizien Frobens als Flugblatt in die Welt hinausgesandt. Den rasch hingeworfenen Worten des Erasmus

[1]) Allgem. Künstler-Lexikon von J. Meyer, II, 636. — [2]) Zeitschr. f. Geschichte des Oberrheins, N. F. XIX, 245 ff.

Basler Zeitschr. f. Gesch. und *Altertum. IV. 1.*

geärgert waren. Da der Angegriffene Papst Hadrian VI. ist, *muß der Holzschnitt nach dem 1. Februar 1522,* dem Tage von Hadrians Papstwahl, entstanden sein.

[illegible] Holzschnitt nimmt sich in seiner beträchtlich rohen
[illegible] Ausführung anfänglich für Holbein etwas
[illegible] wirkt auch die Kolorierung einzelner
[illegible] es aber gelingt, über die Äußerlichkeiten der
[illegible], wird unschwer erkennen, daß der
[illegible]totentanzes auch dieses Blatt geschaffen haben
[illegible], höchst dramatische Aktion findet sich in
[illegible]er entstandenen «Totentanz» in gleicher
[illegible] Man beachte z.B. den Klage-Gestus des von
[illegible] *Herkules,* so gröblich angefaßten Ober-
[illegible]magistraten. Von Einzelheiten hat der Baum
[illegible] sein Gegenstück im «Ablaßhandel»,
[illegible] von Lützelburger geschnittenen satirischen
[illegible] zur Vergleichung geeignet der links im
[illegible]stehende Mönch mit der gegenseitig gegebenen
[illegible] der «Vertreibung aus dem Paradies» des
[illegible] im Vordergrund erschlagen auf der Erde
[illegible] mit der gleichen Persönlichkeit in dem
[illegible], das wahre Licht»; die krampfig ge-
[illegible] an Luthers Nase hängenden Papstes
[illegible] bei der Gestalt des Todes im Toten-
[illegible]Spieler»); die röhrigen Motive des Falten-
[illegible]tümlichkeit für den frühern Stil Holbeins.
[illegible] die genannten Züge für ausreichend zur
[illegible] Holbeinschen Ursprungs unsres Blattes und
[illegible]vor, welcher im Jahre 1522 tätige Basler
[illegible], lebensprühende Komposition für die
[illegible]wohl hätte schaffen können, wenn nicht
[illegible] seiner ersten Niederlassung in Basel zu
[illegible] gehörte, der sich in Joh. Frohens Hause
[illegible] eines Erasmus, eines Beatus Rhenanus er-

[illegible]mentum leve», die «flüchtige Skizze», auf
[illegible]Holzschnitt nach Hugwalds Angabe zurückgeht,
[illegible] *sachlicher* Natur. Der Künstler mag sich
[illegible] prägnante Ausdrücke, wie das Propos

des Erasmus vom «suspendere naso», mit Hilfe rascher Skizzen notiert haben. In seiner *kompositionellen Erfindung* ist der Holzschnitt — wir stellen unsre Hypothese nur zaghaft auf — vielleicht *nicht* das ureigene Werk Holbeins. Wie eng sich der Meister in seinen Bibel-Illustrationen der 1520er Jahre an fremde, deutsche und französische Vorbilder anlehnte, ist bekannt. Auch das vorliegende Blatt macht uns den vagen Eindruck einer parodistischen Umbildung irgend einer damals populären Simson- oder Herkulesdarstellung, die erst in der Holbeinschen Redaktion wahrhaft künstlerisches Leben erhalten hätte. Es würde uns nicht überraschen, wenn sich unsre Vermutung beweisen ließe und der fremde, etwa in den Dürerschen Kreis führende Ursprung des Schema unsrer Komposition zutage treten würde. Holbeins Ehre wäre damit wahrlich kein Abbruch getan, wenn man bedenkt, wie unendlich frei und geistvoll er seine oft sehr minderwertigen Vorbilder umzuwandeln wußte und wie er neue, eigenartige Kunstwerke aus dem spröden Stoff zu schaffen verstand.

Gewiß hat der «Hercules Germanicus» in manch reformationsfreundlichem Bürgerhaus nach mittelalterlichem Brauch als «Brief an der Wand» dienen müssen. Auf seine Bestimmung als Wandschmuck weist schon seine Kolorierung hin, die in Verbindung mit der derben, seitens des Xylographen unbewußt wirkungsvollen Mache viel zum markanten Reize des Blattes beiträgt.

Der Xylograph des «deutschen Herkules» ist offenbar jener Meister gewesen, der die 1521 von Thomas Wolff für ein Graduale und ein Missale benutzten Holbeinschen Titelblätter geschnitten hat, flotte, breit behandelte Arbeiten, die namentlich dadurch ein gewisses technisches Interesse erwecken, daß der Holzschneider sich in ihnen häufig im «Tiefschnitt» versucht hat, d. h. daß er auch mit der *weißen*, der in den Holzstock *eingegrabenen* Linie operiert und demgemäß die dreihundert Jahre später durch den Engländer Thomas Bewick eingeführte Technik bereits in ihren Prinzipien und Wirkungsrechnungen gekannt hat. Die Tiefschnitt-Technik mag überhaupt, wie die Folge der Pannerträger des Urs Graf lehrt, eine Spezialität der Basler Xylographenschule gewesen sein; Hans Lützelburgers magere, scharfe Schnittmanier steht zu ihr im schroffsten Gegensatz, wiewohl selbst Lützelburger hin und wieder die weiße Linie an ganz nebensächlichen Stellen gebraucht hat. Im « deutschen Herkules » zeugen von Anwendung des Tiefschnittes die meisten im Halbschatten liegenden Partien (das Gewand des fliehenden Mönches, die mittlere Partie des Löwenfelles, die rechte Seite des Baumstammes etc.); im Wolffschen Missale von 1521 (Heitz und Bernoulli, Basler Büchermarken, No. 10) ist vor allem die Behandlung der kassettierten Tonnengewölbe damit zu vergleichen.

Dem Ursprung der Basler Tiefschnitt-Technik und der Persönlichkeit ihres hauptsächlichsten Vertreters (Hans Herman?) nachzugehen, liegt außerhalb des Rahmens unsrer kleinen Untersuchung. Als feste Tatsache scheint sich zu ergeben, daß Holbein — darin verschieden von Dürer — seine Kompositionen nicht Strich für Strich auf den Holzstock gezeichnet haben kann; die große Verschiedenheit der nach Holbeinschen Vorbildern gearbeiteten Holzschnitte schließt auch eine solche Annahme aus. In der Mehrzahl der Fälle wird der Xylograph nach auf Papier getuschten Vorlagen gearbeitet haben, im Falle des «Hercules Germanicus» nach einer recht flüchtigen Skizze; nur die Totentanzbilder und ähnliche als Kabinettstücke zu behandelnde Sachen hat der Künstler vielleicht direkt auf die Stöcke aufgetuscht, die Übersetzung der Tonwerte in Schraffen jedoch auch hier dem Xylographen überlassen.

Holbeins Zeichnungsmanier würde ganz unwillkürlich unter den Einfluß des Holzschnittstiles geraten sein, wäre das Verhältnis des Künstlers zum Holzschneider nicht ein ziemlich lockeres gewesen.

Über Zeit und Anlaß des Flugblattes: Luther als Hercules Germanicus.

Von

Theophil Burckhardt-Biedermann.

Das Bild ist folgendes: Hercules Germanicus steht als Überschrift auf einem Täfelchen, das an den Zweigen eines starken Baumstammes hängt.

Luther, mit starker Tonsur und im Ordensgewand, von dem lang das Löwenfell herabhängt, über die niedergeschlagene Schar von Vertretern mittelalterlicher Philosophie und Theologie weit ausschreitend, hält in der hoch erhobenen Rechten einen Knoten mit langen, scharfen Spitzen, um den letzten seiner Gegner, den er am Hals mit der Linken niederdrückt, zu zerschmettern. Dieser ist als Hochstraten bezeichnet und hebt, laut schreiend, beide Hände jammernd empor. Durch Luthers Nase ist ein Strick gezogen (anders deutet Kinkel: «mit den Zähnen hält er»; Baumgarten: «am Haken seiner Nase hat er aufgehängt») an dem der erdrosselte Papst hängt. Der mit der Tiara bekrönte Papst lässt Kopf und Hände, diese krampfhaft übereinander gelegt, hängen. Unter den Erschlagenen und Niedergeworfenen sind folgende mit Spruchbändern bezeichnet.

Links unten liegt quer, mit dem Kopf links in der Ecke des Bildes Aristoteles. Hinter ihm, auf den Vorderleib geworfen, zunächst S. Thomas, also Thomas von Aquin; weiter schaut ebenda Occham in der Kapuze verwundert nach dem Schlagenden empor. Einer anderen unbenannten Mönchsgestalt, die auf dem Rücken liegt, sieht man in das dumme,

---

[1]) Anm. Über diesen Holzschnitt s. Fritz Baumgarten in der Zeitschr. f. d. Gesch. des Oberrheins NF. Bd. XIX, Heft 2 (1904). Die Besprechung des Kunsthistorischen überlasse ich Herrn Prof. Dan. Burckhardt, dem ich die Kenntnis des Blattes verdanke.

erschreckte Gesicht. Unmittelbar unter Luthers Füßen ist Lira — also Nicolaus de Lira — vorwärts zusammengesunken auf sein Buch, das er in der Linken hält. Von den Genossen fast erdrückt, liegt einer in der Mitte zu unterst. Er trägt ein Barett, schaut mit schlauem, fast spöttischem Gesicht nach oben um und hält mit beiden Händen das Buch, auf das er mit dem Oberleib platt hingefallen ist, und auf dem die Buchstaben stehen: L. IV SENTENCIAR (im Spiegelbild); es ist also Petrus Lombardus gemeint, der Verfasser der berühmten und oft kommentierten Sammlung dogmatischer Sätze aus den Kirchenvätern: libri IV sententiarum (so auch Baumgarten). Rechts unten liegt Holcoth, ebenfalls den Kopf mit gemeinen Gesichtszügen nach oben drehend. Rechts am Rande neben Hochstraten steht noch auf einem Zettel SCHOTVS, also der berühmte Duns Scotus, dessen Gestalt aber nicht sichtbar ist. Somit sind all die berühmten Lehrer der Philosophie und Scholastik, sowie der praktischen Theologie vertreten. Endlich sieht man links im Hintergrund einige Häuser, wie es scheint einer Stadt angehörig, am Fuße eines Berges, und vor dieser Landschaft flieht eine Gestalt in langem Gewande mit Zeichen des Schreckens davon; die Kapuze ist ihr auf den Rücken gefallen, und die Schnur des Gürtels fliegt hinter dem Eilenden hoch in die Luft.

Unter dem Bilde stehen folgende sechs Disticha, je drei in die linke und rechte Kolumne verteilt:

Germanum Alcidem tollentem monstra Lutherum
  Hostem non horres, impia Roma, tuum?
Nonne vides, naso ut triplicem suspenderit unco
  Geryonem, et lasset pendula crista caput?
Ecce tibi, insanos feriat qua mole sophistas
  Urgeat et rabidos strenua clava canes.
Ecce cadit male sana cohors, cui cerberus ipse
  Cedit, et in fauces fertilis hydra novas.
Quin igitur fortem agnoscis dominumque paremque,[1])
  Tendisti victas cui semel icta manus?
Erratum, mihi crede, satis, sape, teque repurga
  Aut Lernæ impuræ te sacra flamma manet.

[1]) Baumgarten liest: patremque.

Den deutschen Alciden Luther, der die Ungeheuer beseitigt, deinen Feind, fürchtest du nicht, gottloses Rom? Siehst du nicht, wie er den dreileibigen Geryones am Haken seiner Nase aufgehängt hat, und wie der herabhängende Kamm das Haupt in Mattigkeit sinken macht? (Der dreileibige Geryones ist eine Anspielung auf die dreifache Papstkrone; Baumgartens Deutung von lasset = laxet will mir nicht einleuchten.) Siehe da, mit welcher Wucht er die tollen Sophisten schlägt, und wie die stramme Keule den tollen Hunden zusetzt. Siehe, da fällt die unsinnige Schar, der (sonst) selbst Cerberus (an Wildheit) nachsteht, und die zu neuen Schlangenschlünden fruchtbar wachsende Hydra. Nun also, so erkenne ihn an, als Tapfern und Herrn und als ebenbürtigen Gegner, dem du einmal schon, als du getroffen wurdest, dich als besiegt ergabst. Glaube mir, es ist genug geirrt worden, sei klug, reinige dich, oder dich erwartet die Höllenflamme der unsaubern Schlange von Lerna.

Hiermit wird also Luther als Besieger seiner Gegner mit Herkules verglichen, seine Gegner mit dem Geryones, dem Cerberus, der Hydra, die wie einst von Herkules so jetzt von Luther besiegt und niedergeschlagen sind. Der Papst ist erhängt; die Vertreter der alten Wissenschaft: Aristoteles, die Scholastiker und mittelalterlichen Theologen liegen ohnmächtig zu Boden. Da das Bild im Jahr 1522 erschienen ist, wie aus dem später mitgeteilten Schreiben Hugwalds hervorgeht, so müssen Ereignisse der jüngsten Vergangenheit angedeutet sein. Es wird nun vor allen Hochstraten, der Theologieprofessor und Ketzerrichter zu Köln mitgenommen und sodann in einem der Verse darauf angespielt, daß die römische Partei schon einmal sich Luther gegenüber als besiegt erklärt habe. Wie mir scheint, kann damit nur der Erfolg der Leipziger Disputation gegen Eck gemeint sein. Dort wurde am 14. Juli 1519 entschieden, das Urteil solle den Universitäten Erfurt und Paris überlassen werden. Erfurt schwieg, weil man dort Luther günstig war, und als Paris endlich am 15. April 1521 Luthers Sätze verurteilte, ohne alle Gründe und ohne den wichtigsten Satz Luthers von der Verwerfung des Primates von Rom zu nennen, konnten die Evangelischen sich als die Sieger ansehen. Sofort beantwortete denn auch Melanchthon die Pariser Schrift mit einer Widerlegung. Später tat es auch Luther selbst in deutscher Sprache, indem er 1522 die Sätze der Pariser mit einer geharnischten Vor- und Nachschrift veröffentlichte. Er betont hier, daß man ihm gar keine Gründe entgegenbringe und den Hauptsatz von der Verwerfung der päpstlichen Überordnung über die andern Bischöfe schlau mit Stillschweigen übergangen habe. Dabei überschüttet er den Papst und seine Partei mit dem derbsten Hohn. — Hochstraten sodann spielte bei dieser Geschichte die Rolle des Vermittlers zwischen Eck und den Parisern, indem er auf Ecks Bitte, der in Paris nicht bekannt war, die Verwerfung von Luthers Sätzen empfahl. Nach dem Reichstag zu Worms wirkte er ohne Zweifel als tonangebende Person mit, als man zu Löwen und Köln Luthers Schriften verbrannte.

Luther hatte am 10. Dezember 1520 gewagt, die päpstliche Bulle öffentlich zu verbrennen, und hatte in mehreren Schriften immer siegesgewisser und höhnender seine Gegner angegriffen. Dieses kühne Auftreten konnte einen schadenfrohen Gegner der Päpstler, etwa einen Humanisten, wohl veranlassen, ihn einen deutschen Herkules zu nennen und als solchen darzustellen.

Aber es liegt in unsrer Darstellung doch auch eine Entstellung seines Vorgehens. Erstlich sind zwei unter den Erschlagenen, die der echte Luther nicht zerschmettert hätte. [illegible] eine ist Nicolaus de Lira († 1340), der Verfasser eines [illegible]kommentars, einer Postille, der sogar als Vorläufer der Reformation galt, so daß von ihm der Vers umlief: «si Lira [illegible], Lutherus non saltasset» (wenn Lira nicht ge[illegible], hätte Luther nicht getanzt). Der andere, [illegible] Holcoth († 1349), ein Theologieprofessor in Oxford, [illegible] schrieb ungefähr in dem gleichen Geist. Sodann [illegible] man Stimmung des Bildes und Ton der Verse [illegible] reformatorischen Sinne Luthers gemäss nennen. [illegible] naso suspendere bezeichnet einen Hochmütigen, [illegible] Horaz Sat. I. 6,5, und die dargestellte Aktion ist [illegible], übermütige. So sehr auch Luthers Schriften [illegible] Ton annehmen, z. B. in dem von Baumgarten angeführten Schreiben an Hochstraten im Jahr 1519, so ging doch sein Handeln aus einem ganz andern Grunde hervor. Und der Erfolg seiner Sache 1522 war noch lange nicht so gesichert wie es das Flugblatt vorgibt. Aus alledem geht hervor, daß das Blatt mehr die Gegner verlachen, als Luthers Bewunderung aussprechen will. Es ist die Sprache eines Humanisten, der in Luthers Tätigkeit mehr die Besiegung der Scholastik, als die Wiedererweckung des Evangeliums sieht.

Das ist auch der Grund, warum das Blatt von Ulrich Hugwald in einem gleichzeitigen Brief an seinen Lehrer und Beschützer Vadian besprochen wird. Und diese Besprechung, die mir durch glücklichen Zufall vor Augen getreten ist, teilt uns höchst erwünscht einiges Nähere mit über den Ursprung der Karrikatur. Ulrich Hugwald aus Wyl im Kanton Thurgau weilte damals in Basel als Korrektor in der Druckerei von Adam Petri. Er selber war ein eifriger Freund der Reformation; später gehörte er eine Zeitlang zu den Wiedertäufern, wurde aber dann Lehrer an der Schule auf Burg, zuletzt Professor der Logik.

Sein Brief an Vadian nun, der über unser Bild spricht, ist veröffentlicht in der Vadianischen Briefsammlung, die Arbenz in den St. Galler Mitteilungen zur vaterländischen Geschichte herausgab, und steht dort in den Nachträgen, Bd. XXVII, 3. Folge (1900) S. 246/7.

Mitto tibi hoc (es muß unser Blatt sein), non quod aut ego probem aut nesciam, tibi vehementer displicere; sed ut Satanæ se in mille figuras vertentis artes videas, qui per quosdam incautos huiusmodi levibus rebus suorum tyrannidem, iamdudum nimium irritatam in nos, excitat. Quod qua alia via, quæso, leviore sui regni iactura poterat facere? Res nullum habet fructum; est autem maximo infirmis scandalo. Semper ego veritus sum, ne ab inimicis evangelii fingerentur libelli sub nomine Lutheri. Nunc demum sero video factum a nobis ipsis, nihil minus cogitantibus. Colliges hoc argumento quorundam veri christianismi ignorantiam, qui putant, Luthero aut ulli evangelistæ aliquid cum Hercule illo, quem olim ob nescio quæ facta in cælum tulerunt, commune esse. Dubium non est, illos qui ita de caussa gloriæ dei sentiunt et somniant, omnes repugnaturos deo quantum quod maxime. Porro Romam eo die, quo prodibat, hic a quodam canonico (aderat enim non fortefortuna, sed Satana curante curtisanus ad iter adcinctus) missa est hæc pictura cum literis Erasmum auctorem indicantibus. An autem ipse sit auctor, nescio. Hoc scio, aliquando apud eum mentionem incidisse proverbii: suspendere naso, eumque eius proverbii admonitu talem quandam verbis depinxisse tragœdiam; quendam autem ex his, qui tum aderant, figmentum leve quidem arripuisse atque addidisse. Sed audio, totum facinus adscribi Erasmo, quam suspicionem confirmant primum officina, ex qua prodiit; deinde quod ingrata Roma prorsus non respondet eius adulationibus. Adrianus adulationis plenissimæ illi epistolæ non respondit; persecutura est eum Roma minime dignum. Quare non mirum esse arbitrantur, iratum Erasmum in Romam suam consulere, quicquid iubet splendida bilis,[1]) quæ est illi copiosissima. Faxit deus, ut medeatur illi hac via, ut scilicet impiorum, quibus adulatur, ingratitudinem expertus cognoscat deum et Christum eius, ut videat illi soli omnem prorsus gloriam, sapientiam, laudem adscribenda etc.

Hugvaldus tuus.

Hoc scripsi partim, ne suspiceris me harum nugarum adhuc auctorem, partim ut mei in te studii argumentum habeas, qui tibi etiam servire cupio in re levissima.

Der Brief ist undatiert, muß aber, wie der Herausgeber nachweist, im Jahr 1522 nach dem 1. August geschrieben sein, weil auf dieses Datum die præfatio des Erasmus mit der Schmeichelei an Papst Hadrian fällt. — Über den libellus oder die pictura weiß der Herausgeber noch keine Auskunft, nun ist sie durch glücklichen Zufall gefunden.

Das Resultat ist also folgendes. Das Flugblatt ist in der zweiten Hälfte des Jahres 1522 erschienen und wahrscheinlich aus Frobens Offizin hervorgegangen, die damals Erasmus Schriften druckte. Der geistige Urheber ist Erasmus, der in Anspielung auf die Redensart adunco naso suspendere Luthers Übermut über seine Widersacher verhöhnte. Äußerungen der Mißbilligung von Luthers Verfahren finde ich

---

1) «iussit quod splendida bilis»: Horaz Sat. II. 3, 141.

z. B. in Erasmus Brief an Justus Jonas vom 10. Mai 1521, wo er die Angriffe Lutners «auf den römischen Pontifex, auf alle Schulen, auf die Philosophie, auf die Bettelorden» tadelt, sowie seine Art, alles unter das gemeine Volk zu werfen, was nur vor Gebildete gehöre. Und statt die übermäßige Wertschätzung der Aristotelischen Philosophie oder Sophistik zu tadeln, nenne er die ganze Philosophie des Aristoteles den Tod des Geistes. — Dergleichen Äußerungen Luthers finden sich z. B. in den Schriften gegen Ambrosius Catharinus vom Juli 1521, an den Adel deutscher Nation, von der Babylonischen Gefangenschaft der Kirche, welche letztern beiden Schriften eben damals, laut Schreiben an Herzog Georg von Sachsen vom 3. September 1522, dem Erasmus bekannt wurden. Und hier klagt der Gelehrte auch über persönliche Anfeindungen der Lutheraner und sagt sich von Luther los. Gerade in diese Zeit paßt es also vortrefflich, wenn ein Flugblatt des Erasmus Stimmung Ausdruck gibt: der Luther glaubt über alle Gegner Herr zu sein und gebärdet sich als ein deutscher Herkules.

·em Diarium des Johannes Rütiner von St. Gallen

aus den Jahren 1529—1539.

Von

Th. von Liebenau.

ıtadtbibliothek St. Gallen (Vadiana) besitzt das
; Johann Rütiner, der als Ratsherr seiner Vater-
ırc 1556 gestorben ist. Während Johann Kessler,
hwiegervater, in deutscher Sprache das köstliche
ata verfaßte, schrieb Rütiner in den Jahren
das zwei Oktavbändchen umfassende Diarium
Küchenlatein. Weitaus die meisten Nachrichten
ehalten. Überwuchert das rein Lokale, nament-
ltklatsch, in diesem Buche das für grössere Kreise
, so findet sich unter dem Schutte doch manche
ıns dieses «historische Anekdotenbuch» wertvoll
äßt.

ıtizen sind weder chronologisch, noch nach Materien
Gewöhnlich nennt Rütiner seinen Gewährsmann.
vormaligen Studienort Basel (1519—1524) be-
iner eine große Anhänglichkeit.

ings sind manche seiner Aufzeichnungen durch
leichzeitige Nachrichten überboten worden, so
ie Überschwemmung vom Jahre 1529, die einen
ı 6000 aureorum (Goldgulden) verursachte (I, 45),
aber die allzu summarische Mitteilung über den
ı Galgenkrieg und die Säkularisation der Klöster
), oder der Bericht über den Kartäuser Scheggen-
3) Auch die Kriminalgeschichten und Relationen,
en Mann ohne Arme, der mit den Füßen das

Haar kämmte und Geld in den Mund stieß, 1529 aber als Räuber gerädert wurde; über den 23jährigen Domherrn von Reinach u. a. (I, 56; II, 100—101) verdienen nur kurze Erwähnung.

Wertvoller sind die allerdings oft kurzen Nachrichten über literarische Angelegenheiten, über Freunde und Gegner der Reformation; z. B. I, 31: Johannes Sussenbrot, ludimagister, jam Ravenspurg, prefectus bursæ Basileæ dum ego ibidem, uxorem habet avidissimam ut libros emat, rarum in uxore.

Glarean bewohnte das Haus hinter der Blume, wo der Buchladen des Johann Gebentinger sich befand.

Im Zeughause in Basel (bombardarum domo) zeigte man ein merkwürdiges Schwert (I, 85).

Wir teilen hier einige auf Basel bezügliche Stellen mit:

Als Student in Basel hörte Rütiner von seiner Kostfrau, der Gattin eines Metzgers, oft von der Schlacht bei St. Jakob an der Birs erzählen (I, 178). Allein die Geschichte von dem durch einen Steinwurf getöteten Ritter wurde von dieser nicht auf den Ritter Münch bezogen, sondern auf einen Nobilis de Lapide . . . inquit: Illud dicitur in rosis deambulare. Audiens Helvetius arrepto lapide consternavit nobilem, in sinu mulieris subito morientem.

Schauspiele.

Luserunt Basileæ discipuli m. Gabrielis Beronani preceptoris mei haud penitendi. Anno 1523 et 1524 Andriam et Eunuchum Terentii in presentia episcopi Basiliensis Nicolai a Diessbach in atrio de Rinach canonici. Item Curculionem Plauti.

Ausimus et nos sub preceptore m. Martino Vonvillere institutione provisoris (ut vocant) de Bremgarten prope Termopoli oriundo, viro facundissimo, anno 1519. Idem instituit Historiam trium regum, ut vocant, magna pompa ludi; fueruntque reges Cantengüsser, Mertz prelongus Herodes fuit cum ingenti numero aulicorum, inter quos et scribæ et pharisei fuerunt, e quorum numero unus fui. Anna Bechimerin Maria fuit. Actum est dominica post festum trium Magorum, die frigidissima.

Idem ordinavit choream mortis.

In hoc anno Vitoduri in ditione Turegensium lusa est historia Judith quemadmodum Holoferno caput amputat, Junio.

Friburgi Brisgoiæ singulis annis luditur historia supplicii Christi in festo corporis Christi, ut vocant. Anno 1523 luserunt eandem in presentia Ferdinandi.

Über Waldmann.

Waltmann eques et consul Tiguri frater[1]) fuit monachi nostri cœnobii. Hanß Schlumpf una Termopoli fuit; singuli pagi et legatis senatus illuc missis donarunt in balineum. A duce quodam excellentissimo cervo et 300 aureorum. Hic cum aliis 6 proditurus Helvetiam mandavit, ut omnibus canibus stipites longitudine ulnæ appenderentur, conquerentes non posse feras acquirere rustici facto tumultu sono maximo obsidunt, intromissi noluere egredi donec decollatus, bibenzelten et ficus comedentes. Decollatus cum aliis 6.

Impudicus scortator fuit. 6 scorta Termopoli cum uxore in unis edibus. Aviam hospitæ meæ Basiliensi Freni muneribus et aliis sæpe intentatam. Hac arte congressus conduxit Tiguri eius balneatorem, ut eum certiorem faciat, quando balneum ingrediatur; ingressa in hipocaustulum ut se induet, et ipse ingressus eam congreditur, valida ipsa et nuda tamen vicit eius impeṭum clamando. Deinde balneatorem accitat in foro iudiciali.

Waltmann acutissimus summus Helvetiorum proditurus Helvetiam cum 6 aliis; ipse futurus preses decolatus, facto pulpito. De eo facta cantilena querulosa. Penituit Tigurinos eum interfecisse. Hans Schlumpf dixit: sella decollatus ob pinguedinem.

Kohlenberg-Gericht.

Basileæ in vigilia s. Jacobi omnibus mendicantibus datur cena, die prandium, vespero fit chorea claudorum, cecorum et cuiuscunque mechi quisque teneatur Bacchi remedio convalescit, altero mane 3 vel 4 paria sepe connubia contraxere. Nůrnberge haud dissimile fit cum leprosis am grünen Dornstag, quia quicunque eo tempore confluxerint correpti

---

[1]) Vide Archiv f. schweizer. Gesch. V, 120.

lepra prandium lautissimum ab urbe accipientes, ditissimi administrantes mensæ; deinde fit censura, qui eo morbo laborat donatur toga, camisio et calceis; aliquando ultra 2000 veniunt.

Befestigungen.

Lentzburg arx validissima adeo insolitis saxis congesta, ut horrenda visu, vetustate, 8 bombardis munita. Berna variis bombardis provisa, item telis, antiqua armatura, ut omnes hostiles vehere possit inutiles.

Sed Basilea excellit eos armatura.

Conrad Scharawill.

Schilderung der Gelehrten.

Grynæus ab der Alb prope Tubingen oriundus doctissimus in omni scientia precipue autem in mathematica excellit, homo lepidissimus, simillimus et alter Klemens Conradus est, nisi quod aliquantulum macilentior est.

Calvinus autem non ultra 30 annorum adolescens quasi de nobili stirpe ortus, munde vestitus, Basilee etiam fuit eo tempore, quo Vadianus et Dominicus. Una ad prandium invitati in ædibus Joannis Oporini et Grynæus. Gebennæ gratis literas profitetur Pharellus verbi minister.

Bernates omnes exules doctos suscipiunt Gallos, quo introitum in Galliam parent.

Nůwenburgæ excellentes doctores sustentant Vadiani æstimatione.

Biel non minoris autoritatis unum talem habet. Maxime doctis viri instructi Basilienses. Miconius et Carolstadius sacris presunt, Gryneus et Opperinus polliciori literaturæ et grecis.

De Berna quidam nobilium adolescentum pædagogus et præceptor insigniter doctus. Maximeque doctus est etiam Opperinus Vadiani iudicio.

Joannes Bebelius Basileæ Welschhans dictus proprie; impressit disputationem Stephani Stoer de matrimonio sacerdotum, quam et suus socius excepit. Jam generum habet impressorem. Joannes Knobloch mortuus est.

Adam Petri frater Joannis Petrei fuit. Sebastianus Munsterus eius uxorem duxit, cuius privignus Henricus Petri.

Hervagius Jo. Frobenii uxorem duxit.

Hieronymus Frobenius et Jacobus Nepos eius schwager una cudunt in aula circa s. Albanum.

M. Melchior[1]) de Solodurino græce nobis Luciani aliquot dialogos legit, lætus homo.

Philippus Engelbergius Eugentinus Friburgi 6. Eneidos librum prelegit, aliquot lectiones audivit, quum Aeneas ad interfectos Troianos mortuos venit.

Erasmus in Basel.

Joannes Oporinus salutaturus Erasmum nomine universitatis 2 cantharis Malvasier repletis, manum manu excepit, prosit, non nihil, clamavit, Erasme Desiderie! Laboro chiragra! Attonitus pictor conceptam orationem nescivit absolvere. Laborat et calculo macilentus, subinde dicit abiturus, nemini suum propositum apperit; illuc venit impressurus Ecclesiasten.

Reformationswirren.

Lictor, Laderer panicida et Stephan Bart proditionis insimulati, quasi exercitum peregrinum intromissuri nocte. Lictor in 4 partes scissus. Stephan Bart evasit, Tigurum migravit medicus pustularum. Laderer diu captus sepiuscule quasi iam iam damnandus expectatus tandem dimissus innocens.

Nisi 3 prosapia de nobilibus Hildbrant maximus tribunus in monte s. Petri preivit ut capitaneus in destruendis idolis.

Heinrich Eptinger rusticum agit cum scorto; uxor eius moriens exhereditavit eum.

Heinricus Meltinger niger consul aufugit et tribunus 4 hebdomada moritur Colmariæ ex komer.

Similiter et seniori de Rinach contigit migrando Friburgum. Frater autem puellarum delusor et feminarum idem huc venit, 4ter captus propter scortationem.

Jacob Mayer ad nigram stellam in regione Piltfactorum, [illegible] hospes zum Hirtzen in suburbio Cinericio[2]), pater [illegible] a Lienhart frenesi, consul est, et Adelberg Mayer

[1]) [illegible] oder Dürr, der Reformator von Solothurn. — [2]) Äschen-[illegible]

ignoratur cui partium fávet; officium suum expletum, ceterum neque per familiares neque litteras experiri potui.

Frater eius Bernardus aperte agit, qui etiam undique mittitur pro functione legationis cuiusvis.

Jacobus zum Hasen vendidit suam arculam cum prediis et pecore 5 ^{M} flor. monete. Gener suus unicæ filiæ nolens dimittere, in ius inierunt, appellatum ad Helvetios, prius Soladurum, in quorum ditione sitam totam summam altercando perdidit, ultra 5 ^{M} flor. sumptus. Ceterum boni ludendo inter rusticos Rottelen dilapidatur. Quemadmodum congesta, ita diffluunt.

Pastori in summo 260 fl. annuatim numerantur, totidem in minori oppido, apud s. Leonardum si bene memini 160 fl.

Quemadmodum die carnisprivi idola destruxere, sequenti phasce capitulum omne Friburgum secessit, nullo canonico exempto, pluribus autem sacellanis in communi munere relictis, paulatim et postea redierunt sacellani aliquot. In mortuorum sacello suas ceremonias agunt, campanas de Basilea advehentes et omnia pulsantes.

Omnia hæc bibliopola Basiliensis retulit, interfuit omnibus.

Als eifrigen Gegner der Reformation nannte Markus Ritter den Mathias Kolb, alias iam senator esset.

Jacobus Imelin per nasum loquens Basileæ evangelium primitus promovit (apud) s. Hulrich pastor, quod sacellum ad summum pertinens, ordinatus a senatu ad s. Elisabetham per integrum annum ibidem concionatus primitus cum Wolffgang Wissenburger in prochodochio. Ille jam pastor s. Theodori multum refragantibus oppidi minori incolæ tandem convertit.

Carthusiani Friburgum migrarunt.

Leonardus s. Petri pastor iam Altenaw, ubi consistorium episcopi est, quemadmodum hic Ratolffzellæ, egregie ut semper adversatur.

Imelin apud S. Albanum pastorem agens apud pistorem senem cum juvencula uxore habitans rem cum ea habuit. 3 capti, vir et mulier prohibiti, quasi vir conscius permiserit. Imelin prostitutus ad pranger. Deinde virgis cesus.

Prohibitus propterea Augustæ agere.

Erasmus a Friburgo rediens publice legit super Apocalipsi, audivit eum legentem. Friburgenses autem theologi invidia propter evangelium moti revocarunt eum, nisi redeat stipendium perdat. Itaque in suum locum senatus consensu Osualdum Myconium absens 60 gl. habet a lectione, Osualdo 30 dans, semiannum legit.

Ex Minoritarum claustro factum prochodochium, ibidem mane 5 semihora laborantibus concionatur, 5 nocte doctor Paulus et Hedio hebraice legunt in summo templo.

In omnibus claustris prefectus constitutus senioris protoscribæ filius, Johannitarum domo, etiam mulierum. Albani fratres migrarunt in claustrum in Steyn supra Rhenum, cuntibus versus Nuwenburg, venditis regalibus suis senatui.

Thomas Gyr, natus de Friburgo Uechtlandiæ, ibidem fratres adhuc, primus uxorem duxit, strenuissime adversus missam omnibus accurrentibus concionatus.

Ultime accessit Marcus Bertzschy.

Minoritarum pastor vocem habet tanquam thaurus, prochodochium procurat cena domini et concionando, an Steynen in claustro Magdalenæ hospitatur.

Suffraganeus et Oecolampadius ordinati Thermopolim disputandum. Simulavit morbum; in eius locum ordinatus Jakobus Wieler minorita [1]; redeuntes palam in cancellis proclamavit. Suffraganeus ipse promisit vitam perdere propter evangelium. Abnegavit pergere Thermopolim. Adeo invaluit in plebe, ut ferme dimidiato anno latuit. Tandem iterum subrogatur, ut 3 in feriis et 12 dominicis diebus concionaretur. Ipse suum comitatum, dominum Marcum sacellanum suum et fratrem, comites ad cancellos usque habuit, largissime pauperibus ut semper distribuit.

Augustinus Marius ei successit ordinante episcopo. Ille furibunde contra hereseos insinuavit, adeo se ipsum odibilem fecit, ut destructis imaginibus aufugit vestitus modo evaserit armati ascendentes textores et vineatores, quorum tribus censetur 600 viros habere. Venientes ad ædes domini de Pirth argenteis poculis vino in doliis offerendo suscepit. [illegible]tum apud s. Albanum.

[1] Irrig: Lüthert, der Pfaffe von Luzern, war in Baden.

Quater brevi igne damnum accepere. Tribus piscatorum penitus exusta cum literæ regales quibus donate de profectione Franckfordiam versus etc., que omnia maximo sumptu Oeniponti apud Cesarianos recuperarunt; pocula argentea et pecuniæ tribus.

Cui domus accenditur 10 gl. oportet numerare senatui in damnum, quorum qui primum vas aquæ adducit 1 habet, secundum ½ gl., 3 autem 15 cr.

Ad forum usque granarum domus accensi, sed sine damno redempti. Tectum Coronæ tamen destructum.

In festo pasche 3 hora 12 conbussit in der Wissen regione domus sub balneo, 6 verri penitus conbusti.

Extra urbem Harnesters lanei stabulum cum pabulo ultra 500 gl. estimatum, suspicatur ob fidei causam accensum.

Pro modio farri civis dat 6 plapart, pistoris servo apportanti nisi obulum. Si quis suum educavit vel emit pro 2 ꝉ 1 h.

Dominica post Joannis eligitur consul ex singulis tribubus, quarum sunt 15, 2 viri in senatum, totidem sunt veteris senatus, maioris vero ex singulis tribubus 8. Nisi 2 consules et 2 tribuni eiusdem ferme potestatis, cui etiam 6 lictores comitantur, veterabus 2.

In destruendis idolis Basileæ hora 2 incipientes inclinante nocte etiam in minorem oppidum transgredi paratis in ordine bombardis restituri senatus intercessione et proclamatione in crastinum ipsi facturi destiterunt. Bibliopola ille.

Episcopus ille, qui canonicus fuit Wirtzburgensis, Philippus, humanus homo, nemini refragans; quemadmodum omnia invenit, ita nihil imutavit; patitur profiteri evangelium apud suos proprios undique, Brontruti agens census et redditus poscens, de fide non querit; dimittit etiam canonicos irritantes eum. Intrante novo episcopo urbem senatus 2 halbfuder vini excipientes. Intrat et exit suo arbitrio. Canonicis nisi 2 diebus permittitur etiam in hospicio, si ultra omnia sua perdiderunt.

Cratander suam officinam habuit in aula præpositi, qua itur ad s. Albanum, latissimam, quam nunc Vesthemero vendidit 2[M] fl., item omnia, quæ ad rei negotium, si recte

e transtulit in pagos Rôtelen census et redditus, ens liberos.

zum Wolff an Spalen, qua itur versus s. Petrum. madmodum olim Panphilus ita ipse cantilenas, enus ludicra imprimit. Etiam Job historiam mihi retulit, industria impressit, quia ipse cum uri monachum de Kungsfelden habet com- lle a senatu impetravit, ut pœtaster ille revisit. næ Volphii habet, cerdonis filiam.

h pusillæ staturæ homo, eiusdem formæ cuius Ulmæ Gallus.

us Wormatiæ officinam incepit quam nunc

Bibliopola.

gebürtig von Wil im Thurgau, studierte in Buchhändler vertrieb er besonders Kalender, aßbriefe; seine Frau war von Mengen. 1538 Lukas Scherer von Basel 18 Ballen Bücher (II, 249).

war, wie wir aus Kesslers Sabbata [Wartmann, vernehmen, im Besitze einer umfangreichen eshalb interessierte er sich auch für die Ver- Buchdrucker und Buchhändler. Für die Öffent- Rütiners Diaria oder Comentarii nicht bestimmt, Stellen über die angeblichen Verrätereien in schlachten und die Skandalchronik zeigt, in ihrsmänner für jede üble Nachrede genannt stattet Rütiner besonders reich für die Führer n aus.

Eine unaufgeklärte Episode aus den 1830er Wirren.

Von

Daniel Burckhardt-Werthemann.

Jedem Sammler von schweizerischen Karikaturen dürfte eine Anzahl Lithographien bekannt sein, in denen die Sarner-Konferenz, jener 1832 von einigen konservativen Ständen der Eidgenossenschaft geschlossene Sonderbund, in der damals üblichen, wenig graziösen Manier verspottet wird. Ein häufig vorkommendes Motiv des satirischen Angriffs bildet eine dunkle, schon in den Augen der Zeitgenossen mysteriöse Angelegenheit: *Die Bemühungen der Sarner-Konferenz und namentlich des Standes Basel um die Intervention fremder Mächte zur Ordnung der verwirrten schweizerischen Angelegenheiten.* Oft mehr nur andeutend, oft in breit ausgeführten Episoden schildernd bringen die Karikaturen-Zeichner den gehässigen Stoff vor. Merkwürdig bleibt es, daß auch von einem gut baslerisch gesinnten Maler, L. A. Kelterborn, die Angelegenheit mehrfach künstlerisch behandelt worden ist; den schwer geprüften Baslern sollte damit offenbar nicht ein Hieb versetzt, sondern vielmehr ein tröstlicher Ausblick eröffnet werden.

Als sich der Verfasser vor einiger Zeit bei Anlaß seiner Studien über «die politische Karikatur des alten Basel»[1] auch mit dieser Interventionsfrage zu beschäftigen hatte, wurde ihm nach und nach eine Reihe ganz absonderlicher Dinge bekannt, deren Kenntnis er den Lesern dieser Zeitschrift nicht vorenthalten möchte, zumal die zahlreichen, über

---

[1]) Abgedruckt im Jahresbericht des Basler Kunstvereins für 1903, S. 1 ff.

30er Wirren gedruckten Werke hierüber wenig oder
inen Aufschluß bieten.

)as im nachstehenden gebrachte wird schwerlich im-
sein, die rätselhafte Angelegenheit, die ein volles Jahr
ch alle Gemüter aufs eifrigste beschäftigt hat, voll und
ufzuklären; dafür sind aber die von uns publizierten
iente — Briefe, Tagebuchnotizen, Gesandtschaftsberichte,
rgabe von im Basler Großen Rat stattgehabten Erörte-
, Zeitungsartikel — wohl geeignet, ein psychologisch
lles Stimmungsbild aus jenen längst vergangenen,
n Zeiten zu bieten.

)ie Hauptquelle unsrer Mitteilungen sind die Aufzeich-
1 des 1844 verstorbenen Ratsherrn Emanuel Burckhardt-
1(-Iselin), eines im allgemeinen ruhig denkenden und
us nicht sensationslustigen Baslers, der zwar schon im
1831 von seiner Kleinratsstelle zurückgetreten war,
steten Kontakt mit den regierenden Kreisen bei-
n hatte.

'ür Burckhardts unabhängige Gesinnung zeugt sein
riger Verkehr mit *Heinrich Zschokke.* Auf neutralem
hatten die beiden Männer einst einen Freundschafts-
geschlossen, der auch die Feuerprobe der leidigen
r Wirren zu bestehen vermochte. Es war ein damals
ich seltenes Vorkommnis, daß ein Basler Ratsherr mit
der Häupter des schweizerischen Radikalismus einen
1, sachlichen Briefwechsel über politische Dinge führen
, einen Briefwechsel, an dem wenig von der damals
ein grassierenden gereizten und gehässigen Stimmung
spüren ist; ohne Phrase sprachen sich die Schreiber
iber alles aus, was ihr Herz bewegte, der eine durfte
der Diskretion des andern völlig sicher sein.

)ie tagebuchartigen Aufzeichnungen Burckhardts so-
— er nennt sie «Szenen aus des Verfassers Lebens-
— geben in bunter Reihe alles im damaligen Basel
hene wieder; von besonderm Wert sind die Mit-
en über die Groß- und Klein-Rats-Verhandlungen,
die dürftigen offiziellen Protokolle mit Farbe und
erfüllen; auch die aufgezeichneten «Privatgespräche
litikern» enthalten manches Neue.

Was wir über die Angelegenheit der «fremden Intervention» beizubringen vermögen, findet sich zerstreut in vier großen Folianten der Burckhardtschen Manuskripte (VI, VII, X und XI); wir lassen im folgenden vor allem diese zeitgenössischen Berichte sprechen und beschränken unsre eigenen Ausführungen auf wenige orientierende Notizen.

* * *

Auf den in Basel laut gewordenen Gedanken einer fremden Intervention, hat als erster *Heinr. Zschokke* angespielt. Sein Brief wurde geschrieben, als Basel sich eben mit den Ständen Uri, Schwyz, Unterwalden und Neuchâtel zur *Sarner-Konferenz* vereinigt hatte, nachdem seitens der Tagsatzung trotz Basels energischen Protesten der verhängnisvolle Beschluß vom 5. Oktober 1832 ergangen war[1]) (Trennung Basels in zwei Staatswesen). Das Schreiben lautet:

Aarau, 26. Nov. 32.

« Dankbar, mein theuerster Herr Rathsherr, bescheinige ich Ihnen den Empfang Ihrer lieben Briefe, die mir *alle* richtig zugekommen sind. Nur die drei Wochen lange Sitzung des großen Rathes hinderte mich, wie auch an viel dringenderem, Ihnen zu antworten.

Was auch endlich aus den Wirren Ihrer lieben Vaterstadt werden soll, errath' ich nicht. Niemand verliert bei diesem Zögern als Basel. Das Schweigen des Vororts ist mir unerklärlich. Das Nichterscheinen der fünf Orte wird die Schweiz nicht abhalten, ihre Tagsatzung zu halten und zu beharren bei dem, was beschlossen ist. In der Basler-Sache, ich wiederhole es, ist von Allen gefehlt, und wird noch immer gefehlt.

Die Tagsatzung wollte ja einst auch vermitteln: Ihr Großer Rath nahm es nicht an. Jetzt wollen die fünf Kantone vermitteln, die sich immer für die Stadt gegen die Landschaft zeigten; es läßt sich voraussehen, die Landschaft anerkennt diese Vermittler nicht. Aufgenommen in den eidsgen. Bund, kennt sie Niemanden über sich, als die Tagsatzung.

[1]) Heusler, Die Trennung des Kantons Basel, II, 239 ff.

Wie dann weiter? — Fremde Einmischung anrufen? — Es wäre *unfruchtbarer Hochverrath;* denn das Ausland, ohne *Recht* zur Einmischung, und in Gefahr, abgewiesen zu werden, hat wichtigeres abzuthun. Minima non curat prætor. (Das glaubt man vielleicht bei Ihnen nicht.)

Säß ich im gr. oder kleinen Rath zu Basel, würd' ich sagen: «Beim ewigen Zaudern verlieren wir das Meiste; zur Gewalt haben wir nicht Kräfte genug; Wiedervereinigung mit der Landschaft ist nicht sobald möglich; Reconstituierung mit unausgesöhnten Gemüthern noch viel weniger; fremde Hülfe dürfen wir nicht erwarten, höchstens wird man in einem künftigen Kriege unsre Geldkisten brandschatzen, *zumahl wenn wir muthwillig aus dem Bund treten.* Es könnte ein Tag kommen, da es um Basels Wohlstand auf immer geschehen ist. Also erwarten und wünschen wir keinen Krieg! Der Krieg ist ein Heilmittel für unsre Noth, wie der Tod das beste gegen unerträgliches Zahnweh. Wer will gern solches Panacé?

Also müssen wir einen andern Weg einschlagen. Schließen wir mit der Landschaft einen förmlichen Vertrag ab über die Art und Weise, wie wir künftig gegenseitig in unsern Verhältnissen bestehen wollen. Ist der Vertrag geschlossen, theilen wir ihn den übrigen Ständen mit. Durch Haß und Erbitterung verschlimmern wir unsre Sache; durch Offenheit und Würde gegen den Feind gewinnen wir mehr von ihm als durch ohnmächtige Gewalt. Wir sind von Allen verlassen; so wollen wir uns selber nicht verlassen und, statt mit der Eidsgenossenschaft, unmittelbar mit den Häuptern der Landschaft zusammentreten; erst durch achtbare Privatmänner, als wär es auf ihr eigenes Versuchen, dann — officiell. Ich wette, man würde sich bald verständigen.»

So würd' ich in Ihrem Rath sprechen (bei geschlossener Sitzung), würde geschätzte Männer zur Einleitung des Geschäfts vorschlagen, z. B. Hrn. Em. Burckhardt, den ich ehre und liebe, und dem ich bleibe immerdar

H. Zschokke.»

Wir verzichten darauf, die im Laufe des Winters 1832·33 und im Frühling 1833 in Basel laut gewordenen und sich hartnäckig behauptenden Gerüchte über die Versuche, fremde Intervention herbeizuführen, in ihren verschiedenen Versionen hier wiederzugeben. Am 19. Februar 1833 hatte der Abgeordnete Salverte in der französischen Deputiertenkammer den Minister des Auswärtigen öffentlich angefragt, ob die Tatsache richtig sei, daß Basel, «ne voulant plus se soumettre aux décisions de la Diète a pensé à se rendre ville impériale». Die Antwort des Herzogs von Broglie ging dahin, daß das Ministerium des Auswärtigen nichts von derartigen Absichten Basels wisse. — Dem Interpellanten scheint somit das auch Zschokke bekannte Gerede zugetragen worden zu sein. Interessant ist, daß sowohl bei Zschokke als auch bei Salverte das Gerücht vom Interventionsgesuch bereits um das Moment von «Basels Austritt aus dem Schweizerbund» erweitert erscheint.

* *

Hatten wir es bis jetzt lediglich mit mehr oder minder vagen Gerüchten zu tun, so nimmt nach dem 3. August 1833 die Sache festere Formen an.

Die Expedition vom 3. August war mißlungen. Die Tagsatzung hatte zwei Kommissäre, den Staatsrat R. Steiger von Luzern und den Schaffhauser Bürgermeister v. Meyenburg nach dem Kanton Basel gesandt und gleichzeitig den Bundesauszug von drei Kantonen in eidgenössischen Dienst gestellt. Am 7. August ging Bürgermeister und Rat das folgende Schreiben zu:

> Hochgeachteter Herr Bürgermeister,
> Hochgeachtete Herren,
>
> Wir finden uns veranlaßt, von Ew. Hochwohlgeboren die Erklärung zu verlangen, ob die Stadt Basel bereit ist, sich durch eidg. Truppen besetzen zu lassen oder aber *nicht*. Eine unumwundene Erklärung erwarten wir bis Freytag Abends in Rheinfelden. Trifft keine zusichernde Antwort ein, so werden wir dieses Ausbleiben als eine abschlägige Antwort betrachten und auch darnach unsere Vorkehrungen anordnen.
>
> Die eidgen. Commissarien
> *J. R. Steiger*
> *V. v Meyenburg.*

Mit dieser Note war «der Augenblick des wichtigen Entscheides eingetroffen zwischen Unterwerfung oder fernerem Widerstand». (Heusler a. a. O., II, 447.) Der Große Rat hatte hierüber am 9. August (Freitags) zu beschließen. Wir teilen folgendes aus dem Verlauf dieser denkwürdigen Sitzung mit:

Bürgermeister Frey eröffnete die Sitzung mit der Mitteilung, daß der Kleine Rat darauf antrage, «man solle ihm Vollmacht zum Traktieren geben, um eidgenössische Besatzung einnehmen zu dürfen, denn der Sarner Bund sey gesprengt und Hr. Bürgermeister Burckhardt befänden sich wiederum hier». Der von Ratschreiber Braun verlesene Ratschlag wurde hierauf durch *Bürgermeister Carl Burckhardt* warm unterstützt: «Wir wollen sehen, ob und welche Zusicherungen wir von den eidgen. Kommissarien erhalten können und dann wird es sich zeigen, ob wir uns fügen wollen oder nicht, ein fernerer Widerstand aber ist schwer und wir dürfen *ja* nicht reizen etc.» Nachdem Präsident *Bernoulli gegen* den Ratschlag und *Deputat La Roche für* denselben gesprochen hatten, meldete sich *Peter Vischer-Passavant* zum Wort und sprach folgendes:

«Hätten wir Brüder an der Tagsatzung, so wäre alles gut; es tut mir leid, daß ich es sagen muß, es sind ... (folgt ein starker Ausdruck) Feinde, die mit Haß und Rache beseelt, unsern Untergang wollen, *das* müssen wir ins Auge fassen; sie wollen uns demütigen und in Ohnmacht sinken lassen. Nehmen wir Truppen auf, so sind wir verloren, nehmen wir sie nicht auf, — ebenso. Sowie die Bürgerschaft entwaffnet wird, setzt es blutige Hände; die Bürgerschaft verteidigt sich, so werden nicht wenige auf dem Schaffot bluten müssen und zwar von unsern herrlichsten und vortrefflichsten, denn die gemeinen Seelen trifft dies Los nicht. Laßt uns doch den Landfrieden öffentlich geloben, aber die Exekutionstruppen abweisen. Wenn sie *damit* nicht zufrieden sind, — wir sind in einer schweren Lage, — jedes Wort ist wichtig, — sie (d. h. die Kommissarien) werden ein unumwundenes ‚Ja' oder ‚Nein' von uns haben wollen und sich durch unsre Finessen diesmal nicht wollen hinhalten lassen. ‚Ja' oder ‚Nein' sollen wir

Ich spreche es mit schwerem Herzen aus, — Pause. — lieber den Schutz der alliierten Mächte angerufen als sich ergeben. Die hohen Mächte sollen uns retten und helfen, das ist mein förmlicher Antrag! Wir sind gerechtfertigt, wenn wir dies tun, denn die auf uns wie Kettenhunde losgelassenen Polen sind ebenfalls weiter nichts als fremde Intervention. Wir sind gerechtfertigt, denn wir sind nicht die ersten, welche Fremde in die Schweiz gerufen. Jetzt ist die Zeit wirklich vorhanden, fremden Schutz anzurufen. Wir wollen zwar unterhandeln, aber die Truppen unter keinerlei Vorwand einnehmen, tausendmal lieber fremder Schutz angesprochen!»

Mehrfach angegriffen, aber auch von zwei Seiten [J. J. Bischoff-Deurer, Forcart [1])] kräftig unterstützt, meldete sich der Redner später nochmals zum Wort und führte aus, daß die willkürlichen Veränderungen, welche die radikale Tagsatzung neuerdings an dem vom Wiener Kongreß anerkannten Bestande der Eidgenossenschaft vorgenommen hätte, eine Intervention der Mächte geradezu bedingen müßten.

Ratsherr Wilh. Vischer-Legrand: «Fremde Intervention wäre fürwahr ein schmähliches Auskunftsmittel und müßte zu weiter nichts führen, als Gährung, Haß und Rache bedeutend zu vermehren, *denn bereits sind ohne unser direktes Zutun Noten gewechselt worden,* und was der Erfolg sein wird, steht noch im Zweifel, — schon lange stehen wir schlimm, — es bleiben uns nur noch zwei Wege übrig, entweder eine desperate Verteidigung oder Kapitulation. Widerstand ist unnütz und eine Tollkühnheit, die Eidgenossen versprechen gute Mannszucht etc.» (Der Redner spricht zum Ratschlag.)

Von den fernern Voten interessieren nur noch wenige. *Bürgermeister Frey* gab zu, daß in Sachen einer Intervention «schon alles *unter der Hand* getan worden sei». Die Angelegenheit erachtete er aber für erledigt durch den leisen diplomatischen Schritt, welchen die Gesandten

---

[1]) Em. Burckhardt spricht schlechthin von einem «Herrn Forcart», mit welchem sowohl Achilles Forcart-Iselin, als auch Rudolf Forcart-Bachofen gemeint sein könnte; wahrscheinlich ist der letztgenannte der Votant gewesen.

e beim Vorort getan und mit welchem sie — geblich — vor Gewaltanwendung gegen Basel ätten. *Altbürgermeister Wieland* antwortete in :r Weise auf das zweite Votum von Peter Vischer- und verbreitete sich über die sinngemäße Inter- der Wiener Kongreßakte . . . . . «man spricht l viel von einer Garantie der fremden Mächte; r uns doch keine Illusionen, Tit., denn es gibt ntlichen Unterschied: nicht die *innere* Verfassung, nzig und allein die *Unabhängigkeit und Neutrali-* ter wurde auf dem Wiener Kongreß keine Silbe :et, so und nicht anders verhält es sich; in unsre gelegenheiten und Zerwürfnisse werden sich also n Monarchen sicherlich nicht einmischen . . . . Wir eits am Rand des Abgrundes, halten wir uns fest terbund, sonst sind wir, unsre Kinder und Kindes- loren. Ich stimme zum Ratschlag so wie er vor-

Kuriosum verdient noch der Antrag des *Obersten* genannt zu werden, «man möge der eidgen. eine militärische Position außerhalb der Stadt, ler Birsbrücke anweisen, dadurch könne sie das treffen beider Partheyen am besten verhindern». ßlich wurde der Antrag der Regierung, mit den chen Kommissarien behufs Aufnahme der Exe- pen zu unterhandeln und dabei die Erzielung der Bedingungen im Auge zu behalten, mit 56 gegen angenommen.

iesen Groß-Ratsverhandlungen scheint also so viel hen, daß *ohne Zutun* der Regierung ein Versuch, ervention herbeizuführen, unternommen worden ie schüchterne Einsprache der fremden Diplo- enüber der militärischen Besetzung Basels eine r eines offiziellen Charakters offenbar entbehrenden sgesuche war, bleibt unsicher.

oft gehörte und auch von Adolf Vischer (der 3. August 1833, egebene Meinung, daß die einzige Stimme des greisen Alt- Wieland sich gegen das Öffnen der Tore erhoben habe, be- [illegible] Irrtum.

Aus einem Artikel des «Schwäb. Merkurs» (No. [illegible], 18. August 1833) und einem darauf Bezug nehmenden Bericht des bei der Tagsatzung akkreditierten bayrischen Gesandten (Königl. Bayr. Geh. Staatsarchiv, K. schw. 580/19 Mission en Suisse 1833) läßt sich schließen, daß die deutschen Mächte die schweizerischen Verwicklungen mit aufmerksamem Auge betrachteten, daß aber das Ereignis vom 3. August 1833 eine *vielleicht* geplante Intervention überholt hat. «Die vollendeten Tatsachen betätigten wie gewohnt ihre Wunderkraft.» (J. Baumgartner, Die Schweiz 1830—1850, I, 464.)

Der «Schwäb. Merkur» schreibt:

Vom Main, den 15. August. Die Wirren in der *Schweiz* und die von der eidgen. Tagsatzung zu deren Unterdrückung getroffenen Maßregeln können für die h. deutsche Bundesversammlung keine gleichgültige Sache seyn. Erwägt man noch, daß die Schweiz in ihrem Schooße mehrere hundert Polen hegt, deren Nähe, aus bekannten Ursachen, manchen deutschen Regierungen Besorgnisse einflößt, und daß außerdem noch deutsche Demagogen ebendaselbst eine Zufluchtsstätte gefunden haben, so dürfte man es wohl ganz konsequent finden, wenn von Seiten des deutschen Bundes hinsichtlich der Schweiz ähnliche Einschreitungen verfügt würden, zu denen sich z. B. Östreich durch die Unruhen in den italienischen Staaten veranlaßt fand. In der That soll auch dieser Gegenstand bereits zur Sprache gebracht und in Überlegung genommen worden seyn. Indessen würde für den Fall, daß deßhalb von Bundeswegen ein Beschluß gefaßt werden sollte, die Ausführung desselben wohl keiner der größten Bundesmächte übertragen, sondern eher zwei oder drei der minder mächtigen Bundesstaaten, theils wegen ihrer geographischen Lage, theils weil eine materielle Einschreitung derselben keinen politischen Argwohn bei andern Europäischen Großmächten erregen würde, damit beauftragt werden.»

Der bayrische Gesandte in der Schweiz bemerkt hierzu in einem Schreiben vom 24. August 1833:

«Un article du Mercure de Souabe du 18 de ce mois sur le projet d'une intervention matérielle en Suisse de la part des états de la confédération germanique m'engage à faire la remarque que je ne regarde plus une telle mesure

aussi facile à éxécuter qu'elle ne l'était avant les
événements qui ont totalement changé la face
ays.»

Gesandte Bayerns konnte aus eigener Erfahrung
Am 7. August hatte er mit seinen Kollegen von
Österreich, Preußen und Sardinien an jener, von
ister Frey in der Großratssitzung vom 9. August
Audienz teilgenommen, die von den Vertretern
e beim Bundespräsidenten, Bürgermeister Heß von
achgesucht worden war, um die Tagsatzung vor
ger Maßreglung Basels zu warnen. Wir können
versagen, an dieser Stelle charakteristische Einzel-
er die völlig ergebnislos verlaufene Audienz zu
Die nachfolgende Schilderung[1]) stammt aus der
s freiburgischen Tagsatzungsgesandten Dr. Bussard
t sich als Postskriptum seines an die Freiburger
gerichteten Rapportes über die 22. Sitzung der
g:

rich. 10 août. Ayant appris que l'Aristocratie solli-
ans son agonie une intervention étrangère, je me
du ce matin auprès de S. E. l'Ambassadeur de
J'ai appris des nouvelles très importantes. Les
adeurs d'Autriche, de Prusse, de Russie, de Sar-
et de Bavière se sont rendus simultanément chez
Rumigny (dem französischen Gesandten) pour l'en-
faire avec eux une démarche auprès du Président
Diète, dans le but d'empêcher que Bâle ne soit
par les troupes fédérales. S. Exc. répondit que
faire ce pas, il devait exprimer la conviction
tait que pour le repos de la Suisse et la sûreté

---

chdem der Verfasser dieses Aufsatzes im März 1904 bei Gelegen-
n der historischen Gesellschaft gehaltenen Vortrages die Inter-
elegenheit rasch gestreift hatte, ließ Herr Staatsarchivar Dr. Rud.
in sehr verdankenswerter Weise bei der Mehrzahl der schwei-
wie bei einigen deutschen Archiven Nachforschungen anstellen,
ern Klärung der mysteriösen Sache urkundliches Material vor-
. Der erhaltene Bescheid lautete meist in negativem Sinn. Was
[illegible] Bayr. Geh. Staatsarchiv und dem Archiv von Freiburg bei-
[illegible], findet sich in unserm Aufsatz verwendet.

de la Ville de Bâle elle-même, cette [illegible] cessaire. Il entra dans divers détails pour [illegible] M. ses collègues que la Diète n'a d'autre but que le [illegible] du repos et de la tranquillité et que pour y parvenir elle a besoin de garanties. Ces Messieurs, n'ayant pu le déterminer à faire la démarche mentionnée, [illegible] lui auprès de M. le Président Heß. M. de Bombelles (der österreichische Gesandte) prit la parole au nom de tous. M. le Président voulut d'abord savoir s'il s'agissait d'une communication officielle ou d'un simple entretien confidentiel; il lui fut répondu, qu'ils n'étaient porteurs d'aucune note de leurs cours respectives et qu'il ne pouvait être question que de communications confidentielles. Le Président exposa que la Diète n'avait d'autre intention que de faire respecter ses arrêtés et maintenir la paix intérieure. L'empressement avec lequel les soldats suisses ont couru aux armes fait suffisamment connaître le besoin qu'éprouve la nation d'arriver à ce but en employant, si le faut, les moyens les plus énergiques. On a pu voir par là que même avec le pacte de 1815 la Suisse a assez de force pour maintenir la paix tant au dedans qu'au dehors.

La-dessus M. de Bombelles s'empressa de conclure que le pacte de 1815 était excellent, ce qui engagea M. le Président à lui faire observer que la conversation avait uniquement pour objet les événements actuels et nullement les améliorations que pourraient dans la suite des temps obtenir nos institutions. M. le Ministre de Prusse (Herr von Olfers) prit vivement la parole et soutint que si la Diète n'avait d'autres vues que celles dont parle son Président, elle n'aurait pas souffert que des Polonais se battissent contre les Bâlois. M. Hess le pria de considérer que dix Polonais seulement qui avaient reçu l'hospitalité dans le canton de Bâle-Campagne, avaient cru devoir témoigner leur reconnaissance en repoussant des troupes qui incendiaient les maisons de leurs bienfaiteurs; qu'on ne pouvait tirer de ce fait aucune conclusion et qu'on ne pouvait pas sérieusement appeler intervention étrangère la présence de dix Polonais parmi les campagnards de Bâle. La-dessus M. le Ministre de Prusse répondit d'un ton tellement aigre et déplacé, que M. le Président lui déclara avec dignité, que dès ce moment la conversation était terminée, qu'il savait ce qu'il devait à la dignité de la Confédération, et que la Diète saurait arranger par elle-même les affaires de famille qui divisent les Suisses.

Cette fermeté dérouta la diplomatie qui vit bien, qu'elle ne faisait peur à personne. C'est une affaire terminée. Telle est l'assurance qu'en donne S. E. L'Ambassadeur de France. (signé) *Dr. Bussard.*

Diese pikanter Zwischenfälle durchaus nicht entbehrende Audienz war offenbar in der Geschichte der Basler Wirren der letzte (ob auch einzige?) Fall eines Eingriffsversuches fremder Diplomatie.

*

Mit den in der Großrats-Sitzung vom 9. August abgegebenen Erklärungen des Bürgermeisters Frey hielt jedermann die Interventions-Angelegenheit für erledigt, als plötzlich ein Artikel der sich zu den Schweizer Wirren neutral verhaltenden *Mannheimer Zeitung* neuerdings einen heftigen Sturm heraufbeschwor.

Die «Mannheimer Zeitung» wußte in ihrer Nummer 233 (21. August 1833, Beilage) folgendes zu berichten:

Von der schweiserischen Grenze den 13. August. Dem Vernehmen nach hat sich die Stadt Basel in vier verschiedenen, jedoch dem Inhalte nach ähnlichen Schreiben an die deutsche Bundesversammlung, den König von Preußen, den Kaiser von Oestreich und noch einen andren, ihr benachbarten deutschen Fürsten gewendet. Nach einer in kräftigen Zügen entworfenen Darstellung der in den letzten Jahren in der Schweiz stattgefundenen Vorfälle, stellt sie die, von dem Wiener Congreß seiner Zeit anerkannte Eidgenossenschaft als nicht mehr vorhanden dar. Nicht nur sey überhaupt der die zugesicherte [illegible] bedingende innere Friedensstand der Schweiz auf[illegible] sondern wie offenkundig, die alte Eidgenossenschaft [illegible] gesprengt, daß einerseits die von den europäischen [illegible] anerkannten Cantone sich zum Theil von der Tag[illegible]gen haben, andererseits aber andere in Folge von Revolutionen und gewaltsamer Auflehnung geschaffene in dieselben eingetreten, während selbst diejenigen Cantone, welche noch die alten Namen und Gränzen behaupten, in ihrem Innern so gänzlich verändert sind, daß nach dem Zurücktritt der bisherigen Regenten ganz andere an ihre Stelle getreten, wie denn die Häupter zum Theil gar nicht einmal der Schweiz angehören und jedenfalls unter dem Einfluß französischer, italienischer, deutscher und polnischer Carbonaris stehen. Nach Pflicht, Ehre und Gewissen habe Basel an diesen Umtrieben keinen Antheil genommen, sey aber um so mehr den neuen Freiheitsbrüdern ein Dorn im Auge geworden, welche auf nichts anderes sinnen, als ihr Gebiet zu erweitern, und, wenn nicht andere Hülfe kommt, die Stadt mit Gewalt revolutionieren werden, wenn auch die Einwohnerschaft noch so entschieden bei der schon so vielfältig bedrohten Treue beharren wolle. Diese schreckliche Lage nöthige dazu, auswärtige Hülfe zu suchen. Wenn nun auch Basel das gegründete Vertrauen hege, daß die hohen Mächte, welche schon im Jahr 1815 die Verhältnisse der Schweiz mit Weisheit und Milde geordnet haben, den für die Ruhe Europas so wichtigen Zustand derselben nicht aus den Augen verlieren und ihr Werk zu schützen wissen werden, so sey doch die Noth zu dringend, als daß die Stadt anders woher als aus der unmittelbaren Nähe Rettung erwarten könne. Darum wende sie sich vor Allem an den deutschen Bund und die deutschen Fürsten. Es werde hoffentlich nicht vergessen seyn, daß noch vor zweihundert Jahren Basel als eine der edelsten unter der Zahl der deutschen Reichsstädte gestanden habe. Zwar habe nach jener im westphälischen Frieden auf fremden Betrieb ausgesprochenen Ablösung der Schweiz vom deutschen Reiche, dieselbe allerdings nicht mehr mit demselben vereinigt gegen gemeinschaftliche Feinde gestanden, jedennoch sey sie niemals selbst feindselig gewesen. Habe nun schon diese passive Lage dem deutschen Reiche in kurzer Frist die Freigrafschaft Burgund, Elsaß und Lothringen gekostet, was werde der Erfolg seyn, wenn die Schweiz, fremden Einflüssen und Interessen zur Beute geworden, den deutschen Ländern feindlich gegenüber stehe? Wie ein festes Bollwerk stehe die Schweiz zwischen ihren Nachbarländern. Im neutralen Zustande deren Streitigkeiten mildernd und hemmend, jedem ein willkommener Stützpunkt bei seiner Selbstvertheidigung. Werde dagegen ihr Besitz der revolutionären Propaganda Frankreichs eingeräumt, dann bedrohe sie zu gleicher Zeit Italien, Oestreich und das übrige Süddeutschland bis ins Herz, um so gefährlicher, da sie alle diese Länder in ihrer eigenen Sprache anrede. Diese Wichtigkeit sey von der Umwälzungspartbei sehr wohl erkannt worden. Die halbe Restauration, mit der man 1815 in der Schweiz wie in Frankreich die widerstrebenden Interessen zu vereinigen geglaubt, aber nur übertüncht habe, sey dem Eintritt derselben überall förderlich gewesen. Hier haben sich aus Frankreich, Italien und Deutschland alle Vertriebenen gesammelt. Die Resultate liegen vor. Der größere Theil der Schweiz ist revolutionirt. Über die besseren, ja über die Mehrzahl des Volkes hat die Propaganda den Sieg davongetragen. Der von Bern in besseren Tagen gesammelte Schatz steht zu ihrer Verfügung. Selbst trotz dem in den kleinen Kantonen Neufchatel und Basel gefundenen Widerstand beschränke man seine Thätigkeit schon nicht mehr auf das Innere. Der deutsche Bund wisse, weshalb die Polen in das Land gerufen, er wisse, wie befremdend seine nur allzu begründete Mahnung beantwortet worden; er wisse, wie das Frankfurter Attentat von der Schweiz aus zum Theil geleitet gewesen und wohin die Zersprengten ihren Rückzug genommen. Die Freundschaft oder Neutralität der Nachbaren gehöre auch zur Vertheidigung eines Landes, ob sich denn Deutschland, ob sich Europa ein Bollwerk nach dem andern [illegible] nehmen lassen? Der burgundische Kreis, welchen der Wiener Congreß an Deutschland nicht zurückgegeben, weil er [illegible] Verein mit Holland selbständig zu befestigen gedachte, [illegible] zur französischen Provinz herabgesunken. In Afrika, in [illegible]land und in Italien wehen die Farben der fran[illegible] Propaganda, Portugal sey von ihr entwaffnet und [illegible] Flibustiers preisgegeben. Der von ihr in Polen [illegible] Brand sey zwar gelöscht, aber wie lange werden [illegible] rauchen? Anonymer wirke man in Portugal, [illegible] Deutschland. Auch der Pascha von Aegypten [illegible] durch sie ermuthigt erhoben. Da aber habe, [illegible] das in seinem Innern verrathene England, [illegible] Lage der Dinge erkannt; sein Ernst habe gerettet. Dieser Ernst möge auch für die Schweiz ins Mittel treten und namentlich eine Stadt erhalten, deren Wichtigkeit wie deren Gastfreiheit die alliirten Mächte noch im Jahr 1814 kennen gelernt haben.

In dem Briefe an einen benachbarten deutschen Fürsten, in welchem Basel, vertrauend wie im Jahr 1813 Hamburg bei Dänemark, um bewaffnete Hülfe anspricht, ist bemerkt, daß ohne dieselbe die Stadt die bisher beobachteten Pflichten getreuer Nachbarschaft ferner nicht werde erfüllen können, und daß es in Beziehung auf Auswärtige um so weniger bedenklich seyn dürfe, die eventuell erbetene Hülfe zu leisten, als nach Auflösung der Eidgenossenschaft es der Stadt Basel lediglich überlassen sein müsse, an wen sie sich anschließen wolle.

Der König von Preußen wird noch besonders als Mitverbündeter angesprochen und auf die Äußerung desselben Bezug genommen, welche er an Neufchatel erließ, als dieses sich von der Eidgenossenschaft abtrennen wollte, daß nämlich die Angelegenheiten der Schweiz von ihm und seinen erhabenen Allirten nicht übersehen, sondern bewacht werden.

Oestreich wird noch besonders auf die nach der Seite von Tyrol versuchten Verbindungen aufmerksam gemacht, wie denn überhaupt in einer allen vier Schreiben beigefügten Anlage die wichtigsten Aufschlüsse über die Pläne, Mittel und auswärtigen Verbindungen der revolutionären Parthei in der Schweiz gegeben sind.

* *

Hat die «Mannheimer Zeitung» ihre Leser mit diesen Mitteilungen mystifizieren wollen? Haben schweizerische Radikale den allerorts in der Luft schwirrenden Gerüchten mit dem in die «Mannheimer Zeitung» eingeschmuggelten Artikel feste Gestalt verleihen wollen, um Basel bei den wenigen ihm noch gebliebenen Anhängern zu verdächtigen? Wir möchten die Fragen verneinen. Der Artikel sieht nicht aus wie die Stilübung eines zünftigen Journalisten; abgesehen von einigen Trugschlüssen, Übertreibungen,[1]) redseligen Abschweifungen und Naivetäten, zeugt er doch von altbaslerischer Gründlichkeit und im ganzen guter Sachkenntnis.

---

[1]) Die vielleicht der «Mannheimer Zeitung» zur Last fallen.

Ist *dies* nun der Inhalt jener Noten, auf welche Ratsherr Wilh. Vischer-Legrand in der Großrats-Sitzung vom 9. August angespielt hat? Die radikale Presse der Schweiz zweifelte nicht daran, daß das längst gesuchte Beweisstück für Basels Beziehungen zu den auswärtigen Mächten in dieser Veröffentlichung der «Mannheimer Zeitung» gefunden sei und hielt mit ihren Anklagen nun nicht mehr zurück; selbst Zeitungen, die der Basler Regierung im allgemeinen freundlich gesinnt waren, gaben ihrem Befremden Ausdruck und wollten die officiöse Erklärung der «Basler Zeitung», daß an einem Interventionsgesuch der *Stadt Basel* «kein wahres Wort» sei, für nichts weniger als genügend erachten. Aus jedem der beiden politischen Lager mag hier eine Stimme wiedergegeben sein.

Der «*Schweiz. Republikaner*» von Zürich (No. 74, 1833) schreibt:

„Die «Mannh. Ztg.» berichtet in einem, vom 13. August datierten, auch in der «Allgem. Ztg.» abgedruckten Artikel folgendes (folgt ein Auszug):

Die «Basler Ztg.» erklärt nun zwar den Inhalt dieses Artikels der «Mannh. Ztg.» als Unwahrheit und versichert, die Basler Regierung habe die dort erwähnten Schreiben nicht erlassen. Aber auf der einen Seite sind die Angaben in jenem Artikel so speziell und genau, die «Mannh. Ztg.» selbst ist in der Regel mit den geheimen Manœuvres der Diplomatie so wohl bekannt, daß es schwer fällt, in jenen Angaben nichts als leere Erfindungen zu erblicken; auf der andern Seite weiß man wohl, daß die Faktionshäupter in Basel schon gar vieles gethan haben, ohne dem Großen — ja selbst dem Kleinen Rath Kenntniß davon zu geben. Wir wollen gern glauben, daß man diese Schreiben weder der einen, noch der andern dieser Behörden vorgelegt hat: aber wie, wenn die Gewaltigen in Basel, die sich schon lange über alle Behörden hinaussetzten, auf ihre eigene Faust diese verbrecherischen Schritte gethan hätten? So lange die Basler Regierung nicht durch Veranlassung einer gerichtlichen Untersuchung gegen die «Mannh. Ztg.» eine genügende Rechtfertigung gewährt, bleibt der ungeschwächte Verdacht auf Basel haften, daß von dort noch ein zweiter, weit ärgerer Hochverrathsversuch als der feindliche Anfall des eidgenössischen Gebietes ausgegangen sei."

Die konservative «*Bündner Zeitung*» schrieb am 28. August in ihrer Nummer 69:

Schweizerisches. Wir lesen in der Baseler Zeitung folgende Erklärung: „Die «Mannh. Ztg.» enthält in einem umständlichen Artikel die Erzählung, die Stadt Basel habe die Hülfe des deutschen Bundes und deutscher Bundesfürsten nachgesucht. Wir können auf das Bestimmteste erklären, daß hieran kein wahres Wort ist."

Die Angaben in der «Mannh. Ztg.» lauten so bestimmt und so umständlich, daß es uns wundern sollte, wenn die Regierung von Basel nicht Allem aufböte, um die Quelle solcher Angaben ausfindig zu machen, theils um die Unbegründetheit solcher Beschuldigungen darzuthun, anderntheils aber auch um einmal aufzudecken, welcher schändlichen Mittel die Faktion sich bedient, um das Schweizervolk gegen die Stadt Basel noch immer mehr zu erbittern.

Ferner hatte am 31. August die «Mannheimer Zeitung» (mit einer Korrespondenz aus Heidelberg vom 29. August) auf das Dementi der «Basler Zeitung» hin die Erklärung abgegeben, daß ihr «der Aufsatz vom 21. August natürlich nicht von Basel aus offiziell gesiegelt mitgetheilt worden», hingegen habe sie auch von anderwärts bestätigende «Anzeigen über den Gegenstand» erhalten, deren Veröffentlichung sie nur aus Rücksicht für das gekränkte Basel unterdrückt habe.

So standen die Dinge in den letzten August- und ersten Septembertagen. Die Aufregung hatte mittlerweile in Basel einen hohen Grad erreicht und jeder sah der auf Montag, 2. September anberaumten Großratssitzung mit Spannung entgegen. Man sprach von einer bevorstehenden Interpellation und erwartete wichtige Eröffnungen.

Gleich zu Beginn der Sitzung erhob sich *Peter Vischer-Passavant;* seine Anfrage hatte ungefähr folgenden Wortlaut:

„Es ist bekannt, daß Mhgh. die Räte besonders durch einen sehr weitläufigen Artikel der «Mannheimer Zeitung» formell beschuldigt sind, fremde Intervention herbeigerufen zu haben. Ich glaube indes nicht daran. Da aber hauptsächlich die «Bündner Zeitung», unsre Alliierte, dies (d. h.

ngen des Artikels der «Mannheimer Zeitung»)
iebt und der Meinung ist, jetzt sei die Gelegen-
Basler Regierung vorhanden, um sich öffentlich
chen, — sie dürfe ja nur den Verfasser des
wissen verlangen, um ihn als Lügner zu wider-
wünsche ich zu wissen, ob und welche Schritte
che von seiten der hohen Regierung bereits
nd.“[1])

rister *Frey* antwortete:

chränke mich in Antwort zu erklären (mit
timme, fast schreiend): *Es ist nicht wahr,
Zeitung steht.* Dies ist und bleibt nun für
emal meine Zusicherung. Die Regierung
nichts eingelassen, das sie kompromittieren
r auch ebensowenig direkte Schritte getan,
nder von solchen Lügenblättern näher kennen
mit Verachtung behandeln wir dergleichen
n, wenn schon die «Bündner Zeitung» uns
eil auffordert.“

ar die Sache für den Großen Rat abgetan.
auch die Antwort des Bürgermeisters gelautet
t befriedigt war durch sie natürlich niemand.
nan zwar einig, daß sich die sehr vorsichtige
solche die schwere Verirrung nicht hatte zu
nen lassen und gerne wurde in dieser Hinsicht
ngen des Bürgermeisters und dem Dementi
eitung» Glauben geschenkt.

nun aber der Schuldige zu suchen? Es ist
richtige Antwort zu finden. Trugen nicht alle
haben in der Tat übereifrige baslerische
in einem Augenblick höchster Not ohne viel
esen verzweifelten Schritt getan und an einem
bestimmenden, aber jedenfalls zwischen dem

[illegible] macht zu diesem Votum die Bemerkung: «Wenn
[illegible]ungen des Großen Rates Schritt vor Schritt gefolgt
[illegible] auf Widersprüche und größte Inkonsequenzen. War
[illegible] Herr Vischer, der erst vor wenigen Tagen hier erklärt
[illegible]genossen nicht einlassen, sondern lieber den Schutz

14. November 1832 (erster Zusammentritt der Sarner-Konferenz) und dem 3. August 1833 liegenden Zeitpunkt jene fatalen Schreiben versandt. Der ganze Ton der Veröffentlichung der «Mannheimer Zeitung» scheint ferner darauf hinzuweisen, daß der Annäherungsversuch an die deutschen Mächte schwerlich von der Partei der baslerischen «Stock- und Prügel-Aristokraten», der «Bellianer», ausgegangen sein kann. Viel eher mögen es hochgebildete und namentlich historisch wohlbewanderte Persönlichkeiten gewesen sein, welche mit ausführlichen Denkschriften die Aufmerksamkeit der deutschen Mächte auf die in der Schweiz herrschenden Zustände lenken wollten. Es waren vielleicht um ihr engeres, ihr engstes Vaterland sonst wohlverdiente Männer, die aber an einer gerechten und unparteiischen Behandlung der «Basler Frage» durch die Tagsatzung nachgerade verzweifelt waren, die ihre Vaterstadt völlig isoliert sahen, da sie auch zur Machtstellung ihrer Freunde von der SarnerKonferenz wenig Vertrauen hegen konnten. Dem Kenner unsrer heimatlichen Geschichte wird noch ein andrer Fall bekannt sein, daß in den Zeiten des alten Schweizerbundes (*vor* 1848) die irregehende Vaterlandsliebe eines Baslers ähnliche Wege eingeschlagen hat. Der Erfolg der schon von vorneherein mit einer größern Dosis von zielbewußter Staatsklugheit unternommenen Schritte ist bei der damaligen Lage der Dinge allerdings ein völlig andrer gewesen.

*

Die Interventionsfrage ist in der Großrats-Sitzung vom 2. September 1833 zum letztenmal öffentlich berührt worden. Von der Tagsatzung mag an die damals noch leicht zu überblickende schweizerische Presse die Weisung ergangen sein, der Sache keine weitere Folge zu geben, wie denn auch sonst die Bundesregierung nach der Katastrophe des 3. August — wo es nur immer anging — eine kluge Milde gegenüber Basel walten ließ; so sind auch die berüchtigten Anträge des Standes Bern, die auf strenge Maßregelung der leitenden oppositionellen Staatsmänner hinzielten, von der Tagsatzung verworfen worden.[1])

[1]) Baumgartner, Die Schweiz in ihren Kämpfen und Umgestaltungen 1830—1850, I (1853), 448 ff.

Man erlasse es uns, Mutmaßungen über die Persönlichkeiten der Urheber und hauptsächlichsten Vertreter des Interventions-Gedankens hier auszusprechen bezw. wiederzugeben; einzig und allein unserm Gewährsmann, E. Burckhardt-Sarasin, soll in diesem Zusammenhang noch ein Wörtlein vergönnt sein. Er schreibt: „Sollte der Aufsatz der «Mannheimer Zeitung» nicht etwa der Schlüssel zum Rätsel sein, warum der Staatsschreiber (Braun) keinen Gesandtschaftsposten nach Zürich (d. h. an die Tagsatzung) annehmen wollte und warum ihm die beiden Bürgermeister zur Entlassung (d. h. zur Ablehnung des Gesandtschaftspostens) so mutig verholfen haben? Ein Glück wäre es, wenn alles enthüllt würde; viele wissen etwas und sagen's nicht; alles und vollständig zu erfahren, dürfte schwer halten.“

Über Basels Anteil am Röteler Erbfolgestreit im Jahre 1503.

Von

August Huber.

Die Politik der Neutralität, welche Basel während des Schwabenkrieges verfolgt hatte, zeitigte ihre schlimmen Früchte, als sich die Stadt nach dem Friedensschlusse in höchst gefährdete und isolierte Lage versetzt sah. Wohl hatte man sie in den Frieden eingeschlossen, aber was kümmerte das die benachbarte vorderösterreichische Regierung und deren Angehörige, die jede Gelegenheit benützten, ihrem Haß und ihrer Feindschaft der nach ihrer Ansicht abtrünnigen Stadt Ausdruck zu verleihen. Und dabei durfte dieselbe nicht einmal auf die Sympathien ihrer langjährigen Freunde, der altverbündeten Städte der Niedern Vereinigung rechnen, denn diese hatten ja andere politische Bahnen eingeschlagen und für König Maximilian die Waffen gegen die Eidgenossen ergriffen. Aus dieser Bedrängnis half nur ein Mittel: der Eintritt in den siegesbewußten und mächtig aufstrebenden Schweizerbund, bei dem man den nötigen Rückhalt und Schutz gegen die feindlichen Nachbarn zu finden hoffen durfte. Begreiflich war es aber, daß dieser Schritt den leitenden Basler Staatsmännern nicht leicht fiel, denn der Anschluß an die Eidgenossenschaft bedeutete nichts weniger, als eine völlige Abkehr von der bisher sorgsam eingehaltenen Politik der freien Hand. Mit dem Verzicht auf die Unabhängigkeit verlor auch Basel das Recht auf ein selbständiges Handeln nach außen, da es nur mit Wissen und Willen der Eidgenossen Kriege unternehmen oder Bündnisse abschließen durfte. Aber nicht nur dies. Die Stadt mußte sich auch politisch lossagen von ihrer natürlichen Interessensphäre, den benachbarten Teilen der oberrheinischen Ebene, dem Suntgau und dem Breisgau. In diesen Gebieten befanden sich die meisten Pfandschaften, Güter und Gefälle [1]) von Basler Klöstern, Stiftungen und Privaten, durch sie zogen sich die wichtigsten Handelsstraßen, sie wurden mit Vorliebe die Fruchtkammern der Stadt genannt, mit einem Wort, sie bildeten das Hinterland Basels, ihres eigentlichen ökonomischen Zentrums.[2]) Und zu alledem kam noch, daß die nächsten eidgenössischen Nachbarn, die Solothurner, sich als ebenso rücksichtslose wie zielbewußte und glückliche Rivalen Basels in der Erwerbung der Gebiete am Jura erwiesen. Noch konnten es die Basler nicht vergessen haben, wie Solothurn Hand in Hand mit ihrem Todfeinde, Graf Oswald von Tierstein, ging, und noch mußte es in lebhafter Erinnerung sein, wie in jüngstvergangener Kriegszeit die Stadt die wenig freundliche Gesinnung Solothurns zu fühlen bekam und selbst mehrfach Gerüchte gingen über eigennützige Absichten dieses Ortes gegen die benachbarten basler Gebiete.[3]) Daß aber Basel trotz allen diesen Hindernissen die schon mehrfach dargebotene Hand der Eidgenossen ergriff, zeigt nur, wie außerordentlich groß die Gefahr war, zwischen dem siegreichen Schweizerbund und dem feindseligen Österreich erdrückt zu werden. Und die Stadt hatte die Opfer, welche sie bei ihrem Anschluß an die Eidgenossenschaft gebracht, nie zu bereuen, durfte sie doch gleich in den nächsten Jahren teilnehmen an [illegible] Erfolgen und der europäischen Machtstellung, [illegible] Eidgenossen auf den Schlachtfeldern Italiens er[illegible] blieben ihr doch die Gefahren und Katastrophen [illegible] in den spätern Zeiten über die benachbarten [illegible] hereinbrachen, indes sie ihre geistigen wie [illegible] Kräfte zur schönsten Entfaltung bringen konnte. [illegible] nicht gesagt sein, daß Basel unberührt ge[illegible] von den Geschicken jener Länder, denn natur[illegible] die Stadt von deren Wohl und Weh lebhaft [illegible] politische Haltung vielfach hierdurch be[illegible] Und nun fiel gerade in jene ersten Jahre [illegible] ein Ereignis, das für die benachbarten markgräflichen Herrschaften im Breisgau von den weittragendsten Folgen sein sollte: das Erlöschen der männlichen Linie der Markgrafen von Hochberg-Sausenberg im Jahre 1503 und der hierdurch hervorgerufene Erbstreit um den Besitz der Herrschaften Röteln, Sausenburg und Badenweiler, sowie Schopfheims zwischen dem Haupt der markgräflichen Linie von Niederbaden, Markgraf Christoph, und den Hinterlassenen des letzten Hochbergers, seiner Frau Maria von Savoyen und seiner Tochter Johanna. Obwohl sich dieser Streit zwischen den beteiligten Parteien und ihren Erben durch das ganze Jahrhundert hinzog, so soll auf den nachfolgenden Blättern die Stellung und Politik Basels in demselben zunächst nur für das Jahr 1503 geschildert werden. Aber selbst bei diesen enggezogenen Grenzen wird die Darstellung vielfache Lücken aufweisen, die sich damit erklären lassen, daß auf eine Benützung der französischen Archive verzichtet werden mußte und daß die schriftliche Überlieferung für eine Zeit, wo so vieles Wichtige mündlich abgemacht wurde, notgedrungen unvollständig bleibt.

Die Markgrafschaft Baden verfiel gleich manchen andern deutschen Staaten dem Schicksal, im Laufe der Zeit durch Erbteilungen ihr Gebiet mehrfach zersplittert zu sehen. Die erste Teilung erfolgte im Jahre 1190, als Markgraf Hermann IV., als Begleiter Friedrich Barbarossas, auf dem Zuge nach dem heiligen Lande zu Antiochia vom Tode ereilt wurde.[4]) Dem ältern seiner beiden Söhne, Hermann, fielen die Hauptlande zu, während der jüngere, Heinrich, mit den breisgauischen Besitzungen abgefunden und so der Begründer der jüngern Linie Baden-Hochberg wurde, genannt nach dem Schlosse Hochberg oder Hachberg,[5]) wo er und seine Nachkommen lange Zeit residierten. Nach Heinrichs Tod übernahmen die beiden ältesten Söhne Heinrich und Rudolf die Regierung über die väterlichen Gebiete und teilten im Jahre 1305 dieselben in der Weise, daß Heinrich als Hauptbesitzung Schloß Hochberg mit Zubehörde, Rudolf Schloß Sausenberg[6]) samt Umgebung erhielt. Ihre Familien und Nachkommen trugen nach diesen Gütern den Namen Hochberg-Hochberg und Hochberg-Sausenberg. Der letzte aus dem Zweige Hochberg-Hochberg veräußerte 1415 seine Lande an Markgraf

Bernhard von Baden, womit diese Gebiete wieder in den Besitz der ältern Linie übergingen. Rudolf, der Begründer des Hauses Hochberg-Sausenberg, erwarb die Hälfte der Herrschaft Röteln, die ihm als Gemahl der einzigen Tochter Walter von Rötelns 1311 zugefallen war. Die andere Hälfte, welche der Bruder Walters, der Basler Domherr Lütold von Röteln, besaß, trat derselbe seinem Neffen Heinrich, einem Sohne Markgraf Rudolfs, 1315 ab. Nach dem Tode dieses Heinrichs regierten seine beiden Brüder Rudolf II. und Otto gemeinsam und, als der erstere starb, trat sein Sohn Rudolf III. an seine Stelle. Bedeutsam für die spätere Zeit war, daß im Jahre 1371 Markgraf Otto mit seinem Neffen Rudolf die Feste Röteln und die Stadt Schopfheim von den Herzogen Leopold III. und Albrecht III. von Österreich aus unbekannten Gründen zu Lehen nahmen.[7]) Im Gegensatz zu Rudolf III., der ein kluger Regent war und auch mit dem benachbarten Basel in gutem Einvernehmen lebte, hatte sein Sohn Wilhelm eine so unglückliche Hand in der Verwaltung seiner Herrschaften, daß er zugunsten seiner noch minderjährigen Söhne, Rudolf IV. und Hugo, zu resignieren sich genötigt sah. Graf Johann von Freiburg übernahm ihre Vormundschaft und überließ ihnen im Jahre 1444 die Herrschaft Badenweiler als Schenkung. Während aber Hugo jung starb, sollte seinem Bruder Rudolf eine bedeutende Zukunft beschieden sein. Graf Johann von Freiburg wandte seine ganze Fürsorge ihm zu; nachdem er ihn erzogen und am burgundischen Hof mit einer reichen Erbin, der Margaretha von Vienne, der Tochter des Grafen von Saint-George verheiratet hatte, hinterließ er ihm, als seinem nächsten Erben, testamentarisch die Grafschaft Neuenburg.[8]) Markgraf Rudolf verstand es, dank seiner klugen Politik, den ausgedehnten Besitz an deutschen und welschen Gebieten glücklich durch alle Krisen der Burgunderkriege hindurch zu retten. Während er sich selbst dem mächtigen Bern in die Arme warf, vermochte er den Eidgenossen die Erlaubnis abzugewinnen, daß sein Sohn Philipp in den Diensten Karls des Kühnen bleiben durfte.[9]) Dieser [illegible] Sohn hatte eine völlig französische Erziehung erhalten [illegible] glänzenden burgundischen Hofe angeschlossen. [illegible] Untergange Karls des Kühnen ging Philipp in die Dienste des französischen Königs über, mit dem er durch seine Gemahlin Maria von Savoyen, der Tochter des Herzogs Amadeus IX. und der Jolante von Frankreich, der Schwester Ludwigs XI., in nahe verwandtschaftliche Beziehungen getreten war. Von dieser Zeit an lebte er ganz den Interessen Frankreichs: Ludwig XI. half er das Herzogtum Burgund erobern, mit Karl VIII. zog er 1495 nach Neapel, Ludwig XII. begleitete er 1498 auf seinem Eroberungszuge nach Mailand. Seine Dienste blieben nicht unbelohnt, die französischen Könige erhoben ihn zu einem der Großwürdenträger ihres Reiches: er wurde Marschall von Burgund, grand-chambellan von Frankreich und Gouverneur der Provence. An dieser engen Verbindung mit Frankreich konnte Markgraf Rudolf keinen großen Gefallen finden, da sie den Sohn von seinen Besitzungen fern hielt und der Heimat entfremdete. Auch bereitete ihm das gespannte Verhältnis, das seit den Burgunderkriegen zwischen seinen eidgenössischen Freunden und Philipp bestand, Sorge. Es mußte ihm daher zur großen Beruhigung gereichen, als es seinen Bemühungen gelang, im Jahre 1486 eine Versöhnung zwischen den benachbarten schweizerischen Orten und seinem Sohne zu vermitteln, so daß diese dem letztern die bisher verweigerte Erneuerung des Burgrechts bewilligten. Wenige Monate darauf starb Markgraf Rudolf zu Röteln am 12. April 1487 und hinterließ ein weit zerstreutes Erbe: neben großen Besitzungen in Burgund die Grafschaft Neuenburg und seine deutschen Stammlande im Breisgau. Wenn ihn auch Erziehung, Verwandtschaft und Besitz zu einem französischen Dynasten gemacht hatten, so vergaß Markgraf Philipp nicht, getreu der Politik seines Vaters, die freundschaftlichen Beziehungen zu seinen schweizerischen Verbündeten zu pflegen, zumal mit dem mächtigen Bern gute Nachbarschaft zu halten. Nicht ohne triftigen Grund unterhielt er die Freundschaft Frankreichs und der Eidgenossen, in deren Machtbereich der größte Teil seiner Güter lag, denn seiner Ehe mit Maria von Savoyen entstammte als einziges Kind nur eine Tochter, Johanna, welcher er seinen ausgedehnten Besitz zu sichern sich bestrebte.

Eine besondere Bewandtnis hatte es mit den breisgauischen Herrschaften Röteln, Sausenburg und Badenweiler

›pfheim. Sie gehörten nach ihrem Bestande teil-
len alten Stammlanden des markgräflichen Hauses
nnte daher der ältern Linie desselben nicht gleich-
, was aus jenen Herrschaften werden sollte, falls
ne männliche Nachkommen als letzter seines Ge-
lie Augen schließen würde. Und nun war das
Haupt des niederbadischen Zweiges, Markgraf
keineswegs der Mann, um ruhig zuzusehen, wie
e dem Hause entfremdet würden, zumal er im
zu seinen Hochbergischen Stammverwandten in
n Söhnen und vier Töchtern eine außerordentlich
Nachkommenschaft besaß. Markgraf Christoph
den politischen Antipoden seines welschen Vetters
nn, während sich dieser an Frankreich anlehnte,
jener eng an Österreich angeschlossen, mit dessen
ause er durch seine Mutter, die Schwester Kaiser
III., in naher Verwandtschaft stand. Im Jahre 1458
var Markgraf Christoph durch eine treffliche Er-
fs beste für seine künftige Herrscheraufgabe vor-
orden. Mit seinem kaiserlichen Onkel machte er
ıg gegen Karl den Kühnen vor Neuß mit, seinen
ximilian begleitete er auf mehreren Zügen nach
landen und zeichnete sich in den dortigen Kämpfen
se aus, daß er mit reichem Besitz in jenen Gegenden
ırde. Dabei vernachlässigte er seine Stammlande
n Verwaltung er 22jährig im Jahre 1475 nach dem
/aters, Markgraf Karls, übernommen hatte, sondern
e Gebiete zu vergrößern. Seinem ebenso klugen
wußten und tatkräftigen Handeln blieb der Erfolg
ıgt.

ɔhl die beiden letzten Hochberger, Markgraf Rudolf
ohn Philipp, wenig mehr in ihren breisgauischen
:n weilten, waren die Beziehungen zu dem stamm-
ı Hause am Rheine nicht abgebrochen worden.
ihrem Interesse einen freundschaftlichen Verkehr
, denn in ihrer Zwitterstellung als Besitzer und
;er von deutschen und welschen Gebieten, mußten
[illegible] beständigen Komplikationen der französischen,
[illegible] österreichischen Politik stets bedroht fühlen

und waren daher auf die wohlwollende Gesinnung ihrer Nachbarn angewiesen. So konnte Markgraf Rudolf während der Burgunderkriege seine breisgauischen Besitzungen gegenüber den Forderungen der Niedern Vereinigung nur mit Hilfe Berns sichern, welches jene Gebiete zuhanden seines Mitbürgers zur großen Unzufriedenheit der übrigen Verbündeten besetzt hielt.[10]) Es entsprach daher nur der Politik Markgraf Rudolfs, wenn er mit Markgraf Karl und dessen Sohn Albrecht Verhandlungen einleitete über Regelung der Sukzession in seinen breisgauischen Herrschaften. Und wenn auch diese zunächst zu keinem Abschluß gelangten,[11]) so mag es doch mit diesen Plänen zusammenhängen, daß Rudolf jedenfalls nicht lange vor seinem Tode den 1479 geborenen dritten Sohn Christophs, Philipp, zur Erziehung an seinen Hof kommen ließ.[12]) Die gleichen und noch gewichtigere Gründe besaß Markgraf Philipp von Hochberg, die von den Vätern begonnenen Verhandlungen mit seinem niederbadischen Vetter Christoph wieder aufzunehmen, denn er hatte sich nicht wie sein Vater gegenüber dem deutschen Reiche und dem Hause Österreich möglichst neutral verhalten, sondern war als Angehöriger des französischen Hofes beiden feindlich entgegengetreten, von denen er doch den größten Teil seiner Besitzungen zu Lehen trug. Es mußte daher für ihn von höchstem Werte sein, wenn die für ihn abgelegenen und exponierten deutschen Herrschaften durch eine Erbverbrüderung an Christoph, dem Freund und Verwandten des Habsburgischen Erzhauses, einen Garanten ihrer Sicherheit finden konnten. Zudem drängten die Zeitumstände, die bei der Rivalität und dem politischen Antagonismus zwischen Frankreich und Österreich einen gesicherten Frieden nicht aufkommen ließen, zum raschen Abschlusse eines solchen Familienpaktes. Markgraf Christoph zeigte sich gerne bereit auf solche Verhandlungen einzutreten, die nur zum Vorteil seines Hauses gereichen konnten, da Philipp von Hochberg außer seiner einzigen Tochter Johanna voraussichtlich keine Kinder mehr bekam. Von seiten der niederbadischen Linie führte zunächst der Bruder Markgraf Christophs, Albrecht, der auf die Mitregierung der väterlichen Lande verzichtet hatte, die von ihm früher schon gepflogenen Verhandlungen weiter. Und es wäre ihm wohl gelungen, sie zu einem befriedigenden Ende zu führen, hätte er nicht auf dem flandrischen Feldzuge im Jahre 1488, als es galt, König Maximilian aus den Händen seiner empörten Untertanen zu befreien, den Heldentod gefunden. Um trotzdem zu einem Ziele zu gelangen, sandte Markgraf Philipp im Jahre 1499 seine bevollmächtigten Räte nach Baden, die nun wirklich am 26. August desselben Jahres den längst erwünschten Erbvertrag mit den Vertretern Markgraf Christophs glücklich zustande brachten.

Dieses wichtige Vorkommnis, das in der badischen Geschichte unter der Bezeichnung des «rötelischen Gemechtes» bekannt ist und von Schöpflin das sacrum domus Badensis palladium [18]) genannt wird, enthält folgende Bestimmungen:

Stirbt Markgraf Christoph ohne männliche Leibeserben, so fällt die Markgrafschaft und Herrschaft Hochberg mit den Schlössern Hochberg und Höhingen, nebst dem Städtchen Sulzburg an Markgraf Philipp und seine vorhandenen Söhne. Stirbt dagegen Philipp ohne direkte männliche Nachkommen, so treten Christoph und seine Söhne in den Besitz der Herrschaften Röteln, Sausenburg und Badenweiler, sowie des Städtchens Schopfheim.

Die Amtleute und die Landschaften, d. h. die Stände der beiderseitigen Gebiete, haben ein eidliches Gelöbnis auf den Erbvertrag abzulegen mit der Verpflichtung, daß sie eintretendenfalls den Erbberechtigten als ihren Herrn aufnehmen würden und sonst niemand.

Von den Herrschaften soll nichts entfremdet werden, es sei denn, daß die Kaufsumme ohne Minderung mit Wissen und Willen der andern Partei wieder angelegt und verwendet werde.

[illegible] Anweisungen von Witwengut auf die Herrschaften [illegible] gestattet sein, desgleichen von der Ehesteuer einer [illegible] doch darf sie die Summe von 8000 fl. nicht über[illegible] Natürlich bleibt der Rückfall in beiden Fällen vor[illegible]

[illegible] Veräußerung ist nur gestattet, wenn es [illegible] des Lösegelds bei Kriegsgefangenschaft [illegible] Kontrahenten handelt.

zu verheiraten.[15]) Eine Verehelichung der beiden Kinder mußte den hochbergischen Eltern aus verschiedenen Gründen einleuchten: einmal hatte Markgraf Philipp nach dem Tode seines Vaters die Obhut des jungen Prinzen Philipp übernommen und ließ ihn in seiner Umgebung erziehen, er war ihm also schon persönlich nahegetreten. Dann ging auf diese Weise ihre Tochter der Herrschaften im Breisgau nicht verlustig, und man durfte zugleich die Hoffnung hegen, daß, wie Markgraf Christoph sich ausdrückte, «der nammen und stammen der marggraveschafft Hochberg, so yetzt uff unsers vettern eynigen persone stannde, dadurch auch widder besetzet» würden.[16]) Es fand daher auch der Entwurf des Vertrages, den die bevollmächtigten Räte Philipps ihrem Herrn zur Prüfung übersendet hatten, weder bei ihm noch bei seiner Gemahlin irgendwelchen Anstoß. Letztere antwortete auf die Frage ihres Mannes, wie ihr die Sache gefalle, ihr «gemahel hette macht und wisste sich wol in dem und anderm, so siner gnaden landtschafft zu nutz und gutem dienen möcht, zu halten».[17]) Philipp selbst aber bewies seine völlige Zustimmung, daß er in Gegenwart der Markgräfin dem Überbringer des Vertrages, Hans von Würzburg, Schultheiß von Baden, sein großes Siegel um den Hals hing, nachdem derselbe gelobt hatte, ihn für nichts andres, als nur zur Besieglung des Gemechtes zu gebrauchen.[18]) Und diese anstandslose Billigung des Vertrages wollte umsomehr

ls derselbe im direkten Widerspruch stand zu den
ıngen der im Jahre 1476 abgeschlossenen Ehabrede
Philipps und der damit im Zusammenhang stehen-
:nkung Markgraf Rudolfs, wonach die Herrschaften
Sausenburg und Badenweiler nebst Schopfheim den
:n und weiblichen Kindern aus der Ehe Philipps
ıs zugehören sollten und zwar unter ausdrücklicher
, daß Philipp in keiner Weise anderweitige Ver-
über die genannten Gebiete treffen könne.[19]) Und
tte der letztere einige Zeit später, im Jahre 1480, zu
diese Verschreibung mit seinem Eide feierlich be-
Aber auch dies Hindernis mußte dahinfallen beim
auf den bevorstehenden Ehebund zwischen den
:en der beiden markgräflichen Häuser, der ja auf
ıste Weise eine Vereinigung der stammverwandten
herbeizuführen berufen schien.

ächst aber handelte es sich gemäß den Artikeln
rages das Gemechte von den Amtleuten und An-
ı der beidseitigen Herrschaften beschwören zu
larkgraf Philipp blieb aber dabei nicht stehen, son-
:rgab schon wenige Tage nach Abschluß des Erb-
am 31. August 1490, die Verwaltung seiner breis-
ı Gebiete an Markgraf Christoph, da er bei seiner
n Abwesenheit und den schwierigen Zeitumständen
ihren Schutz nicht kümmern konnte. Er befahl da-
n Beamten und Untertanen, den Markgraf Christoph
; ihren natürlichen Herrn bei sich aufzunehmen und
;etreue Untergebene zu huldigen.[21]) Nachdem aber
ai 1493 der Friede zwischen Frankreich und dem
absburg zu Senlis von neuem hergestellt worden
rließ Christoph auf Bitten seines hochbergischen
lie Herrschaften wiederum demselben und entband
Huldigungseides, jedoch mit Vorbehalt des ge-
en Erbvertrages,[22]) worauf die Gebiete wieder
:en Herrn huldigten.[23]) Die Herrschaft Hochberg
graf Christoph seinerseits im Jahre 1491 das Ge-
[illegible] anerkennen.[24])

[illegible]ordentliche Wichtigkeit dieser Erbverbrüde-
[illegible] es, daß man auch die Lehensherren der

dabei in Frage kommenden Gebiete darüber befragte und ihre Genehmigung erbat: es waren dies der römische König als Lehensherr von Badenweiler und Sausenburg, das Haus Österreich als Lehensherr von Röteln und Schopfheim und der Bischof von Basel für einige kleinere Besitzungen.[25]) Die beiden Markgrafen einigten sich über gemeinsame Schritte in dieser Hinsicht: im August 1494 trafen sie sich am königlichen Hofe, der sich damals zu Mecheln aufhielt, und erlangten von Maximilian, daß er ihnen sowohl in der Eigenschaft als Haupt des Reiches, als auch als Erzherzog von Österreich eine in bester Form ausgefertigte Bestätigung des Gemechtes gewährte.[26]) Auch Bischof Caspar[27]) von Basel übertrug wahrscheinlich 1493 mit großer Bereitwilligkeit seine Lehen beiden Markgrafen zu gemeinsamem Besitz.

Gegen Ende der 1490er Jahre scheint sich unter dem Einfluß der vom französischen Hof inspirierten Frau und Tochter die Freude Philipps an dem Gemechte stark abgekühlt zu haben und im Zusammenhang damit stand eine zunehmende Abneigung gegen das früher so begünstigte Projekt einer Verbindung Johannas mit dem Sohne Christophs, obwohl derselbe immer noch in seiner Nähe und am französischen Hofe weilte. Der letztere aber konnte es keineswegs gerne sehen, wenn die reiche hochbergische Erbtochter, der so wichtige Gebiete, wie die Grafschaft Neuenburg, einst zufallen mußten, einem deutschen Fürsten — und mochte dieser eine noch so französische Erziehung erhalten haben — gehören sollte, dessen Familie gut habsburgisch gesinnt war.

Natürlich konnten Markgraf Christoph diese bedrohlichen Anzeichen nicht lange verborgen bleiben. Er suchte der Gefahr zunächst damit zu begegnen, daß er den König Maximilian, der, wie wir gesehen haben, als römischer König wie als Erzherzog von Österreich der Lehensherr des größten Teils der breisgauischen Herrschaften war, durch eine neue Bestätigung das Gemechte zu sanktionieren veranlaßte. Im Sommer 1498 leitete er bei Maximilian, der sich zu jener Zeit in Freiburg i. B. aufhielt,[28]) Verhandlungen in dieser Hinsicht ein. Der König zeigte sich dem Wunsche seines Vetters nicht abgeneigt, ja er wollte ihm auch die österreichischen Lehen, also Röteln und Schopfheim, übertragen, knüpfte aber schon da eine Klausel an seine Versprechungen, die jedenfalls Christoph nicht gefallen konnte, nämlich daß ihm, dem Könige, die Ablösung der Lehen für die Summe von 6000 fl. vorbehalten bliebe.[29]) Er folgte dabei nur einem bei ihm stark entwickelten habsburgischen Familienzuge, auf keinerlei Ansprüche zu verzichten und solche bei jeder Gelegenheit geltend zu machen. Die österreichischen Forderungen gingen aber noch weiter: die Herrschaft Badenweiler sollte nun auch auf Grund alter Transaktionen der frühern Besitzer, der Grafen von Freiburg, mit dem Hause Österreich, ein Lehen des letztern geworden sein. Überhaupt zeigte sich österreichischerseits die Tendenz, die Gelegenheit auszunützen, um möglichst stark die Zugehörigkeit und Abhängigkeit der hochbergischen Gebiete zu und vom Hause Habsburg zu betonen und hervortreten zu lassen. Wohl suchte der Markgraf dem entgegenzuwirken, aber in der schwierigen Lage, in die ihn die unsichere Haltung Philipp von Hochbergs[30]) und seine eigene Stellung als Bittender versetzten, durfte er nicht die österreichische Begehrlichkeit mit der notwendigen Energie in ihre Schranken zurückweisen. Immerhin hoffte er bei Maximilian so viel erreicht zu haben, daß «die briefe mit inserierung des gemechds und gar kleinen änderung» ausgestellt würden.[31]) So leichten Kaufes kam aber Markgraf Christoph nicht davon, denn die königliche Hofkanzlei hatte es glücklich verstanden, die am 13. August 1499 ausgefertigte Bestätigung mit verschiedenen Ansprüchen und Forderungen, worunter auch mit dem Vorbehalt wegen der Lösung mit 6000 fl., zu verklausulieren.[32])

Nur wenige Wochen später erhielt der Markgraf durch hochbergische Amtleute, welche bei ihrem Herrn sich aufgehalten, um mit diesem über die breisgauischen Herrschaften und das Eheprojekt zu sprechen und die Sache Christophs warm zu empfehlen, so unerwartet günstigen Bericht hinsichtlich der Gesinnung Markgraf Philipps, daß er seinem hochbergischen Vetter gegenüber in lebhaften Dank ausbricht und mit Freuden dessen Absicht begrüßt, sich in seine deutschen Gebiete zu begeben und persönlich mit Christoph zusammenzutreffen. Dringend empfiehlt der letz[illegible] Sohn, damit der junge Prinz in seinem Betragen gegenüber dem französischen Könige, an dessen Hof derselbe jetzt weilte, als auch im Verkehr mit der Markgräfin Maria nichts versäume.[33]) Zugleich wendet Christoph sich auch an seinen Sohn: er spricht ihm seine Befriedigung über sein bisheriges Wohlverhalten aus und ermahnt ihn ernstlich, darin weiter fortzufahren, besonders aber sich um die Gunst der Gemahlin Philipp von Hochbergs zu bewerben und überhaupt alles Ungeschickte zu vermeiden, «damit andere gute sachen, so wir hoffen uns und dir zu nutz und merung unsers stammes und nammens darusz erwachsen mogen, dadurch nit verhindert werden.»[34])

Wenn Markgraf Christoph dank einem momentanen Wechsel in der Stimmung des letzten Hochbergers sich neuen Hoffnungen hingab, so sollten dieselben bald zerstört werden. Gleich als schlimmes Omen mißglückte die projektierte Zusammenkunft der beiden Markgrafen, denn als Philipp, wohl im September 1500[35]), auf einer Reise nach Augsburg an den Hof Maximilians, in seinen breisgauischen Besitzungen weilte, befand sich Christoph in der Ferne und obwohl er schleunigst herbeieilte, traf er seinen Vetter nicht mehr an. Sobald er aber sichere Kunde erhielt, dass derselbe in Dijon Hof halte, ordnete er eine Gesandtschaft, bestehend aus dem Landhofmeister Ritter Hermann von Sachsenheim, dem Haushofmeister Hans von Schauenburg und seinem Sekretär Georg Hosius dorthin ab, um Philipp zu einem entschiedenen Vorgehen hinsichtlich der längst verabredeten Verbindung ihrer Kinder zu veranlassen. Demgemäß lautete die Instruktion, welche er seinen Bevollmächtigten mitgab: mit Hinweis auf die traditionelle Freundschaft der beiden markgräflichen Häuser, auf das Gemechte und das Eheprojekt sollten sie Markgraf Philipp um die Einwilligung zur Heirat ersuchen.[36]) Die Antwort lautete so, dass für Christoph kein Zweifel mehr herrschen konnte über die Absichten des Hochbergers. Zunächst teilte dieser den badischen Gesandten mit, dass der französische König für einen Verwandten seines Hauses um die Hand der Tochter angehalten habe, darauf er mit dem Einwande entgegnete, der betreffende Prinz wie seine Tochter seien zu einer Verehelichung noch zu jung. Er habe aber dem König das Versprechen gegeben, ohne dessen Einwilligung sein Kind nicht zu verheiraten und er sei dieses Entgegenkommen der französischen Krone schuldig gewesen in Anbetracht der vielen Gnaden und Guttaten, die er von den französischen Herrschern genossen. Auch sei er noch fernerhin auf das Wohlwollen Frankreichs angewiesen, wie gerade jetzt er desselben benötige, damit seine Ansprüche an Savoyen, die sich auf 2—300,000 fl. beliefen, befriedigt würden. Auch müßten seine savoyischen Verwandten über eine solche Verbindung begrüßt werden, sowie seine sonstigen Freunde und Gönner, womit speziell die mit ihm verburgrechteten westlichen Schweizerkantone verstanden waren, davon Kenntnis erhalten. Aus allen diesen Gründen, erklärte Philipp, könne er keine entscheidende Antwort geben. Um diese bittere Pille zu versüßen, ging er zu einem warmen Lob des jungen Prinzen Philipp über: er konnte nicht genug rühmen, wie vorzüglich dessen Aufführung sei und welch großer Beliebtheit derselbe am französischen Hofe sich erfreue. Er wollte aber gleichwohl von dem Vorschlag nichts wissen, daß Markgraf Christoph direkte Schritte zu Gunsten seines Sohnes bei Ludwig XII. tun solle.[87])

Nun wußte Markgraf Christoph, daß Philipp von Hochberg auf eine Verbindung ihrer Kinder verzichtet habe, denn damit, daß der Hochberger dem französischen König versprochen hatte, seine Tochter ohne dessen Einwilligung nicht zu verheiraten, war der Entscheid schon gefallen. In Ludwig XII. Hand lag es nun, wem er die reiche Erbin in die Ehe geben wollte und da konnte kein Zweifel herrschen, daß sie seinem Verwandten und Schützling Ludwig von Longueville, dem Großsohne des aus den englisch-französischen Kriegen bekannten Bastard von Orleans, zufallen werde. Unter den obwaltenden Umständen verzichtete Markgraf Christoph auf weitere Verhandlungen mit seinem Vetter, von denen ja doch nichts Ersprießliches mehr zu hoffen war und richtete nun sein Augenmerk dahin, die nötigen Maßregeln zu treffen, daß gegebenenfalls, selbst gegen den Willen der Hochbergischen Linie die Bestimmungen des Erbvertrages ihre Erfüllung finden würden. Dabei mußte es von besonderer Wichtigkeit für ihn sein, welche Stellung

oder sonst wo tagen zu dürfen, «als nachbern und die sie achten, nû mer zusammengehoren einand eins zu sehen und frûntlich anzusprechen».[38]) Aber auch die Amtleute zu Röteln, Sausenburg, Badenweiler und Schopfheim bemühte er sich für seine Sache zu gewinnen und warm zu halten. Welch günstige Stimmung unter ihnen herrschte, hatte er eben noch an den Schritten gesehen, die sie bei ihrem Herrn in seinem Interesse getan. Um sie von dem Ergebnis seiner Gesandtschaft am Hofe Philipps zu unterrichten, schickte er seinen Sekretär Georg Hos in die Herrschaften und stellte zugleich an sie die Bitte, so handeln zu wollen, wie er es erwarten dürfe und wie es zum Nutz und Frommen beider Markgrafen, ihrer Lande und Leute dienen möchte. Mehrere der Amtleute sollte Hos einzeln vornehmen und ihnen die Sache seines Herrn ans Herz legen mit der Zusicherung, es werde sie einst nicht gereuen; unter ihnen an erster Stelle den Landvogt von Röteln, Rudolf von Blumegg[39]), die markanteste und einflußreichste Persönlichkeit in den Herrschaften, die schon mitgewirkt hatte bei ihren Bemühungen zu Gunsten Christophs. Auch stellte der letztere ihnen das Eintreffen von Wilhelm von Diesbach[40]) zur Vornahme weiterer Verhandlungen in Aussicht.[41]) Über den Verlauf derselben sind wir nicht weiter unterrichtet, jedenfalls aber müssen sich Diesbach und der Landvogt wohl verstanden haben, denn sie pflegten, wie wir noch sehen werden, weiterhin den freundschaftlichsten Verkehr.

Ein weiterer Vorfall mußte Christoph mahnen, auf der Hut zu sein gegen die dem Erbvertrag feindlichen Bestrebungen der Hochbergischen Verwandten. Seit dem Abschluß des Gemechtes waren schon mehr als zehn Jahre verflossen, daher drang Christoph darauf, daß bestimmungsgemäß der Vertrag von den beiderseitigen Herrschaften von neuem beschworen werde. Rudolf von Blumegg übermittelte dieses Begehren seinem Herrn, die Antwort aber, welche Blumegg und Dr. Andreas Helmut im Namen Philipps nach Baden brachten, lautete so unklar, daß die Meinung desselben daraus nicht zu erkennen war, und erst eine spätere Erklärung bewies, daß die Absicht herrsche, Christoph «mit herñuwerung obvermelter glübden in lengerung uffzehalten». Übereinstimmend mit diesem Benehmen des Hochbergers lautete die sichere Nachricht, welche Christoph von befreundeter Seite erhielt, daß der Wunsch bestehe, das Gemechte aufzuheben und die breisgauischen Herrschaften ihm und seinem Hause zu entfremden. Er forderte daher die Angehörigen derselben dringend auf, gemäß ihrem Eide den Erbvertrag getreulich zu halten und ohne Widerspruch das Gelübde zu erneuern, indem er sie darauf hinwies, wie dank diesem Verkommnis sie unter seinem Schutz trotz der Kriegsläufe ungestört gelebt hätten und wie im Kriege gegen die Eidgenossen seine Leute aus der Herrschaft Hochberg ihnen zu Hilfe geeilt seien. Übrigens werde weder er noch der Römische König eine Trennung der Herrschaften dulden.[43])

Unter solchen unsichern und gespannten Verhältnissen verging der Winter des Jahres 1502, als im Frühjahr 1503 die Kunde von einer schweren Erkrankung des letzten Hochbergers eintraf, so daß «sins ufkommen wenig trost» sei. Sogleich schickte Christoph seinen Landvogt auf Hochberg, Erasmus zum Weiher, mit den nötigen Instruktionen versehen nach Röteln zu Rudolf von Blumegg, um mit ihm die gegenwärtigen Zeitumstände und die hierfür erforderlichen Maßregeln zu besprechen. Vor allem sollte Erasmus den Landvogt von Röteln des besondern Vertrauens seines Herrn versichern und ihm mitteilen, Christoph zähle fest auf seinen Beistand in Rat und Tat, damit der Erbvertrag, an dem ja Rudolf selbst mitgewirkt habe, zu seinen und seiner Söhne Gunsten vollzogen werde. Dafür verspreche der Markgraf, ihm und seinem Sohne sich [illegible] zu erweisen, auch wünsche er, gegebenenfalls niemand lieber als ihn im Amte zu erhalten, so lange es [illegible] passe, ferner solle demselben das erste frei gewordene Lehen in der Herrschaft Röteln zufallen und überhaupt werde Christoph sich ihm gegenüber so beweisen, daß Rudolf spüren werde, «daß er siner truw und flis genießen sol». Zugleich wird der Landvogt ersucht, die nötigen Vorkehrungen zu treffen, daß der Markgraf die Todesnachricht Philipps ebenso schnell wie sicher erfahre und überhaupt getreuen Bericht erhalte über die Absichten der Markgräfin Maria und die Vermählung der Erbtochter Johanna.[43])

Markgraf Christoph war viel zu umsichtig und energisch, als daß er es bei diesen Maßregeln bewenden ließ, im Gegenteil, mit der zunehmenden Gefahr wuchs auch seine Tatkraft. Auf seine Einwirkung hin trafen Befehle und Mandate von König Maximilian ein, welche die Amtleute und Untertanen der Herrschaften aufforderten, die Erneuerung des Schwures auf das Gemechte vorzunehmen[44]) und dasselbe getreulich zu halten, da er es nicht zulassen werde, daß der Erbvertrag gebrochen würde und die Gebiete in fremde Hände gelange.

Indessen gestaltete sich die Stellung des Röteler Landvogtes zu einer außerordentlich schwierigen, denn je mehr sich Philipp von Hochberg unter dem Einfluß von Frau und Tochter von seiner frühern Politik abwandte und sich zu seinem Stammesvetter in Baden in Opposition setzte, desto weniger Vertrauen konnte er in Rudolf von Blumegg setzen, von dem er wissen mußte, daß er ein entschiedener Anhänger Christophs war. Blumegg scheint selbst seine Stellung für so unhaltbar gehalten zu haben, daß er sich mit Rücktrittsgedanken trug. Für die Interessen Christophs mußte es aber ein empfindlicher Schlag sein, wenn auf dem wichtigen Röteln an Stelle eines getreuen Anhängers ein direkter Gegner saß. Übrigens war schon zum Nachfolger Rudolf von Blumeggs Hans von Mörsberg[45]) designiert worden, der als Vertreter Markgraf Philipps, in der ausgesprochenen Absicht die Interessen Christophs zu bekämpfen, am Hofe Maximilians sich aufhielt. Die bedrohte Stellung Blumeggs, wie die Sendung Mörsbergs mußten Christoph mit großer Besorgnis erfüllen.

Von neuem schrieb er an seinen Vetter Maximilian in eindringlichster Weise, daß der Morsberger, falls er wirklich zum Landvogt angenommen würde, sich auf den Erbvertrag verpflichten müße. Obwohl der König die beruhigendsten Versicherungen gab, daß er den hochbergischen Gesandten ganz den Wünschen Christophs gemäß abgefertigt habe, fand es der letztere dennoch wünschenswert auch seinerseits einen Bevollmächtigten am königlichen Hofe zu besitzen, besonders da er erfuhr, daß eine neue Abordnung des hochbergischen Vetters dorthin unterwegs sei. Zu diesem Zwecke sandte er anfangs September 1503 den erfahrenen Hans Welsinger von Würzburg, Schultheißen von Baden, ins Tyrol, wo Maximilian sich damals aufhielt. Zunächst sollte der badische Gesandte darauf hinweisen, daß die Botschaft des Hochbergers nichts anderes bezwecke, als die Vernichtung und Aufhebung des von Maximilian bestätigten Erbvertrages. Dann hatte er dem König auseinanderzusetzen, wie besonders nachteilige Folgen der Rücktritt Rudolf von Blumeggs auch für die österreichischen Interessen habe, mit der dringenden Bitte, strengsten Befehl an den Landvogt abgehen zu lassen, weder sein Amt noch sein Schloß aufzugeben und auch keine Änderung in den Ämtern zu gestatten. Zudem sollte an die Landschaft das Verbot ergehen, weder der Frau, noch der Tochter, noch überhaupt sonst jemanden ohne königliche Erlaubnis die Tore zu öffnen. Falls von einem Vorschlag Mörsbergs gesprochen würde, wonach der König die Herrschaft Röteln als «tědingsman» zu seinen Händen ziehen möge, so kann Welsinger erklären, sein Herr sei bereit, den König fur einen guten und angenehmen Richter in der Sache zu halten. Auch werde hierdurch vermieden, daß nach dem Rücktritt Blumeggs zum Schaden Christophs und des Königs eine Persönlichkeit wie Mörsberg an dessen Stelle trete. Der Markgraf wolle daher lieber die Herrschaften in Händen des Königs sehen, als daß sie in fremde Gewalt gelangten.[46])

Markgraf Christoph benachrichtigte Rudolf von Blumegg von der Sendung Welsingers an den königlichen Hof und schloß daran die dringende Mahnung, wofern er noch im Amte sei, dasselbe nicht zu verlassen und seinen Wünschen [illegible]. Lebhaft begrüßte der Markgraf die Absicht Blumeggs, zu seinen Gunsten beim Könige zu wirken und erklärte sich bereit, die Kosten des Eilboten zu übernehmen, auf daß des Landvogts Schreiben noch eintreffe, so lange sein Gesandter am Hofe weile. Auch den Wünschen Blumeggs, nach seinem Rücktritt von der Röteler Landvogtei entweder die Verwaltung der Herrschaft Badenweiler oder eine Stelle in seinem Rate zu erhalten, wollte der Markgraf gerne Rechnung tragen.[47])

Wenige Tage später, am 18. September, traf die längst erwartete Kunde ein, daß Markgraf Philipp, der letzte Hochberger, fern von seinen Stammlanden am 9. September die Augen auf immer geschlossen habe.[48]) Nicht unvorbereitet wurde Christoph von der Todesbotschaft überrascht; um dem Schauplatz der künftigen Ereignisse näher zu sein, hatte er die niederbadischen Besitzungen verlassen und zunächst seine Residenz zu Lahr aufgeschlagen. Noch am gleichen Tage, an dem er den Tod seines Hochbergischen Vetters erfuhr, eilten Boten nach Badenweiler, Röteln und Schopfheim, mit der Aufforderung an die dortigen Amtleute, die ihnen anvertrauten Schlösser seinen bevollmächtigten Gesandten, welche am 20. September abends in Neuenburg am Rhein eintreffen würden, zu übergeben und die Untertanen ihrer Herrschaften zu versammeln, damit seine Abgeordneten mit diesen wegen Ausführung des Gemechtes verhandeln könnten. Das nach Röteln bestimmte Schreiben trug schon nicht mehr die Adresse Rudolf von Blumeggs, sondern war an den neuen Landvogt, Hans von Mörsberg, den Vertrauensmann der hochbergischen Markgräfinnen gerichtet, obwohl Markgraf Christoph noch nicht wußte, ob Rudolf sein Amt wirklich niedergelegt habe.[49])

In den gleichen Stunden, während denen diese Schreiben die markgräfliche Kanzlei verließen, hatten sich die zur Übernahme der Herrschaften Röteln, Sausenburg, Badenweiler und des Städtchens Schopfheim bevollmächtigten Vertreter Christophs zur Vollführung ihres Auftrages aufgemacht; es waren dies der Landhofmeister Burchard von Reischach, der Kanzler Dr. Jakob Kirscher, Dr. Johann Hochberg und Erasmus zum Weiher, Landvogt auf Hochberg. Zu Herbolzheim, etwas nördlich von Kenzingen, begegnete ihnen zu ihrer nicht geringen und wenig frohen Verwunderung Rudolf von

Blumegg, der im Begriff war, Markgraf Christoph aufzusuchen und ihm zu melden, wie er zu Röteln am 11. September sein Amt niedergelegt habe. Auf seine Frage, was sie vorhätten, antworteten sie, er werde die Ursache, nämlich den Tod Markgraf Philipps wohl kennen. Auffallenderweise wußte er noch nichts davon. Die Gesandten ließen ihn ihre peinliche Überraschung, ihn hier statt auf Röteln zu wissen fühlen, und verhehlten ihm nicht, daß ihnen dies «beswerlich» vorkomme, denn ihr Herr habe alle seine Hoffnung auf ihn gesetzt. Nach längerer Unterredung kehrte Blumegg mit den andern um; in Kenzingen erbot er sich, nach Dachswangen zu reiten, um von dort bei einigen Amtleuten zu wirken, daß sie niemand anderem huldigten. Auch stellte er dem Markgraf und ihnen, dessen Bevollmächtigten, seinen ganzen Einfluß, «das er viel glaubens und willens by der landtschaft het», zu Verfügung. Sie erklärten sich damit einverstanden und kamen mit ihm, der nicht genug versichern konnte, wie gut er es meine, überein, den jetzigen Landvogt von Röteln, Hans von Mörsberg und den Amtmann von Badenweiler noch einmal schriftlich aufzufordern, die Herrschaften den Verträgen gemäß zu übergeben und die Landschaft zu versammeln, um wegen Vollzuges des Erbvertrages mit ihr verhandeln zu können. Blumegg riet auch, daß Markgraf Christoph anstatt nach Hochberg, wohin derselbe am Mittwoch den 20. September zu gehen beabsichtigte, sich nach Neuenburg am Rhein verfüge, denn von dort brauche er nur eine Meile bis Badenweiler, zwei bis Röteln, und habe nicht weit nach Ensisheim und Basel. Übrigens meinte Blumegg, ein Aufgebot von Fußvolk und Reisigen würde unter Umständen einen heilsamen Schrecken ausüben. Die Gesandten waren zunächst noch gegen eine solche Maßregel, obwohl sie ihrem Herrn anempfahlen, energisch aufzutreten, da [illegible] um so eher eine Vermittlung finden werde, denn die [illegible] der Herrschaft würden «diser zit als herpst und seget [illegible] ungern überfallen lassen. Das Zusammentreffen mit [illegible] von Blumegg erregte bei den badischen Räten mit [illegible] die schwersten Bedenken,[30]) unter deren Druck [illegible] Tag, Dienstag den 19. September, von Ihringen [illegible] ritten, in der Absicht, sich mit dem österreichischen Statthalter und den Räten über ihren Auftrag zu besprechen und womöglich einige derselben nach Neuenburg mitzunehmen.[51]) Und sie hatten wohl Ursache, besorgt zu sein, denn sie mußten glauben, daß jetzt zu Röteln als Landvogt der Sohn des Statthalters der österreichischen Landvogtei zu Ensisheim sitze, des Freiherrn Kaspar von Mörsberg, von dem sie Unterstützung verlangen sollten gegen sein eigen Fleisch und Blut. In Ensisheim trafen sie den alten Mörsberger nicht an, dagegen gab ihnen der dortige Landschreiber die nötige Auskunft über die Abwesenheit des Freiherrn Kaspar und teilte ihnen höchst wichtige und für sie außerordentlich erfreuliche Ereignisse mit. Der Statthalter sei nach Röteln gegangen und habe am 18. September an die dort versammelte Landschaft das Begehren gestellt, seinem Sohne zuhanden der Witwe und Tochter Markgraf Philipps zu huldigen. Die Landschaft aber habe ihn mit seiner Forderung abgewiesen und erklärt, daß sie gemäß dem Erbvertrage keinen andern, als Markgraf Christoph als ihren Herrn anerkennen würde. Auch seien die Schlösser der Herrschaft Röteln von ihr besetzt und nach Röteln, Sausenburg und Badenweiler je zwei Vögte mit Besatzungen zur Verwahrung der Burgen gelegt worden, sodaß der junge Mörsberger nicht die geringste Macht besitze. Auf den Rat des Landschreibers meldeten die badischen Deputierten Kaspar von Mörsberg, daß sie am 20. September um 9 Uhr zu Neuenburg sein würden und baten ihn, dort ebenfalls einzutreffen, oder einen andern Ort der Zusammenkunft anzugeben, damit sie mit ihm, gemäß dem Auftrag Christophs, in Verhandlung treten könnten. Wie sie aber in Neuenburg ankamen, fanden sie weder von ihm, noch von den Amtleuten der Herrschaften eine Antwort auf ihre Schreiben vor. Die veränderten Umstände veranlaßten sie, an die jetzigen Inhaber von Röteln, Badenweiler, Sausenburg und Schopfheim das frühere Gesuch zu erneuern, sie als die Bevollmächtigten Markgraf Christophs in die Schlösser einzulassen und die Landschaft wegen Verhandlungen über die Ausführung des Gemechtes zu versammeln. Markgraf Christoph werde selbst nach Hochberg kommen und, falls Gefahr drohe, die Herrschaften schützen und beschirmen.[52])

Jetzt fanden sie auch für gut, daß ihr Herr in der Markgrafschaft Hochberg, zu Lahr und in der Markgrafschaft Baden ein Aufgebot von Mannschaft erlasse, um für alle Fälle gerüstet zu sein und den nötigen Willen und Ernst zu beweisen.[53]) Sie wußten wohl, warum sie dieses Ansinnen stellten, denn eben drang die Kunde zu ihnen, von den Eidgenossen drohe aus der Gegend von Basel her Gefahr. Eine gleiche Warnung ließen sie auch der Besatzung auf Röteln zukommen.[54])

Erst am 21. September abends langten der Statthalter, Kaspar von Mörsberg, und die österreichischen Räte zur Besprechung in Neuenburg an. Nachdem ihnen die badischen Gesandten Vortrag gehalten hatten über die vielfach verbrieften und bestätigten Rechte ihres Herrn, richteten sie die eindringliche Bitte an die Ensisheimer, ihnen im Namen des Königs bei der Einnahme der Herrschaften beizustehen, durch schriftliche Mandate die Vögte und die Landschaft aufzufordern, dem Gemechte und den frühern königlichen Erlassen gehorsam zu sein, und durch persönliche Anwesenheit einer Delegation der Räte bei der Übergabe der Herrschaften mitzuwirken.[55]) Am andern Tage, Freitag den 22. September, wurde den badischen Deputierten der Beschluß der österreichischen Räte auf ihr gestriges Vorbringen eröffnet. Diese gaben ihre Zustimmung, daß sich die Gesandten nach Röteln verfügten, um sich ihres Auftrages vor Vogt und Gemeinden zu entledigen. Auch seien von den Räten aus ihrer Mitte der Statthalter und Ritter Ulrich von Habsberg, Hauptmann der rheinischen Waldstädte als Begleiter der markgräflichen Abgeordneten bezeichnet worden.[56])

Während seine Gesandten in Neuenburg mit den österreichischen Räten sich besprachen und dann zur Übergabe der Herrschaften nach Röteln eilten, erließ Markgraf Christoph von Hochberg aus nach allen Seiten seine Truppenaufgebote: für die Markgrafschaft Hochberg, an seinen Sohn Philipp, der jetzt aus der Fremde heimgekehrt war, zuhanden der Markgrafschaft Baden, an Ritter Kaspar Böcklin für Lahr, an Graf Bernhard von Zweibrücken, Herrn zu Bitsch, an den Bischof von Straßburg, an Christoph von Venningen und andere mehr.[57]) Bevor aber diese Aufgebote zur Ausführung gelangten, änderte sich die ganze Situation so völlig, daß sie vorderhand unerledigt blieben. Auf Sonntag den 24. September berief Christoph die Landschaft der Herrschaften auf das Feld bei Tannenkirch,[58]) wohin etwa 4—5000 Mann[59]) zusammenströmten, um ihrem neuen Fürsten zu huldigen. Der Markgraf selbst erschien mit seinem gewöhnlichen Gefolge von etwa 60—70 Berittenen. In seiner Umgebung befanden sich als Vertreter der Herrschaft Österreich der Statthalter der Landvogtei zu Ensisheim — dieser jedenfalls zu seinem geringen Vergnügen — und mehrere königliche Räte. Der Markgraf hielt nun an die versammelte Landschaft eine Ansprache, in der er sie an ihren Eid erinnerte, mit dem sie den zwischen ihm und Markgraf Philipp geschlossenen Erbvertrag beschworen hätten. Dabei seien sie die Verpflichtung eingegangen, daß wenn ihr Herr ohne Manneserbe stürbe, sie ihn, Markgraf Christoph, und seine Erben als ihre Herren annehmen und ihnen gehorsam sein würden. Auch erklärte er hinsichtlich der Ansprüche der Witwe und Tochter Markgraf Philipps, daß er bereit sei, vor dem König, als seinem Lehensherrn, Recht zu bieten. Darauf hielten die «ritterschafft und mannschafft der herrschafften» eine längere Beratung und kamen zu dem Schlusse, Markgraf Christoph mit seinen Söhnen als «ir naturlich und zytlich erbherren» anzunehmen, unter der Bedingung, daß er zuvor ihre alten Gewonheiten, Rechte und Gerechtigkeiten bestätige. Nach diesem feierlichen Huldigungsakte begab sich der Markgraf nach Röteln, der alten Hochberg-Sausenburgischen Residenz.[60])

Dank seiner klugen und energischen Politik war es Christoph gelungen, sich gegenüber den Hinterlassenen des Markgrafs Philipp in den außerordentlichen Vorteil zu setzen, daß er sich ohne alle Mühe der streitigen Herrschaften bemächtigen konnte und zwar in Gegenwart und mit Zustimmung der österreichischen Räte zu Ensisheim, die als Vertreter des Lehensherrn die Besitznahme sanktionierten. Es fragte sich nur, ob der Markgraf dabei wirklich so ganz im Sinn und Geist Maximilians handelte, wie er und seine Vertreter den Räten in Ensisheim glauben machen wollten, um sich ihrer Mitwirkung zu versichern. Die Berichte, welche wenige Tage nach der Okkupation der breisgauischen Gebiete von dem markgräflichen Gesandten am königlichen Hofe einliefen, lauteten wesentlich anders und stimmten eher zu dem Bilde, welches der Landschreiber in Ensisheim von dem Standpunkt der österreichischen Herrschaft zu dem Erbstreite einem basler Ratsherrn entwarf.[61]) Die Witwe und Tochter Markgraf Philipps, so führte der Landschreiber aus, hätten nicht wenig Rechtsansprüche an das Land, auch Markgraf Christoph besitze Verschreibungen, vermöge deren er die Herrschaften an sich zu ziehen suche; der römische König werde aber den Streit entscheiden und zwar in der Weise, daß er Röteln als erledigtes österreichisches Lehen zuhanden nehmen und die beiden streitenden Parteien abweisen würde. Umso heller tritt dabei die Geschicklichkeit der markgräflichen Politik hervor, welche die ensisheimer Regierung eigentlich wider deren Willen ihren Zwecken dienstbar zu machen verstand. In der nächsten Umgebung des Königs besaß Christoph eine zuverlässige Persönlichkeit, die warm seine Interessen vertrat, an Graf Eitelfritz von Zollern,[62]) dem Verlobten seiner Tochter Rosina. Von ihm ließ sich der badische Gesandte, Hans Welsinger, den der Markgraf, wie wir gesehen haben, um den hochbergischen Einflüssen entgegen zu wirken, an den königlichen Hof abgeordnet hatte, bei der Ausführung seines Auftrages leiten. Trotzdem blieb seine Mission ohne Ergebnis, da die rasch sich folgenden Ereignisse in den Herrschaften und die dadurch bedingte neue Situation dem Inhalt seiner Instruktion nicht mehr entsprachen und sie überholt hatten. Immerhin konnte er sich davon überzeugen, daß die innsbrucker Regierung fest an ihrer Ansicht hielt, die Herrschaften bis zum Austrag des Streites in Schutz und Schirm des Königs zu nehmen. Als Motiv für diesen Standpunkt der Innsbrucker wurde ihm das Vorgehen der hochbergischen Verwandten angegeben, welche ihre Ansprüche an die Herrschaften ganz dem Entscheide des Königs überlassen und zu dessen Handen gestellt hätten. Würde derselbe dieses Anerbieten nicht angenommen haben, [illegible] befürchten gewesen, daß sie die Gebiete durch die [illegible] besetzen ließen.[63]) Zollern wie Welsinger rieten [illegible] noch in einem Schreiben vom 22. September, [illegible]sche des Hofes zu fügen.[64]) Auch war am gleichen Tage ein Schreiben der innsbrucker Regierung an Christoph abgegangen, mit der Mitteilung, den ensisheimer Räten sei befohlen, sich in die streitigen Herrschaften zu verfügen und im Namen des Königs von denselben Besitz zu ergreifen, «doch menglichen an sinen rechten unvergriffenlichen». Hierdurch werde vermieden, daß die Gebiete französisch oder schweizerisch würden und in fremde Hände kämen. Der Markgraf aber solle seinerseits, um schlimme Folgen zu vermeiden, nichts unternehmen.[65]) Noch ehe diese Befehle und Wünsche an ihrem Bestimmungsorte angelangt waren, hatte sich das Geschick der Herrschaften schon entschieden und Markgraf Christoph war der Gefahr entgangen, daß diese dem habsburgischen «Interesse» zum Opfer fielen, wie wenige Monate später es gewisse bayrische Gebiete im landshuter Erbfolgestreit erleben mußten.[66])

Da die Sendung Welsingers jetzt zwecklos geworden war, berief ihn sein Herr ab.[67]) Zugleich gab der letztere dem Könige einen genauen Bericht über die Einnahme der Herrschaften und bezeugte seinen lebhaften Dank für den Anteil, den die ensisheimer Räte hierbei genommen hatten. Ob Maximilian und die Innsbrucker von diesen Mitteilungen[68]) sehr entzückt gewesen sind, darf man billig bezweifeln, jedenfalls nicht viel mehr als die Witwe und Tochter Philipp von Hochbergs über das Kondolenzschreiben, mit dem sie Markgraf Christoph, jetzt als glücklicher Besitzer ihrer Stammlande, etwas spät beehrte.[69])

Übrigens konnte sich der Markgraf seines neuen Besitzes nicht so freuen, wie er es wünschen mochte. Durch seine tatkräftige Politik hatte er sich in eine schiefe Stellung zu Maximilian gebracht, wenn derselbe auf der Herausgabe der Herrschaften beharren sollte. Und zudem war er mehr denn je auf das Wohlwollen, die Hilfe und den Beistand des Königs angewiesen, als sich noch andre höchst gefürchtete Gegner regten, die Eidgenossen.[70]) Er trug sich daher mit dem Gedanken, selbst an den königlichen Hof zu eilen, um persönlich seine Angelegenheiten mit Maximilian zu regeln, aber die von Süden drohende Gefahr erlaubte ihm nicht an eine Entfernung aus seinen Landen zu denken.[71]) Ein Konflikt mit den Eidgenossen konnte Markgraf Christoph nicht überraschen, denn war auch die Eidgenossenschaft in ihrer Gesamtheit an dem Erbstreite nicht beteiligt, so mußte man doch voraussehen, daß einzelne ihrer Orte als Freunde und Verbündete des hochbergischen Hauses für die Interessen desselben eintreten würden. Es war traditionelle Politik der Grafen von Neuchâtel mit den benachbarten schweizerischen Kantonen freundschaftliche Beziehungen zu pflegen, die ihren Ausdruck in dem sogenannten Burgrecht fanden, das sie miteinander schlossen. Wie nützlich der Schutz des mächtigen Bern für Markgraf Rudolf war, ist schon früher berührt worden, sein Sohn Philipp mußte es geradezu als Lebensfrage ansehen, diese Freundschaft seiner einzigen Tochter und Erbin zu erhalten. Nur wenige Wochen vor seinem Tode erreichte er noch, daß die vier Orte Bern, Luzern, Freiburg und Solothurn im Juli 1503 das Burgrecht der Erbin Johanna erneuerten.[72]) Es war daher selbstverständlich, daß diese Städte schon vor dem Hinschied Philipps Kenntnis von der Streitfrage hatten, welche die beiden markgräflichen Häuser trennte. Der letzte Hochberger und seine Angehörigen bemühten sich, ihre Verbündeten für ihre Sache zu gewinnen, um sie gegebenenfalls gegen Christoph ausspielen zu können.[73]) Um diesen Bestrebungen entgegenzuwirken, erließ der letztere ein längeres Rundschreiben an die verburgrechteten Orte, in dem er sich über die Umtriebe seiner Stammverwandten beklagte und eine umständliche Darstellung der Geschichte des Gemechtes gab, um schließlich das Gesuch zu stellen, die hochbergischen Damen nicht « uns und unserer gerechtigkeyt zuwidder in burgerschaft oder eynichen schirm zu nemen », sondern sie mit ihrem Begehren abzuweisen.[74]) Mit dieser Forderung kam er zu spät und würde auch sonst wenig damit erreicht haben, wie die Antwort Berns beweist, welche die ganze Erbangelegenheit überhaupt nicht berührt, sondern nur kurz meldet, die Grafschaft Neuenburg stehe im ewigen Burgrecht mit Bern und ihre Inhaber seien verpflichtet, dasselbe anzunehmen. Jetzt, da Markgraf Philipp krank darniederliege, habe er um die Aufnahme der Tochter gebeten, die von der Stadt auf das Ableben des Vaters bewilligt worden sei.[75])

Bevor die offizielle Todesanzeige bei den verbündeten Orten einlief, hatte Solothurn schon am 13. September die

Nachricht von dem Hinschied des letzten Hochbergers erhalten und eilends die übrigen beteiligten Städte hiervon in Kenntnis gesetzt.[76]) Die Boten von Freiburg, Luzern und Solothurn versammelten sich am letztgenannten Orte, um sich über die nun brennend gewordene Erbschaftsfrage zu besprechen. Da sie näheres über den Stand der Dinge in den streitigen Herrschaften zu erfahren wünschten, wandten sie sich um genauere Auskunft an ihre verbündete Stadt am Rhein.

Schon im Herbst 1502 hatte Basel von Markgraf Christoph einiges über den Erbvertrag erfahren, und war bei der Gelegenheit aufgefordert worden, als getreue Nachbarstadt für die bedrohten Interessen des Markgrafen einzutreten.[77]) Da Basel nichts von feindlichen Umtrieben gegen denselben bekannt war, konnte es ihn nur seines guten Willens versichern.[78]) Und als, beinahe ein Jahr später, im August 1503 der Markgraf ebenfalls die Stadt ersuchte, den von den Markgräfinnen von Hochberg gegen das Gemechte ins Werk gesetzten Zettelungen entgegenzuwirken, so vermochte diese ihm einzig ihre völlige Unkenntnis von derartigen Unternehmungen mitzuteilen.[79]) Mitte September desselben Jahres erhielt Basel von der Markgräfin Maria die Anzeige vom Hinschied ihres Mannes und zugleich die offizielle Mitteilung von der Ernennung des Hans von Mörsberg zum Landvogt von Röteln.[80]) Der letztere scheint Ende August in Basel eingetroffen zu sein, um von hier sein Amt in Röteln zu übernehmen.[81]) Aber erst am 11. September verließ Rudolf von Blumegg seinen Platz, um sich nun seinerseits nach der Nachbarstadt zurückzuziehen, in der er einer freundschaftlichen Aufnahme sicher war.[82])

Die mit der hochbergischen Erbin verburgrechteten eidgenössischen Orte hätten füglich erwarten dürfen, daß sie von ihrer verbündeten Rheinstadt, die den streitigen Herrschaften so nahe lag und in der die Vertreter der verschiedenen Parteien ab und zu gingen, sichere Nachricht über die in ihrer Nachbarschaft jenseits des Rheins herrschenden Verhältnisse bekämen. Merkwürdigerweise war man aber in Basel recht schlecht über die Vorgänge im Breisgau unterrichtet. Am 23. September, also am Vorabend der Entscheidung, wußte man nur, daß Markgraf Christoph Rüstungen vorgenommen habe, was ja in der Tat sich so verhielt. Dagegen zeigte die Kunde, der Markgraf sei zum Könige verritten, eine vollständige Unkenntnis der wirklichen Sachlage. Einzig brauchbar und von Wert erwiesen sich die schon früher angeführten Mitteilungen des ensisheimer Landschreibers über den Standpunkt Österreichs zum Erbstreite.[83]) Bald sollte die Stadt aus bester Quelle Aufklärung erhalten über die in den Herrschaften eingetretenen Ereignisse: noch am Abend des 24. Septembers, nachdem er mit dem Markgraf auf Röteln vom Felde bei Tannenkirch her eingetroffen, schickte Rudolf von Blumegg einen kurzen Bericht über die Huldigung mit der Anzeige vom Besuch Christophs auf dem benachbarten Schlosse.[84])

Eilends setzten die Basler die in Solothurn versammelten Boten der drei Städte hiervon in Kenntnis,[85]) welche die wichtige Neuigkeit sofort weiter an den berner Rat beförderten. Dieser letztere stellte hierauf an Solothurn das Gesuch, eine Botschaft nach Röteln abzuordnen mit dem Auftrage, näheres über die Besitzergreifung der Herrschaften zu erfahren, dem Unternehmen des Markgrafen entgegenzutreten und ihn zur Ruhe zu verweisen, bis die vier Städte im Einverständnis mit der Erbin Johanna weitere Schritte tun würden.[86]) Dem solothurner Boten sollte sich der in Staatsgeschäften ergraute Dr. Thüring Frickart, als Vertreter Berns, anschließen, der gerade in andrer Angelegenheit in Basel weilte.[87]) Jedenfalls wünschte Bern auf alle Fälle einen Krieg zu vermeiden «dero wir zů diser zytt nitt bedurfen».

In seinem Schreiben vom Abend des 24. Septembers hatte Rudolf von Blumegg die Anwesenheit Markgraf Christophs auf Röteln erwähnt mit ausdrücklichem Hinweis darauf, daß Basel die Gelegenheit, den Fürsten zu begrüßen, geboten wäre.[88]) Die Stadt schenkte aber dem zarten Wink des Landvogts keine Beachtung und zwar, wie Peter Offenburg später dem letztern entschuldigend mitteilte, aus dem Grunde, weil sie ihre strikte Neutralität wahren wollte, um [illegible] vermittelnd in den Streit eingreifen zu können.[89]) Der Markgraf fühlte sich durch keinerlei derartige Rücksichten gehindert, den Forderungen der nachbarlichen Höflichkeit nachzukommen. Am 27. September erschien in seinem Namen eine feierliche Gesandtschaft, bestehend aus Graf Bernhard von Eberstein, dem Landhofmeister Burchard von Reischach, dem Kanzler Dr. Jakob Kirscher und dem wieder in sein Amt eingesetzten Rudolf von Blumegg, vor dem basler Rate und überreichten ihr Kredenzschreiben. Über den Zweck ihrer Sendung weiß man allerdings nichts näheres, man darf aber annehmen, daß es sich hauptsächlich um eine Begrüßung der mit seinen Herrschaften durch so mannigfache Beziehungen engverbundenen Nachbarstadt durch den neuen Landesfürsten handelte.[90])

Die Klagen und Anschuldigungen, welche die hochbergischen Markgräfinnen in der Eidgenossenschaft erhoben, wollte Christoph nicht unbeantwortet lassen. Er schrieb den vier verburgrechteten Städten, wie er die Herrschaften gemäß dem Erbvertrage eingenommen habe, wie ihm von der Landschaft nach ihrer Verpflichtung und zufolge der königlichen Mandate gehuldigt worden sei. Da er erfahren habe, daß die Markgräfinwitwe mit ihrer Tochter «in übung und handlung» gegen ihn wider alles Recht stünde, so bitte er die Orte, dieselben in ihren Forderungen abzuweisen und zur Ruhe zu mahnen. Übrigens sei er erbietig, in dem Streite Recht zu nehmen vor dem römischen König, als seinem Lehens- und Schirmherrn, dem Röteln und Schopfheim eigentumsweise zugehöre.[91])

Eben war dies Schreiben abgefertigt, als die Gesandten der vier Orte[92]) in Basel eintrafen und sich am 29. September bei Christoph zu einer Konferenz anmeldeten.[93]) In der Frühe des 2. Oktobers erschienen sie zu Röteln und blieben zum Mittagessen beim Markgrafen, dem gegenüber sie sich nun ihres Auftrages entledigten. Die Markgrafen von Hochberg und Herren zu Röteln seien lange Jahre im Erbburgrecht mit ihren vier Städten gestanden, wie auch Markgraf Philipp, seine Frau und seine Tochter. Obwohl nach dem Tode des letzten Hochbergers die hinterlassenen Herrschaften der Tochter als Erbe zufielen, sei er, Markgraf Christoph, schnell herbeigeeilt und habe den Bluterben seiner Lande beraubt. Daher verlangten sie, daß er die letztern räume und sie in den gleichen Stand stelle, wie vor der Besetzung.

er Forderungen und Ansprüche zu besitzen, so Recht werden. In seiner Antwort gab der Markausführliche Darstellung des ganzen Erbstreites und chtsansprüche, wobei er hervorhob, daß er mit d Willen des Königs die Herrschaften an sich ge- die Tochter Markgraf Philipps überhaupt nie in itz gewesen, also auch gar nicht desselben entsetzt i. Christoph wies daher das Ansinnen der Orte ab, er den Gesandten, ihnen Recht bieten zu wollen auf hen König als seinen Landesfürsten, seinen Lehensherrn. Die eidgenössischen Boten beharrten trotz tellungen auf ihrer Forderung und verließen höchst t und erbittert über den Mißerfolg ihrer Sendung ß, obgleich der Markgraf sie gerne über Nacht hätte. Selbst die Basler bekamen ihren Zorn zu l erhielten den Vorwurf, sie hätten sich der Sache nicht angenommen. Diese Anschuldigung ließ der asel nicht auf sich sitzen und antwortete ziemlich hm sei von den Gesandten der vier Städte nichts handel und werbung» mitgeteilt worden, deshalb ich nicht für passend gefunden, ihnen ungebeten schläge aufzudrängen. Durch diese Abfertigung ürlich die Stimmung der Boten nicht gebessert asler Ratsherren fanden es doch für gut, durch haft denselben genau die Stellung Basels in dieser zu definieren und zu charakterisieren.

Basler wüßten wohl von der großen Aufregung, se Angelegenheit bei einem Teil ihrer Miteidgervorrufe, und es tue ihnen dies außerordentlich sie müßten doch bemerken, daß ihre Stadt mit hbarten Herrschaften, mit Markgraf Christoph und eltern, in freundschaftlicher Nachbarschaft gelebt ners möchten sie nur daran noch erinnern, welche Basel in jenen Gebieten genieße und welcher m entstände, falls das Land durch Krieg verwüstet e, die Gesandten, möchten daher die Lage der l bedenken und erlauben, daß der Rat in gütliche gen mit dem Markgraf trete, der sich gewiß genüber nicht unzugänglich erweisen werde. Zugleich versprachen die Basler alles an das Zustandekommen einer friedlichen Lösung zu wenden und keine Kosten, Mühe und Arbeit zu scheuen.

Die Boten der vier Städte erklärten sich bereit, dies Anerbieten der Markgräfinmutter, sowie ihren Herren und Obern vorzulegen, die wegen des Erbstreites in Bälde eine Konferenz abhalten würden.[94]) Mit diesen Ausführungen hat Basel genau bezeichnet, welche Politik es vorderhand in diesem Erbfolgestreit innehalten werde: eine Politik des Friedens und der Vermittlung.

Daß nun in den verburgrechteten Orten, wo schon infolge der Beschlagnahme der Herrschaften durch Markgraf Christoph und der Klagen der Markgräfinnen eine starke Erbitterung geherrscht hatte, nach dem ergebnislosen Verlauf der Gesandtschaft, die Wogen der Erregung hoch gehen würden, war vorauszusehen. Sie, die siegesstolzen Eidgenossen, die gewohnt waren, von den ersten europäischen Mächten umworben zu werden, mußten von einem dem Umfang seiner Gebiete nach wenig bedeutenden Fürsten eine solche Rückweisung ihrer Wünsche erfahren, das konnten sie nicht anders als für eine schwere Beleidigung ansehen. Und wenn auch die Räte der vier Orte nicht sogleich zu Gewaltmaßregeln greifen würden, wer stand dafür, daß sich die Mißstimmung nicht auf tumultuarische Weise äußerte und irgend eine Freischar zur Züchtigung des Markgrafen auszog, wie es einige Jahre früher 1495 Konstanz erleben mußte.

Mit der ihm eigenen Umsicht und Energie traf der Markgraf die Vorkehrungen, um der ihm von den Eidgenossen drohenden Gefahr zu begegnen. Seinem Landvogt auf Röteln, Rudolf von Blumegg, der sogleich nach der Huldigung sein Amt wieder angetreten hatte, und der ihm noch im Verlauf des Erbstreites unschätzbare Dienste leisten sollte, gab er genaue Instruktionen hinsichtlich der Verteidigung und Verwaltung des Landes.

Interessant ist die Vorschrift, Blumegg solle sich in der übrigen Schweiz wie in Basel der geeigneten Persönlichkeiten versichern, die ihn über die Absichten der Eidgenossen und speziell der Basler zu unterrichten vermöchten, und hierfür keine Kosten scheuen.[95]) Während der Markgraf auf diese Weise im eigenen Gebiete den Widerstand organisierte, gingen seine Eilboten nach allen Richtungen, um die ihm befreundeten Reichsfürsten und Stände zu eilender Hilfe zu mahnen: den Herzog Ulrich von Württemberg, den Bischof von Straßburg, die Stadt Straßburg, den Markgraf Friedrich von Brandenburg, den Pfalzgrafen, die Bischöfe von Trier, Augsburg und Speyer und andere mehr.[96]) Wie wenig Christoph aber auf die tatkräftige Hilfe der Reichsstände zählen konnte, bewies das Beispiel des Schwäbischen Bundes, dessen Mitglied er war. Er hatte sich an den Bundeshauptmann Kaspar von Bubenhofen gewandt mit der Bitte, die Bundesglieder unverzüglich aufzubieten.[97]) Als Antwort erhielt er die Einladung persönlich oder in Vertretung auf dem schon ausgeschriebenen Bundestag in Eßlingen zu erscheinen, um sein Hilfegesuch vorzutragen.[98]) Nun von seiten Christophs neues Drängen: seine Sache dulde keinen Aufschub, der eßlinger Tag sei auf einen viel zu späten Termin angesetzt, er verlange einen auf kürzeste Frist angesagten Tag, um mit der nötigen Hilfe der Gefahr energisch begegnen zu können.[99]) Hierauf antwortete Bubenhofen am 20. Oktober, in vier Wochen finde der angesagte Tag in Eßlingen statt, es sei keine Zeit mehr zu einer neuen Ausschreibung, so gerne er den Wunsch des Markgrafen erfüllt hätte.[100]) Am 6. Dezember endlich legten die königlichen Räte, der eßlinger Versammlung einen mit Christophs Wünschen übereinstimmenden Antrag vor, der dann wahrscheinlich im Gewirre des eben ausgebrochenen landshuter Erbfolgekrieges unberücksichtigt blieb.[101])

Nicht besser stand es mit der Hilfe Österreichs auf die Christoph im Falle der Not zunächst angewiesen war. In eindringlichster Weise ersuchte derselbe den König um seinen Beistand und bat ihn in Anbetracht der gefährlichen Stimmung, welche die Gegenpartei bei den Eidgenossen erregt hätte, und in Anbetracht, daß es sich dabei um Maximilians eigene Sache handle, sowohl an die Regierung in Ensisheim wie an Ulrich von Habsberg, den Hauptmann der vier rheinischen Waldstädte, den Befehl ergehen zu lassen, sich zum gemeinsamen Kampfe bereit zu halten.[102]) Im gleichen Sinne schrieb der Markgraf direkt nach Ensisheim und dem Ulrich von Habsberg und ermahnte sie die Städte der Niedern Vereinigung aufzubieten.[103]) Zwar fand er im Elsaß und im Schwarzwald bereitwilliges Entgegenkommen für seine Wünsche, aber wie übel stand es doch mit der Kriegsbereitschaft der vordern Lande. In den schwärzesten Farben wurde der Zustand derselben von den ensisheimer Räten dem Könige geschildert. Da der «umgelt pfening nit fürgang gewonen», so herrsche bei ihnen Mangel an «gezeug und allen anderen kriegsnotturfften, es sei an gelt, půchsen, pulver, bly und anderem». Komme es zum schlagen, so habe man nichts in Händen und werde Schande und Schaden davon tragen, «dadurch unwiderbringlicher verlurst und fall zu besorgen e. k. mt. iren landen und leuten begegnen mochte». Trotz vielfachen Vorstellungen und trotz allen Versprechungen sei es beim alten geblieben, so daß zur Zeit kein anderes «gezeug» sich vorfinde, als was man nach Rheinfelden geschickt habe.[104])

Nachdem Christoph die nötigsten Anordnungen getroffen hatte, überließ er das weitere zu besorgen seinem Landvogt auf Röteln und brach am 5. Oktober nach seinen niederbadischen Herrschaften auf.[105]) Rudolf von Blumegg verabredete nun mit Ulrich von Habsberg und den vier rheinischen Waldstädten eine Zusammenkunft in Schopfheim für den 22. Oktober, auf der die beiderseitigen Rüstungen bis ins einzelne besprochen werden sollten.[106]) Zu diesem Tage wurde auch der Statthalter in Ensisheim, Caspar von Mörsberg, eingeladen, da die Angelegenheit die Gesamtheit der königlichen Vorländer interessierte, zugleich bat man ihn, Abgeordnete der Städte Breisach, Freiburg, Neuenburg und Endingen dorthin zu berufen.[107]) Trotz vielen Schreibereien zwischen den Beteiligten kam schließlich die Zusammenkunft doch nicht zustande, weil es Ulrich von Habsberg von Innsbruck aus untersagt wurde, einer solchen Tagung beizuwohnen. Die Motive zu diesem Verbot werden wir vielleicht später noch kennen lernen.[108])

Über den kriegerischen Rüstungen vernachlässigte der Landvogt von Röteln den übrigen Teil seiner Instruktionen nicht. Eine besondere Aufmerksamkeit widmete er dem Auftrage, Beziehungen in der Schweiz anzuknüpfen, durch die er näheres über die Absichten der Eidgenossen erfahren könnte. Und nun hatte Rudolf von Blumegg die nötigen Persönlichkeiten an der Hand, die ihm nicht nur genaue Berichte liefern, sondern dank ihrer einflußreichen Stellungen zugunsten des Markgrafen wirken konnten: in Zürich Ritter Heinrich Göldlin [109]), in Bern Alt-Schultheiß Wilhelm von Diesbach, der trotz seiner französischen Neigungen sich jetzt für den ihm befreundeten deutschen Fürsten erklärte, in Solothurn seinen Schwiegersohn Hans von Roll und in Basel Bürgermeister Peter Offenburg. Neben diesen hochgestellten Personen fanden sich bescheidenere, aber nicht weniger nützliche Freunde der Sache Christophs, wie der Substitut des basler Stadtschreibers, Marquard Müller von Pforzheim [110]), der hierbei aus Anhänglichkeit zu seinem früheren Fürsten in Konflikt geriet mit den Pflichten seines gegenwärtigen Amtes und ein bezeichnendes Beispiel lieferte für die unerfreulichen Folgen, welche unter Umständen die Übung, Fremde an das Stadtschreiberamt zu wählen, mit sich brachte.

In der Eidgenossenschaft rüstete man sich nach der Rückkehr der Gesandtschaft der vier Orte zum Besuch der auf den 19. Oktober ausgeschriebenen Tagsatzung in Luzern. Man mußte erwarten, daß daselbst, in Anbetracht der Gereiztheit, die in den verburgrechteten Städten herrschte, eine energische Sprache hinsichtlich des Erbstreites geführt werde. Was man den Eidgenossen zutraute, bewies eine Äusserung der ensisheimer Räte, welche ihrem Herrn schrieben, die mit den hochbergischen Damen verbündeten Orte würden lieber sehen, «das beruerte marggraffenschafft in grundt verderbe, dan das sy by unser gn. herren marggrafen handen bleiben solte». Auch würden sie nicht eher ruhen, als bis sie ihre Absicht erreicht hätten, «die marggrafschafft Rötteln an sich zu bringen und damit die stat Basel mit V oder VI^m mannen sterckher dann vormals zu bevestigen und damit nit horen, sondern iren alten und langgehapten durst mit diesen landen e. k. mt. und dem loblichen haus Österreich etc. zuegehorig, gern und lustig weren, zu trenkhen [illegible].[111]) Möglicherweise hatten Pläne bei den ver[illegible] Städten bestanden, die streitigen Herrschaften [illegible] ihrer Bürgerinnen zu besetzen [112]), aber darin gingen die Ensisheimer in ihrer Abneigung gegen Basel zu weit, wenn sie dieser Stadt indirekt eigennützige Absichten unterschoben, denn es herrschte dort unter den maßgebenden Kreisen eine für Markgraf Christoph außerordentlich günstige und wohlwollende Stimmung.[113]) Marquard Müller hörte aus dem Munde von «etlichen nit den minsten des rats und der gemeind» die gute Freundschaft, die zwischen Basel und dem markgräflichen Hause bestehe, rühmen, so daß er seinen badischen Bekannten zu Handen Christophs den Rat gab, die Vermittlung der Rheinstadt anzurufen.[114]) Aber nicht nur der erklärten Zuneigung der Basler, die gerne «den rigel stoßen» sahen «dann einer statt ungemeint sin, sich umb der Eidtgnossen willen wollen lassen verderben», erfreuten sich der Markgraf und seine Leute, sondern auch von jenseits des Jura, aus den eidgenössischen Orten trafen auf Röteln und bei Christoph Schreiben ein, die, wenn sie auch die Besorgnis nicht hoben, doch die Hoffnung auf einen erträglichen Verlauf und Ausgang der Sache wach hielten. Von Zürich drückte am 10. Oktober Ritter Heinrich Göldlin dem Markgraf seine Teilnahme aus an der schwierigen Lage, in die derselbe durch den Erbstreit zu den vier Orten geraten sei, und versprach für sich und seinen Sohn[115]) tatkräftiges Wirken zur Herstellung einer guten Nachbarschaft zwischen Christoph und den verburgrechteten Städten.[116]) Um die gleiche Zeit erhielt Rudolf von Blumegg einen Brief seines Freundes Diesbach, worin dieser gleich zu Anfang erklärte, der Markgraf brauche keine Sorge zu haben, «sin recht ist gros und stark». Weiter berichtete er, die Boten von Luzern, Freiburg und Solothurn seien in Bern erschienen, um den Ort zu überreden, «daz für anzezůnden», ein Vorschlag der dem Berner Rat keineswegs behagte. Zugleich warnte Diesbach seine badischen Freunde vor all zu vielen Tagungen mit den Eidgenossen, da «ettliche gern fil ze tagen ryten etc. Wil sich myn frow und ir dochter in diss håndel legen, so verdaget sy die graffschafft Nůwenburg. Wår ir daz ratt, der sůcht me sin nutz, den ieren nutz.» Übrigens werde er zu gegebener Zeit mit andern eine Vermittlung anzubahnen suchen, wie wohl die Markgräfin Maria «ein bôse dütschin» sei. Während Diesbach noch an dem Brief schrieb, wurde er in den Rat gerufen, da ein Missiv der genannten Dame eingelaufen war, mit bittern Klagen über die Treulosigkeit des Hans von Mörsberg, der in verräterischer Weise ihre Schlösser, Land und Leute übergeben habe. Sie forderte nun vom berner Rate, daß derselbe Schritte tue, um von Christoph die Herausgabe der Herrschaften zu erlangen, oder doch daß dieselben «in ein mittelhand» gestellt würden. Der Markgräfin wurde auf ihre Vorstellungen, wie Diesbach sich ausdrückt, «eine zimlich und schlåcht antwort» von den Bernern zuteil. Bedenklicher klang aber die Mitteilung von dem, was dieser mündlich von dem hochbergischen Boten erfuhr, nämlich daß «daz bôss wyb» sich geäussert habe, «e wett sy ir dochter sůchen die har abzůchen, e sy verwilligen welle, die mines gnedigen herrn sůnen ze geben; e well sy uns (den Bernern) die landtschafft um ein zyt verpfänden, e sy die min gn. herren lassen welle. Item so habe sy noch hundert tusent kronen, die welle sy och wogen.» Diesbach wusste es aus eigener Erfahrung, was die hunderttausend Kronen bei so geldhungrigen Leuten, wie den damaligen schweizerischen Staatsmännern, zu bedeuten hatten, daher fügte er dem Berichte die Worte hinzu: «lieber Růdolf, diss ist ein bôser grund, daruff myn gnediger herr sich wol ze hůten hatt, uss fil ursachen mir ze lang ze schriben».[117]) Dem Markgraf gegenüber erklärte der berner Staatsmann, warum seine Stadt sich bei der Botschaft der verburgrechteten Orte habe vertreten lassen. Es sei dies nur geschehen, um die andern Städte zufrieden zu stellen, jedenfalls solle sich Christoph keine Gedanken darüber machen.[118]) Aus diesen Schreiben ließ sich leicht ersehen, welche Haltung jede der vier Städte in dem Erbfolgestreite einnahm: Bern, das doch seine Macht den ausschlaggebenden Entscheid in Händen hatte, hielt von Anfang an zurück und blieb seiner Friedenspolitik getreu, wogegen die drei übrigen Orte, Basel, Freiburg und Solothurn energisch für ihre Bür[illegible], Markgräfin Mutter und Tochter eintreten wollten. [illegible] wissen wir, daß sein leitender Staatsmann, [illegible] Niklaus Konrad, in nahen Beziehungen zu Maria [illegible]stand[119]) und zugleich ein warmer Freund

Frankreichs war, dessen Interessen er zeitweise als offizieller Agent besorgte.[120] Und gerade nach Solothurn ging wohl deshalb mitte Oktober, also wenige Tage vor Beginn der Tagsatzung, eine basler Gesandtschaft in der Absicht, die erregten Gemüter jenseits des Jura etwas zu beruhigen.[121] Diesem ernsten Streben Basels den Frieden zu erhalten, entsprach auch die Zusicherung, die Peter Offenburg dem Landvogt von Röteln machte, daß Basel um keinen Preis den Durchmarsch der Eidgenossen durch sein Gebiet zu einem Angriff auf die markgräflichen Herrschaften gestatten werde.

Über die bevorstehende Tagsatzung, die voraussichtlich von großer Bedeutung für den Markgraf sein mußte, hatte sich Rudolf von Blumegg eingehend mit dem ebengenannten basler Bürgermeister besprochen, der das Beste von seiten seiner Stadt hoffen ließ.[122] Gleichwohl legte Christoph in einem eigenen Schreiben seine Interessen Peter Offenburg warm ans Herz und bat ihn, falls die hochbergischen Damen etwas auf der Tagsatzung erreichten, daß er dem entgegentreten möchte und Basel sich zu keinen Feindseligkeiten gegen ihn hergebe. Er würde dann dafür sorgen, daß die Stadt und speziell Offenburg und dessen Familie seine Nachbarschaft nicht bereuten.[123] Jedenfalls genoß dieser bei dem Markgrafen wie bei dessen Landvogt mit Recht ein ganz anderes Zutrauen als Hans Schonne, der Amtmann von Pfeffingen, der sich, um womöglich etwas zu erhaschen, an Blumegg herandrängte. Dieser gab den damals probaten und für die Verhältnisse in der Eidgenossenschaft bezeichnenden Rat, ein bis dreitausend Gulden daranzusetzen, womit man «vil unrůw und schaden» begegnen könne. Blumegg war aber viel zu skeptisch, um auf diesen Vorschlag einzugehen. Er schrieb darüber an seinen Herrn, «da acht ich aber, gnediger herr, so u. g. schon vil an ine oder ander legte, die ding eym weg, als den andern nit abgehalten oder gestilt wůrden.»[124]

In Rücksicht darauf, daß die vier verburgrechteten Orte den Erbfolgestreit vor die Versammlung der gemeinen Eidgenossen bringen würden, beschloß Markgraf Christoph, eine eigene Botschaft nach Luzern zu senden, für die er den in der Streitfrage bewanderten Hans Welsinger und seinen

Landvogt auf Röteln bestimmte.[125]) Am 15. Oktober traf Welsinger auf Röteln ein, um mit Blumegg die gemeinsame Mission zu besprechen.[126]) Der Landvogt lehnte aber seine Beteiligung an der Gesandtschaft entschieden ab. Seine Anwesenheit auf Röteln, erklärte er, sei unter den jetzigen Umständen absolut notwendig, da man ja nie wisse, ob nicht plötzliche Gefahr drohe «da not ist, ayner by der handt sy, der sich mit der landtschaft wisz zu halten und ir kündig». Auch habe er in den wenigen Tagen seit der Besetzung des Landes, nicht alles in Kriegsbereitschaft bringen können. Übrigens besaß er noch einen triftigen persönlichen Grund, nicht nach Luzern zu gehen, er fürchtete nämlich mit Fug den Haß der verburgrechteten Orte gegen ihn, dem sie jedenfalls nicht ohne Grund zuschrieben, daß er durch seinen Einfluß als langjähriger Landvogt zu Röteln wesentlich die freundliche Aufnahme Christophs in den Herrschaften vorbereitet habe. Er gab daher an seiner Stelle den Burgvogt auf Röteln, Martin von Rechberg, dem Schultheissen von Baden als Begleiter mit, welch beide sich zunächst nach Basel[127]) verfügten, um hier mit dem badischen Vertrauensmann, Peter Offenburg, und andern befreundeten Ratsherren Rücksprache über ihre Sendung zu halten. Die Basler verhehlten ihnen nicht, daß es nicht in ihrer Absicht liege, den Tag in Luzern zu beschicken, erst auf Bitten Welsingers, der sie im Namen des Markgrafen darum ersuchte, entschlossen sie sich einen Boten abzuordnen und ernannten hierzu auf Wunsch der badischen Gesandten den Ratsherrn Heinrich Einfaltig. Selbstverständlich kamen in der Instruktion die gemeinsamen Interessen der Stadt wie Christophs zum Ausdruck. Aus allen Kräften sollte der basler Abgeordnete eine Vermittlung suchen und eine energische Darstellung geben von der Gefahr, die Basel und die Eidgenossenschaft durch diesen Konflikt bedrohe, mit Hinweis auf den mächtigen Anhang Christophs: sein Vetter, König Maximilian, stehe auf seiner Seite, der Erzbischof von Trier sei sein Sohn, der Bischof von Utrecht sein Bruder, der [illegible] sein Schwager und mit Württemberg und dem [illegible] Bund pflege er enge Beziehungen. Speziell [illegible] schwer durch einen Krieg geschädigt, da die streitigen Herrschaften als die Vorratskammern der ... anzusehen seien. Alle diese Punkte, erhielt Einsiedling ... Auftrag, mit recht kräftigen Farben auszumalen, damit den verburgrechteten Orten nicht gelinge, einen Kri... zu erregen, sondern man sich auf den frühern Vorschl... Basels einige, einen Tag zu gütlicher Verhandlung fe... zusetzen. Den badischen Gesandten sollte der basler Ra... herr gute Gesellschaft leisten, sie von den Wünschen u... Absichten Basels unterrichten und ihnen die Verhandlung... mit den vier Städten mitteilen.[198])

Den Abgeordneten des Markgrafen wurden in der ... nachbarten Rheinstadt alle Ehren zuteil: um ihnen den B... schluß wegen Absendung eines basler Boten anzuzeig... waren die beiden Bürgermeister Wilhelm Zeigler und Pe... Offenburg im Namen des Rates in der Herberge erschiene... auch hatten sie mit ihnen getafelt und ihnen Ehrenwein g... spendet. Erst am folgenden Tag brachen die badischen Ve... treter auf, um mit ihrem basler Kollegen nach Luzern zu reit...

Während von allen Seiten die Boten der eidgen... sischen Orte und der streitenden Parteien dorthin eilten, u... über den Zwiespalt zu sprechen, der sich um den Bes... seiner Stammlande erhoben hatte, wurden die irdischen Übe... reste Philipp von Hochbergs zu ihrer letzten Ruhe getrage... Am 15. Oktober, einem Sonntage, bewegte sich ein ernst... Zug nach der Pfarrkirche zu Röteln: es waren vier Adli... und etliche Priester, in ihrer Mitte ein mit schwarzem Sa... behangenes Pferd führend, das auf seinem Rücken das He... des letzten Hochbergers in einem metallenen Gefässe tru... Vor der Kirche trat ihnen eine andere Prozession entgege... die aus einigen Vertretern der Landschaft und des Kler... der Herrschaft Röteln bestand und vom Landvogt Rud... von Blumegg begleitet war. Unaufgefordert waren die... erschienen, um das Herz ihres verstorbenen Landesfürst... zu empfangen und neben den Gebeinen Markgraf Rudo... und andrer Ahnen beizusetzen. Vergeblich lud man nach d... Bestattung im Namen Markgraf Christophs das fremde Trau... geleite zu einem Mahle in das dem Kirchhofe benachbar... Dekanatshause ein, stumm und ohne ein Wort, auch nicht ei... mal des Dankes für den Empfang, an den Landvogt und d...

Abgeordneten der Landschaft zu richten, zogen die hochbergischen Edelleute ihres Weges und begaben sich über Basel [129]) nach Luzern, um vor den vereinten Boten der Eidgenossen im Namen ihrer Herrin bittere Klage über die Wegnahme der Stammlande zu führen.[130]) Schwere Beschuldigungen sollten sie auch vorbringen gegen den unglücklichen Hans von Mörsberg, der sich in höchst peinlicher Lage in Basel aufhielt. Bevor er aus Burgund weggeritten war, um das ihm übertragene Amt in Röteln anzutreten, hatte er dem Markgraf Philipp von Hochberg, sowie dessen Frau und Tochter in der Barfüßerkirche zu Seurre einen feierlichen Eid auf das Evangelium ablegen müssen, niemand anderm das Schloß Röteln zu übergeben, als wer ausdrücklich hierfür von ihnen bezeichnet würde. Und nun, da sein Versuch, die Landvogtei zu übernehmen, so jämmerlich an der Opposition der Landschaft gescheitert war, wurde ihm von den hochbergischen Damen und ihren Anhängern die Schuld zugeschoben. Wie wir schon früher gesehen haben, bezichtigten sie ihn der Feigheit und des Hochverrats[131]) und nannten ihn einen treulosen, meineidigen Bösewicht. Sobald er erfuhr, daß Welsinger auf der Durchreise in Basel weile, wandte er sich an diesen, als an einen Freund seines Vaters, um mit ihm seine schwierige Lage zu besprechen.

Mit leichterem Herzen konnten die badischen Gesandten von Basel nach Luzern aufbrechen, hatten sie doch wider Erwarten günstigen Bericht über die Stimmung in den vier Orten erhalten. Wohl wären, so hieß es, Luzern und Solothurn «ganz hitzig», dafür aber würden Freiburg und vor allem Bern für Erhaltung des Friedens wirken. Auch von dem unvermeidlichen Vogt auf Pfeffingen war ihnen versichert worden, «das die handlung zu uffrure nit diene werdt, dan er habe esz mit sundern personen siner brudere und swechere zu verkomen».[132])

Über die Verhandlungen und Beschlüsse der luzerner Tagsatzung vom 19. Oktober in Hinsicht des Erbfolgestreites wissen wir nichts näheres, außer daß die Abgeordneten Markgraf Christophs eine eingehende Darlegung der Angelegenheit und der Rechte ihres Fürsten gaben und gemeinsam mit Basel den Vorschlag zu einem gütlichen Tage machten. Zu irgend einem wichtigen oder für den Markgraf ungünstigen Entscheid scheint es nicht gekommen zu sein.[133])

Kurze Zeit nach der Tagsatzung versammelten sich auf Wunsch der Markgräfin Maria, welche durch Schultheiß Konrad von Solothurn persönlich von dem Ergebnis der vierörtigen Gesandtschaft beim Markgraf in Kenntnis gesetzt worden war,[134]) die Abgeordneten der verburgrechteten Städte zu Bern, um den Bevollmächtigten der Dame anzuhören.[135]) Diesbach beruhigte seinen Freund Blumegg über diese Konferenz und bemerkte, «wir eidtgnossen tagendt gern uf andren lûten gût, es ist nit jederman lustig der frôwen zu helfen». Auch Hans von Roll wußte seinem Schwiegervater nur Gutes aus Bern, wo er eben gewesen war, zu melden.[136])

Und wirklich konnte Markgraf Christoph zufrieden sein mit dem Beschlusse, den die vier Orte auf die Klagen und Forderungen des hochbergischen Gesandten wegen Herausgabe der Herrschaften faßten, denn sie griffen auf den von den badischen wie vom basler Vertreter zu Luzern gemachten und vom Markgraf gebilligten Vorschlag zurück und setzten einen «frûntlichen unverbundnen verhôrtag» auf St. Andreas (November 30) nach Basel an, um den Streit, wenn möglich, in Minne beizulegen.[137])

Während die verburgrechteten Städte in Bern tagten, trafen bei denselben zwei Schreiben ein: das eine war von Markgraf Christoph auf eine von Blumegg unterstützte Anregung Ritter Heinrich Göldlins[138]) an alle eidgenössischen Orte gerichtet und enthielt eine ausführliche, in apologetischem Sinne gehaltene Darstellung der Geschichte des Erbvertrages und der Besetzung der Herrschaften zur Widerlegung der Klagen der Markgräfinwitwe und ihrer Tochter. In dem andern Schreiben forderte Maximilian, als Lehensherr von Röteln, die vier Orte auf, nichts Feindliches gegen Markgraf Christoph und seine neuen Gebiete zu unternehmen, sondern die hochbergischen Fürstinnen zu mahnen, von ihrem Begehren abzustehen. Glaubten diese gewisse Rechte zu besitzen, so sollten sie dieselben vor ihm, Maximilian, als Landesfürsten und ordentlichen Richter, geltend machen. Auch könnte die Streitsache gemäß den Paragraphen des

riedens von 1499[139]) entschieden werden. Übrigens
ogleich eine königliche Gesandtschaft zu den vier
und den übrigen Eidgenossen abgehen mit dem
, die Sache nach Billigkeit beizulegen und den Krieg
ı zu verhindern. Ein gleiches Schreiben ward auch
Vorort der Eidgenossenschaft, Zürich, gerichtet und
n gebeten, die verburgrechteten Orte aufzufordern,
nschen des Königs nachzukommen.[140]) Dieser Brief
ans hatte seine eigene Vorgeschichte, auf die wir
ıher eintreten wollen.

:nige Tage nach der Einnahme der Herrschaften
larkgraf Christoph jenes Schreiben der innsbrucker
ıg, darin er ermahnt wurde, die streitigen Ge-
ıangetastet zu lassen, da sie von den ensisheimer
ı königlichen Schutz aufgenommen werden sollten.
Wunsche konnte er jetzt unmöglich mehr nachleben,
en meldete sich die Botschaft der vier Städte an,
diesem Momente aus seiner glücklich gewonnenen
n Stellung zurückweichen, hieß nichts andres als
e Rechte Verzicht leisten. Er wandte sich daher
schriftlich an den König, um demselben sein Vor-
egreiflich und annehmbar zu machen. Er betonte,
Übernahme der Herrschaften gemäß dem von
an selbst bestätigten Erbvertrage und den von dem-
:rlassenen Mandaten in Gegenwart des königlichen
ers und der Räte von Ensisheim erfolgt sei, wie
e Handlung ohne allen Zwang und mit freiem und
Villen der Landschaft vor sich gegangen, wie der
ı der Bestätigung des Erbvertrages ausdrücklich ver-
ı, ihn bei seiner «gerechtickeit, lehen und eigen»
und schirmen zu wollen und wie deshalb er und
schaften in Schutz und Schirm des Königs stünden.
:rsprach Christoph in diesem Erbstreite, Recht vor
ximilian, als seinem Schirm- und Lehensherrn und
Landesfürsten zu suchen. Bald aber sah der Mark-
, daß bei dem drohenden Konflikt mit den Eid-
[illegible] einer kräftigeren Aktion am königlichen Hofe
[illegible] sei, sowohl um die gegen ihn dort herrschende
nung zu bekämpfen, als auch um sich der könig-

lichen Hilfe und Unterstützung gegen feindliche Angriffe der Schweizer zu versichern. Er beschloß daher einen seiner Räte, Marx Reich von Reichenstein, der in der Nähe von Basel auf der zu den markgräflichen Besitzungen gehörenden Feste Landskron saß, an den Hof Maximilians abzuordnen.[141]) Die Instruktion, welche er ihm mitgab, lautete zunächst dahin, dem Könige einen eingehenden Bericht über den Verlauf der letzten Ereignisse, d. h. über die Besetzung der Herrschaften und über die Botschaft der vier verburgrechteten Städte zu geben. Ferner war Reich anempfohlen, die Rechte Christophs ausführlich auseinander zu setzen, damit Maximilian sehen könne, wie unbegründet die Forderungen der hochbergischen Markgräfinnen und der mit denselben verbündeten Eidgenossen seien. Da aber der Markgraf ein feindliches Vorgehen der letztern zu fürchten habe und er nicht allein imstande sei, diesen Leuten Widerstand zu leisten, so möge er den König für seinen Fürsten um Beistand ersuchen, dieweil Maximilian Lehens- und Eigentumsherr der streitigen Gebiete sei und von einem Kriegszug auch die österreichischen Lande betroffen würden. Auch sei der König anzugehen, an die acht Orte oder gemeine Eidgenossenschaft zu schreiben, «mit erinnerung unsers rechterbietens für sin k. mt. von irem furnemen zu steen und unsere můmen anzuhalten, sich unsers herbietens benugen zu lassen». Besonders aber möge Reich dem Könige empfehlen, ob derselbe nicht, im Falle er sonst Geschäfte in der Schweiz zu erledigen hätte, eine Gesandtschaft abordnen wolle, um wegen des Erbstreites mit den Eidgenossen Rücksprache zu halten. Endlich mußte der markgräfliche Bote sich genau erkundigen, inwiefern von irgend welcher Seite Versuche beim Könige gemacht worden seien, Unterhandlungen wegen einer Auslösung Rötelns und anderer österreichischer Lehen einzuleiten. Falls Maximilian selbst sich mit einer derartigen Absicht trage, so möge der badische Gesandte an die großen Verdienste Christophs um das Haus Habsburg erinnern und darauf hinweisen, auf welch geringe Summe die Einkünfte der Herrschaften nach Abzug der Unterhaltungskosten und nach Abführung der darauf stehenden Zinse sich beliefen.[142])

Markgraf Christoph hatte allen Grund besorgt zu sein über die Stimmung, die am königlichen Hofe herrschte, denn während sein Gesandter noch in der Ferne weilte, trafen von seinem künftigen Schwiegersohn, dem Grafen Eitelfritz von Zollern Nachrichten ein, die nichts weniger als erfreulich klangen. Das Hilfegesuch Christophs finde bei den königlichen Räten hartnäckigen Widerstand, hingegen forderten sie, dass zur Beilegung des Erbstreites und zur Vermeidung eines Krieges mit den Eidgenossen, die Herrschaften zu Handen des Königs gestellt würden, der dann als Lehensherr über die Rechtsansprüche zu entscheiden habe. Wolle die Markgräfinwitwe darauf nicht eingehen, so würde sich der König mit Recht für Christoph erklären und ihm beistehen. Widerstrebe aber der Markgraf diesem Vermittlungsvorschlage, so werde der König bedenken, ob die Gebiete nicht an ihn zurückfallen sollten. Jedenfalls konnte Christoph dem Schreiben Zollerns entnehmen, dass in der Umgebung des Königs der allgemeine Wunsch herrschte, dass die Lande bis zum Austrag der Sache in die Hand Maximilians gegeben würden, ja Graf Eitelfritz schien selbst keinen andern Ausweg zu sehen, denn er versicherte Christoph, derselbe könne auf den König zählen, wenn er ihm den Entscheid überlasse.[148]) Mit diesen Mitteilungen übereinstimmend und sie ergänzend lauteten die Nachrichten, welche Rudolf von Blumegg aus dem Munde Ulrich von Habsbergs, des Hauptmanns der rheinischen Waldstädte, vernahm. Ulrichs Schreiber war nämlich im Auftrag seines Herrn in Innsbruck gewesen und wußte nun mancherlei von dort zu erzählen. Allgemein herrsche daselbst grosse Verwunderung, dass der Markgraf so ohne alle Schwierigkeit in den breisgauischen Gebieten anerkannt worden sei. Nichts weniger als erfreut scheine man in Innsbruck darüber zu sein, dass Christoph den ruhigen Besitz der Herrschaften geniesse, und die Innsbrucker Regierung mißbillige scharf die ensisheimer Räte, dass sie bei der Besitzergreifung mitgewirkt und sogar die Angehörigen der Herrschaften zur Huldigung aufgefordert hätten. Dieser unfreundlichen und [illegible] Stimmung entspringe auch das an Habsberg [illegible] Verbot, an dem verabredeten Tage zu Schopfheim teilzunehmen. Selbst Eitelfritz von Zollern werde von den innsbrucker Räten und den Etschleuten wegen seiner eifrigen Parteinahme für Christoph angefeindet. Auch stünde der Hof immer noch in Beziehungen zur Markgräfinwitwe, denn Graf Ulrich von Montfort sei in Innsbruck bei den Räten und beim König gewesen und darauf eilends aufgebrochen, um zu Maria von Savoyen zu reiten. Höchst merkwürdig war aber die Kunde, der Rudolf von Blumegg keinen Glauben beimessen wollte, daß die Absicht bestehe, falls die Herrschaften nicht herausgegeben würden, die Eidgenossen gegen den Markgraf aufzuhetzen.

Aus der ganzen Unterredung erhielt der Landvogt von Röteln den Eindruck, daß diese sogenannten «inneren» Räte keine Ahnung von dem Erbvertrag besäßen, er riet daher seinem Herrn, wenn derselbe nicht selbst den König aufsuchen könne, «domit der ding und prattickt vil fürkommen und abgestelt werden möchten», so solle er doch wenigstens diese Räte mit dem Gemechte genau bekannt machen.[144])

Unter diesen Umständen war es begreiflich, daß Marx Reich seine Angelegenheit «ruch» fand, aber trotzdem blieb seine Mission dank dem persönlichen Wohlwollen Maximilians nicht ohne Erfolg. Er erreichte, daß der König jenen Brief an die vier Orte abgehen ließ, der gerade noch zur rechten Zeit in der Schweiz eintraf, um bei den Verhandlungen der berner Konferenz in Berücksichtigung gezogen zu werden. Aber dabei verblieb es nicht; gemäß dem Wunsche Markgraf Christophs ordnete Maximilian eine Gesandtschaft, bestehend aus seinem in der Schweiz wohlbekannten Hofkanzler Dr. Konrad Stürtzel von Buchheim[145]) und Ritter Degenfuchs von Fuchsberg, in die Eidgenossenschaft ab. Auch gingen Befehle an die Regierung von Ensisheim und an Ulrich von Habsberg, bei einem Angriff der Eidgenossen auf Röteln mit Leib und Gut den bedrohten Nachbarn beizustehen. Nur in einem wichtigen Punkte blieben die Bemühungen Reichensteins fruchtlos: mit echt österreichischer Hartnäckigkeit hielten die königlichen Räte an ihrer Ansicht fest, daß Christoph die streitigen Herrschaften zu handen des Königs stellen müsse. Wenn eben hierin sonst nichts mehr helfe, so ist Marx Reich der Ansicht Rudolf von Blum-

rät seinem Herrn, «wer der berg so grosz, den
ûwere gnaden selbs herheben und zû k. mt. ritten,
:n keiner dasz mull aufthûn, die icz reden».[146])
guten Gründen mußte der König den Frieden mit
:nossen zu erhalten wünschen, denn er befand sich
den Rüstungen zu einem projektierten Römerzuge.
ıd zu befürchten, dass Komplikationen mit den
'n dieselben, welche sich gerade zwischen den bei-
mächten Österreich und Frankreich neutral hielten,
die Arme des letztern treiben würden. Anfangs
r trafen die königlichen Gesandten in den vorder-
ischen Landen ein; gerne hätte der Markgraf ihnen
ter auf ihrer Reise durch die Schweiz Marx Reich
ıenstein, der von seinem erfolgreichen Aufenthalt
ıck zurückgekehrt war, mitgegeben. Dabei folgte
nur einem von Reich selbst ausgegangenen Vor-
emanden Vertrauten in der Nähe der königlichen
haben, der diese nötigenfalls über die Gerechtsame
rafs beraten, zugleich aber auch den Verhandlungen
l genauen Bericht darüber geben könnte. Für diese
ıielt Christoph keinen geeigneter als Reichenstein
r schon in alle Teile der Streitfrage eingeweiht
leich sollte derselbe den Gesandten zu verstehen
ıß ihre Bemühungen, falls sie den Auftrag hätten,
chaften bis zum Austrag des Erbstreites in die
:s Königs zu bringen, völlig aussichtslos bleiben
la der Markgraf hierin nur dem Recht oder der
ıchzugeben fest entschlossen sei. Überhaupt habe
gräfliche Begleiter darüber zu wachen, daß die
n Boten keinerlei Abmachungen mit den Eid-
eingingen, die vom Markgraf nicht könnten ge-
l angenommen werden.[147]) Marx Reich mußte den
gangenen Ruf seines Herrn ablehnen,[148]) da er sich
lgenossenschaft nicht als persona grata fühlte. Um
gstens einigermassen den Wünschen seines Fürsten
ı werden, teilte er den königlichen Gesandten
ıe Haltung Christoph gegenüber einer Forderung,
chaften provisorisch herauszugeben, einnehmen

Konrad Stürtzel und Ritter Degenfuchs hatten in der Hoffnung, den Markgraf im Breisgau anzutreffen, den Weg durch diese Gegend genommen, da sie ihn aber nicht fanden, so eilten sie von Freiburg i. B., wo sie am 7. November weilten, nach Zürich, um noch rechtzeitig bei der eidgenössischen Tagsatzung zu erscheinen, die schon Tags zuvor eröffnet worden war. Um im bessern Kontakt mit Christoph stehen zu können, den sie über ihre Verhandlungen auf dem laufenden halten wollten, und um leichter eine Vermittlung zwischen den streitenden Parteien anzubahnen, wünschten sie, daß der Markgraf sich seinen obern Herrschaften nähere und nach Lahr oder Hochberg sich verfüge.[150]) Dieser versprach, wenn er nicht selbst loskommen könne, wenigstens seine Räte zu dem angegebenen Zwecke zu senden.[151]) Es schien, als ob er ein persönliches Zusammentreffen mit den Vertretern des Königs absichtlich vermeiden wollte, um etwelchen unangenehmen Forderungen hinsichtlich der Herrschaften zu entgehen.

Konrad Stürtzel und sein Begleiter Degenfuchs kamen zu spät in Zürich an, denn die Tagsatzung hatte nur zwei Tage gedauert; sie hinterließ aber den Befehl, der Vorort möge die königlichen Boten anhören. In Brugg trafen die letztern mit dem berner Tagsatzungsgesandten, Dr. Thüring Frickart, zusammen und erhielten Kenntnis von dieser Sachlage. Gleichwohl setzten sie ihren Weg nach Zürich fort und legten dort auftragsgemäß ihre Propositionen vor. Auf Befehl ihres Herrn seien sie hier erschienen, um die versammelten Eidgenossen zu ersuchen, sich mit dem Rechtsgebot, das Markgraf Christoph in seinem Streit mit der Witwe und Tochter Philipp von Hochbergs wegen der Herrschaften Röteln, Sausenburg und Badenweiler auf den römischen König gestellt habe, befriedigt zu erklären. Auch möchten sie, die Eidgenossen, den Ausbruch eines Krieges verhindern und gemäß den mit Österreich bestehenden Verträgen bei den vier mit den hochbergischen Damen verburgrechteten Orten wirken, dass sich dieselben ebenfalls mit dem Anerbieten Christophs begnügten. Dann gaben die Gesandten eine genaue Darlegung des ganzen Erbstreites und fügten bei, daß Maximilian als Landesfürst und Lehensherr der Herrschaft Röteln in den Erbvertrag gewilligt, denselben als römischer König bestätigt und die Lehen als heimgefallene dem Markgraf übertragen habe. Hierauf entgegnete Zürich, es sei die Mehrzahl der Orte hier vertreten gewesen und diese wollten nichts von einem Kriege oder tätlichem Vorgehen in dieser Angelegenheit wissen, sondern im Gegenteil den Frieden erhalten und den Verträgen mit Österreich nachleben. Sie hofften aber, dass der Markgraf den in Bern beschlossenen gütlichen Tag nicht abschlagen werde.

In Zürich trennten sich die königlichen Gesandten: Ritter Degenfuchs eilte an seinen Hof, um über die eben geführten Verhandlungen zu berichten in der Erwartung, der König werde vielleicht auch den angesagten Tag beschicken.[152])

Auf der Konferenz zu Bern hatte, wie wir gesehen haben, die von Bern vertretene Friedenspolitik überwogen und man war daher zum Schlusse gekommen, zunächst einen Tag in Basel festzusetzen, wo auf gütlichem Wege eine Beilegung des Streites gesucht werden sollte. Blieben diese Verhandlungen ohne Erfolg, so hatte man einen Rechtstag in Aussicht genommen. Demgemäß schrieben die vier Städte an die nächstbeteiligten Parteien und luden sie zum basler Tage, der anfangs Dezember stattfinden sollte, ein.[153]) Markgraf Christoph hatte schon vor der luzerner Tagsatzung dem von Basel angeregten Vorschlage einer solchen Zusammenkunft zugestimmt, es fragte sich jetzt nur noch, ob er persönlich erscheinen werde. Der Landvogt von Röteln war sehr für eine solche persönliche Beteiligung seines Herrn eingenommen, da er der besten Hoffnung lebte, daß die Sache zum Wohlgefallen des Markgrafen ihre Erledigung finden werde.[154]) Dazu konnte sich Christoph nicht entschließen, denn zu einem solchen Schritte glaubte er doch die Einwilligung seines Lehensherren, des Königs, besitzen zu müssen, auf den er eben noch Recht geboten hatte. Jedoch meldete er den vier Städten, daß er seine Räte nach Basel schicken werde, die noch einmal die Rechte ihres Herrn darlegen würden in der Erwartung, daß die Eidgenossen die Markgräfinwitwe und ihre Tochter mit ihren Ansprüchen abwiesen.[155]) Zugleich teilte er auch dem Könige seine Einwilligung zu dem Tage mit und bat ihn um schleunige Kundgebung seiner Wünsche, damit seine Boten im Einklang mit den königlichen Absichten handeln könnten.[156]) Maximilian erklärte sich entschieden gegen ein persönliches Erscheinen Christophs in Basel, er erlaubte hingegen dem letztern, daselbst verhandeln zu lassen, doch dürfe nichts definitives abgeschlossen, sondern alle Vorschläge müßten vorerst ihm, dem Könige, unterbreitet werden.[157]) Zu seinen Vertretern auf dem basler Tage ernannte der Markgraf neben andern Räten den Kanzler Dr. Jakob Kirscher, den Freiherrn Leo von Staufen und den Erasmus von Weiher, Landvogt auf Hochberg.[158]) Obwohl der römische König durch Degenfuchs von dem Tage in Basel in Kenntnis gesetzt war und sein Kanzler Konrad Stürtzel sich zum Besuch der Zusammenkunft bereit erklärt hatte, scheint dennoch kein Vertreter Maximilians gegenwärtig gewesen zu sein; vielleicht mag das Bedenken überwogen haben, daß durch die Anwesenheit eines königlichen Gesandten das Rechtsgebot auf dessen Herrn gehindert würde.

Von Seiten der hochbergischen Fürstinnen erschienen der Herr von Colombier, Statthalter von Neuchâtel, und der Herr von Vaumarcus; unter den Boten der vier Orte waren jedenfalls die markantesten Persönlichkeiten der Alt-Schultheiß Wilhelm von Diesbach aus Bern und Niklaus Konrad, Schultheiß von Solothurn, jener das Haupt der Friedenspartei, dieser, als ergebener Freund der Witwe und Tochter Philipp von Hochbergs, der einflußreichste Befürworter energischer Maßregeln. Über die Haltung von Bern und Solothurn konnten schon nach dem Charakter ihrer Vertreter kein Zweifel herrschen, beide Städte blieben ihrer gleich zu Anfang der Streitfrage eingenommenen Politik treu. Anders verhielt es sich mit Luzern und Freiburg, bei ihnen machte sich ein gewisses Schwanken geltend: wenn man den frühern Berichten Glauben schenken darf, so neigte Luzern zu Solothurn und Freiburg zu Bern, während jetzt versichert wurde, Luzern gehe mit Bern Hand in Hand, und Freiburg habe sich Solothurn genähert,[160]) jedenfalls aber erklärten sich im entscheidenden Moment die Mehrzahl der eidgenössischen Boten zu Gunsten ihrer Mitbürgerinnen. Die Instruktionen der Vertreter der streitenden Parteien ließen wenig Hoffnung

nmen auf irgendwelchen nennenswerten Erfolg der be-
:henden Verhandlungen. Die badischen Boten waren
den Befehl Maximilians, nichts verbindliches einzugehen,
stellt und die hochbergischen Gesandten sollten als
orische Vorbedingung für jegliches Eintreten auf irgend-
Verhandlung die Herausgabe der Herrschaften fordern,
t von vornherein ein günstiges Resultat der Zusammen-
ausgeschlossen war. Gleichwohl widmeten sich die
eter Basels, als die gegebenen Vermittler, mit größter
bung ihrer undankbaren Aufgabe: es waren hierzu vom
rnannt worden Oberstzunftmeister Niklaus Rüsch, Bürger-
er Peter Offenburg, Ratsherr Heinrich Einfaltig und
ich von Sennheim, Zunftmeister zu Safran.[101]) Am
n Dezember versammelte man sich zur ersten Sitzung
em Rathause zu Basel, wo zunächst die hochbergischen
ordneten als klägerische Partei durch den Stadtschreiber
reiburg i. U. ihre Klagen vorbrachten über die unrecht-
e Besetzung der Herrschaften, die den Bestimmungen
Ehekontraktes zwischen Markgraf Philipp und seiner
Maria von Savoyen widerstreite, und die vier ver-
echteten Städte aufforderten, den Markgraf zur gütlichen
sgabe der Erblande zu bewegen.

Im Namen des badischen Gesandten replizierte der
er Dr. Jakob Kirscher und gab eine eingehende Schil-
g des Gemechtes und des daraus hervorgegangenen
reites, wobei er die von gegnerischer Seite erhobenen
uldigungen zu entkräften suchte. Er schloß seine Aus-
igen mit dem Hinweis auf das Anerbieten Christophs,
treitfrage vor das Forum des römischen Königs zum
heide zu bringen, und sprach die Hoffnung aus, die
nossen möchten diesem Vorschlage beistimmen und die
gräfinnen mit ihren Forderungen abweisen.

Da der dritte Dezember auf einen Sonntag fiel, so
n die Verhandlungen am Montag den vierten fort-
t, indem die hochbergischen Vertreter zur Gegenrede
Wort ergriffen. Sie bemühten sich hauptsächlich die Un-
[illegible] Erbvertrages nachzuweisen und forderten die
[illegible] Boten nochmals dringend auf, ihre Herrinnen
[illegible] Wege in den Besitz ihres Erbes einzusetzen.

Wo aber dies nicht möglich sei, so sollten die vier Orte nach den Artikeln des Burgrechts ihre Mitbürgerinnen «zu irer gerechtigkeit verhelffen».

In der darauffolgenden Erwiderung der badischen Gesandten wurden einzelne Behauptungen der Gegenpartei durch ausführliche Erläuterungen des Erbvertrages und dessen Geschichte zu widerlegen bestrebt und hauptsächlich darauf hingewiesen, wie der Markgraf alle seine Rechtstitel vorgelegt habe, während jene von den Gegnern als Hauptbeweismittel angeführte Eheabrede bisher völlig unbekannt geblieben sei. Und nochmals boten die markgräflichen Vertreter Recht auf die im Frieden von Basel vorgesehenen Instanzen.

Nachdem Klage und Gegenklage geführt worden, war es nun an den Eidgenossen, ihre Meinung zu äußern. Da die Mehrheit der Vertreter der vier Orte zu Gunsten der mit ihnen verbündeten und befreundeten hochbergischen Fürstinnen sich erklärte, so fiel es ihrem Sprecher zu, sich in diesem Sinne zu äußern. Und nun war zu diesem Amte Wilhelm von Diesbach bestellt worden, dessen persönliche Ansichten im scharfen Gegensatz standen zu dem, was er als offizieller Vertreter der vier Städte zu sagen hatte. Dieser Zwiespalt trat in deutlicher Weise bei seiner Rede hervor: er wies darauf hin, wie vonseiten Markgraf Christophs zum Beleg seiner begründeten Rechte schon früher und jetzt wieder «glaupliche schyn» vorgelegt worden seien, während die Gegner nichts dergleichen in Händen hätten, «darumb geachtet müßt werden, das ir fürgeben alles lere wort und lufft weren». Die Orte würden sich nur ungern einer Sache annehmen, die so grundlos sei, sie erwarteten daher, wenn es zu einem rechtlichen Entscheide kommen sollte, daß dann beweiskräftige Dokumente vorgelegt würden. Und nun mußte Diesbach, im starken Kontrast zum vorhergehenden die Forderung an die badischen Vertreter stellen, Markgraf Christoph habe die von ihm besetzten Herrschaften der Frau und Tochter Markgraf Philipps herauszugeben. Dem kategorischen Ja oder Nein, das von ihnen verlangt wurde, wichen die badischen Gesandten aus, indem sie darauf hinwiesen, daß ihre Instruktion ihnen nur erlaube, die wohlbegründeten e ihres Herrn vorzulegen, wie sie es ja getan. Im übrigen rachen sie, das Gesuch der vier Orte ihrem Herrn zu breiten. Aber noch einmal tönte ihnen aus dem Munde as Konrads von Solothurn und des Schultheißen von n die Forderung einer entschiedenen Antwort mit ja nein entgegen. Da die Räte des Markgrafs auf ihrem punkt verharrten, so schienen die Verhandlungen zum n Kummer der baslerischen Vermittler ergebnislos ben zu sein. Trotzdem gaben dieselben nicht alle ung auf und veranstalteten für den folgenden Tag, . Dezember, noch eine Sitzung auf dem Rathause in rwartung, «ob man die ding uff eyn bane richten möcht, ntlicher gescheyden wurde, dann noch vorhandt were.» hst wurde in dieser neuen Session über den von den ergischen Gesandten angeführten Ehekontrakt gen. Die Basler versicherten den badischen Vertretern, ein solcher existiere und sie ihn im Original gesehen . Hierauf verlangten die Abgesandten Christophs, daß denselben ihnen vorweise und eine Kopie davon aus-

Der Herr von Colombier wies aber dieses von den n übermittelte Begehren ab, indem er sich hinter seiner ktion verschanzte, die ihm nicht erlaube, irgend ein nent vorzuweisen oder eine Kopie davon nehmen zu . Sein Auftrag laute, seiner Herrin und ihrer Tochter esitz ihrer verlorenen Gebiete zu verschaffen. Hier iesen machten nun die Vermittler den badischen Räten orschlag, die Herrschaften in dritte Hand zu stellen n Austrag des Streites. Wie vorauszusehen war, konnte ntwort wenig ermutigend ausfallen; die badischen Abneten wollten die Sache dem Markgraf vorbringen, ien sich aber «keiner trostlichen antwort daruff». In Art Verzweiflung baten hierauf die Basler ihre badi- Freunde, doch selbst noch einen Vermittlungsvorschlag achen. Diese aber bemerkten, sie seien Partei und stehe es ihnen nicht zu, einen solchen zu tun, und rholten, daß ihr Herr Recht auf den römischen König [illegible] gefalle dies der Gegenpartei nicht, so werde [illegible] mit Einwilligung Maximilians bereit sein, auch [illegible] andern unparteiischen Fürsten Recht zu suchen gemäß den Artikeln des Basler Friedens. Zuletzt baten die Vermittler, die badischen Gesandten möchten bei ihrem Herrn dahin wirken, daß er zu einem neuen auf einen bestimmten Termin festgesetzten Tag seine Einwilligung gebe. Hierzu erklärten sich diese bereit, nur machten sie darauf aufmerksam, daß der Markgraf die Zustimmung des Königs dafür einholen müsse. Noch weniger Anklang fanden die Vorschläge der Basler bei der Gegenpartei. Colombier erklärte, er könne auf den Vorschlag eines weitern Tages ohne Wissen seiner Herrin nicht eintreten. Selbst den Antrag, die Herrschaften «in eyn gemeyn hand» zu stellen, den die Boten des Markgrafs wenigstens ad referendum genommen hatten, wurden sowohl von den hochbergischen Abgesandten wie von den vier Städten verworfen. Hingegen fanden sich die letztern bereit, eine fernere Zusammenkunft im Frühjahr 1504 zu beschicken. Man einigte sich nun auf folgenden Abschied:

Wegen verschiedener Mängel ist man zu keiner Entscheidung in der Streitfrage gelangt, dieselbe soll daher bis nächstkünftigen Sonntag Reminiscere ruhen, auf welchen Termin die streitenden Parteien persönlich oder in Vertretung in Basel zu erscheinen haben. Dann muß Markgraf Christoph Antwort geben, ob er die Herrschaften bis zum Austrag des Streites in gemeine Hand stellen wolle. Wird dies verweigert, so verpflichten sich die Vermittler, weiter Wege zu suchen zu einem gütlichen Vergleich, «und ob deren keins sin noch fürgangk haben, als dann die parthyen zu ustreglichen rechten, sowyt das möglich sin mag, zu vertedingen». [163])

Obgleich Basels Vermittlungswerk scheinbar von geringem Erfolg begleitet war, den eigentlichen Zweck, den die Stadt hierbei verfolgte, hatte sie doch erreicht: zu Feindseligkeiten zwischen den Eidgenossen und Markgraf Christoph ist es nicht gekommen und die benachbarten breisgauischen Herrschaften blieben von einem verheerenden Kriege verschont.

Nach dem Tage zu Basel erlahmten plötzlich die früher so eifrig betriebenen Verhandlungen. Die auf anfangs März 1504 festgesetzte Konferenz kam nicht mehr zustande, obwohl Bern im Januar 1504 die Herren in Neuchâtel energisch ernte, dafür zu sorgen, daß ihre Gräfin den projektierten ; beschicke. «Dann sölte das nitt beschechen, so wurden uns ir sachen wenig annåmen und dannocht mit bilff ler lieben eidtgnossen kriegsuffrûren vor zûsind.»[163]) Zu n dieser Zeit weilte eine Gesandtschaft der Maria von voyen in Basel, mit dem Auftrage, daß ihre Fürstin nur ter der Bedingung sich an der festgesetzten Zusammenlft vertreten lassen werde, wenn zuvor die Herrschaften ückerstattet seien.[164]) Natürlich kam diese Forderung er Absage gleich, trotzdem erklärte sich Markgraf Christoph eit, seine Vertreter nach Basel zu senden, wenn die vier dte ihrerseits in Abwesenheit der Gegenpartei verhann wollten.[165]) Die eidgenössischen Orte aber fanden eine che Tagung zwecklos und sagten den Besuch derselben [166]) Über dies Verhalten der hochbergischen Prinzessin war man in den verburgrechteten Städten wenig erbaut, onders da sie alle Mahnungen ihrer schweizerischen unde in den Wind schlugen. Unverholen sprach Bern einem Briefe an Solothurn seinen Ärger hierüber aus: nn das úwer und unser ansûchen im besten und zû gût sach fúrgenommen von frow marggråffin also verachtet werden, wil uns nit gefallen.»[167]) Die Sache hatte ganz Anschein, im Sand zu verlaufen, jedenfalls wurde Basel eine Reihe von Jahren von diesem Erbstreite nicht mehr ührt. Markgraf Christoph und später sein Sohn, Markgraf st, blieben vorderhand im ruhigen Besitz der hochgischen Stammlande.

Man kann verschiedentlich urteilen über die damalige itik Basels; manche werden finden, es habe ihr an der ßzügigkeit und Kühnheit, welche z. B. die bernische aushneten, gefehlt und infolge eines gewissen kleinlichen ängstlichen Krämergeistes sei die Gelegenheit versäumt den, ein bedeutendes Gebiet jenseits des Rheins zu erben. Wer aber die nähern Umstände und die damals rschenden Verhältnisse in Betracht zieht, der wird die Basel eingenommene Haltung verstehen lernen und zu [illegible] gerechten Urteil über die führenden basler Staats[illegible] jener Tage gelangen.

Anmerkungen.

1) In einem Memorial über die Einnahmen und Ausgaben der breisgauischen Herrschaften, das von Antoine Bailliod im Auftrage Philipp von Hochbergs im Jahr 1497 ausgearbeitet worden ist, findet sich folgendes Verzeichnis der an basler Klöster und Private schuldigen Zinse in der Herrschaft Röteln:

Les censes deues à Basle.

aux dames de saincte Clare	XL ℔	V β	
à la Murerine	LXXI ℔	VI β	
idem encores	XLVI ℔		
à Schonkind	LXIX ℔		
aux dames de Steinen	XI ℔	X β	
idem encores	XL ℔	V β	
aux dames de Kleingenthal	IIII ℔	VII β	
idem encores	IX ℔	IIII β	
à la Ziegelerine	XXIII ℔		
aux Chatreulx	CXV ℔		
à Steff Wyldenstein	XX ℔	XIIII β	
aux s^{rs} de sainct Pierre	IIII^{xx}VI ℔	V β	
à ung nommé Tholde	LVII ℔	X β	
aux dames de Gnedenthal	XVII ℔	V β	
idem encores	XI ℔	X β	
à Petter de Offemburg	XXVIII ℔	XV β	
à Jacob Yselin	XXXI ℔	I β	
à celle de la Koronne	VI ℔	XVIII β	
à Thomas Jacques purlin	XXXIIII ℔	X β	
à Mathis Grůnenzwy	XXIII ℔		
à Thomas Surly	LVII ℔	X β	
à Eucharius Holltzach	I^{c}XXV ℔		
à Hans Heinrich Grieb	LVII ℔	X β	
à Henman de Offemburg	XXVIII ℔	XV β	
idem encores	XIIII ℔	VII β	VI ϑ
à Fridrich Kilchman	XXVIII ℔	XV β	
à Alexius Herchinger	XVII ℔	V β	
à Messire Jehan Kilchmann	XXIII ℔		
à Messire Bernard Surlin	XVII ℔	V β	

Somme XICXXVIII ℔ II β.

Staatsarchiv Basel Baden C 1

F. freundschaftliche und verwandtschaftliche Beziehungen
gebenden basler Familien und denen des Elsaß und Breis-
r hindernd auf die Politik der Stadt eingewirkt haben, ist
en. Nur sei zum Beispiel auf die Verwandtschaft des 1492
1513 Ratsherr zu Safran gewordenen Hans Oberriet hin-
ater Simon Oberriet war Gerichtsherr und des grossen Rats
seine Mutter aber hatte sich zum zweiten Male verehelicht
rreichischen Rate zu Ensisheim, Bartholomäus Stürtzel, dessen
türtzel von Buchheim das Amt eines Hofkanzlers König
lete. Jakob Stürtzel, der Stiefbruder Hans Oberriets, folgte
kel in der Kanzlerwürde nach. Vergl. Georg Buchwald,
on Buchheim aus Kitzingen, S. 153 ff. — gefällige Mittei-
gust Burckhardt-Burckhardt.
rner, Regesten und Akten zur Geschichte des Schwaben-
er Zeitschrift für Geschichte und Altertumskunde III, p. 184,
ich Witte, Urkundenauszüge zur Geschichte des Schwaben-
Mitteilungen der badischen historischen Kommission 1900,
; m 33. 1499 Juli 16.
r das folgende Joh. Daniel Schöpflin, Historia Zaringo-
in Christian Sachs, Einleitung in die Geschichte der Marg-
marggrävlichen altfürstlichen Hauses Baden. — Friedrich
che Geschichte.
ich von Emmendingen.
lch von Kandern.
der Markgrafen von Baden und Hachberg, h 705, 1371

de Chambrier, Histoire de Neuchâtel et Valangin, p. 155 – 156.
ur Geschichte der Burgunderkriege, in der Zeitschrift für
errheins, Neue Folge X, p. 264.
a. a. O. VI, p. 64 ff. und p. 372. Woher die Notiz Wittes
über die Absichten Basels auf die breisgauischen Herrschaften
ersichtlich, da die von ihm p. 372 angeführte Stelle bei
e über diesen Gegenstand ausschweigt.
asel Baden C 1. Markgraf Christoph an Basel 1503 Freitag
onis und Judæ Abend (Oktober 27). Ebenso St.-A. Solothurn.
nen XVII, 107. Markgraf Christoph an Solothurn 1503

Landesarchiv Karlsruhe, Haus- und Staatsarchiv, II Haus- und
äche vol. 139, 52 ff. Instruktion Markgraf Christophs für
ei Markgraf Philipp von Hochberg [vor 1501 Februar 14].
in II, p. 249.
in VI, p. 440.
p. 74.
che 139, 52. Instruktion Christophs für seine Gesandtschaft
[vor 1501 Februar 14].
217. Protokoll des Tages zu Basel 1503 St. Niklaus-

[18]) Idem

[19]) St.-A. Basel Baden C 1. 1476 Juli 18 in Vidimus d. d. 1517 August 15. «. . . . avons donne et donnons par ces presantes signees de notre main et sellees du scel de nos armes aux enffans malles et femelles descendans de notredite fille et procrees en icelle notredite fille pour heritaige perpetuel les tairres et signories de Rottellin, Suzemburg, Badeville, Schoff et Sugney pour en tenir comme de leur propre herittaige, sans ce que icelluy notredit fils en puisse disposer en aulcune maniere a leur desavantaige, ne en les fraudant dudit presant, dont est otroys».

[20]) a. a. O. 1480 März 4 in Vidimus d. d. 1517 August 15.

[21]) St.-A. Basel Baden C 1. Erlaß Markgraf Philipps an seine breisgauischen Herrschaften d. d. 1490 Dienstag nach Bartholomæi (August 31).

[22]) a. a. O. Erlaß Markgraf Christophs an die Herrschaften Philipps d. d. 1493 Samstag nach Petri Kettenfeier (August 3).

[23]) a. a. O. Protokoll über die Entbindung vom Treueid gegenüber Christoph und die Neuhuldigung gegenüber Philipp durch die breisgauischen Herrschaften, 1493 Mittwoch und Donnerstag nach Kreuzes Erhebung (18. und 19. September).

[24]) a. a. O. Erlaß Christophs an die Herrschaft Hochberg d. d. 1491 Dienstag nach Petri Kettenfeier (August 2).

[25]) Vergl. hierzu die bischöflichen Belehnungen d. d.

1365 April 25	=	Badische	Regesten	h	680
1368 Juni 24	—	»	»	h	689
1392 Mai 4	=	»		h	780
1394 März 29	=	»		h	800
1400 April 30	=	»		h	849
1412 Juli 11		»		h	958
1418 Oktober 22	=	»		h	1007
1423 Juli 27	=	»		h	1070
1428 Mai 19	—	»	»	h	1191 u. 1189
1437 September 19	—	»	»	h	1463

[26]) Vergl. Anmerkung 11. — Ansprüche 140, 217. Protokoll des Tages zu Basel 1503 Dezember 6. — Weech, p. 104.

[27]) Ansprüche 139, 24. Gesuch Philipps an den Bischof von Basel, seine Lehen Markgraf Christoph zu übertragen. Senlis, 1493 Montag in der heiligen Pfingstwochen (Mai 27).

[28]) Christoph Friedrich Stälin, Aufenthaltsorte König Maximilians I. seit seiner Alleinherrschaft 1493 bis zu seinem Tode 1519, in den Forschungen zur deutschen Geschichte I, p. 357.

[29]) Ansprüche 139, 22. Bedenken der Räte Christophs über die Bestätigung des Rötelischen Gemechtes 1499 Juli 22.

[30]) In einem Memorial aus jener Zeit (Ansprüche 139, 13) zuhanden der königlichen Räte gibt Christoph als Hauptgrund für die Neubestätigung des Erbvertrags folgendes an: «item und das lest und grossest, das mynem gnedigen herrn herangelegen ist, das der marggrave von Rotelen des angezougtem gemechde, so sie bestetigt weren, dest mynder widder abtretten, als er dann, wo er konnte, zů sůchen und zů tůn willens sin mochte.»

ne 139, 35. Markgraf Christoph an seine Räte in Baden.
ı Petri Kettenfeier (August 3).
he 139. Gleichzeitige Abschrift der Bestätigung des Erb-
nig Maximilian d. d. Freiburg 1499 August 13. — Vergl.
Ein Siegel der Landschaft Röteln von 1494, in der Zeit-
ıte des Oberrheins, N. F. VI, p. 705.
he 139, 47. Markgraf Christoph an Markgraf Philipp von
1499 Samstag nach Matthäus (September 28).
he 139, 49. Markgraf Christoph an seinen Sohn Philipp.
tag nach Matthäi (September 28).
älin, pag. 360, weilte Maximilian im Jahre 1500, welches
Reise Philipps in Betracht kommen kann, im September
s paßt nicht übel zu einer Bemerkung Christophs aus dem
1501, daß Philipp *jüngst* zum Könige nach Augsburg sich

he 139, 52. Instruktion Markgraf Christophs für seine Ge-
raf Philipp [vor 1501 Februar 14].
he 139, 55. Antwort Markgraf Philipp von Hochbergs auf
ıdischen Gesandten. 1501 Freitag nach Valentin (Februar 19)
ı, 260—261.
he 139, 50. Markgraf Christoph an seinen Amtmann zu
, 1499 Sonntag nach St. Matthäustag (September 22).
iber ihn und seine Familie Kindler von Knobloch, Ober-
hlecbuch.
ber ihn den Artikel von Georg v. Wyß in der Allgemeinen
hie.
he 139, 63. Instruktion für Georg Hus.
he 139, 67. Markgraf Christoph an Vogt, Gericht und Ge-
s Reitbach. Baden, 1502 Donnerstag nach Allerheiligen (No-
sprüche 139, 72. Gleichlautendes Schreiben an Fischingen.
, 168 Christoph an ungenannten Lehensträger in der Herr-
ıden 1502 Sonntag nach Allerheiligen (November 6).
he 139, 76. Markgraf Christoph an Erasmus zum Weiler,
ıberg. Baden 1503 Dienstag nach Exaudi (Mai 30).
he 140. Maximilian an den Landvogt von Röteln und alle
ertanen der Herrschaften Röteln, Badenweiler und Sausen-
rüche 173, 249. Maximilian an Rudolf von Blumegg, Land-
Lindau, 1503 Juni 30.
on Mörsberg kam in der letzten Woche des Juli 1503 durch
, Basel, Finanzakten G, Wochenausgaben 1490—1510, p. 781.
t Jacobi apostoli (Juli 29). Schenckwin: item X β VIII ϑ
Morsperg, landtvogt zu Rötelen.
he 140, 8. Instruktion Christophs für Hans Welsinger von
ıe Gesandtschaft zu König Maximilian. 1503, Samstag nach
September 9).
he 140, 9. Markgraf Christoph an Rudolf von Blumegg.
Mariæ (September 8).

[48]) Ansprüche 140, 24. Bischof Christoph von Basel an Erasmus zum Weiher, Amtmann zu Hochberg. 1503 Freitag nach exaltatio crucis (September 15). Der Bischof meldet den Tod Philipps in aller Eile zuhanden Markgraf Christophs Nach einer spätern Bemerkung desselben und nach der Entwicklung der folgenden Ereignisse muß Christoph die Kunde vom Tode am 18. September erhalten haben.

[49]) Ansprüche 140, 11. Markgraf Christoph an Hans Freiherr von Mörsberg und Befort, Landvogt zu Röteln. 1503 Montag nach exaltatio crucis (September 18) — Ansprüche 140, 13. ebenso an Geleman Gyselman, Vogt zu Badenweiler und Hans Hucklin, Schaffner zu Schopfheim.

[50]) Ansprüche 140, 17. Landhofmeister und Räte an Markgraf Christoph. Ihringen, 1503 Montag nach exaltatio crucis (September 18). — Sie schrieben, es bedrücke sie, daß « die handel gancz selsamlich und allenthalben mit sollichen pratticen angeschickt, wann es glichwol gee, doch yederman der gans ein feder het »

[51]) Ansprüche 140, 17 Landhofmeister und Räte an Markgraf Christoph. Ihringen, 1503 Montag nach exaltatio crucis (September 18).

[52]) Ansprüche 140, 22. Landhofmeister und Räte an Amtleute, Vögte und Inhaber von gemeiner Landschafts wegen der Schlösser Röteln, Badenweiler und Sausenburg und an Amtleute, Vogt, Gericht und Gemeinde der Stadt Schopfheim Neuenburg a. Rh., 1503 Mittwoch nach exaltatio crucis (September 20).

[53]) Ansprüche 140, 19. Landhofmeister und Räte an Christoph. Neuenburg a Rh, 1503 Mittwoch nach exaltatio crucis (September 20).

[54]) Ansprüche 140, 28 Landschreiber und Räte an die Inhaber des Schlosses Röteln 1503 auf St. Matthäusabend (September 20).

[55]) Ansprüche 140. 43 Verhandlungen der markgräflichen Abgeordneten mit den königlichen Raten zu Neuenburg a. Rh. 1503 St Matthäustag (September 21).

[56]) Ansprüche 140, 49 Landhofmeister und Räte an Markgraf Christoph Neuenburg a Rh, 1503 Freitag nach Matthäi (September 22).

[57]) Ansprüche 140, 29 Christoph an seinen Sohn Philipp. Hochberg. 1503 Matthaustag (September 21) – Ansprüche 140, 25. Christoph an Ritter Kaspar Böcklin Hochberg, 1503 Matthäustag (September 21). — Ansprüche 140, 27 Christoph an Graf Bernhard von Zweibrücken. Hochberg, 1503 Matthaustag (September 21) – Ansprüche 140, 27. ebenso an Bischof von Straßburg. – Anspruche 140, 56 Christoph an Konrad von Venningen etc. 1503 Freitag nach St Matthäus (September 22).

[58]) Etwas westlich von Kandern

[59]) Nicht 10000, wie Schöpflin II, 202 behauptet. Die Zahlen 4—50[illegible] sind einer Außerung der badischen Abgeordneten bei den Verhandlungen a[illegible] dem Tage zu Basel, 1503 Dezember 6, entnommen worden. Und auch die[illegible] Zahlen sind jedenfalls hochgegriffen, weil an jener Stelle wider die gegnerisch[illegible] Partei argumentiert wird, die behauptete, Markgraf Christoph habe sich heimlic[illegible] der Herrschaften bemächtigt (Anspruche 140, 217)

[60]) Ansprüche 140, 183. Markgraf Christoph an König Maximilian Schopfheim, 1503 St. Michelstag (September 29). — Ansprüche 140, 217

ndlungen zu Basel 1503 Dezember 6. — Ansprüche 173,
ler Landschaft der drei Herrschaften Röteln, Sausenburg
Markgraf Christoph. 1514 Montag nach exaltatio crucis
St.-A. Basel, Baden C 1. Rudolf von Blumegg an Basel.
s nach Matthäi (September 24). — Missive 22, fol. 195.
1503 Montag nach Matthäi (September 25).
sel, Missive 22, fol. 193. Basel an Solothurn. 1503 Sams-
eptember 23).
anz Wolfgang, wie Schöpflin irrtümlich auf Tabula III,
hm Weech, pag. 112, geben.
s 140, 47. Hans Welsinger an Markgraf Christoph. 1503
i (September 22).
: 140, 51. Zollern und Welsinger an Markgraf Christoph.
Matthäi (September 22).
140, 58. Königl. Landhofmeister, Marschall, Kanzler und
n Christoph. 1503 September 22.
Ulmann, Kaiser Maximilian I., Band II, pag. 182.
: 140, 39. Christoph an Welsinger. 1503 Montag nach
25).
140, 37. Christoph an Maximilian. Röteln, 1503 Mon-
eptember 25).
140, 59. Markgraf Christoph an Maria von Savoyen. Röteln,

140, 37. Christoph an Maximilian. Röteln, 1503 Mon-
ptember 25).
140, 39. Christoph an Eitel Fritz von Zollern. 1503

ische Abschiede III 2, pag. 233, nº 138; pag. 235, nº 140;

châtel. Markgräfin Maria an Herrn von Colombier. [1502]
rkgräfin Maria an Bern, Freiburg, Solothurn und Luzern.

ern. Markgraf Christoph an Luzern. 1503 Mittwoch nach
August 16). — St.-A. Bern, Unnütze Papiere vol. 51, nº 120.

chatel. Bern an Markgraf Christoph. 1503 Montag vor

ern. Solothurn an Luzern. 1503 Mittwoch vigil. sanctæ
eptember 13).
el, Baden C 1. Markgraf Christoph an Basel. 1502 Montag
dæ (Oktober 31).
el, Missive vol. 22, Basel an Markgraf Christoph. 1502
[illegible] (November 5).
[illegible] Baden C 1. Markgraf Christoph an Basel. 1503
[illegible] vol. 22, fol. 179. Basel an Markgraf Christoph. 1503
omäi (August 22).

[80]) St.-A. Basel, Baden C 1. Markgraf ... September 12.

[81]) St.-A. Basel, Finanzakten G, ... pag. 786. 1503, sabbato post Verene (September ...): X β VIII ϑ dem nuwen landtvogt zu Rotteln.

[82]) a. a. O. 1503, sabbato post crucis exaltatio (Sept... win: item V β IIII ϑ Rudolffen von Blůmenegk. — item botten by Růdolffen von Blůmenegk zur Kronen.

[83]) St.-A. Basel, Missiven vol. 22, fol. 193. Basel Samstag nach Matthäi (September 23).

[84]) St.-A. Basel, Baden C 1. Rudolf von Blume... Sonntag zu Nacht nach Matthäi apost. (September 24).

[85]) St.-A. Basel, Missive vol. 22, fol. 195. Basel ... Montag nach Matthäi (September 25).

[86]) St.-A. Solothurn, Denkwürdige Sachen, Bern ... Dienstag vor Michaelis (September 26) . . . «und demnach z... mit innåmung und besatzung obbemelter landtschafft nützi... all sachen in růw angestellt und enthalten, bisz das wir a... wilent unsers gnådigen herren marggråffen tochter, die w... berichten, darzů verrer redt und andtwurt werden gebe... Ratsmanual 1503 Dienstag vor Michaelis (September 26).

[87]) Vergl. eidgen. Abschiede III 2, pag. 242, n° 14... um einen Tag in Basel wegen Streitigkeiten zwischen Be... von Basel. 1503 September 25.

[88]) St.-A. Basel, Baden C 1. Rudolf von Blume... Sonntag nach Matthäi (September 24): «das han ich usz gut... nit verhalten wollen, ob ir sin gnad empfahen und frűntlic... ůch darinn zu halten wissen.»

[89]) Ansprüche 140, 78. Rudolf von Blumegg an ... 1503 Montag Dionysiustag (Oktober 9). . . . . «das si... unverdacht dest basz gůtlich mit fůgen inn der sach han...

[90]) St.-A. Basel, Baden C 1. Markgraf Christoph an ... Mittwoch nach Matthäi (September 27). — Finanzakten ... buch 1490—1510, pag. 791. 1503 Sabbato post Micha... Schenckwin: item X β VIII ϑ graff Bernharten von Eberste... dem landhofmeister von Baden; item X β VIII ϑ dem l...

[91]) Ansprüche 140, 34. Markgraf Christoph an Be... und Solothurn. Röteln, 1503 Mittwoch nach Matthäi Se... ginale desselben Schreibens in St.-A. Luzern und St.-... würdige Sachen XVII, 95.

[92]) In dem Bericht des Substituts des Basler Stadt... Müller, an Alexander Hug, Stadtschreiber zu Pforzheim ... wird deutlich gesagt «die vier bottschafften Bern, Lucze... turn.» Es waren also nicht nur die Vertreter von Bern un... Freiburg und Luzern hatten ihre Abgeordneten ebenfalls ... sprüche 140, 69. 1503 Samstag nach Francisci (Oktobe...

| 140, 196. Markgraf Christoph an König Maximilian.
Michaelis (September 29). — Markgraf Christoph bestätigte
Stadt Schopfheim das Recht des alleinigen Salzverkaufes
'ergl. Mitteilungen der badischen historischen Kommission

: 140, 196. Markgraf Christoph an König Maximilian.
ıg nach Michaelis (Oktober 2). — Ansprüche 140, 69.
ıbstitut des Stadtschreibers zu Basel, an Alexander Hug,
rzheim. 1503 Oktober 7. — Ansprüche 140, 82. Schreiben
Schonne zu Pfeffingen an Marx Reich von Reichenstein s. d.,
ens Rudolf von Blumeggs an Markgraf Christoph. 1503
:r 9). — St.-A. Basel, Finanzakten G, Wochenausgaben-
ıag. 791. 1503 sabbato post Michaelis (September 30).
β IIII ϑ doctor Turing von Bern; item V β IIII ϑ Solo-
ϑ doctor During von Bern. — pag. 792. 1503 sabbato
ber 7). Item 1 π verzert unser botten zum Storcken by

: 140, 175. Instruktion für Landvogt Rudolf von Blum-
ıe 140, 173. Verordnung über die Ausrüstung des Schlosses

: 140, 205. Christoph an Herzog Ulrich von Württemberg,
ın Straßburg, Markgraf von Brandenburg, Pfalzgraf, Bischöfe
; und Speyer. — Vergl. auch Ansprüche 140, 194–195.
s. 1503 Sonntag nach Michael (Oktober 1).
e 140, 181. Markgraf Christoph an Kaspar von Buben-
ıg nach St. Michael (Oktober 1).
: 140, 70. Kaspar von Bubenhofen an Markgraf Christoph.
Dionysii (Oktober 8).
: 140, 99. Markgraf Christoph an Kaspar von Bubenhofen.
Dyonysii (Oktober 14).
ıe 140, 131. Bubenhofen an Markgraf Christoph. 1503
Oktober 20).
el, Urkunden zur Geschichte des Schwäbischen Bundes I,
Bibliothek des literarischen Vereins in Stuttgart, Band 14,

ıe 140, 183. Christoph an König Maximilian. Schopfheim,
ıtember 29).
ıe 140, 198 und 201. Christoph an die Regierung von
n Hauptmann der vier Waldstädte am Rhein. Röteln, 1503
aelis (Oktober 3).
ıe 140, 201 Ulrich von Habsberg an Markgraf Christoph.
Michaelis (Oktober 3). — Ansprüche 140, 204. Regierung
Markgraf Christoph. 1503 Donnerstag nach St. Michelstag
ısprüche 140. Die Regierung von Ensisheim an König
ktober 4).
ıe 140, 202. Markgraf Christoph an Ulrich von Habsberg.
t Michaelis (Oktober 4).

[illegible] von Blumegg an Markgraf [illegible]

[illegible]

[illegible] Christoph an Kaspar von Mors[illegible]

[illegible] Rudolf von Blumeggs für M[illegible]

[illegible] Kate. s. d.

[illegible] Heinrich Göldlin, der Anführer der

[illegible] Vergl. August Goldi: Göldi, Göldl.

[illegible] schweizerischen Familie. 15[illegible]

[illegible] Stadtschreibers. 1503 [illegible]

[illegible] erami in Pforzheim offen stehe

[illegible] Amterlaufbahn habe, wolle

[illegible] am 25. Oktober [illegible]

[illegible] Markgraf der [illegible]

[illegible] Im Jahre 1505 erh[illegible]

[illegible] Verheiratet ist er [illegible]

[illegible] Vergl. [illegible]

[illegible] 225. — [illegible] Wackernagel

[illegible] Zeitschrift [illegible]

[illegible]

[illegible] König Maximilian

[illegible] an Markgraf

[illegible] — [illegible]

[illegible] 1503 [illegible]

[illegible]

the 140, 101. Rudolf von Blumegg an Markgraf Christoph. h Dionysii (Oktober 14).

the 140, 78. Rudolf von Blumegg an Markgraf Christoph. [illegible] (Oktober 9).

he 140, 71. Markgraf Christoph an Peter Offenburg. Donners- (Oktober 12).

the 140, 83. Rudolf von Blumegg an Markgraf Christoph. (Oktober 9).

he 140, 88. Markgraf Christoph an Rudolf von Blumegg. rstag nach Dionysii (Oktober 12). — St.-A. Luzern; Kredenz- Christophs für seine Gesandten nach Luzern. 1503 Donners- (Oktober 12).

Folgende vergl. Ansprüche 140, 117. Rudolf von Blumegg 3 Dienstag nach St. Gallentag (Oktober 17). — Ansprüche 'elsinger an Markgraf Christoph. 1503 Galli (Oktober 16). Basel, Finanzakten G. Wochenausgabenbuch 1490—1510, post Luce evang. (Oktober 21). Schenckwin: item X ꝑ wen von nidern Baden retten.

asel, Eidgenossenschaft E 1, Eidgenössische Abschiede aktion auf den Tag gen Luzern. 1503 Donnerstag nach

Basel, Finanzakten G. Wochenausgabenbuch 1490—1510, post Luce evangeliste (Oktober 21). Schenckwin: item owlins von Röttelen retten.

he 140, 117. Rudolf von Blumegg an Markgraf Christoph. h St. Gallentag (Oktober 17).

ern, Unnütze Papiere Vol. 58, nº 97. Marie von Savoyen ptember 30.

the 140, 15. Hans Welsinger an Markgraf Christoph. 1503

schied des Tages in Luzern, 1503 Oktober 19, in den III 2, pag. 344, nº 148 enthält nichts über den Röteler

Bern, Teutsche Missivenbuch K, fol. 414 v. Bern an Neu- stag nach Dionysii.

Solothurn, Denkwürdige Sachen XVII, 106. Statthalter und t Neuchâtel an Solothurn. 1503 Sonntag vor Simonis und . — Ansprüche 140, 136. Wilhelm von Diesbach an Rudolf nnerstag vor Simonis und Judæ 1503 (Oktober 26).

the 140, 37. Hans von Koll an Rudolf von Blumegg. Judæ (Oktober 28).

he 140, 142. Wilhelm von Diesbach an Rudolf von Blumegg Abend Oktober 31). — Ansprüche 140, 148. Hans von n Blumegg. 1503 Allerseelentag (November 2).

the 140, 85. Ritter Heinrich Göldlin an Markgraf Christoph. h Dionysii (Oktober 10). — Ansprüche 140, 103. Blumegg oph. 1503 Samstag nach Dionysii (Oktober 14).

[139]) Nach dem achten Punkt des Basler Friedens soll in Streitsachen zwischen dem Haus Österreich und den Eidgenossen, wenn sich die Parteien nicht gütlich vertragen, der Kläger «sin widerparthy zu recht und ustrag erfordern» auf den Bischof von Konstanz, den Bischof von Basel oder auf Bürgermeister und Rat der Stadt Basel und eventuell auch auf Konstanz. vergl. Eidgen. Abschiede III 1, pag. 760.

[140]) Ansprüche 140, 134. Maximilian an die Städte Zürich, Bern, Luzern, Freiburg und Solothurn. 1503 Oktober 22.

[141]) Ansprüche 140, 62. Markgraf Christoph an Marx Reich von Reichenstein. 1503 Freitag nach Francisci (Oktober 6). — Ansprüche 140, 61. Christoph an Maximilian. 1503 Donnerstag nach Francisci (Oktober 5). — Ansprüche 140, 87. Christoph an Eitel Fritz von Zollern. 1503 Donnerstag nach Remigi (Oktober 5).

[142]) Ansprüche 140, 63. Instruktion Markgraf Christophs für Marx Reich von Reichenstein bei seiner Gesandtschaft zu König Maximilian [1503 Oktober 6].

[143]) Ansprüche 140, 67. Graf Eitel Fritz von Zollern an Markgraf Christoph. 1503 Oktober 10.

[144]) Ansprüche 140, 189. Instruktion Rudolf von Blumeggs für Michel Schriber an Markgraf Christoph, s. d.

[145]) Vergl. über ihn Georg Buchwald, Konrad Stürtzel von Buchheim aus Kitzingen.

[146]) Ansprüche 140, 132. König Maximilian an Markgraf Christoph. Kaufbeuren, 1503 Oktober 23. — Ansprüche 140, 139. Marx Reich von Reichenstein an Markgraph Christoph. 1503 Montag vor Aller Heiligen (Oktober 30).

[147]) Ansprüche 140, 50. Markgraf Christoph an Marx Reich von Reichenstein. 1503 Freitag nach Aller Heiligen (November 3).

[148]) Ansprüche 140, 160. Marx Reich von Reichenstein an Markgraf Christoph. 1503 Dienstag vor St. Martin (November 7). — Ansprüche 140, 161. Marx Reich an den Kanzler Jakob Kirscher. 1503 Dienstag vor St. Martin (November 7) ... «nun bin ich mim g. h. nützen nitt, do den ich den lütten gancz nit angenem bin, auch nit acz from, dacz ich sachen in die Eidgenosschafft döre wandlen» ...

[149]) Ansprüche 140, 162. Marx Reich an die königlichen Gesandten in der Eidgenossenschaft. 1503 Dienstag vor St. Martin (November 7).

[150]) Ansprüche 140, 145. Konrad Stürtzel von Buchheim und Degenfuchs von Fuchsberg an Markgraf Christoph. 1503 Dienstag nach Aller Heiligen (November 7).

[151]) Ansprüche 140, 157. Markgraf Christoph an Konrad Stürtzel und Degenfuchs von Fuchsberg. Baden, 1503 Donnerstag nach St. Leonhard.

[152]) Ansprüche 140, 167. Konrad Stürtzel und Ritter Degenfuchs an Markgraf Christoph. 1503 Dienstag nach Martini (November 14).

[153]) Ansprüche 140, 141. Die vier verburgrechteten Orte an Markgraf Christoph. 1503 Vigilia Omnium Sanctorum (Oktober 31).

[154]) Ansprüche 140, 152. Rudolf von Blumegg an Markgraf Christoph. 1503 Freitag nach Aller Heiligen (November 3). — Ansprüche 140, 158. Rudolf von Blumegg an Markgraf Christoph. 1503 Sonntag vor Martini (November 5).

[An]sprüche 140, 153. Markgraf Christoph an die 4 Städte. 1503 [nach] St. Leonhardstag (November 8). — Ansprüche 140, 149. Mark[graf] ... an Rudolf von Blumegg. 1503 Mittwoch nach Aller Heiligen ...

[An]sprüche 140, 143. Markgraf Christoph an König Maximilian. [...] nach Aller Heiligen (November 8).

[An]sprüche 140, 178. König Maximilian an Markgraf Christoph. [15]03 November 14.

[An]sprüche 140, 155. Markgraf Christoph an Freiherr Leo von [...]n Erasmus von Weiher. 1503 Donnerstag nach St. Leonhards[tag (Novembe]r 9).

[An]sprüche 140, 180. Konrad Stürtzel an Markgraf Christoph. [...] vor Elisabeth (November 18). — Ansprüche 140, 171. Christoph [an S]türtzel. 1503 Dienstag U. L. Frauentag præsentationis (No-[vember ...]).

[An]sprüche 140, 180. Konrad Stürtzel an Markgraf Christoph. 1503 [...] Elisabeth (November 18).

[St.]-A. Basel Öffnungsbuch VII, Fol. 97.

[An]sprüche 140, 217. Das vom Basler Stadtschreiber Gerster aus-[gefertigte Pr]otokoll des Tages zu Basel. 1503 St. Niklaustag (Dezember 6).

[Ab]schiede III 2, p. 247, no. 151. — St.-A. Basel Finanzakten G, [...] 1490—1510, p. 801. 1503 sabbato post conceptionis Marie. [...] item V ℔ XII β geben umb IIII sôm Elsesser uff dem markt [...]ber VI ℔ IX β geben umb ein vass haltet IIII som XI viertel, [...]t ℔ IX β koufft, so uff dem gehalten tag den bottenschafften [...]ten Rotteln halb etc. hiegewesen sind, geschenckt ist; item [...]nser botten by unsern Eidtgnossen zum Silberberg; item 1 ℔ [...]ser botten by unsern Eidtgnossen zum Storcken.

[St.]-A. Bern, Teutsche Missivenbuch K. Fol. 437v. Bern an den [Stür]tzel. 1504 Freitag nach Antonien (Januar 19). — Ratsmanual [...] vor Sebastian (Januar 19).

[An]sprüche 140, 238v. Basel an Markgraf Christoph. 1504 Sams-[tag nach Sebas]tiantag (Januar 20). — Ebenso St.-A. Basel Missive Vol 22, [...]

[S]t.-A. Basel, Baden C 1. Markgraf Christoph an Basel. 1504 [...]

[St.]-A. Basel, Missive Vol. 22, Fol. 258. Basel an Bern, Luzern, [...]d Freiburg. 1504 Samstag vor Esto mihi (Februar 17). — [L]uzern an Basel. 1504 Februar 20. — Bern an Basel, Freiburg [15]04 Februar 21. — Solothurn an Basel. 1504 Februar 22.

[St.]-A. Solothurn, Denkwürdige Sachen XVIII, 10. Bern an Solo-[thurn ...] Freitag nach Matthye (März 1).

ist dies der Entwurf einer bernischen Kantonsverfassung, den Karl Ludwig Haller während der helvetischen Revolution auf Befehl der provisorischen Regierung Berns in zehn Tagen ausarbeitete, als man noch glaubte, besondere Staatsgrundgesetze für die einzelnen schweizerischen Freistaaten entwerfen zu können. Obwohl dieser Verfassungsentwurf, der in ausführlicher Breite die neuen Grundsätze durchführt, bald von den Ereignissen überholt wurde, ließ ihn Haller später doch drucken, was aber nicht zu verhindern vermochte, daß er schließlich vollständig der Vergessenheit anheimfiel, wozu zweifelsohne die eigenartigen politischen und religiösen Wandlungen seines Verfassers wesentlich beitrugen. Es war daher sehr verdienstvoll, daß Professor Hilty diese Berner Verfassung, eines der seltensten Druckwerke der eidgenössischen Geschichte, dem Historiker leicht zugänglich gemacht hat.

In der Einleitung dazu bemerkt der Herausgeber: «Es wäre eine noch immer dankbare Aufgabe für schweizerische Geschichtsfreunde, aus verschiedenen unserer heutigen Landesteile die aktenmäßigen Überbleibsel aus der Zeit von 1789 bis 1798 April, zu sammeln und zu einem anschaulichen Bilde der damaligen Volksstimmung zu gestalten, von der wir eine nicht ganz genügende Vorstellung haben. Denn

sprochen. Es sei uns daher gestattet, wenigstens für Basel einen kleinen Baustein an das von ihm entworfene und begonnene Denkmal der politischen und sozialen Ideen der helvetischen Revolution zu liefern, indem wir an dieser Stelle einen ungedruckten baslerischen Verfassungsentwurf aus der Zeit des Überganges in seinen Grundzügen bekannt geben, um ihn gleichzeitig einer kritischen Besprechung zu unterziehen. Der Konstitutionsplan ist vom 27. Januar 1798 datiert und trägt die Unterschrift des damaligen Amtsbürgermeisters Peter Burckhardt.

Aber auch sonst finden sich in Basel noch aktenmäßige Überbleibsel aus der Revolutionszeit, welche als Versuche einer Reform auf bundesstaatlicher Grundlage angesehen werden können. Es existiert sogar ein gedruckter, überaus umfangreicher «Umriß einer provisorischen Staats-Verfassung für den Canton Basel»,[1]) der zwar kein genaues Datum trägt, aber vor dem 15. März entstanden sein muß. Wer dieses Verfassungsprojekt ausgearbeitet hat, läßt sich nicht mit absoluter Sicherheit feststellen. Ein Basler Korrespondent schreibt in No. 28 der «Neuesten Weltkunde» vom 28. Januar u. a.: «Am folgenden Tage — 21. Januar — ward von einem Mitgliede des Geheimen Rates ein Constitutionsplan, nach den Grundsätzen des (Abbé') Sieyès entworfen, und nach Localverhältnissen modifiziert vorgetragen.» Es entsteht nun zunächst die Frage, ob dieser Verfassungsentwurf und der gedruckte «Umriß einer provisorischen Staats-Verfassung für den Canton Basel» identisch seien oder nicht.

der Umriß in der Mandatensammlung des Staats- die nur amtliche Drucksachen enthält, vorfindet, :e angenommen werden, es sei dies der von gliede des XIIIer Rates am 21. Januar ausgearbeitete etragene Verfassungsentwurf. Dagegen spricht nun Umstand, daß der Umriß in der zeitlich geordneten sammlung als erstes gedrucktes Aktenstück aus at März erscheint, ohne jedoch ein genaues Datum en. Im betreffenden Sammelband der Vaterländischen k ist der Umriß zwischen zwei Aktenstücken vom 12. lärz eingeheftet. Diese beiden Tatsachen schließen ität der Entwürfe nicht vollständig aus, wohl aber and, daß im Umriß auf neuliche Wahlen hingewiesen lche fanden am 21. bezw. 22. Januar und 1. bezw. ar statt. Nun wäre es allerdings sehr verlockend, vurf vom 21. Januar und den gedruckten «Umriß visorischen Staats-Verfassung für den Canton Basel» erschiedene Konstitutionspläne anzusehen. Trotzdem ir aber diese Frage einstweilen noch offen, da sich eis auf die neulichen Wahlen in einem Schlußworte das ebensogut erst unmittelbar vor der Drucklegung uar oder März entstanden sein könnte, sodaß eis, als handle es sich um zwei verschiedene Ver- rojekte, schließlich doch nicht absolut geleistet begnügen uns daher mit der einfachen Tatsache, rfassungsentwürfe für den Freistaat Basel aus der Überganges zu besitzen und rechnen im weitern Möglichkeit, vielleicht noch einen dritten aufzufinden, gedruckte Umriß mit dem Entwurfe vom 21. Januar ntisch sein sollte.

en diesen zwei genannten vollständigen Verfassungs- n enthalten noch zahlreiche Briefe aus der Zeit er Revolution interessante Vorschläge für eine Re- bundesstaatlicher Grundlage. Da ist zunächst das en von Bürger Oberstzunftmeister Ochs an Bürger- Klein und Große Räthe zu Basel» vom 21. Januar nen.[a]) Mehrere französische Blätter brachten anfangs ie Meldung, Peter Ochs habe vor seiner Abreise nach nen Freunden einen vollständigen Konstitutionsplan für den Freistaat Basel übergeben, mit der Bitte, ihn, wenn es die Umstände erlauben, dem Kleinen und Großen Rate zur Annahme zu unterbreiten. Diese Zeitungsmeldungen wurden jedoch von Peter Ochs dementiert.[4]) Sehr beachtenswerte Vorschläge finden sich aber namentlich in den prächtigen Briefen des Stadtschreibers Johann Heinrich Wieland in Liestal an seinen Schwiegervater Johann Schweighauser.[5]) Am 26. Januar richtete Wieland auch ein Schreiben an den Vorsitzenden der Kommission zur Anhörung vaterländischer Vorschläge, worin er sich ebenfalls über eine zu entwerfende Kantonsverfassung äußert.[6]) Dann hat auch der Orismüller J. J. Schäfer in zwei Briefen an die Bürgermeister Peter Burckhardt und Andreas Buxtorf vom 14. und 17. Januar seine Ansichten über diesen wichtigen Gegenstand entwickelt.[7])

Und endlich enthalten die Protokolle der Kommission zur Anhörung vaterländischer Vorschläge, der Kommission der XXX und der provisorischen Regierung, die Missiven und die übrigen Akten aus dem Frühjahr 1798 zahlreiche aktenmäßige Überbleibsel, die als Versuche einer Reform auf bundesstaatlicher Basis angesehen werden können.[8])

Bevor wir dem Burckhardtschen Verfassungsprojekt näher treten, ist es nötig, einiges über die äußere Veranlassung zu diesem Entwurfe mitzuteilen. Am 20. Januar hatte im helvetischen Freistaat Basel die Revolution ihr siegreiches Ende dadurch gefunden, daß der Große Rat die verlangte politische Rechtsgleichheit zwischen Stadt und Land bewilligte und sich mit dem Entwurfe eines dem Landvolke auszustellenden Freiheitsbriefes einverstanden erklärte.[9])

Mit der Annahme der politischen Rechtsgleichheit war zunächst nur das Fundament gelegt, über dem nun allerdings ein modernes kantonales Staatsgebäude errichtet werden konnte. Diese überaus schwierige Aufgabe führte der Große Rat nicht selbst durch, sondern überließ sie revolutionären Staatsorganen, welchen er jedoch die dazu nötige Rechtsgrundlage verliehen hatte.

Zunächst trat die Kommission zur Anhörung vaterländischer Vorschläge zusammen, bestehend aus vier Großräten, vier Kleinräten, einem Vertreter der Universität und sechs Vertretern der Bürgerschaft. Die wichtigste Aufgabe en Staatsorganes bestand darin, mündliche und Beschwerden der Bürgerschaft entgegenzunehmen. len dann in einer Schlußsitzung gesichtet und unter ünf Gesichtspunkte geordnet: 1. Vorschläge zur ng der alten Verfassung; 2. Vorschläge zu einer fassung; 3. Vorschläge zu neuen Gesetzen; 4. Be- und Begehren der Zünfte und 5. Partikulare Be- insofern sie auf allgemeine Verfügungen Einfluß as nun die Vorschläge zu einer neuen Verfassung so finden sich solche in mehreren Eingaben; da- nur ein einziger vollständiger Verfassungsentwurf ch derjenige des Amtsbürgermeisters Peter Burck- Kommission überwies die Eingaben der Bürger- einem ausführlichen Gutachten versehen dem te, der am 31. Januar folgenden Beschluß faßte: se Vorschläge der bevorstehenden Volksversamm- Zeit zugestellt werden.» [10])

t war aber die Mission der fünfzehn Stadtausschüsse erledigt. Die Stadtbürger hatten sie nämlich be- gt, mit fünfzehn Landausschüssen über die vom eingegebenen vier Punkte in nähere Unterhand- treten.[11]) Am 29. Januar wurden die Ausschüsse die Sitzung des Großen Rates eingeführt, um larauf als Kommission der XXX zu konstituieren. ndlungen drehten sich hauptsächlich um den letzten on der Landschaft eingegebenen Artikel, der die che Einberufung einer Volksvertretung postulierte. wurde folgender Vorschlag der Landbürger ein- tgeheißen:

ollte diese Volksversammlung provisorisch aus n bestehen.

ll als Grundsatz angenommen werden, daß sowohl s jede andere zu bestimmende Zahl von Repra- nach Verhältniss der Volkszahl zu Statt und Land, eispiel von 50 einer, gewählt werden solle.

llten sie für jetzt zugeben, doch ohne Folge für ft, daß 20 Mitglieder aus der Stadt durch die schon erwählte Mitglieder vom Land, und 20 Mitglieder aus der Stadt durch die sämtlichen Wahlmänner vom Landvolk erwählt, dazu gezogen werden könnten.

Diese Volksversammlung würde sodann Vollmacht haben, eine neue Verfassung und neue Gesätze zu entwerfen, welche seiner Zeit dem Volke zur Sanction vorgelegt werden sollten.»[12])

Die Kommission der XXX übermittelte noch am gleichen Tage dem Großen Rate ein ausführliches Memorial, worin sie ihm das Resultat ihrer Verhandlungen mitteilte. Schon am folgenden Tage hieß der Große Rat ihre fundamentalen Beschlüsse gut.[13])

Anfangs Februar fanden die Wahlen statt, deren Resultat ein überaus günstiges war, hatte doch die Stadt ihre besten Männer in die Konstituante abgeordnet. Am 5. Februar versammelte sich der Große Rat zum letztenmale und legte die seit Jahrhunderten besessene Gewalt in die Hände der neuen Volksvertreter nieder.[14]) Diese konstituierten sich tags darauf als Nationalversammlung oder provisorische Regierung. Ihre Aufgabe bestand jedoch nicht nur darin, eine neue Verfassung und neue Gesetze zu entwerfen, sondern sie hatte auch für einen ordentlichen Gang der Staatsverwaltung zu sorgen, sie vereinigte mithin die legislative und exekutive Gewalt in sich. Die Kommission zur Anhörung vaterländischer Vorschläge hatte in ihrem Gutachten an den Großen Rat verlangt, es möchten die bisherigen Staatsorgane bestehen bleiben, bis die neue Regierungsform angenommen sei. In diesem Sinne ging auch die Nationalversammlung zunächst vor. Sie teilte ihre 60 Vertreter in acht Komitees. Diese waren: Regierungs-, Polizei-, Militär-, Finanz-, Ökonomie-, Armen- und Waisenanstalten- und Erziehungskomitee. Das Regierungskomitee bestand aus neun, das Militär- und Polizeikomitee aus fünf und die übrigen aus acht Mitgliedern. Die Komitees besaßen keine richterliche Gewalt, «sondern ihre Bestimmung sollte bloß seyn: 1. Aufsicht zu halten über die Führung der Geschäfte, die in eines jeden Fach einschlagen, durch diejenigen Collegien von der alten Regierung, welche bisher provisorisch beybehalten werden, und 2. Entwürfe der Nationalversammlung einzugeben, wie die Geschäfte, die unter ihre Departements fallen, am schicklichsten könnten htet werden.» So blieben denn die bisherigen Staats- provisorisch in Funktion, bis auf drei, nämlich der Rat, welchen die Nationalversammlung ablöste, sowie ine Rat und der XIIIer Rat, dessen wichtige Geschäfte Regierungskomitee übernommen hatte. Schließlich e die Nationalversammlung noch ein neungliedriges itionskomitee, dem neben der Ausarbeitung einer Verfassung für den revolutionierten Freistaat Basel r Auftrag erteilt wurde, «darauf zu sehen, daß zu Zeiten von irgend einem Comite durch Vorschläge eschlüsse der Souveränität des Volks zu nahe ge- noch von irgend einem Comite in die Rechte eines ein Eingriff gemacht werden könne.»[15])

ie staatsschöpferische Tätigkeit der Basler National- mlung auf bundesstaatlicher Grundlage sollte leider ier einen Versuch herauskommen. Das erste moderne nt unseres Kantons löste sich bereits am 18. April auf, nachdem der helvetische Freistaat Basel wenige vor im helvetischen Einheitsstaate seinen Untergang n hatte.

a der Kanton Basel schon Mitte Januar damit be- hatte, sich zu regenerieren, ohne jedoch daran zu die bisherigen Verbündeten preiszugeben, so ent- n noch die wichtige Frage: wie stellte man sich in der von einem Basler entworfenen Einheitsverfassung, Ende Januar, einem unheilverkündenden Gespenste am Horizonte auftauchte? Merkwürdigerweise fließen die Quellen sehr spärlich, aber es geht doch aus eutlich hervor, daß sich selbst in denjenigen Kreisen, ist fähig waren, einzelne Vorzüge der Einheits- ing anzuerkennen, ein anti-unitarischer Sinn äußerte. hundertelang behauptete Selbständigkeit der Bundes- hatte sich eben der Denkweise aller Volksklassen ef eingeprägt, als daß der Ruf nach einer völligen nelzung hätte Anklang finden können. Wichtig ist r Hinsicht ein Passus aus der Rede, die Wernhard der Sprecher einer Basler Deputation, welche den Bern bewegen sollte, die Umschaffung unverzüglich führen, am 21. Februar vor Rät, Burgern und Ausschüssen in Bern hielt. Dem äußerst [illegible] des Licentiaten J. J. Schmid, der die [illegible] Sekretär begleitete, entnehmen wir darüber [illegible]

«Er erklärte dabey, daß unser Stand die [illegible] Geschäftsträger und General Brune ausgetheilte [illegible] welche nicht nur dem Stande Bern, sondern der [illegible] Schweiz ein so gewaltiger Stein des Anstoßes ist, als di[e] bloße Projekt eines Partikularen ansehe.

Er erklärte, daß wir nicht nur diesen [illegible] für unser Vaterland nachtheilig finden, sondern daß wir au[ch] nie dazu verstehen würden, irgend eine Constitution vo[n] einem Fremden oder Einheimischen anzunehmen, sonder[n] daß wir fest entschlossen, uns keine andere als eine selbs[t] beliebige und unsern Bedürfnissen gemäße Verfassung [zu] geben.» [16])

Diese Stellungnahme Hubers zur Einheitsverfassun[g] wird uns, wie wir noch sehen werden, auch von ander[er] Seite bestätigt, aber trotzdem bleibt seine Haltung in d[er] vorliegenden Frage immer noch ein Rätsel. [17]) Wenn w[ir] daher seinen Worten doch große Bedeutung beimessen, s[o] geschieht es deshalb, weil er im Auftrage der Basler Nationa[l]versammlung sprach und weil seiner Rede eine gemein[]schaftliche Beratung der Basler Gesandten vorausgegange[n] war. Daß die Gesandten ihre wahre Gesinnung verbarge[n] um auf diese Weise Bern günstiger zu stimmen, halten w[ir] für ausgeschlossen. Es darf eben die Tatsache nicht übe[r]sehen werden, daß damals auch die leitenden Basler Revo[]lutionsmänner eine Reform der Eidgenossenschaft ohn[e] fremde Einmischung noch für möglich hielten. Sie erwartete[n] wie viele der besten Zeitgenossen, von Bern und desse[n] Aristokratie eine entscheidende und rettende Tat. Für dies[e] Auffassung spricht ein Brief, welchen Licentiat J. J. Schmi[d] an seinen Freund Steck, der damals als Gesandter Berns i[n] Basel weilte, schrieb, als die Nationalversammlung am 21. Fe[]bruar eine Deputation nach Bern beschlossen hatte. Er lautet

«Wenn ich noch je eine heilige Stunde meines Leben[s] erlebte, so war es heute, da unsere Versammlung beschlo[ß] eine Gesandtschaft an ihre Regierung abzusenden, dere[n] Zweck seyn sollte, die verheerende Plage eines äußern un[d]

innern Krieges, von ihrem und dem gemeinen Vaterlande abzuwenden.

Ich gehe als Secretair der Nationalversammlung mit diesen Deputierten dorthin ab, und wenn unser vereintes und von Ihnen und ihren Mitdeputierten thätig unterstütztes Bemühen das drohende Unglück abwenden könnte, so würde von diesem Tage an eine neue beglückende Sonne über unserer Schweitz aufgehen, von dem unsere Nachkommen die Epoche, die große Epoche des Sturzes der Usurpation zu zählen anfangen werden.» [18])

Hören wir noch, was der zürcherische Repräsentant in Bern, Konrad von Wyß, der die Basler Gesandten nach ihrer vergeblichen Mission zweimal empfing, berichtet: «Unsere Unterredung dauerte noch zwei Stunden und ich nahm bei dieser wie bei der ersten die entschiedenste Abneigung gegen die Constitution helvétique bei allen Deputierten zu meiner Beruhigung wahr. Ja, ihre Äußerung ging dahin, Herr Oberstzunftmeister Ochs werde bei wenigen Tagen in Basel zurückerwartet und sollte er auf die Annahme dieser Konstitution nur den mindesten Wert setzen und dafür sich verwenden, so würden gewiss von der Bürgerschaft und Landschaft für ihn empfindliche Äusserungen und Massnahmen genommen werden.» [19])

Nach dem Falle Berns, womit jede Hoffnung schwand, eine Reform der Eidgenossenschaft ohne fremde Einmischung durchzuführen, blieb auch Basel nichts anderes übrig, als sich in das Unvermeidliche zu fügen. Es geschah dies jedoch nur mit Widerstreben. Obschon Peter Ochs, der anfangs März aus Paris nach Basel zurückkehrte, seinen weitgehenden Einfluß aufbot, die Nationalversammlung für den Pariser Entwurf zu gewinnen, nahm diese daran mehrere zum Teil nicht unwesentliche Abänderungen vor, um so die Einheitsverfassung, ohne an die als unvermeidlich erkannten Grundlagen zu rühren, den schweizerischen Anschauungen und Verhältnissen einigermaßen anzupassen.

Bevor die Nationalversammlung die Einheitsverfassung [illegible] behandelte, was übrigens nur in sehr summarischer [illegible] geschah, hatte sie den Pariser Entwurf dem Konsti[illegible] übergeben. Dasselbe setzte sich aus folgenden

sammensetzung des Konstitutionskomitee kann aber ruhig gefolgert werden, daß auch noch andere Mitglieder Bedenken äußerten und daß schließlich die Einheit nur deshalb beliebte, weil eben nach dem Falle Berns nichts anderes mehr übrig blieb.

Von der Absicht der französischen Machthaber in Paris, die Eidgenossenschaft in einen Einheitsstaat umzuformen, erhielt man in Basel natürlich schon im Laufe des Monats Januar Kenntnis. Trotzdem wurde aber doch mit der kantonalen Neuordnung begonnen, wobei man sich blutwenig um die Einheitsverfassung kümmerte. Diese Tatsache bestätigt uns somit indirekt die Auffassung, daß die leitenden Basler Revolutionsmänner, von Peter Ochs abgesehen, eine Reform der Eidgenossenschaft wünschten, die den historisch hergebrachten Verhältnissen besser entsprach, als es mit dem Einheitsstaate der Fall war. Für eine solche Reform hat Basel den ganzen Monat Februar hindurch unermüdlich gewirkt, aber seine Vorschläge fanden leider kein Gehör, weil der Standpunkt der zwei vorörtlichen Ohrigkeiten die letzten eidgenössischen Beratungen beherrschte und mißleitete.

Wenn wir auch sonst keine Anhaltspunkte hätten, so würde allein schon die Abänderung des Pariser Entwurfes durch die Nationalversammlung genügend dafür sprechen, daß man selbst in den Kreisen der Basler Revolutionsmänner

Einheitsstaat wollte, sondern mehr der Not ge-
d als dem eigenen Triebe schließlich für denselben
Weniger klar sind wir jedoch darüber orientiert,
sich die Neuordnung des bisherigen Verhältnisses
desglieder zueinander dachten; denn darüber konnte
en unmöglich ein Zweifel herrschen, daß die Bande
eknüpft werden mußten. Auch über diesen Punkt
lie Quellen sehr spärlich. Zunächst mögen hier einige
aus einem Briefe des Ratsherrn Schweighauser an
rgermeister Buxtorf nach Aarau folgen, worin ihm
lie am 6. Januar im XIIIer Rate für und wider die
rneuerung vorgebrachten Gründe mitteilt. Es heißt
Schreiben u. a.:

an bemerkte, daß diese Bundes Erneuerung schon
Aarau vorgeschlagen worden, aber keinen Beyfall
schon die Lage unserer Vaterstadt damals sehr miß-
; daß dermalen eine solche von der französischen
k nicht gut aufgenommen werden könnte; daß die
ünde eine revision bedörfen, sowohl wegen dem
schen Styl, als wegen dem Inhalt, der Vorbehalt des
ater in Rom, das teutsche Reich, der Bischoff zu
llten ausgestrichen werden; der auffallende Unter-
wischen den Bünden der VIII alten Orte und jenen
üngern, sollte aufgehoben werden, andere ebenfalls
dsgenossen anerkannt werden; alles sollte gleich-
gemacht, wodurch dann erst eine ansehnliche hel-
Republik gebildet werden könnte; die gegen-
n Umstände erfordern zur allgemeinen Erhaltung die
rung altväterischer Vorrechte, die nicht mehr ge-
werden wollen; jeder Ort müße sich sodann so
nd möglich angelegen seyn lassen in seinem Innern
mieren, Mißbräuche und Beschwerdten abzuschaffen,
ersten Hand ans Werk lege, werde sich am glück-
schätzen können; es sey hohe Zeit dazu.»[22])

timmter als im vorliegenden Falle drückt sich in dieser
eine Eingabe aus, die ein Unbekannter im Namen
m 25. Januar der Kommission zur Anhörung vater-
er Vorschläge unterbreitete. Der anonyme Schreiber,
näßigter Anhänger der revolutionären Grundsätze,

entwickelt darin zunächst seine Ansichten über die vorzunehmende kantonale Neuordnung und fährt dann fort:

«Wenn auf diese Art die Abänderung unserer Verfassung und Beybehaltung der alten Form ruhig, frey, ohne fremden Einfluß glücklich von Statten geht, so bin überzeugt, daß auch die übrigen Cantone, freywillig alles zum besten Ihres Landes thun werden, so daß wir alsdann mit Ihnen einen neuen feyerlichen Bund beschwören und uns des Glücks freyer Männer und Eydsgenossen gemeinsam erfreuen können, da dann mehr Ansehen des ganzen, mehr Macht, schnellere Zusammen Trettung der Hülfe, und vereinigte Kräften wechselseitig zu erwarten sein wird.

Fände man ein vollziehendes Directorium für die ganze Schweiz ohnumgänglich nöthig, so würde vielleicht löbl. Stand Zürich als bisheriges Vor Orth, mit einigen beständigen abwechslungsweiss zu ernennenden Representanten, auch hierinnen durch Geschwindigkeit und Kraft zu handlen, von den übrigen Ständen begwaltigt werden können.»[22])

Das sind nun allerdings Vorschläge, die eine Reform der Eidgenossenschaft auf bundesstaatlicher Grundlage verlangen, zwar nicht wie sie im Jahre 1848 verwirklicht wurde, wohl aber im Jahre 1803. Sie bestätigen aber auch die oben vertretene Ansicht, daß nämlich die leitenden Persönlichkeiten in Basel, von der bernischen Aristokratie eine entscheidende Tat erwarteten. Es schien uns nötig die Frage, ob Zentralismus oder Föderalimus etwas eingehender zu beleuchten, weil durch die hervorragende Tätigkeit eines Baslers im Sinne der Einheit, uns das wirkliche Bild der damaligen Volksstimmung in Basel von der Geschichtsschreibung etwas verschleiert übermittelt wird. Durch unsere Darlegungen haben wir aber auch gezeigt, daß die von uns angeführten aktenmäßigen Überbleibsel aus der Zeit des Überganges, die eine kantonale Neuordnung anstreben, als Versuche einer Reform auf bundesstaatlicher Grundlage angesehen werden können.

Unter diesen Reformversuchen kommt die größte Bedeutung dem schon genannten Verfassungsentwurfe zu, den der Amtsbürgermeister Peter Burckhardt am 27. Januar der Kommission zur Anhörung vaterländischer Vorschläge unterbreitete. Das briefähnliche Aktenstück ist sehr undeutlich geschrieben, doch hat sich erfreulicherweise eine sehr deutlich geschriebene Kopie desselben erhalten, die bis auf einen Paragraphen formell und materiell mit der Eingabe an die Kommission zur Anhörung vaterländischer Vorschläge übereinstimmt.[24])

Zuerst seien uns einige biographische Mitteilungen über den Verfasser gestattet. Peter Burckhardt wurde im Jahre 1742 in Basel geboren; er war der einzige Sohn eines angesehenen Handelsmannes und Ratsherrn. Nach einem längeren Aufenthalte in Lausanne, wo er mit dem englischen Geschichtsschreiber Gibbon und dem spätern zürcherischen Bürgermeister David von Wyß dauernde Freundschaft schloß, erweiterte er seine Bildung durch große Reisen, um dann in das väterliche Geschäft einzutreten. Im Jahre 1772 wurde er Großrat, 1784 Mitglied des Kleinen Rates, 1789 Oberstzunftmeister und endlich schon 1790 Amtsbürgermeister. Als Vertreter seines Standes auf der Tagsatzung und als Mitglied der helvetischen Gesellschaft war er seiner persönlichen Eigenschaften wegen sehr geachtet. Mit seinem Schwager Isaac Iselin gründete er 1777 die Gesellschaft zur Beförderung des Guten und Gemeinnützigen. Während der französischen Revolution, als Basel viele auswärtige Staatsmänner in seinen Mauern sah, bildete für diese sein Haus der Mittelpunkt des gesellschaftlichen Lebens. Der Staatsumwälzung stand Burckhardt nicht feindlich gegenüber, wenn er sich auch dabei eine etwas zurückhaltende Stellung bewahrte. Das letztere mag vielleicht dazu beigetragen haben, daß ihn ein französischer Agent unter die österreichisch gesinnten reihte.[25]) Daß er aber den neuen Ideen zugetan war, geht nicht nur aus seinem Konstitutionsplane hervor, sondern auch aus mehreren [illegible], die uns zeigen, daß er schon längst mit den alten [illegible] gebrochen hatte. Und wie hätte es auch [illegible] können? Ist doch gerade in Basel die Revo[illegible] Werk des kaufmännischen und industriellen [illegible] gewesen. Als erstgewählter Vertreter der Stadt [illegible]hardt der Nationalversammlung an und war [illegible] des Regierungskomitee. Während der [illegible] sich mehr und mehr aus der Politik zurück, trat dann aber 1803 abermals in den Kleinen R[illegible] ein, um 1811 gegen seinen Willen wieder die Stelle ein[illegible] Bürgermeisters zu übernehmen. Als solcher war er 181[illegible] auch Landammann der Schweiz. Schon 1815 trat Pete[illegible] Burckhardt von seinem Amte zurück. Auf seinem Landgut[illegible] dem Mayenfels bei Pratteln, wo er einen ansehnlichen Tei[illegible] des Lebens zugebracht hatte, beschloß er im Frühjahr 1817 sein ereignisreiches Leben.

«Burckhardt war berufen gewesen», schreibt Prof. Wilhelm Vischer, «unter den schwierigsten Verhältnissen die Leitung des Gemeinwesens zu führen, und mußte zweimal als dessen oberster Beamter eine durch äußern Anstoß herbeigeführte Umgestaltung desselben erleben. Es darf ihm die Anerkennung nicht versagt werden, daß er sich in diesen Verhältnissen mit Geschick zu benehmen wußte; er war sein ganzes Leben hindurch der Beförderer eines gemäßigten Fortschrittes und besaß namentlich das Vertrauen des Landvolkes, dessen Stellung er nach Kräften zu heben bemüht war, in hohem Maße.»[26])

Der Burckhardtsche Verfassungsentwurf ist äußerst kurz gehalten; er beschränkt sich lediglich darauf, diejenigen Rechtssätze aufzustellen, welche die obersten Organe des Staates bezeichnen, die Art ihrer Schöpfung, ihr gegenseitiges Verhältnis und ihren Wirkungskreis festsetzen und die grundsätzliche Stellung des einzelnen zur Staatsgewalt umschreiben. Peter Burckhardt erhebt nun allerdings nicht den Anspruch darauf, einen bis in alle Einzelheiten ausgeführten Konstitutionsplan zu liefern, sondern bloß eine unvollkommene Skizze; «sie müßte», sagt er, «in vielen Rücksichten gantz anders noch ausgeführt, und derselben insonderheit wohlerwogene Gesetze beygefügt werden, zudem fehlet anbey noch ein Hauptgegenstand, nemlich die Organisation des Militare der gantzen Republic zu Stadt und Land, und überhaupt müßten bey jedem Artikel weit besser ausgearbeitete Vorschläge erscheinen.»

Zunächst ist im Entwurf von der Einteilung des Staatsgebietes die Rede. Zu diesem Ende sollen die 12,000 Hausväter «in dem neuen Staate» in 24 Quartiere eingeteilt werden, «in der Hauptstadt 8, in dem Lande 16, in einem gleichmäßigen Verhältniß von Einwohnern, mehr auf dem Lande, weniger in der Stadt.» Die Bezeichnung «Quartier» für die einzelnen Gebietsteile ist nicht neu, da die Stadt seit alters in Quartiere zerfiel. Wenn der Entwurf für die Stadt nun acht, statt wie bisher sieben Quartiere vorsieht, so ist das keine tiefgreifende Änderung, da es sich dabei zweifelsohne nur um eine Zweiteilung der mindern Stadt, welche bisher ein Quartier bildete, in ein Riehen- und Bläsiquartier handelt. Unmittelbar nach der Einführung der Einheitsverfassung wurde dann diese Zweiteilung der mindern Stadt wirklich vorgenommen.[27]) Diese Einteilung der Stadt in acht Quartiere, wie sie Burckhardt vorschlägt, hat sich bis in unsere Tage erhalten, nur ist in Klein-Basel infolge der starken Bevölkerungszunahme vor einigen Jahren noch ein neuntes Quartier hinzugekommen. Tiefgreifend sind dagegen die vorgeschlagenen Änderungen auf der Landschaft. Seit 1673 zerfiel diese in sieben Ämter: Farnsburg, Waldenburg, Homburg, Liestal, Münchenstein, Riehen und Kleinhüningen. Der Umfang dieser Ämter war sehr verschieden. Während Farnsburg mit seinen 28 Gemeinden eine recht stattliche Herrschaft repräsentierte und daher mit Vorliebe «Grafschaft» genannt wurde, waren einige nur auf wenige Ortschaften, Kleinhünigen sogar nur auf das gleichnamige Dorf beschränkt. Eine neue Gebietseinteilung war daher durchaus nötig, da sich die bisherigen Ämter als zu unterschiedlich erwiesen, um als Verwaltungsbezirke und Wahlkörper eines Gemeinwesens zu dienen, das soeben die politische Rechtsgleichheit [illegible] Stadt und Land gutgeheißen hatte Die Bevöl[illegible] des ganzen Kantons betrug damals kaum 45,000 Seelen, [illegible] durchschnittlich auf ein Quartier etwa 1800 Einwohner [illegible])

[illegible] den politischen Stand des Bürgers enthält der [illegible] leider keine Bestimmungen. Wir erfahren aus ihm [illegible] über die Zusammensetzung desjenigen Organes, das [illegible] den Anstoß zur gesamten staatlichen Tätigkeit [illegible] dies um so bedauerlicher, als der Entwurf der [illegible] sonst einen weitgehenden Einfluß auf die [illegible] einräumt. Nun spricht Burckhardt allerdings [illegible]vätern, woraus gefolgert werden könnte, er wolle das Stimmrecht an dieses [illegible] was nicht unmöglich erscheint, wenn man [illegible] der Mediationsverfassung von 1803 [illegible] folgenden Wortlaut hat: «Die Bürger oder [illegible] Gemeinden des Kantons sind Glieder der Zünfte — [illegible] die Wahlkörper —, welche seit einem Jahr im [illegible] wohnen, einen unabhängigen Stand haben, in der [illegible] eingeschrieben befinden, und falls sie nicht [illegible] das dreißigste Jahr, falls sie aber verheiratet sind, oder [illegible] wesen, das zwanzigste Jahr werden zurückgelegt haben, [illegible] welche endlich ein Grundeigenthum oder eine [illegible] Schuld Verschreibung von 500 Franken besitzen.» Statt [illegible] dermaßen weitgehenden Beschränkung des Stimmrechts [illegible] die eigentlich nicht so recht in das Programm der Revolution [illegible] paßt, läßt sich aber aus den «12,000 Hausvätern» auch [illegible] ebensoviel Wahrscheinlichkeit das gerade Gegenteil folgern. Das Abstimmungsresultat über die Einheitsverfassung vom 28. März weist nur 9593 Bürger auf, die das 20. Altersjahr erreicht hatten, sodaß es damals im Kanton Basel kaum 12,000 Hausväter gab. Bei den Wahlen in die National-versammlung waren alle diejenigen, welche kommuniziert, also das 16. Altersjahr zurückgelegt hatten, stimmberechtigt. Hält man an dieser Altersgrenze fest, so kommt man nun allerdings auf die von Peter Burckhardt angegebene Zahl 12,000.[29])

Was nun die öffentlichen Gewalten anbelangt, so ist zunächst vom Großen Rat die Rede, dessen Mitgliederzahl 216 beträgt. Jedes Quartier wählt 8 Vertreter, also alle zusammen 192. Die noch übrig bleibenden 24 Mitglieder ernennt der Große Rat selbst, doch ist jedes Quartier befugt, für den ihm zukommenden Sitz einen verbindlichen Vierervorschlag einzureichen. Das passive Wahlrecht erfährt insofern einige Beschränkungen, als das 24. Altersjahr und der Wohnsitz im Quartier gefordert werden. Das Wahlverfahren läßt der Entwurf offen; es ist dem Verfasser gleich, ob «durch Majora und Loos, oder durch Majora gäntzlich» gewählt wird. Aus diesen Bestimmungen über die Bildung des Großen Rates kann schließlich noch auf direkte Wahlen geschlossen werden.

gliederzahl des Großen Rates ist nun freilich eine trifft es doch je einen Vertreter auf 200 Einnmerhin bedeutet dieses Verhältnis gegenüber wesentlichen Fortschritt; denn der Große Rat olutionären Basel zählte 282 Mitglieder, sodaß, von der Landschaft absieht, schon auf 50 Ein- Großrat kam. Die Verfassungen des 19. Jahrben dann freilich die Mitgliederzahl der gesetzehörde wesentlich beschnitten. In der Mediationssie 135, in der Restaurationszeit aber 150. Die von 1833, also die erste nach der Trennung, Mitgliederzahl des Großen Rates auf 119 fest. Jahre 1847, wurde sie infolge der Einführung der len wieder auf 134 erhöht, um anläßlich der Verfassungsrevision von 1875 endgültig auf 130 werden.[30])

ie Verfassungen von 1803 und 1814 unterscheiden ttelbaren und unmittelbaren Großratswahlen, doch bei ihnen die ersteren bedeutend, während im chen Verfassungsentwurfe das gerade Gegenteil [1]) Was nun das Vorschlagsrecht für die mittelbaren len anbelangt, so interpretieren wir den Entwurf nicht die Großräte des Quartiers, sondern dessen Bürger die Kandidatenliste aufstellen, wie das iationszeit der Fall war.[32])

auch die Einteilung des Staatsgebietes in 24 in der Stadt und 16 auf dem Lande, die Ver- Stadt und Land im Großen Rate und, wie wir werden, auch in den andern Staatsorganen, eographisch im Verhältnisse von 1 : 2 festlegt, so lem von einer wesentlichen Einschränkung der gutgeheißenen politischen Rechtsgleichheit von Land nicht die Rede sein, da die Einwohnerzahl nahezu ein Drittel der Gesamtbevölkerung des trug. Die Mediationsverfassung hat dann ein Vertretungsverhältnis wirklich geschaffen, indem nton in drei Bezirke mit je fünfzehn Wahlzünften einteilte.[33])

Rat besitzt die gesetzgebende Gewalt, er

bestimmt den «Bezug und die Anwendung der öffentlichen Abgaben» und trifft außerdem die Wahlen der angesehensten Vorsteher des Staates, aller wichtigen Kollegien, Staatsverwalter und Bedienten.

Durch diese Bestimmungen erhält der Große Rat eine Stellung, welche gegenüber der alten Zeit sich bedeutend verbessert hat. Hiebei denken wir nicht an die Bedeutungslosigkeit des Großen Rates im 17. Jahrhundert bis zum Aufruhr von 1691, sondern an die Unterordnung unter den Kleinen Rat, welche bis 1798 sein Los und seine Bestimmung gewesen ist. Aber auch gegenüber den Verfassungen von 1803 und 1814 sind die Befugnisse, die Burckhardt dem Großen Rate einräumen will, viel weitgehendere. Die Verfassung von 1814 gibt ihm erstmals das Steuerbewilligungsrecht, aber die Kompetenz, auch über die Verwendung der Abgaben zu verfügen, besitzt er, wenn wir die Verfassungen richtig interpretieren, erst seit 1875.[84]) Der Burckhardtsche Verfassungsentwurf räumt schließlich dem Großen Rate das Recht ein, alle kantonalen Beamten zu ernennen. Ähnliche Bestimmungen finden wir in keiner der spätern Verfassungen; sie überlassen dem Großen Rate wohl die Wahl der obern Beamten, diejenige der untern dagegen wird entweder durch die Exekutive oder andere Organe vorgenommen, was dem Prinzip der Trennung der Gewalten besser entspricht.

Der Paragraph, welcher die Stellung und Aufgabe des Großen Rates umschreibt, verlangt auch eine rasche Wiederbesetzung aller eintretenden Vakanzen und zwar innert vier Tagen. Unklar ist dabei nur, ob es sich um vakante Großratsmandate oder um die Wiederbesetzung erledigter Beamtungen handelt.

Im vorrevolutionären Basel wurde der Große Rat durch den regierenden Bürgermeister oder dessen Statthalter, den neuen Oberstzunftmeister, zusammenberufen und präsidiert. Mit dem Sturze der Helvetik traten wieder ähnliche Verhältnisse ein, bis dann bei der Verfassungsrevision von 1847 die Leitung der Geschäfte des Großen Rates einem Präsidenten und Statthalter übertragen und zugleich die Unvereinbarkeit dieser Stellen mit dem Amte eines Bürgermeisters oder Kleinrates, die im Großen Rate Sitz und

Stimme beibehielten, ausgesprochen wurde.[85]) Auch Burckhardt sieht eine selbständige Leitung des Großen Rates vor. Der betreffende Paragraph lautet: «Zu desselben Vorstehern, so abwechseln sollten, und deren Dauer bestimmt würde, sollten von jedem Quartier zwei Bürger vorgeschlagen, und einer aus sämtlichen erwählt werden.» Auch dieser Passus ist etwas unklar, doch handelt es sich dabei zweifelsohne um Vorschläge, welche die Großräte der einzelnen Quartiere und die Elektoren, von denen noch die Rede sein wird, eingeben.

Für die Wahlen der angesehensten Vorsteher des Staates ist nämlich der Große Rat nur ein Teil desjenigen Organes, welches diese Wahlen zu treffen hat, indem der Entwurf festsetzt, daß «alsdann, um die Landtäge zu vermeiden, noch acht Bürger aus jedem Quartier zu Electoren gezogen werden sollten.» Auf welche Weise diese letztern zu wählen sind, erfahren wir nicht, vermutlich wie die Mitglieder des Großen Rates. Es entsteht nun die Frage, welche Beamte durch diesen Großen Wahlrat von 408 Mitgliedern ernannt werden sollen. Wenn wir den Entwurf richtig interpretieren, so sind es die Vorsitzenden des Großen Rates, des Gerichtshofes und des Staatsrates, nicht aber die Richter und die Staatsräte selbst. Diese Bestimmungen enthalten eine Erweiterung der politischen Rechte des Bürgers. Sein Wahlrecht beschränkt sich so nicht lediglich auf die mittelbaren und unmittelbaren Großratswahlen, sondern es erstreckt sich auch auf die Wahl von Elektoren, die einen Teil desjenigen Wahlkörpers ausmachen, dem die Ernennung der Vorsitzenden der drei obersten Gewalten zukommt. Diese letzteren gehen mithin aus einer bedingten indirekten Volkswahl hervor. Heute liegen die Verhältnisse in dieser Hinsicht insofern umgekehrt, als wohl die Mitglieder dieser drei Staatsorgane durch das Volk gewählt werden, während ihm die Bezeichnung der Vorsitzenden nur bei den Gerichten zusteht.[86])

Was nun die Form der Beratung anbelangt, so heißt es im Entwurf: «Kein neuer Vorschlag sollte im Großen Rate verhandelt werden können, er sey denn vorher, gleich als andere, im Druck bekannt gemacht, damit jedem [illegible], seine Gedanken einzugeben, sodann sollte solcher, von einer Commission geprüft, vorgebracht, wo alsdann jedem Gliede seine Meynungen, sofern solche neues enthalten, gestattet, für bloße Wiederholungen aber gebüßt werden sollte.»

Die Einführung von Verhandlungsgegenständen erfolgt heute durch einen Ratschlag der Regierung, durch einen Anzug aus der Mitte des Großen Rates oder durch ein Begehren aus dem Volke (Petition, Initiativbegehren).[87]) Während der Mediationszeit ging die Initiative in der Gesetzgebung lediglich von der Regierung aus.[88]) Einen wesentlichen Fortschritt bedeutet in dieser Hinsicht die Verfassung von 1814. In Art. 7, der die Rechte und Befugnisse des Großen Rates umschreibt, heißt es u. a.: «Er übt die gesetzgebende Gewalt aus; er erläßt und giebt demnach nicht nur Gesetze, sondern er hat auch das Recht, sie durch Anzüge selbst in Vorschlag zu bringen, er übergibt sie aber vor ihrer Annahme der Berathschlagung des Kleinen Raths.» Die Verfassung von 1833 gewährleistet erstmals das freie Petitionsrecht, wodurch nun auch das Volk das Recht der Einführung von Verhandlungsgegenständen erhält.[89]) Damit setzt die heute herrschende Praxis ein. Der Burckhardtsche Verfassungsentwurf geht nicht ganz so weit; er räumt wohl dem Staatsrate und dem Volke das Recht ein, Verhandlungsgegenstände auf die Bahn zu bringen, nicht aber dem Großen Rate selbst. Die Geschäftsbehandlung, wie sie Burckhardt vorschreibt, ist der heute üblichen ähnlich, nur enthält die gegenwärtige Verfassung keine Bestimmungen, welche die Mitglieder des Großen Rates vor Exzessen nach der Seite der Langeweile hin schützen können, wie sie im Burckhardtschen Konstitutionsplane vorgesehen sind.

Die «Ausübung des richterlichen Amtes» und die «Handhabung der Policey» werden im Entwurfe einem 48er Rat anheimgestellt, den der Große Rat ernennt. Die Wahl ist jedoch nicht ganz frei, da als Requisit das 30. Altersjahr gefordert wird und jedes Quartier auf zwei Vertreter Anspruch hat. Der 48er Rat entscheidet selbst über die Zuweisung seiner Mitglieder an die einzelnen Instanzen. Von den 48 Richtern bilden nämlich 12 die erste Instanz, also das Zivil- und Strafgericht; die Amtsdauer beträgt sechs

Jahre. Weitere zwölf, welche drei Jahre in der ersten Instanz saßen, bilden das Appellationsgericht, während die übrigen von den Bürgern unentgeltlich als Fürsprecher und Ratgeber beigezogen werden können.

Im vorrevolutionären Basel besaß der Kleine Rat weitgehende richterliche Befugnisse.[40]) Nach dem Sturze der Helvetik bildeten lange zwölf Großräte unter dem Vorsitze des Amtsbürgermeisters das Appellationsgericht, bis schließlich im Jahre 1833 der Legislative und Exekutive die Anteilnahme an der richterlichen Gewalt entzogen wurde,[41]) wie es Burckhardt schon 1798 vorgeschlagen hatte. Er durchbricht aber das Prinzip der strengen Sonderung auch, wenn er dem 48er Rat die Handhabung der Polizei überläßt. Die Organisation der Gerichte, wie sie Burckhardt sonst vorschlägt, hat mit der gegenwärtigen manche Ähnlichkeit, bloß ist nun die Zahl der Richter eine größere geworden. Es sei auch bemerkt, daß heute ein Laie, wenn er Appellationsrichter werden will, zwar nicht drei, wohl aber vier Jahre in der ersten Instanz gesessen haben muß.[42]) Wenn schließlich Burckhardt noch staatliche Advokaten vorsieht, so scheint er jedenfalls der Meinung gewesen zu sein, daß auch andere als diese sollen plaidieren können.

Die Vorsteher des 48er Rates, deren Zahl im Entwurfe nicht festgesetzt ist, und die durch den Großen Rat und die Elektoren gewählt werden, «sollen als die Tribunen des Volkes auf Handhabung der Gesetze wachen und alles an die respectiven Gerichtshöfe zu weisen befugt seyn.»

Außer dem Namen haben die Vorsteher des 48er Rates mit den römischen Tribunen nichts gemein. Sie können nicht wie diese die Verwaltung und Rechtspflege willkürlich hemmen, sondern es liegt ihnen lediglich die Verteilung der Geschäfte ob und außerdem besitzen sie noch der Exekutive gegenüber das Oberaufsichtsrecht, welches heute dem Großen Rate zusteht.[43])

Die Mitglieder des 48er Rates sind die Vorsteher des Quartiers, welches sie vertreten. Sie haben dort auf Sitten, Kirchenrecht und Nahrungsstand zu sehen; außerdem überwachen sie die Armenanstalten und sind die «Ober-Vorsteher» der Witwen und Waisen. In ihrer Abwesenheit [illegible] zwei *Statthalter die* laufenden Geschäfte.

Diese Funktionen, welche eigentlich dem Wirkungskreis der Exekutive angehören, übten bis dahin der Quartierhauptmann und die vier Quartierherren aus, bis auf das Vormundschaftswesen, das die Zünfte und die drei Ehrengesellschaften besorgten.[44])

Als Exekutive sieht der Entwurf einen Staatsrat von 24 Mitgliedern vor, aus jedem Quartier ein Bürger. Um diese Stelle bekleiden zu können, ist das 36. Altersjahr erforderlich. Dem Staatsrate liegt die Vollziehung und Handhabung der Gesetze ob; außerdem besitzt er neben dem Volke die Gesetzesinitiative.

Wie die Mitgliederzahl des Großen Rates, so ist auch die des Staatsrates eine sehr große, läßt sich aber doch nicht mit derjenigen des Kleinen Rates — 64 — vergleichen. Von 1803 bis 1833 bestand die Exekutive aus 25 Mitgliedern, wurde aber nach der Trennung auf 1[illegible] reduziert, womit es bis 1875 sein Bewenden hatte.[45]) Was nun die Befugnisse des Staatsrates anbelangt, so reichen sie bei weitem nicht an die Machtfülle des Kleinen Rates im vorrevolutionären Basel.

Die Vorsitzenden dieses Staatsrates heißen im Entwurf die «Häupter», eine Bezeichnung die nicht neu ist, da sie bis 1798 für die Amtsbürgermeister und Oberstzunftmeister gebraucht wurde. Über die Zahl derselben bestimmt der Konstitutionsplan nichts, sondern er setzt lediglich fest, daß sie wie die Vorsteher des Großen Rates und des 48er Rates gewählt werden sollen, also durch den Großen Rat und die Elektoren.

Es folgen dann eine Reihe allgemeiner Bestimmungen, die alle drei Gewalten gleichmäßig berühren. Von Bedeutung sind zunächst einige Rechtssätze über die Stellung des 48er Rates zum Großen Rate und zum Staatsrate. Sie lauten:

«Der 48er Rath soll dem Großen Rath Vorstellungen zu machen befugt seyn, wenn dessen Verfügungen zu beschwerlich erschienen.

Und wenn der Staatsrath von den Schlüssen des Großen Rathes abwiche, so soll der 48er Rath entscheiden können.

Und so sollte auch, in Mißverständnissen zwischen dem Großen- und dem Staatsrath, der 48er Rath Mittler seyn und im Nothfall, wenn Zwistigkeiten zwischen den Räten und dem Volk obwalten sollten, deren Richter seyn, wie auch wenn eine Behörde in die andere Eingriffe thäte.»

Es unterliegt keinem Zweifel, daß hier dem Verfasser römische und amerikanische Rechtsinstitute als Muster dienten. Er kopiert diese aber nicht einfach, sondern formt sie um, ohne jedoch dabei besonders glücklich zu verfahren. In Amerika geht die Unabhängigkeit des Richters so weit, daß er berechtigt ist, die Verfassungsmäßigkeit eines Gesetzes zu prüfen und wenn er dasselbe für inkonstitutionell hält, es nicht anzuwenden. Dieses Prüfungsrecht beruht nicht auf Verfassungsvorschriften, sondern bloß auf der Doktrin und ganz besonders auf der Praxis selbst.[46]) In dem gedruckten baslerischen Verfassungsentwurfe wird dem Hohen Gerichtshofe ebenfalls ein solches Prüfungsrecht eingeräumt, während die römischen Tribunen das Verbietungsrecht gegen Senatsbeschlüsse besaßen.[47]) Burckhardt wagt es nun nicht, den Richtern derartige Kompetenzen zu geben, sondern räumt ihnen lediglich ein dürftiges politisches Einspruchsrecht ein. Da ist nun aber zunächst darauf hinzuweisen, daß, weil eine Nötigung an den Gesetzgeber nicht vorliegt, auch keine Garantie dafür besteht, daß die Erwägungen des 48er Rates befolgt werden. Und dann ist es noch fraglich, ob diese 48 Richter wirklich bessere Einsichten besitzen, als die Großräte. Mehr Sinn hat die Bestimmung, welche dem 48er Rat das Recht gibt, die Staatsräte für willkürliche und gesetzwidrige Handlungen zur Verantwortung zu ziehen, ein Recht, das in dem erwähnten gedruckten baslerischen Verfassungsentwurfe ebenfalls der richterlichen Gewalt zusteht, während in Amerika nur die Legislative befugt ist, über eine Beamtenanklage zu entscheiden.[48]) Die Kompetenzkonflikte aber, die Burckhardt dem 48er Rat zum Entscheide anheimstellt, beurteilen heute Exekutive oder Legislative. In Konflikten zwischen dem Großen Rate und dem Staatsrate, sowie zwischen diesen und dem Volk, soll der 48er Rat als Schiedsrichter fungieren. Diese letztern Befugnisse würden sich in der Wirklichkeit zweifelsohne als Trugbilder erweisen, wollen aber aus der Zeitlage heraus begriffen werden. Der Entwurf ist eben mitten in der Revolution entstanden. Und wenn auch die bestehende Rechtsordnung während derselben nicht unterbrochen oder gar vernichtet wurde, so erlitt sie doch derartige Störungen, daß man es begreifen kann, wenn die höchste Magistratsperson, um solche künftig zu verhindern, nun die Einführung streitschlichtender Instanzen vorschlägt.

Die Befugnisse, welche dem 48er Rat eingeräumt werden, verlangen es, daß die Tribunen ad audiendum den Sitzungen des Großen Rates und des Staatsrates beiwohnen. Es entspricht das zwar nicht dem Prinzip der Gewaltentrennung, dem jedoch dadurch Rechnung getragen wird, daß der Staatsrat an den Sitzungen des Großen Rates nicht teilnimmt, obschon eine Verbindung der Exekutive und Legislative namentlich deshalb erwünscht wäre, weil der erstern die Gesetzesinitiative zusteht.

Es folgen dann einige minderwichtige Rechtssätze, welche die Rangordnung festsetzen und die Besoldungsfrage «der Magistrate, der Staatsbedienten und geringern Beamteten» auf den Weg der Gesetzgebung verweisen.

Die Verfassungen der Helvetik, der Mediations- und der Restaurationszeit enthalten gewöhnlich Bestimmungen, die das passive Wahlrecht merklich einschränken, indem sie die Wählbarkeit entweder auf den engen Kreis der Wahlkörper beschränken, oder aber den Eintritt in eines der drei obersten Staatsorgane nicht nur von einem höhern Alter abhängig machen, sondern noch ein gewisses Vermögen und eine bestimmte Bildung verlangen, ganz abgesehen von der aus Frankreich entlehnten merkwürdigen Restriktion, wonach nur Verheiratete oder Verwitwete einzelne Ämter erhalten können.[49]) In derartigen Bestimmungen sah man früher eine Garantie für gute Wahlen, während man jetzt der Ansicht ist, daß die Hauptgarantie in der Wahl selbst liegen soll und daß es gefährlich sei, die politischen Rechte an einen Vermögensausweis zu knüpfen. Die heutige bundesrechtliche Praxis erblickt darin sogar eine Verletzung der Rechtsgleichheit.[50]) Burckhardt läßt diese Frage offen; es heißt in seinem Projekte nur: «Ob zu allen diesen Stellen, oder einigen zu gelangen, eine gewisse Anzahl eigenthümliches Land oder Bemittlung festgesetzt werden solle, nach Maßgabe der Stellen, stehet zu entscheiden.»

Was nun die Frage der sogenannten Inkompatibilitäten anbelangt, so wird sie sehr radikal beantwortet. Es heißt nämlich im Entwurfe: «Die Mitglieder des Grossen Rathes sind sowohl in den Staatsrat und in den 48er Rath wählbar, müssen aber dann auf die bisher innegehabte Stelle verzichten.» Im vorrevolutionären Basel gab es natürlich keine Unvereinbarkeitsbestimmungen. Aber auch die Verfassungen des 19. Jahrhunderts kennen lange keine solchen. Erst bei der Verfassungsrevision von 1875, als das Kollegialsystem dem Departementalsystem weichen mußte, wurden Unvereinbarkeitsbestimmungen in das Staatsgrundgesetz aufgenommen, wie sie Burckhardt schon 1798 vorschlug; nur für die Richter besteht heute der Legislative gegenüber kein Ausschließungsgrund.[51])

Die Rechtssätze, welche die Bildung der einzelnen Staatsorgane umschreiben, enthalten nichts über eine Amtsdauer. Es kann daher angenommen werden, die Stellen seien lebenslänglich, ein entehrendes Urteil ausgenommen, wie das für die Legislative und Exekutive bis 1833, für die Gerichte bis 1847 in Basel der Fall war.[52]) Einen Ersatz dafür, daß die Stellen lebenslänglich sind, bietet der Entwurf in folgender Bestimmung: «Alle Jahre soll eine Censur, über jede Stelle, nach einem zu bestimmenden Modo ergehen.» Die Zensur, etwas für unsere Verhältnisse neues, wurde dann im Jahre 1803 in Basel und mehreren andern Kantonen eingeführt.[53])

Dann enthält der Entwurf auch eine Bestimmung, die als Erweiterung der politischen Rechte des Bürgers im Sinne des heutigen Referendums angesehen werden kann. Sie lautet:

«Wann einmal die Gesetze bestimmt, so wäre erst zu erwägen, ob neue Vorschläge sodann nicht vorerst einer Volksberatung unterworfen seyn sollten.»

Die französische Revolution proklamierte die repräsentative Demokratie. Das einzige, was sie dem französischen Volke an erweiterten Volksrechten zeitweise gab, war die Genehmigung der Verfassungen und ein Veto in Gesetzesfragen.[54]) Eine Partei freilich befürwortete schon während der Revolution die konsequente Durchführung der Lehre vom souveränen Volkswillen, nämlich die Babuvisten, welche neben der Gesetzesinitiative auch das obligatorische Referendum verlangten.[55]) Als die Revolution die Schweiz überfiel, dachte man sich die Volkssouveränität lediglich in Wahlen, sogar in indirekten, verkörpert. Es ist daher nicht uninteressant, daß Burckhardt in der Frage der politischen Rechte teilweise mit der Schule des Gracchus Babeeuf einig geht. Unter den Volksberatungen, die er vorschlägt, verstehen wir nämlich das obligatorische Referendum, welches aber erst eingeführt werden soll, wenn die nötig gewordene große Gesetzgebungsarbeit vollendet ist. Die Kommission der XXX hat dann diese Frage in entgegengesetztem Sinne entschieden; sie beschloß, es sei die ganze Gesetzgebungsarbeit der zu erwählenden Konstituante der Sanktion des Volkes zu unterbreiten. Wenn wir von dem Possenspiel im Frühjahr 1798 absehen, so wurde in der Schweiz zuerst die Verfassung vom 20. Mai 1802 der Volksabstimmung unterworfen; in seiner heutigen Gestalt wurde das Referendum durch die Volksbewegungen seit der Julirevolution (1830) eingeführt. Von zahlreichen Geschichtsschreibern und Staatsrechtslehrern des 19. Jahrhunderts wird es als der Gipfel der revolutionären Überspanntheit und der demagogischen Volksverführung bezeichnet. Die Erfahrung der letzten Jahrzehnte lehrt uns aber, daß das Referendum bisher mehr den konservativen als den radikalen Interessen gedient hat.[56])

Zum Schlusse enthält der Entwurf noch eine Bestimmung, von der wir nicht recht wissen, ob sie als ein Petitionsrecht oder als ein Initiativrecht anzusehen ist. Sie lautet:

«Indessen sollte jeder Bürger das Recht haben, zu besserer Ordnung, und dem allgemeinen Besten, bey dem Tribuno so er wünschet, Vorschläge zu eröffnen, welche nicht von der Hand zu weisen, sobald solche vom Petenten unterzeichnet sind, bey Erwägung des Vorschlages an behöriger Stelle aber, soll solches nur für die Zukunft betrachtet, niemahls aber abgeschlossene Sachen, betreffen können.»

Es entsteht nun zunächst die Frage: wie führt der Entwurf die politischen Grundsätze durch, welche, von den Theoretikern des siebenzehnten und achtzehnten Jahrhunderts verkündigt und erörtert, durch die großen Staatsumwälzungen im letzten Viertel des achtzehnten Jahrhunderts vielfach Eingang ins positive Staatsrecht fanden?

Am 20. Januar hatte der Basler Große Rat die politische Gleichberechtigung von Stadt und Land gutgeheißen. Diesem Beschlusse trägt der Verfasser mit geradezu doktrinärer Ängstlichkeit Rechnung, indem er, wie bereits oben ausgeführt wurde, die Vertretung von Stadt und Land geographisch im Verhältnis von 1 : 2 festlegt und außerdem jedem Gebietsteile in allen drei obersten Staatsorganen eine gleiche Anzahl Vertreter aus seiner Mitte zusichert. So erscheint uns der Freistaat Basel gewissermaßen als ein Miniaturbundesstaat, weshalb man sich der Ansicht nicht verschließen kann, Peter Burckhardt habe sich von seinem Muster, der amerikanischen Verfassung, einfach nicht genügend emanzipieren können. Diese garantiert jedem Gliedstaate zwei Senatoren und setzt außerdem noch fest, daß die Vertreter beider Kammern in den Staaten, die sie abordnen, wohnen müssen.[57]) Das starre territoriale Prinzip, das in Bundesstaaten einen Sinn hat, wurde auch vom französischen Gesetzgeber akzeptiert, wenigstens verlangt die Verfassung von 1791, daß die Vertreter in den Departementen, die sie wählen, wohnen müssen.[58]) Nun war ein Departement immerhin größer als der Freistaat Basel, besaß also eine gemischte Bevölkerung, unter der sich tüchtige Vertreter schließlich noch finden ließen. Anders aber lagen die Dinge im Kanton Basel. Wenn der Entwurf ohne Änderung rechtskräftig geworden wäre, so hätte diese peinliche Befolgung der politischen Gleichberechtigung von Stadt und Land verhängnisvoll wirken müssen, da die meisten Stellen, nicht nur die des Großen Rates, sondern auch die des Staatsrates und des 48er Rates, in der Mehrzahl durch Landbürger besetzt worden wären, denen es, da sie der Staatsverwaltung bis anhin fern standen, an der nötigen Geschäftserfahrung gefehlt hätte. Dem Landbürger war jede Möglichkeit genommen, ihm genehme tüchtige Stadtbürger zu wählen, die bereits dem Großen oder Kleinen Rate angehört hatten. Auf eine dermaßen ängstliche Durchführung der politischen Gleichberechtigung von Stadt und Land verzichtete das Landvolk vorerst in kluger Mäßigung. Und wenn daher auch das erste moderne Parlament un: Gemeinwesens nicht genau nach der Kopfzahl gewählt wı so setzte es sich doch aus tüchtigen und kenntnisrei Männern zusammen, was schließlich die Hauptsache w:

Der Lehre von der Volkssouveränität trägt Burckh ebenfalls in weitgehendem Maße Rechnung. Das \ resp. sein unmittelbares Organ, die Aktivbürgerschaft, d Kreis leider der Entwurf vergißt zu umschreiben, be nicht nur Einfluß auf die Bestellung der einzelnen St organe, sondern es spricht auch bei der Festsetzung Staatsordnung im ganzen und einzelnen ein gewicht Wort mit. Seit der Helvetik fand die Volkssouveränität ja lang lediglich bei Wahlen Ausdruck. So blieb es bis 183; welchem Jahre das Verfassungsreferendum eingeführt wu Einige Jahrzehnte später fanden dann · noch das fakulta Referendum, die Gesetzesinitiative und die Wahl der Re rung und der Gerichte durch das Volk Aufnahme in un kantonale Verfassung.[59]) Derartige Einrichtungen k zwar der Burckhardtsche Konstitutionsplan noch nicht, : er nähert sich ihnen doch und setzt in der Frage der | tischen Rechte in ungeahnter Kühnheit weit über das gramm der Revolution hinaus, indem er nicht nur dir Wahlen, sondern auch das obligatorische Referendum eine bedingte indirekte Volkswahl der Vorsitzenden drei obersten Gewalten einführen will. Fast wäre man sucht anzunehmen, Burckhardt habe bereits die Volks des Staatsrates und des 48er Rates postulieren wollen, dann aber auf einen merkwürdigen Mittelweg ger: weil er die Wirkungen eines so radikalen Vorschlages ı ermessen konnte. Die direkten Wahlen hat er der zösischen Verfassung vom 24. Juni 1793 entnommen,[60]) we wie wir schon sahen, auch die fakultative Volksabstimn für Gesetze einführte, wodurch sie in Europa zwei Progra punkte der Demokratie begründete, von denen der erst Laufe des letzten Drittels des 19. Jahrhunderts große ı tische Erfolge hatte, während der zweite bei uns in der sch zerischen Eidgenossenschaft, wenn auch auf Grund ei mischer Einrichtungen verwirklicht wurde.

Die Einheitsverfassung, in der die politische Fre

Bürger sehr kärglich zugemessen war, garantierte ihm gegen einen Strauß von individuellen Freiheitsrechten, die bis dahin in der Schweiz so gut wie unbekannt waren. Im Burckhardtschen Entwurfe ist das gerade Gegenteil der Fall. Nun sind allerdings die Richter mit Befugnissen ausgestattet, die eine Schutzwehr des Bürgers vor staatlichen Übergriffen bilden sollen. Aber wir bezweifeln lebhaft, ob die Vorschläge Burckhardts als vollgültiger Ersatz für die mangelnden Individualrechte angesehen werden können.[61])

Das Prinzip der strengen Sonderung der Gewalten ist im ganzen rein gewahrt. Der Verfasser erlaubt sich allerdings einige Durchbrechungen, die ihm zweckmäßig erscheinen. Dabei folgt er meistens der amerikanischen Verfassung von 1787 und den zwei französischen Verfassungen von 1791 und 1795, welche für die absolute Trennung der Gewalten typisch sind. Hin und wieder freilich geht Burckhardt seine eigenen Wege, wobei unverkennbar die Tendenz zutage tritt, die Kompetenzen des Staatsrates möglichst zu beschneiden und ihn dem 48er Rate zu unterwerfen. Wenn wir auf die Zeitverhältnisse sehen, konnte nichts anderes erwartet werden. Im vorrevolutionären Basel besaß eben der Kleine Rat außerordentliche Machtbefugnisse, so daß es nur zu begreiflich erscheint, wenn nun der Entwurf die Beseitigung der absoluten Exekutivgewalt und die Verhinderung der Wiederkehr einer solchen anstrebt. Immerhin soll nicht geleugnet werden, daß Burckhardt dabei manchmal zu weit geht und nun von einem Extrem ins andere fällt.

Zur besseren Illustrierung dieser Tendenz erscheint es [illegible], das über die Trennung der Gewalten schon Gesagte nochmals kurz zu rekapitulieren. Die persönliche Trennung der Funktionen, wie sie die drei von uns erwähnten Verfassungen konsequent durchführen, ist auch dem Burckhardtschen Entwurfe eigen. Eine Ausnahme bilden freilich die Mitglieder des 48er Rates, welche ad audiendum den Sitzungen des Staatsrates und des Großen Rates beiwohnen. Was die sachliche Trennung anbelangt, so versagen die drei Verfassungen der Exekutive das Recht des Gesetzesvorschlages, während der Entwurf dasselbe merkwürdigerweise dem Staatsrate einräumt. Dagegen setzt der

Große Rat die Steuern fest, verfügt über deren Verwend und wählt außerdem sämtliche Beamten. Das sind nun Geschäfte, die ihrer Natur nach der Exekutive zustehen soll Diese Teilnahme der Legislative an den Vollzugsgeschä hat Burckhardt der amerikanischen Verfassung entnomn nur ist in Amerika, was die Beamtenwahlen anbelangt, n der ganze Gesetzgebungskörper daran beteiligt, sond lediglich der Senat, welcher sich überdies noch die wirkung des Präsidenten gefallen lassen muß.[62]) Die Ha habung der Polizei und noch einige andere Funktionen wer ebenfalls dem Staatsrate abgenommen und dem 48er anheimgestellt. Im weitern üben die Tribunen statt des Gro Rates die Oberaufsicht über den Staatsrat aus und entschei die Richter in Kompetenzstreitigkeiten. Für diese Verteil einzelner Geschäfte, die dem Prinzip der Gewaltentrenn eigentlich zuwiderläuft und wie gesagt den Staatsrat 48er Rat stark unterordnet, haben wir in den erwähn Verfassungen eine Analogie nicht gefunden.[63])

In den Verfassungsurkunden aus der ersten Epo der amerikanischen Unabhängigkeit sind die ältesten V bilder der geschriebenen europäischen Konstitutionen suchen, da sie in größerem Maße, als man bis in die neu Zeit wußte, auf die französische Verfassungsgesetzgeb von 1789—1791 eingewirkt haben.[64]) Man wird also P Burckhardt keinen Vorwurf daraus machen dürfen, wenn er fremde Rechtsgedanken akzeptiert. Wir haben sc mehreremale auf bestimmte Einflüsse hingewiesen und bei erwähnt, daß er die amerikanische Verfassung und drei französischen Verfassungen gekannt und benützt Aber wohlgemerkt: er liefert uns nicht bloß ein dürft Plagiat, sondern eine selbständige Arbeit. Peter Ochs sich in dieser Hinsicht die Aufgabe sehr leicht gema Sein Entwurf ist größtenteils ein wie mit der Schere gestellter Auszug aus der französischen Verfassung von 1; subsidiär benützte er noch diejenigen von 1791 und 179 Auch Haller und der Schöpfer des gedruckten basleris Verfassungsentwurfes lehnen sich sehr stark an die drei f zösischen Verfassungen an; der letztere hat einzelne Bes mungen der Unionsverfassung entnommen. Daneben wiml s bei ihnen noch von Phrasen eigener Zutat, die wir in Burckhardts Konstitutionsplan vergeblich suchen. Einmal freilich verfällt auch der sonst so nüchterne Basler Amtsbürgermeister der revolutionären Phrase, wenn er vom Staatsrate meint, er «sollte volle Gewalt haben, alles Gute zu thun, und Übel zu wenden».

Was dem Entwurfe besonders zum Vorteile gereicht, ist das Bestreben, die Sache und ihre Bezeichnung auseinander zu halten. Die neuen Grundsätze werden wohl durchgeführt, aber die alten Namen, an die sich die Bevölkerung nun einmal gewöhnt hat, bleiben. Es soll nach wie vor Großräte, Häupter, Quartiere etc. geben, nicht aber Senatoren, Direktoren, Agenten, Distrikte und wie diese Frankreich entlehnten Bezeichnungen alle heißen mögen. Aber auch für Burckhardt ist die Regel nicht ohne Ausnahme: die Volkstribunen erscheinen nicht in germanisiertem Gewande, etwa als Volksfürsprecher.

Da Burckhardt keinen Anspruch darauf erhebt, einen vollständigen Verfassungsentwurf zu liefern, sondern nur eine unvollkommene Skizze, läßt sich der Mangel einiger Rechtssätze entschuldigen. Die Zahl der fehlenden Bestimmungen ist jedoch keine große. Wir haben bereits auf das Fehlen der Rechtssätze über den politischen Stand des Bürgers hingewiesen, wobei wir jedoch betonten, daß wenigstens Ansätze zu solchen vorhanden sind. Der Entwurf sagt auch nicht, welches Staatsorgan künftig befugt sein soll, Bündnisse einzugehen, Krieg zu erklären und Frieden zu schließen, ebensowenig erfahren wir, wem die Münzhoheit zusteht. Wir unterlassen es, aus dem Mangel diesbezüglicher Bestimmungen auf einen Bundesstaat zu schließen, da Basel ohne Erlaubnis bekanntlich weder Krieg anfangen noch Bündnisse eingehen durfte.

Bei der Wiedergabe der einzelnen Bestimmungen des Burckhardtschen Konstitutionsplanes haben wir es nicht unterlassen, unsere kantonalen Verfassungen des 19. Jahrhunderts vergleichsweise heranzuziehen. Dabei hat sich gezeigt, daß manche Vorschläge Burckhardts im Laufe der Jahre vom Gesetzgeber in den Kreis unserer staatlichen Institutionen eingeführt worden sind. Andere freilich erweisen sich als unbrauchbar, wollen aber aus der Zeit heraus verstanden werden. Am meisten Ähnlichkeit hat der Entwurf formell und materiell mit der Mediationsverfassung, ohne jedoch ihre rückläufigen Tendenzen zu teilen. Diese folgt zwar auch den modernen Ideen, begünstigt aber die wohlhabenden Leute, während sich der Burckhardtsche Konstitutionsplan schon mehr unsern heutigen demokratischen Verfassungen nähert. Wir haben oben die Namen der Mitglieder des Konstitutionskomitee mitgeteilt. Wenn wir uns diese in Erinnerung rufen, so können wir ermessen, was diese Behörde, deren abgeänderte Einheitsverfassung heute von der Geschichtsschreibung durchwegs günstig beurteilt wird, aus dem Burckhardtschen Verfassungsprojekte hätte machen können, wenn die Entwicklung nicht einen andern Weg gegangen wäre.

Peter Burckhardt schließt seine Eingabe an die Kommission zur Anhörung vaterländischer Vorschläge wie folgt: «Gott gebe, daß eine Republic gegründet werde, die das Recht der Freiheit allein auf Tugend gründe, jeder Bürger seine höchste Glückseligkeit in dem Wohl seiner Mitbürger finde, und so sehr für derselben Rechte wache, als für seyne eigene, und wo die Würden nur dem Verdienst und der Biederkeit zutheil werden.

Sey billich und gerecht, und halt auf gleiche Waage
Des Reichen drohend Recht, und jedes Armen Klage».

Sein Wunsch sollte nicht in Erfüllung gehen. Die Schweiz vermochte sich leider nicht ohne fremde Einmischung zu regenerieren. An Stelle der Kantone trat bald der Einheitsstaat, ein Importgewächs von geringer Lebensfähigkeit. Und wenn dadurch auch der Burckhardtsche Konstitutionsplan von den Ereignissen überholt wurde und in der Nationalversammlung nicht mehr beraten werden konnte, so hat er es doch als ein wertvolles Zeugnis selbständigen Denkens verdient, der Vergessenheit entrissen zu werden.

Anmerkungen.

187 ff.

tsarchiv: Mandata II, No. 790[a].
che Bibliothek, Sammelband 025[1], No. 68.
Basler Revolution 1798, S. 58 ff., No. 58.
che Bibliothek, Sammelband 025[2]. Bürgermeister Buxtorfs
id der letzten Tagsatzung in Aarau.
che Bibliothek, Sammelband 026[2].
r vaterländischen Geschichte, Bd. 6, S. 123 ff.
sarchiv: Politisches Z. 1. Helvetik. Allgemeines u. einzelnes.
che Bibliothek, Sammelbände 025[2] und 026[2].
tsarchiv:

A 1. Kommission zur Anhörung vaterländischer Vorschläge. 1798 Januar 19 bis 1798 Februar 1.

A 2. Kommission der XXX. 1798 Januar 30 bis 1798 Februar 5.

A 3. 1.
- Nationalversammlung. 1798 Februar 6 bis 1798 April 18.
- Regierungskomitee. 1798 Februar 9 bis 1798 April 17.
- Komitee zu den Waisen- und Armenanstalten. 1798 Februar 14 bis 1798 April 22.

A 3. 2.
- Justizkomitee. 1798 Februar 10 bis 1798 April 17.
- Ökonomiekomitee. 1798 Februar 14 bis 1798 März 22.
- Polizeikomitee. 1798 Februar 9 bis 1798 April 21.
- Saalinspektoren. 1798 Februar 13 bis 1798 April 5.
- Konstitutionskomitee. 1798 Februar 19 bis 1798 April 17.

F 1. Comité militaire. 1798 Januar 21 bis 1798 März 22.

S 2. Erziehungskomitee. 1798 Februar 15 bis 1798 April 10.

256. 1798 Februar 5 bis 1798 April 18.

Z 1. Helvetik. Allgemeines und einzelnes.

Basler Revolution 1798, S. 55 ff., No. 56. — Der Original-
briefes, von Accedens Onofrio Bischoff abgefaßt und vom
iigt, befindet sich nicht unter den Akten des Staatsarchives,
auf der Vaterländischen Bibliothek — Sammelband 026[2] —
den des Appellationsherrn Schweighauser eingeheftet.

[10] Basler Staatsarchiv: Protokolle A 1. Kommission zur Anhörung vaterländischer Vorschläge. 1798 Januar 19 bis 1798 Februar 1. — Politisches Z 1. Helvetik. Allgemeines und einzelnes.

Akten der Basler Revolution 1798, S. 25 ff., No. 24 u. S. 114 u. 115, No. 100.

[11] Akten der Basler Revolution 1798, S. 23, No. 21.

[12] Basler Staatsarchiv: Protokolle A 2. Kommission der XXX. 1798 Januar 30 bis 1798 Februar 5.

[13] Akten der Basler Revolution 1798, S. 110 u. 111, No. 98.

[14] Akten der Basler Revolution 1798, S. 122 u. 123, No. 110.

[15] Verhandlungen und Beschlüsse der konstituierten baslerischen National-Versammlung, S. 21 ff.

[16] Basler Staatsarchiv: Politisches Z 1. Helvetik. Allgemeines und einzelnes.

[17] Johann Strickler, Die helvetische Revolution 1798, S. 91.

[18] Es ist dies der erste der zwölf Briefe Schmids an seinen Freund Steck, die Prof. Steck in Bern im Berner Taschenbuch von 1898 teilweise veröffentlichte. Der Herausgeber hatte vor zwei Jahren die Freundlichkeit, uns sämtliche Briefe für einige Zeit zu überlassen, wofür wir ihm an dieser Stelle unsern herzlichen Dank aussprechen.

[19] Zürcher Taschenbuch 1898, S. 33.

[20] Verhandlungen und Beschlüsse der konstituierten baslerischen National-Versammlung, S. 39, 107, 115 u. 127.

[21] Hans Buser, Lukas Legrand. Basler Biographien, Bd. I, S. 257.

[22] Vaterländische Bibliothek, Sammelband 025[2]. Briefwechsel Buxtorfs während der letzten Tagsatzung in Aarau.

[23] Basler Staatsarchiv: Politisches Z 1. Helvetik. Allgemeines und einzelnes.

[24] Basler Staatsarchiv: Politisches Z 1. Helvetik. Allgemeines und einzelnes. — Vaterländische Bibliothek, Sammelband 026[2], No. 96.

[25] Hans Barth, Mengaud und die Revolutionierung der Schweiz. Basler Jahrbuch 1900, S. 148.

[26] Wilhelm Vischer, Peter Burckhardt. Allgemeine Deutsche Biographie, Bd. 3, S. 575/576. — Markus Lutz, Moderne Biographien, S. 30 ff.

[27] Fritz Vischer, Der Kanton Basel von der Auflösung der Nationalversammlung bis zum Ausbruche des zweiten Koalitionskrieges, S. 9.

[28] Ludwig Freivogel, Stadt und Landschaft Basel in der zweiten Hälfte des 18. Jahrhunderts. Basler Jahrbuch 1902, S. 137.

[29] Basler Staatsarchiv: Politisches Z 1. Allgemeines und einzelnes.

[30] Verfassung vom 19. Februar 1803, Art. 5.
» » 4. März 1814, » 7.
» » 3. Oktober 1833, » 24.
» » 8. April 1847, » 23.
» » 10. Mai 1875, » 24.

[31] Artikel 13 der Mediationsverfassung schreibt 45 unmittelbare und 90 mittelbare Großratswahlen vor, während in Artikel 9 der Restaurations-

verfassung die Zahl der unmittelbaren Großräte auf 60, diejenige der mittelbaren aber auf 90 festgesetzt wird.

32) Verfassung vom 19. Februar 1803, Art. 13.

33) Verfassung vom 19. Februar 1803, Art. 1 u 2.

34) Verfassung vom 4. März 1814, Art. 7.
» » 10. Mai 1875, » 33 u. 34.

35) Verfassung vom 8. April 1847, Art. 25.

36) Verfassung vom 2. Dezember 1889, Art. 27, 31, 36, 43 u. 45.

37) Verfassung vom 2. Dezember 1889, Art. 38.

38) Verfassung vom 19. Februar 1803, Art. 6.

39) Verfassung vom 3. Oktober 1833, Art. 14.

40) Ludwig Freivogel, Stadt und Landschaft Basel in der zweiten Hälfte des 18. Jahrhunderts. Basler Jahrbuch 1899, S. 199 ff.

41) Verfassung vom 3. Oktober 1833. Art. 39 u. 40.

42) Gesetz betreffend Wahl und Organisation der Gerichte und richterichen Beamtungen vom 27. Juni 1895, Art. 56.

43) Theodor Mommsen, Römische Geschichte, Bd. 1, S. 270 ff.

44) Ludwig Freivogel, Stadt und Landschaft Basel in der zweiten Hälfte des 18 Jahrhunderts. Basler Jahrbuch 1899, S. 192 u. 193.

45) Verfassung vom 19. Februar 1803, Art. 6.
» » 3. Oktober 1833, » 32.

46) Konrad Ulrich, Die Bestellung der Gerichte in den modernen Republiken. S. 29 u. 30.

47) Theodor Mommsen, Römische Geschichte, Bd. 1, S. 270 ff.

48) Konrad Ulrich, Die Bestellung der Gerichte in den modernen Republiken, S. 38 ff.

49) Verfassung vom 19. Februar 1803, Art. 6, 7, 8 u. 17.
» » 4. März 1814, » 10, 11, 12 u. 13.
» » 3. Oktober 1833, » 29, 32 u. 39.
» » 8. April 1847, » 28, 29 u. 38.
» » 28. Februar 1858, » 26, 27, 34 u. 39
Einheitsverfassung vom 12. April 1798, Art. 37, 38, 39. 40, 42 u. 72.

50) Blumer-Morel, Handbuch des schweizerischen Bundesstaatsrechtes Bd. 1, S. 360.

51) Verfassung vom 10. Mai 1875, Art. 37 u. 38.
» » 2. Dezember 1889, » 43 u. 44.

52) Verfassung vom 3. Oktober 1833, Art. 22 u. 23.
» » 4. April 1847, » 2, 21 u. 22

53) Verfassung vom 19. Februar 1803, Art. 18.

54) Verfassung vom 24. Juni 1793, Art. 59, 60 u 115.

55) Theodor Curti, Geschichte der schweizerischen Volksgesetzgebung, S. 85 u. 86.

56) Theodor Curti, Die Resultate des schweizerischen Referendums. Stuttgart 1898.

57) Verfassung der Vereinigten Staaten vom 17. September 1787, Art. I Sektion 2 u. 3.

[58]) Verfassung vom 3. September 1791, Titel III, Sektion III, Art

[59]) Verfassung vom 3. Oktober 1833, Art. 2.

» » 10. Mai 1875, » 19—23.

» » 2. Dezember 1889, » 25—29.

Großratsbeschluß betreffend Partialrevision der Verfassung des lons Basel-Stadt vom 9. November 1891, Art. 1.

[60]) Art. 8 u. 10.

[61]) Wilhelm Oechsli, Vor hundert Jahren, S. 41 u. 42.

[62]) Verfassung der Vereinigten Staaten vom 17. September 1787, A Sektion 8 und Art. II, Sektion 2.

[63]) Dareste, Les Constitutions modernes, S. 385 ff. — Hélie, Les stitution de la France, S. 268 ff., 397 ff. u. 436 ff.

[64]) Georg Jellinek, Allgemeine Staatslehre, S. 461 ff.

[65]) Wilhelm Oechsli, Vor hundert Jahren, S. 23 ff.

Errata.

Seite 150, Zeile 6 von unten, lies: der Standpunkt der zwei voı lichen Obrigkeiten an Zürich und Bern .....

Seite 151, Zeile 11 von oben, lies: die am 5. Januar im Großen Rate..

Ein Aktenstück über die Fehde zwischen Stadt und Bischof von Basel im Jahre 1379.

Mitgeteilt durch H. Türler.

Zwei im Urkundenbuch der Stadt Basel (Bd. 4, No. 443 und 444) enthaltene Stücke gehen urkundliche Nachricht von der Fehde des Jahres 1379. Graf Sigmund von Tierstein, Rat des Herzogs Leopold von Österreich, war zu Handen des Bischofs von Basel gefangen genommen worden, und ferner hatte der Freiherr Henman von Bechburg als Helfer des Bischofs eine Anzahl Leute der Stadt Basel zu Gefangenen gemacht und in die Schlösser des Bischofs geführt. Durch einen Vertrag vom 26. Februar 1379 verband sich die Stadt mit dem Herzog von Österreich zur Befreiung der widerrechtlich Gefangenen und zur Erlangung von Genugtuung.

Am 15. April wurde indessen mit dem Bischof der Friede geschlossen. In der hierüber ausgestellten Urkunde des Bischofs ist gesagt, daß die Bürger und «Knechte» der Stadt Basel namens Spiegelberg, Gyr, Rumersheim, Brugger und andere durch einige der Lehenleute und der Knechte des Bischofs im Schlosse Falkenstein zu Gefangenen gemacht, in die Vesten des Bischofs geführt und dort gefangen gehalten worden seien.

Das nachfolgende Aktenstück, das im Stadtarchiv von Biel unter Nr. CCXII, 3 verwahrt ist, zählt den durch die Stadt und ihre «Knechte» erlittenen Schaden im einzelnen auf Zwei der Basler wurden im Schloß Neuenburg (wohl demjenigen in Burgund) gefangen gehalten, während andere aus Falkenstein nach Pruntrut und wieder andere nach Delsberg verbracht wurden. Die Kosten für ihren Unterhalt und ihre Bewachung mußten die Gefangenen unter dem Namen «Turnlósi» bezahlen. Dazu kam noch der Verlust, den jeder an seinen Effekten zu tragen hatte; denn Waffen und Kriegsausrüstung, sowie entbehrliche Kleidungsstücke wurden eine willkommene Beute der Feinde. Panzer, Schwert Spieß, Speer (cuspis), Armbrust, Dolch (? tego), Messer, Eisenhemd, Eisenhaube, Mantel, Überkleid, Hosen (caligæ, graue und blaue), Hut, Kapuze, Winterhandschuhe, Gürtel, Gürtelspange (catella), Tasche (capsella), Speisetasche (aser), alles wurde den Gefangenen genommen. Ferner beklagte der eine den Verlust seiner Pferde und seines Wagens (piga für biga), ein anderer den eines Pferdes und eines Kummets sowie zweier «Baumstricke». Der Armbruster verlor auf diese Weise außer den Waffen und Kleidern 26 Wurfsteine 25 Feuersteine (nilos lapsacos und igneos) und eine Bulge

Diesen Schaden der einzelnen Knechte ersetzte die Stadt, und ebenso hielt sie Arnold von Bärenfels und Gottfried von Hirzbach für die vom Bischof nicht bezahlten Zinse schadlos

Es ist nicht gesagt, unter welchen Umständen die eherne Büchse der Stadt (pixis erea) mit dem Pulver, den Sturmleitern, dem 20 Ellen langen Seil, der Axt, den 15 Paar Fußeisen, den 6 Säcken und 4 Gabeln verloren ging. Es geschah wohl bei der Gefangennahme der Mehrzahl der genannten Knechte vor Falkenstein.

Aus der einen Stelle geht hervor, daß die in Pruntrut gefangen gehaltenen gegen das Versprechen sich wieder zu stellen, freigelassen worden waren. Wir halten dieser Notiz folgende Eintragung in der Stadtrechnung von Pruntrut von 1379 entgegen: Sincquont aus prisons de Basle quant il furan raiplaigiers (= raplegiés) pour ce que lon fuet graicious a Henzelin Gindre, Jo. Chiottat questoint pris a Basle VII β (Wir schenkten den Gefangenen von Basel, als sie verbürgt wurden, (Wein für) 7 β, damit man mit H. G. und J. C. (zwei Pruntrutern), die in Basel gefangen waren, gnädiger sei.

Die genannte Rechnung von Pruntrut bietet außerdem nur noch eine Stelle über die Fehde von 1379: Item a Roncin quant il fuit a Falquestein avec les bourg(eois), o pour j souler et pour ses despans ot V β. Die Bürger von Pruntrut waren nach Falkenstein gezogen, offenbar um die Gefangenen von dort abzuholen.

sunt expense perdiciones et dampna facte et habite tores consulum civitatis Bas(iliensis), cum detenti ı castro Valckenstein.

ıo expendiderunt in castro Nüwemburg dictus Nüsselin der Winleder comedendo bibendo nuncio eos custo- eciando et pro precio turris wulgariter turnlösi ‹. ij ß antiquorum angster.

ı iidem expendiderunt de denariis suis propriis vj ß novorum angster, qui tunc temporis Basilee ır.

ı dictus Byschof perdidit et caret suo pantzerio tunica ferrea, gladio, duobus cirotecis hyemalibus, tegone, superpelicio, duabus caligis gryseis, pro ɔtinuit viij florenos.

ı caret et perdidit dictus Ullißhenßlin der winleder istam, gladium, cingulum, tegonem, pyleum, duas hyemales, unum palium griseum, pro quibus obti- flor. cum dimidio.

ı dictus Nüsselin caret et perdidit balistam unam ıs attinenciis, gladium, quatuor cirotecas, pileum, tegonem, pro quibus obtinuit v flor. xij ß.

ı Rützschmannus caret et perdidit unum pantzerium, istam cum ipsius baliste attinenciis, gladium, super- cingulum, capsellam, catellam et duas cirotecas et duas caligas griseas, pro quibus obtinuit xv flor.

ı dicti Gyr, Brugger, Rumerßhein et ceteri in ut detenti expendiderunt et expensas sustinuerunt ·., quos tulit Rumerßhein. Item v flor, quos tulit Item iiij[or] flor., quos tulit Gir, cum secunda vice entaverunt. Item xxiiij[or] flor. v½ ß, quando fuerant t emissi pro expensis et precio turris in Burnendrut.

ı Spiegelberg perdidit in castro Valckenstein unum m, gladium, tegonem, duas cirotecas hyemales, pro ɔtinuit x flor.

ı dictus Pentellin perdidit gladium, pantzerium, mitram vulgariter ein isenhüblin, tegonem, cingulum, duas hyemales, unum capucium album de panno lineo, ıs obtinuit v flor. iij ß.

Item Rumerßhein perdidit gladium, tegonem, duas cirotecas hyemales, superpelicium, pro quibus obtinuit iiij^or lib.

Item dicti Wygelin et Switzer ac alii existentes in castro Telsperg expendiderunt comedendo et pro precio ac redempcione turris xvij ß antiquorum angster et xviij ß novorum angster.

Item Jacobus servus Bruggers expendidit et pro redempcione turris tradidit xvij ß iiij ϑ.

Item dictus Wyglin perdidit cingulum, cutellum longum, capsellam, cuspidem, pro quibus obtinuit j flor.

Item dictus Switzer perdidit gladium, palium griseum, cingulum, tegonem, duas cirotecas hyemales, pyleum, lanceam, pro quibus obtinuit ij flor.

Item Jacobus servus Brugger perdidit cingulum, capsellam, cutellum in una parte cindentem et duas cirotecas dicendo wulgariter gelismet, pro quibus obtinuit viij ß.

Item dictus Lumpe perdidit suos equos, pigam cum pertinenciis, pro quibus habuit sedecim lib. et iiij^or lib. pro suo dampno, qui denarii faciunt in summa xxv flor.

Item consules Basilienses in Valckenstein perdiderunt unam pixidem eream cum pulvere et aliis ad eandem pertinenciis, decem partes scalarum, funem novum longitudinis xx brachiorum, securim, xv paria videlicet ferra pedestria, vj saccos et iiij^or ferreas vulgariter gablen, que estimant ad summam Lxxxxv flor.

Item dictus Bittihenßlin expendidit tam in Valckenstein quam in Telsperg, etiam nunciis preciando vj lib. antiquorum angster, ij flor. et vii½ ß novorum angster.

Item perdidit dictus Byttihenßlin unum pantzerium, unum keppelin wulgariter, item gladium, tegonem, cingulum, duas cirotecas hyemales, pro quibus obtinuit xxix flor.

Item ipsi omnes expendiderunt, primo cum in Valckenstein captivati fuerant, v lib. viij ß antiquorum angster, item pro precio seu redempcione turris iiij^or flor.

Item expendiderunt in domo Henslini Spitzis ij flor., cum primo omnes in prima nocte in Telsperg venerunt.

Item dictus Brugger perdidit unum equum, item wulgariter ein comat, item wulgariter zwen Bômstricke, duas cirotecas hyemales, gladium, tegonem, cingulum, capsellam, pro quibus obtinuit xxij flor.

Item dictus Gyr perdidit duo pantzeria, quorum unum habuit dictus Rumerßhein, gladium, tegonem, duas cirotecas hyemales, unam mitram ferream sub suo capucio existentem, duas caligas blavias, pro quibus obtinuit xxix flor.

Item Johannes Wernheri balistarius perdidit unum pantzerium, gladium, balistam cum ipsius attinenciis, cingulum, tegonem, item wulgariter ein beckihuben ane behenck, superpelicium, palium griseum et alia sibi necessaria valoris x ß pertinencia ad ignem, item xxvi nylos lapsacos, item xxv nilos igneos, item wulgariter ein bulgen, in quo ponebantur arma pedestria, item unum pileum wulgariter dictum ein viltzhůt, item ij cirotecas hyemales, item wulgariter ein aser pro quibus obtinuit xvj flor.

Item Consules dederunt Arnoldo de Berenvels et Gǒtfrido de Hirtzbach ratione census sibi per dominum nostrum Basiliensem episcopum debitos xxxvii½ lib. vj ß.

Gelehrte unternommen. Professor J. J. Bachofen begann im Jahre 1840 in der Bibliothek des britischen Museums die auf die Schweiz bezüglichen Manuskripte herauszusuchen, und Dr. Karl Stehlin setzte im Jahre 1856 diese Arbeit fort. Beide Männer gaben ein Verzeichnis dieser Manuskripte im XII. Band des Archivs für Schweizergeschichte heraus mit einer Einleitung, welche auf die Bedeutung dieses Quellenmaterials hinwies.[3]) Dagegen unterblieb sowohl eine Herausgabe der Quellen selbst, als auch eine gründliche Benützung derselben. Die interessanteste Episode der englisch-schweizerischen Beziehungen hat schon Stehlin in seinem Bericht über die Londoner Funde mit markanten Worten hervorgehoben: «Um die Mitte des 17. Jahrhunderts tritt die Schweiz in ein so nahes Verhältnis zu England, wie sie wohl vorher nie und auch nachher kaum je gestanden hat.» Ähnlich wie Stehlin urteilt über die Beziehungen der Schweiz zu Cromwell auch Adolf Stern in einem Aufsatz, der einige Hauptergebnisse dieser Beziehungen klar hervorhebt, ohne sich auf eine ausführliche Darstellung der Vorgänge selbst einzulassen.[4])

Auch die vorliegende Arbeit soll und kann das umfangreiche Material nicht erschöpfen; sie will auf neue Quellen hinweisen und bekannte, aber nicht benützte, verwerten, sie möchte die Forschung mehr anregen, als sie abschließen. Dabei stützt sie sich hauptsächlich auf folgende Akten des Basler Staatsarchivs:

Aktenband *Politisches S 1*, Gesandtschaft Stockar; er enthält die Berichte, welche der schweizerische Gesandte Stockar aus London an den Bürgermeister Ziegler von Schaffhausen richtete, die sogenannten «Ordinäri», ferner einige wichtige offizielle Aktenstücke, wie Schreiben Cromwells an die protestantischen Orte, Instruktionen an seinen Gesandten [illegible] anderes mehr.

[illegible] *Wettsteinianus*, *Missiven* und *Ratsprotokolle* [illegible] 1653—1658, Aktenband *Politisches U 2* und *Kirch*-[illegible].

[illegible] [illegible]ondenz zwischen dem englischen Staats-[illegible] Thurloe und den englischen Gesandten in der [illegible] und Morland, ist herausgegeben von *Vaughan* [illegible] Titel: The Protectorate of Oliver Cromwell and the state of Europe during the early part of the reign of Louis XIV, illustrated in a serie of letters between Dr. John Pell, Resident ambassador with the Swiss Cantons, Sir Samuel Morland, Sir William Lockhart, Mr. Secretary Thurloe and other distinguished men of the time. London 1839. Diese Briefsammlung bietet ein reiches Material, nicht nur für die politische Geschichte, sondern auch für die Kulturgeschichte und die innern Zustände der Schweiz. Auch für sie gilt heute noch das Urteil Stehlins: «Meines Wissens ist dieses Buch auf dem Kontinent noch kaum bekannt und für die Schweizergeschichte noch nicht benützt worden.»

Was außerdem an gedrucktem und ungedrucktem Material zur Verwendung kam, soll im Verlauf der Darstellung angeführt werden.

Man kann aus den politischen Beziehungen der Schweiz zu Cromwell vier Hauptaktionen herausheben: 1. Die schweizerische Intervention im englisch-holländischen Krieg. 2. Cromwells Bemühungen um ein englisch-schweizerisches Bündnis. 3. Cromwells Eingreifen zum Schutze der Waldenser. 4. Die Haltung Englands während des ersten Villmergerkrieges.

I. Die schweizerische Intervention im englisch-holländischen Krieg.

Die Fortschritte, welche die Revolution in England seit Cromwells Siegen bei Marston Moor und Naseby gemacht hatte, waren in der Schweiz, soweit sich dies nachweisen läßt, nicht mit derjenigen Spannung verfolgt worden, wie man erwarten sollte; ihre Aufmerksamkeit war mehr abgelenkt durch die Ereignisse auf dem näherliegenden Kriegsschauplatz in Deutschland. Nur die evangelische Geistlichkeit nahm, aus naheliegenden Gründen, lebhaften Anteil an den religiösen Streitigkeiten der verschiedenen kirchlichen Parteien in England und suchte wiederholt zu vermitteln.

Dagegen wünschte die junge englische Republik Verbindungen mit der Eidgenossenschaft anzuknüpfen. Dazu schien der Zeremonienmeister Oliver Flemming der geeignete Mann; denn er war unter der Regierung Karls I. zehn Jahre lang englischer Resident in der Schweiz gewesen und mit den schweizerischen Verhältnissen wohl vertraut. Aber aus einem andern Grund empfahl sich diese Persönlichkeit für den oben erwähnten Zweck nicht. Flemming hatte während seines Aufenthalts in der Schweiz viele Schulden, besonders in Zürich, gemacht und hatte das Land verlassen, ohne sie zu bezahlen, so daß er dort begreiflicherweise nicht im besten Andenken stand.

Noch mehr aber hatte in der Eidgenossenschaft, wie auch im übrigen Europa, die Hinrichtung Karls I. Widerwillen und Mißtrauen gegen die englischen Revolutionsmänner hervorgerufen. Erst allmählich, als man sah, daß statt der erwarteten Anarchie Ordnung und Stetigkeit in England herrschten, schwand auch in der Eidgenossenschaft das Mißtrauen gegen die neue Republik.

Es ist bezeichnend, daß Bern die Initiative ergriff, um den diplomatischen Verkehr mit England wieder anzubahnen. Auf einer Konferenz der protestantischen Orte vom 2. und 3. Februar 1652 stellte es den Antrag,[5]) man solle der Republik England zu ihren Siegen durch eine Gesandtschaft die Glückwünsche der Orte darbringen, wie dies bereits von vielen Fürsten und Herren geschehen sei, und ihr ein Bündnis anbieten. Aber die andern Orte waren dagegen mit der Motivierung, die Religionsangelegenheiten seien dort zu sehr in Verwirrung, als daß ein freundschaftliches Eintreten mit England wünschbar wäre, auch abgesehen davon, daß dies von anderer, England befeindeter Seite, für die Eidgenossenschaft große Ungelegenheiten nach sich ziehen müßte.

Es sind also zwei Hauptgründe, welche gegen den Vorschlag Berns ins Feld geführt werden. Die protestantischen Theologen in der Schweiz standen dem religiösen Radikalismus der Independenten feindselig gegenüber, und man nahm Rücksicht auf Frankreich und die Pfalz. Mit keinem Staat standen die protestantischen Orte damals auf so gutem Fuß, als mit der Pfalz; die Beziehungen zu Frankreich sind be[illegible] genug. Aber gerade die Fürstenhäuser dieser beiden [illegible] waren durch die Hinrichtung Karls I. schwer ge[illegible]. Karls Gemahlin, Louise Henriette, war eine fran[illegible]essin, Tochter Heinrichs IV., und die Gemahlin [illegible] V. von der Pfalz war die Schwester Karls I.

lange stand vor der [illegible]
drohende Ausbruch eines [illegible]
England versetzte die [illegible]
regung. Auf den Erlaß der [illegible]
welcher den holländischen [illegible]
teten die Generalstaaten mit [illegible]
und schon im Anfang des Jahres [illegible]
Tromp mit 150 Segeln im Kanal. [illegible]
Staaten machte noch verzweifelte [illegible]
bruch der Feindseligkeiten zu [illegible]
testantische Mächte taten ihr möglichstes [illegible]
wie sie ihn nannten, abzuwenden.

Die protestantische Eidgenossenschaft
katholischen Großmächten umgeben war,
derer Besorgnis erfüllt sein, wenn die beid
bisher ein Hort des freien Glaubens geg
Katholizismus gewesen waren, sich selbst ze
fünf Wochen nach jener ersten Konferenz,
eine zweite in Baden statt, auf welcher
man solle die Republik England jetzt a
beide Staaten Mahnschreiben schicken. N
Schweden, Holland, Bremen, Hamburg un
lische Republik anerkannt hätten, könne I
pfälzische Haus den Orten diesen Schritt
nehmen.[6]) Schaffhausen stimmte dem
Basel nahm ihn in den Abschied, Be
Schreiben solle nicht in lateinischer, so
Sprache abgefaßt werden, wie es früher d
sei. Das Schriftstück ist uns nicht erhalt
daß es in lateinischer Sprache geschrie
einem Exemplar nach Holland und Englan
Es enthielt eine eindringliche Mahnung an
«um des Evangelii willen» den Krieg

les für England bestimmten Schreibens schwebt
es Dunkel, das wohl kaum jemals ganz aufgehellt
rd. Unter den Wettsteinakten befinden sich zwei
te, welche Andeutungen darüber enthalten, warum
ben nicht beantwortet wurde. Am 20. Juni 1652
ans Caspar Hirzel von Zürich an Wettstein, es
gland eine sonderbare Nachricht nach Zürich ge-
an habe in London Bedenken gehabt, das Schreiben
zu öffnen, weil es als Duplikat über Frankreich
d gekommen sei und man des Titels halb Behabt. Der Titel sollte lauten: «ad Parlamentum
Anglicanæ», das Parlament wolle nichts mit den
lttiteln zu schaffen haben. Man habe es dann
geöffnet und die Gründe des Schreibens «nit
enommen, sei aber der Meinung, die protestan-
te favorisierten die Holländer.

sonderbarer lautet der Inhalt eines Briefes, der
unbekannten Schreiber aus London an Wettstein
st. Der Brief lautet: «Daß aber den Herrn ich
m Fleiß ersuche und umb antwort bitte, beschicht
des weitberühmten Rats dieser Republik, und ist
ß derselbig sich erkundigen und mich berichten
r der Urheber und Antreiber sei, welcher ver-
ß von den H. H. Eidgenossen allhero an das Parla-
Schreiben und zwar, wie selbiges lautet, zu Be-
des Fridens zwischen der englischen und hollän-
epublik, so doch noch nicht aufgehört, abgangen,
weiß nicht wen eingeliefert worden; dann ettliche
ng sind, solch Schreiben sei durch jemanden, so
dtgnoßschaft bekannt, ausgebetten worden, wie
ver Flemming ist, von welchem wir wohl wissen,
aselbsten mit vielen Schulden beladen. Es haltet
Schreiben nichts böses in sich, wir fragen aber
en nach, die umb sachen so sie nichts angehen,
sind, möchten auch vielleicht fragen, ob es nicht
der waren. Doch wird solches von niemand übel
men werden, wenn man nur denjenigen erkundigt,
reiben vermittelt und ausgebracht hat.»

che ist, daß das Schreiben vom Staatsrat gar nicht

Diese Gefährdung
lange stand vor den
drohende Ausbruch
England versetzte die
regung. Auf den Erlaß
welcher den holländischen
teten die Generalstaaten
und schon im Anfang des
Tromp mit 150 Segeln im
Staaten machte noch
bruch der Feindseligkeiten zu
testantische Mächte taten ihr
wie sie ihn nannten, abzuwenden

Die protestantische Eidgenossenschaft
katholischen Großmächten umgeben
derer Besorgnis erfüllt sein, wenn
bisher ein Hort des freien Glaubens
Katholizismus gewesen waren, sich
fünf Wochen nach jener ersten Konferenz
eine zweite in Baden statt, auf
man solle die Republik England jetzt
beide Staaten Mahnschreiben schicken.
Schweden, Holland, Bremen, Hamburg unc
lische Republik anerkannt hätten, könne F
pfälzische Haus den Orten diesen Schritt
nehmen.[6]) Schaffhausen stimmte dem A
Basel nahm ihn in den Abschied, Ber
Schreiben solle nicht in lateinischer, son
Sprache abgefaßt werden, wie es früher de
sei. Das Schriftstück ist uns nicht erhalte
daß es in lateinischer Sprache geschrieb
einem Exemplar nach Holland und Englanc
Es enthielt eine eindringliche Mahnung an
«um des Evangelii willen» den Krieg z
dem katholischen Europa nicht das willko
eines Bruderkampfes der führenden prote
zu bieten.

Von Holland lief schon am 23. Mai ein
ein, während von London keine Antwort

des für England bestimmten Schreibens schwebt
ies Dunkel, das wohl kaum jemals ganz aufgehellt
ird. Unter den Wettsteinakten befinden sich zwei
ke, welche Andeutungen darüber enthalten, warum
iben nicht beantwortet wurde. Am 20. Juni 1652
Hans Caspar Hirzel von Zürich an Wettstein, es
ngland eine sonderbare Nachricht nach Zürich genan habe in London Bedenken gehabt, das Schreiben
zu öffnen, weil es als Duplikat über Frankreich
nd gekommen sei und man des Titels halb Behabt. Der Titel sollte lauten: «ad Parlamentum
e Anglicanæ», das Parlament wolle nichts mit den
elttiteln zu schaffen haben. Man habe es dann
l geöffnet und die Gründe des Schreibens «nit
genommen, sei aber der Meinung, die protestanrte favorisierten die Holländer.

sonderbarer lautet der Inhalt eines Briefes, der
n unbekannten Schreiber aus London an Wettstein
ist. Der Brief lautet: «Daß aber den Herrn ich
rm Fleiß ersuche und umb antwort bitte, beschicht
l des weitberühmten Rats dieser Republik, und ist
aß derselbig sich erkundigen und mich berichten
er der Urheber und Antreiber sei, welcher ver-
aß von den H. H. Eidgenossen allhero an das Parla-
Schreiben und zwar, wie selbiges lautet, zu Be-
; des Fridens zwischen der englischen und hollän-
Republik, so doch noch nicht aufgehört, abgangen,
h weiß nicht wen eingeliefert worden; dann ettliche
ung sind, solch Schreiben sei durch jemanden, so
ydtgnoßschaft bekannt, ausgebetten worden, wie
liver Flemming ist, von welchem wir wohl wissen,
laselbsten mit vielen Schulden beladen. Es haltet
Schreiben nichts böses in sich, wir fragen aber
nen nach, die umb sachen so sie nichts angehen,
sind, möchten auch vielleicht fragen, ob es nicht
nder waren. Doch wird solches von niemand übel
men werden, wenn man nur denjenigen erkundigt,
hreiben vermittelt und ausgebracht hat.»

sche ist, daß das Schreiben vom Staatsrat gar nicht

Diese Gefährdung ... lange stand vor den ... drohende Ausbruch ... England versetzte die ... regung. Auf den Erlaß ... welcher den holländischen ... teten die Generalstaaten ... und schon im Anfang des ... Tromp mit 150 Segeln im ... Staaten machte noch verzweifelt ... bruch der Feindseligkeiten zu ... testantische Mächte taten ihr ... wie sie ihn nannten, abzuwenden ...

Die protestantische Eidgenossenschaft ... katholischen Großmächten umgeben ... derer Besorgnis erfüllt sein, wenn ... bisher ein Hort des freien Glauben ... Katholizismus gewesen waren, sich ... fünf Wochen nach jener ersten Konferenz ... eine zweite in Baden statt, auf welcher ... man solle die Republik England jetzt an ... beide Staaten Mahnschreiben schicken. Na ... Schweden, Holland, Bremen, Hamburg un ... lische Republik anerkannt hätten, könne F ... pfälzische Haus den Orten diesen Schritt ... nehmen.[6]) Schaffhausen stimmte dem A ... Basel nahm ihn in den Abschied, Ber ... Schreiben solle nicht in lateinischer, son ... Sprache abgefaßt werden, wie es früher de ... sei. Das Schriftstück ist uns nicht erhalte ... daß es in lateinischer Sprache geschrieb ... einem Exemplar nach Holland und Englan ... Es enthielt eine eindringliche Mahnung an ... «um des Evangelii willen» den Krieg z ... dem katholischen Europa nicht das willko ... eines Bruderkampfes der führenden prote ... zu bieten.

Von Holland lief schon am 23. Mai ein ... ein, während von London keine Antwort ...

sal des für England bestimmten Schreibens schwebt
:wisses Dunkel, das wohl kaum jemals ganz aufgehellt
n wird. Unter den Wettsteinakten befinden sich zwei
tstücke, welche Andeutungen darüber enthalten, warum
chreiben nicht beantwortet wurde. Am 20. Juni 1652
bt Hans Caspar Hirzel von Zürich an Wettstein, es
s England eine sonderbare Nachricht nach Zürich ge-
en, man habe in London Bedenken gehabt, das Schreiben
aupt zu öffnen, weil es als Duplikat über Frankreich
Iolland gekommen sei und man des Titels halb Be-
n gehabt. Der Titel sollte lauten: «ad Parlamentum
blicæ Anglicanæ», das Parlament wolle nichts mit den
Welttiteln zu schaffen haben. Man habe es dann
wohl geöffnet und die Gründe des Schreibens «nit
aufgenommen, sei aber der Meinung, die protestan-
n Orte favorisierten die Holländer.

loch sonderbarer lautet der Inhalt eines Briefes, der
inem unbekannten Schreiber aus London an Wettstein
tet ist. Der Brief lautet: «Daß aber den Herrn ich
onderm Fleiß ersuche und umb antwort bitte, beschicht
efehl des weitberühmten Rats dieser Republik, und ist
, daß derselbig sich erkundigen und mich berichten
, wer der Urheber und Antreiber sei, welcher ver-
t, daß von den H. H. Eidgenossen allhero an das Parla-
ein Schreiben und zwar, wie selbiges lautet, zu Be-
rung des Fridens zwischen der englischen und hollän-
en Republik, so doch noch nicht aufgehört, abgangen,
durch weiß nicht wen eingeliefert worden; dann ettliche
Meinung sind, solch Schreiben sei durch jemanden, so
er Eydtgnoßschaft bekannt, ausgebetten worden, wie
r Oliver Flemming ist, von welchem wir wohl wissen,
er daselbsten mit vielen Schulden beladen. Es haltet
das Schreiben nichts böses in sich, wir fragen aber
: denen nach, die umb sachen so sie nichts angehen,
ltig sind, möchten auch vielleicht fragen, ob es nicht
Holländer waren. Doch wird solches von niemand übel
nommen werden, wenn man nur denjenigen erkundigt,
s Schreiben vermittelt und ausgebracht hat.»

Ursache ist, daß das Schreiben vom Staatsrat gar nicht

Diese Gefühlsdiplomatie der Schweizer hielt aber nicht lange stand vor der Macht der politischen Ereignisse. Der drohende Ausbruch eines Krieges zwischen Holland und England versetzte die ganze protestantische Welt in Aufregung. Auf den Erlaß der Navigationsakte im Oktober 1651, welcher den holländischen Welthandel vernichtete, antworteten die Generalstaaten mit gewaltigen Kriegsrüstungen, und schon im Anfang des Jahres 1652 erschien der Admiral Tromp mit 150 Segeln im Kanal. Die Diplomatie der beiden Staaten machte noch verzweifelte Anstrengungen, den Ausbruch der Feindseligkeiten zu verhindern, und andere protestantische Mächte taten ihr möglichstes, diesen Bruderkrieg, wie sie ihn nannten, abzuwenden.

Die protestantische Eidgenossenschaft, welche rings von katholischen Großmächten umgeben war, mußte mit besonderer Besorgnis erfüllt sein, wenn die beiden Mächte, welche bisher ein Hort des freien Glaubens gegen den spanischen Katholizismus gewesen waren, sich selbst zerfleischten. Schon fünf Wochen nach jener ersten Konferenz, am 16. April, fand eine zweite in Baden statt, auf welcher Zürich beantragte, man solle die Republik England jetzt anerkennen und an beide Staaten Mahnschreiben schicken. Nachdem Dänemark, Schweden, Holland, Bremen, Hamburg und Lübeck die englische Republik anerkannt hätten, könne Frankreich und das pfälzische Haus den Orten diesen Schritt nicht mehr übelnehmen.[6]) Schaffhausen stimmte dem Antrag Zürich zu, Basel nahm ihn in den Abschied, Bern wünschte, das Schreiben solle nicht in lateinischer, sondern in deutscher Sprache abgefaßt werden, wie es früher der Brauch gewesen sei. Das Schriftstück ist uns nicht erhalten, wir wissen nur, daß es in lateinischer Sprache geschrieben war und in je einem Exemplar nach Holland und England geschickt wurde. Es enthielt eine eindringliche Mahnung an die beiden Mächte, «um des Evangelii willen» den Krieg zu vermeiden und dem katholischen Europa nicht das willkommene Schauspiel eines Bruderkampfes der führenden protestantischen Mächte zu bieten.

Von Holland lief schon am 23. Mai ein Antwortschreiben ein, während von London keine Antwort eintraf. Über dem des für England bestimmten Schreibens schwebt es Dunkel, das wohl kaum jemals ganz aufgehellt ird. Unter den Wettsteinakten befinden sich zwei ke, welche Andeutungen darüber enthalten, warum iben nicht beantwortet wurde. Am 20. Juni 1652 lans Caspar Hirzel von Zürich an Wettstein, es igland eine sonderbare Nachricht nach Zürich genan habe in London Bedenken gehabt, das Schreiben zu öffnen, weil es als Duplikat über Frankreich nd gekommen sei und man des Titels halb Behabt. Der Titel sollte lauten: «ad Parlamentum e Anglicanæ», das Parlament wolle nichts mit den elttiteln zu schaffen haben. Man habe es dann l geöffnet und die Gründe des Schreibens «nit genommen, sei aber der Meinung, die protestanrte favorisierten die Holländer.

sonderbarer lautet der Inhalt eines Briefes, der unbekannten Schreiber aus London an Wettstein ist. Der Brief lautet: «Daß aber den Herrn ich rm Fleiß ersuche und umb antwort bitte, beschicht l des weitberühmten Rats dieser Republik, und ist aß derselbig sich erkundigen und mich berichten er der Urheber und Antreiber sei, welcher verß von den H. H. Eidgenossen allhero an das Parla- Schreiben und zwar, wie selbiges lautet, zu Be- des Fridens zwischen der englischen und holländepublik, so doch noch nicht aufgehört, abgangen, h weiß nicht wen eingeliefert worden; dann ettliche ung sind, solch Schreiben sei durch jemanden, so ydtgnoßschaft bekannt, ausgebetten worden, wie iver Flemming ist, von welchem wir wohl wissen, laselbsten mit vielen Schulden beladen. Es haltet Schreiben nichts böses in sich, wir fragen aber nen nach, die umb sachen so sie nichts angehen, sind, möchten auch vielleicht fragen, ob es nicht nder waren. Doch wird solches von niemand übel men werden, wenn man nur denjenigen erkundigt, chreiben vermittelt und ausgebracht hat.»

ache ist, daß das Schreiben vom Staatsrat gar nicht

angenommen worden war. Als später der schweizerische Gesandte Stockar seine erste Audienz beim Staatsrat hatte, teilte man ihm mit, das Parlament habe jenes Schreiben der protestantischen Städte nicht entgegengenommen, weil es auf seiner Adresse eine ungewohnte und allzuhohe Titulatur geführt habe, es seien auch die Schreiben anderer Regierungen mit der gleichen Adresse zurückgewiesen worden. Auch sei das Schreiben nur von einem gewöhnlichen Kaufmannsdiener übergeben worden, so daß man es nicht als offizielles Aktenstück anerkennen konnte.

Es geht aus diesen Quellen wenigstens so viel hervor, daß man aus drei Gründen das Schreiben in London formell ignorierte. Erstens wegen des Titels. Dafür konnten die Schweizer nichts; denn andere Staaten haben die korrekte Titulatur auch nicht gekannt. Zweitens, weil das Schreiben über Holland kam und von einer unbekannten Person dem Staatsrat überbracht wurde. Ob die Schweizerstädte absichtlich diese seltsame Form der Übergabe wählten, oder irgend eine Intrigue der Holländer mitunterlief, läßt sich nicht entscheiden. Aber daß die Reise des Schreibens über Holland die Engländer etwas mißtrauisch machte, läßt sich begreifen. Drittens fand man es in London befremdend, daß die Schweizer vermitteln wollten, bevor sich die beiden Staaten offiziell den Krieg erklärt hatten. Die Kriegserklärung Englands erfolgte erst am 7. Juli 1652, also drei Monate nach der Absendung des schweizerischen Mahnschreibens.[7])

Übrigens schreckte dieses verunglückte diplomatische Debüt die vier Städte von weiteren Vermittlungsversuchen nicht ab. Am 19. Mai 1652 hatte der holländische Admiral Tromp die englische Flotte unter Blake auf der Höhe von Dover unvermutet angegriffen, und ein harter Kampf ohne endgültige Entscheidung war entbrannt. Der große Seeheld der Generalstaaten hatte seinen alten Kriegsruhm bewahrt, aber die Engländer hatten durch Begeisterung und Opfermut ersetzt, was ihnen an Kriegstüchtigkeit abging.

Als die Nachricht von diesem ersten feindlichen Zusammenstoß in der Schweiz eintraf, tauchten sofort neue Vermittlungsprojekte auf. Es scheint, daß diesmal Schaff-

[illegible] die Initiative ergriff. Wenigstens forderte der Bürgermeister Ziegler von Schaffhausen Wettstein auf, zwei neue Schreiben an die beiden kriegführenden Staaten zu entwerfen. Aber auch Zürich hatte schon einen Entwurf zu einem solchen Schreiben bereit und ließ ihn zirkulieren. In Schaffhausen fand man, der Zürcher Text sei zu prädikantisch, d. h. zu salbungsvoll, und erwartete von Basel einen bessern Text.[8])

Auf der Aarauer Konferenz vom 4. Dezember konnte man sich noch nicht über den Text einigen.[9]) Wettstein opponierte gegen den Zürcher Entwurf, weil er auch nicht einen praktischen Vorschlag enthalte, wie denn die Streitigkeiten zwischen den Kriegführenden zu entscheiden seien. Die Absendung des Schreibens wurde noch verschoben, und Wettstein schickte den Zürcher Entwurf an eine angesehene und ihm befreundete Person in Utrecht, deren Namen wir leider nicht kennen, zur Durchsicht. In Utrecht wurde ziemlich viel an dem Entwurf korrigiert. Der korrigierte Text liegt noch bei den Wettsteinakten;[10]) aber schließlich ging doch der unveränderte Zürcher Entwurf ab, und zwar im Namen der sechs protestantischen Orte und der Zugewandten Genf, Graubünden, St. Gallen, Mülhausen und Biel. Die beiden Schreiben an Holland und England decken sich bis auf die Anreden; sie sind in lateinischer Sprache abgefaßt und ziemlich ausführlich. Sie enthalten eine sehr erbauliche Ermahnung, Frieden zu halten und zitieren viele Beispiele von Bruderkriegen, von Abraham und Lot bis zum dreißigjährigen Krieg. Es wird auch an das Weihnachtsfest erinnert, das Friede auf Erden bringen soll. Überhaupt weisen Sprache und Inhalt eher auf die Autorschaft von Geistlichen als von Diplomaten.

Wenn aber auch dieses Schreiben mehr ein Dekorationsstück war, und jedenfalls von den Empfängern als solches aufgefaßt wurde — denn weder England noch Holland schickten zunächst eine Antwort —, so waren die leitenden Männer in den protestantischen Orten doch zu praktische Leute, als daß sie sich mit dieser rein platonischen Kundgebung begnügt hätten. Schon im Oktober 1652 schlug [illegible] Basler Bürgermeister vor, man solle einen [illegible] nach England schicken und fügte bei, er wisse eine passende Persönlichkeit, die französisch, lateinisch und englisch könne.[11]) Die Vorunterhandlungen über diese Gesandtschaft müssen sehr geheim geführt worden sein; denn es sind fast keine Akten darüber vorhanden. Wir kennen nur ihr Ergebnis, den Beschluß einer evangelischen Konferenz vom 19. Januar 1653: «Nach England soll eine des Landes und der Sprache kundige Person in aller Stille abgesandt werden, um zu erfahren, ob und wie die evangelischen Städte zur Beilegung der zwischen England und Holland obwaltenden Streitigkeiten beitragen könnten. Man hofft dadurch der evangelischen Konfession zu nützen und Holland einen angenehmen Dienst zu erweisen.»[12]) Aus diesem Beschluß geht hervor, daß die Sympathien der schweizerischen Städte auf der Seite Hollands waren, und daß der englische Staatsrat also nicht so ganz unrecht gehabt hatte, wenn er an der Unparteilichkeit der schweizerischen Vermittlung zweifelte.

Über die nun folgende Mission Stockars in England dienen als Quellen: 1. Der offizielle Gesandtschaftsbericht, den Stockar nach seiner Rückkehr den evangelischen Orten abstattete. 2. Die Instruktion, welche Stockar mitbekam. 3. Berichte, welche Stockar alle 14 Tage von London aus an Bürgermeister Ziegler in Schaffhausen sandte und von diesem an Wettstein weitergeschickt wurden. Diese Berichte heißen «Ordinäri». 4. Die Korrespondenz zwischen Cromwell und den evangelischen Orten.[13])

Die Instruktion wurde dem schweizerischen Gesandten von Zürich im Namen aller Orte und Zugewandten schriftlich zugestellt. Er soll in London zunächst den Theologen Duräus, mit dem die Zürcher Theologen längst in Verbindung standen, aufsuchen und bei ihm sich Rat holen über alle diplomatischen Formalitäten, darauf sondieren, ob England geneigt sei, die guten Dienste der Schweizer für die Friedensvermittlung anzunehmen, und wenn dies der Fall sei, nach Holland reisen und ebenso verfahren. Wenn England sich ablehnend verhält, soll er unverzüglich nach Hause reisen; da es aber möglich wäre, daß England zuerst über die Stimmung in Holland orientiert zu sein wünscht, soll er zuerst nach Holland und dann wieder nach England zurück.

, sind durch diese Vorschriften dem Gesandten die le nicht gebunden, sondern es steht ihm frei, den Umlen entsprechend nach eigenem Ermessen zu handeln. Stockar reiste den 20. Februar 1653 ab, begleitet von m Diener Martin Öchslin. In Basel hielt er sich auf, mit Wettstein und Ratsherr Benedikt Socin über die : zu beraten. Sie gaben ihm den Rat, nicht durch kreich zu reisen, da die Truppen Condés das Land unr machten, sondern den Weg durch Deutschland zu ien und sich in Hamburg einzuschiffen. «Von m. G. H. H. Basel ist mir besonders große Ehre widerfahren,» so htet Stockar, «indem man mir Gesellschaft leistete, mich rei hielt und mir noch eine herrliche kalte Küche auf Schiff mitgab.»

Die Reise ging zu Schiff bis Mainz, von da über Frank- Kassel, Braunschweig nach Hamburg. Hier konnte man kein Schiff zur Überfahrt finden, weil das Meer voll äuber war. Schließlich erhielt Stockar einen Platz auf n spanischen Schiff, das von Dünkirchen kam, es konnte wegen widriger Winde nicht auslaufen. Da erfuhr kar von dem englischen Gesandten Bradsham, daß ein edischer Gesandter, ein Herr von Lagerfeld, in Ham- eingetroffen sei, der über Ostende nach London reisen e, um dem Parlament die guten Dienste seiner Regierung ine Friedensvermittlung anzubieten. Nun mußte Stockar rchten, daß ihm der Schwede zuvorkomme als Friedensittler. Er änderte darum auch seinen Reiseplan, fuhr nem Wagen von Hamburg nach Bremen, von da über en, Zwolle, Utrecht, Antwerpen nach Dünkirchen. Hier ır er, daß das spanische Schiff, welches er gemietet hatte, Piraten genommen worden war. Er schien wieder zu erem Warten verurteilt zu sein; da traf in Dünkirchen kleines Schiff von Ostende her ein, in welchem sich das ige des schwedischen Gesandten befand. Mit großer erfrorenheit ging Stockar zu den Herren und bat sie, möchten ihn auf ihrem Schiff mit nach England nehmen, ein Kaufmann, der Schiffbruch erlitten habe, nun aber gend hinüber müsse. Die Schweden nahmen ihren verten Nebenbuhler zuvorkommend ins Schiff, und nach siebenstündiger Fahrt landete man in Margate. Nun hieß es, vor den Schweden in London sein. Es war gerade Sonntag, und da durfte niemand reisen. In seiner Not gab sich Stockar dem Dorfschultheißen von Margate zu erkennen, und dieser gab ihm die Erlaubnis, mit der Post bis Gravesend zu fahren; von hier nahm er das Schiff bis London, wo er vier Tage vor dem schwedischen Gesandten eintraf.

Seiner Instruktion gemäß ging Stockar zunächst zum Zeremonienmeister, dem schon oben erwähnten Oliver Flemming und zu dem Prediger Duräus, einem der angesehensten Theologen des damaligen England, der in der Schweiz wohlbekannt und besonders mit Antistes Ulrich in Zürich gut befreundet war. Stockar bat sie, ihn zu unterstützen und vor allen Dingen dahin zu wirken, daß er vor dem Schweden vom Parlament gehört werde. Die beiden stellten sich ihm bereitwilligst zur Verfügung und weihten ihn auch in die Geheimnisse des damals üblichen diplomatischen Zeremoniells ein. Duräus stellte den schweizerischen Gesandten dem «Sprecher» des Parlaments vor, und diesem übergab Stockar sein Beglaubigungsschreiben und ein besonderes Schreiben der evangelischen Orte an das Parlament.[14])

Das Schreiben, welches an die früheren Beziehungen Englands zur Schweiz in den Tagen Eduards III. und der Königin Elisabeth erinnert und auf die Bedeutung Englands für die protestantische Welt hinweist, wurde im Parlament unter rauschendem Beifall vorgelesen, und man beschloß, sogleich eine Abordnung an Stockar zu schicken, um ihn zu fragen, ob er als Ambassador vom Parlament empfangen zu werden wünsche. Diese äußere Ehrenbezeugung lehnte Stockar ab, weil es ihm an dem nötigen Gefolge und den Geldmitteln fehlte, um solchen Aufwand zu machen. Dagegen bat er um eine Audienz, da es den einzelnen Mitgliedern des Parlaments streng verboten war, mit einem fremden Gesandten zu reden.

Am 15. April wurde er von einem Ausschuß des Parlaments empfangen, dem er in langer Rede den Zweck seiner Mission auseinandersetzte.[15]) Aus dieser Rede erfahren wir, daß in der Eidgenossenschaft die Absicht bestand, eine eigentliche feierliche Gesandtschaft nach England zu schicken, ckar nur ihr Vorbote sein sollte, um zu sondieren, eine solche Gesandtschaft aufnehmen würde. Dies utlich aus dem Schlußsatz seiner Rede hervor: «Was meine Wenigkeit betrifft, so halte ich es für die Ehre und das größte Glück, daß ich gewürdigt bin, in einer so hochwichtigen Sache der *Vorläufer uptgesandtschaft* zu sein, die auf Eure Genehmigung folgen soll, und so wie ich in größter Eile und ohne n Aufzug hierher gekommen bin, also bitte ich auch rrlichkeit, Sie wollen mich mit günstigem Bescheid sfertigen und entlassen, damit ich auch bei dem Teile, den vereinigten Provinzen der Niederlande, Auftrag und Befehl ausrichten, und darauf mit fröh- riedensbotschaft in mein geliebtes Vaterland wieder hren kann.»

der Tat hatte eine Konferenz der evangelischen e am 7. April in Bern stattfand,[16]) die Absendung erlichen Gesandtschaft nach England ins Auge ge- der alle vier Städte sich beteiligen sollten. Jeder e sollte zwei Diener mitnehmen, und zwei zum n und zur Verrichtung dienstlicher Aufträge taug- rengesandte sollten die Abordnung begleiten. Die sollte vor sich gehen, sobald aus England die er- Aufforderung eintreffe, wobei man voraussetzte, daß egesellschaft von Basel aus die Rheinschiffahrt be- lie Ausführung des Projektes war durch den Bauern- reitelt worden, und der Schaffhauser Stadtschreiber llein das Vermittlungswerk durchführen.

s Stockar vor dem Ausschuß des Parlaments von digen Heimkehr in sein geliebtes Vaterland» sprach, nicht, daß es noch mehr als ein Jahr dauern sollte, it der Friedensbotschaft heimkehren konnte. Fünf ch dieser Audienz, am 20. April 1653, stob das Parlament vor den Dragonern Cromwells ausein- d es begann das persönliche Regiment dieses Mannes, allerdings unter Mitwirkung des sogenannten Bare- laments, bis auch diese parlamentarische Arche Noah del der Revolution unterging, und der Protektor ll allein die Geschicke Englands leitete.

Diese Veränderungen in der innern Politik machten sich auch in den Beziehungen zum Ausland fühlbar; es ist, als ob ein frischer Wind durch alles wehte. Ewig denkwürdig ist Cromwells erste Unterredung mit Stockar wenige Tage nach dem Staatsstreich. Cromwell fragte sogleich nach der Verfassung der Schweiz und wünschte ein Buch über die Geschichte des Landes. Stockar empfahl ihm Simlers «Geschichte der schweizerischen Republik» und schickte ihm das Buch am folgenden Tag. Cromwell kam dann auf die jetzige politische Lage der Schweiz zu sprechen; über den Ausbruch des Bauernkrieges äußerte er sein Bedauern und wünschte in der Nähe zu sein, um die rebellischen Bauern niederwerfen zu können. Er sprach auch die Vermutung aus, daß fremde Praktiken dahinter stecken, und die Bauern vom Ausland (gemeint ist Frankreich) heimlich unterstützt werden. Wenn man etwas Sicheres erfahre, daß sich eine Nachbarmacht darein mische, solle man ihn benachrichtigen, er werde dann eine Diversion machen. Endlich deutete er seine Zukunftspläne an, eine Verständigung aller protestantischen Staaten und ein engeres Bündnis zwischen England, Holland und der protestantischen Schweiz.[17])

So eröffnet nur ein bedeutender Mann seine Beziehungen zu einem fremden Land, wie es Cromwell in diesem Gespräche tut. Er studiert die Geschichte dieses Landes, erfaßt mit sicherem Blick seinen gegenwärtigen Zustand und weist ihm seine zukünftige historische Aufgabe zu. Wer wird nicht unwillkürlich an einen andern großen Usurpator erinnert, der mit dem Instinkt des Genies das Wesen unseres Landes erfaßt und es in sein großes politisches System eingereiht hat, das freilich ebenso verschieden ist von dem erträumten protestantischen Staatenbund Cromwells, als die Grenadiere der Kaisergarde von den singenden und betenden Panzerreitern der Puritaner.

Auf Stockar machte die erste Begegnung mit Cromwell einen tiefen Eindruck, und der sonst so vorsichtige und korrekte Schaffhauser vergaß auf einmal alle Vorsätze von vorsichtiger Zurückhaltung und baldiger Rückkehr. Sein nächster Rapport an Bürgermeister Ziegler vom 3. Juni enthält ein ausführliches Projekt, wie ein engerer Anschluß an

England zu suchen sei.[18]) Zunächst soll sich die Schweiz in den abzuschließenden Frieden zwischen England und Holland aufnehmen lassen. Dann aber sei ein Bündnis mit England und Holland anzustreben. Noch nie sei der Zeitpunkt so günstig gewesen wie jetzt, und er habe in London gleichsam schon die Versicherung erhalten. «Wenn die Predigt des Evangeliums», so schreibt Stockar, «aus eidgenössischen Landen zu jenen Völkern gekommen, so ist zu erwarten, daß sie uns in Not und Gefahr zur Erhaltung unserer Freiheit und Religion Schutz und Hilfe gewähren werden. Die katholischen Orte suchen auch überall auswärtige Hilfe und Unterstützung, darum ist es auch den evangelischen erlaubt; denn wenn man mit weltlichen Mitteln die Herrschaft der evangelischen Orte zu erhalten sucht, erweist man Gott einen Gefallen, dessen Wort durch die evangelischen Eidgenossen verteidigt wird. Wenn Holland und England auch weit entfernt sind, können sie doch durch Diversionen uns an andern Orten Luft machen, da ihnen Länder und Meere offen stehen. Es wird mit der Zeit wieder einen großen Religionskrieg geben, und da wir rings von Papisten umgeben sind, haben wir gute Freunde sehr nötig.»

Auf dieses Schreiben antwortete Bürgermeister Ziegler, was die Aufnahme der Schweizer in den Frieden betreffe, gebe er Stockar Vollmacht, bezüglich des Abschlusses eines Bündnisses solle er unter der Hand Schritte tun, aber nichts definitives abschließen. Unterdessen wandte sich Ziegler an Wettstein, um ihn für das Bündnisprojekt zu gewinnen. Aber weder in Basel noch in Zürich und Bern hatte man jetzt Zeit, sich mit dieser Frage zu beschäftigen. Die Regierungen mußten sich ihrer eigenen Haut wehren. Die religiösen Motive traten in den Hintergrund, und die protestantischen Städte reichten den katholischen die Hand zu gemeinsamem Vorgehen gegen die Bauern. Auch die Rücksicht auf Frankreich, das man durch ein Bündnis mit England beleidigen konnte, machte einige Orte bedenklich. Basel fand, die Gesandtschaft Stockars koste zu viel Geld, man solle ihn heimberufen.

[illegible] Tat ging im August ein Schreiben der evangelischen Orte an Stockar ab, das ihn aufforderte, unverzüglich beim Staatsrat um seine Entlassung einzukommen und heimzureisen. Stockar begehrte sogleich nach Empfang dieses Abberufungsschreibens eine Audienz beim Staatsrat, um sich zu verabschieden. Er wurde zu Cromwell berufen, zeigte sein Abberufungsschreiben und bat um Entlassung. Cromwell antwortete ihm: «Ich zweifle nicht, Sie werden sich während Ihres hiesigen Aufenthaltes über die streitigen Punkte zwischen England und Holland, sowie über die Ursachen des Krieges genau erkundigt haben; damit Sie aber Ihren Herren Prinzipalen sagen können, Sie haben die Darstellung und Beschaffenheit dieses Handels aus meinem eigenen Mund gehört, will ich Ihnen, wenn Sie Geduld, mich anzuhören, haben wollen, denselben erzählen.»[30]) Die nun folgende Darlegung über die Ursachen des Krieges, welche übrigens einige Stunden gedauert haben muß, wurde später in Form eines Manifestes von Cromwell an alle protestantischen Staaten geschickt.

Jedenfalls wurde es Stockar klar, daß man nicht am Ende des Krieges, sondern am Anfang desselben stehe und daß an die Heimkehr nicht zu denken sei. Die Richtigkeit dieser Folgerung wurde auch durch die kriegerischen Ereignisse bestätigt. Die Holländer hatten im Stillen gehofft, die inneren Wirren, welche der Parlamentsauflösung folgten, würden die Schlagfertigkeit Englands nach außen beeinträchtigen, und hatten Tromp beauftragt, die Engländer, wo er sie finde, anzugreifen. Tromp überraschte am 2. Juni die englischen Admirale Monk und Dean an der flandrischen Küste und schlug sie. Dean wurde durch einen Kanonenschuß getötet. Als aber am folgenden Tage der englische Admiral Blake mit frischen Streitkräften erschien, wurden die Holländer geschlagen und verloren 36 Schiffe. Darauf schickten die Staaten Holland und Friesland Gesandte nach London, um den Frieden zu erbitten. Während sie noch unterhandelten, erlitten die Holländer eine zweite schwere Niederlage. Die englische Flotte hatte am Texel Stellung genommen, so heißt der Eingang zur Zuider-See, und hatte damit die holländische Flotte eingeschlossen. Diese suchte sich gewaltsam Luft zu machen. Die Admirale Tromp,

Ruyter, Evertson und Cornelius de Witt griffen am 28. Juli die Engländer an. Auch jetzt wieder waren die Holländer anfangs siegreich; gleich zu Beginn des Kampfes flogen zwei englische Linienschiffe in die Luft. Aber am folgenden Tag erlitten die Holländer einen schweren Verlust durch den Tod des Oberkommandierenden Tromp. Auch Ruyter und Evertson wurden verwundet. Während einzelne holländische Kapitäne mutlos das Weite suchten, setzte Cornelius de Witt den Kampf noch zwei Tage mutig fort. Es war ein furchtbares Ringen, bei dem 9000 Geschütze in Tätigkeit waren. Die Verwundung des englischen Seehelden Blake rettete die Holländer vor völliger Vernichtung.

Durch die Vermittlung Stockars sind uns verschiedene Schlachtenberichte erhalten, einer aus englischer Quelle, den er von dem Kapitän Lyon, einem Unteradmiral Monks erhielt, und die Berichte Ruyters und De Witts, die ihm von den holländischen Gesandten zugestellt wurden. Es ist äußerst interessant, diese sehr divergierenden Darstellungen miteinander zu vergleichen. Ruyter hat seinen Bericht geschrieben, während er selbst verwundet unter Toten und Sterbenden auf seinem zerschossenen Schiff saß und mit Mühe den feindlichen Fahrzeugen entkam. Aus dem Bericht De Witts ist folgende Stelle bemerkenswert: «Eine Anzahl unserer Kapitäne haben sich in schelmischer Weise außer dem Bereich der feindlichen Geschütze gehalten, ohne meine Reserve wäre die ganze Flotte verloren gewesen. Wir nehmen unsere Retirade nach dem Texel.» [21])

Wenn die Operationen zur See auch noch weitergingen, so war nun doch die Hauptfrage entschieden. Die Vorherrschaft Hollands zur See war gebrochen, an seine Stelle trat England. Daß auch die Unterlegenen dies anerkannten, beweist die Tatsache, daß jetzt sämtliche niederländische Staaten Friedensgesandte nach London schickten. Auf der andern Seite zeigte sich bei den Siegern das Bestreben, ihre Überlegenheit rücksichtslos auszunutzen. Unter den englischen Friedensbedingungen waren drei für die Holländer geradezu unannehmbar:

[illegible] Holland verpflichtet sich, das Haus Oranien, die Verwandten der Stuarts, von allen Ämtern auf ewige Zeiten

2. Holland liefert alle Hafenstädte, welche einst in der Zeit der Wassergeusen Königin Elisabeth besetzt hielt, wieder an England aus.
3. Die Niederlande und England verschmelzen sich in eine Nation, d. h. also, der holländische Staat geht im englischen auf.

Die Friedensunterhandlungen wurden nun dadurch erschwert, daß bei den kontrahierenden Staaten selbst wieder verschiedene Richtungen sich geltend machten. So waren z. B. von den Generalstaaten sechs Staaten Anhänger der Oranier, während die Provinzen Holland, Friesland und Groningen ihnen feindlich gesinnt waren, d. h. diese letzteren waren also bereit, den Friedensartikel über die Verbannung der Oranier anzunehmen. Umgekehrt bestand in England der Gegensatz zwischen Cromwells Partei und dem neuen Parlament, ein Gegensatz, der nicht nur die innere Politik beherrschte, sondern auch Einfluß auf den Gang der Friedensunterhandlungen gewann. Dieses Parlament der Heiligen wähnte in seinem Siegestaumel, das fünfte Weltreich der Apokalypse sei gekommen, und «Gewalt und Macht unter dem ganzen Himmel», so verkündete es, «werden dem heiligen Volk des Höchsten gegeben werden. Das ganze Volk Gottes erwartet mit Spannung gewaltige Veränderungen in der Welt, die kaum mit irgend einer Epoche verglichen werden können, außer mit derjenigen, die der Geburt Jesu Christi voranging. Gott hat den Engländern Holland ausgeliefert, daß die Heiligen dort landen und von dort ausgehen müssen, um die Metze von Babylon vom Throne zu stoßen und das Reich Christi auf dem Kontinent aufzurichten». Von nichts Geringerem träumten also diese Schwärmer, als von einem alle Völker umfassenden theokratischen Weltreich, dessen Geschicke vorläufig bis zur Wiederkunft des Messias sie selbst als eine Art protestantisches Synedrion lenken wollten. Solchen Schwärmereien gab sich Cromwell selbst nicht hin. Sein klarer Geist verfolgte nur praktisch erreichbare Ziele; er wollte Holland demütigen aber nicht vernichten, und sobald Englands Übergewicht für alle Zeiten festgestellt war, bemühte er sich, die Wunden, die der Krieg geschlagen hatte, zu heilen und die Besiegten als treue Ver-

[...]ndets für seine Pläne zu gewinnen. Aus dem Konflikt [...]t dem Parlament ging er als Sieger hervor; am 12. De[...]mber 1653 löste sich die Versammlung auf, und das Pro[...]torat begann.[22])

Kehren wir nun zurück zur Tätigkeit Stockars während [...]r Friedensverhandlungen, so müssen wir uns erinnern, daß [...]r schweizerische Gesandte im August 1653 ein Abberufungs[...]reiben erhalten hatte. Eine Klausel am Schlusse desselben [...]tete allerdings, daß er um erheblicher Ursachen willen die [...]edensunterhandlungen noch länger abwarten könne. Dieser [...]l war nun eingetreten, aber es war ihm doch unangenehm, [...]wissen, daß einige Orte einer Verlängerung seines Auf[...]haltes widerstrebten, und geradezu peinlich war für ihn [...]Gefühl, daß die Kosten seiner Gesandtschaft einen Haupt[...]nd jener Opposition bildeten. Fast in jedem seiner Briefe [...]schuldigt er sich wegen der Verzögerung seiner Abreise. An dieser war er nicht schuld, sondern die Staatsmänner [...] beiden Länder, zwischen denen er vermitteln sollte. [...]ckars Vermittlung war nicht etwa nur eine Formalität, [...]dern er leistete beiden Teilen die wertvollsten Dienste. [...] war der einzige fremde Gesandte, dem beide Parteien [...]trauen schenkten; außer ihm war ja überhaupt nur *ein* [...]mittler da, der schwedische Gesandte. Aber diesen hielt [...]mwell, und nicht mit Unrecht, für parteiisch. Er ver[...]te bestimmte Absichten für sein Land und mußte als [...]treter einer mit Holland verbündet gewesenen Seemacht [...] Engländern als zu wenig harmlos erscheinen. Von dem [...]weizer aber brauchte man keine selbstsüchtigen Absichten [...] befürchten. Mit den holländischen Friedensgesandten, [...]erningk, Nieuport und Youngstal, stand er auf sehr in[...]em Fuß. Sie teilten ihm öfters geheime Botschaften ihrer [...]gierung mit und fragten ihn um Rat, bevor sie zu einer [...]nferenz mit den englischen Delegierten gingen. Sie waren [...]uch, die ihn zum Bleiben nötigten. Aber auch englischer[...]s brachte man ihm stets Achtung und volles Vertrauen [...]gegen, und auch von dieser Seite machte man alle An[...]ngungen, ihn zurückzuhalten, da man seine Dienste für [...] Friedenswerk nicht entbehren konnte. Als er Cromwell [...]enüber die Befürchtung äußerte, man möchte ihm in der

Heimat sein langes Ausbleiben übel nehmen, gab der Protektor dem Duräus den Befehl, an einflußreiche Personen in der Schweiz zu schreiben, damit Stockars Ausbleiben entschuldigt werde. Duräus schrieb an seinen Freund Ulrich in Zürich. Der Brief des Duräus, der in französischer Sprache abgefaßt ist, ist voll schmeichelhafter Ausdrücke über die Person Stockars und schließt mit der Bitte an Ulrich, er möge alles aufwenden, daß man den schweizerischen Gesandten noch nicht zurückrufe.[28])

Aus den uns vorliegenden Akten läßt sich nachweisen, daß Stockar in folgenden streitigen Punkten durch seinen Einfluß eine Verständigung herbeigeführt hat. Er bewog Cromwell, von der Forderung abzustehen, daß Holland den Engländern jene von Elisabeth besetzten Seestädte wieder abtreten müsse; er verhinderte das Aufgehen der Generalstaaten im großbritannischen Reich, und er setzte es durch, daß die Frage, wem die auswärtigen Besitzungen in Brasilien, Grönland, Rußland und auf den Molukken gehörten, durch ein Schiedsgericht gelöst werden sollte, und zwar sollten die evangelischen Orte Schiedsrichter sein.

Neben diesen Hauptfragen gab es freilich noch streitige Punkte genug, und nicht in alle Kabalen und Intriguen dieser langwierigen und mühseligen Friedensverhandlungen vermochte Stockar hineinzusehen. Wir können an Hand seiner Ordinäri, das heißt seiner vierzehntägigen Berichte, die Unbeständigkeit der gefaßten Beschlüsse, das Auf- und Niederwogen der Friedenshoffnungen verfolgen. Am 8. September meldet er, die Holländer hofften, durch ein glückliches Seetreffen noch günstigere Friedensbedingungen erhalten zu können. Auf der andern Seite freut sich die independistische Geistlichkeit, daß das Kriegsfeuer noch nicht ganz erloschen ist, «sie lachen drob genug und tragen zu diesem Freudenfeuer tapfer Holtz zu». Auch von katholischer Seite wurde dem Frieden entgegengearbeitet. Ein brabantischer Jesuit, der gefangen genommen und peinlich verhört wurde, gestand, daß im letzten Jahre 60 Jesuiten aus den spanischen Niederlanden nach England geschickt wurden, um die Zwietracht zwischen den beiden protestantischen Staaten künstlich aufrecht zu halten und dem Frieden entgegenzuarbeiten.

Am 14. Oktober lautet der Bericht günstiger. Die Engländer haben 1200 gefangene Holländer fast ohne Entschädigung freigelassen und für die Freilassung der übrigen 1000 günstige Bedingungen gestellt. Die englische Flotte hat sich auch so weit zurückgezogen, daß die holländische Kauffahrteiflotte aus Ostindien, welche seit Monaten im Sund eingeschlossen lag, ungehindert nach Hause konnte. Auf einmal ist der junge Tromp mit einer holländischen Kriegsflotte wieder im Kanal erschienen; ein englisches Geschwader, das ihn abfangen sollte, ist unverrichteter Dinge zurückgekehrt. Auf beiden Seiten wird wieder gerüstet. Admiral Monk, mit dem Stockar immer in freundschaftlichem Verkehr gestanden hatte, lud den Schweizer am 11. November ein, dem Stapellauf eines Kriegsschiffes beizuwohnen. Nachdem Stockar und einige Parlamentsmitglieder auf dem Landgut Monks, das einige Meilen von der Stadt entfernt war, gespeist hatten, sahen sie am Ufer dem Stapellauf des Schiffes zu, das 150 Schuh lang, 115 tief war und 350 Mann nebst 66 großen Geschützen hielt. Monk fuhr gleich mit dem Schiff zur Flotte, nachdem er Stockar das Versprechen abgenommen hatte, daß er ihn in 10—12 Tagen bei der Flotte besuchen werde, um seine Kriegsschiffe zu besehen.

Als Mitte November 1653 der schwedische Gesandte, Herr v. Lagerfeld, London verließ, hoffte auch Stockar, bald verreisen zu können, um so mehr, als er schon im Oktober vom Staatsrat zur Abschiedsaudienz empfangen worden war. Aber was dieser Staatsrat tat, hatte nicht viel zu bedeuten; wenige Tage nach dieser Audienz entließ Cromwell von den Mitgliedern dieser Behörde 15, weil sie gegen den Frieden mit Holland waren und ließ Stockar von neuem bitten, zu bleiben. Die Monate November und Dezember vergingen, ohne daß die Friedensverhandlungen vorwärts rückten; die beidseitigen Friedenskommissionen hüllten sich in immer geheimnisvolleres Schweigen, und selbst die holländischen De[illegible], welche sonst Stockar auf dem laufenden hielten, [illegible] auf seine Fragen nur ein bedeutsames Lächeln: [illegible] die achseln anzuzeigen, daß ihnen der Mund be[illegible]. Am 30. Dezember erfuhr endlich Stockar, daß [illegible] Punkt die Inseln Amboina, welche die

Holländer vor einigen Jahren den Engländern weggenommen hatten, gewesen seien, und daß man übereingekommen sei, die protestantischen Orte der Eidgenossenschaft zu Schiedsrichtern zu machen, da man sich von ihrer wohlbekannten Aufrichtigkeit und Impartialität aller Billigkeit versehe, und daß man ihn deshalb so lange zurückgehalten habe, ohne ihm zu sagen warum.

Im Laufe des Monats Januar gediehen die Verbandlungen so weit, daß der Friede als gesichert galt; die Formalitäten der Ratifikation nahmen aber noch einige Monate in Anspruch und fanden erst im April ihren Abschluß. Für den schweizerischen Gesandten schlug nun endlich die Stunde des Abschieds von London. Es wurden ihm vier Aktenstücke zugestellt, welche sich auf seine Mission bezogen: Ein Antwortschreiben des gestürzten Bareboneparlaments an die eidgenössischen Stände. Dieses Schriftstück, das schon im November 1653 abgefaßt worden war, hatte Cromwell absichtlich bis jetzt zurückgehalten. Das zweite Aktenstück ist ein Schreiben des Staatsrats, und das dritte ein Schreiben des Protektors selbst an die evangelischen Stände. Diese drei Schriftstücke, welche dem offiziellen Gesandtschaftsbericht Stockars beigefügt wurden, stimmen darin überein, daß sie den schweizerischen Orten danken für ihre Friedensvermittlung, die aufopfernde und gewandte Tätigkeit Stockars als schweizerischen Gesandten rühmen und den Wunsch aussprechen, es möchte fortan ein reger Verkehr zwischen den beiden Republiken stattfinden, der zu einem bleibenden Bündnis führen solle.[24])

Das vierte Aktenstück, welches Stockar erhielt, dürfte weniger bekannt sein. Es ist der Artikel des Friedensvertrages, welcher diejenigen Streitpunkte, über die man sich nicht einigen konnte, dem Schiedsspruch der eidgenössischen Stände anheimstellt. Der betreffende Artikel lautet in deutscher Übersetzung: Es sollen von den beiden Mächten Kommissionen ernannt und ihnen Vollmacht übertragen werden, um zu untersuchen, was sich die beiden Staaten gegenseitig Schaden zugefügt haben in Ostindien, Grönland, Moskau und Brasilien und welches die beidseitigen Besitzverhältnisse in genannten Ländern sind. Wenn diese Kommissarien innert

Monaten nach dem definitiven Abschluß des Friedens ... Einigung kommen, sollen die obgenannten Streit... dem Urteil und Schiedsspruch der protestantischen ...eizerkantone unterbreitet werden, welche zur Entschei... dieser Sache ähnliche Kommissarien ernennen, welche ... sechs Monaten den Schiedsspruch zu fällen haben. ... diese Schiedsrichter nach Ablauf der sechs Monate ent...den, soll für beide Teile bindend sein und zu Recht ...n.

Diese vier Schriftstücke überbrachte der Zeremonien...ter Flemming am 24. Januar 1654 dem schweizerischen ...dten und übergab ihm zugleich ein Geschenk von ... mit der Beifügung, man habe ihm ursprünglich eine ... Kette schenken wollen. Es sei aber erst vor wenigen ...ben ein Gesetz erlassen worden, daß weder fremde Ge...te in England Geschenke erhalten, noch englische Ge...te von fremden Staaten solche annehmen dürften. Diese ... seien eine Entschädigung für die Unkosten des Auf...ltes in London, weil man ihn länger zurückgehalten ... Der schwedische Gesandte habe nichts erhalten.

Am 25. Januar wurde Stockar vom Protektor in der Ab...dsaudienz empfangen. Das Gespräch dauerte $1^1/_2$ Stun...und wurde in Gegenwart Flemmings geführt. Nicht ohne ... hebt Stockar hervor, Cromwell habe ihn an der Tür ...angen und am Schluß wieder bis zur Tür geleitet; er ... die ganze Zeit das Haupt unbedeckt gehabt, überhaupt ... ihm alle Ehren wie einem königlichen Ambassador ...sen worden, was z. B. dem venetianischen Gesandten ...cejo nicht widerfuhr. Cromwell, der es liebte, seine ...nken in der Form von wohl vorbereiteten Reden zu ...n, sagte zu dem schweizerischen Gesandten beim Ab...de: »Ich sagte Ihnen schon früher, wie angenehm unserer ...blik Ihr Auftrag bei uns war, und daß die Vorstellungen ... Gründe, mit denen Sie uns den Frieden empfahlen, nicht ... dazu mitwirkten, denselben so weit zu fördern, als er ...ist. So wie wir nun Ihren Herren Prinzipalen für solche ...ndschaftsbezeugung guten Dank wissen, also mögen Sie ...lben auch aus meinem Mund versichern, daß sie unter ... Mächten und Ständen in Europa keine besseren und aufrichtigeren Freunde haben als die englische Nation. Möge die schweizerische Nation uns nur anzeigen, bei welcher Gelegenheit wir ihr dienen können; sie soll erfahren, daß diese meine Worte kein leeres Kompliment sind. Wir wissen zwar, daß Gott und die Natur Euch in solche Gegenden und Orte gesetzt und Euch solche Kraft und Macht gegeben hat, daß Ihr selbst imstande seid, Euch wider mächtige Feinde zu verteidigen; da wir aber zugleich nicht ohne Grund besorgen, daß, wann, wie zu befürchten ist, ein Religionskrieg ausbrechen sollte, Ihr die ersten einen Angriff zu erleiden habet, so möchten wir gern vernehmen, wie wir Euch alsdann beistehen und zu Hilfe kommen sollen. Hieran erst zu denken, wenn die Not schon da ist, wäre zu spät und fruchtlos. Es ist mir aus allerlei Anzeigen und besonders aus meinen Korrespondenzen bekannt, daß der Papst wirklich Spanien und Frankreich miteinander auszugleichen und die Waffen dieser beiden Mächte gegen die Evangelischen zu wenden sucht, und weil Ihr in einem Lande wohnt, das zu diesem blutigen Vorhaben zuerst sich darbietet, so dürft Ihr wohl zuerst einen Angriff erwarten. Die Feinde, von denen Ihr das meiste zu befürchten habet, sind das Haus Östreich und Spanien vereint und Frankreich. Gegen alle diese den Angriff von Euch abzulenken, haben wir Mittel und Anlaß genug, und können ihnen auf alle Fälle ein kräftiges „Halt" in den Weg legen. Sind Euch diesfalls andere und bessere Mittel bekannt, so laßt sie uns beizeiten wissen und versäumt Euch selbst nicht. Das erste und beste Mittel wäre wohl, wenn die drei Republiken Schweiz, England und Holland in vertraulichen Briefwechsel miteinander träten, um diesen und andern Gefahren zu begegnen und sie abzuwenden, wozu wir unserseits so geneigt und bereit sind, als wahrhaft und aufrichtig unsere diesfällige Absicht und fest unser Entschluß ist, alle Mittel und Kräfte, die Gott uns gegeben, zu Rat und Tat für die Beschirmung der wahren evangelischen Religion und Freiheit anzuwenden.»

Nachdem Stockar aufs ehrenvollste entlassen worden war, stellte man ihm zur Überfahrt ein eigenes Kriegsschiff, das hundert Mann Besatzung und sechsunddreißig Kanonen hatte, zur Verfügung. Der Kapitän Statsheverels, der die Perle» genannt, kommandierte, bewirtete den n während der Überfahrt aufs köstlichste, und so chaffhauser Ratschreiber wie ein Fürst am 2. Februar len Hafen von Dünkirchen ein.

Stockar England verließ, war der Friede keineswegs ndete Tatsache; die Arbeit der Friedensunterhändler n, aber noch fehlte die Annahme des Vertrages beiden Regierungen und die förmliche Ratifikation. nun aber in England dem definitiven Abschluß ehr im Wege stand, da die Friedensbedingungen er weniger vom Staatsrat diktiert waren, und ihre von dem Willen eines einzigen abhing, lag die Sache n anders auf holländischer Seite. War es schon an ch hart für die Besiegten, einen Frieden anzunehmen, edingungen vom Sieger aufgezwungen waren, so ch Hindernisse dazu, welche durch die inneren po- Verhältnisse bedingt waren. Es mußte in jeder Provinz der Generalstaaten über den Frieden ab- werden, und diese Provinzen waren, auch wenn n allen andern Punkten einigen konnten, jedenfalls Frage uneins, und das war die Frage über das der Oranier. Zu den Friedensbedingungen ge- harte Forderung: «Holland verpflichtet sich, das nien, die Verwandten der Stuarts, von allen Ämtern : Zeiten auszuschließen.»

r den holländischen Provinzen gab es drei, welche er leichten Herzens bringen wollten, weil sie selber Gebiet die oranische Herrschaft gestürzt hatten, und n Holland, Friesland und Groningen. Die andern en treu zu dem Fürstenhaus, dem die Niederlande eit verdankten, und wehrten sich hartnäckig gegen hme dieser Bedingung.

mußte Stockar, wenn er seine Vermittlerrolle konse- zu Ende führen wollte, auch nach Holland reisen. er am 2. Februar 1654 in Dünkirchen gelandet war, die Reise über Nieuport und Brügge nach Sluis [illegible] fort. Hier, im Haag, wurde Stockar noch [illegible] als in London. Jeden Tag hatte er Besuche von großen Herren zu empfangen. Alle Vertreter fremder Fürsten und Mächte machten ihm ihre Aufwartung, und die vornehmen Holländer schleppten ihn von einer Schmauserei zur andern. Trotz allem war die Stimmung im Haag nicht rosig; denn noch war das mühselige Friedenswerk nicht vollendet. Es hing noch alles davon ab, ob der Oranienartikel des Friedensvertrages bestehen bleibe oder nicht. Stockar ist dem Prinzen von Oranien gar nicht gewogen, er betrachtet ihn als einziges Hindernis des Friedens und redet recht despektierlich von ihm. So schreibt er am 16. Februar 1654 in seinem offiziellen Rapport an Schaffhausen: «Alle Provinzen haben den Frieden angenommen, nur Groningen nicht, wo Wilhelm von Oranien den Adel gegen den Friedensschluß aufgehetzt hat», und fährt dann fort: «So kräht auch der Hahn nicht mehr so laut wider die Sach und scheint mehr sorgfältig zu sein, umb den Traktaten einverleibt zu werden, als deren Schluß zu verhindern. Er weiß aber nit, wie er das mit reputation anstellen soll.»

Für die Holländer ist es besonders nachteilig, daß England sich weigert, einen Waffenstillstand abzuschließen, bevor der Friede unterzeichnet ist. Ohne Waffenstillstand konnte aber kein holländisches Handelsschiff ausfahren. Im Hafen von Amsterdam lagen 1200 Kauffahrteischiffe seit sechs Monaten zur Abfahrt bereit und wagten sich nicht ins offene Meer. Jeder Tag, welcher den Frieden verzögerte, war ein schwerer Verlust. Der englischen Weigerung, die Oranier anzuerkennen, setzten die Holländer ebenso hartnäckig eine recusatio, wie man es nannte, entgegen. Im Laufe des Krieges hatte nämlich die dänische Flotte den Engländern 22 Handelsschiffe weggenommen. Die Engländer verlangten nun, daß Holland ihnen die Entschädigungssumme von 13 Tonnen Gold zahlen müsse, da die Dänen Hollands Verbündete gewesen seien. Schließlich brachte Stockar die ihm befreundeten holländischen Staatsmänner dazu, den Engländern folgenden Vorschlag zu machen: «Holland bezahlt das Geld, wenn England den Oranierartikel fallen läßt.» Cromwell gab endlich nach, wenigstens teilweise, und der Oranierartikel erhielt die Fassung: «Kein Oranier darf die Statthalterwürde in den Niederlanden bekleiden, der nicht zuerst diesen Frieden be-

l allen Ansprüchen auf England entsagt hat.»
ıdlich der Friedensvertrag unterzeichnet werden,
8. Mai im Haag feierlich verkündet. Aber die
; wurde vom Volk mit düsterem Schweigen
mmen, und die von der Obrigkeit angeordneten
wurden wieder abgesagt; denn sogleich mit
von der Unterzeichnung des Friedens in Lon-
ch die oranienfreundliche Hauptstadt der Gene-
ß die Provinzen Holland und Westfriesland mit
ıen besondern Vertrag abgeschlossen hatten,
sie sich verpflichteten, die Oranier für ewig
:ischen und militärischen Ämtern auszuschließen.
ckar war nicht ganz zufrieden mit dem Friedens-
:anstandete denjenigen Artikel, der bestimmte,
ıgelischen Schweizerstädte mit in den Frieden
ı werden sollten. Die Fassung dieses Artikels
er urteilt über dieselbe in seinem offiziellen
sbericht: «Als ich aber sah und dafür hielt, daß
eßungspunkte in bessere und anständigere Form
tzt und dem Friedensinstrumente einverleibt
leswegen in guter und manierlicher Vorstellung
ıglichen Worte hinwies, so ist nachher die Re-
.ndert worden.» Es liegen uns beide Fassungen
vor.[26]) In der ersten, welche Stockar bean-
den einfach alle Länder aufgezählt, die in den
schlossen sind: die Schweizerstädte, der Herzog
der Graf von Oldenburg und die drei Hansa-
er nachträglich abgeänderten Fassung werden
städte in einem besondern Abschnitt ohne die
n angeführt, und ihre Aufnahme in den Frieden
ch ihr vermittelndes Eingreifen, insbesondere
ße Geschicklichkeit des Gesandten Stockar her-
ınd gepriesen. Stockar hat also dafür gesorgt,
ıde, das er vertreten, im Friedensvertrag be-
erwiesen werde und daß er selbst dabei auch
komme. Das Schriftstück mit dieser zweiten
le erst im August d. J. von einem englischen
lten dem Vorort Zürich überreicht. Stockar
Mai eine Abschiedsaudienz bei den General-

staaten, bei welcher Gelegenheit ihm [illegible] überreicht wurde mit einer Medaille, [illegible] Seite den Löwen mit den Pfeilen, auf der [illegible] der sieben Provinzen zeigte. Am 4. Juni [illegible] und reiste über Amsterdam nach Köln und [illegible] nach Basel. Hier stellte er sich dem Bürgermeister Joh. Rud. Fäsch vor und erstattete vor ihm und den Häuptern Bericht über seine Mission. Er erfuhr von ihnen, daß gerade die Tagsatzung in Aarau versammelt sei und eilte dorthin, um sich seinen Herren und Obern zu melden.

Den offiziellen schriftlichen Bericht über seine Gesandtschaft hat Stockar erst im Juli 1654 der Tagsatzung eingereicht, aber schon vorher kam er wiederholt in den Fall, über seine Tätigkeit Rechenschaft abzulegen; denn nicht überall war man mit ihm zufrieden. Es ist schon früher darauf hingewiesen worden, daß Stockar schon im Sommer 1653 wiederholt heimberufen worden war, nachdem er erst wenige Monate in London weilte. Es war Basel, das in erster Linie Opposition machte, und zwar aus Sparsamkeitsgründen. Auf einer evangelischen Konferenz im August 1653 verlangte Basel, daß man Stockar zurückberufe, weil er weiter gehe, als sein Auftrag gelautet. Seine Reise habe laut den betreffenden Tagsatzungsbeschlüssen keinen andern Zweck gehabt, als das Schreiben der vier Städte dem Parlament zu übergeben und zu sondieren, ob eine Vermittlung der protestantischen Eidgenossenschaft erwünscht sei, nicht aber selbst schon diese Vermittlung auszuüben.[37]) Die andern Orte hatten dem Antrag Basels zugestimmt und Stockar abberufen. Wir sahen aber, wie Stockar in London zurückgehalten wurde, wie man von seiten der Engländer sowohl als der Holländer ihn zum Bleiben beinahe zwang, und Cromwell sich weigerte, ihm sein Rekreditive auszustellen. Stockar blieb also; aber Basel blieb auch auf seinem Standpunkt und erklärte in einem Schreiben an Schaffhausen vom 10. September 1653, daß es von dem Tage der Abberufung nichts mehr an die Kosten von Stockars Reise zahlen werde. Wenn die andern Orte ein Vergnügen dabei fänden, sich einen Gesandten in London zu halten, sollten sie dieses Vergnügen auch zahlen. Der Vorort Zürich suchte die Basler etwas ichherziger zu stimmen, aber umsonst, Basel wiederholte en Protest im November sowohl gegenüber Zürich als affhausen.[28])

Als nun im Frühjahr 1654 Stockar von London gar nicht kt heimkehrte, sondern noch einen kostspieligen Abstecher h dem Haag machte, kamen die Basler wieder in Aufung, und Wettstein forderte von den andern Orten die rtige Abberufung des verschwenderischen Gesandten. auf wandte sich Stockar in einem Briefe vom 14. April önlich an Wettstein, um ihn für sich zu gewinnen. «Obl ich nach den Protesten,» so schreibt er, «welche gegen ne Gesandtschaftsreise ergangen sind, annehmen muß, mein Schreiben von Euch nicht besonders gnädig aufommen werden wird, so hoffe ich doch, daß m. g. H. von el über meine Verrichtung bald anders und mit mehr den urteilen werden. Nach dem glücklichen Gelingen ner Vermittlungstätigkeit vertraue ich auf üwr gnaden imten und wohlbekannten Edelmut, sie möchten mein rk so empfehlen, daß nicht so sehr darauf gesehen werde, für große Kosten dabei draufgegangen, sondern daß es ntbehrlich und notwendig gewesen zur Erhaltung des n Rufes gemeiner Eidgenossen, besonders bei einer ion, die sehr auf Äußerlichkeiten sieht, und wo man durch re Gesandte gezwungen wird, es ihnen gleich zu thun.»[29])

Wenn diese Gründe auch für einen Augenblick in Basel druck gemacht haben mochten, so hielten sie nicht mehr nd, als Stockar nach seiner Heimkehr die Rechnung sentierte. Er hatte während anderthalb Jahren in Engl mit fünf und in Holland mit vier Begleitern gelebt und ei 6603 Reichstaler ausgegeben. Daran sollte Basel 6 Gulden zahlen, was zu tun es sich weigerte, und es ann nun ein nicht gerade erbauliches Gezänk zwischen el und Schaffhausen. Auf einen rücksichtslos heftigen affhauser Brief antwortete Basel ablehnend unter folgender gumentation: «Basel hat durch die Reisen Wettsteins nach nster und Wien, die doch viel wichtiger waren, schwere [illegible] und zwar allein zu tragen gehabt. Schaffhausen [illegible] füglich nicht zu drängen brauchen, um so mehr, [illegible] auf diesen beiden Reisen mit großer Mühe und

Arbeit errungen worden ist, Schaffhausen mindestens eben so zu gut kam als Basel, da es doch viel unter dem Speyrer Reichskammergericht zu leiden hatte. Schaffhausen hat allen Grund, zuvorkommend gegen Basel zu sein und sich friedlich mit ihm zu vergleichen, oder wenn Schaffhausen nicht will, wird Basel an die Londoner Reise genau so viel zahlen, als Schaffhausen an die Reise Wettsteins gezahlt hat. Mehr will Basel nicht tun und Schaffhausen soll es mit ferneren beschwerlichen Zumutungen hinfüro verschonen.»[80])

Man kann diesem Basler Schreiben jedenfalls die Logik nicht absprechen; es sei hier daran erinnert, daß Schaffhausen an die Kosten der Reise Wettsteins nach Münster 1000 Gulden bezahlt hatte. Der Streit ging nun jahrelang weiter. Neben der offiziellen Forderung Schaffhausens gehen private Betteleien Stockars. So zählt er in einem Brief den Baslern vor, was er alles von den andern evangelischen Orten empfangen hat, teils Ketten, teils Becher, teils Schalen, und führt den Wert der einzelnen Gegenstände auf. Schließlich preßt er dem Basler Rat 40 Dukaten ab; aber bei dem betreffenden Aktenstück im Basler Archiv liegt ein Zettel, auf dem von unbekannter Hand geschrieben steht: «Qui semel verecundiæ fines transiit, eum bene et gnaviter opportet esse impudentem.»[81])

Schaffhausen trug eine neue Waffe in den Kampf, indem es sich weigerte, Basel Salz zu liefern, das es aus Süddeutschland importierte, und dadurch die alten Salztraktate verletzte. Aber gerade dieses allzu scharfe Kampfmittel führte den Frieden herbei. Am 16. Mai 1656 schlossen Basel und Schaffhausen einen Vertrag in Baden. Basel zahlt tausend Gulden an die Reise Stockars, dafür erneuert Schaffhausen die alten Salzverträge.[82])

II. Die Bemühungen Cromwells um ein englisch-schweizerisches Bündnis.

In der Abschiedsaudienz des schweizerischen Gesandten Stockar vom 25. Januar 1654 hatte der Protektor die politische Lage Europas ausführlich besprochen, auf die exponierte Lage der von den katholischen Großmächten umklammerten Schweizer hingewiesen und als bestes Mittel der

Abwehr ein Bündnis der drei Republiken England, Holland und Schweiz (natürlich nur der protestantischen) empfohlen. Die Verwirklichung dieses Bündnisprojektes mochte Cromwell nicht allzuschwer erscheinen, nachdem ihm die protestantischen Orte durch ihre Mitarbeit an dem Friedensspruch soeben die untrüglichen Beweise ihrer warmen und uneigennützigen Freundschaft dargetan hatten, und im Hinblick auf dieses Bündnis hat er wohl auch den Schweizerstädten das Schiedsgericht in den noch unerledigten Streitfragen zwischen England und Holland übertragen. Man mag wohl mit Recht fragen, wie kamen die Friedensunterhändler dazu, schweizerischen Bürgermeistern und Ratschreibern die Entscheidung über Grenzstreitigkeiten in Grönland oder die Perlenfischereirechte auf den Molukken zuzuweisen. Vielleicht war es der Hauptzweck des Schiedsgerichtsartikels, der kleinen Republik durch eine ehrenvolle Auszeichnung den Dank für ihre Vermittlerdienste abzustatten. Wenn man aber andrerseits wieder von den gewaltigen, uns etwas seltsam anmutenden Plänen Cromwells liest, wie er einen Bund aller protestantischen Mächte, natürlich unter seiner Leitung, gründen wollte, einen Bund, der den Kampf gegen die römische Kirche als Hauptzweck haben wollte, muß man in der Einschaltung des Schiedsgerichtsartikels in den Friedensvertrag mehr als eine bloße Ehrung der Schweizerstädte erblicken. Selbstverständlich konnte ein solcher Bund der protestantischen Staaten sich nur behaupten, wenn im Innern des Bundes Frieden herrschte und die einzelnen Glieder sich nicht gegenseitig bekämpften. Da aber in jeder Gemeinschaft heterogener Elemente Streitigkeiten entstehen müssen, gab es, um diese zu schlichten, kein anderes Mittel als das Schiedsgericht, und zwar ein Schiedsgericht, dessen Entscheide von den Parteien im voraus als rechtsgültig anerkannt wurden. Nun bot sich gerade in dem englisch-holländischen Friedensvertrag von 1654 dem Protektor die Gelegenheit dar, den Grundstein zu dem Gebäude zu legen, zu dessen Erstellung er sich von Gott ausersehen glaubte, und es war darum nur logisch, wenn er die Streitfragen, die noch nicht gelöst waren, dem Schiedspruche einer dritten [illegible] Macht unterstellte.

Nachdem durch einen solchen Akt
zugleich als ein Beweis seines große
konnte, der Boden in der Eidgenossensc
unternahm der Protektor einen direkte
Ziele, das er sich gesetzt hatte, indem
die Schweiz schickte, *John Durie* und

John Durie, mit dem Gelehrtennam
war ein feingebildeter und gelehrter S
zur Lebensaufgabe gesetzt hatte, eine U
tischer Kirchen herbeizuführen, und mit
an diesem Lebenswerk arbeitete. Er w
tischen Höfen bekannt und stand seit J
schweizerischen Theologen in Korrespo

Der zweite englische Gesandte w
falls ein Gelehrter, Philosoph und M
mathematische Schriften heute noch e
Welche Eigenschaften ihn nun gerad
empfahlen, wissen wir nicht. Immerhin
gessen, daß ein Usurpator keine groß
schulten Diplomaten haben kann, weil d
Diplomaten mit der legitimen Herrscha
und er froh sein muß, unter den Mens
Bildung willige Werkzeuge zu finden.

*Die Aufgabe, welche den beiden Ge
lautete: die protestantische Eidgenosse
politisch so eng wie möglich an Engla*

Unsere Darstellung verzichtet darau
gabe, soweit sie dem Duräus zufiel, zu ve
gerne einem berufenen Fachmann, d. h. ei
lassen, sich durch das überreiche Material
Archiven, speziell im Zürcher Archiv,
Auch bei der Verwertung des Material
John Pells wird man sich eine gewisse sto
auferlegen müssen. Die diesbezügliche
Bibliothek des Britischen Museums füllen
Vaughansche Sammlung der Pellschen
wir hauptsächlich benützten, enthält 450
hat als vielseitiger Gelehrter über alles
in der Schweiz gesehen und gehört, üb

se, die literarischen Erscheinungen, die inneren ı Zustände, die Sitten und Volksbräuche, sodaß ›fe den Nationalökonomen und Literarhistoriker teressieren müssen wie den Politiker. Von einem Reiz sind die Schilderungen der Zürcher Per- ten, mit denen er in Berührung kam und bei deren g er kein Blatt vor den Mund zu nehmen braucht, Briefe als geheime diplomatische Aktenstücke nur schen Staatssekretär zu Gesicht kamen.

reiste im April 1654 nach der Schweiz, begrüßte ie Häupter und traf am 28. Mai in Zürich ein. Er der englischen Staatskanzlei drei Schriftstücke mit Veg bekommen: 1. ein Kreditive für die protestan- rte und Genf; 2. eine offizielle Instruktion und eheime Instruktion.[84]) In dem Kreditive war die g eines Spezialgesandten motiviert durch die Not- t eines engern Anschlusses der schweizerischen ıchen Republik mit den Worten: «Wir haben be- einen offiziellen Gesandten an Euch zu senden, elbe nicht nur die bestehende Freundschaft, welche m zwischen beiden Republiken besteht, erhalte, e auch entsprechend der jetzigen Lage der Dinge Bedürfnis beider Nationen sowohl, als auch der ıen evangelischen Sache, befestige und allen Eifer sie zu stärken und zu mehren.» Die offizielle ı stellte dem englischen Gesandten folgende Auf- le Schweizer sollen aufgeklärt werden über die sachen des Krieges zwischen England und Holland, Zweifel an der Gerechtigkeit dieses Krieges, so- and in Betracht kommt, gehoben werden. Es soll werden, daß etwa eine Gesandtschaft Karl Stuarts Schweizerstädten empfangen und angehört werde. eizer sollen eingeladen werden, ihre Söhne auf Universitäten studieren zu lassen. Sie würden nur jede geistige Anregung empfangen, sondern tiell unterstützt und nach Absolvierung der Studien chen Staats- und Wehrdienst verwendet werden. tsreicher ist die geheime Instruktion: Der Gesandte rege und unausgesetzte Korrespondenz mit den

Protestanten in der Schweiz, in Frankreich und Deutschland unterhalten, zur Förderung der gemeinsamen evangelischen Sache und zur Abwehr gegen die Umtriebe ihrer Feinde. Dabei ist allerdings in offiziellen Reden und Schriftstücken alle Vorsicht anzuwenden, dagegen sollen in Privatgesprächen mit den leitenden Männern, auf deren Verschwiegenheit gerechnet werden kann, die wahren Absichten des Protektors offenbart werden. Die zweite Hauptaufgabe des Gesandten besteht darin, die Erneuerung des Bundes zwischen den protestantischen Schweizern und Frankreich zu verhindern und die ersteren zu veranlassen, ihre Truppen aus Frankreich zurückzuziehen. Endlich soll der Gesandte auf das Treiben des Hauses Stuart und seiner Verbündeten achten und ihren Einfluß bekämpfen. Er soll ferner Berichte einsenden über die Vorgänge in den benachbarten Staaten und alle Nachrichten von Bedeutung, die ihm zugehen, nach London weitergeben.

So reichhaltig dieses Arbeitsprogramm des englischen Gesandten ist, so vermissen wir doch noch in der geheimen Instruktion einen Hauptpunkt, die Erwähnung des englisch-schweizerischen Bündnisses. Daß Pell einen solchen Auftrag erhalten hat, läßt sich aus seiner Korrespondenz nachweisen; es ist anzunehmen, daß er diesen heikelsten aller Aufträge nur mündlich bekam, und es geht auch aus den Weisungen, die er während seines Aufenthaltes in der Schweiz von London erhielt, hervor, daß man ihm völlig freie Hand ließ, wie er dieses Ziel erreichen sollte. Ob der Abschluß eines Bündnisses möglich sei, und wie dabei zu Werke gegangen werden mußte, konnte man in London nicht wissen; das zu ergründen, hatte man eben den Gesandten nach Zürich geschickt.

So waren die Aufgaben, welche man Pell gestellt hatte, sehr mannigfaltiger Art — und wie es sich bald zeigen sollte — sie schlossen sich gegenseitig bis zu einem gewissen Grad aus, sodaß, was die Lösung der einen forderte, der andern nachteilig war.

Pell fand in Zürich eine sympathische Aufnahme, sowohl bei den Spitzen der Geistlichkeit, den Theologen Ulrich und Stucki, als bei dem Rat. Den Amtsbürgermeister Waser lernte er erst später kennen, da dieser von Zürich abwesend war. Das Kreditive Pells wurde im Rat verlesen, und Kopien davon wurden an alle andern protestantischen Orte gesandt. Zugleich erging auch eine Einladung zu einer Konferenz nach Aarau, an welcher der englische Gesandte Pell und dessen geistlicher Kollege Duräus in offizieller Audienz empfangen werden sollten. Auf dem Tag in Aarau am 23. Juni hielten Pell und Duräus ihre Vorträge, in welchen sie ihre Absendung ausführlich motivierten. Pell sagte folgendes: «England, Schottland und Irland sind endlich zum Frieden gelangt und unter einem Protektor in einer Republik vereinigt. Der Friede zwischen England und den Niederlanden ist gemäß dem Wunsche der eidgenössischen Stände hergestellt und auch ein Friedenstraktat zwischen England und Schweden abgeschlossen. Auch mit Frankreich und Dänemark sind Friedensunterhandlungen im Gang. Nun bleibt dem Protektor nur noch *eine* große Aufgabe, die Einigung aller protestantischen Kirchen, und dieses Werk zu vollbringen, richten sich seine Blicke vornehmlich auf die Schweizer.» An das letztere anknüpfend entwickelte Duräus seinen Plan einer dogmatischen Verschmelzung der verschiedenen protestantischen Bekenntnisse.

Nach Anhörung der beiden Reden wurde beschlossen: Jedes Standes Meinung über die Sache solle nach Zürich berichtet oder bei der künftigen Jahrrechnung eröffnet werden. Alsdann soll den englischen Gesandten auf ihre Anträge geantwortet werden.[85])

Eine sofortige Beantwortung der englischen Anträge hätte allem eidgenössischen Gebrauch widersprochen; sie war aber auch aus einem sehr praktischen Grunde verschoben worden. Der schweizerische Gesandte Stockar war noch nicht zurückgekehrt, dessen Bericht die Grundlage aller Unterhandlungen mit England bilden mußte. Dieser Bericht wurde nun am 5. Juli auf einer Konferenz der protestantischen Orte während der gemeineidgenössischen Tagsatzung verlesen. Es ist ein offizielles Aktenstück, das im ganzen ein richtiges Bild von der Tätigkeit Stockars in London und im Haag gibt, dabei der Eitelkeit des Verfassers volle Genüge tut; freilich war er dazu gezwungen, seinen Bericht etwas schön zu färben, da dieser Bericht zugleich eine Art Rechtfertigungsschrift gegenüber denjenigen war, welche die Reise Stockars höchst überflüssig gefunden hatten, zu denen auch Männer wie Bürgermeister Wettstein gehörten. In der Tat erhob sich gleich nach Beendigung des Berichts die Opposition, freilich nicht gegen diesen selbst, sondern gegen die ihn begleitende Rechnung. Zunächst protestierten Glarus und Appenzell gegen den Verteilungsmodus und dann auch Basel, so daß diesen drei Ständen vom Vorort empfohlen werden mußte, sich dieser Sache wegen nicht zu «söndern». Das widerwärtige Nachspiel, welches dann diese Kostenverteilung hatte, ist schon früher berührt worden.

Im Anschluß an die Verlesung seines Berichts stellt Stockar den Antrag, daß man seine regelmäßige Korrespondenz mit England und Holland einführe, und macht zugleich praktische Vorschläge. Als Korrespondenten für England schlägt er einen Pfälzer namens Hack, der in England wohnt, und für Holland einen Herrn Wifort vor. Diese Herren sollen die Schweizerstädte über die Vorgänge in den betreffenden Ländern auf dem laufenden halten und die Vermittlung der gegenseitigen Schreiben mit jenen Orten besorgen, dafür soll ihnen ein Honorar von 100 Gulden bezahlt werden.

Ferner wird beantragt, ob von Stockar ist ungewiß, England die Einsetzung eines ständigen residierenden Agenten nahezulegen und Herrn Pell als die hierfür geeignete Persönlichkeit zu empfehlen.

Diese beiden Anträge waren durchaus praktisch und namentlich der erste zeugt dafür, daß Stockar das vollste Verständnis für die Situation hatte. Bei der verhältnismäßig großen Entfernung zwischen der Schweiz einerseits und England und Holland andererseits, und bei der ganz bedeutenden Verschiedenheit in Sitten, Anschauungen und politischen Verhältnissen, war doch ein gegenseitiges Sichkennenlernen die erste Vorbedingung jedes Zusammengehens. Das war aber damals, wo es noch wenig Zeitungen gab, nur möglich durch Einführung einer regelmäßigen Korrespondenz, welche von hierzu speziell geeigneten und auch besonders honorierten Personen besorgt wurde, diplomatischen Agenten, die Reporterdienste, freilich großen Stils, versahen und auch den mehr geschäftlichen Teil politischer Aktionen übernahmen.

Diese praktischen Vorschläge auszuführen, dazu fehlte es den Orten entweder an Einsicht oder an Geld.

Man einigte sich auf die freundliche, aber durchaus unverbindliche Antwort: Die Regierung von England wird inbezug auf die Gesandtschaften Pell und Duräus und die durch sie gemachten Eröffnungen, sowie für die dem Abgeordneten Stockar erzeigte Achtung der Dank ausgesprochen, zugleich wird sie ersucht, die evangelischen Stände in Notfällen gegen die Angehörigen der andern Religion in Schirm zu nehmen, hinwieder aber auch von den evangelischen Ständen alle Bereitwilligkeit zu Gegendiensten und besonders zu einem häufigen Besuch Englands vonseiten der Studierenden und Gewerbsleute der Eidgenossenschaft zu gewärtigen.[44])

Durch die Reden des englischen Gesandten auf dem Tag zu Aarau und ihre Beantwortung auf der Badener Konferenz war die offizielle diplomatische Aktion Pells eröffnet und, in gewissem Sinn, auch stillgestellt; denn einmal gab die ausweichende Antwort der Orte dem Gesandten keinen Anlaß, weiter vorzugehen, und ferner mußte er die Erklärung der Schweizer, die man ihm schriftlich auszufertigen versprach, nach London senden, wo man mit Spannung auf die ersten Nachrichten aus der Schweiz wartete. Der Briefwechsel zwischen Pell und Thurlœ ging nicht ohne gewisse Schwierigkeiten vor sich. Der Kurier, welcher Briefe von Zürich nach London besorgte, nahm seinen Weg über Basel, Frankfurt, Köln und einen holländischen Hafen und brauchte im Sommer 20 Tage, im Winter mehr. Dabei konnte den Briefen allerlei begegnen, wobei man mehr das Aufgefangen[illegible] durch feindliche Kundschaft, als das Verlorengehen [illegible] Unfall fürchten mußte. Als im Herbst 1654 Karl Stuart [illegible] Anhänger ihren Wohnsitz in Köln aufschlugen, war der Verkehr auf diesem Wege unmöglich, und die Briefe [illegible] ihren Weg durch Frankreich. Pells Briefe [illegible] die Adresse des englischen Staatssekretärs [illegible], sondern waren an einen Adrian Peters, Kauf[illegible] adressiert. Trotz solchen Vorsichtsmaßregeln gingen genug Briefe verloren, was man um so mehr empfand, als Pells Briefe neben den Nachrichten aus der Schweiz auch regelmäßige Berichte über alle politischen Ereignisse, die ihm zu Ohren kamen, enthielten. *Pell war Cromwells Generalagent für den Kontinent mit Sitz in Zürich,* so würde man sich im modernen Geschäftsstil ausdrücken, und jeder seiner Briefe ist ein kleiner Beitrag zur politischen Geschichte seiner Zeit.

In seinen ersten Briefen berichtet er über seine Ankunft in Zürich, den Eindruck, den er von den hohen Persönlichkeiten erhalten und über die Aarauer Audienz. Er fühlt sich aber durchaus noch nicht sicher in seinem Urteil, und seine Rapporte sind zuerst so allgemein gehalten, daß ihn Thurloe in London direkt auffordern mußte, nicht so summarisch zu verfahren, wenn er über Unterredungen mit den schweizerischen Staatsmännern berichte. Im übrigen ließ er ihm freie Hand und deutete ihm an, daß sich das auswärtige Amt nach seinen Ansichten über die Lage der Dinge richten werde. «Seien Sie versichert», schreibt Thurloe am 12. Juni,[37]) «daß wir keine politische Aktion unternehmen werden, welche Ihre Unterhandlungen præjudizieren könnten und gehen Sie sicher voran.» Er solle sich ferner, so fährt Thurloe fort, eifrig bemühen, die Gesinnung der Schweizer zu erforschen und in Erfahrung zu bringen, mit wem sie geheime Korrespondenz führen, und wie die Protestanten in den angrenzenden Ländern gesinnt sind. «Man ist in London sehr darauf gespannt», heißt es am 10. Juli, «was Sie in Aarau ausrichten. Aus Ihren Briefen ist zu entnehmen, daß die Schweizer Protestanten sich nach Befreiung vom Druck Roms sehnen. Erforschen Sie, nach welcher Seite hin sich ihre Blicke um Befreiung richten und was sie für Vorschläge in dieser Hinsicht machen, die Meinungen und Wünsche des Londoner Kabinetts kennen Sie.»[38])

Pells schriftliche Instruktionen enthielten aber genug bestimmt formulierte Aufgaben, deren er sich in Zürich entledigen konnte. Dahin gehörte die Einladung zum Besuch der englischen Universitäten. Dieses Mittel, die Schweizer an sich zu ziehen, ist nicht zuerst von Cromwell angewandt worden. Während Frankreich und die Pfalz die protestan-

englischen und holländischen Schiedsrichter, welche
ihre Sitzungen hielten, konnten sich nicht einigen,
eb nichts anderes übrig, als nun die schweizerischen
:hter ihres Amtes walten zu lassen. Pell erhielt
: Nachricht, daß insgeheim ein holländischer Ge-
n die Schweiz geschickt werde, um im voraus
; für die holländischen Forderungen zu machen.
ig traf aus London an Pell die Weisung ein, er
kehrungen treffen für die Ernennung der Schieds-
s den protestantischen Kantonen, da zwischen eng-
ıd holländischen Kaufleuten Differenzen entstanden
r solle sich an diejenigen schweizerischen Staats-
enden, mit denen er intime Beziehungen angeknüpft
l sie darauf vorbereiten, daß die Sache Freunden
anvertraut werde, wenn sie ihnen von beiden
orgelegt werde.[48])
geriet durch diesen Auftrag in Verlegenheit. Denn
schweizerisches Schiedsgericht in Funktion trat,
ockar Schiedsrichter und jedenfalls auch das Mit-
lches den Ausschlag gab. Stockar aber war, so
:nigstens Pell annehmen, im Haag vorher bearbeitet
nd sollte durch den holländischen Agenten, der sich
ı befand, neue Instruktionen empfangen. Gegen
uß Stockars vermochte Pell nicht aufzukommen,
ınnte er nicht nur seinen Auftrag, die præsumptiven
ischen Schiedsrichter im voraus für England zu ge-
ıicht ausführen, sondern mußte mit Sicherheit einen
zugunsten Hollands voraussehen. Aber neben
in praktischen Erwägungen, machte sich bei Pell
h eine gewisse höhere Einsicht geltend, welche
laßte, das Zustandekommen eines schweizerischen
:richts zu verhindern. Pell hatte, wie sich noch
rd, von den schweizerischen Staatsmännern keine
Meinung, so sehr er auch einzelne von ihnen per-
:hätzte, und hielt sie für durchaus ungeeignet, in
Kolonialfragen urteilen zu können. Solche Ge-
[illegible] wohl auch andern Leuten schon aufgestiegen,
[illegible] mußten: entweder verraten die schweize-
[illegible] Unfähigkeit, ein fachmännisches

Urteil abzugeben, oder sie sind eben nur die Werkzeuge der sich streitenden Parteien, in beiden Fällen ist die Rolle, die sie spielen, eine nicht gerade ehrenvolle. Pell drängte darum das auswärtige Amt in London, alles aufzubieten, daß die englischen Unterhändler im Haag sich verständigten, und brachte in einem Brief vom 26. September ein Argument vor, das an Deutlichkeit nichts zu wünschen übrig ließ: «Ich bedaure sehr, daß die Schiedsrichter diese Handelsstreitigkeiten nicht schlichten können. Die andern Mächte machen sich über die beiden Republiken lustig und fragen, wer solche Landratten wie die Schweizer für geeignet halten kann, überseeische Streitigkeiten zu schlichten.»[43])

Diese Vorstellungen Pells machten in London einen solchen Eindruck, daß man die englischen Schiedsrichter anwies, den Verhandlungen eine Wendung zu geben, welche die Einmischung der Schweizer überflüssig mache. Dies scheint auch gelungen zu sein; denn Anfang November schrieb der Ratspensionär De Witt an Stockar, die Ostindische Kompagnie in England sei mit dem Entscheid der Schiedsrichter zufrieden, so daß die Hoffnung bestehe, es sei nicht nötig, die protestantischen Kantone mit den andern Beschwerden zu belästigen, welche weniger wichtig und leichter zu erledigen seien. In der Tat hören wir nichts mehr von der Schiedsgerichtsfrage, als daß Pell in einem Briefe an Thurloe seiner Befriedigung darüber Ausdruck gibt, daß man nicht genötigt sei, an ein schweizerisches Schiedsgericht zu appellieren.[44])

England konnte noch aus einem andern Grunde froh darüber sein, daß die Angelegenheit ohne die Mitwirkung der Schweiz erledigt wurde. Auf der Konferenz der evangelischen Orte in Baden vom 5. Juli 1654 war auch ein Agent des Kurfürsten Karl Ludwig von der Pfalz erschienen und hatte folgendes Ansuchen gestellt: Wenn England und Holland ihre noch schwebenden Mißverständnisse durch die evangelischen Stände schiedsrichterlich beseitigen lassen, so möchte dabei die der verwitweten Königin von Böhmen ausstehende Pension in die Verhandlungsgegenstände mit aufgenommen werden, wozu mitzuhelfen auch Holland sich bereit erklärt habe.[45]) Da Cromwell sich geweigert hatte, die

lche die verwitwete Pfalzgräfin Elisabeth von zogen, weiter auszuzahlen, wäre ihm das Ein- Schweiz und Holland zusammen zugunsten dieser lem Hause Stuart unangenehm gewesen. Wenn weizerische Schiedsgericht überhaupt nicht zu- ward das Ansuchen des Kurfürsten von selbst los.

gensatz zwischen Stockar und Pell trat noch utage in derjenigen Frage, welche für beide großer Bedeutung sein mußte, in der Frage des weizerischen Bündnisses. Stockar war für die holländisch-englisch-schweizerischen Dreibundes, n Cromwell in seiner Abschiedsaudienz nahe- , persönlich eingenommen und arbeitete gleich Rückkehr in die Schweiz an deren Verwirk- ach seinem Plan sollte eine feierliche Gesandt- sie schon früher geplant war, nach London ab- das Bündnis abzuschließen. Freilich wagte er hlimmen Erfahrung, welche er in bezug auf die reitschaft einiger Stände gemacht hatte, nicht mit seinem Projekt vor eine Konferenz der chen Orte zu treten. Er suchte aber unter der Hand flußreiche Männer in den Orten für seinen Plan zu nd es wurde auch zwischen den geheimen Räten riftlich verhandelt. So schrieb Basel am 20. Sep- Zürich: «Obwohl wir ein Bündnis mit England nklich finden, da die Sache dem einen oder andern nsion und jalousie Anlaß geben, besonders aber des mit selbiger Cronen habenden ewigen Friedens twas alterieren möchte: trotzdem wollen wir Euch n stellen und wollen uns, falls Bern und Zürich einung sind, nicht von Euch söndern.»[46]) Bern scheinen aber denselben zögernden Standpunkt eingenommen zu haben; wenigstens ist den chen Quellen sehr wenig Bestimmtes über die zu entnehmen.

atte aber auch der englische Gesandte zweifellos ten mündlichen Auftrag bezüglich eines Bünd- aber in dem Sinne, daß er die Opportunität und

Möglichkeit eines Bündnisses prüfen und darüber berichten sollte. Pell ging aber vorsichtig zu Werke und mißbilligte den Übereifer Stockars. Nichts kennzeichnet besser das Benehmen des englischen Gesandten in der Bündnisangelegenheit, als eine Zusammenstellung der betreffenden Rapporte an das auswärtige Amt. Am 1. August 1654 schrieb er: «Ich vermute, daß sie einen Gesandten nach England schicken werden, da sie lieber einem eigenen Gesandten etwas anvertrauen als einem fremden. Bis jetzt finde ich kein Zeichen davon, daß sie dem Plan Seiner Hoheit unfreundlich gegenüber stehen, und so lange ich dies sehe, kann ich langsamen Schrittes vorgehen.» Vierzehn Tage später heißt es: «Stockar hat uns (d. h. Pell und Durie) erzählt, daß er einen Plan habe, den er aber nur wenigen seiner Landsleute zu eröffnen sich getraut. Er wünscht, noch einmal als Gesandter nach England geschickt zu werden, um S. H. zu danken für den Einschluß der Schweiz in den englisch-holländischen Friedensvertrag, und mit einer geheimen Instruktion für den Abschluß eines Bündnisses. *Ich gestehe für meinen Teil, daß ich diese Pläne noch nicht für reif genug halte, ein Bündnis dieser Art abzuschließen;* einige kleinere Ereignisse, wie sie neulich hier geschehen sind, können alle ihre Pläne wieder ändern.» Im Dezember läßt sich Pell ein Gutachten von Durie, der die Schweizer besser kennt als er, und der um seiner kirchlichen Pläne willen von einer protestantischen Schweizerstadt zur andern reist, ausstellen über die Aussichten, welche ein Bündnis habe. Dieses Gutachten lautet: «Bei vielen von den leitenden Männern ist große Neigung vorhanden, mit uns in regelmäßige Verbindung zu treten, obgleich sie noch nicht den Weg des Bündnisses betreten werden. *Denn viele von ihnen haben ihre Augen auf Frankreich gerichtet, besonders Bern* ... Ich glaube aber, daß die Dinge jetzt zu einem Bruch mit Frankreich treiben, und da die katholischen Kantone einen Bund mit Spanien geschlossen haben, für den Fall, daß die protestantischen Orte sie angreifen, so mag der Zeitpunkt gekommen sein, den protestantischen Kantonen den offenen Vorschlag zu machen, einen Bund mit England zu schließen, der ihnen Beistand verspricht für den Fall, daß Frankreich oder ein anderer

[illegible] werden; bis Gottes Stunde ge- [illegible] wird, immer irgend etwas dazwischen kom- [illegible].

[illegible] Berichte Pells klären uns genügend auf [illegible] Frage, ob ein englisch-schweizerisches Bündnis [illegible] Haupthindernisse desselben waren, ein großes [illegible] Schweizer gegen die politischen Zustände in [illegible] Uneinigkeit und vor allem die Rücksicht auf [illegible] dieser Beziehung ist das erwähnte Gutachten [illegible] Zeugnis. Ein Bündnis zwischen den [illegible] England hält er für möglich, wenn es zum [illegible] Frankreich und den protestantischen Städten [illegible] müsse dann die Schweiz gegen Frankreich [illegible]

[illegible] Frankreichs auf die innere und äußere Politik [illegible] war Cromwell wohl bekannt, und er [illegible] in der schriftlichen geheimen Instruktion [illegible] Auftrag erteilt, er solle die Erneuerung [illegible] schweizerischen Bündnisses hintertreiben. [illegible] die protestantische Schweiz politisch wie [illegible] fesseln wollte, mußte er ihren Anschluß [illegible] verhindern, und da hatte er mit einem [illegible], der ältere Rechte als er besaß,

In der Tat war die Haupttätigkeit des englischen Gesandten im ersten Jahre seines Aufenthaltes darauf gerichtet, der französischen Politik entgegenzuarbeiten, und wenn wir wissen wollen, was Pell tat, um die Schweiz an England zu ketten, so müssen wir zu erfahren trachten, was er tat, um die Schweiz Frankreich zu entfremden.

Da der englische Gesandte an den Staatssekretär nicht nur über das berichtet, was er selbst weiß und selber zur Verhinderung des französisch-schweizerischen Bundes tat, sondern alles, was er darüber in der Schweiz hörte, nach London wiedergibt, so bilden diese seine Berichte einen wertvollen Beitrag zur Entstehungsgeschichte des neuen Bundes von 1663.

Als Pells Mission in Zürich begann, gingen die Wogen des diplomatischen Kampfes für oder gegen Frankreich hoch. Das alte von 1602 stammende Bündnis war im Jahre 1651, acht Jahre nach dem Tode Ludwigs XIII. abgelaufen, und die Bemühungen des französischen Gesandten de la Barde hatten bis jetzt wenig Erfolg gehabt. Der englische Gesandte fand in Zürich die Stimmung so antifranzösisch, daß man ernstlich davon sprach, den Bund mit den katholischen Orten aufzulösen, wenn sie mit Frankreich das Bündnis erneuerten.[48]) Pell suchte sich noch darüber zu orientieren, welches die Führer der Opposition gegen Frankreich in der Eidgenossenschaft waren, und suchte mit ihnen in Verbindung zu treten. Ihr Führer war der ehemalige kaiserliche General, Oberst Zwyer, der auf der Tagsatzung ein Schreiben des Kaisers vorgezeigt hatte, in welchem die Orte aufgefordert wurden, bei einem künftigen Vertrag das Elsaß auszunehmen. Der französische Gesandte suchte nachzuweisen, daß das Schreiben des Kaisers von Zwyer gefälscht sei. Mit diesem Schreiben verhielt es sich aber, wie Pell erfuhr,[49]) so: der Kaiser hatte seinem zuverlässigsten Parteigänger, dem Obersten Zwyer, einen Blancobrief, der nur seine Unterschrift hatte, ausgestellt, mit dem Auftrag, im entscheidenden Moment ein Schreiben zu konstruieren, wie es die Umstände erforderten, d. h. wie es der kaiserlichen Politik nützte. Dieser Moment schien Zwyer gekommen, als im Frühjahr 1654 einige katholische Orte, so namentlich Freiburg und Solothurn, anfingen

…, und er ließ die Mine springen. Die … Darstellung des Sachverhalts war also nicht so … Luft gegriffen.

… aber ein Einverständnis zwischen dem katho… …gesandten und dem englischen Gesandten so… …n ausgeschlossen war, und dieser auch den diplo… …hen Schachzügen des kaiserlichgesinnten Wettstein zu folgen vermochte, fand er in Zürich eine Bundes… …enschaft, welche den Kampf gegen Frankreich aus …p und Tradition betrieb. Hier war man nicht anti… …sisch, weil man habsburgisch war, sondern weil die …lischen Traditionen noch in einzelnen der besten Staats… …r lebendig waren. Pell war stets auf dem Laufenden, …im Zürcher Geheimen Rat oder Großen Rat das fran… …e Bündnis verhandelt wurde, er wußte auch genau, …uf den allgemeinen Tagsatzungen zu Baden und auf …onferenzen der evangelischen Orte ging. Er erhielt …heimen Aktenstücke im Original oder in der Kopie, …anches Schreiben, das der Vorort absandte, bekam er …vor dem Empfänger zu lesen. In enge Beziehungen …r zu dem Stadtschreiber Hans Kaspar Hirzel, den er …m seiner Briefe als den erbittertsten Feind Frankreichs …hnet, und der auch am energischsten die schweizerische … im englisch-holländischen Krieg betrieben hatte. … erfuhr Pell, daß unter den schweizerischen …, welche in französischen Diensten gestanden hatten, …bitterung gegen den französischen Hof herrschte, … seit Jahren den Sold schuldete, und durch … der englische Gesandte in die Angelegenheit …schen Juwelen verwickelt, welche während der …verhandlungen um das französisch-schweizerische … die Hauptrolle spielten.[50])

… 1650 war eine schweizerische Gesandtschaft, … Vertretern von Zürich, Bern, Solothurn und … Paris geschickt worden, um dort Beschwerde … die schmähliche Behandlung, welche die …ter Wattenwil und Molondin durch Mazarin … und um die Bezahlung des rückständigen … von drei Millionen Franken zu erzwingen.

Gemäß dem Vertrag, der am 21. Mai zwischen dem Hof und den Schweizern abgeschlossen wurde, erhielten die Schweizer als Pfand für einen Teil der Schuld einige Juwelen, welche der Königin Mutter gehörten, eingehändigt. Der Juwelenschatz bestand aus zwei großen Rubinen, zwei Perlen, einem einzelnen Diamanten und vier mit Diamanten besetzten Edelsteinen; sie waren als Pfand für die Summe von 600000 Livres hinterlegt worden. Die Juwelen wurden dem Obersten Rahn in Zürich, einem der Schweizeroffiziere, welche in Paris im Dienste standen, zur Aufbewahrung übergeben. Diejenigen Schweizeroffiziere, welche aber nicht mehr in französischen Diensten standen, sondern schon 1644 so schmählich von Mazarin entlassen worden waren, und denen Frankreich auch am meisten schuldete, hätten die Juwelen als wertvolles Pfand gern an sich genommen. Die verwegensten unter ihnen, Thomas Wertmüller, Holzhalb aus Zürich und Waldkirch aus Schaffhausen, reisten heimlich nach Paris und bemächtigten sich der Juwelen, sei es durch List oder im geheimen Einverständnis mit Oberst Rahn. Darüber brach nun ein großer Hader aus, denn die Offiziere in Paris waren um das Pfand oder doch um ihren Anteil daran betrogen. Durch den Handstreich der Zürcher Offiziere waren die Offiziere anderer Kantone benachteiligt und ließen durch ihre Regierungen in Zürich Beschwerde erheben. Es begann ein langwieriger Prozeß, der vor dem Zürcher Rat geführt wurde, aber ergebnislos war, weil sich der Zürcher Rat in seiner Mehrheit auf die Seite seiner Offiziere stellte. Er tat dies aus antifranzösischer Politik, denn daß der französische Gesandte ebenfalls energisch Beschwerde erhob, braucht wohl kaum besonders erwähnt zu werden.

Der Juwelenprozeß wurde zur cause célèbre der Schweiz und der Schweizer in französischen Diensten, als die Juwelenräuber Wertmüller und Holzhalb, um ihr Tun gleichsam zu legalisieren, die Juwelen zwei Amtspersonen des Standes Zürich, dem Statthalter Schneeberger und dem Seckelmeister Salomon Hirzel, nebenbei gesagt ihren Schwiegervätern, übergaben. Salomon Hirzel, das Haupt der antifranzösischen Partei, gedachte die Juwelen als ein vortreffliches Werkzeug gegen Frankreich zu gebrauchen. Man erzählte sich, auf atzung habe der französische Gesandte die Juwelen einlösen wollen, aber Hirzel habe sie nicht heraus- Hirzel faßte den kühnen Plan, die Juwelen dem r in London anzubieten und ihm damit eine gefähr- ıffe gegen Frankreich in die Hand zu geben. Das Schweizeroffiziere in jahrelangen Verhandlungen Krone Frankreichs nicht erlangten, Bezahlung ihrer rderungen, sollte ihnen durch eine einzige edle ıwells zufallen. Wie sich einst im zweiten punischen ıs Schicksal Spaniens an dem Tage entschied, als Sagunt versammelten spanischen Geiseln aus dem ɛr Karthager in den der Römer übergingen, so sollte ch den Übergang der französischen Kronjuwelen in le Cromwells das französische Übergewicht in der durch das englische ersetzt werden.[51])

el ließ die Juwelen zuerst durch einen Dritten dem ɛn Gesandten anbieten. Pell antwortete, er habe davon gehört, daß Cromwell Juwelen kaufe. Am ɛmber lud Hirzel den englischen Gesandten in seine g ein und zeigte ihm die Juwelen. Hirzel machte sandten den Vorschlag, er möge die Kleinodien so daß weder in der Schweiz noch in England ɛtwas davon wisse, dem Protektor anbieten. Wenn ɛösische Gesandte erfahre, daß Cromwell die Juwelen rolle, werde er schleunigst den Offizieren ihren rück- ı Sold zahlen. Pell gab ihm zur Antwort, er könne h nicht die geringste Hoffnung machen, daß sein Juwelen kaufe; um aber Hirzel, den er hoch schätze, weis seiner Freundschaft zu geben, wolle er in der enheit nach England schreiben. Hirzel meinte, das rücht, Cromwell beabsichtige die Juwelen zu kaufen, em französischen Hof einen solchen Schrecken ein- aß er sofort einlenke. Darauf erklärte Pell, das Cromwell kaufe für 72000 £ Juwelen, könne dem r in England schaden. Als Hirzel dem entgegen- omwell verliere ja nichts, wenn er die Juwelen für [illegible] kaufe, sie seien ja viel mehr wert, gab Pell kurz [illegible] England brauche sein Geld für notwendigere [illegible] Edelsteine.

der Krieg zwischen den Orten ausbrechen, und blieben die Juwelen unverkauft, so ginge der Zank erst recht los. Auf den Einwand Pells, es könne auch Unzufriedene in der Schweiz geben, wenn man höre, daß die Juwelen England verkauft seien, gab Hirzel zur Antwort, alle Gläubiger hätten versprochen, sich dem Schiedsgericht Zürichs zu unterwerfen.[32])

Pell schrieb noch an demselben Tage an den Staatssekretär. Er übersandte Abbildungen der Edelsteine, welche ihm Hirzel verschafft hatte, und erklärte Thurloe, die Entscheidung Cromwells möge lauten, wie sie wolle, jedenfalls müsse die Antwort so abgefaßt sein, daß man den besten Freund Englands in der Schweiz, Hirzel, nicht kränke.[33]) Auch dürfe niemand von der Sache wissen, als der Protektor. Denn wenn Spanien diesem vorzüglichen Mittel, Frankreich einen Schlag zu versetzen, auf die Spur komme, werde es mit Vergnügen darnach trachten, England die kostbare Waffe zu entwinden und selbst die Juwelen zu kaufen.[34]) Den französischen Gesandten dürfe man schon merken lassen, daß etwas im Gang sei. Man könne das etwa folgendermaßen einrichten: Cromwell hat die Abbildungen der Juwelen offen auf seinem Tische liegen, wenn der französische Gesandte in London ihm einen Besuch macht. Der Gesandte fragt: «Was sind das für schöne Juwelen?» Cromwell antwortet ganz gleichgiltig: «Ach, das sind die Juwelen der Königin Anna von Frankreich; ich denke, Ihre Majestäten werden nichts dagegen haben, wenn ich meinem Gesandten in der Schweiz Auftrag gebe, sie zu kaufen.» Der Gesandte wird bestürzt nach Paris schreiben, man solle um Gottes willen die den Schweizern verpfändeten Juwelen einlösen, damit sie nicht in die Hände des Königsmörders geraten.

[illegible] endete.

Wenn Cromwell wirklich die idealen, weltumfassenden Pläne gehabt hat, die ihm zugeschrieben werden, Gründung eines protestantischen Staatenbundes und Kampf gegen die katholischen Mächte, so war schon der Krieg gegen Holland die Verständigung an diesem Ideal. Daß der Protektor nun die Freundschaft Frankreichs suchte, war nur der zweite Schritt beim Übergang zur Realpolitik. Zum Schutz des neu gegründeten englischen Kolonialreiches bedurfte er eines Verbündeten, und diesen suchte er in dem mächtig emporstrebenden Frankreich, dem alten Feinde Spaniens. Man hat ihm daraus schon einen Vorwurf gemacht, er habe durch den Bund mit einer katholischen Macht seine puritanische Vergangenheit verleugnet. Cromwell war aber ein zu guter Kenner der Geschichte, um nicht zu wissen, daß Frankreich seit den Tagen Franz I. der Vorkämpfer des Protestantismus gegen den spanisch-habsburgischen Katholizismus gewesen war.

In seine Beziehungen zu den protestantischen Schweizern brachte nun freilich diese Schwenkung etliche Verwicklung. Wenn auch ein Bündnis mit ihnen noch immer wünschenswert schien, so war es keines mehr, dessen Spitze sich gegen Frankreich richtete. Es kam dazu, daß die Verhandlungen zwischen Paris und London einige Jahre dauerten [illegible] ein günstiges Resultat wiederholt zweifelhaft erschien. Jede Änderung in den englisch-französischen Beziehungen hatte ihre Wirkung auf die englisch-schweizer[illegible]handlungen. Als z. B. Duräus sein interessantes [illegible] die Möglichkeit eines englisch-schweizerischen [illegible] abgab, drohte gerade ein völliger Bruch zwischen

England und Frankreich, der französische Gesandte hatte London verlassen. Auf Pells Vorschläge zur Auslösung der Juwelen antwortete Thurloe am 20. November 1654: «Es wird sich jetzt kaum Gelegenheit bieten, mit dem französischen Gesandten über die Angelegenheit zu sprechen, da es sehr zweifelhaft ist, ob eine Verständigung zwischen dem Protektor und Frankreich möglich ist. Der Gesandte ist zwar noch nicht abgereist, erklärt aber, er habe den Befehl heimzukehren, um Bericht abzustatten.[56])

Es trug nicht zur Klärung der Sachlage bei, daß die protestantischen Orte, sobald sie von den Unterhandlungen zwischen England und Frankreich hörten, von dieser Wendung der Dinge Nutzen zu ziehen suchten und der englischen Regierung nahe legten, sie möchte in die Bedingungen des Bündnisses die Forderung aufnehmen, daß Frankreich den Schweizerkantonen die schuldigen Gelder zahle. Der allzeit rührige Stockar machte zuerst diesen Vorschlag dem englischen Gesandten, welcher darüber nach London berichtete. Thurloe antwortete, er wünsche nähere Auskunft darüber, ob das Stockars persönliche Meinung sei, oder ob auch die Regierungen der Orte so dächten. In letzterem Falle möchten diese ihre Wünsche schriftlich formulieren und offiziell überreichen. Pell trug diese Wünsche in einer Audienz dem Bürgermeister Waser vor; dieser sagte, sie wünschten von Frankreich zwei Dinge: «Es solle ihnen zahlen, was es ihnen schuldig sei und von ihnen nicht fordern, was sie nicht zahlen müßten, nämlich Zölle, Abgaben, Steuern, von denen sie nach alten Verträgen befreit seien. Zugleich versprach er ein schriftliches Memoriale. Die Ausfertigung desselben wurde von Tag zu Tag und von Woche zu Woche verschoben. Pell wurde ungeduldig und machte der Zürcher Regierung Vorstellungen. Da erschien am 4. Oktober der Stadtschreiber Hans Kaspar Hirzel bei ihm und teilte ihm mit, die protestantischen Orte hätten beschlossen, auf die Vermittlung Englands in dieser Sache zu verzichten. Dieser Beschluß sei herbeigeführt worden durch ein Schreiben des Kardinals Mazarin, in welchem ihnen Erfüllung aller Forderungen versprochen wurde. H. K. Hirzel gab Pell den Brief Mazarins, der vom 22. September datierte, zu lesen. Er [illegible] schließlich das Versprechen, Frankreich werde seinen Verpflichtungen gegen die Orte vollständig nachkommen.[57])

Pell, den die plötzliche Sinnesänderung seiner eidgenössischen Freunde ärgerte, bemerkte, es freue ihn zwar, daß die Orte ihr Ziel erreicht hätten, vorausgesetzt, daß den Worten des Kardinals auch die Taten folgen. Er bezweifle aber, daß die Schweizer diesen Erfolg den Schritten verdanken, die sie selbst in der Sache unternommen. Vielmehr habe England das Seinige dazu beigetragen, indem der Protektor dem französischen Gesandten in London die Schweizer empfohlen, vor allem aber dadurch, daß er einen Agenten in der Schweiz unterhalte, dessen Anwesenheit Frankreich Vergnügen bereite (?) und es den Wünschen der Schweizer geneigter mache. Denn wenn der Protektor die Überzeugung gewinnen sollte, daß seine Anwesenheit den Schweizern Nachteil bringe, würde er ihn sofort abberufen. Wenn er nun auch kein Memoriale erhalte, das er nach London schicken könne, so freue er sich doch, dem Protektor die unglaubliche Nachricht melden zu können, Frankreich habe alle Forderungen der Schweizer erfüllt.[58])

Diese Auffassung der Sachlage ist ebenso bezeichnend für das beginnende englische Großmachtsbewußtsein, wie für die persönliche Eitelkeit Pells. Wenn man sich vier Jahre lang fast ausschließlich damit beschäftigt, gegen den französischen Gesandten zu intriguieren, und mit den Häuptern der antifranzösischen Partei in Zürich zu konspirieren, gehört [illegible] dazu, um sich und andern Leuten weiß zu machen, man sei der Gegenstand besonderer Zärtlichkeit von seiten Frankreichs. Es mochte aber eine kleine Genugtuung für den englischen Agenten sein, als ein Abgesandter Graubündens zu ihm kam und ihn bat, England möge bei Spanien dahin wirken, daß es die alten mit Bünden abgeschlossenen Verträge anerkenne.[59]) So war der Ruf von des Protektors All[illegible] bis in die entlegenen Täler Rhätiens gedrungen. [illegible] verfolgte auch jetzt noch die Unterhandlungen über [illegible] Frankreich bis in alle Einzelheiten. Er blieb [illegible] Standpunkt treu, wenigstens das Bündnis mit den [illegible] Orten zu hintertreiben, und griff gelegentlich [illegible] die Unterhandlungen ein. Im Januar 1655 schien Bern stark auf die Seite Frankreichs zu neigen. Durch Duräus, welcher damals in Bern weilte, wurde Pell über gewisse Vorgänge im Großen Rat unterrichtet. General Siegmund von Erlach brachte die Gegner Frankreichs zum Schweigen, indem er mitteilte, Zürich bereue, dem französischen Gesandten eine abschlägige Antwort gegeben zu haben und werde andere Entschlüsse fassen. Es wurde beschlossen, die Angelegenheit an eine Kommission zu weisen, in welche unbedingte Anhänger Frankreichs, Erlach, Willading und Graffenried, gewählt wurden. Pell erschrak, als er diese Nachricht erhielt. Der Urheber des im Berner Großen Rat herumgebotenen Gerüchts konnte nur der französische Gesandte sein; denn «so lange ein italienischer Kardinal am Steuerruder Frankreichs sitzt, weht stets ein falscher Wind von dorther», war seine innerste Überzeugung. Er ging zu Salomon Hirzel und forderte ihn auf, er solle eine Sitzung des Geheimen Rates einberufen und dafür sorgen, daß die Mitteilung Erlachs an den Berner Rat dementiert werde. Am 16. Januar fand die Sitzung des Rates statt. Die Meinungen waren geteilt. Die einen wollten ein offizielles Dementi nach Bern senden, andere aber rieten ab, überhaupt etwas in der Sache zu tun. Man habe ja die Mitteilung nur auf Umwegen erhalten, sie könne falsch sein. Dann mache man sich lächerlich und erzürne die Berner, welche so wie so immer eifersüchtig auf Zürich seien. Nach langer Debatte schlug man einen Mittelweg ein. Ein untergeordneter Sekretär mußte einen Brief an den Schultheißen Anton von Graffenried in Bern schreiben, gleichsam privatim, und ihm mitteilen, in Zürich zirkuliere das Gerücht, General von Erlach habe im Berner Rat das und das gesagt u. s. w. Es sei aber nichts von alledem wahr, Zürich bleibe auf seinem ablehnenden Standpunkt.[60])

Nicht immer hörte man freilich, auch in Zürich nicht, auf Pells Rat. Das französische Geld und die Aussicht auf dasselbe taten langsam aber unerbittlich ihre Wirkung. Da trat ein Ereignis ein, das alle die kleinlichen diplomatischen Geschäfte und Intriguen für einige Zeit stillstellte, und die Protestanten nicht nur der Schweiz, sondern ganz Europas zum Aufsehen mahnte.

(Fortsetzung folgt.)

Anmerkungen.

---

1) In der Handschriftensammlung des Britischen Museums, Abteilung Cottonian Library, Vitellius IV, V, XVIII, XIX, XX befinden sich 11 Briefe Schinners an Wolsey.

2) Seit einigen Jahren werden durch die Vermittlung der schweizerischen Gesandtschaft in London alle Akten des englischen Staatsarchivs, welche sich auf die Schweiz beziehen, kopiert und im Bundesarchiv gesammelt. Die Sammlung ist jetzt bis zur Regierung Heinrichs VIII. gelangt, es wird aber noch geraume Zeit dauern, bis die Akten aus der Zeit Cromwells an die Reihe kommen. Es ist indes kaum anzunehmen, daß noch wichtige offizielle Aktenstücke zum Vorschein kommen werden; denn das Wertvollste findet sich nicht im Londoner Staatsarchiv, sondern in der Bibliothek des Britischen Museums.

3) Archiv für Schweizergeschichte, Bd. XII, pag. 37. Beiträge zur Schweizergeschichte aus englischen Manuskripten, mitgeteilt von J. J. Bachofen, J. U. D. und Karl Stehlin, J. U. D.

Über die Beziehungen der Schweiz zu England vor Cromwell vergleiche den Aufsatz von *Karl Stehlin:* «Über die diplomatischen Verbindungen Englands mit der Schweiz im 16. und 17. Jahrhundert» in den Basler Beiträgen zur vaterländischen Geschichte, Bd. VII, pag. 48, und *Alfred Stern:* «Die reformierte Schweiz in ihren Beziehungen zu Karl I. von England, William Laud, Erzbischof zu Canterbury, und den Covenanters» im Jahrbuch für Schweizergeschichte, Bd. III, pag. 1.

4) Historische Zeitschrift, herausgeg. von H. v. Sybel, neue Folge, Bd. IV, pag. 52, Oliver Cromwell und die evangelischen Kantone der Schweiz, von Adolf Stern.

5) Eidg. Absch. 6, 1, I, pag. 100.

6) Eidg. Absch. 6, 1, I, pag. 109.

7) Daß an und für sich die Einmischung einer protestantischen Macht in den englisch-holländischen Zwist nicht als unpassend angesehen wurde, zeigt die Tatsache, daß von beiden streitenden Parteien an die protestantischen Fürsten und Städte ein Rundschreiben erlassen wurde, in welchem jede ihr Recht nachzuweisen suchte und zugleich einige wichtige Aktenstücke [illegible] diplomatischen Briefwechsel, welcher dem Ausbruch des Krieges [illegible] veröffentlichte. Auch im Basler Staatsarchiv, Politisches U 2, befindet sich je ein Exemplar dieser Manifeste. Der Titel des englischen Manifestes lautet: «Scriptum Parlamenti Reipublicæ Anglicæ de iis quæ ab [illegible] cum Potestatibus Fœderatarum Belgii Provinciarum Generalibus, [illegible] acta sunt; deque controversiis in præsentia exortis,

quibus prædictæ Potestates occasionem præbuere. Adjicitur et Responsum Parlamenti ad ternas chartulas a Dnis Legatis Potestatum generalium Extraordinariis, ex occasione pugnæ navalis inter Anglorum et Belgarum classes consertæ. Una cum illius pugnæ, sicuti commissa est, narratione. Postremo scripta illa in unum collata, quæ inter Parlamentum Reipublicæ Angliæ et Dnum Adrianum Pauw, Legatum Fœderatarum Belgii Provinciarum Extraordinarium, cum de pace agerent ultro citroque reddita sunt. Londini 1652.»

Die holländische Erklärung trägt folgende Aufschrift: Declaratio Publica Celsorum Præpotentumque D.D Ordinum Generalium fœderatarum Belgii Provinciarum; Qua continetur vera narratio sinceri eorum animi et legitimarum procedendi rationum in Tractatione cum Extraordinariis Legatis Commissariisque illorum qui Regimini Angliæ præsunt, tam Hagæ comitis, quam Londini, instituta Ac insuper Iniquarum violentarumque procedendi rationem, qua iidem isti, qui prædicto Regimini Angliæ jam præsunt, usi sunt; quibus iisdem celsis Præpotentibus DD imperata necessitas est via retorsionis statum pacemque Imperii sui, subditosque suos adversus istorum vim ac injurias defendendi. Hagæ comitis. Anno 1652.

Beide Manifeste haben kein genaues Datum, doch läßt sich aus der Erwähnung des ersten feindlichen Zusammenstoßes zur See, der am 19. Mai 1652 erfolgte, der Zeitpunkt post quem bestimmen. Wahrscheinlich sind sie gleichzeitig mit der offiziellen Kriegserklärung, also anfangs Juli, abgegangen.

[8]) Thesaurus Wettsteinianus, Tom. IX.

[9]) Eidg. Absch. 6. 1, I, pag. 129

[10]) Thesaurus Wettsteinianus, Tom. IX. Es folgt hier die wörtliche Wiedergabe des Schreibens unter Weglassung der Zitate aus dem Alten Testament, dazu Anmerkungen und Vorschläge zu Änderungen in lateinischer Sprache.

Ad Parlamentum Reipublicæ Anglicanæ.

Illustrissimi Domini.

Quæ primo vere ad vos, Illustrissimi Domini, super Pace inter illustrissimam vestram Rempublicam et illustres fœderati Belgii ordines tue... plurima cum gratulatione de celeberrima vestra Politia tam feliciter consti... sincero motu ac mente scripsimus, spes nos certa tenet, a vobis in bo... partem esse accepta ac ut nostra memoria est, diuturno isto bello Germa... cum arma longe lateque circumferri videbamus, aliquoties summos Princ... per literas obtestati sumus, misero tandem et calamitoso bello finem facer... Quod officium nec nobis quibus mala metuebamus eadem deesse voluir... verum dum in spe sumus fore ut res conveniret, tristissimus nuntius exp... tationi nostræ securim injecit utriusque Reipublicæ Classes semet obvias ... buisse ac navali prœlio decertasse et ruptis nunc fœderibus nihil nisi præ... agi bellumqua atrox et funestum geri. Quo jure it fiat nostrum non disceptare: nostrum est potius cum bonis omnibus mœrorem testari ingent... quem ex tristi hac ruptura et exitiali bello percipimus. Agnoscimus quid... justum esse bellum quibus nulla nisi in armis relinquitur spes. Sic nec... saria et justa bella Abrahamus, David, Constantinus Magnus cæterique vete... novique testamenti heroes adversus et suos et Dei inimicos feliciter gesseru... a bello autem fratrum sani omnes merito abhorrent idque vel omnino int...

[illegible] humanitatis et pietatis vestræ Illustrissimi Proceres, [illegible] complectuntur. Est prudentiæ vestræ præstare ne tranquillus [illegible] Deus vos collocavit, concutiatur. Quippe multa præter [illegible] in bello possunt nec debent certa pro incertis mutari, cum [illegible] partas et separatas opes possit avertere. Vos igitur, Illu- [illegible] quibus orthodoxæ fidei studium et amor nos conciliavit cum [illegible] rationis obnixi rogamus pacem cum fœderati Belgii Or- [illegible] populo ex æquo utilem nec minus ecclesiis reformatis cæteris [illegible] necessariam reducere perpetuoque fovere velitis. Id [illegible] utrique optamus et expectamus eo ardentius Deum [illegible] votis nostris pondus addat cujus protectioni vos illustris- [illegible] vestra omnia animitus commendamus.

[illegible] Consules, Sculteti, Landamanni et Senatores Cantonum [illegible] nempe Tigurini, Bernensis, Glaronensis, Basiliensis, [illegible] et Abbatiscellani: nec non ejusdem Religionis Confœderatorum [illegible] Sancti Galli, Mulhusii et Biennæ.

[illegible] erga utramque Rempublicam et Ecclesiam affectu. [illegible] Reipublicæ non solum in Europa, sed et in toto mundo [illegible] religionis veræ vinculo conjunctæ, officii et pietatis [illegible] duabus inter se dissentientibus, nos qui tertiam con- [illegible] et utramque ex æquo ad pacem et concordiam cohor- [illegible] hominum nobis suggestum, ita non dubitandum vobis [illegible] qui pacis Deus est sit profectum.

[illegible] vos Seigneuries très affectionnées amis à vous faire ser- [illegible] (für Holland).

[illegible] Parlament de la Republique d'Angleterre (für England).

[illegible] vobis existimavimus simulque significandum animi nostri [illegible] Badensis conventus decretum et videndum felicem [illegible] successum, quem a Deo exire precamur.

[illegible] jan. 1653.

[illegible] empfohlene Fassung des Schreibens wünschte das [illegible] hauptsächlich dadurch motiviert zu wissen, daß Holland,

England und die Schweiz die einzigen protestantischen Republiken seien selbstverständlich die dritte das Recht habe, zu vermitteln, wenn die be andern in Streit geraten seien.

[11]) Thesaurus Wettsteinianus, Tom. IX.

[12]) Eidg. Absch. 6, 1, I, pag. 142.

[13]) Stockars Gesandtschaftsbericht, nebst einigen Aktenstücken, daru ein Schreiben Cromwells an die protestantischen Orte, ist abgedruckt in thasars Helvetia, 1823, pag. 561—598.

Von den «Ordinäri» finden sich die Originale im Staatsarchiv Sc hausen, Kopien im Basler Staatsarchiv Politisches S 1: Gesandtschaft Sto

Die Instruktion, welche Stockar mitbekam, hat folgenden Wortlau

Uff den Edlen Vesten und Wysen Herrn Johann Jakob Stockar S schreiber der Stadt Schaffhausen, was er inammen der H. H. Burgermeis Schultheissen, Landammann Syndiquen und Rathen der Ev. Städt und Lan der Eydtgnossschaft, nemblich Zürich, Bern, Glarus, Basel, Schafhusen, Ap zell, desglychen der Ev. Zugewandten Orthen in Pündtten zu Genf, St. Ga Mulhusen und Biel in Engelland und Holland uszurichten hat.

Nachdem ein evangelische Eidtgnosschaft höchst beduhrlich erfah dass beide vernachburte und zugleich der evangelischen Religion zuge nambhaffte Respublicæ in Engelland und Holland in etwas missbellung streitigkeit gegen einandren gewachsen: hat dieselbe alsobald bewegl Erinnerungsschreiben under einandern die alte frundschafft, liebe und ei keit zu erhalten, abfliessen lassen, ouch us Holland ein fründtliche ant antwort empfangen, von Engelland aber ist bis anhero nichts antwortli yngelanget: Wesswegen und wylen sid anhero die angeregte streitigk sich vermehret und zu einem leidigen Krieg geraten, dabei das allgem evangelische Wesen in der ganzen Christenheit die höchste Gefahr, sch und nachteil zu besorgen, hat es bey einer löbl. evang. Eydtgnosscha herzlichem yngrund den christlichen yfer erweckhet, Ihrsyths zu wide sünung zweier so hochansehnlichen Republiquen byzutragen, was immer n lich und gedeihlich syn möchte umb so viel mehr, wyl niemand anderer u den christenlichen Fürsten und Ständen dessen sich im wenigsten bel wollen. Dannenhero ouch niewe schryben an beide theil erfolget, well aber bishero ohnbeantwortet verbleiben; und diewyl underdessen von be syths niewen mechtigen præparatorien zu fortsetzung des Kriegs be ynkommen, hat ein evang. Eydtgnoschaft von habender allerheiligsten meinsamme in Christo wegen, Ihrer obligenden pflicht syn erachtet, die gebenderen schryben und ein nachmaliges durch ein qualificierte perso aller stille und geheimb, selbs in Engelland tragen und zuglych den ei lichen zustand aller sachen der enden, sowohl des Kriegs, als des Regim und der Kilchen grundtlich erfahren, auch vertruwlich erkundigen gela ob ein mehrer bytrag zu beiden theilen widerversühnung von einer Ev Eydtgnoschaft in gutem würde uffgenommen werden. Zu sollicher Verrich hat man üch tugentlich erachtet und das gute Vertruwen in üch gesetzt, dissfahles nützit verabsumen werdint und üch hieruff mit volgender Ins tion versähen.

[illegible] sonderlich sich naher London in Engelland in müg-[illegible] mitgegeben und an daselbe Parlament beyde vor-[illegible] widerumb originaliter ouch ein nüwes mitzunehmen haben. [illegible] by H. Duræo einem ansehnlichen Kilchendiener [illegible]n, byhabendes Credenz Ime überreichen und die ursachen üwer ab-[illegible] Ime vertruwlich eroffnen, ouch von Ime hilff, rath und anleitung [illegible] üwere commission desto fruchtbarlicher usszerichten: Insonderheit [illegible]hr glich im anfang denselben ouch des Titels halber, so das Parla-[illegible]gehrt und der ursachen, warumb vorgehende schrieben ohnbeantwortet [illegible]n zu erkundigen, auch darnach üch mit syner fehrneren anleitung [illegible] volantium zu verhalten ebenmessig der überlifferung [illegible] schryben synem gutachten zefolgen und privatim üch anzu-[illegible] Herren vom Parlament, wo er es üch fürnemblich raten [illegible] zu erkundhigen, so Engelland zum friden haben möchte. [illegible]y ermeltem H. Duræo und andern vertruwten Parlamentsherren wer-[illegible]r vertruwenlich zu erkennen wol wüssen, dass einer Evang. Eydt-[illegible]t hertzliche Begird und christlicher yfer ihr müglichstes zu fridsammer [illegible]einung zweyer so ansehnlichen Ständen byzetragen, einzig und allein [illegible] der gemeinsamen der wahren evang. Religion von alter fründ-[illegible] so von ziht zu ziht Engelland der Eydtgnoschaft, sonderlich [illegible]r seligen Glaubensreformation bezüget, ouch die evang. Eydtgnoschaft [illegible]erlich an den tag gegeben, fürnemblich zur Zit des Königs Edoardi [illegible] Königin Elisabeth ouch in verschinner verfolgung der Evangelischen [illegible]d: und das vermittelst zweyer so nambhafften vereinigten Ständen [illegible]n Kirchen Christi hie uff erden trostlich mochte hin und wider ge-[illegible]werden.

[illegible] man ouch mehreren nachdenkens wol würdig: dass dem verlut [illegible] Rych noch selbsten Lüth die dem frygen Regimentsstand (d. h. [illegible]) widersitzig und untrüw: dass in beharrung des Krieges mit [illegible] Frankrych Dennemark ouch Schweden sich lychtlich zu einer [illegible] verstehen und dannenhero zu höchstem nachteil und schaden [illegible] der Englischen Republik umb sovil mehrere gefahren [illegible]. Dahingegen vermittelst widerufrichtung des so hoch [illegible] und guter verständnus, dise beide nambhaffte Republiquen [illegible] Dienst leisten wider allen frömbden Gewalt und uffsatz [illegible] des evang. Wüssen in der christenheit zu höchstem ihrem lob [illegible] uffnemmen erhalten helffen könntend.

[illegible] in vorgehenden schryben für mehrere Erinnerungen ange-[illegible] Ihr üch nach gut befinden ouch wol bedienen können [illegible] und zilen, dass Ihr nach wunsch einer evang. Eydt-[illegible] und sovil inclination zum friden vermercken mögind, [illegible] zwischend beiden Teilen den friden widerzebringen [illegible] Eydtgnoschaft möchte in allem guten uffgenommen werden. [illegible] hierzu etwas gewüssheit haben mögend, sollend Ihr [illegible] ouch in Holland verfüegen, daselbst ouch vorderst an [illegible] üch anmelden, volgentz ouch mit ihrer hilff rath und an-[illegible] in Engelland practizieren, sowohl in überlifferung des ouch byhabenden Originalschrybens, als in Erkhundigung der ouch Haupts zum friden habender inclination und hernaher üch fürderlich wider naher hus zubegeben haben.

Im fahl aber wider verhoffen in Engelland die erwünschte inclination zum friden über alles erinnern nit zu verspühren syn möchte, wann glych ouch die andütung beschehe, dass man albereit a parte der Holländer dazu etwas vertrowlicher nachricht habe: habent Ihr den Weg wider recte naher hus zenemen und allen verlauff behöriger Orten usführlich zu referieren: Jedoch und wofehr Ihr vernehmen möchtend, dass by Engelland die inclination zu verhoffen, wann uff sythen Holland dieselbe zuvor gewüss were, überlasst man üch in söllichem fahl mit roth vertrwwten H. zehandlen, in Holland zereisen und daselbst was Ihr by Engelland gefunden vertruwlich abzulegen und sy umb solliche inclination von der gemeinen besten wegen yfferigst zu sollicitieren ouch hernaher dieselbig widerumb in Engelland vertruwlich zecommunicieren.

Im übrigen wenn Ihr beidersyths die inclination zum friden und dass ein mehrere underfahung der evang. Eydtgnoschaft denselben ins werckh zu richten helffen, beiden Partheyen nit widrig were, verspühren möchten, habend Ihr an vertruwten Orthen ouch fehrner zuerkundigen, wie fernere fridenstractaten möchtend anzustellen syn, an was für einen orth ouch uff was wys und form und was nach fürfallenden dingen üch wyter notwendig gedüncken möchte.

Gestalten man nit zwyflet Ihr sowohl in vorgeschribnen sachen daby glychwohl üch die Hand nit gebunden, sondern je nach befinden der sachen beschaffenheit üch in den umbstenden andrist zu verhalten frystehen solle, alls auch in all andern fürfallenheit üch aller gebühr nach zu verhalten wol wüssen werdint. Schliesslich den Allerhöchsten hertzlich pitend dass er üch diser reiss wol begleiten mit synem H. Geist und bywohnen, üwere comission als syn eigen werk von einer lieben kilchen wegen väterlich benedeyen und sägnen und mit erfreuenlicher verrichtung frisch und gesund widerumb heimbkommen lassen wolle.

Und dessen atteste zu wahren Urkhund und bekrefftigung obgeschribner befehlches ist von allen yngangs benannter Evangelischer Stett und Landen, ouch der Evanglischen zugewandten Orthen wegen, der Stadt Zürich Secretinsigel offentlich darunder getruckht worden.

[14]) Das Schreiben an das Parlament ist datiert vom 17. Februar, Kopie im Basler Staatsarchiv Politisches S 1, Gesandtschaft Stockar.

Parlamento Reipublicæ Anglicanæ: Plurimam Salutem.

Nostra et Fidei et Libertatis communio nos vehementer commovet ut nihil intentatum relinquamus, quod ad pristinam pacem et concordiam inter vos et Ordines Unitarum Belgiæ Provinciarum restaurandam usui fore judicamus. Ex hoc fonte promanerunt binæ illæ nostræ rationibus precibus atque exhortationibus pacificatoriis abunde instructæ quas anno superiori ad vos dedimus. Eas etsi serena fronte fuisse acceptas non dubitamus, tamen ut Vobis de singulari nostra pristinam vestram amicitiam tam nobis invicem necessariam et frugiferam quam toti Orbi Evangelico et veræ Christi Ecclesiæ exoptatam et salutarem redintegrandi et stabiliendi propensione ac studio e constat, præcedentes nostras per harum exhibitorem Nobilem, lectum: Joannum Jacobum Stockarum in hunc solum finem nostro proficiscentem: plurima cum officiorum nostrorum significatione isque reiteratas tradi voluimus, omni cordis affectu rogantes ut tra pietate, ac inclyta prudentia rebus et circumstanciis omnina perpensis, bello tam atroci, pacem a tot animarum myriadiexpetitam præferendam omnino censeatis. Sufficiat quæsumus lici sanguinis hucusque profudisse, prævaleat ex peculiari Reri præcepto christiana et fraterna Charitas, redeant halcyonia, hil caduca Mundi commoda perennibus Ecclesiæ Christi bonis, litati et suspiriis bonorum infinitis. Verum enimvero de optaerum successu dubitatio nonulla animum nostrum subit cum et Magistratus christianos, qui fide sua interposita, obstacula at removere ac tollere conetur sciamus aut subordoremur nemirem nos puro de mero mutæ vestræ amicitæ reconciliandæ flagrantes, eidem Stœckaro hoc inprimis mandavimus atque : apud vos primum tum apud alteram quoque partem sanctissime i nostri conatus ad hujusmodi officia pro virili præstanda grati ti sint futuri; vestramque voluntatem protinus nobis significet. ementer obtestamur ut sincerum nostrum de Reipublicæ Vestræ t Majestate sensum et rectum illud atque honestum concordiæ positum ad gloriam Domini Dominantium, ad ædificationem i, ad commune bonum unice collimans (?) æquibonique consu.o harum exhibitori favoris vestræ aurem gratiose impertiri dignanimitate vestra cônfidentes, Deum ter optimum Maximum eximis penetrantibus precamur ut ipsemet pacem inter vos per Spiritum promovere, simulque felicia omnia cumulatissime vobis largiri Ecclesiam et Rempublicam nostram benevolentiæ vestræ reinstantissime. Dabamus ad diem decimum sextum Mensis IDCLIII°. Sigillo perdilectorum Confœderatorum nostrorum inæ nomine nostri omnium munitas.

: vestri studiosissimi.

s, Sculteti, Landammanni et Senatores Cantonum Helvetiæ nempe Tigurini, Bernensis, Glaronensis, Basiliensis, Schaffbbatiscellani. Nec non ejusdem Religionis Confœderatorum in æ, Sanctogalli, Mulhusii et Biennæ.

lamentum Reipublicæ Anglicanæ.

ıreiben an die Generalstaaten hat denselben Wortlaut und führt Ordinibus Generalibus Unitarum Provinciarum Belgico-Germaniæ.

hasar, Helvetia 1823, pag. 582.

g. Absch. 6, 1, I, pag. 159.

hasar, Helvetia 1823, pag. 572.

ler Staatsarchiv, Politisches S 1, Gesandtschaft Stockar.

gleiche die beiden Schreiben von Basel an Schaffhausen vom o. September 1653 in den Missiven.

ie Frage eines Bündnisses mit England hat Basel folgende Annsres teils halten dafür, dass zwar diese Gelegenheit nicht gar

was zu erhaltung der reinen Lehre des Evangelii ...
heit mehrere Versicherung immer verträglich ...

[20]) Balthasar, Helvetia 1823, pag. 573.

[21]) Stockars Relation und die Schlachtbericht
holländischen Admirale: Basler Staatsarchiv, Politisc
Stockar.

[22]) Ein ausführlicher Bericht Stockars über
12. Dezember im Basler Staatsarchiv, Politisches S 1,

[23]) Schreiben des Duräus an Ulrich, Basler Staats
Gesandtschaft Stockar.

[24]) Das Schreiben des Parlaments war von Mi
abgedruckt in der Sammlung seiner Prosaschriften, Th
Historical, Political an Miscellaneous, London 1753, Vo
plar der Basler Universitätsbibliothek).

Die Schreiben des Staatsrats und Cromwells
1823, pag. 588 und 589.

[25]) Der lateinische Text im Basler Staatsarchiv
sandtschaft Stockar.

[26]) Balthasar, Helvetia 1823, pag. 595 und 596,
in deutscher Sprache. Die zweite Fassung, in lateinisc
Staatsarchiv, Politisches S 1, Gesandtschaft Stockar.

[27]) Schreiben Basels an Schaffhausen vom 10. S
Staatsarchiv, Missiven und Thesaurus Wettsteinianus, T

[28]) Schreiben Basels an Zürich, 8. November
archiv, Missiven.

[29]) Basler Staatsarchiv, Politisches S 1, Gesandt

[30]) Schreiben Basels an Schaffhausen vom 11. S
saurus Wettsteinianus, Tom. IX.

[31]) Thesaurus Wettsteinianus, Tom. IX.

... Wettsteinianus, Tom. IX.

... die Vaughansche Briefsammlung, welche 1839 bei ... London erschienen ist unter dem Titel: The Protectorate ... and the state of Europe during the early part of the ... XIV illustrated in a series of letters between Dr. John Pell, ... with the swiss cantons, Sir Samuel Morland, Sir William ... Secretary Thurloe, and other distinguished men of the time. ... from the Originals. Edited by Robert Vaughan, D. D. Pro... and modern History in University College, London.

... Exemplar des Creditives im Basler Staatsarchiv. Politisches S 1, ...; es hat folgenden Wortlaut:

... *Dominus Protektor Reipublicæ Angliæ Scotiæ et Hiberniæ etc.* ... *Domini.* Propensam vestram erga hanc Rempublicam ... amicitiæ cum ea colendæ studium nec non et pium ... Christianum solum pro Reformata Religione tutanda ejusque ... atque adhuc in magis promovendo, tam ex literis a Vobis non ... superum Parlamentum datis quam ex plurimis colloquiis cum ... publico vestro Ministro, ultro citroque habitis, nos quidem ... Quæ omnia et singula grata nobiscum memoria reco... satis esse duximus conspirantia vota nostra sensumque animi ... apud prædictum Dominum Stockarum verbis exprompsisse. ... publicam personam ad Vos protinus ablegare destinavimus, ... sincerum nostrum amicitiæ affinitatisque, quæ inter utramque ... longum intercessit, conservandæ verum etiam ijusdem procut ... status atque alterutrius Nationis ratio et Evangelicæ religionis ... postulaverint, confirmandæ atque adaugendæ studium et desi... explicaret. Et cum honorabilis vir Johannes Pell in rebus ... sit, animumque populi huius Reipublicæ probe exploratum ... scilicet huic operi promovendo, tam eruditiores, quam alli pro..., eidem hanc provinciam demandavimus. Quem igitur ut beni... eique Audientiam et plenariam fidem in eis, quæ a parte ... iturus est, ac si nos ipsi præsentes interessemus, concedatis, ... rogamus.

... ex Alba Aula vicesimo septimo die Martii anno 1654

Vester bonus Amicus

Oliver P.

...ibus et Amplissimis Consulibus, Sculletis, Landammanis et Sena... ...num Helvetiæ Evangelicorum: Tigurini, Bernensis, Glaronensis, ... Schaffhusiensis, Abbatiscellani, nec non ejusdem Religionis Con... in Rhætia, Genevæ, Sanctogalli, Mulhusii et Biennæ.

...iden Instruktionen sind in der Handschriftensammlung des Bri... ...ms, Abteilung Birch Manuscripts, fol. 7 und 9.

...g. Absch. 6, 1, I, pag. 219.

...g. Absch. 6, 1, I, pag. 226. Stockars Bericht ist abgedruckt in ...lvetia 1823, pag. 561 ff.

...ughan I, pag. 9: «If my last letter came to you, you will be as... ...thing will be done here in any treaty to the prejudice of your ...nd *therefore you may go boldly on.*»

38) Vaughan I, pag. 14.

39) Vaughan I, pag. 19.

40) Aus einem Briefe Pells an Thurloe, Vaughan I, pag. 37, erfahren wir, daß ein englischer Geistlicher namens Stoupe den zweiten Sohn Ulrichs, der von Beruf Chirurg war, mit nach England nahm. Ob auch der älteste Sohn nach England kam, wird aus Pells Briefen nicht klar. Dagegen hören wir, daß im Sommer 1657 ein Sohn des Antistes Ulrich, namens Heinrich, in London ins Schuldgefängnis kam. Er war seiner Wirtin 60 £ schuldig, die er nicht bezahlen konnte und wollte nach Dänemark entfliehen. Die Wirtin merkte aber, daß er sich reisefertig machte und ließ ihn verhaften. Er saß mehrere Monate im Gefängnis, bis er durch Bekannte Pells, Durie, Flemming und Morland, befreit wurde, nachdem der Vater das Geld für die Schulden seines Sohnes geschickt hatte. Dieser Junge Ulrich scheint überhaupt ein lockeres Leben geführt zu haben. Vergl. Vaughan II, pag. 139, 144, 146, 147, 158, 168, 172, 174, 183, 184, 189, 203, 207, 209, 211, 215.

41) Pell an Thurloe, Vaughan I, pag. 17. I hear, that he (Stocker) was much more caressed at the Hague and Amsterdam than he was at Westminster. Vergl. Vaughan I, pag. 27.

42) Vaughan I, pag. 44. Thurloe an Pell: I suppose you have heard that several great differences between the English and Dutch merchants were refered to arbitrators, and in a case of non agreement to the protestant cantons. The arbitrators will not agree, so that this will come to the umpire. *You shall do well to confer about this business with some of ours you most trust, and prepare them so far that you may got the cantons to receive those who are our friends, when the business shall come represented to them by the both states.*

43) Vaughan I, pag. 57. Jam sorry that the commissioners cannot end those merchants differences. *Neutrals laugh at both republics and ask, whatever thought such inlanders as the Switzers fit to judge of sea-quarrels.*

44) Vaughan I, pag. 73.

45) Eidg. Absch. 6, 1, I, pag. 226.

46) Basler Staatsarchiv, Missiven.

47) Vaughan I, pag. 32, 39, 104, 161.

48) Some of them would have the protestants renounce their confederacy with the popisch cantons and also with France, and go fetch their arrears by force.

49) Vaughan I, pag. 24. The general opinion is, that the Emperor sent him a blank, signed with his own hand, and a commission to pen such a letter in his name, as the state of their affairs should require.

50) Herrn Dr. P. Ganz verdanke ich einige wertvolle Mitteilungen über den Anteil des Thomas Wertmüller am Juwelenhandel.

51) Vaughan I, pag. 53. He answered that it would be a good use of money, to lay it out for that, which was more worth; *and yet, at the same time to oblige the whole Helvetien nation as well papists as protestants, who would all be much taken with such a motion out of England*; seeing it might be represeсented to them as an effect of my Lord Protectors desire to prevent a civil war, which might arise amongst them about the sale of them . . .

ıan I, pag. 53. When I said, that unquiet spirits might as ıbout sharing the money, as about selling the jewels, it was all the protenders had promised to stand to the arbitrement stribution of it.

ıan I, pag. 53. Whatsower the answer be, I must have a care ı here as that I may not disoblige so true a friend to the ınd as he has been, and is likely to continue.

ıan I, pag. 53. It may be Spain would be forward to buy it were but to affront the French.

ıan I, pag. 58.

ıan I, pag. 76. Concerning the Jewels you writ to me for-ll be now scarce any opportunity to speak with the French ıt them, it beeing very doubtful, whether the Protector and ıe to any terms of amity. The ambassador is not yet gone, hath commands to return forth with to give an account of

ıan I, pag. 59.

ıan I, pag. 60. But I was apt to believe *that England had what to that change,* both by making some favourable mention ı the French ambassador at London, and by maintaining an *whose bare presence was sufficient to amuse the French* and ıcline, at least, to promise satisfaction to the Just demands That if H. H. did conceive that his agents abiding in this ı way to their damage, he would command him to take his ıd to make hast them.

ıan I, pag. 45. I have received from a leading man among ıe heads of the desires of the protestants there. They con-hty enough by treaty to obtain all these articles to be granted

über den merkwürdigen Zwischenfall Vaughan I, pag. 106

Die Eberler genannt Grünenzwig.

Von

August Burckhardt.

Es ist bekannt, wie das Auftreten und die erschreckend rasche Verbreitung durch fast ganz Europa des sogenannten schwarzen Todes — d. h. der Pest — in den Jahren 1348 und 1349 überall die schrecklichsten Judenverfolgungen gezeitigt hat. Man bezichtigte eben die Juden, gegen die beim Volke ihrer Wuchergeschäfte wegen sich schon seit langem viel Haß angesammelt hatte, durch Vergiftung der Brunnen die furchtbare Epidemie, der man geradezu wehrlos gegenüberstand, erzeugt zu haben. In Spanien war die Seuche zuerst aufgetreten und hatte dann von hier aus ihren Weg über Südfrankreich auch nach der Schweiz — zunächst nach Genf — genommen; hier hören wir daher auch zuerst von Judenverfolgungen: am 15. September 1348 beginnen in Chillon die Verhöre von gefangenen Juden und dauern bis zum 11. Oktober. Die Ausgangspunkte der Bewegung in der deutschen Schweiz aber waren die Städte Bern und Zofingen, von wo aus sie sich noch im November und Dezember auch den meisten übrigen Orten mitteilte. Wie die Anklagen überall dieselben waren, so war auch das Verfahren fast überall dasselbe, eine Stadt teilte eben der anderen ihr Tatsachenmaterial mit; so hatte schon am 15. November der Schultheiß von Lausanne das Protokoll seiner Judenverhandlungen nach Bern geschickt, und auf Grund der hier gewonnenen Ergebnisse und in Anlehnung an das hier beobachtete Verfahren ging man dann später auch in Basel und Straßburg gegen die Juden vor. Am 16. Januar 13[illegible] verbrannte in Basel das aufgeregte Volk, über das der R[illegible]

verloren hatte, die Juden auf einer kleinen Rhein-
Nähe der Stadt; nur die Kinder wurden dem
Verderben entzogen, indem man sie den Eltern
entriß und sie wider deren Willen zu Christen
igleich war von der Bürgerschaft dem Rate der
genötigt worden, in 200 Jahren keinem Juden
ß in die Stadt zu gewähren.[1])
l hatte schon seit der Mitte des XIII. Jahrhunderts
Judenkolonie bestanden; wahrscheinlich ist über-
der Ort im deutschen Teil der heutigen Eid-
aft, wo die Juden zuerst Aufnahme gefunden
n schon im Jahre 1213 erfahren wir von einem
ohnhaften Juden namens Meier, bei dem der
hold v. Aarburg seinerzeit seinen Siegelring und
s Gewand verpfändet hatte, die er jetzt mit sechs
er zurückkaufte. Und zehn Jahre später (1223)
sogar von dem durch Bischof Heinrich v. Thun
len versetzten Kirchenschatz. Eine größere Aus-
tte aber, wie gesagt, die Ansiedlung bereits zu
III. Jahrhunderts gewonnen, indem im Jahre 1290
er als 20 Häuser im Besitze von Juden gewesen
) Das Ghetto von Basel befand sich damals am
kt», also im Zentrum der Stadt, in allernächster
aufhauses, im heutigen Grünpfahlgäßlein, gegen-
beiden Seiten der Synagoge, an deren Stelle
Haus und die Herberge «zur Judenschule» (Grün-
l) stand. Der Judenkirchhof hatte sich bekanntlich
eal des jetzigen Werkhofes befunden.
ar 1349 war also, wie wir gesehen haben, diese
ende Kolonie auf gräßliche Weise vernichtet
e es damals schien, auf alle Zeiten hinaus. Doch
erlicben Beschlusses, innerhalb 200 Jahren keine
in die Stadt hinein zu lassen, finden wir doch
hre später wieder eine ganze Anzahl derselben
dergelassen. Wie schon angedeutet worden ist,
t zu jenem übereilten Beschlusse von den Bürgern
gezwungen worden; es war nicht dessen freier
ewesen, auch hat derselbe wohl schwerlich je an
keit geglaubt, denselben auch wirklich durch-

führen zu können. Er konnte [illegible]
der damaligen Zeit, einfach [illegible]
Christen dem kanonischen Gesetz [illegible]
Zinsen ausleihen durften, man es [illegible]
lehen aber doch wieder nicht machen [illegible]
man eben diese Geschäfte den Juden; [illegible]
ferner alle anderen Erwerbszweige [illegible]
schließlich der Wucher neben Ausübung [illegible]
so ziemlich der einzige Beruf, der ihnen noch
Sie haben dann allerdings von ihrem Monopol
recht unmäßigen Gebrauch gemacht, indem sie
enorme Zinsen verlangten, sodaß sich der Haß
schaft gegen sie nur allzu leicht erklärt. Aber si
blieben trotz alledem unentbehrlich. Andererse
sie dem Staate nicht unbeträchtliche Einnahmen
ein ziemlich hohes Schirmgeld zahlen mußten.

Seit 1362 findet nun also wieder eine st
einwanderung in Basel statt, die sich gerade übe
erstreckt. Hauptsächlich eine Familie tritt von je
in den Vordergrund, diejenige des Juden Eber
mar. Die älteste über ihn noch erhaltene Notiz
am Montag nach St. Bartholomeustag, d. h. am
1362 «Eberli, der jude von Colmer, sin wip,
gesinde» gegen Erlegung von 12 Gulden auf
der Stadt Schirm und Tröstung aufgenommen w
erneuerte er für sich und seine Familie sein Nie
recht auf zwei weitere Jahre, wieder gegen Za
Schirmgeldes im Betrage von 12 Gulden per
wurden derselbe Eberli, sowie sein Sohn Mathis a
beide nebst Weib und Kindern, diesmal für fünf J
Erlegung von jährlich 20 Gulden; im selben Jahre
Muhme Frau Sara, die Witwe von Kolmar, nebst i
Familie. 1368 wird sodann — zunächst nur auf
aufgenommen Eberlis Tochtermann Meyer nebs
Kindern, endlich 1370 Aaron, Eberlis Stieftochter
falls mit Frau und Kind, auf fünf Jahre.[3]) 1370 v
Eberli aus Kolmar zum letztenmale genannt,
wir nur noch von Eberlis Erben; er war also
gestorben.[4]) Um so mehr erfahren wir von se

[illegible] Sohne Mathis und dessen Nachkommen, sowie [illegible] Seitenverwandten, die sich in der Folgezeit [illegible] niederließen und hier sehr rasch zu Reichtum und [illegible] eben auch zu Macht und Ansehen gelangten. Mathis, [illegible] des Juden Sohn, ist nämlich, wie ich glaube für [illegible] sicher nachweisen zu können, der Stammvater des [illegible] XV. Jahrhundert in Basel eine gewisse Rolle spielenden [illegible] der Eberler genannt Grünenzwig, deren Name [illegible] noch bis in die 1440er Jahre hinein auch «Eber- [illegible] geschrieben wird,[5]) währenddem andererseits schon 1379 [illegible] Heinrich «Eberler» aus Kolmar in den Basler Finanzakten [illegible] wird.[6]) Wir werden an der — relativ kurzen, sich [illegible] über 150 Jahre erstreckenden — Geschichte dieses merk- [illegible] Geschlechtes hauptsächlich zweierlei beobachten [illegible], nämlich erstens wie enorm weitherzig das XIV. [illegible] dann namentlich das XV. Jahrhundert noch waren [illegible] bezug auf Einbürgerung, Freizügigkeit und Gewerbe- [illegible] im Vergleich zu den nachfolgenden Jahrhunderten [illegible] großen Revolution oder selbst bis zum Jahre 1848. [illegible] XIV. und XV. Jahrhundert sind diejenigen Zeiten, in [illegible] sich die Bürgerschaft relativ am raschesten und stärksten [illegible], sei es durch Einkauf oder namentlich auch durch [illegible] Teilnahme an einem der vielen — meist gänzlich [illegible] — Kriegszüge der Stadt. In den nicht ganz [illegible] von 1366—1461 vermehrte sich die Bürgerschaft [illegible] auf letzterem Wege um über 5000 Personen, natürlich [illegible] und Kinder nicht miteingerechnet;[7]) dabei betrug [illegible] 1454 die Gesamtbevölkerung der Stadt, wie wir aus [illegible] noch vorhandenen Steuerlisten berechnen können, aller- [illegible] 8000 Menschen.[8]) Und diese neuen Bürger wurden [illegible] nicht wie es später — namentlich im XVII. und XVIII. [illegible] — praktiziert wurde, in der ersten und womöglich [illegible] in der zweiten und dritten Generation von den [illegible] ausgeschlossen; im Gegenteil: wenn wir die Ratslisten [illegible] Jahrhunderte durchgehen, so werden wir finden, daß [illegible] Teil Vertreter jener neuen Geschlechter, und zwar [illegible] eben diejenigen Glieder derselben, die selbst [illegible] Jahren das Bürgerrecht erworben hatten, [illegible] der Stadt saßen. Und ebensowenig als man

diesen Neubürgern die Staatsstellen verschloß, ebensoweni
suchte man sie durch kleinliche Verordnungen in ihrem Ge
werbe zu hindern und zu beeinträchtigen. Wohl bestande
schon damals ziemlich strenge Vorschriften über Zunftzwan
und ähnliches; doch im Gegensatz zur späteren Zeit hatt
man nichts dagegen einzuwenden, wenn sich die betreffende
Kaufleute und Handwerker damit halfen, daß sie je nac
Bedürfnis zwei oder mehr, ja selbst bis zu vier Zünften be
traten, wie wir dies gerade bei den Eberlern fast durchwe
finden werden. Die natürliche Folge dieser largen Prax
war ein mächtiges Aufblühen von Handel und Industrie i
damaligen Basel.

Der zweite Punkt, auf den ich hier hinweisen möcht
ist der geradezu typische Entwicklungsgang, den das g
nannte Geschlecht in knapp 100 Jahren durchgemacht hat, u
der überraschend demjenigen gleicht, den wir nicht selt
auch heutzutage noch Familien zurücklegen sehen: Wie w
noch finden werden, ist der Urgroßsohn des verachtet
jüdischen Wucherers Eberli aus Kolmar der Junker Matl
Eberler, Herr zu Hiltelingen und Schwiegersohn des Junke
Diepold v. Geroldseck

Doch kehren wir wieder zu Mathis Eberlin zurück W
lesen uber ihn im Leistungsbuche zum Jahre 1377 [9]) folgend
Mathis, Eberlins des iuden sun, sol niemer in unser st
komen, darumb daz er an dem styllen fryetag in desselb
sins vatters hus saß und da unser fröwen clag las zû ein
versmecht und zû schanden Got und unser fröwen und ou
der cristenheit. Und swür uff den mentag Quasimod
geniti etc. LXXVII. Es wird also Mathis, des Juden Eber
Sohn, weil er am Karfreitag in seines Vaters Hause — u
offenbar auch im Kreise anderer Juden — die christli
Liturgie lacherlich gemacht und verspottet hatte, auf ew
Zeiten aus der Stadt verwiesen. Der Name Eberlin v
schwindet damit zunachst wieder aus Basel. Wohin s
Mathis gewandt hat, wissen wir nicht, doch lassen v
schiedene Anzeichen darauf schließen, daß er sich nach E
begeben hatte, woselbst nicht nur fur 1382 ein Mathis Ebe
nebst seiner Ehefrau Hesther Mennlin sogar als Burger
Stadt bezeugt ist, sondern wo wir auch noch im Jahre 1

[illegible] noch lange den Beinamen «Slosser». Doch nicht von [illegible] andern von Villingen kam, wie schon bemerkt, im [illegible] 1393 wieder ein Mathis Eberler nach Basel, der nach [illegible] Ansicht also der Sohn wäre jenes im Jahre 1377 [illegible] Blasphemie aus der Stadt verwiesenen Juden Mathis [illegible].[12])

Aus der bloßen Namenidentität darf in unserem Falle [illegible] noch nicht auch auf Identität der Personen geschlossen [illegible], denn nicht nur ist Eberlin — neben Mennlin — [illegible] gebräuchlichste und verbreitetste Judenname der damaligen Zeit, wenigstens in der heutigen Schweiz und im [illegible], sondern es kommt noch dazu, daß gerade der Vorname Mathis bei den verschiedensten Zweigen dieses weitverzweigten Geschlechtes gebräuchlich war. Neben den [illegible] Eberlin, von denen also die Basler und, wie ich [illegible] und im folgenden zu beweisen suchen werde, durch [illegible] auch die Berner, Badener und Villinger Eberlin abstammen, sind als weiterer Hauptstamm zu nennen die Gebweiler [illegible], von denen ein Zweig sich in Zürich niedergelassen [illegible], der sich aber hier — vorausgesetzt daß Ulrich recht [illegible] hat — nicht «Eberlin», sondern «Eberhard» schrieb; [illegible] der Sohn Eberhards von Gebweiler, ist hier für die [illegible] 1377—1393 bezeugt.[13]) Daß der Name Mathis überhaupt [illegible] beliebter Vorname bei den damaligen Juden war, ergibt sich daraus, daß wir z. B. 1365 in Basel auch einem Juden [illegible] von Sennheim, ferner ums Jahr 1400 zu Schaffhausen [illegible] namens Mathias Wölflin, und noch 1457 in [illegible] einem genannt Mathias von Speier begegnen.[14]) [illegible] als diese Namensgleichheit sind nun aber folgende [illegible]: einmal die Tatsache, daß auch noch Mathis [illegible] Villingen, ja selbst noch seine Söhne Heinrich [illegible] verschiedene Häuser im Grünpfahlgäßlein besaßen, [illegible] die frühesten Nachrichten darüber nicht über das [illegible] hinaufgehen. In diesem Jahre nämlich kauft «Mathis [illegible] Villingen, der slosser» ein Haus und Hofstatt an der Gerbergasse und gelegen neben seinem Hause. Laut den Angaben des historischen Gr handelt es sich um einen Teil von Gerbergasse 30 um Ecke Grünpfahlgäßlein 1 und Gerbergasse 30, um Liegenschaft, die schon 1395 als das «orthus (d. h genannt studershof» bezeichnet wird oder später (1 hus und hofstatt genant studershof, gelegen an d rindermerkt, an dem ort nebend der judenschul», Haus dann in dem genannten Jahre des Mathis Sohn, Eberler genannt Grünenzwig, wieder verkaufte. Da neben dem Studershof gelegene Häuschen, in dess Eberler also schon vor 1408 genannt wird, war wohl näh der Judenschule gelegen, denn schon 1409 wird M Besitzer eines Hauses neben der Judenschule genannt, dem ja, wie wir eben gesehen haben, der Teil der Gesamtliegenschaft, den er erst 1408 dazu gekau gegen die Gerbergasse zu gelegen war. Weiter besa Eberler schon 1404 das Haus «zum Ritter» (Gerber dessen Besitzer vor Eberler — soweit wir dieselben ü kennen — sämtlich Juden gewesen sind; allerdings dieselben leider nur bis zum Jahre 1333 bekannt.[1]

Als zweiten Beweis für die Abstammung des Mathi von Villingen von Mathis Eberlin des Juden Sohn f die Tatsache an, daß noch 1425 Mathis Eberlers gleich Sohn als «Vetter» — das heißt hier wohl Verwandt licherseits — von Heinrich Werkmeister, dem Gold bezeichnet wird,[16]) der, wie wir aus anderer Quelle der Sohn ist des Werkmeisters und Zimmermann Eberlin von Trier, der etwa auch einfach als «T Jude» aufgeführt wird.[17]) Dieses Heinrich Wer Bruder war dann vermutlich Meister Mathis Ebe Trier, der in den Jahren 1398 und 1412 erst als und später als Schreiber und Pedell des bischöflich genannt wird.[18])

Am 16. November 1393 nun also hatte Mathis der Slosser, durch seine Teilname an dem freilich verlaufenen Streifzuge der Basler gegen Muttenz ne 572 andern Männern unentgeltlich das hiesige Bür erworben. Die Veranlassung des von den Baslern ntfaltung in Szene gesetzten Kriegszuges nach ein Überfall gewesen, den kurz vorher die :h und Diethelm von Krenkingen gegen das ihren als Pfand der tiefverschuldeten Münche ıtein im Besitze des Basler Ratsherrn Junker ıhart befindliche Dorf unternommen hatten. Eberler hatten bei demselben Anlasse noch las Basler Bürgerrecht erworben, von denen r ausdrücklich als Jude gekennzeichnet wird, rtz Eberlin», Jecklins von Thann Sohn;[19]) die :n waren daher wohl gleich Mathis Eberler Christen. Von jenen zwei anderen scheint :nmann Eberlin, der Goldschmied — wie wir : des Urteilbuches wissen, Bruder eines Bertsch- ı oder Berchtold Eberlin, ebenfalls eines Gold- l aus Baden gebürtig, der schon 1391 durch ler Bürgerrecht erworben hatte — ein naher nseres Mathis gewesen zu sein;[20]) er ist höchst identisch mit einem Johannes Eberlin, der r wurde und Kaplan des St. Mathisaltares im der gleichfalls als Bruder des vorhingenannten ezeichnet wird.[21]) Gleichwie Mathis Eberler ırsprünglichen Berufe — oder wohl eher dem — in der ersten Zeit fast durchweg als «Mathis ichnet wird, so findet sich auch der genannte nes etwa als «Hans Slosser» aufgeführt.[22]) Die onen des Namens Eberlin, die in Basel etwa ıen, muß ich, da ich vorderhand keine direkten ıre Zusammengehörigkeit zu der von mir hier amilie habe, einstweilen unberücksichtigt lassen. vir zu Mathis Eberler zurück. Noch 1397 wird ıche als «Mathis Eberler der slosser» bezeichnet; enige Jahre später verläßt er die Schmieden- bisher angehört hatte, und tritt in die Schlüssel- m Eintrittsbuch der Zunft lesen wir: «Meister r empfing die zunft dinnstag noch St. Gallus- 20. Oktober) 1404 jor und sol der zunft 35 fl. und 4 fl. an die zunft und ein mal meister :r 4 gulden vir dz mal.» 1412 sodann wird

der sich aus der waffenfähigen Mannschaft des St. Leonhardkirchspiels zusammensetzte und der sich bei Allarm bei dem Richtbrunnen vor dem Gerberzunfthaus besammeln sollte um das Panner, das dazumal Oberstzunftmeister Henman Buchbart empfohlen war.[24]) Endlich mag noch beigefügt werden, daß er auch am 12. Dezember 1428 während des abenteuerlichen, zwischen dem Spanier Johann von Merlo und Heinrich von Ramstein auf dem Münsterplatze unter großem Andrange der Bürgerschaft und des umliegenden Adels ausgefochtenen Zweikampfes das Stadtpanner hielt.[25])

Mathis Eberler, der, wie wir aus einer Notiz des Urteilbuches erfahren, am 6. Juni 1437 starb,[26]) war seit mindestens 1404 verheiratet mit Anna, der Witwe des Henman Schlegel, genannt Grünenzwig von Ettingen, des Schlossers,[27]) und wahrscheinlich Tochter des Schlossers Henman von Kilchen und dessen Ehefrau Katharina, die schon 1395 als Besitzer des Studershofes genannt werden, welche Liegenschaft dann, wie wir gesehen haben, Mathis Eberler im Jahre 1408 zu seinem eigenen an dieselbe stoßenden Hause noch hinzugekauft hat; noch 1448 ist sie am Leben. Eberler verließ von ihr, so viel wir wissen, vier r: zwei Söhne und zwei Töchter; von letzteren war ine, Anna, die Ehefrau des reichen Henman von l, der von 1428—1433 Oberstzunftmeister war, die e, Katharina, scheint unverheiratet geblieben zu sein ei ihrer Schwester von Tunsel gewohnt zu haben. Von öhnen wird der ältere, Mathis, 1421 zum ersten Male nt und zwar im Steuerregister dieses Jahres, er muß damals schon verheiratet gewesen sein.[28]) Seine Ehe- var Anna, die Tochter des Webers Hans Stör und einer nberg. Gleich seinem Vater wird er als Watman be- et, doch machte er seine Ämterkarriere nicht gleich n im Schlüssel, bei welcher Zunft er also noch im rodel von 1421 aufgeführt wird, sondern zu Weinleuten, bst er schon 1430 — also noch zu Lebzeiten seines s — Meister und 1440 Ratsherr wurde, welche Stelle zu seinem wohl noch im Jahre 1447 erfolgten Tode idete.[29]) Als Nachfolger seines Vaters war er dann von 1430—1447 Mitglied des wichtigen Siebener giums, endlich von 1441—1443 und wieder 1447 des gerichts. Schon 1424 hatte er zusammen mit seinem ren Bruder Heinrich an einem der Hussitenzüge teil- nmen, über den wir aber leider nichts näheres erfahren;[30]) sodann, im sogenannten St. Jakoberkriege, d. h. den fen, die die Stadt sofort nach dem Frieden mit Frank- gegen den umliegenden österreichisch gesinnten und sverräterischen Adel führte, ergriff er ein zweites Mal Waffen. Das wichtigste Ereignis dieses Krieges war ntlich die am 14. September 1445 erfolgte Übergabe teins von Rheinfelden an die Basler und die mit den- n verbündeten Eidgenossen, die nun nach Abzug der eichischen Besatzung aus der Festung eine neue aus Truppen dareinlegten, zu deren Oberbefehlshaber oder tmann eben unser Mathis Eberler ernannt wurde.[31])

Nach seinem an der Sporengasse gelegenen Hause Gold» wird er meist als «Mathis zum Gold» bezeichnet. ich sind aber er und sein Bruder Heinrich auch die Glieder der Familie, die den Beinamen «Grünenzwig» n und zwar offenbar in Erinnerung an den Namen des Mannes ihrer Mutter, der Witwe, wie wir gesehen

haben, von Henman Schlegel genannt Grünenzwig, der s
seits wiederum den Beinamen wohl nach
grünen Zweig» bekommen hatte; zwar läßt sich
nschaft mit diesem Namen nicht mehr nachweisen, doch
durchaus nicht unmöglich, daß das Häuschen neben de
dershof, das Mathis Schlosser schon vor 1408 bewohnt
das er dann mit letzterer Liegenschaft zu *einer* Beha
vereinigte, diesen Namen geführt haben könnte. Zum
Male begegnet uns der Beiname «Grünenzwig» für die E
im Jahre 1421; es muß demnach damals des oben gena
Henman Sohn, der 1412 zum letzten Male erwähnte
Grünenzwig, der Schwertfeger — ein Stiefbruder als
Mathis und Heinrich Eberler — schon tot gewesen und
Hinterlassung von Kindern gestorben sein, ebenso
Schwester Greda, die Ehefrau des Schuhmachers Hans
von Frick, mit dem sie schon 1404 verheiratet erschei
kommt noch dazu, daß Henman Grünenzwigs Witwe —
alte Grünenzwigin», wie sie eben auch noch nach
Wiederverehelichung mit Mathis Eberler weiter ge
wurde — auch ihre beiden Söhne zweiter Ehe überle
Mathis Eberler zum Gold und sein Bruder Heinrich sc
auch die ersten des Geschlechts gewesen zu sein, d
bekannte Wappen mit dem roten Eberkopf geführt
Das Siegel ihres Vaters Mathis Schlosser ist uns nicht
erhalten, dasselbe muß aber noch Wurstisen vorg
haben, da derselbe in den Analekten als Wappen der E
zum Jahre 1436 einen von zwei Sternen begleiteten Ha
bezeichnet, und zwar beruft er sich dabei ausdrückli
ein Siegel, das demnach an einer seither verloren gegan
Urkunde aus dem Jahre 1436 gehangen haben muß.[1]

Heinrich Eberler, des Mathis schon mehrfach gen
jüngerer Bruder, ein Weinmann und wohnhaft «zum F
am Marktplatz, trat politisch gar nicht hervor, das e
das er — und zwar nur von 1442—1443 — bekl
jenige eines Mitgliedes des Stadtgerichts. Er sche
letzterem Jahre gestorben zu sein; 1448 jedenf
noch mehr als 20 Jahre nach seinem Tode
Anna, die Witwe Henmans von Tunsel,
berichtete, war ihr Vater von jeh

letz man» gewesen. Was die von Tunsel
:ten Urteil über ihren längst verstorbenen Bruder
'ar eine merkwürdige Bestimmung, die er trotz
ıs von seiten seiner Verwandtschaft in den Ehe-
seiner zweiten Ehefrau Anna hatte aufnehmen
e, die Schwester des Junkers Peter zum Thor
ırg am Rhein, und bedeutend jünger als ihr
er erst kurz vor seinem Tode — jedenfalls
41 — geheiratet. Von seiner ersten Ehefrau Elsa,
:bornen Schlierbach und Schwester Heinrichs,[33])
lich außer drei Töchtern — Margaretha, der
ırich Sinners, Agnes, der Ehefrau Bartholome
Magdalena, der Ehefrau des Ratsherrn Ulrich
auch noch einen offenbar damals noch ganz
Mathis, den er nun seiner zweiten Ehefrau zur
vermachte. Als nun im Jahre 1468 Anna zum
ch Eberlers Witwe, starb, verlangte ihr Stief-
auf Grund ihres Ehekontraktes mit seinem
ırem sie überlebenden zweiten Ehemanne, dem
und Ratsherrn Friedrich Tichtler, Herausgabe
, oder genauer ausgedrückt: eines Kindteiles,
aber rundweg verweigerte. Als nun darauf
:r die Angelegenheit vor Gericht zog, ergaben
lenen Kundschaften wohl einesteils die Richtig-
his Eberlers Behauptung, daß er nämlich seiner-
ıem Vater seiner Stiefmutter sei zur Morgen-
n worden, andererseits aber war augenscheinlich
nicht darüber im klaren, was darunter zu ver-
. h. welche rechtlichen Folgen diese Übergabe
zogen habe. Der Fall war eben für die Basler
ganz neuer, noch nicht dagewesener. Es ver-
ıher, die wichtigsten Zeugenaussagen im Wort-
zugeben. Zunächst sagen die drei Schwestern
ibereinstimmend aus, wie sie stets gehört hätten,
er ihrer Stiefmutter zur Morgengabe sei über-
:n, ebenso auch eine alte Magd, die bei der
unsel in Diensten stand. Am ausführlichsten
ı von den Schwestern Margaretha, die Ehefrau
ıers, und Agnes, die Ehefrau Bartholome Studlins,

aus. Erstere erzählt unter anderem wie ihre Base, eben die von Tunsel, ihr einst auf ihre Frage, warum sie ihrem Bruder Mathis «lypdinge» kaufe, geantwortet habe: «Wann Mathias stirbt, so wird in syn stieffmuter erben ... din vatter was ein wunderlich letz man und wolt niemer volgen, und hat Mathisen, dinen bruder, siner stieffmuter zu morgengab geben und ist sin erb, ob si in überlebt.» Eben diese letztere Eventualität, daß nämlich die junge Stiefmutter den ihr zur Morgengabe übergebenen Stiefsohn lange auf ihren Tod könnte warten lassen, ja ihn vielleicht sogar überleben könnte, war der Grund gewesen, warum die von Tunsel bei Aufrichtung des Ehevertrags ihrem Bruder von dieser Übergabe abgeraten hatte, und eben diese Befürchtung hatte sie auch dazu angetrieben, ihrem Neffen, der nun offenbar seine rechte Mutter nicht auch noch beerbt hatte, eine Leibrente auszusetzen, damit er doch wenigstens etwas erhalte. Da Heinrich Eberler selbstverständlich seinem Sohne durch diese Übergabe einen Vorteil hatte verschaffen wollen, so müssen wir annehmen, daß seine zweite Ehefrau Anna zum Thor sehr vermöglich gewesen ist, jedenfalls vermöglicher als die erste, da diese Bestimmung ja sonst keinen Zweck gehabt hätte. Die andere Schwester berichtet, sie wisse zwar nichts näheres in der Sache, «wol habe sich gemacht das dieselb ir stieffmuter alleweg me liebe zu Mathisen, irem bruder, dann zu ir hett; sprech sie einsmals: ‚min muter, wie kompt das dir min bruder lieber ist dann ich und ander min geschwisterte?‘, antworte sy ir: ‚da ist er min kint und mir von dinem vatter geben.‘ Darnach sprech sy zu irer großmutter, der alten Grünenzwigin: ‚wie kompt, dz min vatter Mathisen miner stieffmuter geben hat, ich wolt wenen, er wer im das allerliebst so er sust dhein knaben hat,‘ sprech ir großmuter: ‚Hy du böser vogel, du weist nit, was du seist; stirbt din stieffmuter, so würd er sy erben, darum ist dz gescheen‘».

Nach Konstatierung des Tatbestandes handelte es sich nun für die Richter darum, auch noch die richtige Interpretation zu finden. Zu diesem Zwecke mußten weitere Zeugenverhöre vorgenommen werden. Man konnte jedoch nur zwei Personen ausfindig machen, die darüber aussagen konnten; die erste war der «ersam fürneme her Caspar von

Regisheim, alter zunftmeister», der da erzählte, «daß er zu Ofen in Ungarn gewest, daselbst ein frow oder man . . . dem andern ein kind ze morgengab geb mit den fürworten, wann es zum fellen kem (d. h. wenn der Fall einträte), daß dasselb kind mit den andern iren elichen kinden erben und zum erb gon solt. Und als das zum fellen kem, da arbte dasselb kind mit den andern kinden und wurde im also vil ze teilung als der andern kinden einem.» Altoberstzunftmeister Kaspar von Regisheim hat also diesen sonst in Basel nicht bekannten Brauch der Einkindschaft, nach welcher ein zur Wiederverheiratung schreitender Ehegatte und dessen künftiger Ehegatte übereinkommen, die Kinder ihrer früheren Ehen — die sogenannten Vorkinder — sowohl gegenüber ihren Stiefeltern, als auch gegenüber den zu erwartenden Kindern der neuen Ehe — den sogenannten Nachkindern — völlig gleichstellen zu wollen, als wären auch sie Kinder der neuen Ehe, seinerzeit in Ungarn kennen gelernt. Doch auch in Basel selbst ist schließlich noch ein Präzedenzfall gefunden worden, der sich aber immerhin von dem in Frage stehenden Fall dadurch unterscheidet, daß dort nicht, wie es in diesem geschehen ist, bloß *ein* Kind der früheren Ehe den Nachkindern gleichgestellt worden ist, sondern — wenigstens theoretisch — alle; in der Praxis kam es dann freilich auf dasselbe hinaus, indem nur *ein* Kind vorhanden war. Wir lesen nämlich weiter in den Kundschaften: «Item dessglichen hat geseit Burkhart Sifrit, knecht zum beren, wie er ein swöster hab, genannt Gredlin Schaffners, die einen eman gehept, genant Hüglin Wagner von Pfirt, der darnach abgangen und ein kindlein von ir beiden geborn verlassen; demnach neme dieselb sin swöster Heinrich Schaffnern an den Spalen zem steinin crutz, demselben sy das obgedacht kind ze morgengab geb und das (er) dafur uffnemme, und gewunn darnoch by demselben och fier oder funff kind. Der darnoch abgieng — do erbte das obgedacht kind, so er ze morgengab empfangen hat, mit den andern kinden und wird im ze teilung als vil als der andern einem.»[34]) — Wie die Sache dann schließlich ausgegangen ist und wer Recht bekommen hat, wissen wir leider nicht; ich habe einen Urteilsspruch bisher nicht finden können.

. Der mehrfach gen
zeichnet als «Mathis Eb
von seinem ungefähr gle
Mathis Eberler dem Äl
erscheint schon seit 1461
einer zweifachen Witwe,
bekannten Oberstzunftı
zweitens eines zer Sunı
späteren Jahren — keine
sehr viel älter als ihr M
jung geheiratet hatte:
drücklich als «by sibenzi
er, da er erst 1461 — a
zünftig wurde, damals et
Die Ehe blieb kinderlos
im Jahre 1475 ihren Nef
ein und als dieser scho
Tode den Kaspar Brand
sollte es zu einem lang
streckenden Prozeß zwi
Mathis Eberler auf der
storbenen Frau Barbara
sind über diesen kurturh
dessen Verhandlungen e
richtsarchives füllen, bi
Als Vertreter der Gegen
stanz auf, sowohl in sei
seiner Schwester Adelh
deren Mutter Geschwis
wesen war. Eine Unm
Ulmers verhört: nicht
Verstorbenen, sowie d
sondern auch sämtliche
gedient hatten, und all
gekommen waren, wer
hältnis auszusagen, das
den Ehegatten geberr
allem Anfang an behau
wahrscheinlich gemacht

[illegible][39]) War nun aber das Verhältnis zwischen den Ehegatten wirklich ein solches gewesen, daß anzunehmen war, die Frau habe in ihrem Testament ihren Mann als Erben [illegible] wollen? Dies war der zweite Punkt, den es für die [illegible] galt klarzulegen; sie glaubten die Frage mit [illegible] beantworten zu können. Festgestellt wurde zunächst nun [illegible], daß die Frau oft und den verschiedensten Leuten gegenüber geklagt habe, Mathis halte sie unfreundlich zu Tisch und zu Bett, sei fast nie bei ihr in Basel, sondern [illegible] den größten Teil des Jahres in seinem Schlößchen zu Hiltelingen, woselbst er verschiedene Kinder außer der [illegible] gezeugt habe; auch lasse er sie Mangel leiden, sodaß sie [illegible] Notdurft ihre Kleider, Kleinodien, Ringe und Tüch[illegible] verkaufen müsse. Anderseits wurde dann aber auch [illegible] konstatiert, daß die Frau mit zunehmendem Alter [illegible] wunderlich geworden sei, bald so und bald wieder [illegible] geredet habe, auch sei sie sehr jähzornig gewesen und [illegible] habe es wohl kommen können, daß oft Zank und Streit zwischen ihr und Mathis, der eben auch sehr zornmütig war, entstanden sei, der aber nie lange angehalten habe. Daß ihr Mathis nicht mehr Geld gegeben habe, habe darin seinen Grund gehabt, daß sie solches ganz sinnlos verschwendet habe. Im ganzen und großen hätten sie zusammengelebt wie andere Eheleute auch, und wenn sie heute uneins gewesen seien, so seien sie morgen wieder in bestem Einvernehmen zueinander gestanden, sodaß man sich leicht, wie Bürgermeister Hans von Bärenfels aussagte, Undank [illegible] habe holen können, wenn man sich durch die [illegible] der Frau dazu hatte verleiten lassen mit Mathis zu [illegible]; auch stehe fest, daß Frau Barbara oft gesagt habe, [illegible] das Ihre niemandem mehr als ihrem Manne. Das [illegible] was von den gelegentlichen Klagen der Frau schließlich [illegible] bestehen blieb, war die Tatsache des etwas [illegible] Lebens, das Mathis in Hiltelingen führte.[40])

[illegible] Gegenpartei nach dieser Richtung hin der Beweis [illegible] war, so versuchten sie es nun auf andere [illegible] das Testament jetzt an, weil die Frau [illegible] derselben nicht mehr im Vollbesitz ihrer gei-

stigen Tätigkeiten, also nicht mehr [illegible]
sei; ja sie gingen sogar noch weiter und [illegible]
Testament sei überhaupt erst nach dem Tode [illegible]
bara errichtet worden.[41]) Doch auch damit hatten si
Erfolg. Sie machten daher einen dritten V[illegible]
haupteten nun, das Testament sei überhaupt gegen
Recht und Herkommen; wohl könnten sich in ki
Ehe lebende Ehegatten ihr fahrendes Gut je für
gegenseitig vermachen und ihr liegendes Gut einan
haupt widmen, ja sie dürften auch anderen Persone
über so handeln, doch könnten sie niemals, solange «
Erben» eines Ehegatten vorhanden seien, endgültig
gesamte Vermögen verfügen. In diesem Falle wa
freilich vollkommen gleichgültig, ob das Testament z
von Eberler oder zugunsten von Brand gemeint war,
sippten Erben von Frau Barbara — d. h. in unser
den Ulmerschen Geschwistern — gegenüber waren
gleicherweise im Nachteil, und zwar war es wie
kommen gleichgültig, ob der Erblasser diese Ve
anerkannte oder nicht, wie Frau Barbara getan ha

Am 25. Oktober 1492 entschied daher das Basl
gericht dahin, daß Kaspar Brand kein Erbe der Frau
zwigin sei und verurteilte ihn zu den Kosten und
Vergütung an die Ulmerschen. Brand und mit ihm
appellierten nun an den Kaiser, doch ohne Erfolg;
der Prozeß durch diese Appellation noch zwei weit
hingeschleppt wurde, wurde dadurch an der ersten
dung nichts geändert. Durch kaiserliches Urteil von
vember 1494 wurde die Hinterlassenschaft der Frau
endgültig ihren Verwandten, den Ulmern, zugespro
Eberler dazu verurteilt, denselben das von ihm b
Arrest belegte Vermögen seiner verstorbenen Fra
liefern.[42])

Mathis Eberler, der jedenfalls eine äußerst jä
und, wie übrigens auch die übrigen damals lebende
der Familie, eine recht gewaltätige Natur war, wur
dieses Urteil doppelt schwer getroffen. Schon wäh
Verhandlungen in Basel hatte er sich einmal du
ihm mißfällige Zeugenaussage dazu hinreißen lasse

[illegible] jedenfalls begegnet er uns schon 1468
[illegible] wohnhaft und zwar im Hause «zum Igel»,[47])
[illegible] Steuerregister von 1475 wird er unter den Klein-
[illegible],[48]) 1477 jedoch erwarb er den Engelhof
[illegible], nach welchem er fortan als «Mathis
[illegible] Engel» bezeichnet wird. Er hatte den Hof,
[illegible] Kundschaften im Prozeß Brand-Ulmer er-
[illegible] Faesch, den bekannten Erbauer des
[illegible], umbauen lassen. Eine Idee von der
[illegible] Ausstattung des Gesesses zur Zeit Eberlers
[illegible] nur aus den spärlichen, noch jetzt an Ort
[illegible] Resten aus jenen Tagen — als deren
[illegible] gotische Vertäfelung des mit Unrecht soge-
[illegible] gelten kann[49]) —, sondern nament-
[illegible]en, jetzt im historischen Museum
[illegible] derselben, unter denen hauptsächlich
[illegible] sind, nämlich der mit dem Eberler-
[illegible] Gobelin, der von Rankenwerk um-
[illegible] des Judas Makkabäus, König Artus,

wofür die Städte Delsberg und Laufen ihm Bürg mußten;[53]) 1472 kam dann noch St. Ursanne da Eberler zum Engel ist auch der einzige des Ges nachweisbar den Junkertitel geführt hat.[55]) In die er im Jahre 1491 «umb syner, ouch wilent frow Barbaren, siner gemahel, siner vatter und Lena zum Lufft, siner schwester, Petterhansen St vettern, und aller siner und dero vorderen se heil willen» stiftet, wird er ausdrücklich als «do zeichnet;[56]) auch in dem uns von Prof. Heinri überlieferten versus memorialis: «Mürli, Sürli, T Ofentürli, Grieben und Schweinefleisch, ist der den ich in Basel weiß», werden die Eberler ausdi der, auf ihr Wappen anspielenden Bezeichnung fleisch» als zum Patriziat gehörig aufgezählt.[57]) daraus jedenfalls soviel, daß Mathis Eberler be bürgern Stubenrecht besessen hat, wenn er fakti mals die hohe Stube im Rat der Stadt vertret können dies bekanntlich noch bei verschiede Geschlechtern der damaligen Zeit beobachten zum Luft, Halbisen, Wiler, Meyer zum Pfeil

is Eberler starb im Jahre 1502,[58]) nachdem er noch eine zweite Ehe eingegangen war mit Margaretha, ter Diepolds v. Geroldseck.[59]) Auch diese zweite kinderlos und Mathis Eberler hinterließ nur fünf vier Söhne und eine Tochter,[60]) zu deren Vor- noch zu seinen Lebzeiten den Schultheiß von Solo- iniel Babenberg, eingesetzt hatte. Dieser verkaufte einer Vogtskinder den Engelhof im Jahre 1506 und e Knaben mit nach Solothurn, woselbst sie später rgern aufgenommen wurden; auch Eberlers Witwe ı dorthin begeben. Von Solothurn aus führten sie h einen langen Prozeß mit den Erben des Thomas nbürlin, dem Mathis Eberler noch kurz vor dessen im Jahre 1502 erfolgten Tode ein nicht unbedeu- Darlehen will gemacht haben, von dem aber die ichts zu wissen behaupteten.[61]) Der älteste der des Mathis Eberler, gleichen Namens wie der Vater, uns 1517 wieder als bischöflicher Vogt zu Binzen.[62]) ier verschwindet für uns diese Linie des Geschlechts ig.

wenden uns nun zu seinen Vettern, den Söhnen er behandelten Ratsherrn Mathis Eberler zum Gold. dieser von seiner Ehefrau Anna Stör, so viel, wie n, drei Söhne hinterlassen: Hans, Mathis und Leon- e drei des Rats. Daß Hans der älteste der Söhne ist, ersehen wir daraus, daß, als im Jahre 1428 sein die Hausgenossenzunft aufgenommen wurde, der eiber beifügte, der Petent habe einen Sohn namens r aber nicht zünftig sei; da nur Hans hier genannt n die übrigen Söhne also damals noch nicht ge- Er trat auch später nicht in die Hausgenossenzunft lern (1449) in diejenige zu Weinleuten; von 1473 bis r er hier ein erstes Mal Meister, von 1475—1477 und von 1477—1478 ein zweites Mal Meister. 1475 ls einer der beiden Hauptleute mit vor Blamont.[64]) ch auch noch weiter in den Burgunderkriegen aus- et hat, wissen wir nicht.

nag auffallen, wie spät erst Hans Eberler zu Amt rden gekommen ist. Der Grund ist wohl einfach der, daß er eben bis dahin von Basel abwesend gewesen und sich zu Neuenburg am Rhein aufgehalten hatte; wenigstens wird er gelegentlich als «Hans zum Gold von Nüwenburg» bezeichnet,[65]) auch ist er, wie wir noch sehen werden, in seinen alten Tagen wieder dorthin zurückgekehrt.[66]) Gleich seinen beiden Brüdern war auch er im Jahre 1474 mit in den Prozeß der Wechsler und Münzmeiser verwickelt worden; zwar hatte die Sache für ihn damals keine schlimmen Folgen gehabt, indem er sich von allem auf ihm ruhenden Verdacht hatte reinigen können. Er blieb daher auch weiterhin in Amt und Würden.[67]) Doch brach ihm dann im Jahre 1478 eine andere Geschichte den Hals: seine Teilnahme am sogenannten Bisingerhandel, den wir aber hier, da er schon von Wilhelm Vischer in den Beiträgen zur vaterländischen Geschichte ausführlich behandelt worden ist,[68]) nicht nochmals erzählen wollen; nur von dem Ausgang der Sache mag hier noch kurz die Rede sein. Eberler hatte sich bekanntlich, nachdem Ende August (1478) der Rat die Wache vom deutschen Haus, woselbst er und sein Komplize Klaus Meyer ein Asyl gefunden hatten, wieder zurückgezogen hatte, nach Zürich begeben, wo er eine Tochter verheiratet hatte, und war hier auch Bürger geworden. Die Stadt nahm sich ihres neuen Bürgers sofort sehr energisch an und verlangte sogar vom Basler Rat — wie übrigens auch Solothurn im Namen des dorthin geflohenen Meyers — derselbe solle seinem Schützling nicht nur seine Familie nachschicken, sondern ihm auch unverzüglich sein immer noch mit Arrest belegtes Eigentum ausfolgen lassen, ein Begehren, auf das der Rat selbstverständlich nicht eingehen konnte. Während nun aber schon im Mai 1479 mit Meyer eine vollständige Aussöhnung erfolgte, zog sich der Streit mit Eberler noch über 1½ Jahre hin. Erst im Januar 1481 kam eine Verständigung zwischen ihm und der Stadt zustande und zwar durch Vermittlung des Grafen Wilhelm v. Rappoltstein, der schon früher in derselben Angelegenheit zwischen Basel und dem deutschen Orden vermittelt hatte. Es ist auffallend, wie gut Eberler dabei wegkommt: nicht nur folgen ihm die Basler nach Aufhebung des seinerzeit am 1. August 1478 gegen ihn ergangenen Urteils, nach welchem er Leibes und Gutes verlustig erklärt worden ır, all sein von ihnen mit Arrest belegtes Gut wieder aus, ndern sie zahlen ihm noch obendrein 50 Gulden für an inem Hausrat geschehenen Schaden; auch wollen sie ihm, ls er vorhabe, mit seiner Habe von Basel wegzuziehen, ne alle Beschwerung mit Steuern, Nachsteuern oder Zöllen gehindert ziehen lassen. Daß die Stadt Eberler gegenüber nachgiebig gewesen ist, mag zuerst befremden; vielleicht ß die Rücksicht auf anderweitige, wichtigere Geschäfte — ı erinnere namentlich an die gerade damals wieder mit ıeuter Gewalt und Heftigkeit ausgebrochenen Kämpfe mit m Bischof — eine solche Behandlung der Angelegenheit ınschbar machten. Dazu kam noch, daß die Reklamationen tens der in Feindschaft von der Heimat gewichenen Bürger der damaligen Zeit des Faustrechtes jeweilen zu den allerıngenehmsten Dingen für die Städte gehörten,[69]) und es gewiß auch anderswo mehr als einmal vorgekommen, daß derartigen Händeln die Aussicht auf eine rasche Erlediıg alle andern Rücksichten zurückgedrängt hat. Es ist ıer nur zu begreiflich, daß der Rat sich auch bei dieser legenheit eines unbequemen Ruhestörers gerne für immer ledigt hat; gerade mit den Eberlern, die, wie schon früher ont worden ist, ein besonders unruhiges und streitsüchtiges schlecht gewesen sind, hatte der Rat bisher in dieser Hinit nicht gerade die besten Erfahrungen gemacht.[70])

Über des Hans Eberler Familie wissen wir gar nichts; kennen weder den Namen seiner Frau, noch diejenigen ner Kinder. Daß er eine Tochter hatte, die in Zürich heiratet war, ist schon früher erwähnt worden. Nun rden zwar gerade zu Ende des 15. und zu Anfang des Jahrhunderts verschiedene Eberler, resp. Grünenzwig, gennt, deren Eltern wir nicht kennen; doch können dieselben mogut Kinder von Hansens Bruder Leonhard gewesen n.[71]) 1501 wird Hans Eberler zum letztenmale genannt d zwar wieder zu Neuenburg.

Des Hans Bruder Mathis, zubenannt «zum Agtstein», r seines Berufs ein Wechsler und seit 1454 Mitglied des ıdgerichts, ferner von 1460—1471 Meister, von da an 1474 Ratsherr zu Hausgenossen, welche Zunft er zwar t 1454 erworben hatte, nachdem er schon 1450 die väterliche Zunft zu Weinleuten erneuert hatte; daneben war er zusammen mit Balthasar Hützschy, Verwalter des Stadtwechsels. Als zu Ende des Jahres 1474 die umfangreichen Münzbetrügereien an den Tag kamen, deren sich, unter stillschweigendem Geschehenlassen von seiten ihrer Kollegen, der Münzmeister Gsell und der Wardiner Hützschy schuldig gemacht hatten, da mußte auch Mathis Eberler nebst der ganzen übrigen in die Angelegenheit verwickelten Gesellschaft — nebenbei gesagt die reichsten und vornehmsten Herren der Stadt und an deren Spitze sogar der damalige Oberstzunftmeister Hans Zscheggenbürlin! — schwören, die Stadt nicht zu verlassen, bevor er nicht vor Rat sich zur Verantwortung gestellt habe.[72]) Trotzdem verschwand er Anfang Januar 1475 heimlich aus der Stadt und begab sich erst nach Freiburg im Breisgau,[73]) dann nach Zürich und von dort dann endlich nach Baden. Hier wurde er auch, nachdem er sich zuvor noch seiner Verpflichtungen Basel gegenüber durch Bezahlung einer Enschädigungssumme im Betrage von 5000 Gulden entledigt hatte, zum Bürger angenommen. In Baden kaufte er dann im Sommer 1476 von Conrad am Stad um die kolossale Summe von 5150 Gulden dessen Hof in den Bädern, den noch heutzutage nach seinem einstigen Besitzer sogenannten Stadhof.[74]) Von seiner ersten Ehefrau Anna, der Tochter des bekannten Glockengießers Hans Peiger oder Peyer, hinterließ er, so viel wir wissen, zwei Kinder: einen Sohn und eine Tochter. Ersterer, Niclaus Grünenzwig,[75]) zog mit dem Vater nach Baden, woselbst er seit 1492 als Richter, seit 1497 auch als Ratsherr und endlich von 1501 bis 1504 als Schultheiß erscheint.[76]) Er starb zu Baden als der letzte des Geschlechts, von dem wir Kunde haben, am 15. September 1531.[77]) Er war verheiratet gewesen mit einer Engelhardt.[78]) Zusammen mit dieser seiner Ehefrau hatte Niclaus Grünenzwig im Jahre 1516 in die Klosterkirche zu Wettingen einen großen geschnitzten Altar gestiftet, der 1843 bei der Säkularisierung des Klosters von Antiquar von Speyr in Basel erworben und von diesem dann zu Anfang der 1860er Jahre ins Ausland verkauft wurde.[79]) Auf den Außenseiten des Mittelstückes der beiden Flügel waren, links und rechts vom heiligen Michael, die Stifter

[illegible] war, gleich seinen beiden Brüdern in den [illegible] 1474 und 1475 mitverwickelt und hat wohl [illegible] sein Bürgerrecht aufgegeben und die Stadt [illegible] er sich gewendet hat, erfahren wir freilich [illegible] wir ihn 1482, zugleich mit seinem Bruder [illegible] als Zeugen bei dem Teilungsvertrag zwischen [illegible] und den Kindern erster Ehe seines kurz vorher [illegible] Bruders Mathis;[84]) es ist dies das letztemal, daß [illegible] wird. Auch über seine Familienverhältnisse wissen [illegible] doch steht fest, daß er verheiratet gewesen [illegible] Frau 1467 noch am Leben war. Im Herbst [illegible] nämlich war Lienhard Eberler mit seiner Frau [illegible] gefahren, um Wein einzukaufen, den er [illegible] Swaben oder Brabant» führen wollte; [illegible] Behufe bei einem Basler Faßbauer zwanzig [illegible] gehabt, die sich dann aber doch für die [illegible] schwach erwiesen, so daß der größte Teil [illegible] ging, wodurch er in schweren Schaden [illegible] vor Gericht gegen den Handwerker,

der ihm die Fässer geliefert hatte, auf Schad...
wurde er mit seiner Klage abgewiesen.[88]) S...
wie übrigens aus ähnlichen Ursachen auch se...
mit dem Rate mehr oder weniger auf dem ...

Es ist bezeichnend für den raschen N...
Geschlechtes in der zweiten Hälfte des 15. Ja...
man in jenen Jahren seine Glieder sozusag...
den Gerichtsakten erwähnt findet; eine ma...
und Starrköpfigkeit, verbunden zum Teil mit ...
junkerlichen Übermut — welch letzteren w...
stärksten bei Hans Eberler ausgeprägt find...
dazu gebracht, daß im Verlauf von nur wen...
Familie spurlos wieder aus Basel verschwa...
sind andererseits die letzten Repräsentanten ...
jedenfalls durchaus keine unbedeutenden M...
— bloß nur Raufbolde — sonst hätten sie ...
alle ohne Ausnahme noch im Rate der Sta...
seinem allerletzten Vertreter dann freilich, d...
mehr in Basel weilte, sehen wir die Famili...
Höhe erklimmen, die nach den letzten unru...
ihrer stillen Ruhe um so imponierender w...
doch für uns einen ganz besonders versöhn...
der Eberler'schen Familiengeschichte, die Wo...
Landvogtes an den Rat von Zürich: daß da s...
Altschultheiß Grünenzwig gestorben sei, man...
tigkeit und Dringlichkeit der Geschäfte den ...
nicht einberufen könne.[89])

Anmerkungen.

---

l. Wurstisens Basler Chronik, pag. 170.

l. Steinberg: «Studien zur Geschichte der Juden in der Schweiz
› (Zürich 1903), pag. 1, sowie pag. 5 und folgende.

l. Leistungsbuch I, fol. 136ᵛ und folgende, sowie Heuslers Ver-
:hte der Stadt Basel im Mittelalter, pag. 261.

l. Finanzakten C I, pag. 481.

l. Eintrittsbuch der Zunft zu Hausgenossen, woselbst ad. ann.
werden: Mathis Eberlin und sein Sohn Hans., Vergl. ferner
de 1448, woselbst genannt wird «Hans Eberlin zem Gold,
ld seligen sun».

;l. Finanzakten C I, pag. 86: «Heintzi Eberler von Colmer»
«von der richtung wegen, die wir mit ihm uffgenommen hant»,
Ferner ibid. E, pag. 482, woselbst erwähnt wird «Heinricus
lombaria»; er ist wohl identisch mit einem «Eberlinus Judeus
», der 1380 zusammen mit einem andern Juden namens Vinelinus
en Finanzakten (E, pag. 584) genannt wird. Über die Eberlin
;l. «Curiosités d'Alsace» (Kolmar 1862), Bd. I., Anhang, pag. II,
den Bürgeraufnahmen zu Kolmar als erste verzeichnet wird
)): «Eberlin, der Jude», sowie, noch unter demselben Datum:
erlins tohterman, judeus».

l. Basler Chroniken IV, pag. 147.

l. Schönberg: «Basels Finanzverhältnisse im 14. und 15. Jahr-
510 und folgende.

l. Leistungsbuch I, fol. 77ᵛ.

gl. Steinberg, pag. 10 und Finanzakten A. A. III, 1.

er von Villingen kam, erfahren wir aus verschiedenen spätern
ius dem Urteilsbuch zum Jahre 1396, wo das eine Mal genannt
Eberli von Villingen», und unmittelbar darauf: «Mathis Eberler,
i Villingen»; im Fertigungsbuche wird er 1406 genannt: «Mathis
illingen, der slosser, burger ze Basel».

finden Menolin in Basel, Zürich, Bern, Schaffhausen und
rgl. Steinberg, pag. 5 und folgende.

gl. Ulrichs «Versuch einer Schweitzerischen Judengeschichte»
pag. 385 und 417.

gl. Steinberg, pag. 6, 8 und 11.

gl. Historisches Grundbuch: Gerbergasse 44.

gl. Urteilsbuch zum Jahre 1425. — Heinrich Werkmeister wird
genossen zünftig.

[17]) Vergl. Historisches Grundbuch Grünpfahlgäßl
gäßlein unbestimmte Liegenschaften zu den Jahren 1
Rotes Buch, pag. 310, woselbst unter den im Jahre 1
genommenen auch genannt wird «Eberlin, der Werkmei

[18]) Vergl. Historisches Grundbuch Freiestraße, T
woselbst zum Jahre 1398 genannt wird «Meister Mathis
des hofes ze Basel», und ibid. Streitgasse 8 zum Jahre
der schriber und pedell dez ertzpriesters hof».

[19]) Vergl. Rotes Buch, pag. 309. Als dritter wi
«Heinzman Eberlin von Habsheim, carnifex»; derselbe be
im Urteilsbuch.

[20]) Vergl. Urteilsbuch zum Jahre 1413: «Henm
mans seligen bruder»

[21]) Vergl. Wurstisens Analecta, pag. 248: «Joha
Bertschman Eberlis, eines Goltschmids zů Basel, brude
Caplaney auff unser frauen Altar a° 1415», sowie Gräb
(Domstift U*), pag. 122: «Johannes Eberlin, cappellanus
obiit». — «Bertzmans seligen frǒw» wird noch 142
unter den Hausgenossen genannt (vergl. Schönberg, pag.

[22]) Vergl. Finanzakten A. A. III, 1, woselbst in de
«Hans Slosser der priester» genannt wird.

[23]) Vergl. Basler Chroniken IV, pag. 32.

[24]) Vergl. Beiträge zur vaterländischen Geschichte
pag. 481.

[25]) Vergl. Basler Chroniken IV, pag. 41 und folg

[26]) Er wurde im Münster begraben; der auf sei
Eintrag im Gräberbuch des Münsters lautet auf pag. 14
alias Eberlin, mercator ob.» Im Jahrzeitbuch des Münst
13. Juni heißt es: «Mathias Slosser alias Eberler, civis

[27]) Vergl. Urteilsbuch de 1404 und 1408.

[28]) Der Vater «Mathis Slosser» wird hier in d
Klasse genannt, unter denen, die ein Vermögen von min
steuern, der Sohn «Mathis Eberler» dagegen versteuert mi
2000 fl.; vergl. Karl Vischer: «Henman Sevogel und sein
und 91.

[29]) 1428 wurde er auch zu Hausgenossen zünftig;
destens drei Zünfte.

[30]) Vergl. Kundschaften de 1424.

[31]) Vergl. Basler Chroniken IV, pag. 198.

[32]) Vergl. Wurstisens Analecta, pag. 67, woselbst
gebildet ist.

[33]) 1430 wird Heinrich Grünenzwig, Schwager H
genannt (Finanzakten A. A. III, 1) und 1480 wird im F
richs Sohn Mathis, Vetter von Heinrich Schlierbachs So

[34]) Vergl. Kundschaften von 1468.

[35]) Die v. Albeck oder «v. Albich» (Schnitts Wappe
badisches Geschlecht; das Wappen zeigt in Gold einen

Sonne begleiteten schwarzen Schrägbalken. Vergl. auch die Wappen in der Bebelnheim Grabkapelle zu St. Peter.

36) Vergl. Gerichtsarchiv O. 5 von 1492, woselbst Frau Barbara als Mutter eines Jakob Ospernell genannt wird, sowie Urteilsbuch von 1454, wo wir erfahren, daß dieser Jakob Ospernell, der noch minorenne Sohn des damals schon verstorbenen Oberstzunftmeisters Andreas war.

37) Vergl. Urteilsbuch von 1461, wo Mathis Eberlers Ehefrau Barbara zer Sunnen genannt wird, und Urteilsbuch von 1464, wo Eberlers Schwager Jerg zer Sunnen heißt.

38) 1461 erneuert Mathis Eberler «zum Hasen» sowohl die Schlüssel- als auch die Hausgenossenzunft. — Leider sagen, soviel ich sehe, weder Heusler in der Verfassungsgeschichte, noch Geering («Handel und Industrie der Stadt Basel») etwas über das Alter, in welchem der Eintritt in die Zunft zu erfolgen hatte. Doch war im 15. Jahrhundert die Mehrjährigkeit — und damit doch wohl auch das aktive und das passive Wahlrecht? — mit zwanzig Jahren erreicht (vergl. Rechtsquellen von Basel, I, pag. 137), währenddem andererseits sowohl die Ehefähigkeit, als auch die Verpflichtung zu Steuer- und Wehrpflicht schon mit dem 14. Lebensjahre eintraten (vergl. Schönberg, pag. 202, sowie Basler Chroniken, pag. 204, Anm. 3.)

39) Ulmer konnte durch Zeugenaussagen feststellen: 1. daß Eberler selbst seiner Frau den Kaspar Brand als Erben vorgeschlagen habe; 2. daß Brand weder mit Frau Barbara noch mit deren Mann verwandt sei — wie also Studlin —, ja daß er nicht einmal besonders bekannt oder befreundet mit Frau Barbara gewesen sei; 3. daß er sich mehrfach dahin geäußert habe: obgleich er allgemein als Erbe angesehen werde, sei er es doch in Wirklichkeit nicht, da er keinen Gewinn von dem Testament haben werde, sondern bloß Eberler; auch soll er demselben versprochen haben, nie seine Rechte gegen ihn geltend machen zu wollen, und endlich 4. daß auch tatsächlich Eberler die sämtlichen Testamentsbestimmungen der Frau Barbara ausgeführt habe und nicht Brand, der es doch hätte tun müssen, wenn er wirklich der Erbe gewesen wäre. — Schon einmal, nämlich im Jahre 1476, war Eberler wegen des Erbes seiner Frau mit dem Rate in Konflikt geraten und gefangen gesetzt worden (vergl. Basler Urkundenbuch VIII, pag. 410).

40) Auf diesen Punkt, den übrigens Eberler gar nie bestritt, wurde kein großes Gewicht gelegt, indem, wie Bürgermeister Hans von Bärenfels ganz offen erklärte, auch andere Ehemänner außer der Ehe bei hübschen jungen Frauen Kinder zeugten, ohne daß viel Aufhebens davon gemacht werde. Zudem hatte Eberler als eine Art Rechtfertigung für sein wildes Treiben gegen seine Frau den Gegenvorwurf derartiger Trunksucht erhoben, die ein Zusammenleben mit ihr zeitenweise geradezu zur Unmöglichkeit mache.

41) Ulmer behauptete, Frau Barbara «sei noch vor sollicher verschreibung vom Schlag berührt worden und seitdem lange Zeit «ein alt und schwach frow gewesen und by sibenzig iaren alt». Gestorben ist sie infolge eines Tags zuvor erlittenen Schlaganfalls am 27. Februar 1491, allerdings nur ganz wenige Tage, nachdem das Testament aufgerichtet worden [illegible], Ulrich Meltinger, der bei Aufsetzung desselben, als ihr Testamentsvollstrecker von Mathis Eberler erbetener — Vogt in ihrem Namen

das Schriftstück unterzeichnet hatte, [illegible] mächtig ihrer Sinne gewesen sei, auch [illegible] freiem Willen so handle, lachend geantwortet, [illegible] sein, sonst hätte man ihn nicht rufen lassen.

42) Sie hatte schon früher die Ulmer, [illegible] die sie überhaupt gar nicht kenne, «böse buben» genann de facto, wie die Kundschaften ganz unzweideutig ergeben h Neffen: Kinder ihrer Schwester.

43) Vergl. Akten Deutschland, Bd. II, 4.

44) Die Genannten waren sämtlich mit [illegible] und Meyer seine Neffen — Schwiegersöhne seiner [illegible] Ehefrau des Ratsherrn Ulrich zum Luft —, Zscheggenbürlin neffen — Großsohn und Großtochtermann seiner Schweste Ehefrau Heinrich Sinners —, Bär endlich Großtochtermai Mathis Eberler zum Gold.

45) Vergl. Achterbuch zu den Jahren 1493 und 149 Urkunden No. 2386 und 2420.

46) Vergl. Fertigungsbuch von 1488, fol. 75 r.

47) Vergl. Urteilsbuch von 1468.

48) Vergl. Schönberg, pag. 771; er versteuerte das reichsten Einwohner der Stadt 7100 fl.

49) Es ist nicht nachweisbar, daß Condé je dort Namen des Condézimmers verdankt das Stübchen wohl selben aufgehängten Wappenscheibe des Prinzen (gütige Mi Dr. K. Stehlin).

50) Vergl. R. Wackernagel: «Rechnungsbuch der copius», pag. 108.

51) Vergl. K. Tschamber: «Friedlingen und Hiltel 1900), pag. 114. Es existieren noch zwei Abbildungen Matheus Merian, von denen die eine bei Tschamber repro

52) Vergl. die Grabplatte mit dem Wappen Eberler nannten Grabkapelle stammt und die jetzt dort unter eine gebracht ist; es ist dies natürlich nicht mehr der urspr Steines.

53) Vergl. Stöcklin: «Johann VI. von Venningen» pag. 283 und 298.

54) Vergl. Trouillat: «Monuments de l'histoire de l Bâle», V, pag. 851.

55) Zwar nennt er schon 1476 auch den Hans Eberl junckherrn vetter» (vergl. Basler Urkundenbuch VIII, pag. 4 Recht, kann ich nicht sagen.

56) Vergl. St. Peter, F, Anhang, pag. 64—66. — Es Eberler bei Aufzählung seiner Geschwister Margaretha, die Sinners, übergeht, die, wie wir aus dem Fertigungsbuch wi noch am Leben war. — Über Heinrich Sinner und seine ewig Stadt, infolge derer er sogar im Jahre 1490 seine Frau mußte, vergl. Basler Chroniken IV, pag. 237 und folgende

57) Vergl. Pantaleons «Heldenbuch teutscher nation» II, pag. 581.

58) Vergl. Urteilsbuch von 1502.

59) Vergl. Urteilsbuch von 1501 und 1518, sowie Akten Solothurn 6 um jahre 1511.

60) Im Fertigungsbuche werden zum Jahre 1499 als Junker Mathis Grünenzwigs natürliche Söhne genannt: Jerg, Mathis, Bartholome und Simon; dazu kommt noch eine im Urteilsbuche von 1502 nicht mit Namen genannte Tochter.

61) Vergl. Akten Solothurn 7.

62) Vergl. Urteilsbuch von 1517.

63) Im Jahre 1427 wird des Hans Vater, Mathis Eberler, zum erstenmale nebst seiner Frau genannt; doch muß er, wie wir früher bemerkt haben, schon 1421 verheiratet gewesen sein, da er schon damals neben seinem Vater im Steuerregister erscheint.

64) Vergl. Boos: «Geschichte der Stadt Basel», pag. 327. — Knebel bezeichnet ihn als «vir in armis valde strenuus» (vergl. Basler Chroniken II, pag. 385.)

65) Vergl. z. B. Urteilsbuch von 1456.

66) Vergl. Urteilsbuch zum Jahre 1501.

67) Wir werden, wenn von Hansens Bruder Mathis die Rede sein wird, ausführlicher auf diesen Handel zu sprechen kommen.

68) Vergl. «Beiträge zur vaterländischen Geschichte», Bd. XII, pag. 227 und folgende.

69) Wie es bei solchen Händeln gehen konnte, erfuhr die Stadt zwei Jahre später, als sie in Fehde mit den Brüdern Peter und Hans Bischoff stand (vergl. darüber, Beiträge XV, pag. 438 und folgende).

70) Vergl. auch die Bemerkung Basler Chroniken III, pag. 419, Zeile 5 und folgende.

71) Es sind dies: erstens eine Regula Grünenzwig, die laut Wurstisens Analekten (pag. 365) 1494 Klosterfrau im Gnadental war, ferner Peterhans und Wolfgang Grünenzwig, von denen der erstere 1480, der zweite 1495 an der Universität Basel immatrikuliert werden; Wolfgang wird dabei wegen seines jugendlichen Alters der Eid erlassen.

72) Vergl. über diese böse Geschichte Basler Chroniken III, pag. 404 und folgende.

73) Vergl. Missiven von 1475.

74) Vergl. Welti: «die Urkunden des Stadtarchivs zu Baden im Aargau», II, pag. 832.

75) Er wird nie «Eberler» genannt, sondern stets nur «Grünenzwig».

76) Vergl. Welti II, pag. 1153 und Leus helvet. Lexikon II, pag. 28.

77) Vergl. Strickler «Aktensammlung zur schweizerischen Reformationsgeschichte», III. No. 1357.

78) Sie soll aus Hall gewesen sein, laut einer zwar absolut nicht kontrollierbaren Anmerk. von Antiquar von Speyr beim Artikel Eberler in Wurstisens handschriftlichem Wappenbuch. Viel wahrscheinlicher ist, daß sie die Witwe gewesen ist von Heinrich Engelhardt aus Zug, der von 1467—1469 Landvogt zu Baden und 1478 als Vogt zu Klingnau genannt wird.

[79]) Vergl. von Speyrs Rechnungsbuch in der [illegible]
Museums, woselbst auch eine Photographie des Altars aufbew[illegible]

[80]) Ebenfalls nach den Aufzeichnungen von [illegible]

[81]) Vergl. Zinsbuch zum Jahre 1484, woselbst genannt w[illegible] Grünenzwyg und Ennelin, Hans Beren hußfrow, geschwisterte» [illegible] sowie durch ihres Vaters Cousine Magdalena Eberler, die Ehe[illegible] herrn Ulrich zum Luft, von deren beiden Töchtern die eine [illegible] Mathis Iselin heiratete, die andere den Ratsschreiber Klaus Me[illegible] stammen die meisten alten Basler Familien, sofern sie Is[illegible] Meyersches Blut in den Adern haben, auch auf irgend eine [illegible] Eberlern ab.

[82]) Vergl. Welti II, pag. 843, sowie 881 und folgende[illegible] Ehe verheiratete sie sich mit Jakob Schellang aus Ravensburg, [illegible] Tochter Ursula gebar, die durch ihre Ehe mit Junker Georg Gr[illegible] die Stammutter dieses Geschlechtes wurde (vergl. C. Keller-Es[illegible] milie Grebel», Zürich 1884).

[83]) Vergl. Schönberg, pag 796.

[84]) Vergl. Welti II, pag. 881 und folgende.

[85]) Vergl. Kundschaften von 1468. — Wir erfahren [illegible] früheren Reisen, die Lienhard Eberler nach Brabant, speziell n[illegible] gemacht hatte, um daselbst seine Weine zu verkaufen.

[86]) Vergl. auch Basler Chroniken III, pag. 418.

[87]) Man bedenke, daß Hans Eberler, als er im Sommer 1[illegible] mit Klaus Meyer und ein paar vornehmen französischen Stu[illegible] Richtstätte geführten Bisinger befreite, nicht nur ein Mann von [illegible] war und also längst verheiratet, sondern daß er auch seit ei[illegible] Jahren schon Mitglied des Rates war!

[88]) Vergl. Strickler: «Aktensammlung» III, No. 1357.

2.
Mathis Eberlin.
(1365 1377.)
Seit 1382 Bürger zu Bern?
Schlosser?
uxor (schon verheiratet 1365):
Hesther Mennlin. (1382)[1]

6.
Mathis Eberler (Eberlin) aus
Villingen, genannt Schlosser,
der Watmann; des Rats und
am Gericht.
(1393—gest. 1437. VI. 6.)
Basler Bürger 1393.
uxor: Anna (von Kilchen?),
Witwe Henman Schlegels,
gen. Grünenzwig.
(1404 1448.)

9.
Mathis Eberler, gen. Grünenzwig «zum Gold», der Wat-
mann; des Rats u. am Gericht.
(1421—1447, tot 1448.)
uxor: Anna Stör.
(1427—1456.)

Hei…
zwig…
(14…
uxor…
(14…
uxor…
remar.…
(14…

14.
Hans Eberler
«zum Gold», der
Weinmann; des Rats
und am Gericht.
(1428 —1501.)

15.
Mathis Eberler
«zum Agtstein», der
Wechsler; des Rats
und am Gericht.
(1450—gest 1482.)
uxor I: Anna Peiger.
(1472-1476, tot 1478.)
uxor II: Walpurg
Humelberg.
(1478—1482.)

16.
Lienhard Eberler
«zum Gold», der
Weinmann; des Rats.
(1450—1482.)
uxor: N. N. (1467.)

…
Mar…
(145…
mar.:…

21.
Tochter.
(1478
In Zürich verheiratet.

22 (1).
Anna.
(1484 1506.)
mar.: Hans
Bär, des Rats.

23 (1).
Niclaus Grünenzwig,
des Rats und Schult-
heiß zu Baden.
(1482 - gest. 1531.
X. 15)
uxor: N. N. Engel-
hardt. (1516.)

24 (1…
Mich…
(148…

e, aus Kolmar.

, tot 1372.)

4.
...inrich Eberler aus Kolmar.
(1379.)

5.
Götz Eberlin aus Trier, der Werkmeister u. Zimmermann.
(1388—1400, tot 1417.)
Basler Bürger 1399.

7.
Heinrich Werkmeister, der Goldschmied.
(1400—1429, tot 1438.)
uxor: Agnes zum Rosen, remar. mit Jakob Murer. (1438.)

8.
Meister Mathis Eberlin von Trier, des bischöflichen Hofs Advokat, Schreiber und Pedell.
(1398—1412.)

1.
...na.
—1468.)
Oberst-
...meister
...an von
...ued.

12.
Thina.
(Tot 1436.)

13.
Ursula.
(1438.)
mar.: Oswald Überlinger, der Goldschmied.

...ne

19 (1).
Magdalena.
(1450—1491.)
mar.: Ulrich zum Luft, des Rats.

20 (1).
Junker Mathis Eberler «zum Engel»; des Rats und Statthalter des Oberstzunftmeisteramtes.
(1450—gest. 1502.)
uxor I: Barbara v. Albeck.
(1461—gest. 1491.)
uxor II: Margaretha v. Geroldseck.
(1501—1518.)

26.
Mathis, Bastard; bischöflicher Vogt z. Binzen.
(1484—1517.)

27.
Bartholome, Bastard.
(1499—1511.)

28.
Simon, Bastard.
(1499.)

29.
Tochter, Bastard.
(1502.)

eter Ochs und Basel in den Jahren 1801/02.

Von

Rudolf Luginbühl.

Durch die Güte des Fräulein Stapfer sind mir nach- äglich noch einige Faszikel Briefe aus dem Nachlasse ihres roßvaters, des helvetischen Ministers Philipp Albert Stapfer [1]) gekommen, Briefe, die an diesen von verschiedenen mehr der weniger berühmten Zeitgenossen geschrieben wurden. arunter befinden sich auch zwei von Peter Ochs aus Basel, er eine datiert vom 28. Februar 1801, der andere vom 2. Januar 1802. Der zweite war begleitet von einem chreiben an den schweizerischen Landammann Alois von eding, den Ochs damals noch in Paris wähnte. Die Briefe ilden zu den über 30 Briefen auf der hiesigen vaterländischen ibliothek (O. 25[2]) aus der Zeit seines entscheidenden Pariser ufenthalts im Winter 1797/98 eine wichtige Fortsetzung. ie geben uns neue Aufschlüsse über P. Ochsens literarische etätigung, ganz besonders aber interessante Details über ie Verfolgungen, denen er und Legrand in Basel ausgesetzt raren. Sie folgen hier in getreuem Wortlaut. [2])

---

[1]) Vergl. R. Luginbühl, Phil. Alb. Stapfer, zweite Ausgabe 1902; . Luginbühl, Aus Ph. Alb. Stapfers Briefwechsel in den Quellen zur chweizergeschichte, Bd. XI und XII, wo sich Bd. XI, Einleitung S. LXXX, egest und Auszüge aus einem Brief des P. Ochs an Stapfer vom 23. Mai 808 finden. — [2]) Das Datum, in beiden Briefen neben der Unterschrift tehend, wird hier vorangestellt.

I.

le 28 Février

Citoyen Ministre.

Depuis le jour, où, contre la teneur du contrat s
matique de ma démission[1]) portant que, si je la do
serais traité partout en Suisse avec égards, depuis
où, dis-je, on me fit insinuer à Ouchy et ensuite
de quitter ces endroits, je ne sache pas avoir épr
ces mouvemens que j'appellois autre fois mouveme
dignation, et je commençois à croire que j'étais dev
passible même contre l'ingratitude. Mais la lettre
révolutionnaire de Weiss[2]) m'a prouvé que j'ai enc
ame. Voyez, me suis-je dit, comme il aurait envie
pendre ceux qui se sont empressés de le faire
Voyez, en déclamant contre nous, il nous oblige
connoitre sans ménagement ce qu'on étoit autrefois
prendre la plume, de faire imprimer ce qu'elle tra
une heure d'indignation et de vous en envoïer le
plaires ci-joints.[3]) Veuillez, citoyen ministre, les agréer
une marque de mon souvenir, si ces vers étoien
faits, je dirais, comme une marque de l'estime vraï
mitée que, quoiqu'on ait pû vous dire, j'ai toujo
et aurai toujours pour vous. Vous remettez-vous
des vers? allez vous dire. Oui, je fais à présent
gédie ...[4]) pour rire dont le 1er acte se passe so
(savoir dans un souterrain), le second sur terre (sur u
publique), le 3e sur mer (dans un vaisseau), le 4e da
(près du Vésuve) et le 5e en l'air (dans le chatea
haute montagne). Si l'on découvre d'ici à ce que c

---

[1]) Vergl. J. Strickler, Aktensammlung aus der Zeit der h
Republik, IV, 863; Anzeiger für Schweizergeschichte, VIII, 460 ff. —
J. Strickler, Franz Rud. Weiß (1751—1818), Neujahrsblatt der Li
Gesellschaft Bern, 1897. — [3]) Leider fand sich nirgends ein Exem
gedruckten Gedichte des P. O. vor. Herr Dr. J. Strickler teilt mir
Frage gütigst mit: «Verse von Ochs sind mir nirgends vorgekomm
über ihn habe ich freilich gefunden, aber nicht aufgezeichnet.» —
A. Gessler, Basler jahrbuch 1894, S. 106—186: Peter Ochs als D
doch wird dort dieser Tragödie keine Erwähnung getan.

soit achevé, un cinquième élément, je trouverai moïen d'ajouter tout exprès un sixième acte à ma tragédie. Pour nous prouver que je m'exerce dans tous les genres, je joins aux imprimés des vers[1]) mis au bas de chacun des portraits qui tapissent mon cabinet de travail. Peu s'en faut que je n'en fasse sur les jours de folie ou de démence qu'ont eû nos incorrigibles et dont les bons, les raisonnables et les corrigés ont bien ri. Les dits incorrigibles ont cru sérieusement que la contre-révolution était faite. Le Lällen-Koenig avoit été rétablie; un peintre rebarbouilloit déja les armes du canton; certain ministre Kraus qui avait dit, l'été dernier, à ses catéchumènes que si les François gagnoient, il ne croiroit plus à la justice de Dieu ou autre platitude de ce genre, passoit et repassoit devant mes fenêtres d'un air grotesque de triomphe; d'autres Olybrins de ce calibre en foisoient autant; un écolier du gymnase avoit donné à ses camarades des vers[2]) dans lesquels étoit dit entre autres gentillesses que j'étois mûr pour la mort (zum Tode reif), qu'il falloit aller creuser ma fosse et que ce seroit un bain de roses; un beau matin à 5 heures on étoit venu me réveiller en battant de plus de dix tambours, en jettant des cris et poussant des hurlemens en lançant contre mes volets des pierres et des batons; le soir on avoit frappé avec violence à l'une de mes portes, et le lendemain je trouvai dans mon jardin devant mes fenêtres une espèce de grosse grenade dont la meche n'avoit brulé qu'à moitié. Tous ces messieurs, grands et petits, sont à présent rentrés dans leur coquille et ne disent mot. Jugez-les par le trait suivant. Un officier qui est en quartier chez moi, dit à l'un d'eux: «Quoi, parce que le peuple peut se donner une constitution, vous vous imaginiez que la contre-révolution étoit faite! Que sont 7 à 800 de vos bourgeois ci-devant privilégiés auprès du reste de la ville et surtout du canton»? «Bah!» fut la réponse, «ce reste est trop bête, et on les auroit bientôt eu réduits.» — Vous demanderez peut-être ce qu'est le Lällen-Koenig. C'est une tête couronnée

[1]) S. S. 283. — [2]) Schmähgedichte auf Ochs finden sich u. a. auf den [illegible], 37, 38 und 39 des Miszellenbandes Q 71^{2} der vaterländischen [illegible] in Basel. Vergl. besonders auch Daniel Burckhardt: Die politische Karikatur des alten Basel im Bericht des Basler Kunstvereins 1903, S. 32 ff.

placée sur l'horloge de la tour du Rhin, regard
rive et tirant à chaque vibration du balancier u
langue, rouge comme du sang. On avoit assez :
oté cette antiquaille lors de notre révolution. Or
dernièrement sans trop savoir non plus ce qu'on fa
ce qui me fit demander en plaisantant, si notre n
étoit devenue patriote et françoise. J'ai découve
où je faisois des recherches sur notre histoire que
avoit été placée pour se moquer d'un duc d'A
de ses chevaliers qui avoient échoué dans un com
l'évêque et la bourgeoisie. Donc, en replaçant
on pouvoit paroître se moquer des Autrichiens,
pû rétablir notre aristocratie et d'avoir même e
de signer l'indépendance de la republique helvé
liberté qu'aurait le peuple (non les bourgeois priv
anciennes villes capitales) de se donner une consti
reste ce Lällen-Koenig est de nouveau à bas. Qu
d'ôter à des Lälle-Burger leur Lälle-Koenig!

Je pense que mon libraire va bientôt im
deux derniers volumes de mon histoire de Bâle
m'occuper cinq à six mois, vû que j'en veux rev
mières épreuves. Il a demandé 300 souscriptio
a encore que 200. Je pense que la paix définitive
les 100 restants se trouveront.[1])

Des trois propriétés que j'avois ici, je viens d
deux, il est vrai, avec perte; j'ai vendu 100/m ₶
ce qui me revenoit a passé 160/m ₶; mais il est de
où l'on est comme destiné à perdre sur tout.
propriété j'ai admodié ce qui est de rapport, et si
m'éloigner, je trouverois du jour au lendemain u
pour la maison et jardin. Ce sera en attendant mo
Je pourrais de là faire des excursions, soit dans
tale, soit en Alsace près de ma seur (soeur ch
accomplie, si j'ose me servir de ce terme), soit en
si l'un ou l'autre de mes enfans s'y fixe. — Mais

---

[1]) S. die gedruckte «Ankündigung der Fortsetzung der G
Basel von Bürger Peter Ochs» Basel, Vaterländische Bibliothek
(4. Sept. 1800). Der 3. Band erschien erst 1819.

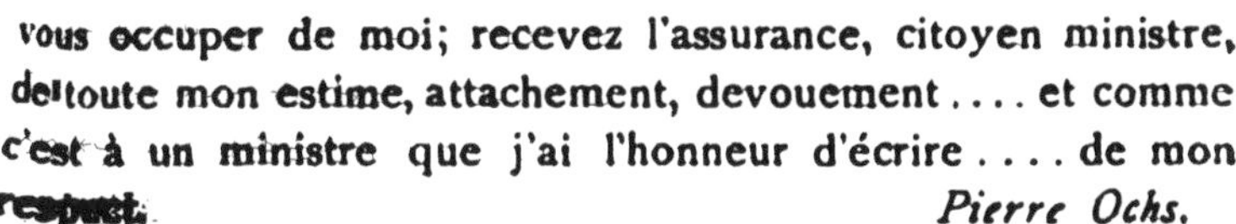

vous occuper de moi; recevez l'assurance, citoyen ministre, de toute mon estime, attachement, devouement .... et comme c'est à un ministre que j'ai l'honneur d'écrire .... de mon respect.

Pierre Ochs.

(P. S.) Legrand[1]) passant tranquillement avec un de ses fils dans une rue très fréquentée, a été insulté par un ci-devant conseiller qu'il avoit cependant eu la bonhomie de saluer le premier. Ce conseiller étoit de la classe de ceux que nous nommions consonantes, très mal famé d'ailleurs, grossier, comme pain d'orge et vrai manequin, mû au secret par des gens cachés derrière le rideau. — Quelques jours auparavaut on a taché de mortifier Legrand d'une autre et très puérile manière. Un incorrigible de sa rue étant mort, la famille invita à l'enterrement tous les voisins absolument, lui seul excepté.

Nos incorrigibles avoient reçu soit de Vienne, soit de Fribourg en Brisgau, soit de certains amis de Paris des avis secrets que le traité de paix auroit quelque article assez favorable pour eux. Le plan fut donc bientôt arrangé: Confondre dans l'esprit du peuple l'idée d'indépendance avec celle du rétablissement de l'ancien régime, répandre le bruit, que la France désire ce rétablissement; envoïer ses émissaires ou instruire ses dévoués dans les campagnes; faire sentir que quiconque ne va pas audevant de la contre-révolution, le payera cher un jour .... etc. etc.

. Comment terminer cette anarchie aristocratique?

1. qu'on cesse de donner des espérances indirectes.

2. que l'union se rétablisse entre les patriotes, expression par laquelle j'entends tout ce qui a desiré un changement et qui a pris part à celui qui a eû lieu.

3. qu'on annulle le procès de Laharpe[2]) et qu'on l'engage à retourner en Suisse, ne fut ce que pour quelques mois. Sa fuite a été une des raisons qui m'ont déterminé à conserver un domicile à Bâle, pour qu'on ne dise pas à nos imbécilles: « Reconnoissez le doigt de Dieu; ces deux chefs de révolution, où sont-ils? l'un s'exile, l'autre émigre. »

[1]) Vergl. Hans Buser, J. L. Legrand in Basler Biographien I, 233 ff. — [2]) Vergl. Öchsli, Geschichte der Schweiz im 19. Jahrhundert I, 293.

Vous savez combien ce texte fourniroit de phrases
poulées à notre langue allemande théologique. C'est c
considération qui m'a empeché ou retenu de rien faire
primer contre lui outre le dégout que j'ai toujours eû p
des écrits de ce genre.

J'ai depuis 4 mois un officier d'artillerie chez moi,
instruit, studieux, sédentaire qui me fit au bout du 1er m
à peu près l'aveu suivant: «Vous aurez été surpris de
que je suis venu si souvent et à des heures souvent ind
dans votre apartement; j'ai voulu vérifier des faits. Je cro
en entrant chez vous que vous vous ennivriez[1]) que v
passiez les soirs au cabaret avec des tapageurs, que v
aviez des liaisons avec des femmes de mauvaise vie. Qu
a été ma surprise quand j'ai vû que vous ne buviez que
l'eau et un peu de Kirsch après le dessert, que vous v
leviez et couchiez aux mèmes heures, que vous n'alliez v
que des parents, que vous ne receviez que des amis con
et des étrangers et que vous ne vous occupiez que de phi
sophie, d'histoire, de belles lettres et de musique. Pourq
m'en avoit-on imposé à ce point? «Pourquoi, monsieur, pa
qu'on a lû dans Figaro qu'il falloit calomnie, calomnie,
lomnie; parce qu'on a lû dans un livre d'anecdotes qu'il f
à chaque adresse différente un paquet différent; parce qu
compte sur le proverbe très faux qu'il y a toujours feu
il y a fumée, proverbe, dis-je, très faux quand on l'applic
métaphoriquement aux choses morales. — Mais, répliqua-
vous en étiez donc instruit! Comment se fait il avec c
que vous soyez toujours d'une humeur gaïe et peut-ê
mieux portant que vos ennemis? — C'est, monsieur, c
l'opinion de ceux que je n'aime pas, m'est indifférente, c
quiconque me juge sans m'avoir entendu, ne sauroit ê
aimé de moi, et qu'en géneral j'ai toujours dit avec Bal
«Mon dessein a été de tout temps de plaire à peu
personnes.»

---

[1]) Daß solche Verdächtigungen gegen Ochs ausgestreut worden wa
beweist das Schmähgedicht auf Blatt 39 im Miszellenband Q 71² der va
Bibliothek Basel.

ortrait de mon *fils Albert.*[1])
le pèril, calme dans le malheur,
déjà tu sus penser en sage.
ui pour deux fois relevant mon courage,
méconnu fut le consolateur.
récieux de la vertu d'un fils!
vos leçons je resteroi fidèle;
ltes toujours le peuple et ses amis.
us méconnoit, j'en redouble de zèle.»
agement me fit tout oublier.
n désormais ne pourra m'affecter.

:.

uts. Quittte Mars, Uranie ou Mercure;
ans réserve au bel art des Zeuxis.
à des loix fidélement soumis,
rendre un jour rival de la nature.
cher Frédéric, ne les profane pas.
tes pinceaux ne peignent des ingrats.

ne.

e sentiments, image deux fois chère,
s en moi! Heureuse illusion!
traits d'un fils et les traits de mon père.
t, comme lui sois sociable et bon,
toujours pret à servir ton semblable.
aussi le ciel qu'un sort plus favorable
sensible épargne le chagrin
cœur de l'homme auguré trop de bien.

chère Emma, rapelle-toi sans cesse
que, jeune encore, au déclin d'un beau soir,
r inspirée et sautant d'allégresse
mon inscu poser sur mon mouchoir;
i le moment de joie et de tendresse,
ux fixeroient ce tribut de ton cœur.
oux ce moment d'une innocente ivresse!
lans mes bras mes vœux pour ton bonheur.

iter der Stadt Basel (im Domhof) gibt als Geburts- oder
des Peter Ochs folgende Daten an:
16. Nov. 1780. 2. Georg Friedrich Ochs 19. Sept. 1782.
28. Nov. 1784. 4. Emma Ochs 30. Sept. 1788.
8. Juli 1790. † 1790. 6. Eduard Ochs 17. Mai 1792.

5. Pour *mon portrait.*

Des longtemps, cinq objets
L'égalité de droits, l'unité de
Le règne des beaux arts, des
Des succès à la France et des
Si des vœux, nés parfois d'un
Ont imploré du ciel l'influence
Ce fut pour demander que tous
Quelques soient les aspects des
Se missent sans contrainte à l'uni
Que mon ame et le sort formassent
Que l'ordre des destins et non de
Fût la loi de mon cœur et reglât
Je te rends grâce, o ciel, dont la b
En m'inspirant ces vœux, daigne les

II

Bâle, le 12 jui

Citoyen Ministre,

Veuillez remettre l'incluse au citoyen Land
la copie.

Citoyen Landamme,

.«Il est des gens qui abusent de votre no
de la fermentation en cette ville. Le bruit cou
dernière que vous passeriez dimanche, avant
Pendant la nuit du samedi au dimanche on é
de 15 à 20 endroits apparens de divers quart
gros caractères ces mots: «Vive Reding, au
Vers les onze heures du matin se postèrent e
de mes fenêtres trois jeunes gens dont l'un
avec autres gentillesses semblables. J'ai engagé m
à ne pas se permettre la moindre récriminati
fait sentir que ce serait servir les perturbate
public. Je leur ai exprimé la persuasion où je
désaprouveriez le prétendu zèle de gens qui
signaler votre retour dans la patrie par des
vociférations de ce genre.»[1])

---

[1]) Das Schreiben des P. Ochs an Alois Reding ge
rechtzeitig in dessen Hände; denn dieser war schon am
Paris abgereist. Vgl. Strickler, Aktensammlung VII, S.
Bonaparte, Talleyrand et Stapfer S. 94.

oyen ministre, vous met au fait de tout. poignée d'aristocrates populaciers qui sont uis d'autant plus attaché à mes principes.

citoyen ministre salut et consideration

Pierre Ochs.

'ami à ami que j'ajoute cette page. Il en rmentent prodigieusement. L'arbre de la a, et il le seroit de nouveau, si on le ent. On dit dans les cabarets que le Lan- qu'on rétablisse Das alte Wesen.[1]) Des étrangers au reste) ont fait des cocardes gne de la souveraineté cantonale. J'ai vû terrifiés de tout ce qu'ils entendent dire. courru les caffés et auberges chantant en rreurs contre les Français et les patriotes es rixes. On parle de rétablir la compagnie iens bourgeois volontaires dont l'esprit bien n faire un moyen de terrorisme contre- vouloit au nouvel an «redingelen». On a que les cordiers étoient très occupés à faire ndre les patriotes. Un Alsacien, retournant a raconté avoir entendu dire qu'on alloit triotes de Bâle. Thourneysen, le municipal métier à dit à la boucherie: jetzt ist bald heym Kopf zu nehmen. — Ainsi quand it des bienfaits de la paix, il faut que l'artisans et de boutiquiers, nous empechent l'ils se flattent de ravoir des sujets, des e la moitié des places dans le conseil. Vous ienne constitution était un alliage monstrueux plus renforcée et d'ochlocratie. Les sujets lus des places, des emplois, de l'église, de oles, des places d'officier dans la milice ice étranger, du droit d'avoir des fabriques, commerce et métiers et d'y posséder des re côté il fallait qu'il y eut un grand et peu près la moitié d'artisans bourgeois ouchers, boulangers etc. On y étoit à vie. onseils avoient le droit d'élection.

[1]) c. I 352 ff; Quellen zur Schweizergeschichte XI, 125.

Vous sentez combien ces messieurs regrettent ce vieux bon temps. — Le jeune homme dont je parle dans la lettre est un certain Fæsch, fils d'un épicier qui croit achalander sa boutique en se permettant tout contre moi. — Quant à l'inscription on ne comprend pas, quel peut avoir été le but des auteurs La nuit étoit horriblement froide; il faut qu'on ait été plusieurs il faut aussi qu'on ait eû des échelles dans quelques endroits Voilà les suites des espérances données à l'aristocratie; plus d'un qui avoit été tranquille, résigné ou indifférent, s'est réveill et croit qu'il faut battre le fer tant qu'il est chaud.

Miszellen.

Ein Bild des Bischofs Germanus von Besançon. Gleichnamige Heilige auseinanderzuhalten, gehört zu den Aufgaben, welche jede Untersuchung auf dem Gebiet der Hagiographie ungemein erschweren.

Zu den bisher unenträtselten Siegeln der Basler Diözese gehört ein spitzovales Stück von Moutier-Grandval an einer Urkunde von 1254, Juli 9, in Bern. Die Umschrift lautet: † S(igillum) HENRIC(i prepositi) MONASTERII GRANDE: VALLIS. Das Siegelbild besteht in einem enthaupteten, stehenden Heiligen in geistlichem Gewand, der sein tonsuriertes Haupt in den Händen trägt. Daneben liest man die Inschrift SCS GERMANVS und sieht zur Linken des Heiligen die knieende Figur des (siegelnden) Propstes.

Textabbildung 6: Siegel des Propstes Heinrich von Moutier.

Jedermann sucht nun auf einem Siegel die Darstellung des betreffenden an Ort und Stelle verehrten Schutzheiligen oder des Patrons des Siegelinhabers. In Moutier-Grandval wäre also S. German, der ums Jahr 666 ermordete und schon früh als Heiliger verehrte Abt dieses Gotteshauses auf den Siegeln zu suchen. Aber dieser German wurde erstochen oder niedergehauen und nicht enthauptet. An einen Irrtum des Stempelschneiders ist wohl kaum zu denken, auch scheint ausgeschlossen, daß man einen Heiligen ohne Haupt dargestellt hätte, weil sein Leib in besonderem Schrein und sein Haupt in anderem Gefäß, in einem Kaput oder einer Herma, aufbewahrt gewesen wäre.

Nun ist aber im Mittelalter die eigentümliche Sitte nachweisbar, daß man häufig einem Heiligen einen andern desselben Namens zur Seite stellte, also neben S. Johann den Täufer den Johann Evangelista treten ließ, indem man zwei Martine (den Papst und den Bischof), zwei Stephane (den Papst und den Protomartyrer), drei Germane, die fünf Franze zusammengesellte.

Etwas Ähnliches war in Moutier der Fall: der
man war Schutzpatron der Kirche, der Bischof Ge
Besançon, der alten Metropole des Bistums Basel, w
eines Altars derselben Kirche.[1])

Diesen enthaupteten Bischof German ließ Propst
vielleicht weil er Stifter von diesem Altare gewese
seinem Siegel darstellen.

E. A. St

Die goldene Altartafel und ihre Nachbil Historischen Museum. Mit Kochs vortrefflicher Ph der vergoldeten Nachbildung, die nach dem Antependi Heinrich II angefertigt worden ist, versehen, hat der im vergangenen März das Original in Paris untersuch sich hierbei herausgestellt, daß die Imitation keine getreue ist. Im folgenden seien die hauptsächlichste welche differieren, hervorgehoben.

Die Stifterfiguren, Kaiser Heinrich und Kunigun beim Original Strahlkronen, die nicht in getriebener A das übrige hergestellt, sondern als lose Metallreife um gelegt sind. Diesen Kopfschmuck hat man bei der A aus technischen Gründen abgenommen und bei der Rep vergessen nachzubilden.

Die obere und untere Schriftzeile besteht beim aus größern Buchstaben als bei der Nachbildung; di sind auch anders verteilt bezw. spationiert. Solches f am Anfang der Inschrift in die Augen, wo der Ko große Lücke zwischen QVIS und SICVT gelassen h doch hätte der Maler, der die Lettern auf dem Ab geführt hat, nur den da und dort heute noch, trotz goldung, sichtbaren Spuren der Originalbuchstaben folge Im Unterschied zur Nachbildung sind die Inschrifter kaden (z. B. in der Mitte) scharf und gut erhalten.

Sehr stark sind die Differenzen beim Kreuzni Salvators: auf dem Original schmale Kreuzenden, gefüllt mit großen Steinen, auf der Nachbildung viel nach außen stark ausladende Kreuzenden, diese wie des Nimbus nur dünn mit viel zu kleinen Steinen b

Dies nur einige kleine Beobachtungen, welch wollen, daß derjenige, welcher die Altartafel in wis licher Weise behandeln und veröffentlichen will, gut Photographie nach dem Original, nicht nach der Nac zugrunde zu legen.

E. A. St

---

[1]) vergl. Quiquerez Eglises pl. III (Mskr. der Universitäts-Biblio — Cahier Caractéristiques des Saints II, p. 763.

Regesten betreffend Basler Künstler und Techniker des 17. und 18. Jahrhunderts. 1. *Bürgermeister und Rat der Stadt Basel stellen einen Paß aus ihrem Mitbürger dem Schreiner Valentin Friedrich*[1]), welcher angebracht, demnach weegen sonderlicher anmuth und liebe zu der architectur und andern geometrischen künsten er willens worden, eine reis durch ober und nider Teütschlandt, Franckreich und andere ort fürzunemmen und mit der enden berüembten meistern kundtschafft zu machen, auch ihre kunstliche werck besichtigen.

1606 März 12/22.

Gleichzeitige Abschrift im Staatsarchiv Basel, Ratsbücher D 5, Fol. 163.

2. *Bürgermeister und Rat der Stadt Basel* an Graaff Moritzen zu Nassaw.

Fürzeiger dis Valentin Friderich der schreiner unser burger hat uns demietig angebracht, demnach er zu den geometrischen künsten und der architectur, fürnemlich was die befestigung der stett und schlössern belangt, ein gutte zeit sondere lust und liebe getragen und darin albereit nicht geringe anfäng und fundamenta gelegt, were er bedacht solcher feinen kunst moglichesten fleisses nachzusetzen, wan aber zu diesem vorhaben imme nicht wenig dienlich, so er die beriembten forteresse in Niderlanden besichtigen und der orten vornemme ingenieur und geometras ansprechen und mit selligen sprach halten möchte, als hat er uns umb gegenwertige intercession an e. f. d. underthenig angesuocht und gebetten, der tröstlichen hoffnung dieses zu geniesen haben. Weyl dan zu solchem ehrlichen vorsatz mögliche hülff zu erzeigen wir uns schuldig erkennen, deswegen so langt an e. f. d. unser dienstlichestes gesinnen, die wolle ihnne dergestalten in gnedigem befehl haben, damit er niht allein angeregte festungen besichtigen, sondern auch mit dero baumeisteren in kundtschafft kommen und also etwas in der edlen kunst der fortificationen erlernen möge. Des wirt umb e. f. g. er mit aller underdienstlichen gehorsame sich zu bedienen befleissen, und sindt wir erbiettig solhes uff andere weg zu beschulden e. f. g. götlicher protection wolbefehlende.

Mitwoch den 12. Martij 1606.

Concept im Staatsarchiv Basel, Missiven A 68.

---

[1]) Valentin Friederich stammte aus Dettelbach im Fränkischen, wurde 1600 Bürger zu Basel, trat als Ingenieur für Bau- und Befestigungswerke in die Dienste von Bern, nachdem er schon vorher in gleicher Eigenschaft beim Grafen Ernst von Mansfeld und der protestantischen Union gewirkt hatte. Er betätigte sich an den Verbesserungen der Festungen im Aargau. Conf. Walther Merz, Die Lenzburg, Aarau 1904, pg. 94 ff.

3. Consul atque senatus reipublicae Basiliensis omnibus *etc*
notum facimus, quod a nobis fidelis atque dilectus civis no
Johannes Jacobus Thurneisen sculptor,[1]) qui plures annos in Ga
commoratus jam ante annum inde cum tota sua familia huc
nos rediit, attestationem, qua probare possit, semet ipsum c
uxore Maria Armet (ex urbe Galliæ vulgo Bourg en Bresse di
oriunda) et liberis susceptis cives nostros esse, decenti m
et humiliter efflagitavit, cujus æquæ petitioni, præsertim c
ad veritatem promovendam sponte feramur, satisfacturi te
mur hisce, prædictum Johannem Jacobum Thurneisen non
lum natum esse hujus reipublicæ civem, sed acquisivisse
17 mensis septembris 1664 etiam civitatem prænominatæ Ma
Armet suæ uxori ac propterea ejus liberos ex ea susceptos
tos esse nostros cives talesque hactenus habitos fuisse. In
jus rei fidem *etc.*

1681 Juli 27/August 6.

Gleichzeitige Abschrift im Staatsarchiv Basel, Ratsbücher D 8, No. 97.

4. *B. u. R. d. St. B.* urkhunden hiemit, demnach uns un
getreuer lieber burger Hanns Jacob Thurneyser der kupferstec
gebührend zu vernehmen gegeben, wasmassen er zu ver
tigung einiger arbeit, welche ihro kayserlich mayestet præs
tirt werden solle, naher Wien in Österreich berufen wor
und er deswegen dahin zu reysen gesinnt seye, und da
underthänig gebetten, wir geruheten ihme schein und urkhu
seines verhaltens aus gnaden zu ertheilen, damit er solch
wo nötig, aufweysen könte. Umb nun zeugnus der wahr
niemanden zu versagen, als bezeugen wir hiemit, dass n
allein derselbe von einer ehrlichen und ansehenlichen fam
herstamme, gestalten beydes seyn vatter und grosvatter Andr
und Hans Ulrich die Thurneysen beide selig des rhats al
und seine mutter Anna Schlumbergerin selig eine dochter he
Hans Ulrich Schlumbergers selig burgermeister loblicher s
Müllhausen, auch seiner hausfrauen Marie Armet vatter se
Johann Armet königlicher französischer rath von dem presi
und baillage von Bourg en Bresse, debren grosvatter müt
licher seiten herr Lazarus Dupuis königlicher rath vorgeme
cammer und dann weyland dehro ahnvatter grosmütterlich
seits N. Broucart president des parlements zu Dijon gewes
sondern auch sich bishero (anders uns nicht in wüssen) ehrl

---

[1]) Bekannter Basler Kupferstecher, geb. 1638, gest. 1711. Er verw
längere Zeit am Savoyischen Hof in Bourg en Bresse und von 1662 an
Lyon. Nachdem er seit 1681 in Basel sich aufgehalten, begab er sich 1
nach Wien, 1698 nach Augsburg und kehrte 1699 in seine Heimat zur
Vergl. Basler historisches Lexikon II, 1065. — Leu, Schweizerisches Lexi
XVIII, 158 und Suppl. VI, 51. — Kunst und Künstler in Basel, Basel 1841. p

verhalten, auch verschiedene probstückh seiner kunst
egeben, dadurch er sich bey hohen herren und kunst-
persohnen beliebt und berühmt gemacht, wie dann
eren sonderlichen weyland der fürstlich Pfalz Neu-
rhat und berühmter kunstmahler herr Joachim von
in seiner Teutschen Academie der pictur, sculptur,
ectur desselben zu seinem grosen ruhm gedenckht *etc.*
die üblichen Empfehlungsformeln.

Januar 12/22.

im Staatsarchiv Basel, Ratsbücher D 9, No. 170.

*u. R. d. St. B. stellen einen Paß aus dem Bildhauer Hans
er, Sohn ihres Mitrates Hans Heinrich Keller*[1]), welcher,
er dise seine kunst in stein, bein, holz, gyps und
vor in verschiedenen frembden landen, als Teutsch-
en und Franckhreich, besonders an dem königlichen
ersailles exercirt und bereits vor etlich jahren sich
in seinem vatterland haushäblichen gesetzt, auch in
it verschiedene schöne probstückh seiner kunst zu
s vergnügen von sich sehen lassen, anjetzo aber
elegenen geschäften halber von hier verreist.

Januar 9/19.

im Staatsarchiv Basel, Ratsbücher D 9, No. 178.

*nso dem Steinmetzgesellen Hans Martin Hüglin, Sohn des
erkmeisters Balthasar Hüglin,* welcher sich bey etwas
der churfürstlichen Sächsischen residenzstatt Dresden
ufgehalten, nunmehro aber zu weiterer perfectionir-
rnung diser seiner kunst sich in die seestätt, auch
len und Norwegen zu begeben willens ist.

Juni 10/20.

im Staatsarchiv Basel, Ratsbücher D 9, No. 226.

n zweiter Pass von B. u. R. d. St. B. für den gleichen
iglin, unsers getreuen lieben burgers und bestelten
nwerkhmeisters Balthasar Hüglins ehelicher sohn, so
andtwerkhs und daby der ingenieurkunst und veldt-
beflissener, uns gehorsamblich fürbringende, wie das
angung mehrer wüssenschafft und perfection in ob-
stückhen sich in der herren staden generalen der
n Niderlanden dienste zu begeben und darinnen
exerciren vorhabens were, *zugleich wird er besonders*

---

wohl mit jenem Jakob Keller zu identificieren, der Ende des
erts als Modelleur und Experte von Stein und Holz am Rathaus-
beschäftigt war. Conf. Salomon Vögelin, Das alte Zürich I, 188.

empfohlen an unsern auch getreuen lieben bürger herrn Jo
de Saconay obristen über ein regiment Eidtgenossen in
gedachter herren staden generalen diensten.

1702 Februar 4.

Concept im Staatsarchiv Basel, Ratsbücher D 9, No. 393.

8. *B. u. R. d. St. B. bekennen, für eine der beiden Stud pensionen von 200 ₶, welche Frankreich gemäss dem Bü der Stadt ausrichtet, ihren Angehörigen Johann Heinrich Ke ernannt zu haben,* qui selon le certificat produit de mon Rigaud, professeur de l'academie royale de peintur sculpture, se trouve depuis le commencement de cet a actuellement à la dite academie à Paris, y poursuivan exercices, priants son excellence monsieur l'ambassadeu luy faire payer la moitie de ladite pension, qui est deux livres pour l'année mil sept cent vingt et trois.

1724 Juli 26.

Concept im Staatsarchiv Basel, Urkundenbuch C 16, No. 109.

Preisaufgabe der theologisch-philosophischen Stiftu Basel. Auf die im Dezember 1902 ausgeschriebene Preisau

Das Reichsgut in der Schweiz

ist rechtzeitig eine Bearbeitung eingegangen mit dem M Capit. Reg. Franc. No. 99. Cap. 3. Quomodo marca nost ordinata et quid per se fecerunt confiniales nostri specialite preteritis annis. Die sorgfältige Prüfung dieser Arbeit e folgendes:

Der Verfasser gibt in der Hauptsache eine Reprodu der in dem Buche von C. Rübel, «Die Franken, ihr Erober und Siedelungssystem im deutschen Volkslande», Bielefeld Leipzig 1904, angestellten Untersuchungen und gewonn Resultate. Das hat zwei für die Lösung der gestellten Au sehr empfindliche Übelstände zur Folge gehabt:

1. Die völlige Anlehnung des Verfassers an die Rübel Arbeit hat bewirkt, daß er unverhältnismäßig viel von allgem Erörterungen und zu zahlreiches nichtschweizerisches I in seine Darstellung aufgenommen hat, während das Erg für die Schweiz selbst nicht besonders erheblich ist.

---

[1]) Wahrscheinlich der Sohn des obengenannten Johann Jakob I geb. zu Zürich 1692, gestorben im Haag 1755. Vgl. über ihn L. A. Burck Kunst und Künstler zu Basel p. 69.

2. Die ebenso gänzliche Beschränkung auf die von Rübel andelte früheste Zeit bis zum Anfang des 10. Jahrhunderts ß mit wenigen, mehr nebensächlichen Ausblicken in die tere Zeit, z. B. betreffs des Landes Uri) hat ein einigermaßen iebiges Quellenmaterial höchstens für den Bereich von Gallen und für Rhätien zur Verfügung gestellt. Aber auch Verwertung des diesbezüglichen Materials läßt einiges missen (so z. B. in Hinsicht auf die von Beyerle in bekenswerter Weise behandelten Verhältnisse am Bodensee Arbon), und namentlich ist nichts geschehen, um ein Bild Bestand und Zusammenhang des Reichsgutes in diesen chweizerischen Gebieten zu entwerfen.

Infolge dieser örtlichen und zeitlichen Begrenzung der eit müssen die Ergebnisse für die innere Schweiz als höchst ensächliche bezeichnet werden. Namentlich aber hat die tschweiz gar keine Berücksichtigung gefunden, wo doch auere Forschung auch für die Frühzeit dieser Territorien ne Resultate hätte erbringen können, und zwar in zweierlei htung: einmal durch eine Untersuchung der Frage, wieweit von Rübel dargestellte fränkische System dem westweizerischen Reichsgutbestande zugrunde liegt oder dieser tere noch der Königszeit des burgundischen Reiches entmt, dessen Erbe im 11. Jahrhundert der deutsche König orden ist, andererseits gerade in der Verwertung der el'schen Theorie betreffend die Schaffung von Reichsgut Eremus und durch Errichtung von königlichen curtes an Militärstraßen. Für das erstere sei beispielsweise verwiesen die vita S. Ymerii, dessen im Eremus errichtetes Heiligtum später in königlichem Besitz findet und durch König Karl abt wird (Trouillat I, 37, 38, 121), oder auf das im Eremus ute St. Ursanne, das später im Besitze des Königs ist uillat I, 42, 43), für das letztere auf die königlichen curtes obern Hauenstein. Fruchtbare Anhaltspunkte hätten sich sonst in Hidbers schweizerischem Urkundenregister No. 47, 416, 651, 754, 788, 821, 841, 851, 853, 856, 900, 907, 930 u. s. w. ergeben.

Die Arbeit des Verfassers schließt da ab, wo sie im nde erst hätte beginnen sollen. Der Zeitraum vom 10. bis 13. Jahrhundert hätte als hauptsächlicher Gegenstand der ersuchung in Betracht fallen sollen. Die reichfliessenden llen dieser Periode, zu deren Ergänzung auch die spätern igsurkunden bis auf Friedrich III. herab herangezogen werden sen, hätten nicht allein Bestand und Schicksale des Reichss in dieser Zeit selbst erschlossen, sondern auch für die Vorge der vom Verfasser ausschliesslich behandelten fränkischen ode manche wertvolle Aufklärung gebracht und willkommene

Belege eben zu einzelnen Ausführungen Rübels g welche das Material früherer Zeit versagt.

Die Arbeit kann daher nicht als Lösung de Aufgabe gelten, und die unterzeichnete Kommission Bedauern nicht imstande, ihr einen Preis zuzuerke

Das Manuskript kann durch den Verfasser, solcher ausweist, beim Staatsarchiv in Basel erbol

Die Unterzeichneten haben beschlossen, die noch einmal zu stellen. Dieselbe lautet:

Das Reichsgut in der Schweiz.

Wir verstehen unter Reichsgut die Besitzung Rechtsame des Reiches mit Ausschluss der hoheit der vogteilichen Rechte. Bestand und Herkunft im Gebiete der heutigen Schweiz und allfällige u Zusammengehörigkeit verschiedener Stücke dess nachgewiesen, sowie seine Schicksale bis zum 13. Jahrhunderts dargestellt werden. Es wird dabei v daß diese Darstellung auf den ursprünglichen C deren sorgfältiger Kritik und Kombination ruhe, Nachweise derselben ihre Ergebnisse in übersichtl zusammenfasse und an den allgemeinen Gang de anknüpfe.

Arbeiten sind bis zum 31. März 1907, mit versehen, das auf einem beigegebenen, den Nam fassers enthaltenden geschlossenen Couvert wiede das Staatsarchiv des Kantons Basel-Stadt einzus Prämierung ist die Summe von zweitausend Franke Die Arbeiten bleiben Eigentum des Verfassers.

Basel, im Februar 1905. Die Kommissi

A. Heusler, Professor.
C. v. Orelli, Professor.
R. Wackernagel, Staats

Neunundzwanzigster Jahresbericht

der

historischen und antiquarischen Gesellschaft.

I. Mitglieder und Kommissionen.

Die historische Gesellschaft zählte am Schlusse des Vereinsjahres 1902/1903 262 ordentliche Mitglieder. Von diesen verlor sie im Laufe des verflossenen Vereinsjahres 1903/1904: 15; 5 durch Austritt, 9, und zwar die Herren Ed. de Martin Burckhardt-Burckhardt, Wilh. Heusler-Vonder-Mühll, Alfred Iselin-Merian, W. Merian-Heusler, Samuel Rieder-Frey, Rob. Riesterer-Asmus, F. Riggenbach-Stehlin, Prof. Adolf Socin, Ernst Stückelberg durch Tod; Prof. H. Dragendorff wurde zum Ehrenmitglied ernannt. Dagegen traten 11 neue Mitglieder ein, nämlich die Herren C. D. Bourcart, C. Burckhardt-Sarasin, Ed. Eckenstein-Schröter, Prof. Alfred Körte, J. H. Lang, Adelbert Meyer, Dr. E. Preiswerk, Albert Rieder, K. Sartorius, Ch. R. Stähelin-Vonder-Mühll und Th. Vischer-Passavant, so dass der Gesellschaft am Schlusse des Vereinjahres 258 ordentliche Mitglieder angehörten. Durch die Ernennung des Herrn Dragendorff erhob sich die Zahl der Ehrenmitglieder von 6 auf 7.

Die Kommission verlor eines ihrer Mitglieder, Prof. Adolf Socin, durch den Tod.

Ausser der Kommision bestanden noch folgende besondere Ausschüsse:

1. Für die Zeitschrift: Dr. C. Stehlin, Reg.-Rat Prof. A. Burckhardt-Finsler und Dr. R. Wackernagel.
2. Für das Urkundenbuch: Reg.-Rat Prof. A. Burckhardt-Finsler, Prof. A. Heusler, Dr. C. Stehlin, Prof. R. Thommen und Dr. R. Wackernagel.

3. Für die Ausgrabungen in Augst: Dr. C. Stehlin, Dr. Th. Burckhardt-Biedermann und Fr. Frey, Salinenverwalter in Kaiser-Augst.
4. Für baslerische Stadtaltertümer: Dr. C. Stehlin, Dr. P. Ganz und Dr. E. A. Stückelberg.

Dr. C. Stehlin leitete außerdem die Arbeiten am historischen Grundbuch.

II. Sitzungen und gesellige Anlässe.

An den 11 Gesellschaftssitzungen, welche dieses Jahr im «Bären» stattfanden, wurden folgende Vorträge gehalten:

1903.

19. Oktober: Herr Dr. F. Holzach: Der Basler Bürgermeister Theodor Brand.

2. November: Herr Dr. J. Schneider: Kardinal Joseph Fäsch.

16. November: Herr Dr. R. Luginbühl: Das Gefecht am Bruderholz.

30. November: Herr Dr. E. A. Stückelberg: Frühmittelalterliches aus dem Bistum Basel.

14. Dezember: Herr Dr. Th. Burckhardt-Biedermann: Das Theater von Augst und seine Spiele.

1904.

11. Januar: Herr Prof. Karl Meyer: Die Stadt Basel von 1848 bis 1858.

25. Januar: Herr Dr. K. Nef: Die Schlachtendarstellungen in der Musik.

15. Februar: Herr Prof. A. Baumgartner: Zur Geschichte der griechichen Sternbilder.

29. Februar: Herr Prof. H. Dragendorff (aus Frankfurt a. M.): Römische Stadtbefestigungen in Westdeutschland.

14. März: Herr Dr. F. Holzach: Olivier Cromwell und die Schweiz. II.

28. März: Herr Prof. Daniel Burckhardt: Die politische Karrikatur des alten Basel (bis 1833).

Die Durchschnittszahl der Besucher für sämtliche 11 Sitz- gen betrug 47 (Maximum 91, Minimum 23), die Frequenz : also gegen früher etwas zugenommen.

Ausflüge haben im vergangenen Jahre keine statt- funden.

III. Bibliothek.

Die Bibliothek der Gesellschaft vermehrte sich im Be- htsjahre um 358 Bände und 69 Broschüren (1902/1903: 3 Bände und 119 Broschuren). Die Zahl der Tausch- sellschaften stieg von 198 auf 202.

IV. Wissenschaftliche Unternehmungen und Publikationen.

In Augst bildete der Vollzug der im letzten Berichte wähnten Maurerarbeiten zur Sicherung der Orchestra- uer, der Westhälfte des Arenaraumes, der Kloaken und r südlichen Nebenräume die Hauptaufgabe. Diese Arbeiten orderten erhebliche Kosten, zu deren Bestreitung die dentlichen Mittel nicht ausreichten; sie konnten aber dank r Opferwilligkeit der Gesellschaftsmitglieder gedeckt wer- n aus dem Ergebnis einer Kollekte und dem Ertrag der orlesung von Jakob Burckhardts weltgeschichtlichen Be- ichtungen durch Herrn Dr. Jakob Oeri. Die Fortsetzung r Ausgrabungen förderte am Amphitheater die Reste eines ereckigen Gelasses am Südende sowie eine steinerne Rinne ngs der Arenamauer zum Vorschein. Gegenwärtig ist die usgrabung der nördlichen Nebenräume des Theaters im Gange.

Von der Zeitschrift erschienen die beiden Hefte des Bandes an den regelmässigen Terminen. Diese Publika- on erfreut sich nicht nur bei den Mitgliedern der Gesell- chaft sondern auch in weitern Kreisen, namentlich des be- achbarten Auslandes, eines stets wachsenden Interesses.

Vom Urkundenbuch gelangte die erste Hälfte des). Bandes, bearbeitet von Prof. Thommen, zur Ausgabe; die weite Hälfte soll zu Ende dieses Jahres nachfolgen.

Vom Concilium Basiliense wurde Band 5, bearbeitet von Dr. G. Beckmann (München), Dr. G. Coggiola (Venedig) nd Dr. R. Wackernagel, ausgegeben.

IV

Das Zettelmaterial des historischen Grundbuches hat sich im verflossenen Jahre um 17763 Zettel vermehrt. Der Totalbestand beträgt nunmehr 127502 Zettel. Ausserdem wurden sämtliche bis jetzt registrierte Personennamen in ein Generalregister eingetragen.

Basel, 31. August 1903.

J. Schneider, Schreiber.

Vom Vorstand genehmigt den 15. September 1904.

Jahresrechnung

der historischen und antiquarischen Gesellschaft

vom 1. September 1903 bis 31. August 1904.

	Fr. Cts.	Fr. Cts.
A. Gesellschaftskasse.		
Einnahmen:		
Jahresbeiträge von 2 Mitglied. à Fr. 30.—	60.—	
» » 1 » » » 25.—	25.—	
» 15 » » » 20.—	300.—	
» » 245 » » » 12.—	2940.—	
Zinse (aus A, B und C) . . , . . .	231.55	3556.55
Ausgaben:		
Sitzungsanzeigen an die Mitglieder . .	158.75	
Druck von Zirkularen etc.	29.20	
Porti und Frankaturen	213.70	
Diversa: Löhne etc.	123.25	
Buchbinderrechnung der Bibliothek . .	357.55	
Ordnung der Photographiensammlung .	185.30	
Inserate	88.90	1156.65
Saldo, wovon je die Hälfte (Fr. 1199.95) auf B und C zu übertragen		2369.90
B. Historischer Fonds.		
Einnahmen:		
Saldo alter Rechnung	4125.45	
Übertrag aus der Gesellschaftskasse . .	1199.95	5325.40
Ausgaben:		
Honorare etc. für das Konzilsbuch Bd. V	791.65	
Nachträglicher Bezug von 2 Exemplaren Konzilsbuch Bd. IV	36.—	
Beitrag an die Zeitschrift (1/2 der Kosten)	614.—	1441.65
Saldo auf neue Rechnung		3883.75

	Fr. Cts.	Fr.
C. Antiquarischer Fonds.		
Einnahmen:		
Saldo alter Rechnung	4161.85	
Übertrag aus der Gesellschaftskasse . .	1199.95	
Beitrag des Vereins für das Historische Museum an die Auslagen für städtische Altertümer (²/₃ von Fr. 394.55) . .	263. —	
Verkauf von 84 Exemplaren Beschreibung von Augst	63.25	
Verkauf von div. Heften der Mitteilungen	118.50	
» » 3 Exempl. Merians Stadtplan	60. —	
» » Oberrhein. Siegeltafeln . .	17. —	
» » Photographien	53.30	
Grundbesitz in Augst: Pachtzins . . .	60. —	5996.
Ausgaben:		
Beitrag an die Zeitschrift (¹/₂ der Kosten)	614. —	
» » » Ausgrabungen in Augst .	500. —	
Plan und Aufriß einer gotischen Treppe	200. —	
Auslagen der Delegierten für städtische Altertümer (1899—1902)	394.55	
Grundbesitz in Augst: Gemeindesteuer 1903	21.45	
» » » : Diverse Auslagen .	49.15	
Erstellungskosten der verkauften Photographien	22.80	
Jahresbeiträge für 1902 und 1903 an die Schweizerische Erhaltungsgesellschaft .	40. —	
Jahresbeiträge für 1902 und 1903 an den Verband südwestdeutscher Altertumsvereine	24.95	1866.
Saldo auf neue Rechnung		4129.
D. Spezialfonds für Ausgrabungen in Augst.		
Einnahmen:		
Beitrag aus dem Antiquarischen Fonds .	500. —	
» des Vereins für das Historische Museum	500. —	
Bundesbeitrag für 1903	1500. —	
Extrabeiträge von 60 Mitgliedern . . .	3500. —	
Ertrag der Vorlesungen von Dr. Jakob Oeri	784.55	
Erlös aus gefälltem Holz	235.30	7019
Einnahmen: Übertrag . .		7019

	Fr. Cts.	Fr. Cts.
Einnahmen: Übertrag . .		7019.85
alter Rechnung	1043.—	
e	2266.35	
paraturen	103.—	
ädigungen f. den Schienenweg	83.—	
iten	4279.95	
. . . .	20.35	7795.65
auf neue Rechnung . . .		775.80

ıds zum Basler Urkunden-buch.

Rechnung	2903.90	
g für 1904	2000.—	
. . . .	85.60	4989.50
von 45 Exemplaren Bd. IX 1	450.—	
Band IX 2	424.70	874.70
ıeue Rechnung		4114.80

orisches Grundbuch.

g für 1904	1100.—	
ines Mitgliedes	1316.30	2416.30
ir 17763 Zettel		2416.30
		—.—

Zeitschrift für Geschichte [Altertumskunde.

mente à Fr. 8. 10	218.70	
dem Historischen Fonds .	614.—	
» Antiquarischen Fonds .	614.—	1446.70
Band III	1361.—	
n zu Band III	81.20	
Bezug von 1 Exemplar Bd. I 1	4.50	1446.70
		—.—

	Fr. Cts.	Fr. Cts.
Status am 31. August 1904.		
Historischer Fonds	3883. 75	
Antiquarischer Fonds	4129. 95	
Spezialfonds zum Basler Urkundenbuch	4114. 80	
	12128. 50	
Spezialfonds für Ausgrabungen, Passivsaldo	775. 80	
Total . .		11352. 70

Der Revisor: Dr. Paul Ganz.

Der Kassier: A. Bernoulli.

Vom Vorstand genehmigt den 15. September 1904.

Verzeichnis der Mitglieder

der

chen und antiquarischen Gesellschaft.

31. August 1904.

A. Ordentliche Mitglieder.

[...]feth, Alfred, Dr.
[...]ischer, Wilh., Oberst.
[...]n-Burckhardt, Karl.
[...]n-Burckhardt, Wilhelm.
[...]tto, Kommerzienrat, in Säckingen.
[...]aul, Dr.
[...]-von Bavier, Rudolf.
[...]rtner, Adolf, Prof.
[...]rass, Maler.
[...]ried., Dr.
[...]li-Burckhardt, A., Dr.
[...]li-Burger, K. Ch., Dr.
[...]li-Reber, J. J., Prof.
[...]li-Vischer, W.
[...]li-von der Tann, W.
[...]-Wagner, Felix.
[...]Scherer, Joseph.
Adolf, Dr.
[...], Wilh., Oberst, Reg.-Rat.
[...]-Hoffmann, Karl, Dr.
[...]-Rybiner, Emil.
[...]-Wieland, Eug., Dr.
[...]einr., Prof.
[...]t-Burckhardt, C. D.
[...]t-Grosjean, Ch., in Gebweiler.

Herr Bourcart-Vischer, A., in Gebweiler.
» Brömmel, Berthold, Dr.
» Brüderlin-Ronus, Rudolf, Oberstlt.
» Burckhardt-Biedermann, Th., Dr.
» Burckhardt-Bischoff, A., Dr.
» Burckhardt-Brenner, F., Prof.
» Burckhardt-Burckhardt, A., Dr.
» Burckhardt-Burckhardt, Hans.
» Burckhardt-Fetscherin, Hans, Dr.
» Burckhardt-Finsler, A., Prof., Reg.-Rat.
» Burckhardt-Friedrich, A., Prof.
» Burckhardt-Grossmann, Ed.
» Burckhardt-Heusler, A.
» Burckhardt-Merian, Adolf.
» Burckhardt-Merian, Eduard.
» Burckhardt-Merian, Julius.
» Burckhardt-Rüsch, Ad.
» Burckhardt-Sarasin, Karl.
» Burckhardt-Schazmann, Karl Christoph, Prof.
» Burckhardt-Vischer, Wilh., Dr.
» Burckhardt-Werthemann, Daniel, Prof.
» Burckhardt-Zahn, Karl.

» Dietschy-Burckhardt, J. J.
» Eckel-Labhart, Charles.
» Eckenstein-Schröter, Ed.
» Egger-Hufschmid, Paul.
» Eppenberger, Hermann, Dr.
» Fäh, Franz, Dr.
» Fäsch, Emil, Architekt.
» Feigenwinter, Ernst, Dr.
» Feigenwinter, Niklaus, Fürsprech, in Arlesheim.
» Fininger-Merian, Leonh., Dr.
» Finsler, Georg, Dr.
» Fleiner-Schmidlin, Ed.
» Fleiner-Veith, F., Prof.
» Forcart-Bachofen, R.
» Freivogel, Ludwig, Dr.
» Frey-Freyvogel, Wilhelm.
» Frey, Friedrich, Salinenverwalter, in Kaiser-Augst.
» Frey, Hans, Dr.
» Ganz, Paul, Dr.
» Gauss, Karl, Pfr. in Liestal.
» Geering-Respinger, Adolf.
» Geering, Traugott, Dr.
» Geigy, Alfred, Dr.
» Geigy-Burckhardt, Karl.
» Geigy-Hagenbach, Karl.
» Geigy-Merian, Rudolf.
» Geigy-Schlumberger, J. R., Dr.
» Gelzer, Karl, Pfarrer.
» Georg-Neukirch, H.
» Gessler-Herzog, K. A.
» Gessler-Otto, Alb., Prof.
» Goppelsröder, Friedr., Prof.
» Göttisheim, Emil, Dr.
» Gräter-Campiche, A.
» Grellet, Jean, in St. Gallen.
» Grossmann-Stähelin, R.
» Grüninger, Robert, Dr.
» Hagenbach-Berri, F., Prof.
» Hagenbach-Bischoff, Ed., Prof.

» Heusler-S
» Heusler-S
» Heusler-V
» His-Heus
» His-Schlu
» His-Veill
» Hoch-Qu
» Hoffmann
» Holzach,
» Horner,
» Hotz-Lin
» Huber, A
» ImOberst
» Iselin-Me
» Iselin, R
» Iselin-Sa

» Kern-Alf
» Köchlin-
» Köchlin-
» Köchlin-
» Köchlin-S
» Körte, A
» Kündig,
» Lang, Jo
» LaRoche-
» LaRoche-
» LaRoche-
» LaRoche-
» LaRoche-
» Linder-B
» Lotz-Tra
» Luginbüh
» Lüscher-
» Lüscher-
» Mähly-E
» Mangold,
» Markus,
» Mechel
» Meier, J
» Mende-S

...n, Adolf.
...n-Passavant, Heinrich.
...n-Preiswerk, M.
...n, Rudolf, Dr.
...n, Samuel.
...n-Thurneysen, A.
...n-Zäslin, J. R.
...lin, J. L., Dr.
...r, Adalbert, im Roten Haus.
...r, Emanuel.
...n-Lieb, Paul, Dr.
...n-Schmid, Karl, Prof.
...lle-Iselin, R.
...ntet, Albert.
...herr, Theodor, Dr.
...er, F., Prof.
...n-Gemuseus, H. A.
Karl, Dr.
...in-Werthemann, R.
Albert, Dr.
Jakob, Dr.
...beck, Franz, Prof.
...scini, Karl, Dr.
...scini-Engel, E.
...scini-Vischer, Rudolf.
...vant-Allemandi, E.
...werk, E., Dr.
...werk-Ringwald, R.
...t, Emanuel, Dr.
..., H. L. W., Reg.-Rat.
...ds, Arnold.
...s, Gustav.
...r, Albert, in Köln.
...nbach-Iselin, A.
...nbach-Stückelberger, Ed.
...tter, Paul, Dr.
...ner-Stehlin, Albert.
...lin, Arnold, Antistes.
...lin, Fritz, Dr.
...in, Paul, Dr.
...in-Alioth, P.
...in-Bischoff, Theodor.
...sin-Iselin, Alfred.
...sin-Iselin, Wilhelm.
...sin-Schlumberger, Jakob.
...sin-Thiersch, Rudolf.
...sin-Thurneysen, Hans.

Herr Sarasin-Vischer, Rudolf.
» Sartorius, Karl, Pfarrer in Pratteln.
» Sartorius-Preiswerk, Fritz.
» Schetty-Oechslin, Karl.
» Schlumberger-Ehinger, A.
» Schlumberger-Vischer, Charles.
» v. Schlumberger, Jean, Dr., Staatsrat, in Gebweiler.
» Schmid-Paganini, J., Dr.
» Schneider, J. J., Dr.
» v. Schönau, Hermann, Freiherr, in Schwörstadt.
» Schönauer, Heinrich, Dr.
» Schwabe-Changuion, Benno.
» Seiler-LaRoche, E. R.
» Senn, Hans, Pfarrer in Sissach.
» Senn-Otto, F.
» Settelen-Hoch, E.
» Siegfried, Traugott, Dr.
» Siegmund-Barruschky, L., Dr.
» Siegmund-von Glenck, B.
» Speiser, Fritz, Prof., in Freiburg i. S.
» Speiser-Sarasin, Paul, Prof.
» Speiser-Strohl, Wilhelm.
» Spetz, Georges, in Isenheim.
» von Speyr-Bölger, Albert.
» Stähelin, Felix, Dr., in Winterthur.
» Stähelin-Bischoff, A.
» Stähelin-Lieb, G., Pfarrer.
» Stähelin-Merian, Ernst, Pfarrer.
» Stähelin-Vischer, A.
» Stähelin-Von der Mühll, Ch. R.
» Stamm-Preiswerk, J.
» Stehlin, Hans Georg, Dr.
» Stehlin, Karl, Dr.
» Stehlin-von Bavier, F.
» Stickelberger, Emanuel.
» Stuckert, Otto.
» Stückelberg, E. A., Dr.
» Stutz, Ulrich, Prof. in Bonn.
» Sulger, August, Dr.
» Thommen, Emil, Dr.
» Thommen, Rudolf, Prof.
» Trüdinger, Ph.

» Vischer-Burckhardt, Rudolf.
» Vischer-Iselin, Wilhelm, Dr.
» Vischer-Köchlin, Eberhard, Prof.
» Vischer-Passavant, Theophil, Dr.
» Vischer-Sarasin, Eduard.
» Vischer-VonderMühll, Karl.
» VonderMühll, Georg.
» VonderMühll-Bachofen, Adolf.
» VonderMühll-Burckhardt, Karl.
» VonderMühll-His, Karl, Prof.
» VonderMühll-Kern, Wilhelm, Dr.
» VonderMühll-Merian, Albert
» VonderMühll-Merian, Wilh., Dr.
» VonderMühll-Vischer, Fritz.

» [illegible]
» Weis[illegible]
» [illegible]
» v. [illegible]
» [illegible]
» Werner-[illegible]
» Wieland-[illegible]

» Wieland-Z
» Wullschleg
» Zahn-[illegible]
» Zahn-Geig
» Zellweger-[illegible]

B. Korrespondierende Mitglied

Herr Grimm, Jul., Dr., in Wiesbaden.
» Gelzer, Heinrich, Prof., in Jena.

Herr Leist, B.
» Rieger, Ma

C. Ehrenmitglieder.

Herr Delisle, Leopold, Administrator der Nationalbibliothek, in Paris.
» Dragendorff, Hans, Prof., in Frankfurt a. M.
» v Liebenau, Th., Dr., Staatsarchivar, in Luzern.
» Meyer von Knonau, Gerold, Prof., in Zürich.

Herr Rahn, Joh.
» v. Schönbe
» Wartmann,

Basler Zeitschrift

für

Geschichte und Altertumskunde.

Herausgegeben

von der

Historischen und antiquarischen Gesellschaft
zu Basel.

Fünfter Band.

Basel.
Verlag von Helbing & Lichtenhahn
(vormals Reich-Detloff.)
1906.

Druck von M. Werner-Riehm in Basel. IV. 1906.

INHALT.

Vier Abbildungen im Text und sechs Tafeln.

Iber die politischen Beziehungen der Schweiz zu Oliver Cromwell.

Von

Ferdinand Holzach.

(Schluß.)

II. Cromwells Eingreifen zum Schutze der Waldenser.

Dem Völklein der Waldenser, das in den Tälern der ottischen Alpen ein armseliges Dasein führte, waren gegen ie Mitte des XVII. Jahrhunderts zwei gefährliche Feinde ntstanden. In Turin war eine congregatio de propaganda de gegründet worden, eine Filiale jenes mächtigen gegen-eformatorischen Instituts, das von Rom aus mit unsichtbaren 'äden den Kampf gegen die Ketzerei leitete. Den Einfluß, relchen die Kongregation allmählich auf den Hof gewann, erdankte sie der Mutter des Herzogs Karl Emanuel, der ochbegabten, aber fanatisch religiösen Tochter Heinrichs IV on Frankreich, Christine von Bourbon. Die Herzoginmutter :itete tatsächlich die Politik des Landes, und ihr schwäch-cher Sohn gab sich nicht einmal die Mühe, nach außen den chein der Selbständigkeit zu wahren. Es fiel der Kongre-ation nicht schwer, die Herzogin davon zu überzeugen, daß ie religiösen Freiheiten, welche die Waldenser besaßen, ine Schande für das Land seien, und es wurde ein Feld-ugsplan gegen die ahnungslosen Talleute entworfen, an em italienische Verschlagenheit und Inquisitionsfanatismus leich rühmlichen Anteil hatten. Durch alte Verträge waren en Waldensern bestimmte Täler als Wohnort zugewiesen nd ihnen innerhalb dieses Bezirkes ihre religiösen Freiheiten esichert. Am 25. Januar 1655 ging den Waldensern in den rei Tälern von Perosa, Lucerna und San Martino folgender

Befehl [illegible]: Wer nicht zum katholischen Glauben übertreten wollte, mußte unter Androhung der Todesstrafe das Land verlassen.

Die bedrückten Talleute waren infolgedessen gezwungen, in der furchtbaren Winterkälte über die schneebedeckten Berge in die benachbarten Täler von San Giovanni und La Torre zu flüchten, wo sie bei ihren Glaubensverwandten Aufnahme fanden, aber trotzdem, da sie ihr Hab und Gut nicht hatten retten können, dem Elend preisgegeben waren. Als die Waldenser eine Versammlung abhielten, um ihre Bittschrift an den Herzog zu beraten, wurde dieses Vorgehen als Rebellion erklärt und der Marquis von Pianezza besetzte mit ein paar Tausend Mann die Taler von San Giovanni und La Torre. Die Talleute flüchteten sich in die Berge und richteten von dort aus ein Schreiben an den Herzog, in welchem sie erklarten, sie wollten als getreue Untertanen sich den herzoglichen Befehlen fugen, wenn er ihnen erlaube, in ihre Wohnungen zurückzukehren. Wenn er es aber auf ihre Vertreibung abgesehen habe, so möge er ihnen erlauben, daß sie mit ihrer beweglichen Habe das Land ungekränkt verlassen könnten, um sich eine andere Heimat zu suchen.

Während man noch auf die Antwort aus Turin wartete, kam es zu einem Zusammenstoß zwischen bewaffneten Waldensern und den herzoglichen Truppen, und diesen Vorfall benutzte der Marquis von Pianezza, um den vernichtenden Schlag gegen die Ketzer zu führen. Er ließ den Flüchtlingen sagen, sie sollten ruhig in ihre Wohnungen zurückkehren, es werde ihnen nichts geschehen. Ein Teil der Waldenser ließ sich von den arglistigen Worten des herzoglichen Heerführers täuschen und kehrte in die Häuser zurück. Am 17. April begann nun eine Metzelei, die an scheußlichen Einzelheiten alles hinter sich laßt, was sonst an Bluttaten in Religionskriegen geleistet worden ist. Wer dem Morden in den Dörfern entging, wurde wie die wilden Tiere in den Bergen gejagt. Manche entflohen über die Grenze in die Dauphiné, andere, die von dem Unheil verschont geblieben waren, sammelten sich an unzugänglichen Orten und wandten sich hilfeflehend an die Glaubensgenossen in den angrenzenden Ländern. Der Marquis von Pianezza hatte noch die

den Gewässern an der Küste von [illegible]
monstration der englischen Flotte [illegible]
werde dem Schreiben Cromwells den [illegible]
verschaffen. Der Gedanke, die englische [illegible]
der Waldenser zu verwenden, war in Genf [illegible]
aus einem Briefe Pells an Thurloe hervorgeh[illegible]

Pell schrieb sofort an Thurloe über [illegible]
mit den Zürcher Ratsherren, und empfahl ihm [illegible]
den Vorschlag der protestantischen Orte, der [illegible]
sich zu Gunsten der Waldenser verwenden; de[illegible]
armen Leute wenden ihre Augen hilfeflehend auf S. [illegible]
Thurloe gab in seinem Antwortschreiben die Ver[illegible]
daß der Protektor lebhaften Anteil an den Erei[illegible]
Piemont nehme und Pell auffordere, ihm alle Ak[illegible]
welche die Vertreibung der Waldenser beträfen, ei[illegible]
Auch solle er genauen Bericht über alles, was [illegible]
stantischen Orte unternähmen, abstatten.

Der nächste Bericht, den Pell nach London send[illegible]
war die Kunde von den Untaten des Marquis vo[illegible]
welche bald die ganze protestantische Welt in E[illegible]
und Trauer versetzte. Von Genf war die Meld[illegible]
Bern nach Zürich gelangt, und von hier aus ging[illegible]
boten nach allen Seiten, an die protestantischen [illegible]
Deutschland, nach Holland, Schweden, und auch an [illegible]
zösischen Gesandten. In England war die Wut [illegible]
Mörder so groß, daß die Niedermetzelung der [illegible]
vorgeschlagen wurde; auch in der protestantische[illegible]
wurden ähnliche Stimmen laut. Der Trauer und [illegible]
gab man durch Einstellung aller Festlichkeiten u[illegible]
nung von Bittgottesdiensten Ausdruck und sammel[illegible]
um der größten Not abzuhelfen. Die weiteren M[illegible]
wurden auf einer Konferenz der vier Städte, die a[illegible]
in Aarau stattfand, besprochen.[63])

Nachdem Zürich darüber berichtet hat, was [illegible]
der Waldenserangelegenheit getan wurde, einigt[illegible]
dahin, ein neues Schreiben an den Herzog zu ric[illegible]
ihn darin zu versichern, daß die Waldenser keine[illegible]
Intervention der schweizerischen Glaubensgenoss[illegible]
laßt, sondern daß diese von sich aus für ihre b[illegible]

der Fürbitte eingelegt haben. Der Herzog möge die Talleute nicht entgelten lassen, sondern um der genössischen Stände willen ihnen seine Huld widerfahren en. Dieses Schreiben soll Stadtmajor Gabriel Wyß von n dem Herzog überbringen. An der Konferenz liegt ein reiben des französischen Gesandten de la Barde vor, ches mitteilt, daß er das Schreiben Zürichs seinem König habe, und daß dieser zur Beilegung der Differenzen behilflich sein wolle. Darauf wird geantwortet, froh, wenn der König in Piemont einschreiten aber, daß französische Truppen an dem Geteiligt waren. Von einer Seite wird auch beantragt, voyer, die sich im Gebiete der evangelischen Orte auszuweisen und ihr Eigentum mit Arrest zu be- Der Antrag wird aber nicht angenommen.

Appell Zürichs an die protestantischen Staaten hatte Wiederhall in England gefunden, wo zunächst Sammlung zu Gunsten der Waldenser veranstaltet welche 40,000 £ einbrachte. Cromwell aber war ent-, weiterzugehen. Durch Pell ließ er sich genauen über alle Einzelheiten der Vorfälle in Piemont geben, darüber, welchen Anteil die französischen Truppen Gemetzel gehabt hatten und ob der französische Ge- in Turin vorher um die Sache gewußt habe. Auch alle protestantischen Fürsten und Stände Schreiben in welchen er ein gemeinsames Vorgehen zum der bedrängten Glaubensbrüder vorschlug. Diese von der Feder eines Milton entworfen und von Geist erfüllt, geben Kunde von der mächtigen welche das puritanische England und seine Helden , eine Erregung, die es der gesamten protestan- Welt mitzuteilen sich bemühte.[6])

wirksames Mittel der Abhilfe hatte Cromwell selbst Noch war der Vertrag mit Frankreich nicht , von dieser Seite konnte man den Herzog Schreiben an Ludwig XIV und seinen welchen erklärt wurde, daß Cromwell keinen Frankreich unterzeichnen werde, wenn nicht Herzog *von Savoyen* zwinge, die Verfolgung der Waldenser einzustellen und sie für alles angeta[illegible] Unrecht zu entschädigen. Dazu sei der König gerade[illegible] verpflichtet, weil seine Soldaten bei dem frommen Werk, Ketzer umzubringen, geholfen hätten. Ludwig antwortete, seine Truppen hätten ohne sein Wissen und gegen seinen Willen in Piemont mitgemacht, auch sei der Herzog von Savoyen ein souveräner Fürst, in dessen innere Angelegen-heiten er sich nicht mischen könne. Cromwell beharrte [illegible] auf seiner Forderung, sodaß Ludwig versprach, er [illegible] zwischen dem Herzog und seinen Untertanen vermitteln.

Noch mehr Wirkung versprach sich Cromwell von [illegible] direkten Intervention am Turiner Hof. Er schickte [illegible] jungen Gelehrten, der wie Pell Diplomatendienste [illegible], Samuel Morland, als Gesandten nach Turin. Das [illegible] an Herzog Karl Emanuel war in ziemlich scharfem Tone [illegible] gefaßt.[67]) Dem Herzog wurde eine genaue Darstellung [illegible] scheußlichen Ereignisse vorgesetzt und ihm keine [illegible] erspart. Cromwell nannte die Waldenser seine Brüder, [illegible] Not auch seine Not sei, und forderte den Herzog auf, [illegible] mißhandelten Untertanen die alten Freiheiten wieder [illegible]willigen.

Morland reiste Ende Mai ab, und zwar über [illegible] wo er in la Fère eine Audienz bei Ludwig XIV und [illegible] hatte, und kam Ende Juni nach Grenoble. Hier blieb [illegible] einige Tage, da er noch nicht recht wußte, wie er [illegible] Auftrag ausrichten sollte. Morland war zwar ein begab[illegible] Gelehrter, aber noch etwas jung und ohne diplomatisch[illegible] Schulung. Nun fügte es ein glücklicher Zufall, daß um di[illegible]selbe Zeit der eidgenössische Gesandte, Major Gabriel Wy[illegible] auf der Rückreise von Turin, wo er nichts ausgerichtet hatt[illegible] begriffen war. Wyß traf in Montmélian mit Morland [illegible]sammen, dem er einige gute Ratschläge erteilte. [illegible] gestand ihm, er wisse nicht recht, was er tun solle, [illegible] er sein Schreiben am Hofe abgegeben haben werde, ob [illegible] bleiben und die Antwort abwarten oder wieder [illegible] solle. Man habe ihm in London nur gesagt, wenn der [illegible] Hof den Wünschen des Protektors nicht entspreche, [illegible] sich dieser mit allen Mitteln Satisfaktion verschaffen, [illegible] selbst habe man keine weiteren Verhaltungsmaßregeln [illegible]

Wyß nahm sich nun des Diplomatenlehrlings, den Crom-
l mit echt puritanischem Optimismus in die Welt hinaus-
andt hatte, an. Er ließ sich das Schreiben Cromwells
den Herzog zeigen und teilte ihm dann auch den Inhalt
r Aktenstücke, die er selbst besaß, mit. Dann riet er
, er solle so lange als möglich in Turin bleiben und
n er die Antwort des Herzogs erhalten habe, sie ihm
ß) schicken. Er könne in Turin alle Vorgänge beobachten
darüber nach London berichten, auch die Waldenser
chen, und wenn später noch eine schweizerische Gesandt-
ft nach Turin komme, ihr helfen. Dann aber warnte ihn
ß vor den Intriguen des Turiner Hofes und der savoyischen
omatie. Man werde ihn durch Einladungen und Festlich-
en zu blenden suchen und ihm schöne gleißnerische Worte
n. Er dürfe kein Wort glauben, das man ihm auch mit
heiligsten Eiden gebe. Unter allen Umständen solle er
arren, bis weitere diplomatische Hilfe von den Schweizern
r von anderswo komme; denn so lange er in Piemont
be, werde sich der Hof nicht getrauen, weiter gegen die
denser vorzugehen. Morland war froh über die Rat-
ige des erfahrenen Mannes. Er versprach ihm, nichts
un ohne sein Wissen, und erhat sich von Wyß ein Zeugnis
Cromwell, daß er auf Wyß' Rat hin seinen Aufenthalt
urin verlängere.[68])

Die Erfahrungen, die Morland in Turin machte, übertrafen
allerdings seine schlimmsten Erwartungen. Es war schon
ichnend, daß die Audienz, die er beim Herzog hatte,
dessen Mutter abgenommen wurde. Morland hielt seine
e mit ehrlicher Begeisterung im prächtigsten Latein, und
Hof hörte mit stummem Lächeln zu. Aber nachdem er
klich zum herzoglichen Palast hinauskomplimentiert war,
auch seine Mission beendigt. Denn nun trieb diese ge-
ene diplomatische Gaunerbande wochenlang ihr boshaftes
l mit dem Unerfahrenen. Statt Antworten bekam der
ische Gesandte Einladungen zu einem Ball, und wenn
em Mietkutscher befahl, ins herzogliche Schloß zu fahren,
[illegible] dieser an irgend eine Stätte der Lustbarkeit. Als
[illegible] Waldenser aufsuchen wollte, um an Ort und Stelle
[illegible]eren *Vorfällen* Erkundigungen einzuziehen, ließ

ihm der Hof sagen, er solle um Gottes willen
liche Reise nicht machen. Die Waldenser se
Räuber. Sie hätten erst neulich einen
sandten (gemeint war Gabriel Wyß), der sie a
wollte, mißhandelt und beinahe getötet. W
auch handgreiflich war, ließ sich Morland doch
abhalten. Da man alle an ihn gerichteten Brie
zurückhielt, war er von der Außenwelt ganz
und seine Stellung einfach unhaltbar. Unmut
nach Genf über, um dort den weiteren Verla
abzuwarten. Doch tat auch er das Seine für d
indem er die finanzielle Unterstützung dersel
reichen Geldmitteln, die aus England kamen,
leitete.[69])

Als wichtigsten Faktor in seiner politischen
zum Schutze der Waldenser hat Cromwell unz
protestantische Schweiz betrachtet. Es war j
Macht, welche imstande sein konnte, durch ei
Aktion einzugreifen, sei es allein oder in irge
sammenwirken mit einer englischen Flotte vo
Gedanke an eine solche Lösung der Dinge m
gleich nach dem Eintreffen des Eilboten aus Züri
sein. Denn sogleich schrieb Thurloe an Pell: «
genau die Meinung der protestantischen Ort
lernen, welches sie für das geeignetste und wirk
halten, den armen Waldensern zu helfen. Ich
daß Sie den schweizerischen Protestanten das
der Situation deutlich vor Augen führen wer
Herr Durie müssen diesen traurigen Anlaß b
einen Druck auf die Protestanten auszuüben, da
Hut sind.» Pells erste Berichte mußten auch i
Ansicht aufkommen lassen, die protestantisch
seien zum Losschlagen bereit. Der englische G
in Zürich, der Hauptburg des schweizerischen Pr
wo natürlich in den Kreisen der Bevölkerung all
rief. Die laue Stimmung in Basel, Schaffha
St. Gallen etc. kannte er nicht. Aus Bern kam
es seien 7000 Mann auf dem Marsch nach Sa
dem Eindruck dieser Gerüchte und Augenblic

ch seine Meinung über die Möglichkeit eines Krieges stantischen Schweiz mit Savoyen, und diese Meinung sich in seinen Berichten nach London wieder. So s sich, daß Thurloe am 18. Juni an Pell schreiben «Ich bin froh, daß die evangelischen Kantone sich d der armen Piemontesen so zu Herzen genommen aß sie deshalb eine ernsthafte Gesandtschaft schicken nd besonders daß sie dieser mit den Waffen Nachrleihen wollen. In diesem Unternehmen werden sie erfolgreich sein, da sie für eine so gute Sache und alle guten Christen mit ihnen einig sind. Es Hoheit von größter Bedeutung, daß er über ihre llig unterrichtet wird und auch über den bevor- Krieg mit dem katholischen Ort, von dem Sie. Es werden sich Leute finden, die sich an ihre len werden und mit ihnen die Last tragen werden... e Kantone ihre Absichten offen klar legen würden, schärfere Maßregeln als diejenigen der diplomatischen dlungen ergriffen werden.»[70])

t so deutlich, wie hier Thurloe gegenüber Pell die g wiedergibt, die man in London von einem Einer Schweizer in Piemont hatte, tat dies Cromwell Schreiben an die Schweizerkantone, das von Milton am 25. Mai abging. Es war allgemein gehalten, mit der gewaltigen Sprache des großen Dichters ge der Protestanten in Piemont und betonte die gkeit, daß alle protestantischen Staaten sich zur men Interzession vereinigen müßten. Denn das Vors Herzogs sei nur der Anfang eines großen gegenrischen Vorstoßes, dem heute die Waldenser, morgen sischen Hugenotten, bald auch die Schweizer ernnten. Die Schweizer sollten ihm das wirksamste nnen, der drohenden Gefahr zu begegnen, er sei it ihnen gemeinsame Sache zu machen.[71])

n die Schweizer wollten, mußten sie Cromwell verber sie wollten oder vielmehr sie konnten nicht. lichen Unterhandlungen, welche Pell mit dem Stadt- Hans Kaspar Hirzel führte, zeigen uns klar, wie der einen und anderen Seite über

Eingreifen in Savoyen dachte. Am 22. Mai berichtet Stadtschreiber dem englischen Gesandten über die Besc der Aarauer Konferenz und die Absendung des Majors von dem man hauptsächlich zu erfahren hoffe, welche G den Herzog zu dem Vorgehen gegen die Waldenser gett hatten. Darauf platzte Pell heraus: «Ein Hauptgrund verächtliche Meinung, welche der Herzog von den stantischen Kantonen hat, da er sie als Leute ansieh wenig Macht besitzen und den Mut nicht haben, ihre zu gebrauchen. Ihr habt so Angst vor euren kathol Nachbarn, daß ihr keinen Fuß zugunsten irgend einer stantischen Kirche rührt, damit nicht die katholischen tone über euch herfallen.» H. K. Hirzel: Unsere *con discors* hat uns bisher gerettet. Denn wenn wir *eines* bens gewesen wären, wäre es nicht möglich gewese dreißigjährigen Krieg neutral zu bleiben. Da wir abe schiedenen Glaubens sind, hielten wir unsere kathol Miteidgenossen ab, dem Kaiser zu helfen, und sie hin uns, auf die andere Seite zu ziehen. In Wirklichkei eben die katholischen Orte ebenso befreundet mit Sa als wir, so daß wir also nicht eingreifen können, ohne Anlaß zu geben, über uns herzufallen. *Es gibt viele bei uns, welche nach dem Eintreffen der Schreckensbot aus Piemont an nichts anderes dachten, als gegen Sa zu ziehen oder alle Savoyarden in unserem Gebiet bringen.* Aber wenige haben die Überlegung, sich zu daß wir kein Geld finden können, um gegen irgend Staat Krieg zu führen, und das Geld ist das einzige, wir Mangel leiden; denn wir haben Mannschaft und V genug, das wird Savoyen erfahren, wenn es etwas Genf unternimmt, wie das Gerücht geht.» Pell: «Gen fallen, bevor ihr zu Hülfe kommen könnt.» Stadtschr «Die Post ist so gut eingerichtet, daß Zürich in d 24 Stunden Nachricht von Genf hat und Bern noch Meldung bekommt. Unser Kriegsvolk ist in so guter nung, daß wir in zwei oder drei Tagen ein stattliches kriegsbereit haben, denn jeder trägt seine Waffen be Genf ist wohlbefestigt und mit Vorräten für eine lang lagerung versehen, sodaß es nicht überrumpelt werden

Hilfe kommt.» Pell: «Wenn Genf aber eure Hilfe braucht, rden viele sagen, es sei kein Geld da, oder man müsse vor den katholischen Orten in acht nehmen.» Stadtreiber: «Genf ist so nahe, daß in wenigen Tagen der eck, den Feind zu vertreiben, erreicht sein wird.» Pell: Venn ihr kein Geld habt, müßt ihr euch immer fürchten, katholischen Orte zu reizen.» Stadtschreiber: «Sie haben h kein Geld und können auch keines bekommen; wir en früher Geld gehabt, mußten es aber für außerordente Ausgaben aufbrauchen. Wenn dieser Geldmangel nicht e, würden wir die Katholiken nicht als uns ebenbürtig rachten, sondern würden uns bereitwilliger entschließen, Herzog von Savoyen zu lehren, daß unsere Freundschaft unsere Briefe mehr Rücksicht verdienen.» Pell: «Da euch weder an Mannschaft noch an Waffen fehlt, und euere ghäuser gefüllt sind, und nur das Geld, seid ihr doch r imstande, einen Krieg anzufangen als andere Leute, che nichts als eine volle Börse haben.» Stadtschreiber: as ist wahr; aber unsere Mannschaft muß pünktlich belt werden, sonst entsteht Unordnung und Unzufriedenheit.» l: «Wenn ihr in das feindliche Land kommt, soll dieses Kosten des Krieges tragen.»

Der Rat von Zürich, dessen Ansicht Hans Kaspar Hirzel dem Gespräch mit Pell wiedergegeben hatte, ließ am Juni dem englischen Gesandten offiziell antworten, man bereit, für die Waldenser alles zu tun, was möglich sei, r Krieg mit Savoyen anfangen, könne man nicht. Dagen sei man entschlossen, zu verhindern, daß die kathohen Kantone dem Herzog helfen, wenn dieser, gestützt sein Bündnis mit den katholischen Orten, von ihnen Hilfe lange. Man wolle in diesem Falle die katholischen weizer davor warnen, dem Herzog zu Hilfe zu ziehen, wenn sie es doch täten, sie mit Gewalt daran hindern. nn sei der Bürgerkrieg unvermeidlich. Aber die prote[illegible] Orte wollten nicht den ersten Schlag führen, um den Vorwurf auf sich zu laden, sie hätten den Bund [illegible]

[illegible] ließ aber nicht nach und suchte persönlich auf den [illegible] Waser *einzuwirken*. Am 3. Juli hatte der englische Gesandte eine mehrstündige Unterredung Waser, aus der einzelne Stellen wörtlich wiedergeg werden sollen[73]). Pell: «Die Papisten warten nur, bis die Macht haben, und sich ihnen die Gelegenheit darbi um mit uns gleich zu verfahren wie Savoyen mit Waldensern; darum ist es die höchste Zeit, an eine gem same Abwehr zu denken. Könnten sie nicht in dieser S zusammen mit England gehen»? Waser: «Das ist ganz leicht, wenn man eine gemeinsame Gesandtschaft Turin schickt.» Pell: «Turin ist nicht der Ort, um die weitgehenden Pläne des Protektors zu beraten. meinsames Handeln ist notwendig und unaufschieb Wenn der jetzige englische Agent in Zürich (gemein Pell selbst) euch ungeeignet scheint, diesen Plan auszufüh müßtet Ihr diesen Grund des Hindernisses s. Hoheit teilen, welche ihn sofort beseitigen wird». Waser: « wünschen keine andere Persönlichkeit, um mit ihr zu u handeln, und hoffen, daß der englische Agent solange bl bis er abberufen wird.» Pell: «Ist es nicht besser, einzuschreiten, bevor das Geschwür weiterfrißt?» Wa «Gewiß, es frißt schon weiter. Wallis ist eines der grö Länder in der Schweiz und mit uns verbündet. Es le dort einige wenige Protestanten, welche bisher unterdr und verfolgt wurden. Jetzt aber ist allen Protestanten fohlen worden, binnen drei Monaten das Land zu verlass Pell: «Auch im Thurgau beginnen die Papisten sich regen.» Waser: «Ja, wir werden darüber an der näch Tagsatzung sprechen.» Pell: «Das Feuer kommt im näher. Wallis auf der einen, Thurgau auf der and Seite, Graubünden dazwischen. Die evangelischen werden zum Krieg gezwungen werden, ob sie wollen nicht». Waser: «Gewiß, wenn die Eidgenossen gegen ander kämpfen, wird die Gefahr für Deutschland groß Der Sieg liegt in Gottes Hand; wenn es ihm gefällt, den papistischen Kantonen zu verleihen, werden die Pr stanten in Deutschland die Schmerzen unserer Wun fühlen». Pell: «Das sind Dinge, welche England, obgl es auf der Hut ist, nicht so gut verfolgen kann als welche nahe dabei sind. Wenn ihr solche Gefahren dro seht und es für richtig haltet, mit uns gemeinsame Sache zu machen, ehe es zu spät ist, so macht uns gefälligst Eröffnungen und redet ein wenig deutlicher, damit ich besser weiß, was ich in Zukunft zu tun habe.»

Die Entscheidung über die offizielle Stellungnahme der protestantischen Orte zu der Waldenserfrage brachte eine Konferenz, welche am 26. Juni in Aarau stattfand.[78]) Hier stattete zuerst Major Gabriel Wyss mündlichen Bericht über seine Sendung an den Turiner Hof ab. Das Antwortschreiben des Herzogs wurde verlesen. Sein wesentlichster Inhalt lautete: Fürsten sind niemandem verantwortlich über Entschlüsse, die sie gegen ihre Untertanen gefaßt. Aus besonderer Freundschaft für die Eidgenossen will er ihnen mitteilen, daß die Leute aus den Tälern von Lucerna, San Martino und Perosa unter dem Schein der Religion gegen ihn rebelliert haben, und darum Gewalt gegen sie angewendet worden sei. Sie hätten sich auch geweigert, die Waffen niederzulegen, was doch die Grundbedingung für friedliche Unterhandlungen sei. Auch das Zureden des Herrn v. Wyss habe keinen Erfolg gehabt.

Nach dem Schreiben des Herzogs kam der Brief Cromwells zur Verlesung. Bern beantragte darauf die Absendung einer offiziellen Gesandtschaft aller vier Städte an den Turiner Hof. Zürich stimmte bei, Basel und Schaffhausen verlangten Bedenkzeit. Man nahm aber an, ihre Zustimmung werde nachträglich eintreffen und man beschloß an England, Schottland, Brandenburg, Pfalz, Hessen, Sachsen, Württemberg und Schweden die Aufforderung zu richten, sie möchten ebenfalls durch Gesandtschaften die Intervention der Schweizer in Turin unterstützen. Damit unterdessen die Talleute nicht mit neuen Feindseligkeiten geplagt würden, sollte der Major Wyss, mit einem Kredenzschreiben versehen, der Gesandtschaft vorauseilen.

So hatte man in der protestantischen Schweiz sich ent[illegible], nochmals den Weg der Unterhandlung zu be[illegible] und auf eine bewaffnete Intervention in Savoyen [illegible]. An Cromwell ging ein Schreiben ab, in welchem auseinandergesetzt wurde, warum ein Krieg mit Savoyen [illegible] protestantischen *Orte bedenklich* sei. Doch sei man bereit, S. Hoheit zu unterstützen, wenn er finden sollt das Wohl der Waldenser «scherpfere» Mittel erforde

Damit war man in London nicht zufrieden, und erhielt bald darauf ein eindringliches Schreiben vom S sekretär, folgenden Inhalts:

«Ich habe Ihr Schreiben nebst den beigeschloss Papieren mit der letzten Post erhalten und hoffte in Brief, welchen die Kantone S. H. schrieben, in bestim Worten ausgedrückt zu finden, daß sie etwas Tatkra unternommen haben gegen die an den armen Piemon jüngst verübten Greueltaten, aber weder in diesem Schre noch in dem Ihrigen, stoße ich auf große Begeisteru dieser Sache. In einem Ihrer letzten Schreiben teilte mit, daß in Bern einige tausend Mann bereit stände in das Land des Herzogs einzufallen, wenn der Ges den sie zum Herzog geschickt hatten, nicht mit eine friedigenden Antwort zurückkäme. Man spricht dort von einem Krieg gegen ihre katholischen Nachbarn, diese Bewegung ist entweder wieder erloschen, ode haben unterlassen darüber zu schreiben.»

«Ich habe schon früher den Wunsch geäußert, Sie mö genau erforschen, welches die wahre Gesinnung und A der protestantischen Kantone in dieser Angelegenhe habe aber von Ihnen noch keine diesbezügliche Mitt erhalten, weshalb ich meinen Wunsch wiederhole, für uns von größter Wichtigkeit ist, gut darüber unterr zu sein, ob man in der protestantischen Schweiz den V hat für die evangelische Sache etwas zu wagen. Zwe hat es sich um einen wohlüberlegten Plan gehandelt um mit den Worten des Protektors zu reden, jeder Ver der abgeschlossen wird, ist schwächlich; diese armen testanten in Piemont sollten eine andere Garantie als diese, und ich glaube es ist Zeit für die Protes der ganzen Welt, an ihre eigene Sicherheit zu de wenn das, was geschehen ist, uns nicht weckt, sind wi blendet. Die Absichten S. Hoheit kennen Sie, und die Nation ist mit ihm darin einig alles daran zu setzen, der Augenblick gekommen ist; aber alles ist aussic wenn die Kantone zaudern und sich nicht engagieren v

Ich weiß, daß sie alles dem Mangel an Geld zuschreiben, sollten aber daraus nicht ein größeres Hindernis machen, es wirklich ist, und wenn sie eine Last auf sich nehmen, den andere ihnen helfen. Die Sammlungen, welche veranstaltet werden, ergeben hoffentlich ein gutes Re-t. 20000 £ sind schon eingegangen und 10000 £ werden …rzer Zeit beisammen sein, wenn dort wirklich die Ab- besteht, etwas zu tun, welches Sie ihnen mitteilen …n . . . denn nichts kann unternommen werden, wenn die Schweizer sich zu einem Krieg gegen die Urheber …s scheußlichen Gemetzels entschließen. Es ist mir noch ganz klar, was für eine Instruktion die Gesandten …lten haben, welche nach Savoyen abgehen; sie werden einen Gesandten S. Hoheit finden, der mit ihnen ge-…same Sache machen wird. Die Unterhandlungen mit …kreich stehen noch auf dem gleichen Punkt, aber nichts … geschehen ohne Rücksicht auf die armen Waldenser …ehmen ».[74])

…ll ging mit diesem Brief zu Bürgermeister Waser …hielt von diesem eine Antwort, die an Ausführlichkeit … Deutlichkeit nichts zu wünschen übrig ließ, die auch Darstellung der damaligen politischen Verhältnisse in … Schweiz von allgemeiner Bedeutung ist:[75])

«S. Hoheit hat unseren Brief vom 26. Juni erhalten und …t zu wissen, was wir weiter zu tun gedenken in der …erangelegenheit und möchte unseren Beistand in …Kriege gegen den Herzog von Savoyen. Was unsere … anbelangt, so war Intervention der Zweck unserer …schaft, die wir dorthin sandten; und wir nehmen an …ie Erfolg haben, solange wir nicht das Gegenteil …em Gesandten vernehmen. Wir erwarten in einigen …Briefe von dort, aus welchen wir ersehen werden … gut berichtet sind, wenn es heißt: Savoyen wolle …mittlung nicht annehmen, sondern die ganze An-…heit Herrn Servient, dem französischen Gesandten …übergeben. Wenn das wahr ist, werden wir mit …Beschlüssen warten, bis wir sehen wie sich die … Vermittlung vollzieht. Wenn der König allein …werden wir uns wahrscheinlich bei ihm für die Waldenser verwenden. Aber das können wir erst tun, wenn wir Nachrichten von unseren Gesandten haben.»

«Ihr Brief wünscht, daß wir uns kurz entschließen mit Savoyen Krieg zu führen wegen der Waldenser. Ich muß gestehen, daß wenn diese Angelegenheit durch uns und andere vollständig vernachlässigt worden wäre, dies schlimme Folgen für die reformierten Kirchen in Frankreich und Deutschland gehabt hätte.. Da aber so viele ihre Teilnahme und ihr Mitleid gezeigt haben, wird hoffentlich etwas geschehen, um die Waldenser wieder aufzurichten und den Papisten die Lust zu nehmen in Zukunft solche Dinge zu planen. Ob dies ohne Krieg erreicht werden kann, können wir nicht sagen. Und selbst wenn wir sicher wären, daß nur ein Krieg zu diesem Ziel führen könnte, würden wir unsererseits einen Krieg als eine zu schwere Last für unsere Schultern betrachten. Wo uns bis jetzt keiner unserer Freunde einen Beistand in einem solchen Kriege angeboten hat, ist es wohl kein Wunder, das wir uns noch nicht entschlossen haben ihn anzufangen, obgleich der gemeine Mann bei uns den Krieg wünscht. Es scheint, daß England ähnlich denkt. Wie sich die vereinigten Niederlande dazu stellen, können wir aus keinem ihrer Briefe ersehen, die uns nur mitteilen, daß eine angesehene Persönlichkeit von dort kommen wird, um uns über ihre Haltung in der Waldenserfrage aufzuklären.»

«Wenn wir nachgegeben hätten, stände unsere Mannschaft längst in Savoyen, und die katholischen Orte hätten eine prächtige Gelegenheit, uns zu bekriegen, sodaß wir in der Heimat in Bedrängnis geraten wären, was unsere armen Brüder in Piemont nicht wünschen können, da ein Bruderkrieg bei uns ihnen nachteilig ist. Wenn aber irgend ein anderer in Piemont einfällt und den Herzog nötigt, die katholischen Kantone zu Hilfe zu rufen, gemäß ihrem Sonderbündnis, werden wir ihnen den Weg nach Savoyen verlegen. Freiburg ist schon unruhig und hat Wachen aufgestellt und rüstet. Bern tut das gleiche als sein guter Nachbar. Wir handeln, aber im Geheimen, und werden im Notfall schlagfertig dastehn. Das ist alles, was wir bis jetzt im Hinblick auf einen Krieg getan haben, und mehr können wir nicht

m als, die katholischen Orte, die Bayern und andere eutsche hindern, dem Herzog von Savoyen zu helfen. s ist wahr, daß wir durch eine Diversion noch etwas mehr n könnten, aber wohl nicht soviel, als unsere Freunde rmuten. Wir können in den Teil von Savoyen einfallen r uns zunächst liegt. Die Berner haben das vor Zeiten tan, und sind imstande es wieder zu tun. Wir können elleicht den nördlichen Teil von Savoyen besetzen, der ischen dem Genfersee und den savoyischen Bergen liegt, ist aber fraglich, ob wir nach Süden vordringen können. e Savoyer Berge können mit wenig Mann gegen zahliche Angreifer verteidigt werden; auch liegt es nicht in serer Macht Frankreich zu hindern, daß es Savoyen beiringt. Eine kriegerische Aktion unsererseits gegen Sayen kann also nicht so erfolgreich sein, wie in Thurloes ief vorausgesetzt wird.»

«Frankreich wird zweifellos dem Herzog gegen jeden greifer helfen, besonders in diesem Falle, da der König, e wir wissen, dem holländischen Gesandten erklärt hat, werde selbst die Sicherstellung der Waldenser überhmen. Daran ist ihm viel gelegen, weil er sich den Weg rch Piemont nach Italien offenhalten will; denn er hat die bsicht, in diesem Sommer in die Lombardei einzufallen, ailand zu nehmen und die Spanier aus Oberitalien zu vertiben . . Darum wird sich Frankreich allem widersetzen, s ihm den Weg durch Piemont verlegt.»

«Ich glaube gern, daß England und Holland imstande d starke Truppenmassen an der piemontesischen Küste landen, aber die Waldenser fürchten, daß unterdessen Sommer vorübergeht, und wenn die Berge, welche jetzt als Zufluchtsstätte dienen, mit Schnee bedeckt gehen sie einem schrecklicheren Winter entgegen, als war. Eben darum, weil sie einem ungewissen entgegengehen, sind sie zu einer friedlichen Ver[illegible] vor Beginn des Winters geneigt, damit sie wieder [illegible] Zufluchtsstätte bei ihren Nachbarn finden und [illegible] ihre zerstörten Hütten wieder aufbauen können. [illegible] meine persönlichen Gedanken, welche beim Durch[illegible] Thurloes Brief in mir aufgestiegen sind. Um

Ihnen eine offizielle Antwort geben zu können, muß ich Ihre Vorschläge dem Rat vorlegen; deshalb bitte ich Sie, mir einen Auszug aus dem Briefe zustellen zu wollen ».

Nachdem der Geheime Rat diesen Auszug erhalten und besprochen hatte, suchte Bürgermeister Rahn den englischen Gesandten auf und gab ihm folgende Erklärung über die Opportunität eines Krieges mit Savoyen ab: « Wir haben einen Krieg in Erwägung gezogen, und es fehlt uns nicht an kriegstüchtiger Mannschaft; aber es fehlt uns an anderen Dingen, die zu einem Krieg nötig sind. Alle Kantone leiden großen Mangel an Geld. Die deutschen Städte und Fürsten waren gegen Ende des dreißigjährigen Krieges gezwungen, auswärts Geld aufzunehmen, und sie entliehen es, wo sie bekamen. Die protestantischen Kantone liehen den evangelischen Fürsten und Städten, und die papistischen Kantone den Katholiken. Die letzteren scheinen gegen etwas bessere Bedingungen Geld ausgeliehen zu haben, aber weder ihre deutschen Schuldner, noch die unsrigen, sind imstande die Zinsen zu zahlen noch Abzahlungen am Kapital zu machen. Seit dem Frieden geben sich die Deutschen alle Mühe ihren Boden wieder ertragreich zu machen; Korn und Wein gedeihen so reichlich, daß die Preise nieder stehen und unsere Bauern kaum mehr bestehen können. Rühmen sich doch die Süddeutschen, sie wollten in drei Jahren die Schweizer ruinieren, indem sie das Land mit billigem Korn und Wein überschwemmen wollten. Sie sind gegen uns im Vorteil. Wir haben einen Boden, der hart zu bearbeiten ist, sodaß in einigen Gegenden von Deutschland man mit einem Pferd ein größeres Stück Land bebauen kann als wir mit vier. Wir sind auch ungünstiger daran in Bezug auf die Ausfuhr des Überschusses unserer Erträgnisse. Mailand würde uns unser Korn bezahlen, wir kämen aber um allen Gewinn, wenn wir unser Korn auf Saumrossen über den St. Gotthard schleppen müßten. Wenn wir 100 Pfund Hafer auf ein Pferd in Zürich legen, frißt es 400 bis es in Mailand ist. Ich kann mich aber noch an Zeiten erinnern, wo das Korn in Mailand so teuer war, daß sie alles in Zürich holten; es mag auch jetzt sein, daß wenn die Franzosen dort eingreifen, die Mailänder froh sind über unsere gefüllten Vorratsräume und uns Geld für unser Korn geben. Wenn aber der Landmann keinen Absatz für sein Korn und seinen Wein findet und doch Geld braucht um Eisen, Salz und Tuch (alles Dinge die es hier nicht gibt) zu kaufen, so leidet er doch Not, wenn auch der Boden fruchtbar ist und Acker und Weinberg reichen Ertrag liefern.»

«Die Kriege in Deutschland und in den Niederlanden und der Krieg, den die Franzosen in Graubünden geführt haben, brachte unglaublich viel Geld ins Land, da die Soldaten, welche friedlich durch das Land oder an ihm vorbeizogen, alles bezahlten, was sie brauchten. Aber seitdem diese Kriege zu Ende sind, hat der Segen aufgehört und wir wissen nicht, wie wir zu Geld kommen sollen. Bis jetzt verdienten unsere Kaufleute viel Geld damit, daß sie deutsche Manufakturen und andere Waren nach Frankreich einführten, weil sie keine Abgaben, wie die Deutschen entrichten mußten. Aber seitdem das Bündnis abgelaufen, ist auch diese Einnahmequelle versiegt; denn unsere Kaufleute müssen jetzt Abgaben entrichten.»

«Als sich vor einiger Zeit die Untertanen Berns empörten, ging ich zum französischen Gesandten und bat ihn, er möge uns in anbetracht der Umstände etwas Geld geben als Abzahlung an die großen Summen, welche von unseren Vorfahren der Krone Frankreichs geliehen worden waren; oder wenn er nichts von dieser Schuld abzahlen wolle, solle er uns doch das Friedgeld (die Zahlung Frankreichs an die Kantone für den ewigen Frieden) geben; oder er möge uns die Hilfsgelder auszahlen, welche uns gemäß dem ewigen Bündnis versprochen waren für den Fall, daß wir uns in Not befänden. Aber alle Vorstellungen genügten nicht, ihm einen Pfennig aus der Tasche zu ziehen, und doch wußten wir, daß er große Summen, die er vom König erhalten, bei sich führte. Wir durchschauten aber seine Absichten, welche dahin gingen, die Bauern die Oberhand über uns [illegible] zu lassen; dann hätte er uns die Erneuerung des [illegible] zu seinen Bedingungen aufgenötigt, um uns für [illegible] an die Krone Frankreichs zu fesseln. Diese un[illegible] Haltung Frankreichs in den Zeiten großer Gefahr hat uns gezeigt, daß der französische Hof sich anders uns stellt als Heinrich IV. und seine Vorgänger, wel alles anwandten, um ein gutes Einvernehmen zwisc Frankreich und unserem Lande aufrecht zu halten, in sie es für politisch klug hielten uns jährlich Friedensge zu zahlen und dafür vor uns sicher zu sein, statt uns kränken oder zu bekriegen und dann das Hundertfache den Unterhalt von Besatzungen auszugeben, was die jetzi Staatsmänner in Frankreich nicht zu bedenken schein

In England fand man die Haltung der Schweizer in Waldenserfrage sehr kühl, da man aber, wie Thurloe Pell schrieb, ohne sie nichts ausrichten konnte, fügte sich ihrem Vorschlag, noch einmal das Mittel der diplo tischen Intervention zu versuchen. Es sollte aber eine k binierte Intervention sein, an der außer England und Schweizern, Frankreich und Holland teilnehmen muß Dem französischen Gesandten wurde nochmals katego erklärt, daß England für ein Bündnis nur zu haben wenn Frankreich die Waldenser schütze. Holland w eingeladen einen Gesandten in die Schweiz zu schic Es schickte in der Tat den Herrn van Ommern ab. englischer Spezialgesandter für die Waldenser wurde Herr Downing abgeschickt. Downing und van Omn sollten in Basel zusammentreffen und der schweizeris Gesandtschaft sich anschließen. Downing erhielt eine sondere Instruktion für die Verhandlungen mit dem He von Savoyen, sie wurde auch Pell mitgeteilt, damit er den Schweizern vorlege und ihnen erkläre, der Prote werde nur einen Vertrag anerkennen, der auf Grund di Instruktion abgeschlossen sei. Cromwells Forderun lauteten: Wiederherstellung der früheren politischen religiösen Freiheiten des Waldenser, Genugtuung für erlittenen Verluste, Bestrafung der Mörder und sichere ranticen gegen zukünftige Vergewaltigung.[76])

Unterdessen hatte sich aber in Piemont selbst die L so verändert, daß der Cromwellsche Plan nicht mehr tatsächlichen Situation paßte. Der Herzog von Savo der sich gegenüber den ersten schweizerischen und englis

[illegible] kerung nieder. Die Hauptleute wollten [illegible] verhindern, konnten aber die Rachegier [illegible] zügeln, welche durch den Anblick der an [illegible] ten Leichen ihrer Brüder zur blutigen [illegible] wurden. Das Schloß von San Secondo, [illegible] Brüder, die am Gemetzel vom 17. April [illegible], als Besatzung lagen, wurde in Brand [illegible] Mannschaft gezwungen, zu den Fenstern [illegible] zu springen. In Turin aber stellte [illegible] ermordeter Mönche zur Schau aus, [illegible] Schandtaten der Rebellen vor Augen zu [illegible]

[illegible] Teilnahme, welche die protestantischen [illegible] mißhandelten Glaubensbrüdern zeigten, war [illegible] nehmer, als seine hochfahrenden Antwort- [illegible] erwarten ließen. Die Gerüchte, daß man [illegible] in der protestantischen Schweiz lebten, [illegible] daß die Berner einen Einfall in Piemont [illegible] nach Turin gedrungen. In seiner Not [illegible] die katholischen Kantone, seine Verbün- [illegible] en Angriff von dieser Seite abzuwenden. [illegible] die katholischen Orte auf der gemeinsamen Tagsatzung zu Baden Einspruch ... der protestantischen Städte in die Angelegenheit ... bündeten. Sie konnten aber die Absendung d... schaft nicht verhindern, und als sie sich anerbot... Gesandte mit nach Turin zu schicken, wurde das ... von Bern und Zürich entschieden abgelehnt.[15])

Am meisten Eindruck machte aber auf den ... Missetäter in Turin die Haltung Frankreichs. ... Versuch, durch die Mitheranziehung der Trupp... zur Exekution an den Waldensern, Frankreich ... mittieren oder wenigstens zum Mitschuldigen ... war kläglich gescheitert. Der französische Obers... korrekt benommen, und Ludwig XIV hatte so... über den Eidgenossen, als gegenüber England ... Herzogs offiziell mißbilligt. Durch die Torheit ... montesischen Unterführers war die Mißstimmun... zösischen Regierung noch gesteigert worden. I... von San Damian, ein Schwiegersohn des Marq... nezza, war bei der Ketzerhetze über die französi... gedrungen und hatte das in der Dauphiné liege... guela, in dem auch Waldenser wohnten, überfa... Häuser waren verbrannt und drei Personen getö... Die Talbewohner konnten die Mordbrenner vertrei... aber bei dem Herzog von Lesdiguières, dem Gou... Dauphiné, und dieser meldete den Vorfall nach ...

Wenn man diese Verletzung französischen Ge... savoyische Truppen nicht ungeahndet lassen konn... der savoyische Fanatismus dem französischen H... einem andern Grund bedenklich erscheinen. Die ... de propaganda fide, welche den Kreuzzug geg... denser leitete, holte ihre Befehle in Spanien, u... folg, den sie davon trug, stärkte den spanischen ... Turiner Hof. Das konnte aber eine französische ... nicht dulden. Man liebte ja die Ketzer auch nic... honenhof, aber man haßte Spanien doch mehr. Cha... ist folgender Vorfall: Nach den Ereignissen in den ... tälern hatte die Herzoginmutter ihren jesuitischen ... gefragt, ob sie Gott für den Waldensermord R... ablegen müsse. Er schob die Antwort hinaus nach Spanien an seine Oberen. Der Brief wurde nach Turiner Art aufgefangen, und die entrüstete Fürstin ließ den vortrefflichen Beichtiger in das feste Schloß Niolon bringen, wo er bald eines freiwilligen oder unfreiwilligen Todes starb.[80]) Man mag über dieses Weib, das so viel protestantisches Blut auf dem Gewissen hat, denken, wie man will. Sie war eine Tochter Heinrichs von Navarra und hat an diesem elendesten aller Höfe den Stolz der Bourbonen, der niemals das spanische Joch duldet, bewahrt.

Von entscheidendem Einfluß auf die Haltung des französischen Hofes war aber die Rücksicht auf England. Ludwig XIV brauchte das englische Bündnis für seinen Kampf gegen die spanisch-habsburgische Macht und mußte die conditio sine qua non, welche Cromwell gestellt hatte, annehmen. Er beschloß, den savoyischen Vetter zur Vernunft zu bringen und die Waldenserfrage, welche Cromwell so sehr am Herzen lag, zu regeln. Aber, — und hier zeigte sich das Selbstgefühl des emporstrebenden Selbstherrschers — er wollte sie nach seinem Belieben regeln, ohne Einmischung einer fremden Macht. Auch die Mithilfe der Schweizer war ihm unbequem. Er ließ ihnen durch de la Barde sagen, daß er die Waldenser schützen werde und daß er dies ganz gut allein tun könne. Er sandte den Generallieutenant von Montbrun, einen Protestanten, nach Piemont, damit er gemeinsam mit dem französischen Gesandten in Turin, Servient, einen Vergleich zwischen dem Herzog und den Waldensern zustande bringe. Die Absendung Montbruns war ein kluger Schachzug des Königs; denn Montbrun mußte als Hugenotte bei den Waldensern Vertrauen erwecken, das sie dem französischen Gesandten nicht entgegenbringen konnten, von dem man wußte, daß er heimlich eine Freude an dem Ketzergericht gehabt hatte. Aber, so lautete die Instruktion Montbruns, alles mußte rasch erledigt sein, bevor die Schweizer, Engländer und Holländer sich drein mischen konnten.

Dem Herzog von Savoyen mußte diese Lösung der Frage als eine Rettung aus einer schwierigen Lage erscheinen. Dem Druck, den die allerchristlichste Majestät auf ihn ausübte, nachzugeben, vertrug sich mit seiner fürstlichen Ehre besser, als auf die schweizerischen und englischen Ketzer

zu hören. Mazarin hatte ihm ja [illegible]
Unterdrückung der Protestanten sei [illegible]
Zeitpunkt sei recht ungeschickt [illegible]
sich, den Wünschen seines mächtigen Vetters n
Die Unterhändler der Waldenser wurden ein
Pignerolo, einer festen Stadt am [illegible]
täler, zu kommen, und hier wurden unter de
französischen Gesandten Servient und Montbr
handlungen eröffnet.

Während so die savoyische und französisc
rasch und mit Geschick operierten, konnte
ihren Gegnern nicht gerade behaupten. De
und der neue englische Gesandte waren auf d
Basel, die offenher etwas langsam vor sich gin
englischer Gesandter saß ziemlich untätig und
und spendete Almosen. Der dritte Vertreter
in Zürich, Pell. Von raschem, gemeinsamem H
da keine Rede sein. Fast ebenso schwerfällig
die Aktion der protestantischen Schweizerstä
braucht blos die Instruktion zu lesen, welc
23. Juni 1655 seinem Gesandten auf die Tagsatzu
mitgab,[32]) wo die entscheidenden Beschlüsse ü
vention in Savoyen gefaßt werden sollten, um
zu tun in die jammervolle Ängstlichkeit der ba
hörden dieser Zeit, die Bücklinge vor Frankr
sichschauen nach allen Seiten, ob ja niemand v
könnte, und vor allem das chronische Zugesch
Staatsseckels. Da wird den baslerischen Taghe
sie sollen nur anhören und sich *in terminis* g
aller Freundschaft und gutem Verständnis e
aber auf keine *Specialia* kommen. Sie sollten
Verbindliches einlassen und alles *ad referen*
weil davon schlechter Nutzen und Vorteil zu g
Man muß im Gegenteil fürchten, bei den kat
genossen und bei andern Unwillen und Mißtraue

An der Tagsatzung stimmten Basel und
gegen eine Gesandtschaft aller vier Städte, u
der Tagsatzung suchte Basel durch Schreiben
Schaffhausen darauf zu dringen, daß nur Zü
Gesandte schicken sollten.[33])

Aber am 30. Juni traf in Basel ein Eilbote von Zürich ein, Basel solle sofort seinen Gesandten nach Genf senden, die Zürcher seien schon unterwegs. Basel und Schaffhausen fügten sich. Basel schickte den Ratsherrn Benedikt Socin, Schaffhausen den J. J. Stockar. Während jeder der beiden Gesandten nur von einem Diener begleitet war, ließen sich die Berner und Zürcher Gesandten von einem ganzen Troß das Geleite geben, so daß schon äußerlich die widerwillige Teilnahme Basels und Schaffhausens zum Ausdruck kam. Der Gesandte von Zürich, Salomon Hirzel, war begleitet von vier Heren und drei Dienern, Herr Karl von Bonstetten, der Vertreter Berns, von fünf Herren und fünf Dienern. Das Haupt der Gesandtschaft war Salomon Hirzel als Vertreter des Vororts, der gewiegteste Diplomat unter allen unzweifelhaft Stockar. Er kannte genau das dubiose Terrain, auf dem die Schweizer in Piemont operieren mußten: «Il nous faut nous munir de magnanimité et de constance contre un parti tourbe et captieux. Je sais bien que l'Albion nous secondera bravement. Le bon Dieu nous veuille assister par son esprit», rief er seinen Genossen zu.[84]) Stockar verdanken wir auch eine ausführliche Darstellung der Gesandtschaftsreise und die Mitteilung der wichtigsten Aktenstücke.[85])

Den Gesandten wurde folgende Instruktion mitgegeben: «Demnach durch die heilige Verhängnis des Allerhöchsten S. königl. Hoheit, des Herzogen in Savoyen, Evangelische Untertanen in den Thälern des Piemonts durch Gewalt der Waffen, unter verläumdendem Vorwand ihres Ungehorsames und Rebellion, ins Elend vertrieben worden, und bisher weder durch einfache Schreiben noch Schickung den Übergebliebenen nicht wiederum in ihr Vaterland zu sicherer und ruhiger Nießung ihrer alten Gnaden und Freiheiten, die Religion betreffend, geholfen worden, so haben die löbl. Evangelischen Orte der Eidgenossenschaft, aus herzlichem Mitleiden und höchster Begierde, diesen armen Leuten, als ihren lieben Glaubensgenossen, auch wiederum tröstlich aufzuhelfen sich entschlossen, in Gottes Namen durch Euch, die erwählten [illegible] Abgesandte, bei Hochermeldter S. königl. Hoheit [illegible]führenden Mittel versuchen zu lassen, durch welche [illegible] möchten zum Besitz ihrer Häuser und Güter,

auch fernerm ruhigem Genuß ihrer [illegible]
heiten, die Religion betreffend, [illegible]
habet Ihr allen vollkommenen Befehl [illegible]
leitung der hievor schon an S. königl. Hoh[illegible]
Schreiben und je nach Befund der [illegible]
verfahren, und zwar diese evangelischen [illegible]
Geschäftes Facilitierung (Erleichterung) [illegible]
gegen ihren Fürsten zu verleiden, demnach nic
Traktate zu gehen, als dahin zu trachten, wie d
bestätigt, erläutert, gehalten, und sie dessen g
sichert, auch, in Kraft derselben, wiederum
Wohnungen, Häuser und Güter eingesetzt w
ihrer Religionsfreiheit und Übung ungehinder
ruhig nun hinfüro allzeit genießen mögen. Di
evangelischen Thalleute selber Euch vertraulich
den, was, ihrer Sicherheit halb, ihr endliches
Begehren sei, so habet Ihr Euch gänzlich dar
lieren, *und die Traktate, soweit immer mögl*
Zuziehung, wer von England, Holland oder
schen zu Trost und Erquickung zu verleiten, a
der besagten Thalleute, Mitstimmung und Einwil
nichts zu schließen, als Ihr dann hierin, Eurer b
Vorsicht nach diesen unserer armen Glaubens
Besten, zu verfahren wohl wissen werdet.»

«Und dessen zum Gezeugnis ist dieser Brie
getreuen, lieben, alten Eidgenossen der Stadt Z
im Namen Unser Aller öffentlich bekräftigt wo
Samstags den 30. Juni anno 1655.»

«Zu den Zürcher Gesandten, die am 12. Ju
stieß in Büren Benedikt Socin, in Murten di
sandtschaft. In Vevey wartete eine Deputati
auf sie, bestehend aus den Herren Pictet, Leg
tini, welche den Schweizern genauen Aufschlu
die Sachlage in Piemont. Von Vevey ging
Wallis und sollte über den großen St. Bernha
werden. In Aigle brachte ihnen ein savoyischer
Brief des Herzogs. Darin stand, der Herzog
sandten bitten, nicht nach Turin zu kommen,
Vermittlung in der Waldenserangelegenheit de

Frankreich übergeben, und dieser dulde nicht, daß sich andere darein mischten. Die Schweizer ließen sich aber nicht abschrecken, sie schickten das Schreiben des Herzogs an ihre Oberen und setzten die Reise fort. Nach einem gefahrvollen Ritt über den St. Bernhard erreichten sie am 20. Juli Aosta und gelangten über Ivrea und Chivasso am 24. Juli nach Turin. Die Gesandten und der Gesandtschaftssekretär, Andreas Schmidt von Zürich, nahmen in einem Privathaus Wohnung. Das Gefolge und die Dienerschaft fand im Gasthof zur «Rose» Unterkunft.

In Turin war man auf die schweizerische Gesandtschaft schon durch den Major Wyß, der direkt von der Badener Tagsatzung nach Piemont zurückgereist war, vorbereitet und hatte vergeblich versucht, ihre Reise zu unterbrechen. Jetzt mußte man sich wohl oder übel mit ihr abfinden und verbarg den Ärger und den Haß unter der Maske der Höflichkeit und Freundlickeit. Den Verkehr zwischen den Eidgenossen und dem Hof, der in Rivoli residierte, vermittelte der Baron von Gressy, savoyischer Gesandter bei der Eidgenossenschaft. Am 28. Juli fand die erste Audienz beim Herzog statt in Gegenwart von dessen Oheim, dem Prinzen Moritz und dem ganzen glänzenden Hofstaat. Der Fürst gab jedem der vier Gesandten die Hand und sprach einige Worte der Begrüßung, wobei er das Haupt entblößt hatte, dann setzte er den Hut wieder auf. Darauf hielt Hirzel eine deutsche Begrüßungsrede unbedeckten Hauptes, und als sie beendigt war, setzte er den Hut wieder auf. Der Zeremonienmeister bedeutete Hirzel, er solle das Haupt unbedeckt lassen, solange er vor dem Herzog stehe. Hirzel aber gab zur Antwort, das sei in seiner Heimat nicht der Brauch, und behielt den Hut auf dem Kopf. Die entsetzten savoyischen Hofleute sollten gleich von Anfang an wissen, mit wem sie es zu tun hatten. Nach der Begrüßung übergab Hirzel seine Kreditiv und ein in französischer Sprache abgefaßtes Memorandum.[84]) Das Schreiben enthielt nochmals die Versicherung, daß die Waldenser nicht die Eidgenossen zu Hilfe gerufen hätten, sich also nicht des Landverrates schuldig gemacht hätten. Der Herzog wurde gebeten, den Waldensern zu erlauben, in ihre alten Wohnsitze zurückzukehren, sie für

die erlittenen Verluste an [illegible]
ihre alten Freiheiten wieder zu [illegible]
freizugeben und allgemeine A[illegible]
wurde um die Erlaubnis geboten, [illegible]
befestigten Lager besuchen zu dürfen. [illegible]

Der Herzog versprach, bald [illegible]
Gesandten ein prächtiges Mahl [illegible]
heit sahen sie auch «das Frauen[illegible]
Herzogin. Um in der Zwischenzeit, [illegible]
des Herzogs fertig war, die Gäste zu [illegible]
man sie aber nicht zu Lustbarkeiten, wie
den englischen Gesandten Morland, sondern
die Citadelle von Turin mit ihren Bollwerken
indem man offenbar dachte, das imponiere
Hut vor dem Herzog auf dem Kopf behalten
säle und Lustgärten. Am 30. Juli traf das A
des Herzogs ein.[87]) Es war in durchaus wü
halten. Die Missetaten des Hofes waren nati
und als gerechte Exekution hingestellt, dage
ganz mit Unrecht auf einige schwache Pun
lung der intervenierenden Eidgenossen ge
ihre Beurteilung der Angelegenheit nur auf B
die direkt oder indirekt von den Walden
also doch einseitig seien; daß savoyische Un
biet der protestantischen Schweiz mißhande
schriften gegen den Herzog verbreitet wor
daß die Regierungen eingriffen. Es war auc
daß das Gebiet, aus welchem die Walden
worden waren, Domänialgut und Eigentum der
sei, über das der Herzog nicht nur als Lan
als Privateigentümer verfügen könne. Die
mit den Waldensern habe der Herzog vollst
zösischen Gesandten überlassen. Von eine
Gebiet der Rebellen rate er ab, so lange n
stand sei.

Die schweizerischen Gesandten wiederh
zu den Waldensern reisen zu dürfen und be
Bescheid, Madame Royale, d. h. die Herzogi
die Reise, Herr von Gressy werde sie beg

sandten am 2. August nach Pignerolo kamen, war die
ation folgende: In Pignerolo selbst waren die Unter·
dler der Waldenser, die Geistlichen Lepreux, Leger und
hel; als Vertreter des Herzogs der Patrimonialadvokat
cchi und Baron von Gressy; als Vertreter Frankreichs
Servient, der ordentliche Gesandte am Turiner Hof, und
ıtbrun; in der Nähe von Pignerolo am Berg Agrogna
ıd das kleine Heer der Waldenser in wohlbefestigtem
;er. Während ihres Aufenthaltes in Pignerolo waren die
weizer häufig die Gäste des französischen Platzkomman-
ten de la Bretonière. Von einem Gelage mit den fran-
schen Offizieren erzählt Stockar: «Abends haben wir bei
rn de la Bretonnière zu Nacht gegessen und gar stark
runken. Besunders hat Herr de la Petiteville den Ge-
dten von Zürich gar mit Liebe überschüttet.»[88])

Weniger erbaut war Servient über das Eintreffen der
weizer. Er hatte die waldensischen Unterhändler dahin
racht, in folgende Bedingungen zu willigen: Die drei
er, aus welchen sie vertrieben worden sind, Lucerna,
osa und San Martino bleiben ihnen verboten. Dagegen
en sie in den Gebieten, wo sie jetzt sind, die alten
iheiten genießen, auch wird ihnen für 3 Jahre Steuerfreiheit
rilligt als Entschädigung für den Verlust ihrer Güter
lem verbotenen Gebiet. Ferner wird eine allgemeine
nestie mit wenig Ausnahmen und Austausch der Ge-
genen vorgesehen. Allerdings waren diese Bedingungen
von den drei Unterhändlern und nicht von den Wal-
sern selbst angenommen worden[89])

Die Ankunft der Schweizer erweckte natürlich in den
ldensern neue Hoffnungen, sodaß sie weitere Forderungen
lten. Sie verlangten drei Städte in dem verbotenen
biet, welche als Marktflecken für ihre Gewerbetreibenden
htig waren, La Tour, St. Jean und Lucerna, und da in
Tour eine Festung war, Schleifung derselben. Die
weizer machten diese Forderung zu der ihrigen, und
diese drei Positionen drehte sich nun der Kampf zwischen
nzosen und Savoyern einerseits, und den Waldensern
Schweizern andererseits. Auf beiden Seiten wandte
bald Drohungen, bald Bitten und freundliches Zureden

an. Einmal erklärten die eid[illegible]
würden sofort abreisen, andererseits [illegible]
er fühle sich durch die Forderungen [illegible]
schimpft und werde überhaupt nichts [illegible]
Waldenser tun. Endlich gab der Turiner [illegible]
drei geforderten Städte wurden bewilligt, ni
Schleifung der Festung La Tour. Dagegen
Steuerfreiheit auf 5 Jahre ausgedehnt. An
wurden die Friedensbedingungen schriftlich
erhielten aber nicht die Form eines Vertra
gleichberechtigten Parteien, sondern diejenige
patentes, welches der Herzog seinen aufrühre
tanen bewilligte.[90])

Nun trat aber eine neue Schwierigkeit ei
denser und die Schweizer forderten, daß in d
instrument die Gesandten der protestantischen
Friedensvermittler aufgeführt würden. Di
stellten die Forderung im Interesse ihrer Sic
die Garantierung des Vertrages durch die S
eine zuverlässigere Bürgschaft als die Zusic
allerchristlichsten Königs. Für die Schweize
dieser sachlich klugen Erwägung auch noch
der Ehre dazu; denn das Totschweigen ihrer c
Mission mußte sie in den Augen aller Bete
setzen. Der französische Gesandte sträubte
Macht dagegen. Umsonst hielt ihm Salomo
die Schweizer hätten doch tatsächlich auf di
lungen eingewirkt, und wenn der französische
Abänderungsvorschläge, die sie gemacht, ak
so sei es doch keine Beleidigung für Fra
Tätigkeit der Schweizer auch formell anzuer
vient hielt ihm darauf vor, die protestantis
hätten ja selbst den König ersucht, sich der
znnehmen, sie seien also mit sich selbst im
Nie und nimmer werde sein Herr dulden, da
außer ihm als Friedensvermittler in dem Pa
werde. Er wiederholte seine Drohung, das g
lungswerk im Stiche zu lassen. Es blieb de
nichts übrig als nachzugehen, sie ließen si

Servient ein Zeugnis ausstellen, daß sie nur der Notwendigkeit gehorchten, indem sie ihre Forderung fallen ließen. Es war in aller Form eine diplomatische Niederlage, welche die Schweizer Gesandten erlitten, aber nicht *sie* waren schuld daran, sondern die Verhältnisse, und es hat sie in der Heimat auch niemand darum gescholten.[91])

Während sich die Gesandten noch in Pignerolo mit Servient herumzankten, war der Inhalt des Friedenspatentes bei den Waldensern bekannt geworden und dort mit großem Unwillen aufgenommen worden. Die Waldenser, die noch in Waffen standen, und nicht wie ihre Unterhändler Einsicht in die allgemein politischen Verhältnisse hatten, wollten von einem Gnadenerlaß nichts wissen, sondern verlangten einen Vertrag, wie er zwischen zwei Krieg führenden Parteien abgeschlossen zu werden pflegt. Sie wußten von ihren Genfer Freunden, daß im fernen England ein mächtiger Beschützer ihre Sache zur seinen gemacht hatte. Sie wußten, daß ein englischer und holländischer Gesandter unterwegs waren, und daß das protestantische Europa ihretwegen in Aufregung war; Boten gingen nach Genf, das nach ihrer Auffassung klägliche Ergebnis der Unterhandlungen zu melden. Die Waldenserfreunde Leger und Turretini wandten sich an die protestantischen Orte, daß die Verhandlungen wieder aufgenommen und erst nach Eintreffen des englischen Spezialgesandten abgeschlossen werden sollten. Als die schweizerischen Gesandten am 25. August nach Turin kamen, fanden sie dort Schreiben von ihren Oberen und von Morland vor, welche Aufschub der Verhandlungen bis zum Eintreffen Downings verlangten[92]). Aber es war schon zu spät. Am 20. August war das Patent vom Herzog, und am 24. von den waldensischen Unterhändlern unterzeichnet worden. Ein formelles Recht zur Einsprache hatten die Schweizer so wie so nicht, nachdem sie im Vertrag nicht einmal erwähnt worden waren. Sie blieben aber noch einige Zeit in Turin und versuchten durch direkte Unterhandlungen mit dem Hof noch etwas bessere Bedingungen für die Waldenser zu erlangen.

Es waren noch vier Forderungen, deren Aufnahme in den Vertrag die waldensischen Unterhändler nicht hatten durchsetzen können. Unter diesen war die wichtigs Schleifung der Festung La Tour. Sie gehörte der Her Mutter, und es gelang den Gesandten, eine Audie der hohen Dame zu erreichen. Am 4. September sie der Madame Royale ihre Wünsche vor und erl wenigstens das Versprechen, die Festung solle ges aber an anderer Stelle eine neue gebaut werden. Tour eine Stadt der Waldenser war, wurden sie durch Zusicherung, wenn sie wirklich gehalten wurde, vo ständigen Bedrohung durch eine herzogliche Besatzu freit. Nachdem die Gesandten auch dem Herzog d such um Schleifung der Festung noch schriftlich eingeh und vom französischen Gesandten beruhigende Z rungen erhalten hatten, reisten sie am 10. Septemb Turin ab.

Der Vertrag von Pignerolo war, vom protestant Standpunkt aus betrachtet, kein diplomatisches Meiste und er ist, wie im Folgenden dargetan wird, von Seite aus heftig angegriffen worden. Aber den sch rischen Gesandten so wenig, als ihren Regierunge ein Vorwurf gemacht werden. Nachdem Frankreich, Intervention die protestantischen Orte selbst nachg hatten, und mit dem sie sich nicht überwerfen wollte Machtwort gesprochen hatte, war jedes entscheidend greifen von vornherein ausgeschlossen. *Wenn man s die inneren Verhältnisse eines Nachbarstaates einm will, muß man nicht nur von gutem Willen beseelt sondern vor allem die Macht haben, den diploma Forderungen, wenn nötig, Nachdruck zu verleihen. sollten aber die protestantischen Orte, die am Vo eines Krieges mit der katholischen Schweiz standen, dieser Frage unter sich selbst uneins waren, die nehmen, Savoyen oder gar Frankreich entgegenzu in dessen Händen die wichtigsten piemontesischen Fes lagen?* Nachdem die waldensischen Unterhändler selb Frieden um jeden Preis drängten und einen demütig Vergleich der völligen Vernichtung ihres Volkes vor was hatten die Schweizer da noch zu fordern, wo ihr wesenheit nur aus Höflichkeitsrücksichten geduldet w

wirklich gemacht wurden, hinwegsetzen können, wenn diese nicht von einer Seite gekommen wären, von der sie bisher nur Freundschaftsversicherungen und Bündnisanträge gewohnt waren, von England. Als der englische Gesandte Morland, der in Genf wohnte, von dem Abschluß des Vertrages hörte, schrieb er sogleich an Pell [93]), er solle von den protestantischen Orten verlangen, daß ihre Gesandten mit dem Abschluß des Vertrages warteten, bis Downing eingetroffen sei. Pell tat sofort die nötigen Schritte bei dem Zürcher geheimen Rat, und es ging am 17. August ein Schreiben an die Gesandten ab, in welchem sie aufgefordert wurden, auf Downing und van Ommern zu warten, und diese Weisung wurde motiviert mit den Worten: «Wir haben albereits billiche ursach sorgfältig zu seyn das in dem geschefft der Herr Protektor zu Engelland keinen Verdruß empfahe, wyl derselbig sich nit allein dessen, sondern auch des gemeinen evangelischen Wesens so getrüwlich annemmen thut, darüber Ihr auch euer vernunftige und fürsichtige reflexionen machen und üch yfrig angelegen syn lassen werdend, das ihme von uns nacher alle gebührende Satisfaction widerfahre.» [94])

Morland wandte sich auch direkt an die Gesandten in Turin und verlangte, daß sie die Ratifikation des Vertrages um jeden Preis verhinderten; denn wenn der neue englische Gesandte nach Piemont komme, so würden viel bessere Bedingungen für die Waldenser zu erhalten sein.

Beide Schreiben kamen, wie wir sahen, zu spät. Gegenüber ihren Oberen rechtfertigten sich die Gesandten damit, der französische Ambassador habe den raschen Abschluß erzwungen, und die Unterhändler der Waldenser hätten den Frieden vor dem Einbruch des Winters gewünscht. An Morland aber schrieben sie, es sei unmöglich, den Abschluß les Vertrages wieder rückgängig zu machen. Wenn Herr orland den Waldensern bessere Cautelen zum Schutze er Religionsfreiheit verschaffen könne, sei ihm dies unnommen, überhaupt sei die Aktionsfreiheit des Protektors ch den Vertrag von Pignerolo nicht gehemmt. Herr land solle diese Gründe seinem Herrn klar legen, damit

lichen Rolle, die er selbst einige [illegible]
gespielt hatte. Zu Morlands [illegible]
verschwiegen werden, daß Morland [illegible]
über die Vorgänge in Pignerolo [illegible]
seinem ungünstigen Urteil über die [illegible]
mußten. Stockar war nämlich nicht [illegible]
sandten aus Piemont heimgekehrt, sondern [illegible]
reist und entschuldigte sich dort gegenü[illegible]
den Genfern Theologen, daß man in Pign[illegible]
erreicht habe. Er erklärte, er sei an d[illegible]
schuldig, mißbillige ihn und werde an d[illegible]
Aarau dagegen protestieren. Er sagte, [illegible]
schuld sei an den ungünstigen Bedingun[illegible]
Waldenser erhielten, und er darüber zu [illegible]
zogen werde[86]). Wir irren wohl nicht, [illegible]
unschöne Benehmen Stockars gegen sei[illegible]
reiner Liebedienerei gegenüber England [illegible]
mag eine persönliche Feindschaft gegen [illegible]
Pell gut stand, mitgewirkt haben; wir erinn[illegible]
wo Stockar in seinem Bericht erzählt, [illegible]
Kommandant von Pignerolo habe Hirzel b[illegible]
serei auffallend mit Liebenswürdigkeiten ü[illegible]

Es bedurfte aber keiner besonderen [illegible]
seiten Morlands mehr, um in London [illegible]
stimmung gegen die Schweizer herbeizuf[illegible]
erkannte natürlich gleich den wahren W[illegible]
nannten Vertrages von Pignerolo, der als G[illegible]
zeit vom Herzog widerrufen werden kö[illegible]
äußere Druck, unter dem der Herzog ih[illegible]
mehr vorhanden war und sobald der ei[illegible]
Vertrages, Frankreich, sich nicht mehr [illegible]
der Waldenser kümmerte. Da es kein Ge[illegible]
Frankreich nur den Augenblicksbedürfni[illegible]

ngebend, d. h. weil es das Bündnis mit England brauchte, Piemont eingeschritten war, konnte man sich vorstellen, groß der Eifer Frankreichs für die Waldenser sein de, wenn einmal ein anderer politischer Wind in Europa te. Ein wirksamer Schutz für das unglückliche Volk nur von den protestantischen Orten zu erwarten, und e hatten die Waldenser sozusagen preisgegeben.

Noch empfindlicher verletzt als das protestantische Betsein des Protektors war die englische Eitelkeit durch raschen Abschluß des Vertrages. Der Protektor hatte den Plan zu einer imposanten gesamtprotestantischen nonstration in Turin so schön zurechtgelegt; nicht iger als drei englische Gesandte befanden sich auf weizerboden, denn Downing war unterdessen in Basel getroffen; auch Holland hatte man ins Treffen geschickt, nun hatte die schweizerische Gesandtschaft den ganzen parat der englischen Diplomatie illusorisch gemacht. Sie e nicht nur die Forderungen, welche England an den trag mit Savoyen stellte, nicht durchgesetzt, sondern h formell die Mitwirkung des englischen Gesandten, che ausdrücklich und wiederholt gefordert worden war, oriert. *Man konnte sich in London die Sache nicht lers erklären, als daß man annahm, die schweizerischen andten seien von Frankreich bestochen worden*, und gab s auch dem französischen Gesandten in London, Bordeaux, verstehen.[87]

An Pell ging eine neue Instruktion ab, er sollte 1) nach n gehen und sich dort über den Vertrag von Pignerolo chweren, 2) zu verstehen geben, daß ein englischer und ländischer Spezialgesandter unterwegs gewesen seien, und wenn man diese erwartet hätte, den Schweizer Gesandten die Schande erspart geblieben wäre, im Vertrag einmal aufgeführt zu sein, 3) fragen, ob man die Gesandten mit neuen Instruktionen nach Turin senden wolle, den Schweizern sagen, sie hätten das formelle Recht, Vertrag nicht anzuerkennen, da sie ihn nicht unterzeichnet hätten und da La Tour noch nicht geschleift sei, 5) zu erklären, daß, wenn der Vertrag von Pignerolo nicht zu Gunsten der Waldenser abgeändert

empfohlen hatten, ohne de
keinen Vertrag zu schließen.
keit hatte also Genugtuung.

Aber auch bezüglich de
wurde man durch Pells Be
wußte nun, daß die Hauptsc
die innere politische Lage
und Ohnmacht der protestan

Pell bekam eine neue
Downing, Morland und van
in Basel angelangt war, eine
oder Genf abhalten, um zu
Waldensern helfen könne, da
zurückkehren, um dem Prote
land und Pell sollten in Gen
die in England für sie g
Wenn die Verteilung beendi
England zurückkehren, Pell
siedeln. In Bezug auf das
sandten gegenüber den prote
der Staatssekretär Thurloe:
vorbringen, dient nur zur

weise in Piemont. Sie haben dabei offen gestanden wenig Freundschaft für England und wenig Eifer für die protestantische Sache gezeigt; trotzdem müssen Sie mit ihnen gute Freundschaft halten und in Verbindung mit ihnen bleiben.» [100])

Wenn Cromwell die Handlungsweise der Schweizer in etwas milderem Lichte betrachtete, so war dabei in letzter Linie das gleiche Moment ausschlaggebend, das ihr Vorgehen erklärte: Politische Gründe überwogen die religiösen in London und Zürich. Aus Rücksicht, um nicht zu sagen aus Furcht vor Frankreich gaben die protestantischen Schweizer ihre Glaubensbrüder in Piemont zur Hälfte preis. Auch die Cromwellische Staatskunst ging um diese Zeit den gleichen Weg. Als im Herbst 1655 die englische Flotte vor San Domingo eine Niederlage durch die Spanier erlitt, wurde der Anschluß an Frankreich für England zur Notwendigkeit. Am 24. Oktober wurde das Freundschaftsbündnis zwischen England und Frankreich unterzeichnet, vier Wochen nachdem man den Schweizern versichert hatte, Cromwell werde den Vertrag mit Frankreich niemals unterzeichnen, wenn die Waldenser nicht vom savoyischen Joch befreit seien.

IV. Die Haltung Englands während des ersten Villmergerkrieges.

Es braucht wohl kaum besonders hervorgehoben zu werden, daß die Anwesenheit eines englischen Residenten in Zürich von den katholischen Orten nur ungern gesehen wurde. Offiziell konnten sie wohl kaum Einspruch erheben, da das Staatenbundesrecht, welches im XVII. Jahrhundert in der Eidgenossenschaft tatsächlich zur Anwendung kam, Sonderbündnisse mit auswärtigen Mächten erlaubte. Wenn der päpstliche Nuntius und der savoyische Gesandte in der Schweiz amtierten als Vertreter von Mächten, die nur mit den katholischen Orten verbündet waren, so mußte man sich auch den nur bei den protestantischen Ständen akkreditierten englischen Residenten gefallen lassen. Die Sympathieen der katholischen Orte waren auf der Seite der

Stuarts, und man schenkte dort gern stuartischen Agenten, welche offen oder heimlich Pell entgegenarbeiteten, Gehör. Als einziges Beispiel hierfür mag ein Brief dienen, den der Guardian der Solothurner Kapuziner, Pater Columban aus der Luzerner Familie Sonnenberg an einen befreundeten Arzt in Zürich schrieb[101]): «Ich höre, daß in Zürich ein englischer Gesandter residiert, um ein Bündnis zwischen England und den unkatholischen Orten zustande zu bringen. Mir scheint, so weise Herren wie ihr, sollten daran denken, was die Engländer ihrem König angetan haben. Du solltest Dich eher bemühen, Deine Landsleute wieder in den Schoß der heiligen Kirche zu führen. Ich gestehe, daß die Rückerstattung der geistlichen Güter ein großes Hindernis ist, aber seine Heiligkeit wird geruhen, große Mäßigkeit zu zeigen . . . Was aber die Engländer anbelangt, so kannst Du sicher sein, daß, sobald Frankreich und Spanien versöhnt sind, sie ihre Kräfte vereinigen werden, um die Schmach zu rächen, die sie ihrem Verwandten und Verbündeten (Karl I.) angetan haben.»

Mit Ängstlichkeit beobachtete man auch in den inneren Kantonen das Eingreifen Englands zu Gunsten der Waldenser. Man schenkte dort den Gerüchten Glauben, welche meldeten, Cromwell wolle Krieg gegen Savoyen führen; denn die katholischen Orte waren in diesem Falle verpflichtet, dem Herzog mit 4000 Mann zu Hilfe zu ziehen[102]), und zwar in einem Zeitpunkt, wo jeden Augenblick der Krieg mit Zürich ausbrechen konnte.

Als Bürgermeister Waser am 31. Juli 1655 von der allgemeinen Tagsatzung in Baden nach Zürich zurückkehrte, erzählte er dem englischen Gesandten, die katholischen Orte hätten Angst, England werde Savoyen den Krieg erklären. Sie wären durch ein Sonderbündnis verpflichtet, dem Herzog 4—5000 Mann zu Hilfe zu schicken, wenn er es verlange, könnten aber ihr Versprechen nicht halten. Denn ihre kriegslustige Mannschaft sei in französischen Diensten und die übrigen wollten lieber zu Haus bleiben, als dem Herzog von Savoyen zu Hilfe eilen, der ein schlechter Zahler sei.[103])

Die katholischen Orte wußten auch, daß die protestan-

[illegible] ihren Truppen den Weg verlegen [illegible] sobald sie dem Herzog zu Hilfe ziehen wollten. [illegible] gegen Savoyen von irgend einer protestantischen [illegible] geführt, wäre den katholischen Orten höchst fatal [illegible][104]. Darum hatten sie sich auch bereit erklärt, an [illegible]gesandtschaft teilzunehmen, was aber von [illegible] abgelehnt wurde.

[illegible] Entwicklung des Haders zwischen den beiden [illegible] während des Sommers 1655 wurde in [illegible] mit dem gleichen Interesse verfolgt wie die Wal[illegible]gelegenheit. Cromwell wollte von allem unter[illegible] sein, über die Ursachen des Zwistes, die beidseitigen [illegible], die Bundesgenossen der Katholischen; er verlangte [illegible] Abschriften der Sonderverträge, welche die Katho[illegible] mit dem Papst, Savoyen, Spanien und dem Bischof [illegible] abgeschlossen. Er hatte auch in seinem Schreiben [illegible] protestantischen Orte, das Pell der Aarauer Kon[illegible] am 23. Juni 1654 überbrachte, versprochen, daß er [illegible] ihrer annehmen werde, wenn sie von katholischen [illegible] angegriffen würden. In den Unterredungen, die [illegible] den Zürcher Staatsmännern wegen des Krieges [illegible] hatte, war mit Nachdruck darauf hingewiesen [illegible], daß der Krieg mit den katholischen Orten nicht [illegible] zu vermeiden sei, daß man sich vor einem solchen [illegible], denn Mannschaft und Waffen wären genug [illegible]. Nur an Geld fehle es in der protestantischen, [illegible] der katholischen Schweiz, auch das hatte Waser dem [illegible] Gesandten deutlich auseinandergesetzt.[105])

[illegible] natürlich, daß die protestantischen Städte das, [illegible] zum Kriegführen fehlte, bei denen suchten, welche [illegible] Bundesgenossenschaft wiederholt angeboten hatten, [illegible] Engländern. Waser arbeitete im Spätsommer 1655 ein [illegible] für den Protektor aus, welches den Abschluß eines [illegible]vertrages zwischen England und der protestantischen [illegible] vorschlug, deren Inhalt folgendermaßen lautet:[106]) [illegible], falls die protestantischen Orte angegriffen [illegible] der großen Entfernung ihnen keine tätliche [illegible]. Dagegen kann es die protestantische Sache [illegible] Mittel unterstützen, wenn es eine bestimmte

Summe Geldes für den Kriegsfall in der gü
Schweiz deponiert, die nur gebraucht werden d
und Willen Englands. Solche *Deposita* haben
Staaten in den Schweizerstädten. Straßburg ha
und Bern eine Summe deponiert «auf gemein
Ebenso hat Venedig bei Zürich und Bern das G
rüstung von einigen Tausend Mann deponiert,
kürzlich 2200 Mann, die in venezianische Die
ausgerüstet wurden. Mit Geld ist den evangelische
am meisten gedient, weil ihr Haupteinkommen
Früchten besteht, welche aber oft so reichlich
wenig damit verdient wird.

Dieses Memorandum wurde dem englische
im September übergeben; bevor es aber nach
gehen konnte, trat jene Spannung zwischen C
den Schweizern wegen der Waldenserfrage ein,
zunächst in Zürich. Als der Krieg mit den
immer näher rückte, nahmen Zürich und Ber
handlungen wegen englischer Subsidien wieder
diese Zeit außer Pell noch zwei weitere englisc
Dowing und Morland, und ein Vertreter Hollan
Ommern, auf Schweizerboden weilten, um die
heiten der Waldenser noch zu ordnen, wollte
legenheit benutzen, um durch persönliche Ve
mit den fremden Gesandten etwas zu erreiche
sandten wurden von Zürich zu einer Konferenz
in welcher der Vertrag von Pignerolo und d
protestantischen Schweiz besprochen werden
London und im Haag hatte man Basel als den
Ort, eine solche Konferenz abzuhalten, betrac
riet von dieser Stadt ab; es hatte, so erzählten
dem Pell, Basel auf den Zahn gefühlt, ob es sich
in eine Aktion gegen Savoyen und die katho
einlassen werde. Basel hatte geantwortet, daß di
an der savoyischen Gesandtschaft das Äußerste
in dieser Angelegenheit tun könne; darum schi
geeigneter Ort, um daselbst Beratungen übe
stehenden Krieg zu pflegen.[107]) Pell selbst ri
lischen Staatssekretär dringend von Basel ab,

voll französischer, österreichischer und pfälzischer Sympathien sei, englische Gesandte dort nur mit großer Gefahr wohnen könnten und ihre Begleiter allen Insulten ausgesetzt wären.[108])

Auf Vorschlag Berns wurde Payerne als Ort der Zusammenkunft bestimmt und hier fanden sich am 10. bis 14. Oktober zusammen: Pell, van Ommern und die Gesandten aller protestantischen Orte und Zugewandten, mit Ausnahme von Graubünden und Genf. Den Bündnern war es zu weit und die Genfer getrauten sich nicht, an einer allgemein protestantischen Konferenz teilzunehmen aus Furcht vor dem König von Frankreich, ihrem Protektor.[109])

Am ersten Konferenztag, dem 11. Oktober, fand der feierliche Empfang des holländischen Gesandten statt, der eine Begrüßungsrede in lateinischer Sprache hielt und diese Rede auch schriftlich überreichte zugleich mit seinem Creditiv. Der Inhalt der Rede bezog sich auf die Mission Stockars im Haag und die Waldenser. Am 12. Oktober wurde von einer schweizerischen Deputation dem holländischen Gesandten ein Gegenbesuch gemacht und ihm ein Antwortschreiben an seine Regierung übergeben. Die geschäftlichen Verhandlungen der beiden ersten Konferenztage bezogen sich auf die Waldenserangelegenheit. Am dritten Tage folgten die Beratungen über den bevorstehenden Krieg mit den katholischen Orten. Den fremden Gesandten wurde auseinandergesetzt, wie seit 25 Jahren die katholischen Orte in den gemeinsamen Herrschaften die evangelischen Untertanen bedrängen, und da ihre Landvögte die Verwaltung eine größere Anzahl von Jahren inne haben, als die der evangelischen Orte, ein Übergewicht besitzen, welchem die evangelischen Orte nur mit großer Anstrengung das Gegengewicht halten. Nachdem die katholischen Orte mit dem Papst und dem König von Spanien einen Bund geschlossen, bedrohen sie auch die protestantischen Orte selbst, sodaß diese sich genötigt sehen, England und die Niederlande um Unterstützung zu bitten. Insbesondere wird England ersucht, bei einem Friedenschluß mit Spanien dahin zu wirken, daß der Bund Spaniens mit den katholischen Orten, sofern er die protestantische Schweiz [illegible] ungiltig sei. Das Gesuch um finanzielle Unterstützung

soll beiden Gesandten durch eine [illegible]
vier Tagherren mitgeteilt werden. [illegible]

Am 14. Oktober kamen die vier [illegible]
der vier Städte einer, zu Pell und [illegible]
tischen Orte seien nicht imstande, ohne fin
Englands und Hollands den Krieg mit Nachd
England könne diese Mittel in Form eines
eines Depositums gewähren. Pell antwortete
keine Instruktion von Cromwell, diese Hilfe z
aber sofort die nötigen Schritte tun, wenn er
Vertrag der Herren schriftlich zugestellt erha
Weise verlief die Unterredung der vier Dep
Ommern.

In England hatte man zunächst gar keine l
zerischen Wünschen zu entsprechen. Man w
sicht, daß die Schweizer durch tatkräftiges
Piemont einen Krieg mit ihren katholischen
unmöglich gemacht hätten. Man konnte d
daß England, indem es Spanien bekriege, die
katholischen Schweizern Truppen zu schicke
die protestantischen Schweizer auch untersti
auch die Gefahr nicht für drohend, da man
Unterhandlungen zwischen den streitenden Pa
stattfanden und daß Bern dem Krieg abgene
hielt man das Gesuch um Geld für zu allg
und wünschte präzis formulierte Vorschläge
um es kurz zu sagen, die Lauheit, welche d
der Waldenserangelegenheit entgegen den
lands gezeigt hatten, mit kühlem Zuwarten,
dings mit einigen mehr oder weniger stichha
beschönigte.

Unterdessen war aber der Krieg tatsächlic
wenn er auch auf protestantischer Seite nur
Bern geführt wurde. Diese beiden Orte wa
noch einmal England und Holland um Hilfe
Pell und van Ommern in Genf weilten, wo
zusammen die Verteilung der englischen un
Hilfsgelder an die Waldenser leiteten, wurde
von Zürich, Oberstzunftmeister Holzhalb, und

[illegible] nach Genf geschickt. Dort wurde vom [illegible] Dezember teilweise im Beisein von Genfer Rats- [illegible] unterhandelt.[110] Der holländische Gesandte erklärte, [illegible] könnten den Schweizern kein Geld schicken, [illegible] verbündeten Kurfürsten von Brandenburg gegen [illegible] müßten. Pell konnte kein bestimmtes Ver- [illegible] weil er immer noch keine Instruktion von [illegible] hatte; dagegen sandte er das schriftliche Gesuch [illegible] Darlehen, das ihm Holzhalb im Namen aller prote- [illegible] Orte überreichte, sogleich nach London.[111]) Pell [illegible] Holzhalb noch eine Unterredung unter vier Augen, [illegible] was wertvolle Aufschlüsse über die Stimmung, [illegible] Zürich herrschte und die Pläne seiner leitenden [illegible] gibt.[112])

[illegible] betrachten,» schreibt Pell an Thurloe, «diesen [illegible] eine Flamme, welche nicht im Lande selbst er- [illegible] wird, sondern die weiter greifen wird; sie rechnen [illegible] daß der Savoyer und sein Schwager, der Herzog von [illegible] sich sogleich drein mischen und den katholischen [illegible] helfen werden und daß bald andre nachfolgen [illegible] *Darum glauben sie fest, daß wenn sie einmal das [illegible] gezogen hätten, sie es nicht eher wieder einstecken [illegible] als bis die Stadt Rom dem Erdboden gleich gemacht* [illegible] würden, daß wenn sie Lust zum Losschlagen haben, [illegible] bis an einem gerechten Grund mit ihren katholi- [illegible] Nachbarn Streit anzufangen, fehlen wird, da sie diese [illegible] haben, daß sie auch jetzt wieder die Hand im [illegible]. Die ganze Schwierigkeit ist die, daß sie nicht [illegible] Geld haben, um Soldaten anzuwerben. Und wenn [illegible] ihre Leute vom Pflug und aus dem Weinberg weg- [illegible] müssen sie Geld haben um Speise und Trank aus- [illegible] kaufen, während ihr eigenes Land unbebaut ist. [illegible] besser thun ihre Leute für den Feldbau daheim [illegible] und beim Ausland Geld zu entleihen um fremde [illegible] den Krieg zu werben.»

[illegible] Abend des 12. Januar brachte der englische Kurier [illegible] Sekretär Thurloe die Nachricht vom Ausbruch der [illegible] in der Schweiz, das neue Hilfsgesuch der [illegible] und Pells Bericht über seine Unterredung mit

Holzhalb.[118]) Über dem Ernst der
Groll gegen die Schweizer. Noch
wurden Cromwell die Akten zugeschickt
Morgen ließ der Protektor diejenigen
welche die Sammlung der Gelder für die
hatten und deren Rat er in Angelegenheiten
im Ausland anzuhören pflegte. Es war d
Protestanten in der Diaspora. Cromwell
Kenntnis von den Akten, welche den Kri
betrafen und erklärte, dieser Krieg sei ei
welche das ganze englische Volk berühre.
öffentliche und private Gebete für die k
in der Eidgenossenschaft angeordnet we
müsse beraten werden, welche Maßregel
ihr oberster Diener (der Protektor) unter
zu ergreifen hätten. Es wurde beschlos
Zürich und Bern ein Darleihen von 20,00
zahlbar in vier monatlichen Raten von 5
Rate sollte unverzüglich nach Genf gesch
ausbezahlt werden, sobald die beiden Stä
tungsscheine ausgeliefert hätten. Ferner
nach Zürich oder einer andern Stadt de
Schweiz übersiedeln, damit er über alles
könne. Für den Fall, daß die katholisch
wärts Hilfe erhalten, wird England se
treffen.

Unterdessen war in der Schweiz schon
Schlag gefallen. Die Berner hatten be
schmähliche Niederlage erlitten, und Ge
Angriff auf Rapperswil war gescheitert. Di
eine Botschaft über die andere an Pell, e
leihen. Sie sandten auch ein neues Hilfsge
aber gleichzeitig mit diesem Schreiben k
dung nach London, daß ein Waffenstillsta
und daß Frankreich sich bemühe, den Fri
Kriegführenden zu vermitteln. Man erfuh
Ludwig XIV zu diesem Zweck einen auß
sandten, den Herzog von la Rochefoucaul
schicke. Der Staatssekretär hielt daraufh

sidienrate noch zurück und beauftragte Pell, bei den Schweizern zu sondieren, ob sie die guten Dienste Englands für die Friedensvermittlung annehmen wollten.[114]) Zürich war gern bereit, das englische Anerbieten anzunehmen und bat Pell, zu den Verhandlungen nach Baden zu kommen. Auch die Generalstaaten beauftragten ihren außerordentlichen Gesandten, den Herrn van Ommern, der noch in Genf weilte, den protestantischen Orten zu einem ehrenvollen Frieden zu verhelfen. Und da außer dem französischen Gesandten auch der savoyische und venetianische sich in das Vermittlungsgeschäft mischten, so schien es, als sollte dieser schweizerische Bruderkrieg durch die Intervention aller beidseitigen Freunde, resp. Interessenten beigelegt werden.[115])

Aber dieser allseitige Vermittlungseifer paßte dem Hauptinteressenten an der schweizerischen Eintracht, dem französischen Gesandten de la Barde, nicht. Selbst die Mithilfe eines außerordentlichen französischen Gesandten war ihm unbequem und beleidigte seine Eitelkeit. Unter kluger Benützung der großen Geldnot, welche auf beiden Seiten herrschte, drängte er zum Abschluß des Friedens, und er wußte die Friedensvermittler so geschickt zu dirigieren, daß sie aus eigener Initiative getan zu haben glaubten, was er ihnen suggeriert hatte. Es ist wohl einer der glänzendsten unter den vielen diplomatischen Triumphen, welche französische Gesandte in Baden davon getragen haben, daß de la Barde diesen Frieden zustande gebracht hat, ohne das eidgenössische Selbstbewußtsein und Unabhängigkeitsgefühl, so viel davon noch vorhanden war, zu verletzen. Wenn Zürich sich so lange sträubte, den Frieden zu unterzeichnen, so hoffte es immer noch auf die diplomatische Unterstützung Englands. Auf sein Drängen hin verließ am 1. März Pell die Stadt Genf; er wurde an der Grenze des bernischen Gebietes von einer Abteilung Reiter unter Statthalter Holzhalb abgeholt und unter starker Bedeckung nach Zürich geleitet.[116]) Er ließ sich aber nicht bewegen, nach Baden zu gehen, weil nach seiner Aussage seine Instruktionen für die Friedensvermittlung nicht bestimmt genug lauteten. Doch erklärte er sein Einverständnis mit dem Vorschlag Zürichs, daß England und Frankreich gemeinsam das Schiedsrichteramt übernehmen sollten, wenn die eidgenössischen Schiedsrichter in Baden den Frieden nicht zustande bringen könnten. Er erhielt auch die ausdrückliche Genehmigung dieses Auftrages durch Cromwell am 4. März 1656.[117])

Auch als der Friede zur Tatsache geworden war, rechnete Zürich, das den Wiederausbruch des Krieges über kurz oder lang erwartete und im Stillen auch wünschte, auf die Hilfe Englands. Es hätte das englische Geld, das ihm versprochen worden war, so gut brauchen können und suchte sowohl Pell als Thurloe davon zu überzeugen, daß der Friede, wie es in den lateinisch geschriebenen Briefen heißt «facta» aber nicht «perfecta» sei, und machte kein Hehl daraus, daß es der englischen Subsidien bedürfe, um von neuem zu rüsten. Aber Cromwells Eifer war etwas erkaltet, eine Notlage der protestantischen Eidgenossen war nicht mehr vorhanden, und England brauchte Anfang 1656 sein Geld bitter notwendig; denn seine Flotte erlitt in Westindien gegen die Spanier mancherlei Mißgeschick. Am 7. April erhielt Pell folgende lakonische Depesche vom englischen Staatssekretär zu Handen des Zürcher Rates: «Auf die Nachricht vom Abschluß des Friedens wurde das Darleihen von 20,000 £ sistiert und zurückgezogen. Die Summe war bestimmt, die protestantischen Kantone im Kriege zu unterstützen; da dieser nun beendet ist, fällt der Anlaß für das Darleihen dahin.»[118]) Wenn damit die englische Hilfsaktion im Villmergerkrieg ihren sehr bestimmten Abschluß erhielt, so hörten damit die freundschaftlichen Beziehungen Englands zu der protestantischen Schweiz nicht auf. Der englische Gesandte blieb in Zürich und half den Zürcher Staatsmännern mit Rat und Tat bei der Lösung vieler schwieriger Fragen, welche der Friede von Baden nicht entschieden hatte. Freilich boten die inneren Zustände des zürcherischen Staatswesens in den folgenden Jahren keinen erhebenden Anblick für den fremden Beobachter, und man kann in Pells Briefen manches über den Wertmüllerhandel und ähnliche Skandalgeschichten lesen, was für die Schweizer nicht gerade sehr schmeichelhaft ist.

An *einem* Auftrag seiner Instruktion, die Pell von Anfang mitbekommen hatte, hielt er fest, so lange er auf Schweizerboden weilte, an der Bekämpfung des französischen weizerischen Bundes. Er konnte dies freilich nur sehr sichtig tun, denn offiziell waren ja England und Frankh Freunde. Die diplomatische Tätigkeit Pells vom Frieden Baden bis zu seiner Abberufung ging auf in einem verkten Kampf gegen den französischen Gesandten, einem npf, dessen Einzelheiten an Interesse wenig mehr bieten, so mehr als er von Anfang aussichtslos war.[119])

Die Kundschaften und Berichte, welche Pell nach Lonsandte, waren noch immer sorgfältig und voll Neuigen, aber sie boten Cromwell wenig Wertvolles, und so chloß sich denn der Protektor, seinen Residenten aus Schweiz abzurufen. Am 16. Mai 1658 ging aus Whiteein eigenhändiges Schreiben Cromwells an Pell ab: r sich die Verhältnisse, wo Sie weilen, sehr geändert en, sodaß Ihre Anwesenheit dort nicht mehr notwendig es uns mehr nützt, wenn Sie bei uns sind, habe ich gut befunden, Sie abzurufen. Sie werden sich dort in besten Form verabschieden und heimkehren, um uns Ihre ganze Mission Bericht zu erstatten und die Beung für Ihre geleisteten Dienste in Empfang zu nen.»[120])

Diese schroffe Art der Abberufung war Pell peinlich, er betrachtete es als selbstverständlich, daß der Pror auch den Städten, bei denen er akkreditiert war, Abberufung anzeigen und hierfür eine diplomatischindliche Form wählen werde. Pell schrieb nach London verschob seine Abreise, bis dieser notwendige Akt matischer Höflichkeit noch vollzogen würde. Aber es hah nichts. Allerdings kam ein Schreiben Cromwells ie evangelischen Städte ein, das den 26. Mai in Whiteabgegangen war und in welchem den Schweizern noch al eindringlich ans Herz gelegt wurde, sich der Waler anzunehmen, da sie außer Gott die Nächsten seien, leren Händen das Schicksal dieser Glaubenshelden .[121]) Von der Abberufung des Gesandten stand nichts em Brief. So mußte Pell dem Zürcher Rat seine Abfung mitteilen, und dieser brachte die Angelegenheit die Konferenz der evangelischen Orte, die am 7. Juli [illegible] stattfand und an welcher auch der Brief Crom-

schreiben begleitet.

So wurde wenigstens von [illegible] getan, um die denkwürdige Episode [illegible] ziehungen zwischen einigen Schwei[illegible] großen Seemacht auch würdig [illegible] offiziellen Abschiedsaudienz reiste [illegible] Deputation, am 8. Juli nach Basel [illegible] Offenbar war die Stadt kein so [illegible] mehr für englische Gesandte, wie Pell [illegible] rapportiert hatte; vielleicht machte Pell [illegible] welche andere Gäste dieser Stadt vor [illegible] haben, daß die Freude der Basler [illegible] und sich auch rückhaltloser äußert, [illegible] wenn man kommt. Am 10. Juli gab [illegible] Zürchern ein Gastmahl. Tags darauf [illegible] wieder heim, und Pell wurde nun noch [illegible] Universitätskreisen gefeiert. Am 19. Juli [illegible] Benedict Socin die goldene Kette mit [illegible] überreicht[125]) und am 25. setzte er endlich [illegible] Schiff fort.

Am 20. Februar 1653 hatte in Basel [illegible]

Rheinschiff bestiegen, um als Abgesandter der protestantischen Schweizerstädte Frieden zu stiften zwischen den beiden meerbeherrschenden Nationen Europas; am 25. Juli 1658 geleitete der Basler Ratsherr B. Socin den englischen Gesandten Pell an die Schiffslände, den englischen Gesandten welcher die Schweiz verließ, «weil die Verhältnisse in diesem Lande sich so geändert hatten, daß sein Aufenthalt daselbst nicht mehr nötig war.»

Wenn man nach den positiven Ergebnissen dieser fünfjährigen Periode englisch-schweizerischer Freundschaft sucht, wird man wenig finden, das die Zeiten überdauert hat. Der Gründe hierfür sind manche, sie sind zum Teil so selbstverständlich, daß sie kaum angeführt zu werden brauchen: Die weite Entfernung der beiden Länder von einander, die Verschiedenheit in Sprache, Kultur und staatlicher Entwicklung, der gewaltige Unterschied der Machtverhältnisse und die Verschiedenheit der politischen Ziele. Der Hauptgrund liegt aber in einer Erscheinung, welche sich um die Mitte des XVII. Jahrhunderts in allen europäischen Staaten zeigt, *in dem Zurücktreten der religiösen resp. konfessionellen Interessen vor den rein politischen.* Frankreich hatte auch in dieser Wandlung die Führung der Geister übernommen, und der geniale Heinrich IV. hatte sein «Paris vaut bien une messe» für ganz Europa gesprochen. In Deutschland vollzog sich diese Wandlung während des dreißigjährigen Krieges unter dem Einflusse Frankreichs. Die anderen europäischen Staaten folgten in mehr oder weniger raschem Tempo nach. In England war der Absolutismus Karls I. im Begriff, nach französischem Muster das reinstaatliche resp. dynastische Prinzip zum alleinherrschenden zu machen, als der gewaltige Rückschlag des Puritanertums erfolgte, und das religiöse Moment für zwei Jahrzehnte allmächtig war. Cromwell, emporgetragen von der Hochflut religiöser Begeisterung und fanatischen Glaubenseifers, gründete seine Herrschaft auf ein System, das von religiösen Ideen durchdrungen war, und suchte dieses System auch in der auswärtigen Politik zur Anwendung zu bringen. Die Sammlung aller protestantischen Kräfte Europas zum Kampf gegen [illegible] seine Trabanten, war das große Programm des sieg-

zu sein schien, als eine Art [illegible] normität unter den Staaten zu [illegible] europäischen System, wie es der [illegible] gründet hatte, wieder eingefügt.

Der Vorwurf der Heuchelei, [illegible] seinen Gegnern so oft gemacht [illegible] lich auf diese Tatsache. Mußte nicht [illegible] in der Schweiz auf solche Gedanken [illegible] sah, wie die englische Politik [illegible] Schweizer mit Frankreich zu verbinden [illegible] dem sie selbst das Offensivbündnis mit [illegible] gebracht hatte, oder wie Cromwell [illegible] er werde den Vertrag mit Frankreich [illegible] wenn nicht der Vertrag von Pignerol [illegible] am 25. Okt. das englisch-französische [illegible] als gerade wieder die ersten Not[illegible] sischen Tälern ertönten? Cromwell [illegible] Waldenser getan, was er gern getan [illegible] vor aller Welt für sie zu tun versp[illegible] Entwicklung der politischen Lage ihm [illegible] rücksichtsvoll zu behandeln. Er hat [illegible] schaft der Schweizer in beinahe zudring[illegible] solange er überhaupt nur protestantische [illegible] fähig hielt; nachdem er aber dieses Sy[illegible] und mit dem allerchristlichen König Waffenbrüderschaft geschlossen hatte, erkaltete sein Interesse an den großmächtigen Bürgermeistern, Schultheißen, Räten und Landammännern der kleinen Alpenrepubliken. Um diesen Wandel in seiner ganzen Bedeutung zu fassen, vergleiche man nur die ersten Briefe Cromwells an die Schweizer, in welchen er das hohe Lied des Protestantismus anstimmt, mit dem kühlen Abberufungsschreiben an Pell.

Wenn wir die Wandlungen der Cromwellschen Politik nur in großen Zügen verfolgen können, so sind wir natürlich umso genauer unterrichtet über die Vorgänge in der protestantischen Schweiz. Auch hier hat man einem großen religiösen Impuls nachgegeben, als man den Mut fand, zwei Großmächte zum Frieden zu mahnen, und die Tage, da sich die Gesandten der nordischen Staaten zu Stockars Wohnung in London drängten, erinnern, wenn auch nur von ferne, an die großen Zeiten schweizerischer Weltpolitik am Anfang des XVI. Jahrhunderts. Auch in Zürich und Schaffhausen gab es Männer, die auf ein Offensivbündnis mit England und Holland arbeiteten. Aber dann kam wieder die alte eidgenössische Misere, die Uneinigkeit unter den vier Städten, die Jalousie zwischen Zürich und Bern, hie und da eine Bosheit der getreuen lieben Eidgenossen, die um den Vierwaldstättersee wohnen; bis sich dann alles wieder einträchtig zusammenfand, nur um Frankreich die leeren Hände hinzustrecken. Wenn der erste Villmergerkrieg ein klägliches Fiasko des Konfessionalismus ist, so ist der darauf folgende Frieden in Baden der endgiltige Verzicht auf politische Unabhängigkeit zugunsten von Frankreich. Man kann also von der Schweiz nicht so unbedingt sagen, daß dort an Stelle der religiösen Interessen das politische getreten sei, *sondern man verhinderte den konfessionellen Hader, um die so notwendigen Einkünfte aus Frankreich nicht zu verscherzen.*

Überschaut man von diesem Gesichtspunkte aus den Abschnitt schweizerisch-englischer Geschichte, der uns beschäftigte, so wird man sich sagen müssen, daß er uns wichtige Aufschlüsse gibt über die Politik Cromwells in den Jahren, da sie für das gesamte Europa von ausschlaggebender Bedeutung war. Er zeigt uns, wie der Held des nordischen Protestantismus sich zum Staatsmann nach dem Muster Heinrichs IV. entwickelte. Vor allem wird man sich aber einer leisen Ironie nicht erwehren können, wenn man beobachtet, wie die Schweiz und England sich einige Jahre vergeblich bemühen, ein Freundschaftsbündnis zu schließen und sich beide dann zusammenfinden — zur Verbeugung vor der aufgehenden Sonne Ludwigs XIV.

Anmerkungen.

---

61) J. Leger: Histoire générale des églises évangeliques des vallées Piemont, Leyden 1679 et Amsterdam 1680.

62) Eidg. Absch. 6, 1, I, pag. 240.

63) Vaughan I, pag. 138. Here they say, that a letter of intercession the Lord Protector would have been more regarded by the Duke of Sa-y, *if it had been sent him whilst General Blake was so near his port of Nice.*

64) Vaughan I, pag. 140. Their eys are generally turned towards my Protector.

65) Eidg. Absch. 6, 1, I, pag. 245.

66) Das Schreiben an die Schweizer in der schon oben erwähnten gabe von Miltons Prosaschriften, vol. II, pag. 210.

67) Miltons Werke, vol. II, pag. 206.

68) Brief des Gesandten Gabriel von Wyß an Zürich. Basler Staats-hiv Kirchenakten L 1.

69) Morland hat auch eine Geschichte der Waldenser geschrieben: Morland, The history of the evangelical churches of the valleys of Piemont. ndon 1658.>

70) Vaughan I, pag. 191.

71) Miltons Werke, vol. II, pag. 210.

Civitatibus Helvetiorum Evangelicis.

Non dubitamus quin ad aures vestras aliquanto citius quam ad nostras super calamitas pervenerit Alpinorum hominum religionem nostram pro-ntium, qui Sabaudiæ Ducis in fide ac ditione cum sint, sui Principis edicto sedibus emigrare jussi ni intra triduum satisdedissent se Romanam ligionem suscepturos, mox armis petiti et ab exercitu Ducis sui occisis etiam multis in exilium ejecti, nunc sine lare, sine tecto, nudi, spoliati, afflicti, et frigore moribundi, per montes desertos atque nives cum conjugibus beris miserrime vagantur. Multo est minus cur dubitemus quin hæc, ut vobis nuntiata sunt pari atque nos tantarum miseriarum sensu eoque gravioru quo illorum finibus propiores estis, dolore affecerint. Vestrum in primis Orthodoxæ fidei studium egregium summamque in ea cum constantiam tum defendenda fortitudinem abunde novimus. Cum religionis arctissima comunione Fratres, vel potius unum corpus, cum aliis vos pariter nobiscum sitis, cujus membrum nullum affligi sine sensu, dolore, sine detrimento atque periculo reliquorum potest, scribendum ad de re et significandum censuimus quanti nostrum omnium interesse arbitremur, ut Fratres nostros ejectos atque inopes commu quoad fieri potest, juvemus et consolemur; nec eorum t miseris removendis, verum etiam nequid serpat latius, neq atque eventu vel nobis omnibus creari possit, mature pr nos quidem ad Sabaudiæ Ducem scripsimus, quibus u fidelissimis per clementiam suam lenius agat, eosque jam sedibus ac bonis restituat, vehementer petivimus. Et his nostrum potius omnium conjunctis precibus, exoratum nissimmum quodque ab eo tanto opere petivimus, facile mus. Sin illi in mentem secus venerit, communicare vob sumus, qua potissimum ratione oppressos tot injuriis centissimos homines nobisque charissimos in Christo frat erigere, et ab interitu certissimo atque indignissimo Quorum salutem atque incolumitatem pro vestra pietate cordi esse confido. Ego eam certe vel gravissimis meis colum̃itati propria potiorem habendam esse existimem. Val Maii 19, 1655.

[72]) Die ganze Unterredung findet sich in einem Bri vom 3. Juli 1655, Vaughan I, pag. 201 ff.

[73]) Eidg. Absch. 6, 1, I, pag. 252.

[74]) Vaughan I, pag. 214.

[75]) Vaughan I, pag. 232.

[76]) Vaughan I, pag. 225. « .... whereupon oppor for a comũnication of counsels between you, as our comm the extraordinary commissioner of the states-general, an *cerning the restoring of the exiled persons to their posses satisfaction for their losses, punishement to be inflicted cuted this success, and security that the like injuries and cised upon them for the future*, which are the points hi be the most material to be insisted upon.

[77]) Über die Einzelheiten dieses Rachezuges der Bericht aus Genf bei Vaughan I, pag. 192, und die ang Leger und Morland.

[78]) Eidg. Absch. 6, 1, I, pag. 253.

[79]) Zeitung aus Genf, Vaughan I, pag. 188.

[80]) Zeitung aus Genf, Vaughan I, pag. 194.

[81]) Vaughan I, pag. 190. He told me that Cardinal to the duke of Savoy, blaming him, not for dealing so montois, but for choosing no better time to do it in; t gether unseasonable.

[82]) Basler Staatsarchiv, Kirchenakten L 1.

[83]) Schreiben Basels an Zürich vom 21. Juni und Be vom 30. Juni, Basler Staatsarchiv, Missiven.

[84]) Vaughan I, pag. 210.

[85]) Abgedruckt bei Balthasar Helvetia, 1827, pag.

[86]) Abgedruckt bei Balthasar Helvetia, 1827, pag.

[87]) Abgedruckt bei Balthasar Helvetia, 1827, pag.

Balthasar l. c., pag. 450. Die weinseligen Liebenswürdigkeiten, e Franzosen gerade Salomon Hirzel erwiesen, waren eine captatio mit Rücksicht auf die damalige diplomatische Mission der Schweizer, uch im Hinblick auf die Bundeserneuerung, deren Hauptgegner '.

Dem Vertreter Frankreichs wurde seine Arbeit erleichtert durch gsverschiedenheiten, welche zwischen den waldensischen Unterhänd- den Waldensern im Lager entstanden. Die diplomatischen Unter- elche mit den Vertretern der gegnerischen Partei zusammenarbeiten ıd die allgemeine Lage überschauen konnten, waren natürlich mehr geben geneigt, als die Männer, die in Waffen standen und auf ihre leichten Siege über vereinzelte herzogliche Truppenteile trotzten.

Abgedruckt bei Balthasar l. c., pag. 474.

Vgl. die Erkenntnis des Rats von Zürich vom 19. (29.) September Balthasar l. c., pag. 480.

Zwei Schreiben der vier protestantischen Städte vom 28. Juli und t 1655, im Basler Staatsarchiv, Kirchenakten L 1. Das Schreiben ebenda.

Vaughan I, pag. 250.

Basler Staatsarchiv, Kirchenakten L. 1.

Der Briefwechsel zwischen Morland und den schweizerischen Ge- n Basler Staatsarchiv, Kirchenakten L. 1.

Morland an Pell, Vaughan I, pag. 272.

Vaughan I, pag. 275. In dem Bericht, den der französische Ge- rdeaux aus London nach Paris schickte, um darzutun, wie man in iber den Vertrag von Pignerolo denke, heißt es unter anderm: « they proceed so far as to accuse the ambassadors of Switzerland suffered themselves to be corrupted.»

Vaughan I, pag. 263. Die Instruktion wird dort wiedergegeben, ch unter Pells Papieren befunden habe. Pell selbst äußert sich in iefen nicht über das Aktenstück.

Vaughan I, pag. 268.

) Vaughan I, pag. 270. And whatever is said now by them is to end then to carry it fair with England, after such a transaction as herein (to speak plainly) no great friendship was expressed to Eng- zeal to the protestant cause; but, however, you are to maintain all ndship and correspondence with them.

) Vaughan I, pag. 115.

) Bürgermeister Waser sagte zu Stockar: «Der Herzog von Savoyen t vor uns. Er hat einen Gesandten zu den papistischen Kantonen welcher ihnen ausführlich über den Stand der Waldenserangelegen- ten und sie bitten mußte, sie möchten ihm doch gut gesinnt bleiben.» I, pag. 204.

) Vaughan I, pag. 222.

) Vaughan I, pag. 234. But if any of their other friends fall into nd cause the duke to call upon the popish cantons for help accor-

ding to their particular league with him, those cantons sha
arms will be soon enough put on to stop their journey into

[104]) Vgl. die beiden oben (pag. 8) erwähnten Unterred
Waser und Pell.

[106]) Ein Exemplar dieses Memorandums findet sich in
archiv, Aktenband Politisches U 2 unter dem Titel: Was
Herrn Agent Pell, Innamen aller Evangelischen Orten der
vertrauwlich zu repræsentieren.

[107]) Vaughan I, pag. 248. But it is not unlikely that
reason why they would not meet et Basil. Upon occasion of m
the burgomaster, mentioned in my last week's letter, *this cit*
to feel their pulse for deeper engaging in this business. Bas
answer (which I have not yet read), wherin they tell them,
taining an ambassador in Piemont is the utmost and last t
for the poor men; and that for several weighty reasons whic
known to them at the next assembly of the evangelical cant
that this letter makes them account Basil already weary of
therefore unfit to hearken to consultations for more action.

Gemeint ist das Schreiben Basels an Zürich vom 1.
Staatsarchiv, Missiven.

Es ist bezeichnend für die Diskretion, mit welcher die
männer amtliche Schreiben ihrer Mitstände behandelten, daß
don schreiben konnte, er habe diesen Brief noch nicht geles

[108]) Vaughan I, pag. 249. For my own part, when I
French, Austrian, and Heidelbergian humours that town i
I think I have some reason to suspect that English commi
reside their whithout great danger, nor their dependents and f
frequent affronts.

[109]) Pell an Thurloe, Vaughan I, pag. 277. There
begann the assembly of the deputies from alle the evangeli
all their confederates, save only from Geneva and the Gr
excuses. The Grisons are too far off, so that they hod no
and the Genevenses, though they take it kindly to be invi
meetings, yet never appear, for fear of displeasing the Fre
protector.

Über die Verhandlungen in Payerne vgl. Eidg. Absch.
und den ausführlichen Bericht Pells an Thurloe. Vaughan I.

Am 8. Oktober hatte in Bern eine Art Vorkonferenz zw
Ommern und Gesandten von Bern und Zürich stattgefunden,
Gewährung eines Depositums durch England in Aussicht stellt
pag. 271, Anmerkung.

[110]) Über die Verhandlungen in Genf vgl. Eidg. Absch.
und Vaughan I, pag. 312 ff.

[111]) Das Original des Schreibens befindet sich in de
bibliothek des Britischen Museums, III Lansdownian Manusk

Vaughan I, pag. 313.

Vaughan I, pag. 332.

Thurloe an Pell, Vaughan I, pag. 341. The French king intends extraordinery embassy to the cantons to reconcile them. You ry well te understand the minds of the protestants therein, and l be desired by them from their protestant friends and allies in :.

Über die verschiedenen fremden Gesandten, welche gerne ver-:n, und ihre Beziehungen zu einander, giebt interessante Aufschlüsse ›en Pells und Morlands an Thurloe vom 13. Februar 1556, Vaug-345.

Über die Rückkehr Pells von Genf nach Zürich vgl. Vaughan I,

Vaughan I, pag. 364.

Vaughan I, pag. 376. By mine, written to you the last post, you it upon the news of the peace the lending of the twenty thousand s suspended, the intention beeing, and so it was expressed, to m with that sum for their wars, which beeing now ended, the the loan is taken away. So that there will be now no need to istructions further about the business; nor have I anything also ching the affairs in those parts.

Was Pell dem französischen Gesandteu alles zutraute, hat er Thur-em Brief vom 26. Januar 1656 anvertraut, Vaughan I, pag. 331. zu bekannt, daß Frankreich vor 3 Jahren die rebellischen Bauern ufgehetzt habe, damit die protestantischen Orte in Not gerieten 'rankreich bedingungslos in die Arme werfen müßten. Die Zeit ıoch an den Tag bringen, daß Frankreich auch jetzt wieder die Spiele habe und die Katholischen insgeheim unterstütze, um die n zu schrecken und mürbe zu machen.

Vaughan II, pag. 334.

Whitehall, May 6. (16.) 1658.

— The state of affairs beeing much altered in those parts, so onger abode there seemeth not so necessary, and that your return y be more serviceable to us, I have thought fit hereby to ; therefore you will do well, having taken your leave their in the :r, to repair homewards, that we may receive from you the account ıole negotiation, and you from us the encouragement which you ved.

So I rest, your loving friend

Oliver P.

Abgedruckt in Miltons Werken II, pag. 247.

Eidg. Absch. 6, 1, I, pag. 425.

Die Ansichten, welche in den leitenden Kreisen Englands darüber ob englische Gesandte Geschenke von fremden Mächten annehmen heinen auch ihre Wandlungen durchgemacht zu haben. Im Frühjahr [illegible] Stockar erklärt, man schenke ihm keine Kette, weil

eben erst ein Gesetz erlassen word
von Geschenken für eigene und fre
scheint dieses Gesetz nicht mehr in
stens nichts davon, daß Pell das Ge

Berich

Anmerkung 2 (IV. Band, Heft 2
daß die Sammlung der Akten aus de
19. Jahrhundert gelangt ist, währen
übergangen wurde.

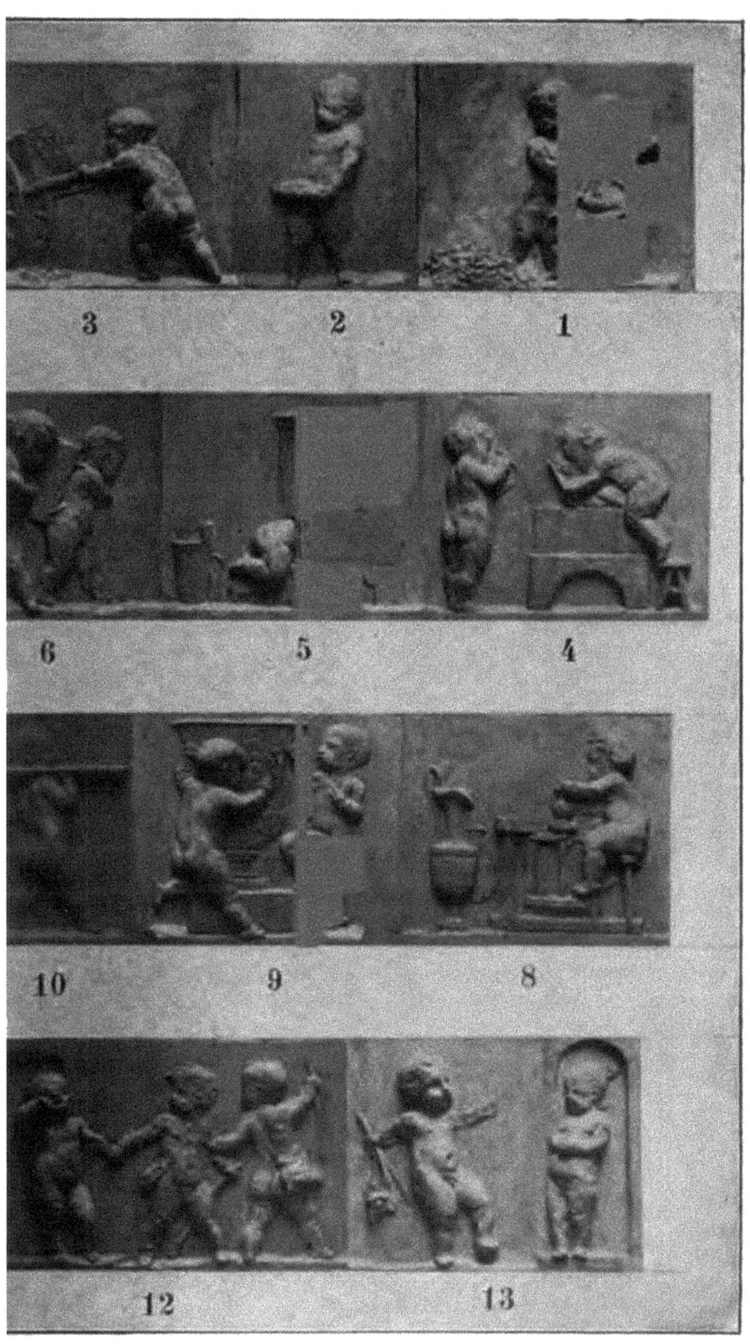

TAFEL I.

Puttenfries vom Hause Walter Böckli

aber immer noch nicht viel, denn einer weiteren Verbreitung der gehaltvollen Schmidschen Arbeit steht leider ihre Publikation als Beigabe zu dem kostbaren Bruckmannschen Böcklin-Werk im Wege, und in die populären Schriften, die aus ihm gespeist werden, ist gerade diese Abbildung nicht übergegangen. So viel ich weiß, ist Schmids Klischee bisher nur einmal, im Januar-Heft 1905 der Kunst für Alle, wiederholt worden, als Beigabe zu Manskopfs reizvollem Aufsatz über Böcklins Kindergestalten. Aber auch hier enthält der Text kein Sterbenswörtlein über dieses einzige Kinderrelief, das unter Böcklins Namen geht — sollte vielleicht der Verfasser Zweifel an der Richtigkeit der Benennung «*Arnold* Böcklin, Kinderfries», gehabt haben?

Damit komme ich zu der Hauptfrage: Wer hat diesen Fries geschaffen? Schmid hält den Entwurf und im wesentlichen auch die Ausführung für das Werk Arnold Böcklins. Dies Urteil des vortrefflichen Kenners scheint zunächst durchaus einleuchtend. Diese Schar gesunder, derber Kinder, die mit so köstlichem Eifer, einem so drolligen Aufgebot ihrer Kräfte, ganz unbekümmert um den Beschauer, ihrem Gewerbe nachgehen, atmet dieselbe frische Kraft, dieselbe echte Kindlichkeit, die wir an Arnold Böcklins Kindergestalten bewundern. Und doch trügt der Schein: Diese kleinen Töpfer sind nicht die Brüder, sondern nur die Vettern der Buben und Mädchen des Kinderreigens, der Flora, des Frühlingsreigens; nicht Arnold, sondern Walter Böcklin heißt ihr Vater, der gute Onkel hat sich höchstens ihrer Bildung ein wenig angenommen.

Dieses Urteil beruht auf der Aussage der berufensten, bestunterrichteten Zeugen, die zu befragen mir um so wichtiger erschien, als jedes neu verfließende Jahr die Zerstörung von fables convenues schwieriger macht. Herr Walter Böcklin, der Sohn des bereits 1883 verstorbenen Hafnermeisters, bekundet mit Bestimmtheit, daß sein Vater den Fries stets für sein eigenes Werk erklärt habe, ob der Oheim in Einzelheiten mitgeholfen hätte, wisse er nicht. Sicherlich liegt kein Grund vor, die Aussage des Hafnermeisters anzuzweifeln, denn Wahrhaftigkeit ist ein Grundzug der kernigen Familie; es wäre auch in hohem Maße unklug gewesen, hätte er sich bei Lebzeiten des berühmten Bruders mit dessen Federn schmücken wollen. Immerhin sind zwei Zeugen besser als einer, zumal der zweite Böcklins nächster Freund aus der Basler Zeit ist. Herr Professor Fritz Burckhardt, lange Jahre Rektor des Basler Gymnasiums, dessen Güte ich die folgenden Angaben verdanke, entsinnt sich bestimmt, daß die Originalmodelle bereits halbfertig waren, als der Hafnermeister sie in das Atelier seines Bruders bringen ließ, um bei der weiteren Ausarbeitung dessen künstlerischen Beirat zu genießen. Hier hat dann auch Arnold gelegentlich mit zugegriffen, aber nicht etwa die Ausführung übernommen. Entwurf und das wesentliche der Durchführung stammen also von Walter. Der Maler hat später nicht selten mit dem Freunde den Fries an des Bruders Haus betrachtet, aber niemals angedeutet, daß er ihn als eigenes Werk in Anspruch nähme. Meine beiden Gewährsmänner wissen sogar zu erzählen, daß Walter gelegentlich zu Arnold geäußert hat: «Wenn ich einmal tot bin, so giltst Du als Verfertiger des Frieses», worauf dieser antwortete: «Es mag wohl sein».

So hat Arnold Böcklin wohl selbst empfunden, wie nahe verwandt die künstlerische Anlage des Bruders der seinigen war. In Erscheinung und Wesen soll Walter, ehe er durch einen Unfall seine Gesundheit einbüßte, dem Maler auffallend geglichen haben; noch bei seinem Sohn überraschte mich die stark ausgesprochene Familienähnlichkeit. Daß eine reiche Ader echter Künstlerschaft auch in dem Hafner steckte, zeigt unwiderleglich unser Fries. Wer einem an sich keineswegs zur künsterischen Darstellung reizenden Handwerk eine solche Fülle wirksamer Motive abzugewinnen weiß, wer mit den einfachsten Mitteln so lebendig erzählen kann, der ist ein Künstler, mag er auch sein Leben lang für einen Handwerker gegolten haben. Übrigens ist Walters Begabung nicht ganz ohne Schulung geblieben, in der Modellierklasse der Gewerbeschule ist er stets der weitaus beste Schüler gewesen und er hat diese Arbeiten auch später fortgesetzt. Aus dem Jahre 1857 stammt eine mit seinem Namen signierte Statuette eines Sämanns in gebranntem Ton, die zwar unserem Fries an Frische und

Originalität sehr nachsteht, aber ...
Können verrät. Freilich ist seine ...
gleichbar mit der seines genialen ...
menden Schranken mit der Kraft einer Natur
Walter hat den sicher umfriedeten Boden
nicht dauernd verlassen und die Kunst wo
aber nicht zur Herrin seines Lebens gemach
es leicht, daß der lange zurückgedrängte T
lerischen Schaffen sich gerade damals kräfti
als der Bruder zum erstenmale in der V
monumentale Aufgaben zu lösen hatte. V
im Treppenhaus des Museums die Idealgest
Mater, der Flora und des Apollo schuf, gin
an seinem Hause das eigene Handwerk kün
klären, und gewiß ist ihm Rat und Vorb
dabei von größtem Nutzen gewesen. Seine
haben mancherlei den göttlichen Buben abge
der Magna Mater die Wolken so eifrig beise
unter dem Mantel der Flora mit der Fülle
Spiel treiben. So darf man wohl annehme
nie entstanden wäre, wenn nicht damals A
Basel gewirkt hätte, aber darum bleibt er d
Eigentum Walters, und gerade als solches
sonderem kunstgeschichtlichen und psycholog
Es ist oft beobachtet worden, und auch i
sehr lehrreiche Beispiele dafür, daß die eigen
Arnold Böcklins auf schwächere Talente, die
gerieten, mehr lähmend und verwirrend als f
hat, und schwerlich wird je eins der B
empfundenen Werke von einem Freunde des
zugeschrieben werden. Hier aber sehen wir
und unentwickeltes Talent unter seinem E
selbst hinauswachsen und ein Werk von s
schaffen, daß einer der besten Böcklinkenner d
in ihm zu erkennen meinte. Ich denke,
Hand, daß Böcklin nur deshalb auf den B
gewirkt hat als auf andere Künstler, weil dess
Natur der seinen wurzelhaft verwandt war;
liebem Sinne waren die beiden Brüder.

Aber diese Betrachtungen sind vielleicht schon zu ernsthaft für die lustigen Buben, denen ich die Gunst weiterer Kreise gewinnen möchte. Nur einige Worte habe ich noch hinzuzufügen über die Anordnung und Bedeutung der einzelnen Platten. Da leider keine Abbildung des Hauses existiert und die unvollständige Wiederholung im Hotel zu den drei Königen zweifellos falsch angeordnet ist, so kann die Reihenfolge der Platten nicht in allen Punkten für gesichert gelten, aber das macht wenig aus, denn innerhalb der drei größeren Abteilungen, in die der Fries zerfällt, ist die Abfolge der Platten durchaus klar.[1]) Die erste Gruppe (1—7) behandelt von rechts nach links fortschreitend den einen Hauptzweig des Töpferhandwerks, das Ofensetzen. Da wird zunächst der Ton mit den Füßen geknetet und mit einer langgestielten Schüppe umgerührt. Der Stiel dieses Werkzeuges, den man in unserer Abbildung (No. 1) leicht in den Händen des angestrengt arbeitenden Knäbchens ergänzt, ist bei dem Tonexemplar des Basler Museums in Eisen angefügt. Den hergerichteten Ton trägt ein Bürschchen fort (No. 2), während ein anderes (No. 3) auf zweirädrigem Karren die Kacheln nach dem Platze fährt, wo die Ofenbauer (No. 4)bereits eifrig am Werke sind. Über dem Sockel erhebt sich schon die unterste Kachelreihe und ein Bube ist keck hinaufgeklettert, um eine neue Reihe anzufangen, sein Gefährte haut indessen mit dem Spitzhammer die Kacheln zurecht. Auf der folgenden besonders drolligen Platte (No. 5) sehen wir den Ofen glücklich aufgerichtet, aber ausgeschmiert muß er noch werden, und das besorgt ein kleiner Töpfer so eifrig, daß nur sein rundes Hinterteil und die drallen Beinchen aus dem Ofenloch herausgucken. Eine Brente steht neben ihm und zwei Kameraden schleppen (No. 6) noch zwei Gefäße derselben Art herzu. Damit ist dieser Zweig des Töpferhandwerks erledigt und ich vermute, daß der schlanke runde Ofen (No. 7), dessen getreue Abbilder noch in vielen guten Basler Häusern stehen, gewissermaßen den Grenzpfahl zwischen Ofensetzen und Kunsttöpferei bildet. Nun sehen

[1]) Wegen Platzmangels auf der Tafel sind die beiden wenigst bedeutenden Platten No. 7 und 11 nur im Text abgebildet worden.

wir zunächst, wie eine kleine Vase auf der [illegible] gearbeitet wird (No. 8), dann folgt ein großes [illegible] (No. 9), um dessen künstlerischen Schmuck sich zwei Bübchen emsig bemühen. Unnachahmlich ist der Ausdruck souveräner Überlegenheit, mit der der rechts stehende seinen Stift führt. Schon naht von links ein stämmiges Kerlchen (No. 10), das sich auf seine Kraft etwas einzubilden scheint, um die fertige Vase auf flachem Brett beiseite zu tragen, dahin, wo bereits zwei andere Gefäße (No. 11) aufgebaut sind. So haben wir den Kreis der Arbeit durchlaufen, aber diese kleinen Töpfer haben

Textabbildung 1:
Platten aus dem Puttenfries von Walter Böcklin.

gleich ihren großen Genossen nicht nur ein Handwerk, sie haben auch ein Herz und dies Herz will auch auf seine Rechnung kommen. Deshalb führen uns die beiden letzten Platten (No. 12, 13), die vielleicht den ganzen Fries seitlich einrahmten, den tränenreichen Abschied des wandernden Burschen vom Liebchen und die fröhliche Heimkehr vor. Weinend steht das Mädchen an der Schwelle und empfängt den letzten Händedruck des scheidenden Wanderers, der gar selbstbewußt mit vollem Ranzen und mächtigem Knotenstock in die Fremde zieht. Dem ebenso ausgerüsteten Gefährten wird das Abschiednehmen schon zu lang, energisch packt er den säumenden Liebhaber beim Arm und weist in die Ferne. Fast noch eindrucksvoller ist die Wiederkehr (No. 13) geschildert. Fröhlich springt der Weitgereiste herbei, schwingt in der Rechten den Stock und den gar leer gewordenen Ranzen, und öffnet sehnsüchtig seinem Mädchen die Arme. Wieder steht sie vor der Türe, ein kühnes Haarknötchen auf dem Kopf deutet auf gereifte weibliche Würde, die Arme hält sie vor dem runden Bauch gefaltet und in ihren Zügen

Lachen und Weinen miteinander. Noch zögert bar, dem Wanderer um den Hals zu fallen — aber ten Augenblick werden die beiden sich wieder ge-aben.

st hier nicht der Ort, auf den Reliefstil des Frieses nzugehen, aber auf den verschiedenen Grad der rung der einzelnen Platten (man vergleiche z. B.) mit No. 2) möchte ich doch aufmerksam machen, veil ich es für verfehlt halte, aus der Verschieden-Ausarbeitung Schlüsse auf die Beteiligung Arnold zu ziehen. Nicht als kunstgeschichtliches Problem der Fries allgemeines Interesse, sondern als Kunst-n seltener Frische und liebenswürdiger Eigenart. sche Plastik des 19. Jahrhunderts hat nicht allzuviele nen aufzuweisen, die an Originalität und Humor ialbverschollenen Friese gleichkommen.[1])

---

e Gipsgießerei von Müller-Kelterborn (Basel, Oberer Heuberg 22) it kurzem Abgüsse des Frieses. Ein vollständiger Abguß hat nun s im Treppenhaus des Basler Museums einen guten Platz erhalten, mit einer Plattenfolge, die mir nicht ganz richtig scheint.

Der Galgenkrieg 1531.

Von

Rudolf Luginbühl.

Der Übergang aus dem in seinen Rechtsverhältnissen buntscheckigen Feudalstaat in den räumlich und rechtlich abgeschlossenen Territorialstaat vollzog sich seit dem Ausgang des Mittelalters auch bei uns nicht ohne schwere Kämpfe. Jede Regierung suchte ihr Herrschergebiet durch Auskauf auswärtiger Besitzer von ihren Rechten und Gütern oder durch Austausch von Exklaven mit Enklaven homogen zu gestalten und abzurunden. Die stetig wachsende Geldnot der Adeligen kam zwar der oft zur Ländergier gesteigerten Rauflust ihrer Gläubiger, der Städte, fördernd entgegen. Was aber diesen Übergangsprozeß oft zu tödlich ermüdender Langweile verlangsamte und beinahe ad infinitum hinauszog, war die Hartnäckigkeit, mit der die neuen Besitzer auf dem kleinsten Titelchen ihrer Macht beharrten. So gehörte, um dies mit einem Beispiel zu exemplifizieren, in dem heutigen solothurnischen Dorfe Wiesen die höhere Gerichtsbarkeit Basel, die niedere Solothurn; kirchgenössig war es nach Trimbach, seit 1675 nach Ifental, sodaß das Volk witzelte: Die Wiesener gehören nach Trimbach zur Kirche, nach Olten vor Gericht und nach Basel an den Galgen.[1]) Erst 1826 wurde hier endgültig Wandlung geschaffen.[2]) Die Geschichte

---

Anmerkung: Msgr J. R. Schmidlin hat in den Katholischen Schweizerblättern 1902, S. 173ff. den Galgenkrieg, jedoch ohne Berücksichtigung der Basler und wichtiger Berner Akten, behandelt. Ich überlasse dem Leser die Punkte herauszufinden, in denen meine Darstellung von der seinigen differiert.

[1]) L. A. Burckhardt in Basler Beiträge II, S. 303.

[2]) Peter Strohmeier, Der Kanton Solothurn, S. 221.

könnte übrigens über diesen Punkt noch mit ganz andern Beispielen aufwarten. Wohl zu keiner Zeit war der Expansionstrieb Basels und Solothurns, welch beide Städte bei der Behandlung unseres Themas hauptsächlich in Frage kommen, größer als am Anfang des 16. Jahrhunderts. Eine summarische Aufzählung ihrer damaligen Erwerbungen mag den Beweis dazu erbringen. Solothurn kaufte 1455, 1485 und 1502 Dorneck, 1477 und 1485 Seewen, 1503 Hochwald, 1515 die Herrschaft Rotberg, 1522 die Herrschaft Thierstein, 1523 Bättwil, 1527 Gilgenberg und den Kirchensatz zu Meltingen, 1530 den Zehnten zu Gempen etc.[1]) Basel kaufte 1515 Mönchenstein und Muttenz, 1518 die Herrschaft Ramstein mit Bretzwil, 1522 Riehen und Bettingen, 1525 Pratteln, 1526 Biel-Benken, 1532 Arisdorf etc.[2])

Dazu kam nun noch die furchtbare Spannung, welche die religiösen Kämpfe hervorgerufen und aufs höchste gesteigert hatten; fällt doch der Galgenkrieg auf den Sommer 1531, das ist auf eine Zeit, die bloß drei Monate vor dem zweiten Kappelerkrieg liegt; wenig hätte gefehlt, so wäre statt Kappel die Grenze Basels gegen Solothurn zum Schauplatz des blutigen Dramas geworden. Basel war seit dem 9. Februar 1529 evangelisch; Solothurn hingegen laut den Ende 1530 und Anfang 1531 vorgenommenen gemeindeweisen Glaubensabstimmungen in seiner großen Mehrheit katholisch.[3]) Die neue Lehre wurde im solothurnischen Gebiet geradezu als «Basler Wesen» bezeichnet, und schien dort nicht ohne Einfluß zu sein. Bereits war Dornach evangelisch geworden und hatte am 2. Februar 1531 die Kirchengerätschaften an eine öffentliche Gant gebracht, und um die gleiche Zeit ließ Kienberg seiner Regierung erklären, daß es die Messe weder «gesotten noch gebraten» wolle.[4]) Daß die nach Freiburg im Breisgau gezogenen Basler Domherren am 6. Sep-

---

[1]) Franz Haffner, Der klein Solothurner Allgemeine Schaw-Platz Historischer ... Geschichten II, S. 102 b. 403 a, 404 a, 408 b u. s. w.

[2]) Peter Ochs, Geschichte der Stadt und Landschaft Basel V, passim.; Bruckner, Merkwürdigkeiten der Landschaft Basel, S. 103 ff.

[3]) Ludwig Rochus Schmidlin, Solothurns Glaubenskampf und Reformation im 16. Jahrhundert, S. 157 ff.

[4]) Schmidlin l. c., S. 203.

tember 1530 die Kirchensätze von [illegible] Büren der Regierung von Solothurn [illegible] ein Beweis dafür, daß letztere ihr [illegible]

Am 28. Juni 1510 erwarb Basel als [illegible] Bischof um die Summe von 2000 Gulden [illegible] Sisgau,[1]) welche bisher die Grafen von [illegible] als bischöfliches Lehen innegehabt, deren [illegible] mit 500 Gulden — in obiger Summe inbegriffen erkauft werden müssen. Die Wiedereinlösung [illegible] Bischof dadurch erschwert, daß sie nur mit [illegible] Liestal, Waldenburg um Homburg um 31000 [illegible] finden durfte, das ist um eine Summe, die, wie m[illegible] der sehr verschuldete Bischof wohl schwerlich ei[illegible] zubringen imstande sein werde. Zwei Fragen dră[illegible] uns da sofort auf: Welches waren die Grenzen d[illegible] und worin bestanden die Landgrafschaftsrechte? [illegible] erste Frage gibt die Urkunde sehr genaue Antwo[illegible] sie in wörtlicher Wiederholung einer Stelle des Pfa[illegible] vom 11. März 1363[2]) im allgemeinen Rhein, Vi[illegible] Kammhöhe des Jura, Lüssel und Birs als Grenzen [illegible] gaus bezeichnet; mithin umfaßte dieser nicht bloß da[illegible] Baselbiet bis zur Birs, sondern auch noch den nord[illegible] Teil des Kantons Solothurn mit den Ortschaften [illegible] Tuggingen, Gempen, Hochwald, Seewen, Büren, P[illegible] Nuglar, Nunningen und noch einigen kleineren Orte[illegible] die zweite Frage, den Umfang der landgräfliche[illegible] betreffend, gibt uns zwar diese Urkunde auch [illegible] indem sie dieselben als «die hohenn herligkeit, d[illegible] gericht mit allenn zollenn, geleytenn darinn unnd [illegible] horenndt mit allen irn chafften, rechtenn, zuge[illegible] kreiszenn unnd bezirckenn»[4]) bezeichnet; aber bes[illegible] siert werden sie durch einen Spruch des Landt[illegible] 25. März 1367.[5]) Danach zählten zu den landg[illegible]

[1]) H. Boos, Urkundenbuch der Landschaft Basel, S. 1112.

[2]) H. Boos l. c., S. 1131.

[3]) Vgl. A. Burckhardt-Finsler, Die Gauverhältnisse im alten B[illegible] in Basler Beiträge XI, S 1 ff.

[4]) Boos l. c., S. 1114.

[5]) Boos l. c., S. 1133; vgl. Basler Beiträge II, S. 381.

[illegible] die Blutgerichtsbarkeit mit den fünf Dingstätten [illegible], [illegible], Sissach, Muttenz und Nunningen — letz[illegible] also in solothurnischem Gebiet gelegen —, die Zölle, [illegible] neun Zollstätten eingerichtet waren, das Geleitsrecht [illegible] den neun Landstraßen, die Aufsicht über Maß und Ge[illegible], das Jagd- und Fischrecht, die Ehehaften (Mühlen, [illegible], Trotten, Tavernen), das Bergwerksregal, [illegible], Neubruchzehnten, Eichellöse, Acherung, Forst[illegible] oder Hagen und Jagen und anderes mehr.

Eine Vergleichung der beiden Urkunden von 1367 und [illegible] zeigt, daß der Begriff der Landgrafschaftsrechte keine wesentlichen Einschränkungen erlitten hatte. — Die Vorgeschichte dieser wichtigen Erwerbung ist zu charakteristisch, als daß sie hier übergangen werden dürfte; die Hauptdaten mögen nur flüchtig gestreift werden.

Es ist begreiflich, daß Basel, sobald es im Jahre 1400 die Ämter Liestal, Homburg und Waldenburg vom Bischof als Lehen erworben hatte, bemüht war, auch die Landgrafschaftsrechte sich dazu zu verschaffen. Das geschah denn auch schon im Jahre 1416 um die Summe von 350 Gulden, welche die Stadt unter Zustimmung des Bischofs und Kapitels dem damaligen Lehensträger, dem Grafen Otto von Thierstein, bezahlte.[1] «Ich versetze,» sagt dieser «und gebe in verphandunge für mich, alle mine erben und nachkommen, die ich zů disen nachgeschriben dingen ze haltende vestenklichen binde ... alle mine rechtunge, die ich meine ze habende an der landgrafschaft im Siszgöw, an den hohen [illegible], wilpennen, vischentzen und allen andern her[illegible] und rechten, als verre und wyle der dryer her[illegible] und emptern Waldenburg, Homburg und Liestal [illegible] twing und benne mit allen iren zůgehorden begriffen [illegible] usgenommen noch vorbehept.» Das Wieder[illegible]recht behielt er sich vor. Immerhin gehörte die Landgrafschaft der Stadt Basel bloß als Afterlehen; Thierstein [illegible] sie mithin gegen Rückerstattung des Pfandschillings wieder einlösen. Basel hätte besser getan, sie direkt vom Bischof zu erwerben. Schon zwei Jahre darauf verpfändete[2])

[1]) Boos l. c., S. 694.
[2]) Boos l. c., S. 712.

sie Thierstein dem Freiherrn [illegible]
ohne Rückerstattung des [illegible]
Einwilligung des Bischofs, der, [illegible]
davon Anstände erhob, so daß [illegible]
gegenüber verpflichten mußte, bei [illegible]
zu bewirken, daß derselbe mit der [illegible]
werde.[1]) Das geschah denn auch im [illegible]
der Bischof auf die Bitte des Hans [illegible]
seines Sohnes Hans Friedrich, die, [illegible]
Ignorierung des Basler Pfandbriefs, den veralteten u
erloschenen Lehenbrief des Hans von Habsburg
mund von Thierstein exhibierten, den beiden und de
Gattin, Clara von Thierstein, die Langrafschaft leh
zusprach. Letztere kam hierauf an die Söhne c
Friedrich, an Thomas und Hans von Falkenstein, v
sich der erstere das Lehen vom neuen Bischof Ar
Rotberg bestätigen ließ.[3]) Im Jahre 1456 verpfändete
von Falkenstein die Gerechtsame der Landgrafsc
Stadt Basel aufs neue um 250 Gulden und verpflich
daß die Wiedereinlösung nur um die Summe von
den, das ist mit Hinzurechnung der 1416 bezahlten 35
und nicht vor 30 Jahren stattfinden dürfe.[4]) Aber a
dieser Verpfändung hatte Basel die Landgrafschaf
Afterlehen inne.

Von dem neuen Bischof Johann von Venning
sich die Falkenstein die Landgrafschaft als bisc
Lehen bestätigen.[5]) Hingegen ließ Basel in den
Thomas von Falkenstein abgeschlossenen Kauf d
schaft Farnsburg auch die Landgrafschaft Sisgau einsc
und wirklich ein Jahr darauf wird es auch als Lanc
Sisgau bezeichnet.[7]) Gleichwohl erhob bald darau
von Thierstein unter andern Ansprüchen auch der
Landgrafschaft, und die Stadt zahlte ihm dafür a
zugleich für das Dorf Diegten die Summe von 38
Gulden.[8]) Trotzdem beanspruchte er auch nachher

---

1) Boos l. c., S. 713.
2) Boos l. c., S. 772.
3) Boos l. c., S. 896.
4) Boos l. c., S. 946.
5) Boos l. c., S. 973.
6) Boos l. c., S. 989.
7) Boos l. c., S. 1004.
8) Boos l. c., S. 1093.

Landgrafschaft. Es war für die Stadt Basel ein Gebot der Vorsicht, daß sie 1510 die Landgrafschaft direkt vom Bischof als Lehen erwarb, nachdem sie vorher die Grafen Heinrich und Oswald von Thierstein, die letzten ihres Geschlechts, durch das Versprechen von 500 Gulden zum Verzicht bewogen hatte.[1] Fünfmal mußte so Basel die Landgrafschaft erwerben und jede Erwerbung war ohne örtliche oder zeitliche Einschränkung, einzig unter dem Vorbehalt der Wiedereinlösung, gemacht worden. — Vorausgreifend sei hier bemerkt, daß auch die Erwerbung von 1510, weil unter dem Vorbehalt der Wiedereinlösung gemacht, keine definitive war. Zu den fünf Erwerbungen mußte 1585 noch eine sechste kommen, die dann allerdings unwiderruflich und vorbehaltlos war.

Die verhältnismäßig kleine Summe, welche Basel für die Landgrafschaft bezahlte, läßt darauf schließen, daß letztere bereits durch viele Exemptionen geschwächt war; doch kann man darüber aus den Quellen kein klares Bild gewinnen. Eine Urkunde vom Jahre 1364[2]) bezeichnet als solche Exemptionen Liestal, Munzach, Füllinsdorf, Seltisberg, Lausen, Läufelfingen, Känerkinden, Rümlingen und Häfelfingen. Das vielumstrittene Landgrafschaftsrecht über Pratteln und Sissach[3]) verblieb den Herren von Eptingen, während Waldenburg als nicht eximiert bezeichnet wurde.[4]) Von besonderer, ja kapitaler Wichtigkeit scheint eine acht Tage nach der Verpfändung im Jahre 1510 vom Bischof ausgestellte Urkunde (vom 6. Juli)[5]) zu sein, welche folgende Orte von der Wiedereinlösung ausnimmt: Tuggingen, Angenstein, Dorneck, Birseck, Arlesheim, Münchenstein, Muttenz, [illegible], Büren, Hochwald, Seewen, Oberäsch, Nuglar, St. Pantaleon und Gempen «was von Nunningen dem bach [illegible] bisz inn die Birsz vnnd der Birsz nach bisz inn den Ryn gelegen ist — *so inn die landtgraffschafft nit ge[illegible], sonder inn iren vnnd andern handen standen.*» Unter dem Ausdruck «andern handen» kann nur Solothurn gemeint sein. Stellt nicht diese Nachtragsurkunde die An-

[1]) Boos l. c., S. 1112. [2]) Boos l. c., S. 373.
[3]) Boos l. c., S. 807, 838, 886, 1022, 1087 u. a. a. O.
[4]) Boos l. c., S. 375, 510. [5]) Boos l. c., S. 1118.

sprüche Basels vollständig in Frage[illegible]
im Galgenkrieg um die Land[illegible]
die solothurnischen Grenzgemeinden [illegible]
hören wir, daß diese gar nicht [illegible]
horsamen», also gar nicht dazu gehören [illegible]
Daß diese Gemeinden von der Wiedereinlösung [illegible]
waren, läßt sich hauptsächlich dadurch erklären [illegible]
bereits Rechtsansprüche bestanden haben [illegible]
Basel durch das Wiedereinlösungsrecht des [illegible]
gefährden lassen wollte. Basel stützte seine [illegible]
auf «gûte brieff und siglen»,[1]) die wir zwar [illegible]
angegeben finden, die sich aber leicht denken lasse[n]
dann auf «Kundschaft», ein Beweisverfahren, wodu[rch]
wirkliche Vorhandensein einer bestrittenen Institutio[n]
einer Tatsache durch Zeugen aus dem Volke dargetan w[erden]
Basel hat in praxi die Landgrafschaftsrechte über di[e]
thurnischen Grenzgemeinden ausgeübt. Der rechtsk[undige]
Professor Bonifacius Amerbach teilt uns nämlich mit
Malefizianten in den genannten solothurnischen Dörfe[rn]
das hohe Gericht zu Augst durch Basel zitiert zu
pflegten und daß Leute aus jenen Gebieten zu den Lan[d]
durch Basel berufen wurden.[4])

Bei so verwickelten Rechtsverhältnissen ist es n[icht zu]
verwundern, daß zwischen Basel und Solothurn Grenz[streitig]
keiten entstanden, besonders wenn man noch in B[etracht]
zieht, daß letzteres durch das mächtige Bern gehindert
sich nach Süden auszudehnen und deshalb mit um so gr[ößerem]
Eifer eine Gebietserweiterung nach Norden ins Aug[e]
Die Tagsatzung war wiederholt genötigt, schlichten
richtend einzugreifen.[5]) Der Galgenkrieg setzt ganz
ein. Als das Truppenaufgebot erging, wußten die we[nigsten]
weder in Solothurn noch in Basel, um was es sich ei[gentlich]
handelte. Die Vorgeschichte dazu hatte sich ganz

---

[1]) Bern, Staatsarchiv, Basel-Buch T, No. 237.

[2]) Bern, Staatsarchiv, Basel-Buch T, No. 237.

[3]) Burckhardt-Biedermann, Bonifacius Amerbach und die Ref[ormation]
S. 333.

[4]) Eidg. Abschiede IV 1[b], S. 1108.

[5]) Eidg. Abschiede III, 1, S. 229 u. a. a. O. Urkundenbuch

[illegible] Regierungen abgespielt, und von ihren Unterhandlungen [illegible] bei der damaligen Geheimnistuerei wenig durchgesickert. Die Anfänge reichen mehr als ein halbes Jahrhundert zurück. Da entdeckt man denn eine ganze Kette von absichtlichen [illegible] unabsichtlichen Unterlassungen und Übergriffen, deren [illegible] bloß in den komplizierten Rechtsverhältnissen [illegible] feudalen Staatswesens ihre Erklärung findet. Das alles [illegible] darzutun, würde viel zu weit führen. Es mag genügen, wenn an einem Beispiel gezeigt wird, worin jene bestanden. Im Jahre 1527 verkaufte Imer von Gilgenberg Solothurn um die Summe von 5900 Gulden die Herrschaft Gilgenberg mit den Dörfern Nunningen, Meltingen und Zullwil.[1]) Obgleich nun Basel daselbst die Landgrafschaftsrechte: hohe Gerichtsbarkeit, Jagd etc. als bischöfliches Lehen inne hatte, was der Verkäufer selbstverständlich wohl wußte, so läßt doch dieser in den Kaufbrief die Worte: «mit Stock und Galgen» einrücken; er zählt mithin unter den Verkaufsobjekten auch Rechte auf, die ihm nicht gehörten. Den Wortlaut des Vertrages wird ohne Zweifel weder der Bischof von Basel, der Eigentümer der Landgrafschaftsrechte, noch weniger Basel selbst, der Lehensträger derselben, erfahren haben. Immerhin läßt sich denken, daß ein skrupulöser Käufer nicht geruht haben würde, bis er nach allen Seiten reinen Tisch sich verschafft. Doch Solothurn, landhungrig und zugriffig wie viele andere Städte, das auch in den meisten andern Kaufbriefen für die an Basel anstoßenden Herrschaften und Dörfer die hohe Gerichtsbarkeit zugesichert erhalten, verbot 1529 den Bauern durch seinen Landvogt in Dornach, nach Augst vor Gericht zu gehen.[2]) Basel aber machte seine Rechte geltend und beanspruchte gegen Solothurn die «[illegible] herlichkeyt, die wir alls landgrawen im Syssgew in [illegible] iren zwingen, bännen vnd nidern gerichten nach [illegible] vnserer guten brieff, siglen vnd gewarsame allso [illegible] zu haben getruwen».[3]) Solothurn wollte davon nichts

1) Solothurner Wochenblatt 1814, S. 45. Basel, Staatsarchiv, Städtische Urkunden No. 2960.

2) Burckhardt-Biedermann, Bonifacius Amerbach und die Reformation, [illegible]

3) Basel, Staatsarchiv, Basel-Buch T, No. 233.

irgend einen Verzug am Sonntag vor der
Auffahrt in Liestal sich einfinden und nic
bis «alle spenn» gütlich oder rechtlich e
Dieser «Anlaß» wurde wie üblich in zwei
gefertigt.[5]) Allein Solothurn siegelte ihn
auch, sich weder in einen gütlichen noch
gleich einzulassen, ja wollte nicht einmal di
Basler lesen, «glatt nit hören», wollte a
Urkunden- noch Zeugenbeweis Basels Notiz n
wohl fanden dann in Liestal noch Unterhand
aber völlig resultatlos verliefen.[7]) Basel be
darüber bei Bern und bat es am 19. Mai

---

[1]) Bern, Staatsarchiv, Basel-Buch T, No. 237.

[2]) Bern, Staatsarchiv, Basel-Buch No. 223, 225,
Missivenbuch, S. 293.

[3]) Solothurn, Staatsarchiv, Ratsmanual XX, S. 23

[4]) Eidg. Abschiede IV I[b], S. 951. Basler Staatsar

[5]) Eidg. Abschiede IV I[b], S. 951 sagen: «Ein be
uns noch nirgends begegnet.» Er findet sich jedoch in
Grenzakten E 8, A 1.

[6]) Bern, Staatsarchiv, Basel-Buch T, No. 233.

[7]) Bern, Staatsarchiv, Teutsch-Missivenbuch S, S.
IV I[b], S. 991. Basler Staatsarchiv, Grenzakten E 8.

[illegible] des «Anlasses» anzuhalten, «dann wir kein [illegible] Verzug lijden mögen».[1]) Damit schien nun die Angelegenheit eine ernste Wendung nehmen zu wollen. Bern [illegible] deshalb die streitenden Parteien zu einer Sitzung auf [illegible] 27. Mai in seine Stadt. «Damit aber zwischen vch beiden [illegible] gute nachpurschafft, fründtschafft vnd eidtgnösische [illegible] wie vorher erhalten vnd grosse unwill und unrat ver-[illegible] blüben, wollen wir vch ernstgeflissentlich gebätten [illegible] vermant haben, nützit unfründlichs wider [illegible] einander fürzunemen, ze bruchen, noch anzu-[illegible] vnd zu gütiger hinlegung ... vch vff vns veranlassen [illegible]».[2]) Während Basel die Konferenz zu beschicken [illegible],[3]) forderte Solothurn als Vorbedingung seiner Teil-[illegible] den Verzicht jenes auf Dornach. Bern riet Basel, [illegible] Opfer zu bringen; doch dazu konnte es sich nicht [illegible], befahl vielmehr dem Landvogt auf Walden-[illegible] dem Ratsschreiber, Bern ein Verzeichnis der vielen [illegible] Zeugen einzuschicken, «guter zuversicht, so [illegible], so werden die von Soloturn von irem fürnemen [illegible] wysen vnnd fürer in der sach gütlich oder recht-[illegible] handlen».[4]) Solothurn weigerte sich, an weitern Unter-[illegible] teilzunehmen. Infolgedes insistierte Bern bei [illegible] es möchte aus freien Stücken «gütigklich» auf Dornach [illegible], «wo das geschieht, sind wir gůter hoffnung, der [illegible] ... zu gütlichem oder rechtlichem vßtrag zu [illegible] darumb so thund von unsere pitt wegen das best, [illegible] wir im handell können fürfahren».[5]) Neue Unterhand-[illegible] scheiterten; einer Berner Gesandtschaft gegen-[illegible] die am 1. Juni 1531 vor der Solothurner Regierung [illegible] verharrte diese auf ihrem Standpunkte.[6]) «Die Solo-[illegible]» schrieb Bern am 10. Juni an Basel, «haben sie völlig [illegible] abgeschlagen vnd wellend schlechtlich gar nützit han-

1) Bern, Staatsarchiv, Basel-Buch T, No. 233.

2) [illegible], Teutsch-Missivenbuch S, S. 463. Bern, Staatsarchiv, Basel-Buch T, No. [illegible].

3) Bern, Staatsarchiv, Basel-Buch T, No. 235.

4) Bern, Staatsarchiv, Basel-Buch T, No. 237.

5) [illegible], Staatsarchiv, Teutsch-Missivenbuch T, S. 477 (am 28. Mai 1531).

6) [illegible], Staatsarchiv, Ratsmanual XX, S. 261, 262.

deln lassen, es sye denn sach, … herschaft Dornach ganz abstand… blieb pendent. Da in Soloth… wurde, Basel wolle es aus dem … wandte sich dieses direkt an jenes. … vnnd den vweren mit grossem unglimpff versc… wir vch (was doch vnser gemüt vnd meynun… schloß Dornegk, sampt den in ir bedachten fl… erkoufft, abzeziehen vnderstundend, ab welch… wir nit ein klein beschwerde tragen ... die M… ausgeworfen, wellichs vns nit wenig befrömbd…

Gegen Ende Juni 1531 beging nun Solothu… lich provokatorische Handlung, indem es bei… an der Grenze, einen Galgen, das Symbol d… richtsbarkeit,[3]) aufstellen ließ.[4]) Bullinger gla… recht,[5]) «das es vß dem grund boßlich were … mitt die stett vnder einanderen verworren, de… luffts wurde». Sobald die Regierung von Basel … erhielt, empfand sie dies «als lesterliche schm… unehrliche Handlung, zudem von Leuten, «d… truw nochburen und truwen eydgnossen soll… befahl «post longam consultationem»[6]) Bu… ihrem Schultheißen in Liestal, den Galgen ohn… hauen zu lassen. Es ist sehr wahrscheinlich, da… eine solche Tat einen definitiven Entscheid in … Frage provozieren wollte. Hug eilte — es … Frühe des 29. Juni geschehen sein[7]) — mit … worunter acht Büchsenschützen, hinauf gegen G… davon einen Schillingknecht und drei Büchsensch… vier, während die übrigen 44 als Wache aufg…

---

[1]) Bern, Staatsarchiv, Teutsch-Missivenbuch T, S. 52… archiv, Grenzakten E 11.

[2]) Basel, Staatsarchiv, Missiven B 1, Bd. 31, S. 45.

[3]) Basel, Vaterl. Bibliothek O 94, S. 4: «Die erectio … Aufrichtung eines Hochgerichts ist das fürnehmste Zeichen eine…

[4]) Gast, Diarium, S. 94, behauptet, daß der Galgen in … liensi» errichtet worden sei; desgleichen auch Basler Chron…

[5]) Bullinger, Reformationsgeschichte III, S. 22.

[6]) Gast, Diarium, Universitäts-Bibliothek.

[7]) Solothurn, Staatsarchiv, Ratsmanual XX, S. 311.

[illegible] **gänzlich zerhieben,** «so dass kein stück über [illegible] **lang bliebe».** **Hierauf** hieß Hug die drei Büchsen-[illegible] **ihre Gewehre entladen,** «damitt man höre, das der [illegible] **nicht heimlich oder nachts,** sondern heitern tags um-[illegible] **und zerhauen worden** sei».[1])

[illegible] **Die Wirkung dieser** Tat auf Solothurn wohl voraus-[illegible], **schickte Basel zugleich** mit dem Befehl, also noch [illegible] Ausführung,[2]) Eilboten nach Bern und Zürich [illegible] und der Mahnung zu getreuem Aufsehen. «Solo-[illegible] **hat,»** lautet das Schreiben an Bern, «ein marchstein [illegible], wildhag zerhowen, damit nit gnūg sin, sonder [illegible] **sy** uns erst in irem bann Gempen, das ouch mittel [illegible] **landgrafschaft** und hochen oberkeyt gelegen, ein [illegible], **daß sy weder** glimpf noch fuog, vffrichten lassen. [illegible] **vns nun** solche trutz vnd hochmūt lenger nit ge-[illegible], **sonder unsere eeren,** nodturfft nach hiegegen zu [illegible], **haben wir das** hochgericht dannen ze thund ver-[illegible]. **Das zeigen** wir üch als unsere liebste fründen an [illegible] **bitt,** ob sich hieundre ettwas witters zūtragen, [illegible] **ein getrüw** vffsechen vff vns haben, vnd so wir üch [illegible] **manen vnd ir** einichen vffbruch zu Solothurn ver-[illegible], **vns allsdann** lut vnnsere geschworne pündthen vnnd [illegible] **treuwlich** zuziehend.»[3])

[illegible] **Solothurn** erregte der Vorgang sogleich die größte [illegible]. «Wir achten söllichs für die höchste schmach [illegible], **so vns** oder vnsere vordre je begegnett.»[4]) Einige

---

[1]) **Nach dem Bericht** Hugs an seine Regierung vom 13. Juli im Basler [illegible], **Grenzakten** E 11. Gast berichtet unrichtig, daß die Basler Re-[illegible] **Hermann Offenburg,** dem Landvogt auf der Farnsburg, befohlen habe, [illegible], und daß dies «sub mediam noctem» geschehen sei.

[2]) **Die Berner** Vermittlungsboten trafen nahezu gleichzeitig mit der ge-[illegible] **Kunde vom** Vorfall in Solothurn ein. Am gleichen Tag schrieb der [illegible] **Hug seiner** Regierung, daß die Berner «vor vnd ee sömliche hand-[illegible] **hand».** Archiv für schweiz. Reformationsgeschichte II, S. 206 [illegible], **Aktensammlung** III, No. 814, vgl. auch unten.

[3]) **Bern, Staatsarchiv,** Basel-Buch T, No. 239. Eidg. Abschiede IV 1[b],

[4]) **Solothurn, Staatsarchiv,** Missiven XVII, S. 621. Der Luzerner Hug, [illegible] **damals nach** Solothurn gekommen war, erzählt, daß «ich nit [illegible] **kon,** dann dass mir bottschafft kommen ist.» Archiv für [illegible] **Reformationsgeschichte** II, S. 206. Strickler, Aktensammlung III,

witterten sogar einen Anschlag dahinter.[1]) No
Tag, Donnerstag den 29. Juni, beschloß die R
die grosse schmach, so minen herren begegnet
unverzüglich wieder aufrichten zu lassen. Zu d
sollte ein Zimmermann, beschützt von 400
neten, hingeschickt, die ganze Macht von 1
geboten werden, «ob si, die Baßler, ützit darzu
das man inen mit gewalt widerstan möge».[2]) Z
der Große Rat auf den folgenden Tag einberu
Zürich und Freiburg um getreues Aufsehen
fünf katholischen Orte wurden vorläufig nicht
nicht den Verdacht aufkommen zu lassen, als
gekartetes Spiel, ein «Anschlag» wäre.[3]) Ei
drohte auszubrechen; ihn zu verhindern, brauch
Vermittlung.

Während Zürich, dem Handel ferner s
Boten und Schreiben die Erledigung dess
nächste Tagsatzung zu verschieben sich bem
Bern sofort die Gefährlichkeit der Lage, schr
Basel und Solothurn «in ansechenn jetziger
nützit gewaltigs fürzenemen»[5]) und ordnete
nach Solothurn und von hier nach Basel ab,
dem Altschultheißen Seb. von Diessbach, dem
Bernhard Tillmann, dem Venner Peter Dittli
Landvogt in Nidau.[6]) Der Rat gab ihnen
mit,[7]) «erstlich die von Solothurn in krafft de
burgrechtenn vermanen vffs allerthürest vnd
nützit gewalltigs fürzenemmen wider die von
sich des rechtenn nach vermög des anlasses
benügen. Deßglichen die von Basell ouch man
parthyen haruß sagen, sich des rechtenn (v

[1]) Archiv für schweiz. Reformationsgeschichte II, S.
[2]) Solothurn, Staatsarchiv, Ratsmanual XX, S. 311.
[3]) Archiv für schweiz. Reformationsgeschichte II, S.
[4]) Bern, Staatsarchiv, Basel-Buch No. 241.
[5]) Bern, Staatsarchiv, Teutsch-Missivenbuch S, S. 5
Basel; S. 663: Schreiben an Solothurn.
[6]) Bern, Staatsarchiv, Ratsmanual, Bd. 230, S. 79.
[7]) Bern, Staatsarchiv, Instruktions-Buch der Stadt
S. 82[b].

[illegible] zu lassen. Dann dweder parthy sich des nit benüge [illegible] gewaltigklich handle, würden min herren dem [illegible] so sich rechtens begeben, darzů helffen vnd bystand [illegible]. So wie die Verhältnisse lagen, war das allerdings [illegible] richtige Instruktion, welche ein ernster und ener[illegible] Vermittler geben konnte.

[illegible] Berner Abordnung gelangte am 29. Juni abends [illegible] Uhr nach Solothurn, fast gleichzeitig mit dem Luzerner [illegible] Hug, der in anderer Mission sich dort einfand. [illegible] Stunde erst vorher war daselbst genaue Nachricht [illegible] den Vorgängen bei Gempen eingetroffen. Die Berner [illegible] begab sich sofort zum Schultheißen Heholt, der [illegible] in «hitziger wyss begegenet, inen sig ein sach wider[illegible] von denen von Basell und das wellen sy rechen oder [illegible] liden ... So nit gůt verstendig lüt gewert, ist wol [illegible], si weren illends in einem sturm vffgebrochen; [illegible] wytter so wissend, das uns (das) von einem guten [illegible] begegnet»; «zůdem der schultheis Heholt geredt, was [illegible] tunn wellent» ... «Der abend ist hitzig verlofen».[1]) [illegible] Frühe des folgenden Tages vor Groß- und Kleinräte [illegible], betonte die Berner Abordnung, daß der Handel ihr [illegible] und da man nicht wisse, wo er landen möge, möchten [illegible] dem höchsten» gebeten haben, «das min herren [illegible] anders mit vßzüge fürnemmen, sich auf die sieben [illegible].[2]) Doch der Große Rat beschloß den Auszug; [illegible] minen herren solch grosse schmach begegnett, syen [illegible] hinab zu züchen»;[3]) ... Die Sieben hätten sich [illegible] den Angelegenheiten Dornachs und nicht mit diesem [illegible] außerhalb ihrer Kompetenz liegenden Fall zu befassen. [illegible] rückte die Berner Abordnung nicht schon zum Be[illegible] groben Geschütz auf; sie suchte mit guten Gründen [illegible] Großen Rat umzustimmen. Man möge doch den Fall [illegible] prüfen; ein «sollichs hochgericht sei villicht ein nöw [illegible] vnd villicht hätten besonder lüt sollichs hinderrucks

[1]) [illegible] Staatsarchiv, Unnütze Papiere, (Die äusserst wichtigen Berichte [illegible] Gesandtschaft enthaltend) Bd. 43, No. 133, Brief von Diessbachs [illegible].

[2]) [illegible] Staatsarchiv, Ratsmanual XX, S. 313.

[3]) [illegible] Staatsarchiv, Ratsmanual XX, S. 315.

der obrigkejt gehandelt». Sie erinnerte d
Solothurn zulieb oft schon still gestanden;
Parteien so nahe verwandt, «das si verh
handlen ze haben». Wenn Solothurn auch me
Fall nicht vor das Forum der Siebnerkomn
so erfordere doch die «nothdurfft, das man aucl
Als alle diese Gründe nicht verfingen, rücl
nung mit der «letzten» Instruktion heraus, d
diejenige Partei unterstütze, welche Recht ar
erböte. Sie machte tiefen Eindruck und w
thurn nicht so leicht verwunden, spricht doch
manual von der «beschwärde, so min herr
instruction vff dem, das sy der parthy, so si
nüge, zustan wöllen, da min herren inen
gestanden vnd ein vffsechen vff si gehept».
verharrte der Große Rat bei seinem Beschlu
Anführer den Schultheißen Hebolt, zum Fähn
und zum Hauptmann des Schützenfähnleins
bein[2]) und verfügte, daß das Geschütz noc
Tag nach Balsthal geschickt, der Auszug de
gegen wegen ungenügender Munitionsausrü
folgenden Tag verschoben werde. Das m
gebot motivierte er damit, daß Basel «iren
panner ouch gethan habe», was unrichtig w
hatte seine Mannschaft noch gar nicht aufge
Abend des gleichen Tages rückten noch zw
geordnete von Bern, vier von Freiburg[3]) und
ein, die alle gern gesehen hätten, Solothurn
gebrochen; «schuffent aber nüt».[4]) Der Ein
Berner-Abordnung von Solothurn, namentlich
handlungen in dem Großen Rat empfing, w
an ihre Regierung, entmutigend. Sie meld
fast truwen vff die V ort, ouch vff die von Er
achten, so es doch nit anders möge sin, ier
für vch luge, was ir zů schaffen habind vnd

[1]) Solothurn, Staatsarchiv, Ratsmanual XX, S. 316.
[2]) Solothurn, Staatsarchiv, Ratsmanual XX, S. 312.
[3]) Nicht drei, wie Funk, Eidg. Abschiede IV I[b], S.
[4]) Basler Chroniken VI, S. 156.

vnd schlösser besetzen vnd vnsers lands hütten; dann wir zwischen thür vnd angell sitzend ».[1]) Glücklicherweise teilte die Berner Regierung die Ansicht ihrer Abgeordneten in Solothurn nicht.

Auch in Basel war die Aufregung groß. Zur gleichen Stunde, als in Solothurn die Vermittler umsonst vor dem Aufbruch warnten, sprach der Zürcher Abgeordnete Steiner, zwar ohne bestimmte Instruktion von seiner Regierung, vor dem Basler Großen Rat zum Frieden. Er konnte sich hier überzeugen, daß man zur Gegenwehr entschlossen war; «mög das recht nicht helfen, so helfe die that».[2]) Man wies Steiner nach Solothurn. Basel hatte übrigens nur für den Fall, daß jenes sich zur Gewalt entschließen werde, Rüstung in Aussicht genommen.[3]) Die Landvögte Doppenstein in Waldenburg, Hemmann Offenburg auf Farnsburg u. a. wurden angewiesen, genaue Kundschaft einzuziehen und umgehend darüber an ihre Regierung zu berichten. Doppenstein schickte den alten Wirt zu Waldenburg, Anton Schumacher, ins Bernbiet hinüber, um genaue Erkundigungen zu erhalten.[4]) Als nun die Nachricht von den Kriegsrüstungen und dem beschlossenen Auszug Solothurns nach Basel kam, traf die Regierung die nötigen Vorkehrungen zur Gegenwehr. Am 1. Juli wurde das Hauptpanner im Rathaus ausgehängt; zweitausend Mann mit zehn Geschützen sollten sich bereit halten, die Mannschaft der Herrschaften Waldenburg, Mönchenstein und Ramstein ihre Orte und Schlösser schützen, die der Ämter Farnsburg und Homburg sich in Liestal sammeln.[5]) Der Schultheiß Hug in Liestal wurde mit dem Oberkommando betraut.

In Bern liefen unterdessen die beunruhigendsten Gerüchte

[1]) Bern, Staatsarchiv, Unnütze Papiere, Bd. 43, No. 133.

[2]) Solothurn, Staatsarchiv, Ratsmanual XX, S. 312.

[3]) Basler Chroniken I, S. 125.

[4]) Basler Staatsarchiv, Grenzakten E. 11.

[5]) Basler Chroniken VI 156. Nach dem Schreiben des Balthasar Hiltbrand und Bernhard Meyer (Basel Staatsarchiv, Grenzakten E 11) wurde für die beiden Ämter Farnsburg und Homburg nicht Liestal, sondern Sissach als Sammelpunkt bezeichnet. Gast (Tagebuch S. 17) und Bonifacius Amerbach (Burckhardt-Biedermann, Bonifacius Amerbach und die Reformation S. 331) bezeichnen den 1. Juli als Tag, an welchem das Hauptbanner ausgehängt wurde.

um. Ein Bote erzählte, daß die L[illegible] Nacht Zofingen überfallen wollten[1]; [illegible] nach der entschiedenen Weigerung B[illegible] ihm zuzuziehen ohne Zweifel auf die Hilfe[illegible] Kantone, die aber ihren Durchpaß durch b[illegible] nehmen mußten. Bern schickte deshalb [illegible] große Gesandtschaft nach Solothurn, beste[illegible] Venner Im Haag, den Ratsherren Jakob Wagn[illegible] Crispinus Frischler, den Großräten Hans Rudo[illegible] Albrecht Kürschner und Hans Rud. von G[illegible] sollte ganz besonders darauf aufmerksam ma[illegible] die V Orte nicht durch sein Gebiet ziehen [illegible] Sie stand am Samstag, den 1. Juli, zugleic[illegible] sandtschaften von Zürich, Freiburg und Biel [illegible] Rate Solothurns.[4]) Dieses forderte bund[illegible] gegen Basel; die Berner erwiderten, daß sie [illegible] beschützen müssen, da jede Stunde zu befü[illegible] sie von den V Orten überfallen werden. S[illegible] zu bedenken, daß es den Durchpaß nicht [illegible] und daß es bereits 8000 Mann aufgebote[illegible] letztere Mitteilung klang wohl wie eine Droh[illegible] Gesandtschaften schlossen sich Bern an. [illegible] mittelbar nach der Anzeige Ulrich Funk nac[illegible] Hans Steiner nach Basel geschickt hatte und [illegible] vom Ernst der Lage wohl unterrichtet wo[illegible] dazu noch Georg Göldli und Hans Bleuler [illegible] abgeordnet[5]) mit der Instruktion, «allen mög[illegible] ernst zu bruchen, damitt nüdt thättlichs zeha[illegible] sondert rechtlich gehandelt möge werden»; [illegible] beiden Städte darauf nicht eingehen, so hat[illegible] Gesandten Befehl, sie kraft der Bünde an ih[illegible] zu nehmen, zu mahnen.[6]) Sie drangen je[illegible]

---

[1]) Bern, Staatsarchiv, Unnütze Papiere Band 43 [illegible] Aktensammlung III No. 853.

[2]) Solothurn, Staatsarchiv, Ratsmanual XX, S. 320.

[3]) Bern, Staatsarchiv, Unnütze Papiere, Bd. 43, N[illegible]

[4]) Solothurn, Staatsarchiv, Ratmanual XX, S. 320 [illegible]

[5]) Eidg. Abschiede IV., I b S. 1065.

[6]) Bern, Staatsarchiv, Unnütze Papiere, No. 131.

[illegible] auf die Notwendigkeit einer genauen Untersuchung. Die Stimmung der Vermittler zeigte sich namentlich in der [illegible] Beurteilung der Tat Basels. Die Freiburger [illegible] sich, daß es «sie genûg schmählich beduncke», die [illegible] hingegen: «Obglich di von Basell gegen minen [illegible] vergriffen, alls villicht beschechen, müsse doch alle [illegible] betrachtet und gericht werden.»[1]) Freiburg versprach, [illegible] Solothurn auf gütlichem Wege nicht erlange, was die [illegible]keit erfordere, «ihm mit lyb vnd gut zuzuziehen.» «Wir [illegible] auch darby landmärwys bericht, das unser eydgnossen [illegible] gerüst syen vnd so sy harvmb ervordret, vns [illegible] werden oder villicht für sich selbs kommen.[2]) Der [illegible] Rat Solothurns bestand hartnäckig auf seinem Beschluß. [illegible] versprach er, bei der Wiederaufrichtung des Galgens [illegible] die Basler anzugreifen, noch in ihr Gebiet einzufallen; [illegible] Wunsche, nach Dornach eine Ratsabordnung zum Zwecke [illegible] Erleichterung der Unterhandlungen mit Basel zu schicken, [illegible] nicht entsprochen.[3]) Groß- und Kleinräte Solothurns [illegible]: «Nachdem min herren nitt willens, mit denen [illegible] Basell zu kriegen, sonders allein ir hochgericht offze-[illegible] vnd zu lûgen, wöllich inen das werren wölle, könne [illegible] möge man nitt so schimpflich abstan vnd wölle man [illegible] in namen gottes vorrücken hüt biß gan Balstall.»[4]) [illegible] war der Absagebrief für Basel aufgesetzt.[5]) Nach [illegible], Gösgen und Bechburg ging der Befehl, gerüstet zu [illegible] am darauffolgenden Montag nach Balstal zu ziehen.[6]) [illegible] an prahlerischen Worten fehlte es nicht, äußerte sich [illegible] ein solothurnischer Abgeordneter: «Wenn auch 7000 [illegible] kommen würden, so wollten sie doch ihren Spruch [illegible] gutheißen, wenn sie dadurch ab ihrem Grund und [illegible] gewiesen werden sollten. Andere sprachen von den [illegible] als von den sundgauischen Pfeffersäcken.[7])

---

[1]) Solothurn, Staatsarchiv, Ratsmanual XX, S. 318, 320 ff.

[2]) Solothurn, Staatsarchiv, Missiven XVII, S. 632.

[3]) Bern, Staatsarchiv, Unnütze Papiere, Bd. 43, No. 129.

[4]) Solothurn, Staatsarchiv, Ratsmanual XX, S. 322.

[5]) Solothurn, Staatsarchiv, Missiven XVII, S. 629.

[6]) Solothurn, Staatsarchiv, Missiven XVII, S. 633.

[7]) [illegible], Diarium, S. 17 und 19.

Die Vermittler wan[illegible]
Basel, um dieses vom Aus[illegible]
bis zum endgültigen Austrag [illegible]
herstellen zu lassen. Unterwegs [illegible]
Gesandten Hans Steiner, der [illegible]
nach Basel zog,[1]) wo sie am Abend [illegible]
so bald wie möglich vor Gro[illegible]
werden; denn es war höchste [illegible]
die Kunde von den Vorgängen [illegible]
des folgenden Tages (2. Juli) den [illegible]
Ein Fähnlein sollte ausziehen und [illegible]
gestanden, besetzt halten.[2]) Es [illegible]
daß ein solcher Schritt zu Tätlichkeiten [illegible]
Auf den folgenden Tag, einen Sonn[illegible]
einberufen; Basel tat «der lenge nach [illegible]
vnd liess etliche brief verlesen»[3]) und [illegible]
ihrem «Anlaß» zu schützen. Die Abgeo[illegible]
ersuchten sie in bewegten Worten [illegible]
«nichts Tätliches fürzenemen» und ihnen [illegible]
Angelegenheit zu überlassen. Die Stim[illegible]
einige Bürger sagten, es sei nicht zu [illegible]
keine Gefahr scheuen.[4]) Die Aufregung [illegible]
erfuhr, daß Solothurn wirklich am [illegible]
ausgezogen war. Hingegen mochte die N[illegible]
größere Teil der Untertanen auf der Landsch[illegible]
zu den Waffen griff, daß sie murrten, es wäre [illegible]
Heuernte, und meinten, man sollte, was [illegible]
halten das beste wäre, die Pensionäre strafen, [illegible]
zur Nachgiebigkeit stimmen.[5]) In der Stadt [illegible]
mann gutwillig».[6]) Die besonneren Elemente [illegible]
wannen die Oberhand. Betreffs des Galgens [illegible]
sich noch bis zum folgenden Tag Bedenkzeit [illegible]
klärte er sich schon jetzt zur Annahme «fründ[illegible]

---

1) Eidg. Abschiede IV, I[b], S. 1065.
2) Gast, Tagebuch, S. 16.
3) Bern, Staatsarchiv, Unnütze Papiere, Bd. 43, No. 132.
4) Gast, Tagebuch, S. 17.
5) Gast, Tagebuch, S. 17.
6) Basler Chroniken I S. 126.

«zum Stillstand» bereit, sofern Solothurn auch nicht weiter «verrücke».[1]) Diese Haltung Basels mußte den Vermittlern ebenso gefallen, als ihnen das zornige Auffahren der Solothurner mißfiel. Die Zürcher Abordnung unterläßt nicht zu bemerken, daß «unser Eidgenossen von Bern nüt Gefallen hand an unser Eidgenossen von Solothurn handlung».[2]) Daß aber der Erfolg der Vermittlung immer noch ganz unsicher war, bezeugt der Umstand, daß die Zürcher Abordnung sich von ihrer Regierung Instruktion erbat, wie sie sich zu den Berner Vermittlungsvorschlägen, namentlich zu deren letzter Instruktion, stelle.[3]) Die Zürcher Regierung hatte schon am Tage vorher Solothurn an seine Bundespflicht, Recht anzunehmen, gemahnt und kategorisch erklärt, daß sie den Rechtbegehrenden unterstützen werde.[4]) Das Vermittlungswerk war im besten Gang, als ein Ereignis es wieder ganz in Frage stellte. Die Solothurner rückten nämlich mit ihrem Geschütz über den Weibelberg ins Thiersteinische. Daß Hebolt oder ein anderer Führer versprochen, nicht weiter zu gehen, ist wahrscheinlich; denn die Gesandtschaften berichteten ihren Regierungen, daß Solothurn am 2. Juli nicht weiter als bis Balstal gehen werde; sicher ist indes, daß der Große Rat Solothurns am Samstag jede bindende Verpflichtung abgewiesen und sich ausdrücklich vorbehalten hatte, so lange in Balstal zu bleiben, als er wolle.[5]) Basel wollte infolgedes auf die Vermittlungsvorschläge gar nicht näher eingehen, sondern drohte, Gewalt mit Gewalt abzutreiben.[6]) Auf die dringenden Bitten der Vermittler, Basel möchte seine Forderungen stellen, bestand es darauf, daß der Galgen nicht

---

[1]) Bern, Staatsarchiv, Unnütze Papiere, Bd. 43, No. 132. Übrigens muß Basel schon vorher Bern gegenüber seine Bereitwilligkeit, die Vermittlung anzunehmen, erklärt haben; denn am gleichen Tag, den 2. Juli, äußerte sich die Berner Regierung gegen zwei solothurnische Abgeordnete: «Dieweil aber die von Basell sich zů güttlicher und rechtlicher erlüterung erboten» u. s. w. Solothurn, Staatsarchiv, Missiven XVII, S. 631.

[2]) Eidg. Abschiede IV, I[b], S. 1066.

[3]) Eidg. Abschiede IV, I[b], S. 1066.

[4]) H. Bullinger, Reformationsgeschichte III, S. 227. Über die Pflicht Solothurns, Recht anzunehmen, vgl. Eidg. Abschiede III, I. S. 701.

[5]) Solothurn, Staatsarchiv, Ratmanual XX, S. 323.

[6]) Eidg. Abschiede IV, I[b], S. 1066.

wieder aufgerichtet werde, da [illegible]
es hätte zur Beseitigung desselben [illegible]
Berner Abordnung war über das [illegible]
so erzürnt, daß sie bereits Basel die [illegible]
stellte für den Fall, daß jene es wagen [illegible]
das Hochgericht wieder aufzurichten. [illegible]
Eydtgnossen vnd Mitburger von Solothurn
Regierung Berns an ihre Boten, «über ir zu
fall, des wir vns dheins wegs versechen, ve
von großen nöten zu sin bedunckent, [illegible]
der sach handlend... vnd ob sy ob üwer [illegible]
vnd üwer fürgeschlagen mittel nit annemend
sy nochmalen trungentlich vnd höchstens
es öch ze thun gůt beduncket, sy manen by
pundts vnd burgrechts, wo öch aber anseche
zu schwigen, setzen wir öch heim, darum z
gedenkend, das best syn».[2]) Schon am Tag
Zürich nach Bern geschrieben, daß es seine
vorschlägen zustimme und daß es 1000 Ma
und am Sonntag Mittag damit abmarschiert
zwischen ze ziehen vnd dem rechtbegehrend
helffen vnd bystand zu thun».[3])

Die Schiedleute eilten von Basel über
Thierstein, wohin die Solothurner bereits gezo
Hier trafen sie auch wirklich solothurnisches
kleine Stück und drei Hackenbüchsen, aber
Zahl Kriegsleute. Auf die Frage der Ver
noch weiter ziehen wollten, gaben sie keinen a
als sie müßten dafür noch den Befehl ihre
warten. Daraufhin setzten die Vermittler ihr
überschritten den Weibelberg «der fast höch
reichten aber erst nach Einbruch der Dunk

«Um mitternacht ein ur sind wir (Berner
bericht worden von den Boten von Zürich,

---

[1]) Basel, Staatsarchiv, Grenzakten E. 11 v. 3. Juli 1
[2]) Bern, Staatsarchiv, Teutsch-Missivenbuch S, S. 58
[3]) Bern, Staatsarchiv, Teutsch-Missivenbuch S, S. 58
[4]) Bern, Staatsarchiv, Unnütze Papiere, Bd. 43, No
Berner Abordnung v. 4. Juli 6 Uhr abends.

ren vf sigent; wir sind sehr erschrokken; dann wir esorgt, es werde die von Solothurn verdriessen, als schechen.» Die Schiedleute von Zürich, Bern, Schaff- Freiburg, Mülhausen und Biel traten zur Beratung en; um drei Uhr morgens weckten sie die Solothurner zählten ihnen, was sie in Basel verrichtet hätten.[1]) d sie unterhandelten, stellten Schultheiß Hug von samt dem Venner von Meggen, ferner Ammann Jost cker von Zug das Begehren, «nach iren herren be- i der fründtlichkeit mit vnß zu handeln. Söllichs hand t wohl könne abschlachen und hand si zugelossen.» annen denn schon vor Tagesanbruch des 4. Juli in die Unterhandlungen der Schiedleute mit den Solo- i und dauerten ohne Unterbrechung bis zum Abend Vir sind darüber ziemlich genau unterrichtet.[2]) Auf teilung der Schiedleute, daß Basel stillstehen und n oder rechtlichen Spruch annehmen wolle, erklärten thurnischen Räte, wenn nichts anderes vorgeschlagen wollten sie mit Gewalt das Niedergeworfene wieder en. Die Gesandten gaben ihnen nach neuer ein- er Beratung zu bedenken, daß Basel sich nicht minder agen habe als Solothurn, da dieses den Galgen wäh- es hängenden Rechts aufgerichtet, einen Marchstein aben und eine Hecke zerhauen habe. Sie schlagen f den Platz der alten March einen Stein zu legen, ke wieder herzustellen, aber das Hochgericht nicht aufzurichten. Solothurn wies das «glatt» ab; der müsse aufgerichtet werden, bevor man aus dem Felde irs andere hingegen zeigte es Entgegenkommen; der richte wegen bot es Recht auf die Bünde. Nach Zeit brachten die Vermittler den Vorschlag, das richt wieder erstellen zu lassen, aber mit den Wappen ei oder vier Orten, worauf dann die Untersuchung chen beförderlichst begonnen werden sollte, damit ie, in wessen Gebiet das Hochgericht stehe. Solo- ier bestand auf der Wiederaufrichtung desselben ohne

---

[1]) ern, Staatsarchiv, Unnütze Papiere, Bd. 43, No. 137.

[2]) olothurn, Staatsarchiv, Abschiede Bd. 18. Bern, Staatsarchiv, Un- iere, Bd. 43.

Zeichen oder Wappen. Während der Unterhandlungen trafen auch noch die Boten von Uri, Schwyz und Unterwalden ein,[1]) was die Zahl der eidgenössischen Orte beinahe vollständig machte, so daß sie wohl imstande waren, einen für beide Teile bindenden Spruch zu fällen; denn sowohl Solothurn als Basel waren durch den Bundesbrief zur Annahme eines eidgenössichen Rechtsspruches verpflichtet. Als Solothurn noch während der Unterhandlungen erfuhr, daß Zürich bereits bewaffnet ausgezogen sei, um, laut der auf die Klage der Basler ausgefertigten Missive, dem Rechtbegehrenden zu helfen, empfing es darüber «hoch beduren», hätte nicht erwartet, «daß sie so hinterrücks der räten handeln würden»; Zürich könnte wohl nicht mehr Mittler sein. Nach dem Imbiß wurde der Handel den solothurnischen Räten, Bürgern, Ammännern und Rottmeistern in Balstal zur Entscheidung vorgelegt. Die Beratung führte zu dem Beschluß, den Schiedleuten zu gestatten, das Hochgericht in deren Namen und mit deren Schildern, jedoch unter Vorbehalt aller Rechte aufzurichten. Hingegen sollte der ausgerissene Marchstein wieder eingesetzt und die in die Bäume eingehauenen «lochen» ausgehauen werden. Für das Substantielle des Streites, die hohe Gerichtsbarkeit und «Herrlichkeit» in der Herrschaft Dornach «darus diser spann am allermeisten erwachsen», wurde ein Schiedsgericht in Aussicht genommen, wobei als erste Instanz das bisherige, bestehend aus je zwei Zusätzen der Streitenden und drei von Bern vorgesehen war.[2]) Solothurn hatte damit erreicht, was es gewollt, wenn auch der Galgen nicht in seinem, sondern im Namen der vermittelnden Orte aufgerichtet werden sollte.[3]) Noch am gleichen

[1]) Der Chronist Konrad Schnitt, Basler Chroniken VI, S. 157, nennt auch noch St. Gallen und Konstanz als vermittelnde Orte; diese sind jedoch so wenig erschienen, als Straßburg und der Bischof von Basel, die beide auch um Hilfe angegangen wurden, ersteres von Basel, letzterer von beiden; immerhin scheinen Boten von St. Gallen und Konstanz nach Basel gekommen zu sein, da die Wochenausgabenbücher unter den mit Schenkwein bedachten auch diese beiden Orte neben den andern nennen.

[2]) Abgedruckt bei Bullinger, Reformationsgeschichte III, S. 23—25; Kopie in Basel, Staatsarchiv, Grenzakten E 11, vgl. Basler Chroniken VI, S. 157.

[3]) Unrichtig berichtet hierüber Franz Haffner, Kleiner Solothurner Schawplatz II, S. 411ᵇ, ganz nach Anton Haffner, Chronika, S. 82, daß der Galgen im Namen Solothurns wieder aufgerichtet werden sollte.

Abend berichtete der Waldenburger Landvogt Doppenstein seiner Regierung, daß der Streit geschlichtet sei, und daß die Solothurner am folgenden Tage heimziehen werden.[1]) Feindseligkeiten waren keine vorgekommen; Doppenstein erwähnt bloß eines Besuchs, den einige Baselbieter auf einer benachbarten, damals gerade unbewohnten Alp gemacht, dort ein Pfund aus einer Butterballe herausgeschnitten und genommen, dafür aber acht Rappen hineingesteckt und zurückgelassen hätten.[2]) Immerhin galt es jetzt, die Zustimmung Basels zum Balstaler Vertrag zu erhalten, was um so schwieriger schien, als dieser Ort ganz bestimmt erklärt hatte, sich einer Wiederaufrichtung des Galgens mit Gewalt widersetzen zu wollen. Mußte es nicht selbst den Vermittlern als schweres Unrecht vorkommen, daß Basel, das sich doch zuerst Rechtens erboten und dessen militärische Vorkehrungen nur defensiven Charakter gehabt hatten, nun den kürzern ziehen sollte? Mußte es nicht den Anschein haben, als ob sich die Vermittler durch die Machtentfaltung und die drohende Haltung der Solothurner allzusehr hätten imponieren, und daß sie sich allzuweitgehende Zugeständnisse hätten abtrotzen lassen? Eine solche Stimmung scheint uns aus dem Schreiben der VIII Orte zu sprechen, welches sie, versehen mit dem Siegel des Landvogts Bachmann von Zug an diesem 4. Juli von Balstal nach Basel schickten[3]): «Vnd ist deshalb an üch alls an vnser gueter getrüwe liebe Eidtgenossen vnser hochgeflissen pitt, ir wöllent als die *verstendigen* ermessen, wo söllicher zwietracht nit rechtlich oder gütlich zerlegt söllte werden, was üch, vnns vnd gmeiner loblicher Eidtgnosschaft daruß erwachsen wird.»

Wie vorauszusehen, verursachten die Eröffnungen der Vermittlungsboten — bloß bernische und zürcherische führten das Wort[4]) — im Basler Großen Rat einen wahren Sturm der Entrüstung. Die Gesandten mahnten zwar eindringlich zum Nachgeben; man werde dafür sorgen, daß sie, wie Gast

[1]) Basel, Staatsarchiv, Grenzakten E 11.
[2]) Basel, Staatsarchiv, Grenzakten E, 11.
[3]) Basel, Staatsarchiv, Grenzakten E, 11.
[4]) Burckhardt-Biedermann, Bonifacius Amerbach und die Reformation,

erklärte er, lieber dem Bündnis mit Soloth
als den Galgen wieder aufgerichtet sehen zu
die Gesandten mahnten eindringlicher und
Schrecknissen eines Bürgerkriegs; umsonst;
sie kraft des Bundesbriefs, daß es Recht
konnte Basel, das immer mit peinlicher Sorg
Erfüllung seiner Bundespflichten wachte, ni
stehen. «Dieweil wir verstunden, das sy das
gericht wider vffrichten und setzen wellten,
geschechen vnd dem gewallt sinen fürschrit
werde es nicht beseitigen, hätte aber etwas
und wolle keinen Tag mehr besuchen, bevor
lich oder rechtlich erledigt sei.[4]) Den Untert
gebieten, das Hochgericht, wenn es wieder
stehen zu lassen und nicht umzubauen, da
VII Orte dort stehe. In der Bürgerschaft
eine nicht geringe Erbitterung gegen die V
ders gegen die Berner und Zürcher, die von
als falsch, lügenhaft und bundbrüchig bez
Einige ließen sich sogar vernehmen, es w
schweizerische Bündnis fahren zu lassen und
zurückzukehren. Andere aber und dazu ge
Mehrheit bedauerte den Vorfall. «Verhüte
Tyrann (Kaiser) über uns herrsche,» ruft
Tagebuch aus.[6]) Noch andere äußerten, e

---

[1]) Basel, Universitäts-Bibliothek, Gast, Diarium, S.

[2]) Gast, Tagebuch, S. 18.

[3]) Basler Chroniken VI, S. 158.

[4]) Basel, Staatsarchiv, Missiven. Blatt 29[b], 31[a].

[5]) Eidg. Abschiede IV, 1[b], S. 1068.

[6]) Gast, Tagebuch, S. 19.

Seiten durch voreiliges, überrasches Handeln gefehlt worden; die Basler trügen der Briefe und Verträge, auf denen als auf ihrem Rechte sie doch so fest fußten, nicht genaue gehörige Rechnung; die Solothurner ständen doch auch wohl in einigem Rechte in der Sache.[1]) Basel mußte den Handel um so schmerzlicher empfinden, als seinerzeit die Herrschaft Dornach ihm zum Kauf angetragen worden, und erst auf seinen Abschlag hin von Solothurn und zwar mit Basler Geld, das dieser Ort damals noch schuldete, erstanden worden war.[2]) Am 7. Juli genehmigte auch der Große Rat von Solothurn unter dem Vorbehalt, daß die Schiedleute selbst für Wiederherstellung von Galgen, Marchsteinen, Wildhag etc. sorgen sollten, den Balstaler Vergleich.[3])

Damit war nun der Sturm beschworen. Jetzt galt es, den Balstaler Vertrag auszuführen. Zur Aufrichtung des Galgens erhielten die Vermittler keine Zimmerleute. Wohl traf beim Schultheißen Gebhard zu Liestal am Samstag, den 8. Juli, ein Mann ein und bat ihn um einen Führer nach Gempen, doch jener, weil dazu keinen Befehl habend, weigerte sich dessen. Am Sonntag darauf erschien der bernische Landvogt von Bipp mit zwei Zimmerleuten und ersuchte Gebhardt um einen Führer; als auch ihm das abgeschlagen wurde, gab er zu verstehen, daß er vor dem Liestalertor einen Bauern als Führer dingen werde. So wurde denn der Galgen wieder aufgerichtet.[4]) Auch Marchstein, Lochen und Wildhag betreffend wurde die frühere Ordnung durch die Schiedleute, das ist Bern, wieder hergestellt.[5])

Bei den Eidgenossen, namentlich bei den neugläubigen, wog die Ansicht ob, daß Solothurn in «hängender Sache» gehandelt, daß es mithin als Friedensstörer angesehen werden müsse. Das mochte es wohl selbst fühlen; deshalb glaubte es sich auf der Tagsatzung darüber ausführlich rechtfertigen

---

[1]) Gast, Tagebuch, S. 18.

[2]) Solothurner Wochenblatt 1821, S. 251 ff.

[3]) Solothurn, Staatsarchiv, Ratsmanual XX, S. 334 und 342.

[4]) Basel, Staatsarchiv, Grenzakten E 11, zwei Schreiben Gebhards vom 10. und 13. Juli.

[5]) Nach einem Schreiben Berns an Basel von 31. Juli. Basel, Staatsarchiv, Grenzakten E 11.

zu müssen.[1]) Es suchte zu beweisen, daß
auf welchen sich die sieben Schiedsrichter
geeinigt, den aber die Regierung Soloth
nommen, lediglich die Marchen, aber nicht d
barkeit betreffe. Auch das Aufrichten des
Gempen könne keinen provokatorischen C
haben, weil der Vogt in Dornach auf B
gierung nur die altershalb zerfallenen Hoc
habe; Basel habe dasjenige in Gempen «
ane alle vorverkündung umbauen lassen ».
einige Wildhäge zerhauen lassen, weil si
Waldenburg an Orten errichtet, «so in sp
min herren verhoffen inen gehörig sin ».
Basler «hinderrucks minen herren etlich bö
Eine Verhandlung darüber konnte nicht sta
Balstaler Vertrag ein anderes Forum für dies
vorsah und Basel an der Tagsatzung gar
war. Die gleiche Rechtfertigung brachte üb
auch vor dem Kleinen Rate zu Bern an.[2])
sich, Basel und Solothurn auf den 16. Juli
nach Liestal anzusetzen.[3]) Das Schiedsge
zusammen aus den Ratsherren Konrad Wil
Fischer und Hans Pastor, alle von Bern,
Hölstein, Heinrich Wirz von Gelterkinden,
von Kestenholz und Hans Fischthür von Ol
vom gegnerischen Ort gewählt.[4]) Als Ver
schienen: der Bürgermeister Adelberg M
Meyer, Hans Bratteler, Theodor Brand
schreiber Heinrich Rhyner, dem Landvogt
burg auf Farnsburg, dem Landvogt Doppens
burg und dem Schultheißen Hug von Liest
Solothurns: der Schultheiß Peter Hebolt,
Hans Stölli, Hans Hügi, Niklaus von Weng
der Stadtschreiber Hans Hertwig.[5]) Obgle

---

[1]) Eid. Abschiede IV, I^b, S. 1083.

[2]) Bern. Staatsarchiv, Ratsmanual. Bd. 229, S. 23

[3]) Schon am 9. Juli. Bern, Staatsarchiv, Teutsch-Mi

[4]) Basler Chronik VI, S. 159.

[5]) Basel, Staatsarchiv, Städtische Urkunden, No. 2

nicht am Schluß seines eingehenden am 27. Juli 1531 in den gefällten Spruchs ausdrücklich betont, daß es sich «vff mals» der Landgrafschaftsrechte und hohen Gerichte belade», so mußte es doch bei der Festsetzung der Grenzscheiden darauf zu sprechen kommen. Für die Herrschaft Gilgenberg berief sich Solothurn auf die Kaufverträge 1475, 1492 und 1527; laut letzterem hatte es die Herrschaft Gilgenberg mit hohen und niedern Gerichten von Imer von Gilgenberg gekauft. Basel wies indes nach, daß es vor hundert Jahren einen Übeltäter in Nunningen gerichtet und daß Imer von Gilgenberg nicht das Recht hatte, die Herrschaft mit den hohen Gerichten zu verkaufen, da ihm diese nicht gehörten. Gestützt darauf und auf den Kaufbrief vom Jahr 1400 speziell auf dessen Stelle «so viel wir von rechtswegen zu lechen handt» bezeichnete die Urkunde das Hochgericht im Amt Gilgenberg als Basel zugehörig.

Da dieser Vertrag hauptsächlich die Grenz- oder Marchregierung betraf, wurde er auch angenommen. Für die eigentliche Streitfrage, die landgräflichen Rechte im solothurnischen Teil des Sisgau betreffend, trat das Schiedsgericht am 15. August 1531 in Aarau zusammen. Hier einigte man sich auf folgende Punkte: 1. Basel soll mit Rüchsicht auf den Frieden der Eidgenossenschaft und die althergebrachte Freundschaft der beiden Städte auf die Oberherrlichkeit für immer verzichten. 2. Da seit langer Zeit Leute aus dem Solothurner Gebiet durch Basel zu Landtagen berufen worden, so sollen auch ferner beiderseits zur Fertigung des Rechtens, lediglich um guter Nachbarschaft willen, rechtsverständige Leute berufen werden. 3. Der Galgen zu Gempen soll beseitigt werden, jedoch ohne Beeinträchtigung der Rechte Solothurns. 4. Die Kosten werden gegenseitig wettgeschlagen. 5. Bei Nichtannahme des Vertrags darf dieser nachher nicht etwa als Basis zu weiteren Unterhandlungen benützt werden.

Artikel 3 verstand Basel so, daß in Twing und Bann Gempen Übeltäter wohl ergriffen, aber weder mit Feuer noch mit Schwert, Rad oder Strick gerichtet werden durften.[1]) Doch Solothurn wolite den Aarauer Vertrag nicht annehmen.[2])

[1]) Eidg. Abschiede IV 1ᵇ, S. 1108. Basel, Staatsarchiv, Grenzakten E 11.

[2]) Bern, Staatsarchiv, Basel-Buch T, S. 251. Teutsch-Missivenbuch T,

Im Schreiben vom 14. September an Bern motivierte Antwort durch drei Forderungen, daß ihm gestattet in Gempen mit Feuer, Schwert und Rad zu richten; Nuglar im Vertrag inbegriffen sei; daß Basel vom Verzicht auf Dornach rede, sonst «möchte man derglichen als ob inen das fuog vnd rechte zugestanden».[1]) A tober 1531 erschienen Willading und Pastor zum zw vor dem Großen Rate Solothurns und baten um A umsonst; der Aarauer Vertrag spreche bloß vom Verzic auf ein Dorf, während dieses doch Anspruch auf viel die Schiedleute möchten deshalb aufs neue zusamme

Unterdessen war der Galgen wieder umgehauen und zwar von einem Knecht jener Gegend,[2]) den S einsperren und foltern ließ. «So sind wir gloublich schreibt darüber Bern nach Basel, «das sy (die Solothur so das hochgricht vmbgstossen, pinlich gefragt vnd ab nit megen vßbringen, das er solichs vs euer geheiss ge sonders von im selbs, alls er des viechs daselbst gel gesächen, das das hochgericht zum theyll abgehowe sorgnis, das es, wann das vich sich doran ribe, vmb schaden thun würde, hab er's vmbgstossen, vnd vf vnsern eydtgnossen von Solothurn des armen r halb trungenlich geschrieben mit pitt vnd begär best zu thund vnd nit zu streng zu sin, sonders straff, die er gelitten, ein benügen zu haben.[6]) die Angelegenheit den Winter 1531/32 über geruh sie im Frühling 1532 von Basel wieder angetriebe jedoch erst im Dezember gleichen Jahres zum d Abschluß. Tagelang wurde beraten und gestritten Formsachen. Am 5. Dezember schrieb der Berner seiner Regierung:[7]) «Drei oder vier Tage haben

---

1) Bern, Staatsarchiv, Basel-Buch T, S. 249.
2) Bern, Staatsarchiv, Unnütze Papiere, Bd. 43, No. 136.
3) Solothurn, Staatsarchiv, Ratsmanual XX, S. 385, 422, 42
4) Strickler, Aktensammlung IV, No. 1539, 1556
5) Bern, Staatsarchiv, Teutsch-Missivenbuch T, S. 428.
6) Bern, Staatsarchiv, Basel-Buch T, S. 257, 261.
7) Bern, Staatsarchiv, Teutsch-Missivenbuch T, S. 727 f. Eidg IV Ib, S. 1445, 1446.

beraten, ohne etwas uszurichten; doch ist der Arower Vertrag bis an Gempen angenommen.»

Bern machte die Streitenden aufmerksam, daß «rechtlicher Gang (Prozeß) zwiffelhafft; denn niemandt wissen mag, uff wellich sytten es vallen wird» und schlägt vor, daß Solothurn in Gempen unter Beseitigung des Galgens wohl mit dem Schwert, aber nie mit Feuer, Rad oder Strick richten dürfe. Das wurde schließlich von Solothurn und Basel angenommen. Der Vertrag trägt das Datum vom 13. Dezember 1532.[1]) Der Galgen mußte schwinden. Die Basler behielten darin Recht gegen die Solothurner, so daß Gast[2]) in die Worte ausbricht: Jetzt ist ihr (der Solothurner) Ruhm in Rauch aufgegangen! Und der Chronist Ryff schreibt:[3]) «Hiermit gwunnen mine herren von Basel für iren theil gnugsamlich und me dann sy begert hatten, und verluren die von Sollenthurn die hoch herlickeit, doruff sy vil gesetzt hatten zu gewinnen.» Das Gegenteil ist wahr. Behielt Basel auch formell Recht, materiell ist es unterlegen. Solothurn hat ihm damals die hohe Herrlichkeit über die Nordostecke seines Kantons abgetrotzt. Mit dem Geld, das der militärische Auszug erforderte, hätte es wohl in gütlichem Vergleich die Rechtsansprüche Basels loskaufen und sich dadurch das Odium einer übereilten und unbrüderlichen Handlung ersparen können. Aber auch Basel trifft der Vorwurf allzuraschen Vorgehens, welchen es durch den Verzicht auf die Oberherrlichkeit kompensiert hat. Seiner Nachgiebigkeit und der kräftigen Vermittlung Berns und anderer Orte ist es zu danken, daß der Galgenkrieg, dieses Produkt feudaler Mißverhältnisse und einer aufgeregten Zeit, einen unblutigen Verlauf genommen hat.[4])

---

[1]) Basel, Staatsarchiv, Städtische Urkunden, No. 2974.

[2]) Gast, Tagebuch, S. 26.

[3]) Basler Chroniken I, S. 130.

[4]) Bruckner, Merkwürdigkeiten, S. 1881. Solothurner Wochenblatt 1814, S. 45: Einzig in Nunningen behielt Basel noch einen Rest der alten Herrlichkeit oder hohen Gerichtsbarkeit, der 1685 mit der niedern Gerichtsbarkeit zu Oltingen vertauscht wurde.

Basler Baumeister des XV. Jahrhu

Von

Karl Stehlin.

Über die Lebensumstände der Baumeister
der höchst betriebsamen Periode des ausgehei
alters in Basel tätig waren, ist bis jetzt etwas e
Zusammenhängendes noch nicht veröffentlicht wor
biographische Notizen sind aber gerade im Facl
kunst von besonderem Interesse, weil im Mitt
Art des Baubetriebes stattfand, welche weder i
noch in der Neuzeit ein Gegenstück hat. Das
mäßig rauhe Gewerbe der ausführenden Han
nicht getrennt von dem Berufe des auf dem
Zirkel und Feder projektierenden Architekten.
Leute im Schurzfell und im Staube der Stei
stätte, welche mit ihren schwieligen Händen d
zu jenen, architektonisch zum Teil auf der hö
stehenden Bauten zeichneten. Wenn diese Ers
allgemeinen eine bekannte Tatsache ist, so fehl
außerordentlich viel, daß sie auch im konkret
die einzelnen in Betracht kommenden Individu
wiesen wäre, und wir glauben daher nichts ga
zu tun, wenn wir das, was an biographischen
über die Urheber unserer mittelalterlichen Ba
halten geblieben ist, zusammenzutragen suchen.

Die nachfolgenden Notizen waren bestim
Text der Festschrift zum 400sten Jahrestag
Bundes zwischen Basel und der Eidgenossen e
zu werden. Da jedoch der Abschnitt über Ba

... der letzte der Festschrift war und die andern ... die ihnen zugewiesene Bogenzahl zum Teil überitten hatten, mußte der Text gekürzt werden und es ... nur die allergedrängtesten biographischen Angaben in Aufnahme finden. Aus letzterem Umstande erklärt sich, daß in den heutigen Mitteilungen zum Teil Dinge ...holt werden, welche in kürzerer Fassung bereits in Festschrift von 1901 gedruckt sind.[1])

Jakob Sarbach.

Jakob Sarbach, genannt Labahürlin (er wird bald mit ... einen, bald mit dem andern Familiennamen, mitunter ... auch mit beiden zugleich bezeichnet), entstammte einem ...schlechte, welches schon in den 1420er Jahren in Klein... ansäßig war und in welchem das Bauhandwerk sich ... Vater auf Sohn vererbt zu haben scheint. Das erste ...kannte Glied der Familie (ein Labahürlin ohne An... des Vornamens) wird im Steuerbuche von 1429 ge... und versteuert ein mäßiges, aber nicht ganz un...endes Vermögen zwischen 150 und 300 Gulden.[2]) Ein ... Hans Sarbach tritt 1437 in die Spinnwetternzunft ... vielleicht derselbe, welcher erst einige Jahre später ... zugleich mit einem Maurer *Götz* Labahürlin unter den ...genommenen Bürgern aufgeführt wird.[4]) *Antoni* Laben... erneuert 1459 das Zunftrecht zu Spinnwettern, ... tritt als Sohn eines Zunftbruders in die Zunft ein.[5]) ... Anlasse erscheint 1460 zum erstenmale der ... vornehmlich interessierende *Jakob* Labenhürlin,[6]) ... bezeichnet er sich bei seiner Zunftaufnahme gleich... Maurer, während er später eben so oft Steinmetz ... wird.

1) Festschrift zum vierhundertsten Jahrestage des ewigen Bundes zwischen ... Eidgenossen. 13. Juli 1901. S. 312.
2) ...berg, Finanzverh. der Stadt Basel, S. 542.
3) ...buch der Spinnwetternzunft.
4) ... Buch, 403.
5) ...buch der Spinnwetternzunft.

Jakob Sarbach ist der Erbauer
Durch welche Leistungen er sich
Berufsübung derart hervorgetan hat
deutende Aufgabe anvertraut wurde,
Kenntnis; genug, die vom Rate
dingte das Werk an den noch jungen
von 100 Gulden, und er führte es bis
Dabei scheint er sich allerdings in der Üb
etwas verrechnet zu haben; auf seine Bitte w
ein Zuschuß von 17 fl 5 β gewährt.[2]) Im übr
er sich die Zufriedenheit seiner Auftragge
haben; denn bei der nächsten größeren stä
dem Vortor des Spalentors, ist wieder er
Baumeister erscheint.[3])

Im Steuerbuche von 1475 figuriert Sarl
wohlhabenderen Einwohnern mit einem V
400 Gulden.[4]) In der folgenden Zeit muß er
Ankaufen und Umbauen von Häusern als Gew
haben. So erwarb er z. B. 1477 vom Rate
von drei eingestürzten Häusern an der lin
Spalenbergs, ungefähr gegenüber der Einmünd
bergs. Im Laufe der Jahre finden wir ihn,
uns zu Gebote stehenden unvollständigen N
Eigentümer von mehr als einem Dutzend L

Für die Stadt scheint er in der Folge bl
eine Baute ausgeführt zu haben. Im Kaufha
geraume Zeit vor der Einrichtung des obrigk
wechsels (im 16. Jahrhundert) eine von Pri
Wechselbank bestand, ließ der Rat im Jahre
ein gewölbtes Gemach für diesen Geschäftsbe
Es waren ohne Zweifel die beiden Gewölb

---

[1]) Wochenausgaben 1468; 23 Posten. Fronfastenrech
garie. Jahrrechnung 1467/68.

[2]) Wochenausgaben 1468. Sub. p. exalt. S. Crucis. Jal
Vgl. Offnungsbuch IV, S. 103 b).

[3]) Wochenausgaben 1473: 7 Posten. 1474: 4 Poste
nung 1473, 4., 1. und 2. Angarie; 1474, 4. und 1. Anga

[4]) Schönberg, Finanzverh. der Stadt Basel, S. 770.

[5]) Historisches Grundbuch, Staatsarchiv.

ıoß rechts an der Freienstraße, welche bis zum Bau des ıauses im 19. Jahrhundert existierten. Die Ratsrechen verzeichnen die Zahlung von 50 ℔, um welche das k verdingt worden war.[1]) Im übrigen besitzen wir keine richten mehr von Sarbachs Bautätigkeit im nächsten zehnt; wohl nur deshalb, weil in öffentlichen Bauten s wichtigeres unternommen wurde, während über die ıten in der Regel überhaupt keine Aufzeichnungen voren sind.

Über einen heftigen Injurienprozeß, den Sarbach 1486 dem Organisten Anthoni Sömlin hatte, fehlen leider im chtsprotokoll die Einzelheiten, welche in ähnlichen Fällen . selten interessante Charakterzüge der handelnden Pern enthüllen. Den ausgesprochenen Bußen nach zu eßen, wurde der Steinmetzmeister als der schuldigere erfunden: er wird zum siebenfachen Strafgeld (sieben ı Unrecht) verfällt, während der Organist mit dem dreien (drei schlechte Frieden) davon kommt.[2])

Im Jahre 1488 treffen wir Sarbach als Mitglied des ergerichts über der Stadt Bau, ein Amt, das übrigens Mehrzahl der zünftigen Baumeister zeitweilig versehen n.[3]) Innerhalb seiner Zunft dagegen scheint er nicht onderlichem Ansehen gelangt zu sein. Vielleicht lag der ıd hiervon in einer Rivalität zwischen ihm und seinem rscheinlich jüngern) Berufsgenossen Ruman Fäsch; denn end der letztere rasch die Staffel der Zunftämter ermt, wird Sarbachs Name, soviel wir wissen, in solcher nschaft nie genannt. Daß er trotzdem im Jahre 1490 en Rat der Stadt gelangt, steht mit dem Gesagten nicht Widerspruch; denn er tritt nicht etwa als *Zunftmeister* t Wahl der Zunftgenossen in die oberste Behörde, sonı wird als *Ratsherr* durch das bischöfliche Kiesergium in dieselbe delegiert.[4])

Lange konnte er indessen diese Würde nicht mehr beden. Schon im Jahre 1492 ereilte ihn der Tod. Seine

[1]) Wochenausgaben 1480, 2 Posten. Jahrrechnung 1480/81.
[2]) Urteilsbuch 1486. Sub. a. convers., Jov. a. Palmar., Lune p. quasi.
[3]) Basler Jahrbuch 1884, S. 173.
[4]) Öffnungsbuch VII, 1.

Witwe übernahm sein Ge[illegible]
handenen Liegenschaften, dem [illegible]
Erfolg.[1]) Von Nachkommen [illegible]
genannt;[2]) Söhne scheint er [illegible]

Ruman Fäsch.

Der Familienname des nachmaligen [illegible]meisters wurde zu seiner Zeit meistens [illegible] nicht selten kommt aber schon damals [illegible] Nachkommen ausschließlich gebräuchliche [illegible] vor. Sein Vorname lautet, wie der Eintrag [illegible] factorum der Karthaus besagt, eigentlich [illegible] aber gewöhnlich, mit einer sonderbaren [illegible] Romey, Rumey, Rumig, bald und an[illegible] geschrieben. Die bürgerlichen Verhältnisse, [illegible] hervorgegangen ist, haben eine merkwürdige [illegible] denen einer andern Familie, die ebenfalls [illegible] Baumeister geliefert hat, der Familie Jakob [illegible]

Wie die Sarbach erscheinen die Fäsch [illegible] des XV. Jahrhunderts in Basel eingebürgert; [illegible] sie in Kleinbasel ansäßig und gehören in [illegible] kannten Gliedern dem Bauhandwerke an. *He[illegible]* *Burckhard* Fäsch, beide Ziegler von Beruf, [illegible] den 380 Personen genannt, welche 1409 anläßlic[illegible] zuges nach Istein das Bürgerrecht erhalten.[5]) [illegible] ist vermutlich identisch mit dem Burkin Väsch, [illegible] ein bescheidenes Vermögen von 10—15 Gulde[illegible] Ein Maurer *Clewi* (Niclaus) tritt 1438 in die [illegible] zunft[7]) ein, erscheint im Steuerbuch von 1453[illegible] 1475 gestorben sein, da seine Frau sich in di[illegible]

[1]) Handbuch der Spinnwetternzunft.

[2]) Historisches Grundbuch, Staatsarchiv. Reichssteuerbu[illegible] hardskirchspiel, Spalenberg.

[3]) Urteilsbuch 1501. Vig. Palmar.

[4]) Liber Benefactorum Carthusiæ Bas., Mai 21.

[5]) Ochs III, S. 67.

[6]) Schönberg, Finanzverh. der Stadt Basel, S. 549.

[7]) Handbuch der Spinnwetternzunft.

[8]) Schönberg, Finanzverh. der Stadt Basel, S. 686, 75[illegible]

Zunft aufnehmen läßt.[1]) Wahrscheinlich war er der Vater Hanses, welcher von 1476 an auftaucht.[2])

Hanses Eintritt in die Zunft scheint im Zunftbuch nicht notiert worden zu sein; vielleicht deshalb nicht, weil anfänglich eine gewisse Unklarheit darüber bestanden haben mag, ob er oder zunächst die Mutter das Geschäft des Vaters übernahme. Wie seinen Berufsgenossen Jakob Sarbach treffen wir ihn in der Folge im Gerichtsprotokoll häufig als Käufer von Liegenschaften; mehrmals handelt es über solche mit Sarbach selbst.[3])

Die erste Baute, welche wir von ihm kennen, ist das Zunfthaus zum Schlüssel an der Freienstraße; direkt bezeugt ist allerdings bloß, daß er das Hinterhaus des Zunftgebäudes aufführte und 1488 deswegen einen kleinen Span mit dem Schwurerstande auszufechten hatte; allein es ist doch sehr wahrscheinlich, daß auch der unmittelbar vorher (1486) erfolgte vollständige Umbau des Vorderhauses von Fäsch herrührt.[4]) Von dem alten Bestande ist leider wenig Zusammenhängendes mehr erhalten. Den vorhandenen Resten nach zu schließen muß der Bau von 1486 eine eigentümliche Verwandtschaft mit dem 20 Jahre später errichteten Rathause aufgewiesen haben, was vielleicht daraus zu erklären ist, daß beide Bauten auf das Vorbild eines älteren, zu Anfang des 16. Jahrhunderts beseitigten Rathauses zurückgehen. Das Erdgeschoß des Zunfthauses bildete ebenfalls eine mit drei Bogen geöffnete Halle; die Bogen der Hinterfassade sind noch erhalten, während die vorderen im 17. Jahrhundert durch eine Tür und zwei Fenster ersetzt werden sind. Von der im ersten Stock darüber gelegenen Zunftstube existiert nur noch die alte Eingangstür, welche, wie beim Rathaus, in der rechten hinteren Ecke liegt und wahrscheinlich wie dort ehemals durch eine Wendeltreppe zugänglich war. Nach der Straße zu hatte ohne Zweifel auch die Zunftstube ursprünglich eine durchlaufende Fensterflucht mit schmalen

[1]) Handbuch der Spinnwetternzunft.

[2]) Vergabsteuerbuch und Schillingsteuerbuch 1475/81, Klein-Basel, Spalen.

[3]) Historisches Grundbuch, Staatsarchiv.

[4]) Vgl. F. Geering im Basler Jahrbuch 1884, S. 170 ff.

Zwischenstützen; bei der Umbaute von 16 Fenstergestelle von moderner Fasson an gotischen Bestandteilen ist an der Vorderfa der Bogenfries unterhalb des Daches stehen abschließende Zinnenkranz soll zu Beginn hunderts beseitigt worden sein.[1])

Von andern *hiesigen* Bauwerken wüßten Chorgewölbe der Karthaus, welches im Fes behandelt worden ist, bloß noch eines zu ne bau oder durchgreifende Umbau des Enge berg, welchen Mathis Eberler in den 148 nahm, ist höchst wahrscheinlich von Fäsch g wenigstens gibt dieser in einer Zeugenaussa er sei während zwölf Jahren Eberlers Wer und habe ihm über 500 Gulden abverdient.[2] in neuerer Zeit stark verändert worden. Ei täfer in einem Zimmer des zweiten Stoc Zweifel aus Fäschs Zeit her, doch dürfte dieser Schreinerarbeit nur sehr mittelbarer A sowenig sind wir berechtigt, ihm die etw statue mit dem Wappen der Ehegatten Eberle welche noch heute an der Ecke des ersten G denn in wie weit er selbst sich mit der ei hauerei befaßte, darüber wissen wir von ih stimmtes als von unsern andern mittelalterli meistern.

In städtischen Ämtern treffen wir Rumar 1486 als Mitglied des Baugerichts.[3]) 1487 so meister der Stadt ernannt, d. h. mit der Besorg den Bauarbeiten der Obrigkeit betraut worden aber wird er, im Gegensatz zu Jakob Sarbach Stellen bedacht, welche die Spinnwetternzu hat. Zunächst hat er als Hausmeister die Zunfthauses zu besorgen;[5]) dann erscheint er

[1]) Mündliche Mitteilung von Herrn Benedikt Meyer

[2]) Kundschaften 1491, S. 33. Gerichtsarchiv.

[3]) Fünferbrief im Protokoll des Wasseramtes des F

[4]) Basler Jahrbuch 1884, S. 178.

[5]) Rechnungsbuch der Spinnwetternzunft 1490, 17.

sogenannten Sechsern, welche den Vorstand der Zunft bilden;[1]) endlich wird er das Jahr darauf zum Zunftmeister gewählt[2]) und tritt damit, gemäß der damaligen Verfassung, in die oberste Behörde der Stadt, in den Rat ein.

Von 1492 an verschwindet jedoch Fäschs Name aus den Zunft- und Ratsprotokollen, offenbar deshalb, weil der Meister um diese Zeit nach Thann im Elsaß übersiedelte. Er hatte das Jahr vorher, vielleicht sogar schon 1490, einen Auftrag zum Weiterbau des dortigen Münsters übernommen und sollte daselbst ein reiches Feld der Tätigkeit bis an sein Lebensende finden.

Die Nachweisungen über seine Bauten in Thann verdanken wir der Güte des Herrn Gymnasialdirektor Lempfrid in Hagenau, der darüber folgendes mitteilt:

1490. Der Erneuerer der städtischen Finanzverwaltung, Gabriel Surgant der ältere, gewinnt, wahrscheinlich durch Vermittlung seines Bruders, des Klein-Basler Pfarrers an St. Theodor, Dr. Hans Ulrich Surgant, Meister Romey Fäsch für den Fortbau des Thanner Münsters, den er 1491, wenn nicht schon 1490 übernimmt.

1492 vollendet Fäsch das kunstvolle, vielbewunderte Gewölbe des nördlichen Seitenschiffes mit seinem reichen Schmuck an Bildwerken (außer den skulptierten Schlußsteinen 154 Figuren in den Schnitt- und Ausgangspunkten der einzelnen Rippen). Am östlichsten der vier Schlußsteine mit der Darstellung der heiligen Katharina die Jahrzahl 1492 mit dem Fäschischen Steinmetzzeichen.

1493—1495 Ausbau des Strebewerkes des Hauptschiffes und Einwölbung desselben. An der an den Triumphbogen sich anlehnenden Gurte im Scheitel die Zahl 1495 ohne Meisterzeichen. Dafür tragen die kleinen Schilde an den Schnittpunkten der Rippen die Wappen des Obervogts, Vogts, Landschreibers und des Stadtschreibers, sowie der Thanner Bauhütte (Goldener Zirkel in Rot).

1495, 11. November. Vogt, Schaffner und Rat nehmen den ersamen Meister Rumey Vësch von Basel, den Steinmetzen, den wir dahar mit siner Kunst und Wergk in solicher Mass und Wiss getruw und redlich erkant, und ouch dessen an der egenanten Sant Diebolcz-Kilchen an dem Steinwerk des Gewelbs am mitlen Landwerk mit den Strebbugen beidersit an das Lantwerk also ordenlich wolgemacht, fürderlich und

[1]) Rechnungsbuch der Spinnwetternzunft 1490, 16 v.

[2]) Ebenda 1491, 31.

gerecht achten, und [illegible]
Werkmeister Sankt [illegible]
außer Steuerbefreiung [illegible]
gehalt, 32 Schilling für [illegible]
für Arbeitstage aus. [illegible]
zu alten Tann, dem Spital [illegible]
von Oesterrich und der Stat[illegible]

1496—1498 Bau und [illegible]
mit dem Westturm. An der [illegible]
Fäschische Steinmetzzeichen [illegible]
Jahrzahl 1498 (falsch Kraus [illegible]
heiligen Theobald Fäschs Bild [illegible]

1498. In einem Verzeichnis [illegible]
digten Baurisse wird unter anderem [illegible]
so Meister Rumey gemacht halt [illegible]

1505 (auch 1507, 1510) [illegible]
Thanner Steuerlisten (als Steinmetz) [illegible]

1506. Beginn mit dem [illegible]
turm (laut Inschrift).

1507. Werkmeisters Bruder [illegible]
listen erwähnt.

1508. Beginn des Aufsetzens [illegible]

1511. Abschluß der Bautätigkeit [illegible]
thann; Romey gehört an die Wölbung [illegible]
Schiff stehenden Turmes und der [illegible]

1516. Vollendung des Nordturmes [illegible]

1518. Vollendung des Pfründerhauses [illegible]
Hallengasse. (Inschrift: Factum est refugi[illegible]

1519. Vollendung der Schrannenhalle [illegible]
südöstlichen Ecke in viereckiger Umrahmung [illegible]
Steinmetzzeichen mit der Jahrzahl 1519.

1520. Vollendung der an die Sakristei [illegible]
gebauten Schatzkammer, des neuen »Sankt [illegible]
jetzt als Sakristeiraum benutzt. Über dem [illegible]
seite das Fäschische Steinmetzzeichen mit [illegible]

1521. Bau des aus dem Innern des [illegible]
auf dessen Gewölbe führenden Treppentürm[illegible]
gang zur alten Orgel gewährte, die als sogenannt[illegible]
nest gebaut war. Jahrzahl 1521 mit dem F[illegible]
metzzeichen.

Damit schließt die Bautätigkeit Romeys am [illegible]
letzten Bauten sind das verschwundene Tor a[illegible]
bacherseite, gegenüber dem jetzigen Schlachthau[illegible]
er noch an demselben) und die Münze in der [illegible]
Inschrift 1533 mit dem Fäschischen Steinmetz[illegible]

[1]) Kraus, Kunst und Altertum im Oberelsaß, S. 636.

1532 oder spätestens im folgenden Jahre starb Romey und wurde im Münster beigesetzt. Sein Grabstein wurde (mit allen andern Denkmälern bis auf eines), um Raum der Kirche zu schaffen, entfernt. Eine Bleistiftskizze zeigt sein Meisterschild, aber eine kaum zu entziffernde Inschrift, der Zeichner des Lesens unkundig war. Ich lese sie folgendermaßen: «1533 starb Rumey Våsch der Werkmeister Stadt und Sant Diebolds, des Seel Gott gnad».

Eine Zeitlang wurde, wie die wenigen geretteten St. Diebaumeister-Rechnungen ausweisen, sein Jahresgedächtnis gefeiert und aus den Einnahmen des Baues bestritten.

Das in den vorstehenden Mitteilungen wiederholt erwähnte Meisterzeichen ist dasselbe Zeichen, welches die ständige Wappenfigur der Familie Fäsch bildet (ein Standfuß mit zwei Fußstreben und schrägem Querbalken). In größter Dimension findet es sich im Maßwerk am Helm des Martinsturms angebracht, als Gegenstück zum Wappenzeichen des Münsterschaffners Gabriel Surgant (Ankerkreuz mit Widerhaken).[1])

War Fäsch beim Antritt seiner Werkmeisterstelle nach Thann übergesiedelt, so hinderte ihn dies doch nicht, in der Folgezeit während einiger Jahre zugleich auch die Leitung der Münsterfabrik in seiner Vaterstadt zu versehen. Er wird in dieser Eigenschaft zweimal, in den Jahren 1503 und 1506, erwähnt, ohne jedoch deshalb, wie es scheint, dauernd nach Basel zurückgekehrt zu sein. Solche Doppelstellungen waren offenbar damals nichts seltenes; wir finden ähnliches auch in dem Leben des später zu besprechenden Hans Niesenberger. Für Ruman Fäsch handelte es sich vermutlich vorzugsweise darum, die Geschäftsführung seines Sohnes Paul, der am Münster zu Basel nach dem Tode des Hans von Nußdorf als Parlier angestellt wurde, mit seinem Namen und seiner Verantwortlichkeit zu decken.[2])

Später rückte dann dieser Paul Fäsch selbst in die Basler Werkmeisterstelle vor und hatte sie bis zu seinem Tode im Jahre 1524 inne, ohne indessen Gelegenheit zu sehr bedeutenden Bauarbeiten zu erhalten.[3]) Außer ihm hatte

[1]) Wappen Surgant in der Basler Universitätsmatrikel 1482, 1487, [illegible].

[2]) Baugeschichte des Basler Münsters, S. 262.

[3]) Ebenda, S. 263, 264.

Ruman noch einen zweiten Sohn Namer
Bruder Rumans, Werlin Fäsch, war Wagner
als Pfründer der Elendenherberge.[2])

Von allen hiesigen Baumeistern des
ist Fäsch der einzige, dessen Familie sich i
bar fortgepflanzt hat. Sie war in späteren Ja
der angesehensten und reichsten der Stadt
heute in zahlreichen Sprossen.[3])

Hans von Nußdorf.

Über das Anstellungsverhältnis des H
beim Bau des Basler Münsters und die ver
von ihm ausgeführten oder mit Wahrscheinl
schreibenden Bauwerke an der Kathedralkirc
Stelle bereits das Wesentliche mitgeteilt[4])
ist seiner wiederholten, vermutlich beiderseits
mühung um den Bau der St. Leonhardskirc
schrift von 1901 gedacht.[5]) Es erübrigt un
von seinen Lebensschicksalen außerhalb se
tätigkeit nachgewiesen werden kann, im
aufzuführen.

Wie in der Baugeschichte des Basler M
wiesen ist,[6]) wird Hans von Nußdorf mit
Namen zum ersten Mal im Jahre 1475 gen
der gleichzeitigen Beifügung, daß er schon
Münsterbau beschäftigt sei und sich unter
des Vinzenz Ensinger von Konstanz um di
des Martinsturms verdient gemacht habe.
daß er identisch sei mit dem schon im Ja

---

[1]) Urteilsbuch 1524, vig. conc. Mar., 1525 Mont.

[2]) Ebenda 1520, Mittw. n. Exaudi, Mont. n. Mich.,
schreibbüchlein 1520, S. 230. Gerichtsarchiv.

[3]) Paul Fäschs Sohn, Hans Rudolf (1510—1564,
sein Enkel Remigius (1541—1610) und sein Urenkel Hans
waren Bürgermeister von Basel. Gütige Mitteilung
Burckhardt.

[4]) Baugeschichte des Basler Münsters S. 198.

[5]) Festschrift von 1901, S. 342/343 und S. 346.
S. 69 ff., Gerichtsarchiv. Anzeiger f. Schweiz. Altertumsk

[6]) Siehe Note 4 hiervor.

...an Parlier Hans, ist wohl nicht ganz von der Hand zu ...; so gut wie gewiß aber dürfen wir es betrachten, ... der seit dem Jahre 1472 erwähnte Johannes de Con... und Hans von Nußdorf eine und dieselbe Person sind.

Der Doppelname Hans von Konstanz und Hans von ...dorf erlaubt uns einen Schluß auf die Herkunft des ...mes. Von Konstanz heißt er ohne Zweifel deshalb, weil auf Ensingers Veranlassung aus der Münsterbauhütte zu ...nstanz hieher gekommen war. Aber auch der Name von ...ßdorf ist nicht ein vom Vater und Großvater ererbter ...milienname, sondern er bezeichnet den Heimatort des ...s; es findet später, in Angelegenheiten desselben, zwi...hen dem Rate von Basel und den Behörden eines Ortes ...ßdorf ein Briefwechsel statt. Unter den zahlreichen Ort...haften dieses Namens werden wir wohl an diejenige zu ...ken haben, welche nicht weit von Konstanz, nämlich bei ...berlingen am Bodensee liegt. Ist die Annahme richtig, so ...r Hans von Nußdorf ein geborener Schwabe. In der Tat ...heint auch seine Physiognomie, welche an der bekannten ...nsole des Martinsturmes verewigt ist,[1]) den deutlichen ...ypus jenes Stammes zu tragen; den Mund dieses Kopfes ...n man sich kaum etwas anderes als schwäbischen Dialekt ...echend denken.

In den städtischen Akten begegnen wir Nußdorf zuerst ...lich der Steuererhebung der Jahre 1475—1481. Zur ...ckung der Kosten des Burgunderkrieges wurde in diesen ...ren eine doppelte Abgabe bezogen, eine Kopfsteuer und ... Vermögenssteuer. Nußdorfs Name erscheint in allen ...erlisten, aber nur in dem ersten Quartal der Kopfsteuer ...ein Betrag für ihn ausgesetzt, später nicht mehr und für ...e Vermögenssteuer überhaupt nicht. Wahrscheinlich be...eist dies, daß er als Angestellter des Domkapitels sich ...der Steuerpflicht frei machen konnte; die Steuer wurde ...lich vom Klerus nicht erhoben, und die Dienerschaft der ...stlichkeit wußte wohl hier wie anderwärts sich solcher ...günstigungen mit teilhaftig zu machen.[2])

[1]) Siehe die Abbildung in der Festschrift von 1901, S. 312.

[2]) ...steuerbuch 1475/1476 Fol. 13 v., 1477/1478 Fol. 25 v., ... Fol. 38. Schillingsteuerbuch 1475/1476 Fol. 18 v., 1477/1478...

Wie gegenüber dem städtischen Fiskus, meister der geistlichen Stifte auch gegenüb Zünften ihre Exemtion zu behaupten. Di der allgemeinen deutschen Steinmetzenbru 1459 zu Regensburg festgesetzt worden wa die Bestimmung enthalten, daß nur solch angehören sollten, welche dem Zunftzwang seien, sondern diejenige privilegierte Stellung bei einer Anzahl größerer Dombauten für wirklich bestand.[1]) Auf die Dauer ließ si allerdings nicht durchführen. Immerhin ał zusammenhängen, daß Hans von Nußdorf Jahre nach seiner Hieherkunft in die Zunft eintrat;[2]) vermutlich hatte er sich, so lang diesen Schritt gesträubt, welcher nicht alle deutende Eintrittsgebühr von 6 Gulden sondern überdies die Verpflichtung zu Wa Zahlung eines jährlichen Beitrages an di der Zunft zur Folge hatte. In welcher Burgerrecht der Stadt erwarb, haben wi können; in späteren Jahren wird er als B

Die Gerichtsprotokolle erwähnen Nuß mal im Jahr 1480, und zwar als Käufer e dahin hatte er eine der Münsterfabrik geh an der Augustinergasse innegehabt.[3]) Un er sich so viel erspart zu haben, daß er da ein eigenes Haus zu kaufen. Es war ein Hau berg an der Weißen Gasse (heute Pfluggas dem Preise nach zu schließen, eine verhältn Liegenschaft gewesen sein. Den Kaufbrief nicht, wohl aber ein Schuldbekenntnis N erklärt, an den Kaufpreis noch den bedeut 115 ℔ schuldig zu sein.[4]) Die Zahlung

---

Fol. 25 v., 1479/1480 Fol. 39 v. Vgl. Schönberg, Fina S. 453 und 459.

[1]) Ordnung der Steinmetzen, Art. b. Gedruckt des Mittelalters, S. 34.

[2]) 1479. Handbuch der Spinnwetternzunft Fol. 7

[3]) Baugeschichte des Basler Münsters S. 198, N

[4]) Vergichtbuch 1480, S. 413. Gerichtsarchiv.

[illegible] ihm dann auch Mühe gemacht zu haben; 1483 wird [illegible] dafür betrieben.[1]) Doch muß er sich mit dem Gläubiger [illegible] verständigen können, denn das Haus bleibt in seinem [illegible] und geht nach seinem Tode auf seine Erben über.[2]) [illegible] folgenden Jahre wird Nußdorf in einen Prozeß ver[illegible]. Ein Steinmetzgeselle Dietrich von Wesel klagt gegen [illegible], er habe ihm etliche «Kunststücke» zur Aufbewahrung [illegible]geben und verlange dieselben zurück. Was unter den [illegible]stücken zu verstehen sei, ist nicht ganz klar; vermut[illegible] waren es auf Papier oder Pergament gezeichnete archi[illegible]tonische Konstruktionen, wie sie im Mittelalter vielfach [illegible] der Tradition der Steinmetzenkunst sich forterbten und [illegible] welchen einige in dem Büchlein des Matthäus Roritzer [illegible] der Fialengerechtigkeit und in dem Album des Villars [illegible] Honnecourt bis auf uns gekommen sind. Nußdorf wurde [illegible]teilt, die Kunststücke zurückzugeben oder 6 Gulden [illegible] zu bezahlen. Er entrichtete die 6 Gulden, dabei ergab [illegible] aber noch ein kleines Nachspiel des Prozesses. Am [illegible]nen Tage erschien nämlich Dietrich von Wesel aber[illegible] vor Gericht und brachte vor, Nußdorf habe bei der [illegible]lung des Geldes geäußert, es seien ihm zu der Zeit, da [illegible]rich bei ihm gearbeitet, 13 oder 14 eiserne Meißel ab[illegible] gekommen. Obwohl Nußdorf versichert, er beschul[illegible] den Kläger nicht des Diebstahls, erblickt das Gericht [illegible] den gefallenen Worten doch eine Ehrenkränkung und [illegible] ihn, öffentlich zu erklären, daß er von Dietrich nichts [illegible], denn Ehre, Liebs und Guts: die regelmäßige Wider[illegible]rmel bei Injurien.[3])

[illegible] Ernster als diese Sache war ein anderer Rechtsstreit, [illegible] Nußdorf in den Jahren 1485 u. ff. zu bestehen hatte. [illegible] Anstellung des Werkmeisters am Münster war, wie das [illegible] den mittelalterlichen Dombauten die Regel bildete, nicht [illegible], daß er ihr seine ganze Tätigkeit zu widmen brauchte. [illegible] Besoldung hatte er bloß ein Wartgeld, das in Basel [illegible]schen 5 und 20 Gulden pro Jahr variierte oder auch, wie [illegible] bei Nußdorf in der ersten Zeit der Fall war, in Form einer

[1]) Urteilsbuch 1483, S. 370.
[2]) Beschreibbüchlein 1508, Dornst. v. Letare. Urteilsbuch 1519 Samst. v. Nic.
[3]) Urteilsbuch 1481, S. 11 und S. 12.

die Dachung zu bringen und ihn im dritte[n]
1484, zu vollenden. Jedes Jahr wird, sof[ern]
vorbeschriebener Weise gefördert ist, ein
summe fällig.

Die Zurüstungen zum Bau wurden be
aber bald ins Stocken, und beide Teile b
ander der Säumnis. Nußdorf, der natürlic
von Delsberg nicht vor dem Gericht zu
nehmen wollte, verklagte denselben zuer
gericht zu Rotweil, konnte dann aber bew
Klage vor das Stadtgericht zu Basel zu
Spruche die Delsberger sich zu unterwerf
Stadtgericht war von diesem Kompromiß
und suchte, wie es das in schwierigen Fäl
Sache abzuschieben. Es wies die Parteie
Rat zu wenden, damit derselbe seine Inte
lasse; wenn der Rat sich nicht damit befas
sie die Vermittlung der Zunft anrufen. We
das andere scheint jedoch verfangen zn h
darauf stehen die Parteien abermals vor (

Nach der Darstellung Nußdorfs hätte
angewiesenen Steinbruche eine mehr als
zahl Steine gebrochen gehabt, die Delsb
selben aber, anstatt auf den Bauplatz, and

Sie hätten dann von ihm verlangt, er solle den Graben für das Fundament abstecken; das hätte er aber nicht gekonnt, weil der alte Chor noch nicht abgebrochen gewesen sei. Endlich hätten sie ihm im ersten Baujahr ein Dritteil der Akkordsumme bezahlen sollen; sie hätten ihm aber nur «tropfenweise» nach und nach 40 ℔ bezahlt und er habe 17 ℔ von seinem eigenen Gelde zuschießen müssen. Diese verlange er zurück.

Die Erzählung der Delsberger lautet natürlich wesentlich anders. Sie führen eine ganze Reihe Zeugen ins Feld, welche jedoch sämtlich nicht ganz unbeteiligt sind: den Dekan, den Kilchherrn, zwei gewesene Bürgermeister und andere mehr. Diese behaupten, Nußdorf habe im ersten Baujahr überhaupt nichts gearbeitet. Hierauf habe er einen Vorschuß verlangt, den sie ihm aber verweigert hätten. Dann hätten sie nach seinem Wunsch zwei Hütten errichtet, eine in der Steingrube und eine auf dem Bauplatz, und nun habe er durch einen Gesellen eine Anzahl Steine brechen lassen. Darauf habe er das befremdliche Ansuchen an sie gestellt, sie sollten ihm ein Dritteil der Akkordsumme ausbezahlen. Nach langem Hin- und Herreden hätten sie sich dazu bereit erklärt, sofern er ihnen Sicherheit für die Ausführung des Vertrages leiste; er habe aber geantwortet, er könne keine Sicherheit geben. Trotzdem hätten sie ihm einen Vorschuß gewährt, worauf er eine Zeitlang Steine behauen habe. Als sie Gemeindefrohnen ausgeschrieben hätten, um das Fundament zu graben, habe er gesagt, es sei noch nicht nötig. Eines Abends habe er den Dekan ersucht, ihm den Plan des projektierten Chores herauszugeben. Der Dekan habe geantwortet, zeigen wolle er ihm denselben, aber herausgeben werde er ihn nicht. Hierauf habe Nußdorf mit seinen Gesellen Delsberg verlassen, sie hätten alle Werkzeuge mitgenommen und seien seither nicht wieder gekommen.

Das Urteil, welches vom Stadtgericht gefällt wurde, ist leider nicht vollständig erhalten. Im Anfang desselben wird ausgesprochen, die Säumnis in der Ausführung des Vertrages sei auf beiden Seiten vorhanden gewesen. Der Schluß muß aber zu Ungunsten der Delsberger gelautet haben, denn diese rekurrierten an die Appellationskommissarien.

Angabe, der Sohn habe sie schlecht gehalten
ein Bruder des Hans, namens Peter, und
trage der Mutter ihre Habe zurück.
schlecht gehalten zu haben und erklärt
trag fortzusetzen und sie wieder aufzunehmen
läßt aber in Nußdorf eine Urkunde aufsetzen
förmlich weigert, wieder zu kommen. Das
Gericht den Spruch: Hans habe das Vermö
herauszugeben, dagegen sei er berechtigt, fü
die sie bei ihm wohnte, ein Kostgeld abzuz

Um diese Zeit, d. h. 1490, kaufte sich
dorf eine Juchart Reben vor dem Äschentor,
Seite der jetzigen St. Jakobstraße;[3]) er zah
und hatte dazu einen Bodenzins von 5 Sch
übernehmen. Wir dürfen in diesem Ankauf
erblicken, daß er in seinen Vermögensverh
vorwärts gekommen war. Der Besitz eines

---

[1]) Urteilsbuch 1485, Lune a. Verene, Jov. p. Lucie. S. 69, Gerichtsarchiv. Appellationsgerichtsprotokoll 1487,

[2]) Missiven 1490, S. 249. Urteilsbuch 1490, Mont Barthol., Dornst. n. nat. Mar.

[3]) Fertigungsbuch 1490, S. 145.

für war eine der beliebtesten Annehmlichkeiten, die damaligen Bürger sich gestatteten; fast jeder Handwerksmeister hatte, außer seinem Hause in ..., ein Stück Reben vor irgend einem Tore.

Jahr darauf stand Nußdorf abermals vor den Schranken ... in einer Streitsache, welche für ihn bedenkliche ... hätte haben können. Ein Berufsgenosse verklagte ... wegen einer schweren Injurie, und Nußdorf, welcher ...r Sache von dem Vorwurfe des Konkurrenzneides ... freigesprochen werden kann, verdankte es nur ...tektion des Domkapitels, daß dieselbe so glimpflich ... Wir werden in dem Abschnitt über Hans Niesen- ... den Handel ausführlicher zu besprechen haben.

... weiter reichendem Interesse sind bei jener Injurien- ...ie Berührungspunkte mit der Organisation der allge- ... deutschen Steinmetzenbruderschaft. Daß Nußdorf ... Verbande angehörte, wird uns direkt nur durch die ... des genannten Prozesses bestätigt, obwohl wir es ...dies annehmen müßten, weil es für einen Dom- ...ster zu damaliger Zeit fast unerläßlich war. Er dürfte ...gar ein ziemlich einflußreiches Mitglied gewesen sein; ...it Rücksicht auf ihn geschah es wohl, daß im Jahr 1497 ...rsammlung der Bruderschaft die Stadt Basel als Ort ...usammenkunft ausersah.[1])

...ßer dieser allgemeinen, über alle deutschen Lande ...ehnten Vereinigung bestand aber in Basel auch eine ...Steinmetzenbruderschaft, welche als eine Unterabteilung ...nnwetternzunft bis in das 19. Jahrhundert weiterlebte. ... erwarten steht, treffen wir auch Nußdorfs Namen in ...dung mit der hiesigen Bruderschaft; die Belegstelle ... allerdings erst aus dem Jahr vor seinem Tode und ... kein für seine Person bedeutsames Faktum; er er- ... lediglich mit seinen zwei Söhnen als Zeuge in einer ...che zwischen zwei anderen Steinmetzen. Aber die ...keit ist für die Charakteristik der Bruderschaften lehr- ...enug, daß wir sie kurz erwähnen dürfen. Nußdorf und ...igen Zeugen sagen aus: sie hätten die Messe ihrer

[1]) Urkunde König Maximilians von 1498 bei Heideloff, Bauhütte des ...rs, S. 57. Siehe daselbst Zeile 4 von unten.

Bruderschaft begangen und bei dem Anlasse
beiträge eingesammelt. Der Steinmetz Hans
habe sich geweigert, den Beitrag zu bezahlen,
gründung, die Ordnung der Bruderschaft wer
halten; man dulde jemanden darin, welcher
Treulos bezeichnet in der Sprache jener Zeit e
der irgend ein gegebenes Wort nicht gehalt
also Beschuldigte hatte sich mit heftigen Wor
die Streitenden hatten die Degen gezogen u
sich in der Folge der Rechtshandel daraus erg
dessen sie jetzt vor Gericht standen. In de
Zeugenaussagen macht sich nun die Anschau
nicht allein wenn die Beschuldigung der Treulos
sei, sondern auch wenn nur der Beschuldigte
sitzen lasse, könne ein ehrlicher Steinmetz nich
der Bruderschaft sein. Er war also, wenn er n
Gemeinschaft seiner Berufsgenossen ausgestoßen
genötigt, von dem Urheber der Beschuldigung
zu verlangen und sich auch von dem bloßen Ve
unehrlichen Handlungsweise zu reinigen. So em
damals die Berufsehre dieser Handwerksgenos

Nußdorf hatte, zumal seitdem sein Hau
Martinsturm, auf Grund seines Projektes beschl
Angriff genommen war, ein nicht unbedeuten
als Baumeister erlangt. Als im Jahr 1493 der I
Experten berief, um den Weiterbau des dorti
turms zu begutachten, wandte er sich auch an
mit der Bitte, ihren Werkmeister zu schicken.
wortete, er selbst habe keinen solchen, dageg
Domkapitel «gar einen verrümten Werckmeist
Hans von Nußdorf; er wolle sich dafür verwende
nach Bern entsendet werde. Die Konsultation
denn auch wirklich statt, und zwei Jahre später,
Nußdorf noch einmal dahin berufen, um die Wirku
der inzwischen begonnene Weiterbau auf die
des Turmes ausübte, zu prüfen. Von dem Guta
abgab, ist leider nur ein Bruchstück in Bern v

[1]) Kundschaften 1502, S. 70 u. ff. Gerichtsarchiv.

fehlt gerade der Teil, in welchem er das vom dortigen Werkmeister verfaßte Projekt der oberen Partie des Turmes kritisiert.[1])

Hans von Nußdorf starb im Jahre 1503 und wurde im Kreuzgang des Münsters beerdigt. Laut dem Gräberbuch lag sein Grab «in dem mitlern Crützgang, do die Steinmetzen jr Jorzit begond zu den Fronfasten, und sind 3 Bickel oder Murhämmer in eim Schilt möschen»; d. h. die Grabstätte in dem Kreuzgangflügel längs des Bischofshofes war bezeichnet durch einen messingenen Wappenschild mit drei Mauerhämmern.[2])

Er hinterließ eine Witwe und zwei Söhne, Hans und Friedrich. Die Witwe Frau Elsi starb 1508. Über ihre Verlassenschaft wurde, weil einer der Söhne auswärts wohnte, ein Inventar aufgenommen, das insofern einiges Interesse haben mag, als es uns einen gewissen Anhaltspunkt für die ökonomischen Verhältnisse des fünf Jahre vorher verstorbenen Mannes gibt. Der Rebacker vor dem Äschentor ist beim Tode der Frau nicht mehr in ihrem Besitz; wahrscheinlich hatte sie ihn inzwischen verkaufen müssen. Vorhanden ist noch das Haus an der Pfluggasse, außerdem aber nur ein sehr dürftiger Hausrat.[3])

Die Söhne ergriffen beide den väterlichen Beruf. Hans scheint schon zu Lebzeiten des Vaters oder gleich nach seinem Tode von hier weggezogen zu sein, wenigstens findet sich keine Notiz über seinen Eintritt in die Zunft zu Spinnwettern, der im Falle seines Hierbleibens stattgefunden haben müßte. Die letzte Nachricht von ihm haben wir anläßlich des Todes der Mutter im Jahr 1508; damals stand er am Münster zu Bern als Steinmetz in Arbeit.[4])

Der andere Sohn, Friedrich, blieb in Basel, verheiratete sich und übernahm das elterliche Haus. Von seinen Leistungen als Steinmetz ist nur das eine bekannt, daß er in den Jahren 1513 und 1514 einen Taufstein für die St. Peterskirche verfertigte. Laut dem noch erhaltenen Vertrage verpflichtet er

---

[1]) Missiven 1493, S. 254 und S. 259. Festschrift des Berner Münsters.

[2]) Gräberbuch des Münsters, S. 212.

[3]) Beschreibbüchlein 1508, Dornst. v. Letare. Gerichtsarchiv.

[4]) Urteilsbuch 1508, Samst. n. Nat. Mar., Mont. n. Nat. Mar.

Graz genannt, und beigefügt, [illegible]
ouwe sei.[2]) Weißenau ist [illegible]
württembergischen Oberamt [illegible]
gebaut hat, ist uns nicht [illegible]
Kirche ist, soviel es scheint, im [illegible]
umgebaut worden.

Die nächste Nachricht, die [illegible]
sitzen, besteht darin, daß er 1471 [illegible]
burg angestellt wird, um den Chor [illegible]
zu vollenden, welchen man schon [illegible]
um die alte romanische Apsis herum [illegible]
hatte. In dem Anstellungsvertrage, [illegible]
auch seinen Geschlechtsnamen [illegible]
berger bloß die Oberleitung des [illegible]
durch einen von ihm angestellten [illegible]

---

[1]) Handbuch der Spinnwetternzunft, S. 98 [illegible]
J. J. 34 (abgedruckt von R. Wackernagel in [illegible]
N. F. VI. 2, S. 309). Kundschaften 1514. [illegible]
Staatsarchiv. Urteilsbuch 1519, Samst. v. Nicolai. [illegible]

[2]) Heideloff, Bauhütte des Mittelalters S. 42; [illegible]
den Ortsnamen druckt, ist ein offenbarer Lesefehler. [illegible]
verzeichnis auf S. 46 lautet der Eintrag: Von Gerz zu [illegible]

Schreiber, Baukunst und Baumeister in [illegible]
Lesart «Wissenoulbe» schlankweg mit «Weißenalb»; [illegible]
habe ich indessen vergeblich gesucht.

soll. Er selbst verpflichtet sich lediglich, jede Fronfasten mindestens einmal nach Freiburg zu kommen und erhält dafür ein Wartgeld von 20 Gulden pro Jahr und für die Zeit, da er in des Baues Dienst arbeitet, einen Taglohn von 2 ß 2 ₰.[1])

So hatte er die Freiheit, neben dem Bau des Münsterchores andere Arbeiten zu unternehmen, und er machte davon ausgiebigen Gebrauch. In den Jahren 1472 und 1473 (über diese allein sind genauere Nachrichten vorhanden) ist er beständig auf der Hin- und Herreise zwischen Freiburg und Maria-Einsiedeln.[2]) Seine mutmaßliche Betätigung daselbst ist in der Festschrift von 1901 erörtert worden.[3])

Im Jahr 1479 sodann übernahm Niesenberger für den Spital zu Freiburg die Ausführung eines Baues «unter den Lugstülen». Der Ausdruck bezeichnet ohne Zweifel ungefähr das, was man heutzutage Schaufenster nennt. Nach der im Bauvertrage gegebenen Beschreibung bestand das Gebäude aus einer Folge von zweimal sieben Gewölbejochen, von welchen die einen eine Reihe «Gedemer», d. h. Kramläden enthielten, während die anderen wahrscheinlich eine längs der Straße davor gelegene offene Halle bildeten. Die Baute wurde um eine Pauschalsumme vergeben; sie diente vermutlich zur Ausnützung eines dem Spital gehörenden Areals.[4])

Eine Aufgabe höherer Art bot sich dar, als zu Anfang der 1480er Jahre die Domfabrik zu Mailand einen Baumeister suchte, um die Errichtung der Domkuppel zu leiten. Die Italiener kamen offenbar mit dem *Opere barbaro* der Gotik nicht recht zu Schlage, und der Herzog von Mailand hatte sich daher 1481 und 1482 zu wiederholten Malen an den Rat von Straßburg gewendet mit der Bitte, ihm einen *ingegniere*

---

[1]) Urkunde im Archiv der Münsterfabrikverwaltung in Freiburg, mitgeteilt von Archivar F. Zell im Freiburger Diöcesan-Archiv, XI. S. 303.

[2]) Mone, Beiträge zur Kunstgeschichte, in der Zeitschrift für Geschichte des Oberrheins III, 26. Die von Mone benützten Fabrikrechnungen sollen, laut Erkundigung in Freiburg, seither verschollen sein.

[3]) Festschrift zum 400. Jahrestage des ewigen Bundes zwischen Basel und den Eidgenossen, S. 342.

[4]) Urkunde im Stadtarchiv Freiburg, mitgeteilt von Schreiber in den Denkmalen deutscher Baukunst des Mittelalters am Oberrhein. Zweite Lieferung, S. 17.

zu verschaffen. Diese Bemühungen [illegible]
im Herbst 1483 *Giovanni Nexemperger* [illegible]
zehn Gesellen in Mailand einzog.[1]). Sein [illegible]
bestimmte ihm einen Jahresgehalt von 150 [illegible]
jährlich $2^1/_2$ Monate Urlaub, für die Gesellen [illegible]
lohn von 10 β ausgesetzt, mit 2 β Zuschlag [illegible]
dem Gerüste und Skulpturarbeit. Mit dem Rate z
scheint er sich über sein längeres Fernbleiben vo
Münsterbau verständigt zu haben. Welche Partie
länder Kuppel durch die Deutschen unter Niesenl
baut wurden, ist, so viel mir bekannt, von de
Forschung bis jetzt nicht festgestellt; möglich, d
auf Grund von dekorativen Details oder von Steinm
ermitteln ließe. Nach Verfluß von $2^1/_2$ Jahren nah
die Tätigkeit der Deutschen ein plötzliches Ende.
herren beschuldigten den Niesenberger grober F
im Sommer 1486 verschwindet er samt allen
gesellen aus Mailand.

Einige Jahre später finden wir den Meister mi
der Leonhardskirche in Basel beschäftigt. Wann di
begonnen wurden, ist nicht sicher bezeugt. Die In
den Namen des Priors und der Kirchenpfleger,
dem Rücken des mittleren südlichen Strebepfe
zwei Meter über Boden eingehauen ist, trägt d
1492. Allein die Spinnwetternzunft, welche den
tenden Hans von Gretz (so die hiesige Schreibw
Beitritt und zur Zahlung der Zunftgebühren angeha
führt ihn in ihren Rechnungen schon seit 1489 au
von einer anderweitigen Tätigkeit desselben in B
bekannt ist, müssen wir annehmen, daß der Ab
alten Kirchenschiffes zu St. Leonhard schon in di
in Angriff genommen wurde. Zum mindesten w
im Frühling 1490 die Zurichtungsarbeiten in voll
wie folgender Vorfall beweist.

---

[1]) Kraus, Kunst und Altertum im Unter-Elsaß, S. 400. C
Il Duomo di Milano, p. 225—227. Aus dem Umstande, daß de
Mailand sich an *Straßburg* gewendet hatte, hat man ohne Grun
gezogen, daß Niesenberger beim Münster zu Straßburg angestellt

[2]) Spinnwetternzunft, ältestes Rechnungsbuch, Heizgeldzah
1490, 1491, 1492.

Am Samstag vor Judica dieses Jahres erhebt Hans von Gretz vor dem Stadtgericht eine Anklage wegen Beleidigung gegen Hans von Nußdorf: derselbe habe in der Bauhütte zu St. Leonhard verkündigt, Hans von Gretz und sein Sohn seien meineidige Bösewichter und seien als solche in der Steinmetzhütte zu Ulm in Gegenwart von 22 Meistern und Gesellen in Verruf erklärt worden. Er, Gretz, verlange Sühne für diese ungerechtfertigte und ihm höchst nachteilige Injurie.

Nußdorf erklärt, es sei richtig, daß er vom Kirchenmeister zu Ulm einen Brief erhalten habe, laut welchem Hans von Gretz in Verruf getan worden sei. Die Sache habe ihm leid getan, aber er sei von seines Handwerks wegen verpflichtet, solche Mitteilungen bekannt zu machen. Daß er jedoch die Worte «meineidiger Bösewicht» gebraucht, stelle er entschieden in Abrede.

Diese Antwort Nußdorfs ist nicht ohne Belang für die Kenntnis der allgemeinen deutschen Steinmetzenbruderschaft. In den Statuten dieses Verbandes finden sich in der Tat Bestimmungen, wonach diejenigen, welche sich gegen die Ordnung der Bruderschaft verfehlten, in Verruf verfielen; die Wirkungen dieser Strafe bestanden darin, daß kein ehrlicher Steinmetz mehr unter oder neben dem Verrufenen arbeiten durfte, ohne selbst in Verruf zu geraten. Aus der Begebenheit zwischen Nußdorf und Gretz ersehen wir nun, auf welche Weise die Bruderschaft ihren Statuten Nachachtung zu verschaffen wußte. Kraft der Organisation, welche sie hatte, wurde ein solcher Verruf in allen Bauhütten der Länder deutscher Zunge bekannt gemacht, und der Verrufene dadurch in seinem Gewerbe so viel als lahm gelegt.

In dem Prozesse beginnen nun die Zeugenverhöre, in welchen eine ganze Reihe von Steinmetzen einvernommen werden. Es ergibt sich daraus, daß es mit der Verrufserklärung zu Ulm allerdings seine Richtigkeit zu haben scheint. Die Veranlassung dazu soll die aus Mailand gekommene Klage eines deutschen Schmiedes gegeben haben, welchem Niesenberger und sein Sohn Geld schuldig geblieben waren. Außerdem wird, freilich nur aus indirekter Quelle, berichtet, daß Gretz während eines halben Jahres nicht aus der Stadt Mailand habe kommen können, weil ihm das Geleite versagt

wurde; zuletzt sei er entwichen und soll selbst bekan
wenn die Mailänder ihn ergriffen hätten, würde er s
seinen Gesellen ums Leben gekommen sein. Sodan
die Verhöre heraus, daß Nußdorf nicht allein in
zu St. Leonhard die Verrufserklärung Niesenberg
kündet, sondern auch die Gesellen desselben einze
fordert habe, ihren Meister zu verlassen, indem
allerdings ganz gemäß den Statuten der Bruderso
drohte, sie würden selbst in Verruf geraten, wenn
länger dienten. Zwischen hinein erzählt einer der
einen sehr charakteristischen Zug: In der Münster
einmal unter den Gesellen davon die Rede gewes
möchte den Nußdorf vielleicht in Westfalen, d. h.
Fehmgericht, verklagen; da habe Nußdorf gesagt:
ihn die von Westfalen hätten, sie würden ihn an eine
henken. Das Hauptresultat des Zeugenverhörs abe
darin, daß Nußdorf allerdings von Gretz mehrmals A
gebraucht hatte, wie: meineidiger Bösewicht, ehrlo
loser Mann und Schelm.

Nußdorf ist hierüber bestürzt und erklärt, wer
gewußt, hätte er seinerseits Entlastungszeugen a
Das Gericht erkennt jedoch, über die Tatsache der g
Scheltworte dürften keine Zeugen mehr produziert
wenn dagegen Nußdorf beweisen zu können gla
Gretz wirklich ein meineidiger Bösewicht sei, solle
gehört werden. Nußdorf erklärt den Beweis anzutr
bittet um die herkömmliche Frist für Zeugeneinv
im Ausland, nämlich achtzehn Wochen und neun
müsse seine Zeugen in Mailand suchen. Damit s
die Sache ziemlich schlimm für den Beklagten. Es
sehr wahrscheinlich, daß ihm der Beweis geling
dann aber harrt seiner eine empfindliche Buße.[1])

Auffallenderweise erscheint die Streitsache im
protokoll nicht mehr. Die Erklärung dafür finde
Erkanntnisbuche des Rates: Das Domkapitel, dem
Werkmeister bange war, hatte an den Rat das
gestellt, er möchte um u. l. Frauen und S. Kaiser

[1]) Urteilsbuch 1491, Sab. a. Judica, Zinst. n. Judica. Kundsc
S. 116 v. u. ff., S. 120 u. ff., Gerichtsarchiv.

willen den Prozeß niederschlagen, und der Rat gewährte die Bitte in der Erwartung, das Domkapitel werde sich gegebenen Falles zu Gegendiensten bereit finden lassen.[1])

Ein viel schwereres Mißgeschick aber als die Rechtsverweigerung in diesem Prozesse ereilte den Hans Niesenberger noch im gleichen Jahre 1491 zu Freiburg. Der Bau des dortigen Chores war bis zum Anfang der Wölbung vorgerückt; da wurde Niesenbergers Werk durch das von der Behörde eingeholte Gutachten etlicher Meister als unwerklich und ungestalt erklärt. Er wurde samt seinem Sohn und seinem Parlier gefangen gesetzt und nur in Ansehung seiner Armut, Schwachheit und Alters gegen eine Urfehde freigelassen, nachdem er vom Bau zurückgetreten war und auf alle aus demselben herrührenden Forderungen verzichtet hatte.[2])

Der schwergeprüfte Mann erlebte wenig heiteres mehr. Die Wirkungen der Verrufserklärung zu Ulm hatte er auch ferner noch zu spüren. Ein Steinmetzgesell, der ihm aus dem Dienste gelaufen und den er deshalb der Untreue beschuldigt, verklagt ihn zu Basel wegen Ehrenkränkung, und als Gretz sich auf den Kontraktbruch des Klägers beruft, hält ihm dieser entgegen, daß kein Geselle bei ihm zu dienen verpflichtet sei, so lange er sich von der zu Ulm gegen ihn erhobenen Beschuldigung nicht reingewaschen habe.[3]) Der Ausgang der Streitsache findet sich nicht, vielleicht hat ihn Gretz nicht mehr erlebt. Das letzte, was wir von ihm erfahren, besteht darin, daß im Jahr 1493 der Konvent von St. Leonhard ihm 5 ℔ «als Unterstützung» verabfolgte.[4])

Er muß noch vor Mitte 1493 gestorben sein, denn am 26. Juni verhandeln die Kirchenpfleger von St. Leonhard mit seinem Sohne darüber, wie der Bau, der seit dem Tode des Vaters offen stehe, vor Schaden zu bewahren sei und wie man sich mit den Erben des Meisters auseinanderzusetzen

---

[1]) Erkanntnisbuch 1491, S. 109 v.

[2]) Urkunde im Archiv der Münsterfabrikverwaltung zu Freiburg, mitgeteilt vom Archivar F. Zell im Freiburger Diöcesan-Archiv, XI, S. 303.

[3]) Urteilsbuch 1492, Mittw. n. Mons. a. Cath. Petri. Kundschaften 1492, S. 41 v., S. 45 v., Gerichtsarchiv.

[4]) St. Leonhard Rechnungsbuch 1493, Rubrik: pro structura ecclesie nostre.

habe.[1]) Derselbe Sohn, der gleich dem Vater den Name[n] Hans führte, scheint nachmals beim Münsterbau zu Freibur[g] wieder in Gnaden angenommen worden zu sein; er vollen[-]dete das Chorgewölbe daselbst im Jahr 1509.[2])

[1]) Urteilsbuch 1493. Mittw. n. Jo. Bapt. (Im Texte des Eintrags zweimal irrtümlich «Nußdorff» statt «Gretz».)

[2]) Schreiber, Zur Geschichte der Baukunst und Baumeister in Frei-burg, S. 39.

Das Hängeseil am untern Hauenstein.

Von

Theodor von Liebenau.

Im ersten Bande dieser Zeitschrift hat Herr Dr. Th. Burckhardt-Biedermann die Geschichte der Straße über den obern Hauenstein am Basler Jura in gründlichster Weise behandelt. Dabei wurde namentlich auch auf eine originelle Vorrichtung zur Beförderung der Güter verwiesen, die am obern und untern Hauenstein unter dem Namen «Hängeseil» bekannt war. Wie alt diese Vorläuferin der Drahtseilbahn ist, läßt sich nicht erweisen,[1]) so wenig als die Stelle in den Engpässen, wo diese Aufzüge angebracht waren. Tatsächlich galt die Vorrichtung im Jahr 1471, wie die nachfolgende, im Staatsarchiv Luzern liegende Urkunde zeigt, als schon sehr alt. Die Dokumente, auf welche die gütliche Vermittlung des zwischen dem Kloster St. Urban und den das Hängeseil bedienenden Knechten sich stützt, stammen aus den Jahren 1206, 1254, 1259, 1262, 1266 und 1288,[2]) allerdings ohne das «Hängeseil» ausdrücklich zu erwähnen. In diesen Jahren befreiten die Grafen von Froburg das Kloster St. Urban von Zoll und Geleit zu Wasser und zu Land in ihrem ganzen Gebiete: naulum et teleonaturam, quæ ab aliis transeuntibus exiguntur. In der Urkunde von 1288, auf welche der gütliche Spruch von 1471 besonders deutlich anspielt, ist noch die weitere Befreiung «ab omni exactioni» erwähnt. Man

---

[1]) Der Name *Seilegg* in der Urkunde von 1361 (Geschichtsfreund XXX, S. 315) deutet, wie mir scheint, darauf, daß ein ähnliches Hängeseil auch auf der Straße Sattel-Steinen-Schwyz existierte.

[2]) Boos, Urkundenbuch von Basel-Land, S. 1127, 50, 121; s. E. Kopp, Geschichte der eidgenössischen Bünde II, S. 530 ff.

wird daher annehmen dürfen, daß, da auch [illegible] für die das Hängeseil bedienenden Knecht[illegible] her» üblich bezeichnet wird, das erwähnte [illegible] mindestens seit mehr denn Menschengedenken [illegible] leicht schon seit 1206—1288.

Es scheint übrigens, daß mehr denn ein H[illegible] untern Hauenstein existierte. Das eine bedienten aus der solothurnischen Herrschaft Gösgen, das Horwe schon lange vor 1497 Angehörige der Fa[illegible] dieses Seil war noch im Gebiete von Solothurn Seil befand sich im Gebiete von Basel und wurde bis 1627 vom Rate von Basel unterhalten.

Zu den deutschen Kaisern, welche die Stra[illegible] Hauenstein benützten, gehört auch Karl IV., der über den Hauenstein, laut Zeugnis des Ritters St. mül vom 4. August 1368, auf der Fahrt nach Liestal (1365, 20. April) den Ritter Marquard v[illegible] mit dem Hofe Muntwil im Aargau belehnte. (Sche[illegible] Archiv in Aarau.)

Ob der Spital auf dem Hauenstein aus eine[illegible] mansio entstanden, ist unbekannt. Sicher ist, da[illegible] von den Römern erbaut wurde. Als 1693 die zur Hebung des Passes über den Hauenstein di[illegible] der Straße über die Schafmatt verboten hatten, Stände Basel und Bern 1705 vor der Tagsatzu[illegible] merkwürdigen Behauptung auf, älter wie der W[illegible] Hauenstein sei jener über die Schafmatt. Sie dabei auf die tiefen Karrengeleise in der Stra[illegible] der ganzen Straße entlang durchgeführte Einfr[illegible] Güter und Höfe. Solothurn erklärte dagegen wahre Reichsstraße sei jene über den untern jene über die Schafmatt sei nur eine Dorfstraße

Hier der Text der Urkunde über das Hänges[illegible]

«Wir der Schultheis vnd Räte zu Solotorn, vnd verjechent offenlich vnd tund kund mengl[illegible] disem brieffe, das vff den hüttigen tag datum für vns jn vnsern gesessen Rate zurecht kom[illegible] Erwirdig vnd geistlich Her, Her Niclaus, apt d[illegible] Gozhus Sant Vrban, jn namen sin vnd sines

d Gozhus, vnser sonder lieber Her vnd getrüwer mitburger einem, vnd an dem andern teil die knecht in vnser Her-
aafft Gößkon, So das Hengseil an dem Nidern Hówen-
:in bruchent vnd jnnhabent, So vns mit eigenschafft zu-
hörent. Hand eroffnet vnd klagt die jetzgemelten knecht
rch jren fürsprechen wie dz der vorgemellt Her der
t vil guttes, Es sy win oder anders, daselbs an dem Nidern-
›wenstein, jn namen sin vnd sins Gozhus, fürfüren lasse,
d darzu si vnd jr hengseil bruche, vnd doch nüt dauon
ben vnd tun wölle, als ander lüt pflegent, tugent vnd
ıuldig ze tunde syent etc. Battend vns, den vorgenantten
:rn den Abt ze vnderwisen, jnen vmb sölich jr dienst
tund als ander lüte, die si bruchent, pflegent vnd tund etc.
ırzu der obgeschriben Her, der Abt, durch sinen für-
rechen antwurtten ließ, daß sin obgemelt Gotzhus zu Sant
:ban von wilant der Herschafft von Froburg schon vnd
ɔl sye gefryet worden, also das si in der Herschafft
roburg weder über wasser noch land deheinen zoll nit
:ben, vnd daby aller beschatzung vnd beschwernuß, nach
t der versigellten brieffen, So darüber dem Gotzhus geben
'ent, fry sin söllent. Batt vns die selben fryheit brieff ze
:rhören. Das beschechen ist. Vnd als die brieff verhördt
ırdent ließ vns der obgenant Her der abt ernstlich bitten,
ıs wir die vnsern jn vnser Herschafft Gößkon wölltend vnder-
isen, Si bi solicher jr fryheit, gütlich vnd vnersucht lassen
: beliben, vnd selbs daran ze sind, das dem Gotzhus die
yheit nit bekrenckt wurd. Sider vnd vns das Gozhus von
:ysern vnd küngen bevolhen, vnd jn vnserm schirm
ere etc. Als wir nu beider teil klag, antwurt vnd die
yheit brieff verhordt, hand wir beid teil, den abt vnd die
ıecht ankomen vnd gebetten vns der sachen getruwen
nd darjn lassen ze tedingen, umb dz wir Rechtsprechens
ertragen belibent. Das selb hand beid teil willig getan
nd wir si betragen vnd beschlossen, das die gemellten
ıecht, So zu diser zit an dem Nidern Hówenstein das Heng-
eil jnnhabent oder hienach jnnhaben werdent, dem genanten
Gozhus von Sant Vrban nu vnd zu ewigen ziten Söllent
r gut, Es sy win oder ander gut, So si durch die obgenanten
nser Herschafft tund füren mit dem Hengseil, wenn si

das begerent vnd notturftig sind, vertigen helffen vnd fürdern söllent, gelicher wise als si andern lüten tund vnd söllent dauon ganz deheinen sold, lon noch beschatzung nemen. Doch so söllent die selben Hern von Sant Vrban die allten gutten gebruchten gewonheit mit jrem win den knechten mit dem Hengseil, *wie dz von alltarhar* komen vnd geprucht ist, hin als har schuldig vnd pflichtig sin ze gebende ungeuarlich. Gezügen warent hiebi jm Rat Ůlrich Biso, Contz Vogt, allt vnd nüw Schultheißen, Cunrat Schüchli, Henman Hagen venner, Vrß Helßower, Cunrat Graßwilr, Ůlrich Ziegler, Rude Vogt, Vrß Steger, Benedict Egli, Hans Karli, Rude Wißhar, Hans Hutzlib, Hans Stölli, Benedict Fry, Criston Mallach, Conrat Affolter vnd ander. Vnd des zu einem warem, vestem vnd Ewigem urkünd, So habent wir obgenantten Schultheißen vnd Räte zu Solotorn dem obgenanten Gozhus zu Sant Vrban, von bitt wegen des vorgenanten Hern, deß Abtes, disen brieff mit vnser Statt Secret Insigel Geben vff Mitwoch vor Sant Vincencius tag, des Jarß do man zallt nach der gepurt Cristi Tusent vierhundert Sibentzig vnd Ein Jar.» *(Sigillum secretum hängt.)*

Pfarrer Jeremias Braun von Basel.

Von

Karl Gauß.

Nachdem im Jahre 1648 durch den Friedensschluß in Münster der große europäische Religionskrieg sein Ende gefunden hatte, fing der konfessionelle Hader in der Eidgenossenschaft erst recht an. Das war insofern noch ein Glück, als dadurch keine Gelegenheit mehr zu fremder Einmischung gegeben war. Freilich hätte man denken sollen, daß der fürchterliche Krieg mit aller seiner Verheerung, die er angerichtet hatte, an die Eidgenossenschaft eine ernste Mahnung gewesen wäre, die konfessionellen Unterschiede nicht zu eigentlichen Gegensätzen und zu ausgesprochener Feindschaft sich entwickeln zu lassen. Allein die Mahnung wurde überhaupt nicht gehört, oder war bald wieder vergessen. Solange der Krieg währte, hielt er zwar die Eidgenossen zusammen, und ließ es nicht zu einem Bruche kommen. Sowie aber der Friede geschlossen war, machten sich die Reibereien allerorten geltend. Das Verhältnis der Konfessionen wurde ein immer gespannteres. Die gemeinen Herrschaften bildeten stets den Zankapfel. Es ging kaum eine Tagsatzung vorüber, wo nicht allerlei Beschwerden über Beeinträchtigung der Religionsfreiheit und über Landesfriedensbruch verhandelt wurden.[1])

Schon im Jahre 1651 hatte der Ausbruch eines Krieges gedroht, weil die evangelischen und katholischen Stände über die Behandlung zweier thurgauischer Dörfer, in welchen

---

[1]) Zur Einleitung vgl. E. Blösch, Geschichte der schweizerisch reformierten Kirchen, Bd. I, S. 454—465.

das Jahr zuvor Ungehörigkeiten vorg[illegible]
zweit hatten. Die fünf katholischen [illegible]
zu geheimen Verhandlungen zusammen[illegible]
sich nach den Gegnern um, machte [illegible]
schlag in bezug auf den Proviant, verteilte [illegible]
kräfte und traf genaue Dispositionen für [illegible]
Pässe.[1]) Allein die Gefahr ging vorüber. [illegible]
beigelegt.

In den folgenden Jahren wurden neue Klag[e]
Thurgau war man darüber unzufrieden, daß die
Ehen verhindert oder begünstigt wurden, daß
gelischen zugemutet wurde, während des Ave M
den Hut abzuziehen, besonders aber darüber, da
gelische Pfarrer in Sitterdorf vertrieben und ihn
angezündet worden war. In Glarus zankte ma
die Näfelserfahrt und über ein reformiert gebo
katholisch getauftes Kind. Aus dem Rheintal w
eine ganze Liste von 25 Klagpunkten vor die
gebracht. Freiburg beschwerte sich, daß Bern
weggeräumt habe. Im Wallis wollten sich die J
setzen und das Land sich ganz an Spanien übe
Bünden, Sargans und den tessinischen Vogteien b
die Ordensleute das Volk und trieben es so bun
nur die Evangelischen über die auffallende «Z
Mönchsgeschmeißes» sich ärgerten, sondern selt
tholische Konferenz über die große Zahl der «B
und allerlei in geistlichem Habit steckendes Gesin

Dazu kam noch der Einfluß von außen. De
Nuntius Carl Caraffa sah es darauf ab, die Bü
den reformierten Orten zu lockern, dagegen die
lischen Mächten zu befestigen. Er erreichte
sieben Orte am 14. April 1651 ihren Bund mit S
neuerten, daß sie in den Tagen vom 18.—22. O
in Pruntrut mit dem Bischof von Basel sich zusamm
nachdem am 3. und 4. Oktober desselben Jahre
katholischen Orte in der Hauptkirche St. Leodeg
den borromäischen Bund feierlich bestätigt und

[1]) Eidg. Absch. VI 1 a, 79.

esselben als Patron der katholischen Schweiz proklamiert atten.

So verschärften sich die Gegensätze zusehends und rängten zu einer Entscheidung, die nicht mehr mit Worten ondern mit den Waffen getroffen werden sollte.

Die Veranlassung war an sich eine geringfügige. In Arth am Zugersee, auf Schwyzergebiet, hatte sich ein kleiner Kreis von wenigen Familien zu gemeinschaftlichem Bibelesen zusammengefunden. Schwyz glaubte ein wiedertäuferisches «Gespünnst» entdeckt zu haben und klagte das «gottlose Geschlecht der Ospitaler» ein. Man warf ihnen vor, daß sie im Bauernkrieg zu den Rebellen sich gehalten hätten, daß sie verkleidete Prädikanten in Arth empfingen, welche das «Elend» unterhielten. Bald darauf erfolgte die Verurteilung aller derer, welche sich den Anordnungen der katholischen Kirche nicht unterwerfen wollten. Vier Haushaltungen flohen, 21 Männer und 14 Frauen; ihr Hab und Gut wurde mit Arrest belegt. Die Flüchtlinge langten am 4 September 1655 in Zürich an. Die Zürcher, welche sich hrer eifrigst annahmen, verlangten, daß man den Leuten ir Vermögen zurückgebe. Allein Schwyz stellte die Forerung, daß die Flüchtlinge als Verbrecher ausgeliefert ürden. Zürich ging darauf nicht ein, und Schwyz ließ n die zurückgebliebenen Verwandten, 20 an der Zahl, rhaften und als Mitschuldige behandeln. Zürich wandte h an die evangelischen Stände und erhob dadurch die gelegenheit zu einer gemeineidgenössischen.

Auf der am 28. Dezember in Brugg versammelten evanlischen Konferenz forderten die Zürcher Gesandten mit r größten Heftigkeit, daß sofort der Krieg erklärt werde. e übrigen evangelischen Orte waren damit nicht einvernden. Allgemein war man der Ansicht, daß ein Krieg sich ch nicht rechtfertige. Auch die Zürcher Geistlichkeit tte abgeraten. In ihrem Namen hatte am 11. November 55 Joh. Jak. Huldrich erklärt: «Wenn wir leiden und dulden, rd Gott auf unserer Seiten bleiben.»[1]) Allein Zürich ließ

[1]) St.-A. v. Basel, Politisches U 1. Schreiben Joh. Jak. Huldrichs vom November 1655.

sich nicht mehr zurückhalten. Es [illegible]
unerträglich und glaubte, daß endlich [illegible]
Tyrannei in den gemeinen Vogteien [illegible]
werden. Die Obrigkeit von Zürich stempelte
der Arther Flüchtlinge zu einer prinzipiellen.
tigen von Schwyz Sach haltet sie für ein oc
laß, durch welche sie von Gott aufgemuntert v
werde, den reformierten Vndertanen in den g
teien ... ihre läst und bürdenen zu ringern.»

Am 6. Januar 1656 erschien, nachdem alle
versuche gescheitert waren, das Manifest, dur
Krieg erklärt wurde. Die übrigen reformiert
wenig sie auch mit der Kriegserklärung einver
durften sich nun doch nicht ferne halten.

Der Krieg war kurz. Noch am 6. Jan
Berner unter Sigismund von Erlach aus. I
schlug er sein Lager auf. Eine kleine Schar
überraschte das bernische Heer und jagte es i
Die katholische Partei hatte einen gänzlich unv
völlig entscheidenden Sieg errungen.

Ebenso unglücklich war der Versuch de
Stadt Rapperswil zu erobern.

Am 22. Januar wurde ein Waffenstillstan
am 7. März der Friedensvertrag unterzeichnet

Äußerlich betrachtet traten keine großen V
ein. Im wesentlichen wurden die früheren Z
wieder hergestellt. Allein die moralische Wir
außerordentlich große. Die Zuversicht und F
keit der römischen Partei wuchs mächtig i
als die Zaghaftigkeit und Entmutigung der
zunahm. Es war schwer, den Glauben an die
Lehre festzuhalten, die von der Vorsehung s
verlassen zu sein schien, und größer als je w
um neue Konflikte zu vermeiden, alles gehen
dulden, zurückzuweichen, wo die Katholike
Um so erfreulicher, wenn es doch Männer ga
schwerer Gefahr treu zu ihrer Überzeugung

---

[1]) St.-A. v. Basel, Politisches U 1. Schreiben Joh. J
11. November 1655.

Toggenburg versahen in der Zeit dieser religiösen
: Männer aus verschiedenen Gegenden den Dienst
evangelischen Gemeinden. 1649 verläßt der Pfarrer
rchberg seine Gemeinde und kehrt in seine Heimat,
rkgrafenland, zurück.[1]) Dann hören wir wieder von
rn. Allein die weitaus größte Zahl von Pfarrern
das Basler Ministerium. Im Jahre 1663 waren die
evangelischen Pfarreien von neun Baslern, einem
aburger, einem Zürcher und einem Graubündner be-
Letzterer, ein Mann ohne Prüfungszeugnis und «darein gar böser Leumbden», wurde gegen ihren Willen
angelischen vom Abte aufgenötigt.[2]) Die Prediger
sich auf die Konfession der vier evangelischen Städte
:hten.

s gegen Ende des Jahres 1649 die Pfarrei Kirchberg-
ırg frei geworden war, wandte sich der damalige Land-
ohann Rudolf Reding nach Basel und ersuchte den
nen Prediger zu schicken, «der dahin taugenlich vndt
endt *discret* vndt zuefrieden vndt Ruogeneigt sige».[3])
: schon ein deutliches Zeichen dafür, daß bereits da-
er konfessionelle Hader sich stärker geltend zu machen
Vor dem Konvent in Basel hatten sich drei Kan-
ı präsentiert, unter ihnen auch Jeremias Braun. Am
November wurde er vom Rate gewählt und nach
'oggenburg gesendet.[4])

remias Braun war in der St. Leonhardsgemeinde in
geboren und am 16. Februar 1615 getauft worden. Er
:n Namen des Vaters; seine Mutter hieß Maria von Speyr.
te zwei Schwestern, Maria, getauft den 9. September
ınd Barbara, getauft den 15. August 1613.[5]) Sein Vater
rmutlich ein Vetter des Chirurgen und ersten deutschen
schaftlichen Afrikareisenden Samuel Braun, der auf

St.-A. v. Basel, Kirchenakten H 17. Schreiben Joh. Rud. Redings an von Basel. Datiert den 25. Oktober 1649.

Franz Joh. Friedr., Kirchl. Nachrichten über die evang. Gemeinden ıurgs. 1824. Seite 173.

St.-A. von Basel, Kirchenakten H 17. Schreiben Joh. Rud. Redings.

Antistitium Basel Acta eccl. Band III. 2. Nov. 1649.

Archiv des Civilstandamtes Basel.

seinen fünf Reisen nach Nieder[illegible]
der Goldküste und Alexandrietta [illegible]
Mann war für Basel ein Ereignis [illegible]
vielen ehrlichen Orten bei uns mit große
von den wilden seltsamen Ländern und Vö
und erzählet».[1]) Es müßte wunderlich z
wenn der junge Jeremias sich für die A
Herrn Vetter nicht auch lebhaft interessie
druckten Berichte mit Wonne gelesen hätt

Seine Studien hat Jeremias Braun zi
abgeschlossen; denn erst am 21. Mai 164
29 Jahre alt, ins Basler Ministerium aufgenon
rauf am 7. Dezember 1646 ließ er sich au
mit Ursula Zenoin trauen. Die beiden Famil
seit 1612 durch eine Heirat verbunden.[3])

Das Geschlecht der Zenoin (oder Gen
des 16. Jahrhunderts aus Vicenza, wo sie u
willen vertrieben worden waren, nach B
Thomas Zenoin, der mit einer d'Annone
tat sich in der Seidenindustrie hervor un
Seidenhof, das Erbgut seiner Frau, das abe
italienischen Flüchtling seinen Namen erh
war am 10. August 1590 ins Basler Bürgerrec
worden.[5]) Der neue Bürger hatte versproc
Gottshäuser vnd Armen woll bedenkhen»
daß seine Verlassenschaft nicht sollte «inv
und seine Erben nicht mehr als 300 Gul
sollten bezahlen müssen.[6]) Nachdem Thon
gestorben war, wurde dem Rat zur Kennt
habe «besagter Zenoin sein Anerbietten ni
nicht mehr dann 200 f. der Ellenden Herb

---

[1]) Samuel Braun, der erste deutsche wissenschaf
Von Georg Henning. Basel, Emil Birkhäuser 1900.

[2]) Antistitium Basel. Geistliche und Schulmeister.
S. Ministerii Basiliensis.

[3]) Civilstandsamt Basel.

[4]) Die Angaben über die Familie Zenoin verdanke
keit des Herrn Dr. Aug. Huber in Basel.

[5]) St.-A. von Basel. Oeffnungsbuch IX. Seite 11

[6]) Ratsprotokoll 9. Februar 1605.

Daraufhin wurde nach altem Gebrauch die ganze Verlassenschaft inventiert, und es kam zum Vorschein, daß Zenoin ein Vermögen von 50000 Gulden hatte. Den Ämtern aber wird befohlen, «den ordentlichen Abzug als nämlich 5000 Gulden abzufordern.»[1]) Thomas Zenoin hatte nur einen Enkel, Bernhardin Monzard, hinterlassen.[2]) Dagegen hatte er einen Bruder Hieronymus,[3]) dessen Sohn Michael Angelo war.[4]) Dieser war im Testament des Thomas Zenoin mit einem Legat edacht worden. Er hat später den Seidenhof bewohnt, achdem er ihn, indem er vermutlich vom Zugrecht Gebrauch achte, an sich gebracht hatte.[5]) Er wurde am 23. November 1607 ins Bürgerrecht aufgenommen[6]), verheiratete ch am 10. Oktober 1610 mit Barbara Beck und hatte drei inder: Ursula, getauft den 23. Februar 1612, Hieronymus, etauft den 14. Oktober 1613, und Johannes, getauft den ›. Juni 1615. Sie wurden alle zu St. Peter getauft.[7]) Die lteste aber wurde die Frau des Kandidaten Jeremias Braun.

Schon am 4. April 1647 wurde ihr erster Sohn Johann ichael zu St. Alban getauft. Am 2. Mai 1648 folgte Jereias. Der dritte, Johannes, wurde dem Ehepaar am 13. Januar 50 geschenkt, als Jeremias Braun bereits als Pfarrer zu irchberg-Lütisburg im Toggenburg amtete[8]).

Die Aussichten, welche die Wahl zum Pfarrer von irchberg-Lütisburg Braun eröffnete, waren nicht gerade änzende. Das Einkommen war klein; der neue Pfarrer llte daher «entweders kein Weib oder doch nit ein grossen nhang haben».[9]) Das traf bei Braun zu. Man scheint ihm ber auch die sittliche Qualifikation zugetraut zu haben, auf

---

[1]) Ratsprotokoll 9. Februar 1605 und 20. März 1605.

[2]) Ebendaselbst 18. Dezember 1605. So allein ist die Bedingung zu erstehen daß nach Absterben Bernh. Monzards das Legat an den Bruder Thomas Zenoins, Hieronymus, zurückfallen müsse.

[3]) Tonjola Joh. Basilea sepulta. Seite 146.

[4]) Ratsprotokoll, 17. April 1605.

[5]) Vgl. Tr. Geering. Handel und Industrie der Stadt Basel. Seite 479.

[6]) St.-A. von Basel. Oeffnungsbuch IX. Seite 169.

[7]) Civilstandsarchiv Basel.

[8]) Ebendaselbst.

[9]) St.-A. von B., Kirchenakten H 17. Brief Redings an den Rat von Basel vom 25. Oktober 1649.

welche der Landvogt in seiner Bitte um ei
hingewiesen hatte, und welche in den komme
Zeiten tatsächlich unerläßlich war. Braun hat d
nicht getäuscht, die der Rat und die Geistli
gesetzt hatten. Wenigstens wird ihm später
gegeben, daß er «sowohl in Haltung der Sch
richtung des Kirchendienstes vnseres wissens
einen getreuen, geduldigen vnd vnverdrosse
erzeigt, daher den Gemeinden lieb und wertl

Über die Tätigkeit Brauns in Kirchbe
nichts bekannt. Jedoch muß er sich bewährt
als der Pfarrer von Lichtensteig, Christof Halt
Gelterkinden erwählt wurde,[2]) rückte Braun
in dieser ansehnlichen Gemeinde vor. Lich
damals 500 Kommunikanten. Der Pfarrer h
kommen von «wöchentlich 5 Gulden neben
und Holtzung».[3]) Seine Arbeit war eine wese
Aber auch die Schwierigkeiten nahmen von J
Denn schon auf der Konferenz der evangeli
Baden am 15. und 16. April 1651 klagte der
Glarus, wie der Prälat von St. Gallen die
Toggenburger schlecht behandle.[4]) Die Ver
evangelisch Glarus fand keine Beachtung. Die I
immer häufiger und lauter. Im Herbst 1
Obrigkeit von Zürich zu Ohren, daß an d
welche in der Grafschaft Toggenburg das Wo
künden, nicht geringere Tyrannei verübt w
Zeiten Julian der Abtrünnige getan habe.[5])
schlossen die evangelischen Orte, den Abt zu
seine evangelischen Untertanen so zu verfah
nicht Ursache habe, sich derselben auch auf
anzunehmen, und wider solche Beschwerden d
die wirkliche Hilfshand zu bieten.[6]) Da aber alle

---

[1]) Antistitium Basel. Acta eccl. Band III, Seite 325.

[2]) Ebendaselbst und Bruckners Merkwürdigkeiten de
S. 2181. Franz, Kirchl. Nachrichten etc. Seite 73.

[3]) St.-A. von Basel, Kirchenakten H 17.

[4]) E. A. VI. 1 a. 50.

[5]) St.-A. von Basel, Politisches U 1. 11. November 1

[6]) E. A. VI 1 a, 271.

Behandlung der Evangelischen zu erzwingen.

Ob die evangelischen Prediger des Toggenburgs das energische Vorgehen begrüßt haben oder ob es auch von ihnen als mit dem Worte Gottes nicht übereinstimmend und darum als gefährlich erachtet wurde, wissen wir nicht. Aber sicherlich haben sie, nachdem einmal die Feindseligkeiten eröffnet waren, gewünscht und gehofft, dass den Waffen der Evangelischen der Sieg möchte verliehen werden. Es kam anders, und die Toggenburger waren die ersten, welche die Niederlage der Evangelischen in empfindlichster Weise zu fühlen bekamen.

Dagegen sind einzelne Untertanen während des Krieges unverbohlen mit der Sympathie für die Evangelischen hervorgetreten, zum großen Verdruß des Abtes von St. Gallen. Denn er verlangte am 13. Februar 1656 bei den Verhandlungen der katholischen Orte auf der Tagsatzung von Baden, daß seine Untertanen nicht in die Amnestie eingeschlossen würden. Da die XIII Orte aber auf der Amnestie bestanden, mußte der Abt dem Zuge seines Herzens nach Rache Zwang antun; hingegen legten es ihm die Vertreter der katholischen Stände nahe, «bei gelegener Zeit den einen und andern seiner Untertanen ihre Fehler merken zu lassen.»[1] Der Abt hat von diesem zarten Winke einen ausgiebigen Gebrauch gemacht.

Im Jahre 1657 war es zwischen Zürich und Bern einerseits und den 5 katholischen Orten Luzern, Uri, Schwyz, Unterwalden und Zug anderseits zu einem Spruchbrief gekommen. Als Vermittler hatten mitgewirkt Joh. Rud. Wettstein, alt Bürgermeister von Basel, und Joh. Rehsteiner, alt Landammann von Appenzell A.-Rh. Darin wurde jedem das Recht des Übertritts zu einer andern Konfession gewährleistet. Weiterhin sollten den Evangelischen in bezug auf Feiertage, Kindertaufe, Begräbnis ungetaufter Kinder,

---

[1]) E. A. VI 1 a. 321.

Aufsteckung von Kreuzen auf Gräbern, Hutabziehen beim Glockenklang und dergleichen Sachen «kein gewaltt, zwang noch eintrag getan weniger eine Straff angelegt vnd also kein *Religion* an der andern *Ceremonien* vndt gebräuch gebunden» sein. Sie sollten das Recht haben «deß geläuts sich aller Orten nach Weis und Form Ihrer Religion sowohl als die Catholischen zu bedienen», «wo sie in ihren eigenen Kirchen, dahin sie gehörig, ihren Gottesdienst nicht verrichten können, sich der nechstgelegenen evangelischen oder gemeinen Kirchen ohn einige Beschwerde, Aufflag oder Hinderniß zu bedienen», neue Kirchen auf ihre Kosten zu erbauen und doch ihre Rechte an die alten Kirchen «unverletzt» zu behalten. So konnte nur reden, wem wirklich «an brüderlicher Liebe und Einigkeit» gelegen war. In allen diesen Bestimmungen läßt sich unverkennbar die gute Absicht spüren, dem Schimpfen und Schmähen Einhalt zu tun, damit «hierdurch die eidgenössische Vertraulichkeit, Liebe und Wohlmeinung umb so viel gestärkt und alle Verbitterung, Haß, Neid vndt Widerwillen möglichst abgeschnitten werden.[1])

Allein diese Bestimmungen waren so gerecht, so weitherzig, daß ein Wunder hätte geschehen müssen, wenn sie nicht bloß auf dem Papier geblieben wären.

Die Reibungen begannen bald von neuem. Der Abt von St. Gallen ließ seine evangelischen Untertanen im Toggenburg über ihr Benehmen und Reden während des Kriegs inquirieren; einer der angesehensten Toggenburger wurde in Lichtensteig in Ketten gelegt, dann auf das Schloß Iberg geführt und gar ernstlich examiniert, ob ihnen nicht von evangelischen Orten Hilfe anerboten worden sei; verschiedene Personen wurden vom Landvogt eidlich zitiert und einvernommen. Ein reicher Toggenburger, der sich zu gunsten der evangelischen Kriegsführung ausgesprochen hatte, wurde mit einer dreißigjährigen Galeerenstrafe bedroht.[2]) Besonders hart wurde gegen den Bannerherrn Bosch verfahren. Er hatte geäußert, daß das Gewissen über den

---

[1]) St.-A. v. Basel Politisches U 1. Einseitiger Spruchbrief etc. 1657.
[2]) E. A VI 1 a 369

Eid sei. Neben den großen Prozeßkosten wurde er mit einer Buße von 100 Dukaten belastet.[1])

Es konnte auf die Dauer nicht ausbleiben, daß auch die Pfarrer der evangelischen Gemeinden den Druck des Abtes zu spüren bekamen.

Umso mehr hätte man erwarten sollen, daß alle evangelischen Prediger, die große Gefahr erkennend, mit klarem Bewußtsein ihrer Verantwortlichkeit allen und jeglichen Anstoß und Ärgernis hätten vermeiden müssen, um der evangelischen Sache und ihnen selbst nicht zu schaden. Im allgemeinen ist das zwar der Fall gewesen. Anders verhielt es sich indessen mit dem Basler Zweibrucker, der am 2. April 1652 nach Niederglatt geschickt worden war.[2]) Denn am 23. November 1657 berichtet Conrad Richard, Pfarrer in Oberglatt, an den Antistes Lukas Gernler, daß Zweibrucker an fleißigem Studieren und erbaulichen Predigten nichts ermangeln lasse; «ist aber doch beyneben mit der kinderlehr vnd erclärung des *catechismi* wie auch mit der Schul vnd vnderweisung der iugend, daran beides gar viel gelegen, hinlessig gesin, hat übel mit siner husfrowen gelebt, vnd beide mit ihren Vngewissen reden keuben vnd balgen fluchen vnd schwören große Ärgernuß gegeben.» Richard fügt noch hinzu, er habe «ein geringen vnd schlechten lust zu sinem kirchendienst verspüren können, sondern mit bedauern sehen vnd erfahren müssen, das ihme gedachter sein dienst ie lenger ie mehr also erleydet, das er stets darvon getrachtet.» Tatsächlich machte Zweibrucker sich am 16. Oktober heimlicher Weise davon. Wie nicht anders zu erwarten, wurden dadurch «allerley seltzamer gedanken vnd große ärgernuß verursachet, sonderlich bei vnserm gegentheil.»[3]) 1654 war Emanuel Schultheß von Basel als Pfarrer von Kirchberg wegen Trunksucht entlassen worden.[4])

Auch später müssen ähnliche Dinge vorgekommen sein wenn das Epigramm Johann Grohs «Auf einen tugendlosen Prediger», woran nicht zu zweifeln ist, berechtigt war.

[1]) E. A. VI 1 a. 381.

[2]) Antistitium Basel, Acta eccles., Bd. III, S. 530.

[3]) St.-A. v. Basel. Kirchenarchiv A 11. Brief C. Richards vom 23. November 1657.

[4]) Franz. a. a. O. S. 158

«Du bist so lasterhaft, daß man es kaum kan leiden/
Und heissest doch das volk die laster ernstlich meiden/
Du sprichst: thut nicht wie Saul / der ungehorsam war/
Noch wie zu Noachs zeit der losen spötter schaar.
Und was dergleichen mehr du weisest ein zu führen:
Allein wilt du dem volk' alsbald das herze rühren/
So geh' exempeln nach so weit nicht hindersich/
Sprich nur zu deiner schaar: Ihr solt nicht thun wie ich.»[1]

Das freilich muß zugegeben werden, daß das Leben für die evangelischen Prediger nichts weniger als gemütlich war, und dann erst recht, wenn unser Dichter mit seinem Vorwurf der Trägheit und Gleichgültigkeit der Gemeinden nicht in die Luft strich.

Jezund gleicht ein Prediger einem wächter / der die stunden
In der nacht mit ruffen meldt / denn so einer wird gefunden
Der den wächter höret ruffen / seind wol hundert, oder mehr/
Welche schlaffend nichts vernemen / rieffe man gleich noch so sehr.»[2])

Der erste Pfarrer, der aus dem Toggenburg um seines Glaubens willen weichen mußte, war der Basler Andreas Ryff zu Lütisburg und Kirchberg. Am 9. Dezember 1660 erhielt er von dem Kommissar und Beisitzer des evangelischen Kapitels Hans Grob, dem Vater des Dichters, in Entschwil (Oberglatt) eine Warnung. Diesem war von seinem Weibel Uli Cuntz «in Ill und hochstem geheimnus geoffenbaret» worden, daß Ryff «wegen den bewüsten Worten im Predigen» am 10. Christmonats um 9 Uhr gefänglich nach Lichtensteig sollte geführt, am folgenden Montag mit dem Schwert gerichtet und mit Feuer verbrannt werden.[3]) Ryff sah sich gezwungen, sich auf diese geheime Warnung hin zu salvieren.[4]) Im Frühjahr 1663 wurde Johann Rapp «ohne meldung einiger special Ursach von der Predicatur Neßlaw, die er viel Jahr lang mit lob versehen, unschuldig verstoßen.»[5]) Er kam nach Basel, wurde zum Prediger von Lausen und Schulmeister von Liestal er-

[1]) Grob Joh. Dichterische Versuchgabe Gedruckt zu Basel Bei Johann Brandmüller Im Jahre 1678. S. 35.
[2]) Grob Joh. a. a. O. S. 49.
[3]) St.-A. v. Basel. Kirchenarchiv A 11. 9. Dezember 1660.
[4]) St.-A. v. Basel Missiven 8 April 1663.
[5]) Ebenda.

wählt, starb aber am 23. März (2. April) an einem Schlage, bevor er in seine neue Pfarrei aufgezogen war.[1])

Der Rat von Basel hatte wohl allen Grund anzunehmen, daß es der Abt von St. Gallen nicht sowohl auf die einzelnen Prediger abgesehen hatte, sondern vielmehr darauf, das Evangelium den Gemeinden nach und nach ganz zurückzuziehen.[2]) Diese Vermutung wurde ihm zur Gewißheit durch die Behandlung, welche Jeremias Braun in der Passionszeit des Jahres 1663 erfahren mußte. Mit Recht hat einer der nächst Beteiligten geurteilt: «Alle Exempel lauffen gleichsam zusammen in der vnchristlichen *procedur* der vnCatholischen mit Hr. *M.* Jeremias Brun von Basel.» Hätte der Abt aber im Toggenburg Erfolg gehabt, dann wäre es gekommen, wie ein Zürcher Bürger sich geäußert hat: «Gehet dieser Gewalt fort, so kommt die kehren an das Rheintal vnd abtische Thurgouwische Gmeinden.»[3])

An Stelle des verstorbenen Landvogts Reding war Wolfgang Friedrich Schorno, wieder ein Schwyzer, nachgerückt. Um Ostern 1659 oder 1660 kam auch ein neuer Priester, Johann Fridolin Gruber von Rorschach, nach Lichtensteig. Mit ihm zog auch ein anderer Geist in die Gemeinde ein. Das Verhältnis unter den Lichtensteigern war bis dahin, wie übrigens auch sonst im Toggenburg, trotz allem ein friedliches gewesen. Es war Brauch, daß «ehrenhalb ein Teil dem andern in die Hochzeit und Leichenpredigten ging.»[4]) Das sollte nun anders werden. Denn bald nach seiner Ankunft verkündigte der neue Priester seinen Zuhörern, es müsse nicht drei Jahre anstehen, so wolle er das ganze Lichtensteig zu seiner Religion bringen.

Um zum Ziele zu kommen, ließ er zunächst die evangelischen Lichtensteiger durch den Stadtweibel zu den katholischen Leichenpredigten aufbieten. Bei solchen Gelegenheiten

---

[1]) Antistitium Basel. Geistliche und Schulmeister 106. Acta eccl., Bd. IV, S. 321.

[2]) St.-A. v. Basel. Missiven. 8. April 1663.

[3]) St.-A. v. St. Gallen B 159, S. 398, und St.-A. v. Zürich A 339. Bericht uß Herisau 30. März 1663.

[4]) St.-A. v. Basel. Kirchenarchiv A 11. Relation über den Braunschen Handel. Schreiben Brauns an Antistes Gernler vom 4. April 1663. Wo nichts bemerkt ist, liegen sie der Darstellung zu Grunde.

wandte er alle Überredungskunst an, um die Evangelischen auf seine Seite herüberzuziehen. So äußerte er sich im Juli 1662, er «wüsse wol, daß die Burger zu Liechtensteig offt gedenken, wie es so fein undt lieblich wäre, wan zu Liechtensteig nur eine Religion wäre; den da wurde man einiger und fridsamer sein.» Dann pries er ihnen die Vorzüge des katholischen Glaubens. «Er bey seiner Religion könne den Gottesdienst verrichten, wo Er hinkomme, in Italien, Spanien. Solches könne kein Predicant. Bei ihrer Religion haben sie alle Heiligen, die heiligen Apostel, Märtyrer, Päpste. Die Reformierten können keinen einzigen Heiligen sagen, die sie gehabt haben. Sie allein haben den heiligen Geist bei ihrem Gottesdienst; die Reformierten aber haben den heiligen Geist nicht bei ihrem Gottesdienst. Die Reformierten mochten sagen: Wir berufen vns auf die heilige Schrifft. Aber solches thunt wir auch, denn ich sitze die ganze wuche ob derselbigen heiligen Schrifft. Solches kann der Predicant ni thun; er muß seinem Weib vnd Kinder abwarten.» Aus diesem allem könnten sie leicht ersehen, daß er die wahre Religion habe; und «wenn einer unter den genannten Reformierten ihme ein besseres lehren könne vndt nicht thue, so lade er Ihn In Josaphats thal, daß er Ihme daselbsten müsse rechenschaft geben. Aber es werde solches keiner können.» Allein seine Worte hatten nicht die gewünschte Wirkung. Der Priester ließ durch seinen Koch etliche seiner Zuhörer fragen, wie die Predigt ihnen gefallen habe. Er bekam keine befriedigende Antwort. Niemand fühlte sich auch veranlaßt, ihn aufzusuchen. Er gab dem Prädikanten die Schuld, daß nicht alles wolle katholisch werden und sann auf andere Mittel, zum Ziele zu kommen. Das geeignetste erschien ihm, den Prädikanten selbst aufs Korn zu nehmen.

Es wahrte nicht lange, so war Braun «in etwas vngelegenheit» gekommen.[1]) Im August 1662 hatte er in der Kinderlehre seinen Zuhörern die funfte Frage des Heidelberger Katechismus vorgelegt, ob ein Mensch die Gebote Gottes vollkommlich halten könne. Ein Kind antwortete

[1]) St.-A. v. Basel. Kirchenarchiv A 11. Brief Conrad Richards an Antistes Gernler. 27. Oktober 1662.

[illegible] «Nein.»[1]) Braun erklärte die Frage und Antwort, [illegible] auch in seinen Predigten gelegentlich ähnliche Ge[illegible] aus. Daraufhin wurde der Pfarrer vor den Landvogt [illegible]fen, und vor seinen Beamten angeklagt, er habe neulich, [illegible] der Landvogt übrigens selbst gehört habe, etliche Mal [illegible] Worte gebraucht: «*Es sei unmöglich die Gebote Gottes* [illegible]*kommlich zu halten.*» Das sei aber wider den Landfrieden [illegible] eine Blasphemie. Er habe ihn zwar nicht beschickt, daß [illegible] ihn deswegen strafen wolle, welches zu seiner Zeit ge[illegible]hen werde, sondern ihm anzuzeigen, daß er dieses für[illegible]hin in seinen Predigten solle bleiben lassen.[2]) Braun [illegible]rief sich auf den Katechismus,[3]) auf den er verpflichtet sei. [illegible] Landvogt wollte ihn sehen; Braun schickt ihn, nachdem [illegible] die betreffende Stelle angestrichen hatte.

Der angeklagte Pfarrer setzte von dem Vorfall seine [illegible]pitelsbrüder in Kenntnis. Sie betrachteten die Angelegen[illegible]it als «ein gemeine Sach».[4]) Denn es war klar, daß die [illegible]ungen Brauns vollständig der eidgenössischen Konfession [illegible]sprachen, daß sie auch eben das lehrten und predigten, [illegible] er gelehrt hatte, und sie beschlossen, daß sie in dieser [illegible]meinen Sache sich nicht trennen, «sonder all für ein man [illegible]ichsam darstehn» wollten. Sie wurden eins, sich erst an [illegible] Landvogt selbst zu wenden; habe das keinen Erfolg, dann [illegible]ten beim Rat in Basel weitere Schritte getan werden.[5])

Acht Tage später begab sich Braun auf das Geheiß des [illegible]kans wieder zum Landvogt, erklärte, daß es sich bei den [illegible]orten, die er verurteile, um die Lehre aller evangelischen [illegible]ediger des Toggenburg handle, und bat, daß er wiederum [illegible] predigen dürfe. Der Landvogt war von dieser Erklärung [illegible]nig erbaut. Er gab ihm zur Antwort, daß er ihm nichts [illegible]rboten, sondern ihn nur gewarnt habe; denn in St. Gallen [illegible]tte man seine Worte als Gotteslästerung betrachtet. Und [illegible] gereiztem Tone fügte er noch die Bemerkung hinzu: [illegible] richte sich auch nicht nach den Zürchern, die haben

[1]) St.-A. v. St. Gallen B 159, S. 398.

[2]) St.-A. v. Basel. Kirchenarchiv A 11 wie S. 140, Anm. 1.

[3]) Heidelberger Katechismus, Frage 5.

[4]) Brief Richards vom 27. Oktober 1662.

[5]) Ebenda.

alle Jahr etwas neues,» wie sie denn jetzt wi
Bibel wollten drucken lassen. Den Leuten a
sei das beschwerlich, weil sie eine neue k
allein was kümmere das die Obrigkeit von Zü
eben auf diese Weise ihre Kriegskosten wied
zu machen.

Im Namen des Kapitels erklärte auch der
dem Abte von St. Gallen die Zustimmung der
Prediger zu der angefochtenen Lehre des
Amtsbruders. Konrad Richard kann seinen l
über die Verhandlungen in der Angelegenh
Gernler einsandte, mit den Worten schließer
wol anfangs ein zimlich rauches vnd gefähr
hatte, bey vnserm Herren Landtvogt, hat d
geben, daß vor vnsern H. Prälaten, seinen
weltlichen Räthen, bey denen auch vnser
gesessen, vnser sach nach wunsch abgelou
M. Braunen wider darauß gehulffen worden.»

Freilich die Ruhe währte nicht lange.
auf weitere Schwierigkeiten sich gefaßt mach
dieser Zeit an besuchte der Priester selbst di
schickte jemand von den Seinigen hin. In
sich einmal sein Koch während der evange
in der katholischen Kanzel versteckt.[2]) Üb
der Landvogt ganz unbemerkt den Pfarrer bel
vermittelst eines vergitterten Ganges, der
vogts Wohnung in die Kirche führte, konnte
auf der Kanzel deutlich sehen, hören und a
vernehmen, was in der Kirche verhandelt wur
nur zu genau bekannt, was für Absichten de
Braun wurde etliche Mal gewarnt, auch von l
Priester sei gar eifrig auf ihn, er werde n
bis er ihm schaden könne.

Das ging nun so weiter bis in die P
folgenden Jahres 1663. Braun hatte die
Gemeinde die große Seelennot des Erlöser

---

[1]) Brief Richards vom 27. Oktober 1662.

[2]) Stiftsarchiv St. Gallen B 159. Anmerkung zum

[3]) Franz. Kirchliche Nachrichten etc. Seite 72.

So predigt er einmal über die sieben Worte Jesu am Kreuz, und gab sich alle Mühe, ihnen das Wort auszulegen: «Mein Gott, mein Gott, warum hast du mich verlassen.» Es war ihm der Ausdruck des unendlich tiefen Seelenleidens Jesu. Diesem Gedanken ging er noch weiter nach. Am 11. März, acht Tage vor Palmsonntag, hielt er eine Predigt über Jesaia 53, 4—7.[1]) Er redete bei dieser Gelegenheit über die zwei Stücke:

I. Die vrsachen des Leidens vnd Sterbens vnseres Herren Jesu Christi.

II. Was wir für einen Nutzen darauß zu fassen haben.

Nachdem er gezeigt hatte, daß die eine Ursache unsere Sünde, die andere die Liebe des Vaters gewesen sei, und daß wir aus diesem allem sehen, wie groß unser sündliches Elend und wie groß die Gnade und Liebe Gottes sei, legte er in recht anschaulicher, origineller Weise, warm und eindringlich, seiner Gemeinde hauptsächlich das Wort ans Herz: *«lud auf sich vnsere schmerzen;»* und sagte unter anderm: «Durch vnsere Schmertzen, welche er auff sich geladen hat / werden verstanden vnsere Sünd / vnd wegen vnseren Sünden der Zorn Gottes / vnd diser Schmertz ist nicht ein Leiblicher / sonder ein große Seelenangst vnd Schmertzen gewesen.» «Man sihet etwan an den gottlosen / wann sie den Zorn Gottes an jhren Seelen wegen jhren Sünden empfinden / wie vbel sie sich gehaben / daß jhnen offt die weite Welt zu eng wird / ja gar jhnen offt den Tod anthund. / Ein Exempel an Juda und Cain.

Ja man sihet auch an den Gläubigen / wann sie den Zorn Gottes an jhren Seelen empfinden / daß sie sich schmertzlich darüber gehaben / vnd daß sie ohne die Gnad Gottes solches nicht vberwinden könnten / ein exempel an David: *Deine Pfeil stecken in mir.* Alß wolt er sagen: Ach lieber Gott / ich fühle meiner Sünden halben solche Schmertzen / als wan mir einer einen vergiffteten Pfeil ins Hertz geschossen / vnd mich

[1]) Vaterländ. Bibliothek Basel P. 26. Baslerische Gelegenheitspredigten, Bd. 4. Christliche Predigt, Von dem Leyden vnd Sterben vnseres geliebten Heylands Jesu Christi. Gehalten zu Liechtensteg / in der Graffschafft Toggenburg / den 1/11 Mertzen / Anno 1663. Durch M. Jeremiam Braun, damaligen Evangelischen Predigeren daselbsten. Getruckt zu Basel, Bey Johann-Rudolf Genath.

vnd am Stammen des Creutzes geruffen n
mein Gott / warumb hastu mich verlassen. I
gelitten umb vnserer Sünden willen; vnd
Gottes willen wegen vnserer Sünden. Dann
gleichen Schmertzen hetten wir ewig müssen
stehen / wo nicht der Sohn Gottes dieselbig
sich geladen hette. Solches soll vns auffmu
Danckbarkeit gegen Gott / daß wir jhn alle
loben vnd preisen / solche Danckbarkeit soll
selbsten sehen lassen / daß wir nemlich die S
vnserem Herren Christo so grossen Schm
haben / je länger je mehr fliehen vnd meide
befleissen eines heiligen Lebens vnd Wand

Was der Sinn dieser Predigt war, m
jedermann ohne weiteres klar sein. Die
ihren Prediger denn auch gar wohl verst
weisen deutlich die vier Männer, die über
hört wurden.

Nur böser Wille eines Fanatikers ko
frommen, von jeder Polemik freien Wort
lästerung heraushören. Anders ist darum d
Priesters Johann Fridolin Gruber auch nich

Am selben Morgen wiederholte er die
die er zuvor gehört hatte, «verkehrterweiß
hörern und behauptete, daß Braun den Soh

nel geschmäht habe, «als wan Er in die Höllen ge-
väre, daselbsten höllische Angst vnd Schmertzen zu
daß er ihn dem Juda und Cain verglichen, «als wan
reifelt wäre.» Kein Zweifel, «der Predicant verführt
e Volk.»

; schuldigem Eifer zu Errettung der Ehren Gottes
aber der Priester in bester Form am folgenden Tage
;e vor den Landvogt. Er berichtet darin, daß er schon
olt von dem hiesigen Prädikanten über das Leiden
rben des unschuldigen Herrn Jesu Christi «etwelcher
harte, vngereimbte vnd Christlicher *pietet* gantz
reden nicht ohne grausen vernomen» habe. Gestrigen
er habe er sich nicht gescheut, «Christum vnsern
vnd Erlöser, den ewigen Sohn Gottes, deß aller-
ı, das vnschuldige Kind *Maria,* der reinen Jungfrawen
n Menschen, als der sollte von Gott mit höllischer
d Marter gestraft und verdammt sein, auszurufen.»
ır Bestätigung dieser ergerlichen Lehr ihne Christum
rzweiffleten Verräther *Judae* und herzlosen bruoder-
Cain vnd anderen dergleichen gesellen mit vermessener
it verglichen.»[1])

un wurde in dieser Woche einmal über das andere
, er sei in der höchsten Gefahr und sollte sich wol
n; denn seine Predigt sei schon in St. Gallen vor
sten. Tatsächlich war der Priester mit dem Land-
ch St. Gallen gewandert, um dem Abt Bericht zu
ı. Unterwegs kehrten sie in Tegerfelden ein. Hier
Landvogt die Äußerung: «Es bette vf ein Zeit einer
ıe ketzerische lehr geprediget, der were sampt seinen
ı verbränt worden, man solte es diß orths eben
o machen.»[2])

ein vorläufig geschah nichts. Das Osterfest ging
orüber. Am Mittwoch den 4. April dagegen wurden
este vor den Landvogt, Landschreiber und Land-
gerufen. Sie wurden vereidigt, daß sie ihrem Pfarrer
on dem Verhör berichteten. Dann wurden ihnen

iftsarchiv St. Gallen. Actor. Doggic. Band XIX. Seite 351. ff.
n.
iftsarchiv St. Gallen B 159. Seite 398.

zwei Fragen gestellt, ob Braun gesagt habe, Ch
höllische Pein erlitten, und ob er Jesus mit Juda
verglichen habe.

Sylvester Grob, ein wackerer Ältester der
gab den ersten Punkt ohne weiteres zu, stellte
zweiten ebenso entschieden in Abrede und legt
Sinn der Predigt so zurecht; Braun habe Cain
angezogen «dergestalten, das, wann ein Mensch
falle, solle man nit in Sünden verharren wie Jud
sondern reuw und leyd haben.» Ähnlich deponi
Steger. Meister Wolfgang Grob erinnerte no
frühere Predigt über die sieben Worte Jesu a
in welcher der Pfarrer ähnliche Gedanken über
Jesu ausgesprochen habe. Einzig der vierte, Joh
Kuontz, gab nur eine unbestimmte Antwort; sie
bezug auf den ersten Punkt «ehender ia als nein,
in bezug auf den zweiten «ehender nein als ia
werden wir kaum fehlgehen, wenn wir diese u
Aussage uns zum großen Teil aus der Furcht vor
vogt erklären.

Nun wurde auch Braun vor den Landvogt g
vor dieselben Fragen gestellt. Braun antwortete
er über das Leiden Jesu gepredigt habe, der
gelischen Städten Konfession und Glaubensbek
mäß sei. Der Landvogt fiel ihm ins Wort; er f
was in diesen Städten gepredigt werde, sond
M. Braun, solches gepredigt habe. Darauf gab
wort, daß er es getan habe und die übrigen Predi
auch predigen. Dagegen habe er niemals Jesus
und Cain verglichen.

Braun wurde entlassen und ging heim.
Stunden, um 11 Uhr, wurde er wieder vor der
berufen und gefragt, ob er bei seiner vorigen A
harre. Braun hatte nichts zurückzunehmen. Dar
Landvogt eine Stelle aus einem Schreiben vo
St. Gallen gekommen war: «Wan der Predicant
daß er vorgemelte Wortt geredt habe, so nemn

[1]) Stiftsarchiv St. Gallen. Actor. Doggic. Bd. XIX, Seit

ıld in obrigkeitlichen Gewalt.» Braun bat lange, er wolle ıloben und nicht weichen, wie auch sein Ältester, Sylvester rob, im Namen der ganzen Gemeinde für ihn eintrat: «Sie olle ihn wiederum stellen, wanns begehrt werde,» ja sich lbst und andere als Bürgen anerbot.[1]) Es half nichts. 'aun erklärte nun, es sei ihm nicht allein um seine Person tun, sondern es geschehe auch der hohen Obrigkeit zu ısel ein «*Despect*» die ihn hieher geschickt und dem ɛrrn Landvogt selig rekommandiert habe. Der Landvogt ß das nicht gelten. Braun erinnerte daran, daß die Pre- ger im Toggenburg in den 4 evangelischen Städten der dgenossenschaft examiniert würden und darum nach diesem aubensbekenntnis predigen müßten. Schorno erwiderte öttisch, daß man dort vieles predigen dürfe, was im ggenburg nicht erlaubt sei. Der Pfarrer suchte nun dem engen Landvogt von einer andern Seite beizukommen; er ihm etwas zu leid getan habe, daß er so streng gen ihn sei. Der Landvogt gab ihm die Antwort, das sei ineswegs der Fall, und wenn er es begehre, so wolle er n Brief und Siegel dafür geben. Braun bat, er möchte doch ıen oder zwei von den nächsten Predigern kommen lassen d sie fragen, ob sie nicht auch also predigen. Wenn sie bestritten, so wolle er der Strafe sich gerne unterwerfen. :r Landvogt gab dem Pfarrer zu verstehen, es sei ja :ht nötig, daß er andere auch mit ins Unglück hinein- he. Denn das wäre doch ein ungerechter Richter, der ı strafen würde, aber einen andern, der dasselbe pre- ;te, nicht.

Auf diese Weise redeten die beiden mehr als eine ınde hin und her. Braun hoffte, freigelassen zu werden. half aber alles nichts. Schorno drohte schließlich, wenn nicht gutwillig sich ergebe, so würde er Gewalt brauchen. ırauf verzichtete der Unglückliche auf weitere Versuche, h los zu reden. Er wurde in die obere Stube geführt d daselbst eingeschlossen. Der Landvogt ließ ihm noch nte, Federn und Papier bringen, er könne schreiben, wo- ı er wolle. Braun schrieb, «mit großer Furcht vnd Zitern

[1]) Stiftsarchiv St. Gallen. B 159. 403 ff.

Drei von den Ältesten brachten ihn dem
ihn nachher nach St. Gallen mit.

Die Gefangennahme Brauns rief gro
vor, die sich im Laufe der Woche stei
redeten auf der Gasse, man werde de
Kopf abschlagen und dann werde es K
kam vor, daß etliche Kinder auf der G
zwischen Evangelischen und Katholischen
allerdings Leute, welche am liebsten glei
ganzen Handels zur Gewalt gegriffen hätt
Schmiedknecht von Ganterswil: «Wan
wären meister worden, hettens den Herr
aber die alten sigen meister worden.» Es
daß sich die Mehrzahl nicht zu unbesonne
reißen ließ; denn die Befürchtung war nich
ein Krieg daraus entstehen möchte. Zwar
die Befürchtung seiner Frau nicht gelten
eben in heller Aufregung berichtet hatte
Stille vorbereite. Denn er erwiderte ihr:
machet die brüllen, die wiber werden
Allein sie ließ sich von ihrer Meinung ni
gäb bey Gott Krieg.»

Die Erregung fand zunächst Nahrung
der Katholischen. Der Priester hatte verl
dieser Streich angehe, werde ganz Tog

---

[1]) Kopie des Briefes Brauns im Archiv des
Lichtensteig. Diese sowie zwei andere Schreiben würd
W. Kambli in Lichtensteig in freundlichster Weise z

werden. Er werde die Kinder der Evangelischen in seiner Kinderlehre haben. Katholische Bürger freuten sich an dem Gedanken, es werde keine fünf Wochen mehr anstehen, so würden alle Lutherischen *pater noster* tragen müssen. Oder man suchte den Evangelischen durch Geheimnistuerei Furcht einzujagen. Es werde innerhalb fünf Wochen etwas abgeben, allein man dürfe es nicht sagen. Einzelne gingen noch weiter. Es war bekannt geworden, daß die Papisten Blei und Pulver kauften, die Waffen rüsteten und einander liehen. Ja einer putzte vor den Leuten seine Pistole und ein anderer ließ auf offener Strasse seinen Säbel schleifen und erklärte: er wolle mit dem Säbel manchem lutherischen Ketzer den Kopf spalten.[1])

Die Evangelischen konnten und durften nicht untätig zusehen. Gleich nach der Verhaftung schickten sie vier Männer aus ihrer Mitte mit dem Briefe Brauns nach St. Gallen. Es wurde ihnen aber nicht vergönnt, mit dem Fürsten zu reden. Sie wurden vor den Offizial gewiesen. Dieser fertigte sie mit glatten Worten ab und machte ihnen die Hoffnung, Braun werde freigelassen werden. «Ja, ledig us den Banden zum Tod, war ihr Anschlag,» fügt Jakob Brägger in seiner Erzählung mit grimmigem Spott hinzu.[2])

In Lichtensteig selber traten einige Bürger zusammen und beratschlagten, was zu tun sei. Sie wurden eins, an die Prädikanten zu berichten, daß drei oder vier von den tauglichsten aus jeder Gemeinde nach Lichtensteig geschickt werden sollten, um für den Prädikanten zu bitten. Der Beschluß wurde Dekan Richard in Oberglatt mitgeteilt, und dieser beeilte sich, seine Amtsbrüder aufzufordern, daß sie in ihren Gemeinden Ausschüsse bilden sollten.[3])

Richard tat aber auch sonst, was er konnte; er berief auf Samstag die Synode nach Lichtensteig; sie beschließt, eine Abordnung an den Landvogt zu senden.[4]) Richard,

[1]) Stiftsarchiv St. Gallen. Rubrik LXXXV. Toggenburg im allgemeinen. Examinationsbuch. 18. April ff.

[2]) Stiftsarchiv St. Gallen, B 159. 398 ff.

[3]) Stiftsarchiv St. Gallen. Rubrik LXXXV fasc. 52. Toggenburg im allgemeinen. Examinationsbuch. Deposition des Kommissars Hans Grob.

[4]) St.-A. von Zürich. A. 339. Bericht vß Herisau, 30. März 1663.

worden sei. Schorno gab ausweichenden Bescheid; ohne genugsame Ursache sei es gewiß nicht geschehen. Übrigens sei dem Gefangenen bis dahin freie Hand gelassen worden, daß er seine Verantwortung habe zu Papier bringen können. Braun hätte sich niemals darüber beschwert, daß er allhie nicht *libere* predigen dürfe, was der Konfession der vier Städte entspreche. Dekan Richard erlaubte sich einzuwenden, daß doch Braun geboten worden sei, als er und andere aus Anlaß des früheren Anstandes von St. Gallen kamen, dergleichen Sachen zu lassen. Dem Pfarrer Schad machte der Landvogt die Andeutung, daß er im Verdacht stehe, in Religionssachen «*direction*» von Zürich zu nehmen. Schad verwahrte sich dagegen, es geschehe ihm «vnguetlich». Dem Dekan aber wird noch zu Gemüte geführt, zu was für «greulichen *absurda*» die Behauptung führe, daß die Gebote Gottes nicht vollkommen könnten gehalten werden. Richard merkte die Absicht des Landvogts, ihn in eine Diskussion über die Frage hineinzuziehen, um ihn verhaften zu können, tat ihm aber den Gefallen nicht, sich über die Frage auszusprechen. Vielmehr richteten Haidelin und Schad noch die Frage an Schorno, wie sie sich in der Kinderlehre in bezug auf die angefochtene Frage zu verhalten hätten. Der Landvogt gab zur Antwort, er müsse warten, «was Ihre fürstlichen Gnaden decidieren;» sie sollten darum diese Frage in der Kinderlehre übergehen.[2]) Der Ausschuß kehrte zurück und gab den Pfarrern Bericht. «Die Pfarrer haben sich mit betrübtem Herzen retirieret» und sich nach ihrem Gemeinden verfügt, weil es Samstag war.[3])

Gegen Mitternacht kam die Nachricht nach Oberglatt. Der Kommissar fertigte sofort einen Boten nach Niederglatt ab. Dieser bringt vom Vogt von Schwarzenbach die Mitteilung, daß das Landgericht schon am Montag gehalten werde. Es tat also Eile not. Die Prädikanten wurden aufgeboten, am Sonntag wieder nach Lichtensteig zu kommen. Fast alle erschienen. Aus der Oberglatter Gemeinde waren noch sieben Männer mitgekommen. In Fischbachers Hause berieten sie, ob sie gemeinsam Fürbitte einlegen sollten. Der Kommissar Grob hielt es für unnötig, da man ja die Meinung der Pfarrer zur Genüge kenne. Als bekannt wurde, daß das Landgericht doch erst am Dienstag gehalten werde, kehrten vier von den Oberglatter Abgeordneten heim.[1])

Neben diesen mehr offiziellen Maßnahmen des Kapitels hatte aber eine andere Bewegung eingesetzt. Ihre Führer wollten es nicht bloß beim Bitten bewenden lassen, sondern durch eine drohende Haltung die Obrigkeit und das Landgericht zwingen, Vernunft anzunehmen. Das Haupt der Bewegung war Meister Jakob Brägger, Scherer und Bürger zu Lichtensteig. Dieser geistig regsame und an der evangelischen Sache innerlich beteiligte Mann, der schließlich auch am meisten für sein energisches Vorgehen leiden mußte, sah zuerst die Notwendigkeit ein, eine größere Aktion zu organisieren. Er versprach sich nichts davon, wenn nur etwa vier Männer aus jeder Gemeinde beim Landgericht vorstellig würden. Es sah nur einen Erfolg, wenn möglichst viele, je mehr desto besser, in Lichtensteig, und zwar bewaffnet, erschienen, damit man glaube, man wolle den Prädikanten mit Gewalt den Richtern entreißen. Zugleich wollte er darauf dringen, daß vor Schwyz und Glarus Recht angeboten und freie Religionsübung nachgesucht werde.

Brägger setzte sich also mit einigen einflußreichen Männern in Verbindung. Zuerst gewann er Kaspar Grob, welcher «der fürnembst gewesen, der ihme mit rath vnd That geholffen vnd neben ihme vnder dem Volkh vnd Landleuthen hin vnd her geloffen.» Diese beiden machten sich

[1]) Stiftsarchiv St. Gallen. Rubrik LXXXV fasc. 52. Toggenburg im allgemeinen. Examinationsbuch. Deposition des Kommissärs Hans Grob.

hinter den gewesenen Ammann und Richt
Wirt in Hemberg. Er verspricht, in seiner
Leute für den Plan gewinnen zu wollen. E
sprechen; in Hemberg und Peterszell wurde al
auch nach Hünenschwil schickt er einen Bo
adern gaben sich die jungen Leute beim Ke
bewaffnet nach Lichtensteig ans Landgeric
Auch andere zeigten sich rührig. Der Schn
Ganterswil meinte mit unverkennbarer Ansp
Landvogt: «Wann es anging, wollte er den
er wolt beim *Sacras* vor das Haus gehen, w
liege vnd ihn herausnehmen.» Die Erregung
denn es war bekannt geworden, daß man beal
hinzurichten. Der Landvogt hatte zwar seine
befohlen, Stillschweigen zu bewahren, und d
Bürgern zur Pflicht gemacht, mit den Evar
die ganze Sache überhaupt kein Wort zu ve
er konnte nicht allen den Mund verbinden.
Landweibels schwatzte das Geheimnis aus.

Die Evangelischen hielten an verschied
was zu tun sei. Auch in Lichtensteig wur
nach der Kirche allerlei geredet. Es ging da
hole auch die Prädikanten von Mogelsberg u
«Was gelts, man nehme einen nach dem ander
hätten die Führer auf eine Verschiebung de
hingewirkt. Denn «wann es nur 8 tag weh
besser werden, es wurden sich andere Orth
Aber es war wenig Aussicht vorhanden, da
Es blieb nichts übrig, als auf dem beschrittene
zugehen. Jakob Brägger drang also darauf,
kämen, und ein Christen Brägger meinte, n
waltig bitten, wenn man wolle, daß der Prä
Leben davonkomme, «den wo groser gwalt, s
gnad.»

Natürlich wurden auch allerlei Entschul
Ein Ulrich Schweizer hatte die Ausrede, er h
schaffen. Er wurde dafür mit den Worten abg
sigen faul, heilloses Volckh, wan etwas zue
wellen wäre, wären sie zu vorderst, da es

...antreffe, so blieben sie daheim.» Aber man gab ihn
nicht auf. Baschi Brägger wurde zu seiner Magd und
geschickt. Diese sollten auf den noch zaudernden Mann
irken. Wiederholt haben sich die Frauen eingestellt und
ten in dem Handel auch ein Wort mitreden. Es war
t bloß Neugierde, sondern herzliche, erregte Teilnahme,
n sie gelegentlich das Fenster aufrissen und vorüber-
nde Bekannte fragten, wie es um den Prädikanten stehe.
inzelne ließen es auch am Spott nicht fehlen, wenn ihre
ner zauderten, die Waffen mitzunehmen. Höhnte doch
ihren Mann, wenn er ohne Seitenwehr vor die Ohrig-
gehe, würden sie ihm eine Kunkel geben.

Am Montag war Markt in Lichtensteig; es wurde viel
ndelt, nur das Garn wollte nichts gelten. Der Handel
dem Prädikanten war in aller Munde; der Ernst der
e kam allmählich den Evangelischen zum vollen Bewußt-
Bei der Heimkehr wurde berichtet, es tue niemand
ts mehr. Man machte sich auf das Schlimmste gefaßt.

Der Landvogt und der Landweibel hatten sich zu dem
ngenen begeben und ihm erklärt, weil solche Gottes-
rung in öffentlicher Predigt von ihm begangen worden
so habe er nach dem kaiserlichen Recht das Leben ver-
t. Er könne sich also zum Tode vorbereiten. Wenn er
ehre, so wolle er ihm Geistliche rufen lassen, welche
wolle, Kapuziner oder Priester oder Geistliche aus dem
ter. Braun erklärte, er wünsche den Prediger von
twil. Der Landvogt erwiderte, man lasse keinen Prädi-
en zu dem Gefangenen. Von den andern könne er haben,
he er wolle. Allein unter solchen Umständen verzichtete
n auf den Trost der Kirche; er wolle sich dann durch
es Gnade selber trösten.

Noch einmal versuchte Braun, den Landvogt zur Milde
timmen. Er bat ihn, er wolle doch nicht so streng mit
verfahren, sondern «an ein oder das andere Ort der
evangelischen Städte schreiben.» Da Schorno kein gutes
issen hatte und ihm die Berufung auf die vier Städte
rlich war, fertigte er den armen Menschen mit den Worten
er komme allezeit mit den evangelischen Städten, und
ihm vor, es hätten sogar Prediger zu ihm gesagt, sie

hätten nie so predigen hören; ja einer unter-
sich geäußert, wenn ein Prediger bei ihnen al
würde, würde man ihn von der Kirche weg
fangenschaft legen.

Im Laufe des Tages suchte der Kirchenpfleg
Grob mit dem Ausschuß von Lichtensteig bei
eine Audienz nach. Sie wurden vorgelassen.
das Wort, er wünschte, Braun zu sprechen. D
fuhr ihn hart an: «Er solle zusehen, wz er ma
nit nebent ihm für dz Landtgricht gestehlt wei
langem Bitten erhielt er die Erlaubnis, zu Brau
allerdings nur unter der Bedingung, daß er ihı
zu gestehen, was er gepredigt habe, und um V
bitten, und daß er vom Landweibel begleitet v
solche Unterredung hatte natürlich wenig Wer
beschränkte sich darauf, dem Gefangenen den
teilen, sich nur mit kurzen Worten zu verantw
der evangelischen Städte nicht zu gedenken.
zur Antwort, was er mit gutem Gewissen tun l
werde er billig folgen.

Sylvester Grob hatte sich schon früher an
Braun Kaution zu stellen. Der Landvogt hoffi
ganzen Handel klingenden Gewinn zu ziehen
den Kirchenpfleger noch einmal zu sich und
die Eröffnung, Braun sei das Leben abgesproc
aber das Landtgricht noch strenger verfahren
Zunge schlitzen vnd anderer straaf straafen m
er gegen einer Verehrung in dz Mittel treten vr
milteren.» Grob bietet ihm 20 Dukaten an, al
ihn zu wenig. «Er würde wol 50 oder 60 I
dienen.» Grob gab ihm die verlangte Summe.

Daß solche gemeine Behandlung nicht da
war, die erhitzten Gemüter zu beruhigen, beda
weises. War es denn zum Verwundern, daß man
seits dem Wetter doch nicht mehr recht traut
Die Katholischen hatten sich auch vorgese

---

[1]) Stiftsarchiv St. Gallen. B 159, 398 ff.

[2]) Stiftsarchiv St. Gallen. B 159, 403 ff.

[illegible] Woche waren die großen Glocken in Lichtensteig, Wattwil und Bütschwil nicht geläutet worden. Man gab vor, sie müßten anders gehängt werden. Die Evangelischen vermuteten aber wohl mit Recht darin eine List des Landvogts. Verschiedenen Katholiken wurde geboten, am Tag des Landgerichts nach Lichtensteig zu kommen; sie mußten das eidliche Versprechen ablegen, niemanden, auch nicht ihren Frauen und Kindern etwas davon zu sagen; «habend sich gleichwol verlauten lassen, es werde etwas geben.»

So brach denn der Tag der Entscheidung an. In aller Frühe machten sich die Evangelischen auf den Weg. Viele trugen Waffen: einen Degen, eine Pistole oder das Füsi, gelegentlich auch nur ein Rebmesser. Wer keine Waffe besaß, entlehnte sich eine; einzelne, die unbewaffnet gekommen waren, als sie sahen, wie es stand, kehrten um, um auch noch Waffen zu holen. Die Straßen nach Lichtensteig waren voll von Leuten. Zwischen Hemberg und Lichtensteig fielen einige Schüsse. «Der Füßi werde es einem oder Zween wol thuen,» äußerte der Schütze zu seinen Kameraden. Im Laufe des Morgens wollte man gehört haben, daß in Krummenau gestürmt worden sei.

Um 7 Uhr sollten die Evangelischen in Lichtensteig sein. Gleich nach ihrer Ankunft versammelten sich die Oberglatter im Hause des Kirchenpflegers Sylvester Grob. Der Hausherr selbst war nicht da. Er hatte sich zu Landvogt Schorno begeben und gebeten, zum Pfarrer Braun gelassen zu werden. Der Landvogt gewährte die Bitte, begleitete aber selbst den Kirchenpfleger zu dem Gefangenen und verhinderte so eine freie Aussprache. Schorno führte allein das Wort und wiederholte den guten Rat, Braun möge sich nur kurz verantworten und nicht auf seiner Meinung beharren.

Im Hause Sylvester Grobs hatten sich etwa zwölf Bürger eingefunden. Mit großem Eifer wurde die Frage verhandelt, ob man nicht beim Landvogt eine Verschiebung des Landgerichts erbitten sollte, um Zeit zu finden, an die evangelischen Orte sich zu wenden. Die Mehrheit neigte sich diesem Gedanken zu. Nun kam Grob zurück. Er hielt dieses Vorgehen für den Gefangenen für gefährlich; denn der Landvogt werde durch eine solche Drohung nur erbittert. Er riet

deshalb ab und drang darauf, daß [illegible]
einlege. Der Vorschlag fand [illegible]

Darauf hin gingen sie in Fisch[illegible]
Bürger und Landleute sich eingefunden [illegible]
Ammann Jost Ambühl und Ammann [illegible]
wieder aufgenommen; mit besonderem [illegible]
schick legte Ammann Bösch dar, «daß [illegible]
vnd beystandt von Glarus suchen solte.» I
druck. Sylvester Grob bot alles auf, um s
davon abzuhalten, er bat sie unter Tränen,
doch nicht zu tun. Nachdem sie noch lang
geredet hatten, beschlossen sie endlich, «daß
wie in deß Sylvesters Hauß abgeredt.»[1])

Unterdessen war die Stunde des Landgeri
Von der Kirche läuteten die Glocken. Im Hau
hatten sich die katholischen Männer versam
Landvogt aufgeboten worden waren. Als da
Turm ertönte, zogen sie «par vnd par» ins I
vogts. Bei den Evangelischen verursachte
Nachdenken».

Allgemein war man der Meinung, daß
müsse. Bei vielen Katholischen herrschte üb
sichtliche «Todes-Execution» die größte Fre
lockten und ergingen sich in Schimpfreden
fangenen. Eine große Menge Volks, auch au
und Gasterlande, hatte sich eingestellt, um
«Schelmenkilbi» in Lichtensteig anzusehen.
lischen aber waren gerüstet. Der Gedanke E
zahlreiches Erscheinen einen Druck auf da
auszuüben, hatte bei den Evangelischen über
geschlagen. Sie waren, wie der Dekan Ric
in die 800 stark mit ihren Seitenwehren i
aufgerückt. Infolgedessen wuchs auch ihr M
Entschlossene gaben sich das Wort, wenn «
«wider diese höchste Ungerechtigkeit mit ge
und wenn der Herr Pfarrer sollte gebunden

---

[1]) Für die Vorgänge vor und am Tage des Landge
minationsbuch St.-A. v. St. Gallen, Rubrik 4 XXXV, Fasc.

führet werden, solchen dem Scharpfrichter mit gewalt ab der Hande zu nemmen.»[1])

Die Richter, 20 an der Zahl, meistens Katholiken, hatten sich versammelt.[2]) Braun wird ihnen wie ein Verbrecher vorgeführt, «dann einer ginge vor mir her mit einem Spieß vndt auff solche weiß einer binden.» Einzig die Schmach gebunden zu werden, war ihm erspart worden. Sobald der Angeklagte in der Versammlung erschien, trat der Landweibel hervor, einer von den Räten des Fürsten und einer der Landrichter standen auf und stellten sich neben den Landweibel. Ob jemand sie dazu aufgefordert hatte, wer die Verhandlungen eröffnete, und was anfangs geredet wurde, dessen erinnerte sich der Pfarrer nachher nicht mehr. Er war «etwas erschrocken», als er gehört hatte, daß zwei Henker vor der Türe warteten. Katholischerseits wurde nachher erklärt, Braun sei vor Schrecken in eine Verwirrung des Verstandes geraten.[3]) Das ist kaum richtig; denn Braun hat bald seine Ruhe und Fassung wiedergewonnen. Sobald nämlich die Anklage gegen ihn verlesen wurde, gab er, weil die Sache nun ihn anging, fleißig acht.

Als Kläger und Fürsprech des Abtes fungierte der Stadtschreiber Fuchs von Lichtensteig, «welcher damalen schon ein gantzes Jahr Melancholisch gewesen vndt man ihn nit allein hat dörffen lassen, der do zweiffelte an der Barmherzigkeit Gottes vndt also auch an seiner Seligkeit; vndt ob es schon das Ansehen gehabt hat, daß er widerumb gesund seye, so können doch die Leut, welche mit ihm reden, an

---

[1]) Hans Jakob Ambühl. Toggenburger Chronik, aus der zweiten Hälfte des 18. Jahrhunderts. Manuskript auf der Stadtbibliothek (Vadiana) St. Gallen. Bd. III, S. 341. Die Mitteilung verdanke ich Herrn Prof. Dierauer in St. Gallen.

[2]) Stiftsarchiv St. Gallen, Actor. Toggic. Bd. XIX, S. 351 ff. Prozeß. Protokoll des Landgerichts, und *Wägelin*, Lichtensteig, dargestellt nach seinem gegenwärtigen Zustande und seinen bisherigen Schicksalen. St. Gallen 1826. S. 60. Wägelin gibt auf Seite 57—61 eine kurze Darstellung des Braunischen Handels. Er ist zu ihr angeregt worden durch die «zwar geschmackvolle, dabei aber durchaus unrichtige Erzählung» des Prozesses in «Rauracis» von Markus Lutz 1826, S. 114—122. Sie ist zudem noch etwas zu antikatholisch gefärbt.

[3]) Ildefons von Arx, Geschichten des Kantons St. Gallen, Band III. St. Gallen 1813. S. 187 f.

Ihme gspüren, daß er noch sein ... gewissen.» Dieser Mann also klagte ... einen Gotteslästerer an. «Oder ob ... lästerung sei, wenn er gepredigt habe, ... habe höllische angst vnd schmerzen ... litten, als wenn Christus der Herr darum ... were, daß er daselbsten leiden solte, ... Vätter oder gläubigen deß A. Testaments ... geholt habe. Ja Er der Predicant habe ... verglichen vnd deß noch mehr; sye solches ... heit geschehen sondern in öffentlicher Predig ... vor gestudiert, bedächtlich». Die Herren Land... die Sache «zu tiefen Gedanken züchen» und w... damit nicht etwa, «wan man nur mit der Wa... man spricht, darüber farthe», der gerechte Zo... heimsuche.[1]) Nach Artikel 106 des kaiserli... Karls V., der bestimme: «So einer Gott zuom... nit bequem ist, oder mit seinen Worten Gott, ... stehet, abschneidet», habe er leiblich das Leb...

Braun ließ sich durch seinen Fürsprech, de... rad Hässi, verantworten. Dieser stellte zuerst fe... gepredigt habe und faßte dann den Sinn der P... Worte zusammen: «*In summa,* das seye des Bek... gewesen, das Leiden Christi also groß zu mach... Volk desto mehr bewegt werde zur Dankbarkeit ... Zum Schlusse gab er zu, «sige ein ald (oder) ... geflossen, das hette sollen vnderwegen bleiben...

Der Kläger replizierte. Er wolle zwar die V... nicht verwerfen, als wenn Braun anders gepre... sein Fürsprech es dargetan. Allein er müss... daran festhalten, daß die Predigt eine Gottes... und Braun nach Gesetz und Recht zum To... werden müsse.

Die Stimmung war zeitweise sehr erregt. ... zuerst vor dem Landgericht ein Ausschuß von ... für Braun zu bitten; es folgten Ausschüsse vor...

---

[1]) Stiftsarchiv St. Gallen a. a. O. Prozeß.

[2]) Ebenda.

Landschreiber wurde aufgefordert, das Urteil zu verlesen. Es wurde ihm eröffnet, «daß er Jeremias Brun gewester *Predicant* zuo Liechtensteig in deme er ab offener Cantzel geprediget, das *Chrs. Jesus* vnsser Haylland vnd Seligmacher in seinem bitteren leiden vnd sterben höllische pein vnd zwar ein solliche angst gelitten, als wie *Judas* vnd *Cain*, denen wegen ihren Sünden die Welt zuoeng gewessen zuo vil lästerlich vnrecht gethon, auch nach strenge der Rechten in die auff die Gotteslesterer gemessen Peen vnd Straffen gefallen wäre, sonderlich luth Keyser *Caroli* V vnd des heiligen Reichß Peinlicher halßgrichts Ordnung im 106. *Articul.* Dieweilen iedoch er so wolen in güothiger *Examination*, als hernach beständtiglich sich bezüget, das sein *Intention* Sinn vnd Für Satz niemahlen gewessen mit angeregter Predig einige Vngewohnte lehr auffzuebringen, oder Göttlicher Mayestät etwas zuo ze aignen oder zuo entwenden, so dero Wessenheit gemäss oder vngemäss sein möchte, sonder allein durch bedeutete hellen angst vnd eingefüorthe bede *Exempel* die Vbermächtige angst vnd schmertzen vnssers Hayllandes dem Volckh desto begreiflicher zuo machen.

Also daß dan nach gelegenheit solchen Fahls er der peinlich beklagte in ansechung seiner gethonnen gemüoths-erleütherung, vnd sonderlichen bey Hochgesagt Ihr. Frstl. Gn. von Lobl. Orthen Appenzell der Vsseren Roden, vnd dan allhiesiger Bürgerschafft der andern *religion*, vnd Vssschützen der Landleuthen auch Capittels der andern *religion* für ihne einkhomen Fürpitt mit den sonst verwürckhten Leibstraffen verschont bleiben. Wegen gegebner merckhlicher Ergernuß, vnd wenigist *materialiter* begangene Gotteslesterung ihme selbsten zue Straff, vnd anderen zuo einem abschüchen vnd *Exempell* nach geschworner Vrphed Vnssers gn. Fürsten

vnd Herren Landt vnd Gebieth [illegible]
Vnd von Stund an durch den Landtweibel [illegible]
zuom Landt vß gefüöhrt vnd begleittet [illegible]
auch vnderschreiben, vnd durch Jemand [illegible]
Von Peinlichen Rechtenß wegen.»[1])

Die Urfehde verbot ihm, «die gefenckhn
daß so mir darin vnd darunder begegnet ist,
gesagt Ihro Frstl. Gn., dero Räthen, Ambt Leut
dienern, Vnderthonen, vnd allen den Jenigen,
gehörig, auch hilff Vrsach, rath, vnd thatt zuo so
gefangenschafft geben, beystandt gethon oder
dacht sein möchten, in argen vnd unguotem
kurtz noch lang weder mit worthen noch werckh
noch offetlich nimer mehr zue anden zu vsseren
noch zuo rechen in kein Wys noch weg».

Wenn er die Urfehde nicht halten sollte,
Meineidiger und Verbrecher der Urfehd gelte
seinem Verdienen gerichtet werden. «Mit vffgeha
fingern» tat er den Eid: «Also helff mir Got
Heiligen.»[2])

Braun wurde wieder in die Gefangenscha
Es wurde ihm nicht erlaubt, sonst irgendwo
Bald darauf begleiteten ihn einige Älteste bis v
Hier nahmen Junge und Alte seiner Gemeinde,
Frau und Kinder mit Traurigkeit und Weinen
schied. Braun wurde nach Rickenbach abges
setzte von hier seine Reise nach Winterthur
ich mich also in Gottes nammen auff den weg
liehtes Vatterlandt begeben.»

Es war ein Glück, daß Appenzell sich des
genommen und beim Abt selbst ein Wort ein
denn ohne seine Fürsprache wäre er kaum fr
worden. Das war nicht nur die Meinung der E
sondern auch vieler Katholischen. Wenigstens
Appenzeller Johann Tanner am 27. April 1663 a
schreiber Hirzel: «Sonsten laßen sich immer noch

---

[1]) Stiftsarchiv St. Gallen, Act. Dogg., Bd. XIX. Prozeß
[2]) Ebenda.

Fürstliche Beamtete, verlauten, wo Herr Statthalter Schmid vnd meine Persohn nit so instendig vnd freundlich bey Ihr. Fürstl. Gnaden *intercediert* hätten, Er, Herr *M.* Braun, ohn alle Gnad sein leben verlieren müssen.»[1])

In Zürich wurde die Sache am 30. März (9. April) an der Appenzeller Ehrenhochzeit der Tochter des Herrn Schützen- und Herrn Landshauptmann Ziegler bekannt und rief große Betrübnis hervor. Der Bericht war aus Herisau gekommen. Folgenden Tages liefen noch weitere Nachrichten ein.[2]) Allein wenn nun auch sofort beim Rat Schritte getan worden sind, so wäre es doch zu spät gewesen. In Basel erhielt man von der ganzen traurigen Geschichte erst Nachricht, als sie schon abgeschlossen war.

Die erste Nachricht erhielt der Schwiegervater Brauns, der freie Amtmann Michael Angelo Zenoin, von einem Durchreisenden. Sofort gab der geängstigte Mann dem Rate Nachricht, und dieser wandte sich unverzüglich am 12. April an den Landvogt Schorno, verlangte genaueren Bericht, und falls Braun noch nicht auf freien Fuß gesetzt sei, daß mit der Prozedur eingehalten werde. Er spricht die Hoffnung aus, daß es keiner weiteren Weitläufigkeiten bedürfe.[3])

Braun selbst wollte sich in der ersten Zeit gar nicht äußern. Stadtschreiber Burckhardt ärgerte sich ordentlich über diese Gewissenhaftigkeit. Er schreibt am 9. April an seinen Kollegen in Zürich: Braun sei in bezug auf die geschworene Urfehde «dermaßen *scrupulos*» daß schwerlich ein mehreres von ihm zu bekommen sei; «neben dehme er villicht wegen allzu großer bestürzung seiner *memori in minutis circumstantiis* nicht allzu wohl vertraut.»[4])

Etwas später aber ließ sich Braun herbei, über den ganzen Handel weitläufig zu berichten. Freilich fügt er noch die Bemerkung hinzu, um sich zu rechtfertigen: «Dieses hab ich nicht klagweiß geschrieben, als wan ich wider das Gericht

[1]) St.-A. von Zürich A 339. Schreiben Johann Tanners an Stadtschreiber Hirzel, 27. April 1663.

[2]) St.-A. von Zürich A 339. Bericht vß Herisau, 30. März 1663.

[3]) St.-A. von Basel. Missiven. 2. April 1663.

[4]) St.-A. von Zürich A 339. Schreiben Burckhardts an Stadtschreiber Hirzel, 9. April 1663.

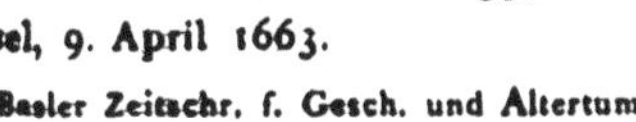

etwas klagen welte», «sondern ich [illegible] zu erzehlen wie es mir ergangen [illegible]

Am 18. April trat der Rat von [illegible] und Appenzell in Verbindung. Er [illegible] sehen, wie den Gemeinden im Toggen[illegible] entzogen würde. Darum, obwohl [illegible] alles Gott heimstelle und seine [illegible] obachte, mache er ihnen doch Mitteilung [illegible] und füge die Bitte hinzu, falls es not[illegible] legenheit auch an Schaffhausen und Glarus [illegible] Bern antwortete am 9. Mai, es sollte [illegible] Begehren gestellt werden, in der Sache unverme mation einzuholen; dem Abte von St. Gallen sei zu warum Braun seines Dienstes entsetzt worden s Abt gab die Erklärung ab, daß Braun eine schi handlung verdient hätte, wenn man seine Worte nic licher verstanden hätte.[4]) Darüber war mit dem weiter zu verhandeln. Vorläufig war die Haupts Braun in Sicherheit war.

Am 17. April verhandelte der Konvent der C und Professoren über den Handel, und beschloß, I Rate zur Anstellung in seinem Gebiet zu empfehl durfte wohl geschehen, um so mehr als Brann als ein ner und glehrter Mann» gerühmt wurde und die ev Gemeinde von Lichtensteig ihm das beste Zeugnis daß Jeremias Braun «sich bis vber die 12 Johrs höchstem fleiß vnd andacht daß Predigampt vnd versehen: wie auch mit grosem vnderrichtung: d in der Schuoll: auß dem Catetismuß mit Bette Schreiben. Er hat sich auch gar still vnd inzogen vnd ein Schönnes Leben vnd wandel gefürhet. E gegen menigklichen gar Lieb Reich, danckhbar, frün holzsellig gewesen. Er ist auch nit allein von gelischen sondern auch von Oberkeitlichen Perso

[1]) St.-A. von Zürich A 339. Am Schluß der «Informatio

[2]) St.-A. von Basel, Missiven. 8 April 1663.

[3]) St.-A. von Basel, Ratsprotokoll, 29. April 1663.

[4]) Kirchenarchiv A. 11.

[5]) Antistitium Basel. Acta eccl. Bd IV. Convent. past. 7

gemeinen Catollischen Leüten diser Statt gar vill vnd offtermohlen gerüombt worden wegen seines inzogliches stillen Läben vnd wandel. In Summa wir Sein und Seiner frowen vnd kinderen wollverhalten nit genuogsam Rüohmen können vnd wo Sey Etwaß Schuldig gewesen mit grosem Danckh bezalt. Mir hetten mögen wüschen, daß er vnser vorstender vnd Prediger noch vill Johr hette können Sein.»[1])

Am 18. April wurde Jeremias Braun vom Rat zum Schulmeister in Liestal und Prediger zu Lausen bestellt. Einen Monat später nahm Braun von der Gemeinde Lichtensteig, von der ihm so «viel Ehr Liebs vnd guotaten erzeigt worden,» in einem warmen, herzlichen Dankschreiben Abschied. Hätten doch die Ältesten und die ganze evangelische Gemeinde «ihre Sonderbare heerzliche Liebe gegen mir... villfaltiger weis im werckh Selbsten sehen Laßen: nicht allein, daß sie mit den meinigen traurig vnd betrübt gewesen, Sonder auch tag vnd nacht keine müche arbeit vnd Costen vnderlosen, damit sie mich ohne Sonderbare weltliche Schmach könnten ledig machen.» «So hab ich deßwegen nit vmbgehen können noch sollen, den Herren Eltesten, der gantzen gemeindt für Alle vnd Jede mir vnd den meinigen Erzeigten gunsten, Liebe und guotaten hiemit gantz fleisig vnd auf daß höchst danckh zu sagen, mit dem anerbieten, wo ich oder die meinigen solche erwisen Lieb und guotttaten vnserem besten vermögen mit der Thatt Selbsten aller gebühr nach hinwiderumb wurden verdienen und beschulden können, wurden wir allzeit willig vnd bereidt erfunden werden. Will aber solches von vns nit geschehen kann, So bite vnd wünsche ich von Gott dem Allmächtigen, daß er Euch herren alß die Eltesten der gemeindt Segnen welle mit dem geist der weißheit deß verstandts vnd sterckhe, damit die gantze gemeindt vnder Euch in der förcht des Herren wachse vnd zunemme. Der Herr Segne alle haußhaltungen in Euwerer gemeindt mit zeitlichem vnd himlischen Segen, daß sie den zeitlichen Segen in der forcht des herren allso gebrauchen, daß er ihnen diene zu ihrer zeitlichen vnd Ewigen wolfahrt. Der Segne alle Eü-

[1]) Schreiben im Archiv des ev. Pfarramtes Lichtensteig.

were Libliche meine aber Geistliche [illegible]
Samen deß wohren Christenthumbs, [illegible]
pflantzet ist zu siner Zeit eine libliche [illegible]

Der Herr Segne die gantze gemeindt vnd der Herr lase sein Angesicht leichten vber sie gnädig, der Herr hebe sein angesicht über s ihren den friden Amen.

Geben in Basel den 1. Brochmonet alt C: Jahrs.

Der herren Eltesten vnd gantzen Evangelisc zu Lichtensteig dienst willigster

M. Jöremiaß Braun

zukünftiger Schuollmeister zu Liestal vnd Predige

Am 28. Juli wurde Braun auf der Synoc in sein neues Amt eingeführt. Der Basler A Gernler hielt aus Matth. 25 «von der Talent: Verwaltung vndt endtlich geforderter Rechnu liche Predigt.»[2]) Vier Prediger sollten eingese neben Braun auch noch Konrad Richard, de Toggenburger Kapitels, der unterdessen zum Bennwil erwählt worden war.[3]) Nachdem sie liche Gelübde abgelegt hatten, wurden sie ins genommen und der Antistes wünschte ihnen auflegung den Segen Gottes.

Wie war denn der ehemalige Pfarrer v nach Bennwil gekommen?

Der Landvogt hatte Richard beschuldigt, gotteslästerlichen Lehre Brauns schuld trage, nicht gewarnt, sondern in seiner Haltung ge: Noch mehr hatte es ihm der Landvogt übe daß er im Namen des Kapitels sich an den A hatte, nachdem er beim Landvogt nichts hat können. Er war überhaupt bei Schorno nic schrieben. Richard wurde gewarnt, ja von sei

---

[1]) Archiv des ev. Pfarramtes Lichtensteig.

[2]) Kirchenakten R 1. 28. Juli 1663.

[3]) Ebenda.

[4]) Kirchenarchiv A 11. Brief Richards an Antistes G

unter Tränen gebeten und um Gotteswillen ernstlich angehalten, zu weichen, damit nicht ein großes Blutbad entstehe, wenn das Landgericht ihn verurteilen sollte.

Richard folgte dem Rat und flüchtete sich über Winterthur, wo er mit Braun zusammentraf, nach Baden. Hier hielt er sich acht Tage zur Kur auf.[1]) Das Pfarrhaus in Oberglatt wurde sofort durchsucht, Richard als Aufrührer vor das Landgericht zitiert und seines Dienstes entlassen.[2]) Er meldete sich daher in Basel. Mancher Orten war man der Meinung, er hätte seine Gemeinde in dieser gefahrvollen Zeit nicht verlassen sollen. Es wäre ihm nichts geschehen, und wenn auch, so hätte er lieber sollen Märtyrer sein wollen. Der in seiner seelsorgerlichen Ehre schwer angegriffene Mann verteidigte sich darum bei Antistes Gernler. Er durfte ruhig erklären: bleiben wäre einfach eine Versuchung Gottes gewesen, nachdem die Gemeinde ihn gebeten hatte, zu fliehen. Zudem hätte ihn die Gefahr einer Rebellion, die durch sein Bleiben heraufbeschworen worden wäre, mehr bewegt, zu gehen, als die Rücksicht auf die eigene Person.[3]) Am 18. April versammelte sich der Konvent in Basel und erklärte sich von der Entschuldigung Richards befriedigt. Er wird dem Rate an die erledigte Pfarrei Bennwil empfohlen und von diesem gewählt.[4]) Er wurde damit Nachfolger des Pfarrers und Dekans Brombach, dem einmal der Vorwurf gemacht worden war, daß er den Kirchendienst «entweder aus Fahrlässigkeit und Liederlichkeit nicht wollte, oder aus Ungeschicklichkeit und Leibsarbeitseligkeit nicht könnte» in rechter Weise versehen.[5])

Richard wurde, wie bereits erwähnt, am selben Tage wie Braun in sein Amt eingeführt und gleich darauf vom Kapitel einstimmig zum Dekan gewählt, ein Beweis, daß auch seine Amtsbrüder ihn als treuen Hirten achteten. In

---

[1]) Kirchenarchiv A 11. Brief Richards an Herrn Commissari 9/19. April 1663. — St.-A. v. Zürich. A 339. Toggenburg Allg., Brief Abr. Schads an den Antistes von Zürich, d. d. 25. April 1663.

[2]) Kirchenarchiv A 11. Schreiben Richards an den Abt. No 14.

[3]) Kirchenarchiv A 11. Schreiben an Antistes Gernler

[4]) Antist. Basel. Acta eccl. Bd. III. 8. April.

[5]) St.-A. v. Basel. Kirchen F 2. 17. Juli 1661.

Pfarrer aus der Ferne den weiteren Verla der Stätte ihrer früheren Wirksamkeit ve

Die Ruhe war nämlich im Toggenburg kehrt. Die beiden Pfarreien mußten wiede Der Landvogt berief den Zürcher Pfarrer in Kirchberg-Lütisburg zu sich und suchte Nachfolger Brauns zu werden. Er schlug e Basler Hag in Neßlau. In einem Brief vo an den Zürcher Antistes rechtfertigt Scha Er sagt von Lichtensteig: «Ist ein gantz daselbst zu predigen, weil man auß deß haußung vber einen gemachten gang obe kommen vnd daselbst einem Prediger hey lich mit der allerbesten gelegenheit zulos hiermit einer an dieserem Ort aller tag stund nicht anderst sitzen dann wie ein Zweyg vnd allerlei höchster vngelegenhei Die Angst war bei Schad umso mehr begrü Landvogt im Verdachte stand, mit Zürich i Sache brieflich verkehrt zu haben. Scha häufig nach Zürich geschrieben.[1]) Schließ Basler Leonhard Serin bereit finden, das kanten in Lichtensteig anzunehmen.

Gleich nach dem Landgericht waren genommen worden; sie hatten sich «mit tuffet», daß der Landvogt glaubte gegen zu müssen.[2]) Unter ihnen war Uli Huber, Ganterswil. Als die Landgerichtsknechte il er sich, er frage dem Landvogt nichts nac zu seiner Frau; es seien noch andere, die er geredet, «ihm komme seins führen, an borgen.» Die Amtsknechte waren aber fi nicht zugänglich und Huber mußte in di wandern. Einen Knaben, der offenbar et

---

[1]) St.-A. v. Zürich. A 339. Brief Abr. Schads vo

[2]) St.-A. v. Basel. Kirchenarchiv A 11. Brief Richa Juli 1663.

gewesen war, hattten die Landsgerichtsknechte jämmerlich mit Ruten geschlagen.[1])

Bald nachher wurden noch andere festgenommen. Am 18. April begann das Verhör und wurde fortgesetzt bis tief in den Juni hinein. Ungefähr 60 Angeklagte und Zeugen wurden einvernommen, ausgefragt, einander konfrontiert, wieder gefangen gelegt, wieder verhört und endlich entlassen oder dem Landgericht überwiesen. Wer offen und frei herausrede oder andere angebe, dem wurde Pardon versprochen, «di nichts außließen oder aber nichts zu sagen wüstend, wurden an ysen geschlagen.» Bei verschiedenen wird angemerkt, daß sie ihre Aussage «in der Reichskammer im Schreckhen der *tortur*» gemacht hätten. So Uli Brunner, Georg Brägger und Georg Thurtaler. Da der Examinationsbericht zum Teil durch Beschädigung unleserlich geworden ist, sind nicht mehr alle mit Namen zu bezeichnen.

Das ganze lange Verhör macht im allgemeinen einen günstigen Eindruck. Die Angeklagten hielten so viel wie möglich mit ihren Aussagen zurück. Das kann ihnen niemand verdenken. Auch wurden allerlei Ausreden vorgebracht. Eine Frau, Anna Lieberherr, die gefragt hatte, ob es in Krummenau gestürmt habe, gab, als sie vor Gericht zur Rede gestellt wurde, «zu was intent» man hätte stürmen sollen, die Erklärung ab: «Sie habe im bruch zu reden, wenn sie ihre kinder zusammen suoche, sie müsse ihre Kinder zuesammen stürmen.»

Eine wenig tapfere Haltung zeigte Kaspar Grob. Er war mit einer Pistole «mit gschrött gladen» am Landgericht erschienen. Jetzt aber hatte er den Mut verloren. Er erklärte, erst von Georg Grob zu Wasserfluh aufgefordert worden zu sein, mitzumachen; dann aber gibt er Jakob Brägger als den Hauptschuldigen an; er habe diesen Mann oft geflohen, «dan er nur vffgestiftet, daß man gestreng verfahren» solle; er habe behauptet, daß man die evangelische Religion insgemein ausreuten wolle. Solche Erklärungen waren dem Landvogt lieb und verschafften die Aussicht auf ein milderes Urteil.

---

[1]) Stiftsarchiv St. Gallen. Im angeführten Examinationsbericht.

Umso erfreulicher ist, daß Jakob [illegible]
stand, was er getan hatte. Er bekannte, [illegible]
zu haben, «man solte des Hr. Brunnen sach, [illegible]
Wylischen vnd wattwilischen vertrag [illegible]
Schwytz vnd Glarus berichten.» Ja, er sagte [illegible]
hör aus, er sei der Urheber gewesen und hab
Bürgern zu verstehen gegeben, daß man den P
mit Gewalt befreien wolle, während tatsächlich e
es geredet hatte; «daß ichs aber vff mich klagen
theils darumb geschehen, damit ich keine Anderen
brechte, theils weil der L. V. vnd sine Räth keine
antwortung kommen lassen.» Dagegen wies er
Entschiedenheit die Anklage zurück, daß er eine
zu erwecken gedacht habe.[1])

Die Angeklagten wurden aus der Haft entlasse
wurde vom Landvogt befohlen, daß er in Zukunf
Landesfreiheiten weder bei dem Trunk noch ander
solle.[2]) Vier, Jakob Brägger, Kaspar Grob, Uli Br
Uli Huber wurden später wieder festgenommen u
Landgericht gewiesen. Daß einzelne trotz aller
Behandlung den Humor nicht verloren, beweist
Vorfall. Georg Thurthaler, «ein armer Tagwer» a
berg, war auch verhaftet worden. Man folterte i
ihm den Henker an die Seite, um der Zumutung,
zu werden, mehr Nachdruck zu verleihen. Er wur
lich freigelassen und äußerte sich seinen Gesell
über: «Sie habinds so bös nit gehan, man habe ih
gegeben, habind nit müssen wercken vnd keine
brochen.»

Neben diesem Hauptverhör ging noch ein and
her. Zwei von den vier Männern, welche über Brau
ausgefragt worden waren, Sylvester Grob, der
Jakob Bräggers, und Ulrich Steger wurden beschul
rechte Kundschaft gesagt zu haben. Sie wurden g
beim Abt in St. Gallen persönlich um Gnade zu
wurden wider aller Welt Recht um je 200 Reic

---

[1]) Stiftsarchiv St. Gallen. B 159. 403 ff.

[2]) St.-A. v. Zürich. A 339. Toggenburger Beschwerden 16

ausgießt und in 50 Strophen den ganzen Handel in a... lichster Weise schildert.[1])

Ach Toggenburg wie stehts vmb dich?
Gewüßlich du Erbarmest mich.
Must Leiden manchen stoße
von deinem Geist-weltlichen Abt,
der täglich frist, vnd Kläglich schlapt
Gleich wie ein andere Loße. —

Jedoch der Dichter hält sich nicht lange beim Für... auf, verweilt aber umso mehr bei seinen Dienern.

Jetzt hetzt er an sein Schwytzer Hund
der ein Gottloß Tyrannisch kund
daß er muß Landleuth plagen
die nit wend dantzen was er pfyfft,
Sonder in Gotteswort gestyfft
Nicht nach den Götzen fragen.

Er hat verübt ein große schandt
An einem frommen Predicant,
der hatte S'lob vor allen,
wie er so schön lehr Gottes Wort
daß Schorno Fr[au] ihn selbs anhört
Es hatt ihr wol gefahlen.

Sie hat den Predicanten grümt
wie er so schön vnd vnverblümt
Auslege Christi Lyden
was er zu gutem uns gethan
In seinem gantzen Passion.
Daß möcht der Pfaff nit Lyden.

Der Landvogt schnurrt sein Freuwlein An
Sie solt der Kätzeren müßig gähn,
Die Sach könnt vbel fehlen
Und ordnet druf den Pfaffen gschwind,
Ein stoltzen Argen Schlosser Grind,
der Soll Her Brunen strählen.

Der Pfaff hört heimlich predig an
Gleich wie sein Koch Z'wattwyl gethan,
Das Göttlich wort ward glehret
doch wyl er hat ein falschen Sinn
Macht ers glych einer wüesten Spinn
Und alls in Gifft verkehret.

---

[1]) St.-A. St. Gallen. B 159. S. 387 ff.

Besonders muß auch der Ankläger Brauns herhalten.

Her Brun, der wirdt fürs Landgricht gstehlt
Der Schultheiß Fuchs ward da erwelt
Auf ihn grausam zu klagen
Der Span daher so groben Zwirn
daß er druf ward verruckt im Hirn
Vnd welt schier gar verzagen.

Man führt ihn zu dem Doktor schon
Er braucht schweißbad vnd Aderlohn
Doch würd's mit ihm nit besser.
Dem Abt er all sein dienst vffsagt
Sein gwüssen ihn stets plagt vnd nagt,
Als stech im dryn ein messer.

Vollends jede Rücksicht läßt der Dichter dem Landschreiber Galli German gegenber fallen. Schonungslos deckt er ihm alle seine Sünden auf:

wie er seye so ein öde katz
di fornen leck vnd hinden kratz.

Er ist ein geiler Hurenhengst
der da zu Liechtensteig Unlengst
Ein Banckart fürgeschlagen
doch halt's er für ein Sünde leicht
Und meint, wann ers dem Pfaffen beycht
werd kein gans darnach gagen.

Er ist ein öder Praktikant
Im Gaaben Freßen vnverschampt
Kann listig di erschinden
Hat einer glich ein grechte sach
doch wann er in dem Schmürben gmach
So muß er stehn dahinden.

Hingegen wann ein loser Kund
Bringt fleisch vnd Schmaltz wol etlich pfund
Und hat die faulste Sache
Der Schreiber so vil schwetzt vnd leugt
biß er das Recht zum letzen beugt
So abgfäunt ist der Hache.

Wer so redet, ist des bloßen Duldens müde. Der will den Kampf. Darum wandelt sich sein Spott am Schluß in heiligen Ernst.

Der *Geßler* vnd der *wolfenschieß*
Erzeigten zwar [vil] widertniß
Zu willhelm Tällen Zeiten

wurd wenig ...

Jedoch als guter ...

Revolution.

Doch bring ich ...
Vnd bitt euch Evang...
Ihr wollind sammen ...
Den Galli halten ...
wo nit, denselben von ...
Mit Hünden usen hetzen ...

Anders als anonym konnte ... Aufruf nicht erlassen werden. Daß ... säuberlich mit seinen Gegnern ... jemand verdenken können. Er ... Dichters Johann Grob auf sich ... tugend ehrt, darf wol der Laster ...

Es war überhaupt schwierig, ... evangelischen Orte zu gelangen, da ... licher Verkehr mit den heimatlichen ... und häufig die eintreffenden Briefe ... hin war ja der ganze Handel bekannt ... mußte eine Interzession der evangelischen ...

In Zürich hatte der Appell an die ... seine Wirkung getan; der Rat schrieb ... Stände und machte den Vorschlag, dem ... die Prozesse niederzuschlagen. Allein ... am 27. Mai 1663, man könnte dem Abte ... da er der absolute Herr sei; wollte man es

[1]) Hofammann Ledergerw war am 9. November ... getötet worden. J. von Arx, Geschichten des Kantons St. ...

[2]) Grob, Joh., Dichterische Versuchgabe, S. 12. ... vergl. Franz, Kirchliche Nachrichten etc. 183 ff. J. Bäch... deutschen Litteratur in der Schweiz 457—460.

[3]) St.-A. St. Gallen, B 159, S. 415 ff.

befürchten, daß «die guten Leuth in solchen argwohn gegen H. Abt wachsen würden, daß sie deßwegen noch scherffer möchten tourmentiert werden». Sie rieten darum nur zu einer Interzession wie im Falle Brauns. Der Vorschlag fand Zustimmung.[1]) Der Prozeß wurde sistiert, die Gefangenen alle der Haft entlassen.

Am 27. und 28. Juli finden wir wieder den Stadtschreiber Hirzel von Zürich, Landammann Elmer von Glarus und Tanner von Appenzell beim Abte. Sie wollen den Evangelischen das Joch etwas leichter machen. Sie weisen auf die große Erregung der evangelischen Toggenburger hin und erwähnen dabei auch, daß die Predigt Brauns im Druck ausgegangen sei und viel gelesen werde. Allein sie richteten beim Abte nichts aus. Die Gesandtschaft wird wiederholt.[2])

Am 6. August begehrten die Ehrengesandten von Zürich, Glarus und Appenzell beim Abte vorgelassen zu werden und vertraten im Auftrage sämtlicher evangelischer Orte[3]) die Forderungen der evangelischen Pfarrer, wenn auch mit aller Höflichkeit, so doch mit allem gebührenden Nachdruck. Der Abt gab die Erklärung ab, daß er den Landfrieden halten, auch den Prädikanten nicht verbieten wolle, nach der Konfession der vier Städte zu predigen. Was den Synodus betreffe, so wolle er das Kapitel diesmal nicht turbieren, wenn sie aber Ursach gäben, daß er jemand von der Obrigkeit zu ihren Verhandlungen abordne, so müßten sie sich dem unterziehen. Die Gesandten verlangten einen Rezess, weil sie nicht an allen Orten referieren könnten. Der Abt sagte auf den Rat anderer *aliqualiter* zu. Über dem Essen aber kam ihm die Sache bedenklich vor. Er ließ Landammann Elmer rufen und teilte ihm seine Bedenken mit. Tags darauf aber erschienen die Gesandten noch einmal vor dem Abt und gaben nicht ab, bis ihnen eine schriftliche Deklaration zugesichert war.[4])

---

[1]) St.-A. v. Zürich, A 339. Schreiben Appenzells an Zürich 27. Mai 1663.

[2]) Ebenda. Relation vom 28. Juli 1663.

[3]) Stiftsarchiv St. Gallen, B 268. Diar. Abbatis Galli. Kreditivschreiben 24. Juli 1663.

[4]) Stiftsarchiv St. Gallen, Act. Dogg., Bd. XIX. Ex Diario abbatis Galli. . Augusti.

Es war allerdings «nicht mehr als [illegible] wol *clausulirt* vnd eingeschrenckter [illegible] hältnisse wurden nicht besser. «Zwar [illegible] gehabt, daß auf die verwichenen Sommer [illegible] von St. Gallen abgegangenen Eydgnossische [illegible] schaft die Sache etwas leidentlicher werden m[illegible] Erfahrung aber bezeugt das Widerspiel.»[1])

Am 24. September berichtet Leonhard Serin [illegible] Gernler, daß das Verhältnis wieder gespannter [illegible] «Herr Braunen Predigen sind hie gemein; Man [illegible] Zurzach gebracht, alda sie sind verkauft word[illegible] Katholischen beantworteten die Forderung der Du[illegible] seiten der Evangelischen mit neuen Repressalien [illegible] Orten wurde auf Befehl der Obrigkeit öffentlic[illegible] Kanzeln verlesen, «daß jetz wegen der Tyrannei [illegible] alle Tage umb 12 Uhr sollen glocken gelütet we[illegible] daß ein jeder, wo er sei, im Haus oder auf dem [illegible] Hut abziehen, niederknieen und beten solle, so lang[illegible]

Durfte man es jetzt nicht wagen, den Pro[illegible] die Führer im Braunschen Handel zu Ende zu fü[illegible] 3. November wurde das Landgericht gehalten.

Uli Huber, der Schmied zu Ganterswil, ka[illegible] verhältnismäßig kleinen Strafe von 100 Reichst[illegible] Seine Frau hatte allerdings dem Landvogt vorher [illegible] verehrt. Kaspar Grobs Buße wird auf die bescheid[illegible] von 500 Reichstalern festgesetzt, weil er andere E[illegible] angezeigt hatte. Uli Brunner, der schon sechs W[illegible] legen hatte, wurde für zehn Jahre aufs Meer verk[illegible] aber katholisch zu werden versprach, wurde die [illegible] strafe in eine Buße von 1000 Reichstaler verwan[illegible]

Am schärfsten wurde gegen Jakob Brägger vo[illegible] Er wurde als Aufrührer und Blasphemant verkla[illegible] 101 Jahr auf die Galeeren verurteilt. Am 6.

[1]) St.-A. v. Zürich. Gernleri von Basel Fürtrag vnd Bedenke[illegible] burgischen beschwerden halben 1664.

[2]) St.-A. v. Basel, Kirchenarchiv A 11. Schreiben Leonha[illegible] Antistes Gernler 14/24. Sept. 1663.

[3]) Ebenda.

[4]) Stiftsarchiv St. Gallen, B 159, S. 398 ff.

stellte der Abt bereits den Paß für die Leute aus, welche Brägger nach Spanien geleiten sollten, nachdem er die Strafe auf 30 Jahre gemildert hätte.[1])

Brägger blieb in der Gefangenschaft. Der Priester von Lichtensteig besuchte ihn öfters und setzte ihm gar ernstlich zu mit Disputieren und anderem; «dem ich Gottlob wol wuste zu antworten». Er wiederholte ihm immer wieder, die ketzerische calvinische Religion müßte in kurzem ausgerottet werden, «dann es habe keine ketzerei so lang gewähret».

Der Vater Bräggers war unterdessen tödlich erkrankt. Das benützte der Priester, um dem Gefangenen von neuem zuzusetzen. Er stellte ihm vor, es gäbe kein besseres Mittel zu seiner Befreiung, als wenn er seinen Glauben verleugne. Sein Weib und seine Kinder und die tödliche Krankheit seines Vaters müßten ihm doch allerlei Gedanken machen. Er riet ihm, er solle den Landschreiber zu sich kommen lassen. Dieser erklärt, er werde frei werden, wenn er, seine Frau und Kinder katholisch würden. Brägger weist das Ansinnen zurück. Der Pfaff kommt mit der Landvögtin; sie dringen stark auf den Abfall. Brägger «ließ sich von der Schwachheit seines Fleisches übereilen» und griff zu einem Mittel, das er als evangelischer Christ zwar verwarf, das aber die Katholischen oft genug empfohlen und angewandt hatten.[2]) Und wer wollte dem Manne darum allzusehr gram sein? Er berichtet: «Erstlich fiele mir Eyn die kunst, deren die Papisten sich bedienten gegen vns, bedachte mich vff dz gegenrecht, vnd gedachte in meinem sinn vnd hertzen, ich wolte mein Religion, dz ist mein sündig leben (so der wahren Religion nit gemeß) enderen vnd fürhin die andere, nammlich vnsere alte Römische Catholische allein Selligmachende (ich verstunde aber die Evangelische selbiger gemeßer zu leben) annemmen.»

Sobald Brägger hatte verlauten lassen, daß er zum Übertritt bereit sei, erkundigte man sich sofort bei seiner Frau, ob sie ferner mit ihm hauszuhalten gesinnt sei. Sie macht

---

[1]) Stiftsarchiv St. Gallen, Rubrik LXXXV Toggenburg im Allgemeinen, Litteræ patentes pro Jakobo Pracker et Ductoribus 6. Nov. 1663.

[2]) St.-A. v. Zürich, A 339. Toggenburgische Beschwerden 1664.

den Vorbehalt, daß sie und ihre Kinder bei ihre bleiben würden.[1])

Brägger gab also das Versprechen schriftli erklärte: «Thue solches vß keinem falschen Hei scbyn, damit ich nur könnte ledig werden, gant nit», und verpflichtete sich, beim Landschreiber (man eine Summe von 300 Dukaten zu hinterlege

Unterdessen aber hatte Brägger auch sein Christian Brägger, gemeldet, er solle ihn enterben Kinder substituieren. Der Vater ging darauf ein die Katholischen glauben, daß er seinen Sohn we Konversion von der Erbfolge ausgeschlossen hab

Brägger wurde also freigelassen. Der Prieste «er sei nicht zu schelten in dem, was er getan einen gleichen Eifer zeigen bei ihrer Religion». einen guten Fang getan zu haben. Die Katholische sie «habind den Vogel im schlag, vermittelst welch vil fangen wolten, weilen ihme vast alle Togge *arcana* bekannt». Als aber der Tag (23. Dezember) war, wo Brägger der evangelischen Religion öff sagen sollte, hatte er, ohne «einer Messe beigewo «vom Pfaffen noch Landvogt Abschied» genommen sich nächtlicher Weile mit höchster Gefahr davo (20. Dezember), «Gott vertrauende, Er werde wie es mir nutz vnd sellig ist, vßzuführen woll w hatte sich nach Schwellbrunn geflüchtet, ging weite Freunde und hielt sich bei ihm einige Zeit auf. vogt bot sofort 100 Reichstaler auf den Kopf Br nützte nichts, der Flüchtling kam anfangs Januar we in Zürich an.[4])

Man gab ihm erst den Rat, nach Basel zu Pf weiter zu reisen, gewährte ihm auch ein Viatikum ihm in Aussicht, daß seine Sache in Baden auf

[1]) St.-A. v. Zürich, A 339. Schreiben Prof. Schweizers an von Zürich 11. Januar 1665.

[2]) Stiftsarchiv St. Gallen, B 159, S. 398 ff., und St.-A. v. Z Handschrift Bräggers.

[3]) Stiftsarchiv St. Gallen, Act. Dogg., Bd. XX, S. 318 f

[4]) Stiftsarchiv St. Gallen, B 159, S. 403 ff.

lischen Konferenz zur Sprache kommen werde. In Basel t man ihm, er solle nach Mannheim gehen; er aber er- ärte, er wolle sich lieber im Zürichbiet, in Flach, «wo in Scherer sei», niederlassen. So kommt er nach Zürich rück. Er findet in Zollikon eine neue Heimat.[1])

Der Landvogt rächte sich aber an den Kindern Bräggers, achi und Christian, der eine sechs, der andere drei Jahre ; ein drittes war seit der Flucht Bräggers gestorben und f papistische Weise begraben worden. Am 7. Januar wird schlossen, daß die beiden Knaben innert zehn Tagen bei atholiken untergebracht würden. Als einige Tage darauf r Abt nach Lichtensteig kam, wird er gebeten, der ange- chtenen Mutter wenigstens ein Kind zu lassen. Er ver- richt, bei seiner Rückkehr von Einsiedeln «der sach ein- denk zu sein». Allein, als die Frau ihn dann fußfällig bat, terstützt von Freunden und demütigen Interzessionen, hatte e doch keinen Erfolg; er erklärte, er habe keine «Gelegen- eit», er müsse heute noch nach St. Gallen, er werde in wenig gen wiederkommen. Am Abend wurden ihr die beiden inder genommen, eines dem Landvogt, das andere dem andschreiber übergeben und von ihnen ins «leidige Papst- m versteckt». Der Großvater wurde zu einem großen Tisch- eld verpflichtet, die beiden Schwäger Bräggers, Sebastian ürgi und Sylvester Grob mußten Bürgschaft leisten. Der andvogt aber bezog das Erbe der Kinder Bräggers.[2])

Auch sonst begannen wieder allerlei Scherereien. Der andvogt wollte das Psalmensingen verbieten. Früher war, rch einen Erlaß von 1601, gestattet, daß die Kinder in r Schule darin geübt würden, nachdem die Katholischen e verlassen hätten. Jetzt sollten die Evangelischen weder der Kirche noch in den eigenen Häusern im Psalmen- sang ihre Erbauung suchen[3]) Insonderheit wurde den irten bei Verlust ihres Schildes verboten, ihn zu dulden. Im Dezember 1663 war eine toggenburgische Frau,

[1]) St.-A. v. Zürich, A 339. Schreiben der Verordneten beider Stände m 6. Januar 1664, Eschers vom 7. Januar 1664 und Bericht Gerolers.

[2]) St.-A. v. Zürich, A 339. Schreiben an Landammann Elmer 13./23. Okto- ber 1664 und Prof. Schweizers vom 11. Januar 1665.

[3]) Stiftsarchiv St. Gallen, B 159, S. 401 und S. 403 ff.

weil sie einen evangelischen Mann [illegible]
heiratet hatte, vom Landgericht mit [illegible]
gestraft worden.

Auch den Pfarrern wurde man [illegible]
hohen Festtagen sollten sie keine Mittags[illegible]
die Kinderlehre nur noch alle vier, in [illegible]
alle acht Wochen halten dürfen.[1] Der [illegible]
Dekan, die Katechismusfrage, betreffend das Halten der
bote, mit der Jugend in der Schule zu exerzieren.[2] Das
anlaßte einen Anonymus sich an den Rat von Basel
den beweglichen Worten zu wenden: «Lassen wirs
seinem Verbot bewenden und unterwerfen uns, [illegible]
das Evangelium gewaltig und wirt [illegible]
nach dem andern fallen müssen; widersetzen wir uns
sind wir in gefahr nicht nur alles unseres armütlins son
auch leibs und lebens. Zudem dörffen wir diese unsere
an Vnsere gnädigen Herren nicht gelangen lassen, wir w
denn entweder einer hohen Geldstraff oder der gent
Verstoßung gewärtig sein. Wir bitten flehentlich um
und Hilff: wir wissen bald nicht mehr, was thun.»[2])

Zu gleicher Zeit beklagten sich die Prediger des Tog
burg «mit rath erlaubnuß vnd guttheißen»[3]) des Landv
der sie nicht hatte anhören wollen, beim Abt über die
drückung, daß man sie nicht frei predigen lasse, daß
heimlich bei Türen und Fenstern viel «auflose», und spra
die Hoffnung aus, daß sie wieder nach altem Brauche t
könnten ohne durch die Anwesenheit des Landvogts i
Freiheit der Aussprache gehindert zu sein.[4])

Es war unter solchen Umständen begreiflich, wenn
einen oder andern Prediger einmal die Geduld riß und
Galle überlief. Aber wenn schon die Aufreizung von k
lischer Seite ausging, so mußten doch die Evangelische
Friedensstörer sein.

---

[1]) Stiftsarchiv St. Gallen, B 159, S. 401, 403 ff. und S. 409.

[2]) St.-A. v. Basel, Kirchenarchiv A 11. Ex Toggio 4/14 Dezembe
ab Anonymo.

[3]) St.-A. v. Zürich, A 339. Schreiben der Capitulares vnd Beisitze
ev. Synodi in Toggenburg an den Abt. 14. Dezember 1663.

[4]) St.-A. v. Basel, Kirchenarchiv A 11. Supplikation an den F
von St. Gallen. 14. Dezember 1663.

Der neue Lichtensteiger Pfarrer Leonhard Serin hatte sich bald den Ruf erworben «gar ernstlich zu sein.» Der Landvogt hatte das «mit bedauern» hören müssen. Nun aber hielt an einem der ersten Sonntage des Jahres 1664 der Pfarrer eine Strafpredigt gegen die falschen Propheten, in welcher er unter anderm von ihnen sagte: sie verdrehten und verfälschten die Schrift, «seien den Voglern gleich, die da lieblich singen, die Vögel in das Garn zu bringen, man soll sich vor ihnen hüten.» Serin wurde mit dem Dekan Haidelin vor den Landvogt zitiert und von ihm abgekanzelt; er habe des Priesters kurz zuvor gehaltene Predigt widerlegt. Der Pfarrer antwortete ruhig, daß er niemand genannt und von des Priesters Predigt nichts gewußt habe. Schorno wurde eifrig: «Entweder sind sie vnder euch oder vnder vns; wo sie sind, sol man sie namhaft machen. Habt ihr von den Schriftgelehrten geredt, so dringts nicht ins Land; sie vnd die Juden sind längist tod.» «Sye es vff vns Catholische gemeint, sige es geredt wider den Landfriden, sige es vff andere gemeint, so beger man es zu wissen, dann solche im Landt nit Platz hetten.» Er täte besser daran, von guten Werken zu reden und das Volk zum Gehorsam gegen die Obrigkeit zu ermahnen. So ist auch Serin «in des Landvogts und Pfaffen Haß» gekommen.[1])

Ein Ende der Plackereien war nicht abzusehen, auch dann nicht, als am 22. Februar 1664 der Abt sich einmal über die oft berührten Klagepunkte geäußert und «ein erfreuliche vnd gnädige Antwort» gegeben hatte.

Der geistliche Fürst spricht zwar sein höchstes Mißfallen über das konfessionelle Denunziantentum aus, fügt aber gleich hinzu, daß er begreiflicherweise nicht alles verhindern könne. Da war wohl zu erwarten, daß auch in Zukunft alles beim alten bleiben werde. Wichtiger war für die Prediger die Zusage, daß sie ihre Synode wieder ohne den Landvogt halten dürften. Ausführlicher läßt sich der Abt noch über die beiden durch Braun in Diskussion gesetzten Lehrpunkte aus. Was die Frage des Katechismus

[1]) St.-A. v. Basel. Kirchenarchiv A 11. Supplikation an den Fürstabt von St. Gallen. 14. Dezember 1663. Schreiben Serins 1'11. Februar 1664 und Stiftsarchiv St. Gallen, Act. Dogg., Bd. XX. Actum 5. Februar 1664.

betreffe, ob ein Mensch die Gebote Gottes vollkon könne, so bestimmt er, daß die Prädikanten die l von altersher auff vnd neben der Canzel wol brauchen mögen doch mit bescheidenheit vnd sam mit so breiter Zung, dardurch der geme mensch verwirren vnd ihme einbilden möchte, w Gebott Gottes nit halten könne, so könne er a bott der Obrigkeit nicht halten. Sie sollten also Mensch könne die Gebote Gottes *ohne die Gna* halten.» Der Abt zeigte damit nur den völli eines Verständnisses für die evangelische Lehr selbstverständlich, daß die Prediger des Evangel sie ihrer Überzeugung treu bleiben wollten, an äbtliche Interpretation dieser Katechismusfrage konnten binden lassen.

Mit Genugtuung aber nahmen die Evangelis nis von der Auffassung des Abtes über das Lei und mit sichtlicher Freude haben sie es ausgeb sie von ihrer Religion mit vnß gleicher meinung nemlich Christus an Leib vnd Seel für vnsere litten habe, vnd wan wir diß nit lehren würd sie vns vermahnen, daß wir solches lehren sollt der Worten aber, daß er hellische pein vnd an habe, sagten Ihr. frstl. Gnaden ferners, daß wir p lehren können vnd mögen, daß Christus solche vnd marter vmb vnserer sünden willen erlitten standen habe, daß solches mit keines Menschen nugsam könne ausgesprochen werden.»[1])

Die Antwort traf die evangelischen Gei Alt-St. Johann. Es wird ihnen noch besonders geführt, wie der Abt sich gar freundlich gezeigt mals wiederholt hätte, «er wölle vnß Prediger nic vnd wir sollen ihme auch nicht gefahren.»[2]) D lischen waren aber auch dem Abte soweit als n gegengekommen und hatten nachgegeben, wo si

---

[1]) St.-A. von Basel. Kirchenarchiv A 11. Antwort St. Gallen vom 22. Februar 1664.

[2]) St.-A. von Zürich. Schreiben Abr. Schads an den Anti 23. Februar 1664.

gekonnt hatten. Hatten doch die zu Rate gezogenen protestantischen Gelehrten ihre Zustimmung zu den angefochtenen Lehrpunkten erklärt, aber auch erklärt, daß sie vor dem Volke nicht breitmaulicht, sondern mit der gehörigen Behutsamkeit vorzutragen seien.»[1])

Voller Freude hat Pfarrer Schad das alles an den Zürcher Antistes berichtet. Acht Tage darauf kam der Abt zu einem Augenschein nach Oberglatt, stellte Schad zur Rede, daß er seine Antwort nach Zürich berichtet habe. Schad leugnet es einfach ab. Der Abt drohte, er werde es wohl herausbringen, wenn er ernstlich frage. Er war ärgerlich, stieg aufs Pferd und ritt «ohn gessen vnd gethrunckhen» nach St. Gallen.[2])

Für Jeremias Braun war der Entscheid des Abtes eine glänzende Rechtfertigung. Denn derselbe Abt, der ihn um dieser Lehrsätze willen hatte zum Tode bringen lassen wollen, hat den einen, wenn auch unter gewissem Vorbehalt, anerkannt, den andern aber zu einem unveräußerlichen Gemeingut der ganzen Christenheit gestempelt.

Allein, wer hätte glauben wollen, daß nun eine entschiedene Besserung eintrete, der hätte sich schwer getäuscht. Die Evangelischen hatten sich denn auch verständigt, einmal an die evangelischen Orte zu gelangen. Im Februar übergeben sie dem Herrn Bürgermeister Waser und dem Statthalter Hirzel, sowie dem Landammann Elmer von Glarus ein «Memorial oder kurtze Erzehlung dessen, was sich jüngsthin mit Jakob Preckere von Lichtensteig zugetragen.» Brägger selbst aber erzählte über «den kläglichen Zustand der Evangelischen in der Grafschaft Toggenburg» und sandte den Bericht dem Landammann Rechsteiner von Appenzell, damit er die Sache an der Tagsatzung zur Sprache bringe.[3])

Am 12. März tagten die Boten der evangelischen Orte. Sie einigten sich dahin, daß ein besonderer Ausschuß beauftragt werde, «den eingebrachten Klagen und den der Landschaft Toggenburg zustehenden Freiheiten» näher nachzuforschen, auf Grundlage der eingehenden Berichte durch

[1]) Ildefons von Arx. A. A. O. Bd. III. S. 188.

[2]) Schreiben Abr. Schads an den Antistes von Zürich. 8. März 1664.

[3]) Stiftsarchiv St. Gallen. B 159. 398 ff. und 403 ff.

ihr sach nur vergrößert vnd Ihr. F. Gn. mehre
den dörffte, bitten demnoch Euch vnser g. l. E. v
genossen vns deßwegen für entschuldigt zeh
schreiben jeh abgehen solle, vnseres nammer
zu gedenckhen.»[3])

Der Rat in Basel fürchtete für die Pfarrer
ins Toggenburg geschickt waren. Warum a
nicht zurück? Warum trat er auf neue Be
willigst ein? Wars nicht eine Unverschämtl
vogts, wenn er an die erledigte Prädikatur
qualificiertes, taugliches vnd friedliebendes s
erbat und auf *M.* Georg Martin Glaser hin
welchen die Gemeind in sonderheit sehen th
der Rat nicht die Pflicht gehabt, unter der
Verhältnissen seine Bürger nicht solcher Gefa
und das Ansinnen des Landvogts kurzer Han
Damit aber wäre den Toggenburgischen G
recht nicht gedient gewesen. Die zaghafte S
läßt sich begreifen, wenn auch nicht jederma
schuldigen gewillt ist.

---

[1]) E. A. VI. 1 a. 614.

[2]) St.-A. von Basel. Missiven. 12. März 1664. Eb
vom selben Tage.

[3]) St.-A. von Basel. Missiven. 20. Februar 1664.

Im Laufe des Frühlings wurde der Beschluß der Tagsatzung zur Ausführung gebracht. Die Vermittlung zwischen den Toggenburgern und dem Rate von Zürich scheint der Pfarrer von Wädenswil, Jost Grob, übernommen zu haben. Als Vetter des Kommissars Hans Grob war er der richtige Mann. Noch mehr. Geboren 1611 in Brunnadern war er, noch sehr jung, als Pfarrer ins Toggenburg gekommen und hatte während drei Jahren die Gemeinden von Krumenau und Kappel bedient. 1633 beschwerte er sich dagegen, daß die Evangelischen gezwungen wurden, das Ave Maria zu beten. Er wurde vor das Landgericht zitiert und seiner Stelle entsetzt. Nachdem er einige Zeit in Salez seines Amtes gewaltet hatte, berief ihn der Rat von Zürich nach Wädenswil. Hier wurde er später Dekan des Kapitels und starb 1692. Bei ihm lief ein, was die Toggenburger auf dem Herzen hatten. Stadtschreiber Hirzel forderte darum am 11. April 1664 seinen Bürgermeister auf, Jost Grob «wegen den beschwerden der Evangelischen Toggenburger mit allen hierüber habenden geschriften albero zu bescheiden.»[1])

Die Toggenburger hatten sich in weitläufiger Weise über ihre Freiheiten und Rechte geäußert; außerdem in dreißig Artikeln ihre «Klägten vnd beschwerden» niedergelegt. Wir greifen einige charakteristische Punkte heraus.

Alle Prediger waren gehalten bei 10 ß Buße alle Sonntage und Feiertage den englischen Gruß von den Kanzeln zu sprechen. Bei gleicher Buße mußten alle Evangelischen ihren Verstorbenen Kreuze auf die Gräber stecken. An Hochzeiten durften die Pfarrer nicht öffentlich oder laut zu Tisch beten. Beim Läuten der Mittagsglocke oder bei Prozessionen mußten die Hüte abgezogen werden. Den evangelischen Pfarrern war verboten, den Taufstein zu gebrauchen, sie mußten aus einem «Keßelein» das Kind taufen. Sodann beschwerte man sich darüber, daß die Pfaffen im ganzen Toggenburg in alle Häuser liefen, namentlich den Armen den Abfall zumuteten und ihnen Geld, Lehen, Güter und anderes versprachen; daß sie die Kinder auf der

[1]) St.-A. von Zürich. A. 339. Schreiben Hirzels an den Bürgermeister von Zürich. 11. April 1664. Stadtbibliothek Zürich, Manuscripte F., Bd. 50. f. 590/597, und Mscr. G. 169. Kurtze Lebensbeschreibung Herrn Joßt Groben etc.

Gasse anredeten und sie lehren [illegible]
Jakob Brägger hatten sie ein totes [illegible]
seines Schwagers geholt und «vff [illegible]
vergraben.» Man litt nicht mehr, [illegible]
etwas darüber aus dem Land schrieben, [illegible]
derlich war es den Prädikanten verboten, [illegible]
Obrigkeit zu berichten.

Zum Schlusse meldet sich unser Dichter [illegible]
Art Abraham a Santa Claras alles zusammen[illegible]

Summa di guten Evang.[elischen] Toggenburger
Sind arme bedrängte v[nd] gezwängte Nothleid[illegible]
Ihre freyheiten sind .gschreyheiten
Ihre Privilegien heißen Brieff ligen, oder liegen
Ihre Gewohnheiten sind ohnheiten
Ihre sprüch vnd verträg sind nüt als Brüch vnd
Ihre grechtsamen sind schlecht sammen.
Ihre *Documenta* sind *Nocumenta.*
Ihre Oberkeit ist stränger als kein Heid.
Ihre Schutzherren sind Trutzherrn
Ihr *Prälatus* ist ärger als *Pilatus*
Heist sich *Benedictiner*, ist aber ein *Maledictiner*
Der Guli heist sich Galli, wyl er bitterer ist als G
Kelter denn ein Schneeballe!
Seine Amptleuth sind verdampt Leuth
Seine Hoffarth ist voller Vnrath
Infidel im Thurn ist ein giftiger Wurm
Sein Landvogt ist ein Schandtvogt
Er ist ein Schwytzer, ein .Schleitzer, Lymheitze
vnd zum bösen Reitzer
Er heißt Wolffgang Friedrich Schor — Narr
Der Landschryber ist ein Schandtreyber
Ein Huren Jeger, ein Oderverkleger
Heist Galli Germen, blast alzeit Lermen!
Im Schinden und Schaben thut ers *pro* haben
Nach Miet vnd gaaben, kann er wol graben
Lug vnd Trug ist sein Pflug damit erschachert er g
Gott wende vnd Ende!
Aller Bedrängten Ellende![1])

Allein die Toggenburger ließen es nicht blo
Klagen bewenden, sie formulierten auch ein «bi
gären» und sandten es den evangelischen Orten

[1]) Stiftsarchiv St. Gallen B 159, Seite 415 ff.
[2]) Stiftsarchiv St. Gallen B 159, Seite 419 f.

1. «Die Evang. Ständ in der Eydgnoschaft solten sich dißer ihrer bedrängten Nothleydenden Glaubensgenossen in Treüwen Annemmen, eben so wol als sie sich annemmen der noth deren di vssert der Eydtgnoschafft in Frankrych vnd anderen Orthen geträngt werden, wyl der erste Reformator, durch den Gott vns dz licht des Evangeliums angezündt, ein gebohrner Toggenburger gewesen.»

2. «Daß er den Precker wider in sein Haus vnd guter setze, wyle Hern Brunen alligklich vnrecht geschehen vnd si di Papisten selbs den vergangenen Handel, sich damit zu bereychen, angefangen. Oder da er ihne nit wölte ynsetzen, solte man ihn vnd sein weih vnd kind vs dem Zehnden, so der Abt zu Stammheim in Zürichpiet hat, Ergetzen.»

3. Man sollte ihnen aufhelfen zu freier Religionsübung.

4. Ehesachen sollten nicht in St. Gallen oder Konstanz, sondern vor dem ev. Kapitel ausgemacht werden.

5. «Der Abt solte den Landvogt vnd Landschreiber dahin halten, alle Bußen, Kosten, Verehrungen, so sy in diesem Handel vervrsachet, den vnschuldigen wider zu erstatten, vnd dise 2 Redliführer samt dem Pfaffen abzusetzen vnd vffs Meer zu schicken als die es 1000 falt bas verdienet als die Evang.»

Soweit der letztere Wunsch Schorno betraf, konnten die Evangelischen auch der Zustimmung der Katholischen sich versichert halten. Die Abrechnung ist, wenn auch erst später, tatsächlich erfolgt. Schorno ward nämlich angeklagt, er regiere hart, nehme und fordere Geschenke, übe Rache aus und benehme sich gegen die Protestanten so unduldsam, daß die Zürcher Geistlichkeit ernstlich den Untergang der evangelischen Kirche im Toggenburg befürchte. Der Abt von St. Gallen konnte sich nicht weigern, die Anklage anzunehmen und Untersuchung zu halten. Nachdem er erkannt hatte, daß die Klagen nur allzu begründet waren, suchte er den Landvogt durch freundliches Zureden auf andere Wege zu bringen. Schorno aber, statt sich zu bessern, trieb es nur um so schlimmer, bis sich seine Unterbeamten weigerten, ferner unter ihm zu stehen, und im Jahre 1669

hundertachtzig angesehene Männer von ...
das Kapitel in St. Gallen kniefällig ...
baten. Daraufhin wurde dem Landvogt ...
anderes Amt wurde ihm angeboten; er schlug
und zog in seine Heimat nach Schwyz. Bald da
vor den Pfalzrat geladen, weil er ein Buch ent
das die Toggenburger Sprüche und Verträge
stellte sich nicht. Als gleichwohl das Urteil
fällt wurde, trieb er in Schwyz daran, daß der
verbrannt würde. Der Rat hütete sich davor.
legte sich nun aufs Bitten, und erreichte endlich
Ehrverlust davon kam. Aber auch jetzt war e
sondern arbeitete dort aus allen Kräften sog
streuten Lügen und verfälschten Abschriften da
genburger und Schwyzer von der übrigen Eidg
zu isolieren. Schwyz wurde deshalb auf de
vom 4. Juli 1677 aufgefordert, ihn als Urheber
und Zerstörer des gemeinsamen Friedens zu v
gefänglich einzuliefern.[1])

Am 1. Juni 1664 traten die Ehrengesandte
und Glarus in Richterswil zusammen und eini
einen Abschied in bezug auf Toggenburg.[2]) Se
griffen sie heraus und stellten so den «Extract
jedtlicher und mit namen der vornembsten *Pu*
die Evang. in der Graffschafft Toggenburg in R
sich nit wenig beschwären». Die evangelischen
davon in Kenntnis gesetzt. Aber den Sommer
nichts mehr. Erst am 25. Februar 1665 wurde
stück dem Fürstabt von Alt-Landammann Elm
halter Kaspar Schmid übergeben. Der Abt wa
seiner Antwort. «Darbei zu beobachten, waß
A° 1633 angebracht vnd begehrt worden. Ef
verbleiben hat.» So wurde tags darauf das Me
wortet.[3])

---

[1]) Ildefons von Arx. Geschichten des Kantons St. G
S. 190 ff. E. A. VI. 1 a. 1053.

[2]) St.-A. v. Basel. Missiven. 9. Juli 1664. St.-A. v
Abscheid vom 1. Juni 1664.

[3]) St. Gallen, Stiftsarchiv. Act. Dogg. Bd. XX, S. 87

Der delikateste Punkt war offenbar, darin hatten wohl die Basler recht, die Bräggersche Angelegenheit. Sie wurde darum auch mit größtmöglicher Zurückhaltung erwähnt. «Darbei das Bräggerische Geschäft bester maßen zu Gnaden befohlen.» Die Frau Bräggers war soviel wie gefangen. Sie hatte Bürgschaft stellen müssen, daß sie das Land nicht verlasse. Der Landvogt gab ihr zu verstehen, wenn sie fortlaufe, müßte ihr Vater für sie bezahlen. Sie beschwerte sich, die Toggenburger hätten das Recht zu ziehen, wohin sie wollten. Es nützte nichts. Sie brachte ihre Klage vor den Abt: «Habe sie gefehlt, so sollte man sie strafen, habe ihr Mann gefehlt, so habe sie sich dessen nicht zu entgelten.» Der Abt gab ihr zur Antwort, er komme an St. Kathrinentag (25. November) nach Lichtensteig, dann wolle er sie anhören.[1])

Es scheint, daß der geistliche Herr sich erweichen ließ und in einem Punkte nachgab; die Frau durfte Lichtensteig verlassen. Anfangs Januar befindet sich die «hochbetrübte und fast schwermütige Mutter» im Hause des Professors Hans Kaspar Schweizer in Zürich; einige Toggenburger hatten sie dorthin geleitet, dem wohlwollenden Professor über die ganze Angelegenheit weitläufig berichtet und ihn gebeten, sich für die Unglücklichen zu verwenden. Schweizer schrieb am 11. Januar an den Junker Statthalter.[2])

Allein der Abt überging das Bräggersche Geschäft in seiner Antwort vom 25. Februar einfach mit Stillschweigen.

Die beiden Knaben waren unterdessen beim Bruder des Landvogts Schorno verkostgeldet. 112 Reichstaler waren bis dahin aufgelaufen; der Großvater aber hatte sich geweigert, sie zu bezahlen. Schorno fürchtete nun, es möchte das Erbe der Kinder allzurasch aufgezehrt werden und fragte darum den Landeshofmeister Fidel Im Thurm am 12. Dezember 1665 an, ob die Kinder nicht anderswo «mit geringeren vncosten» sollten versorgt werden, wo keine Gefahr bestehe, daß sie geraubt oder einer katholischen Erziehung entzogen würden.[3]) Vorläufig aber blieb alles beim alten.

[1]) St.-A. v. Zürich, A 339. Toggenburgische Beschwerden 1664.

[2]) Ebenda. Schreiben Professor Schweizers an den Junker Statthalter. 11. Januar 1665.

[3]) St. Gallen, Stiftsarchiv, Act. Dogg., Bd. XX, S. 118/119.

sprungen». Der Rat möchte doch dahin wirk
beträngte schwache vnd schwankende Herd Chri
gestärkt getröst, ihro Lufft geschaffet, Sie bei
heiten vnd Landtsfrieden geschirmbt vnd nit al
den reißenden antichristlichen wölffen vffgefres
Von sich selbst bemerkt er zum Schlusse, daß e
sitze wie ein Vogel auf dem Zweige und bitt
ihn auch weiterhin wie andere Vertriebene sch

Der Rat von Zürich wagte daraufhin wiede
stoß. Die Gesandten müssen mit der Sprache k
gerückt sein; denn der Abt fügt seiner Antw
Nachschrift hinzu: «Wir wollen die Herren gar
ersucht haben, daß Sye ein andermahlen vnß
Leufferen verschonen wollen vnd solche schicl
größere *discretion* sonderbar gegen die Oberkeith
Im übrigen aber ging die Antwort des Abtes d
Mutter ihre Kinder zu erhalten, die aufgelaufen
bezahlen und dafür Bürgen zu stellen habe. Il
blieb immer noch in den Händen des Vogtes.[3]

Anfangs Oktober 1667 wendet sich Züric
die evangelischen Orte und fordert sie in der Sa

[1]) St.-A. v. Zürich. A 339. Memorial des Rats von Züric

[2]) Ebenda. Supplikation der Eheleute Brägger. 23. Ja

[3]) Ebenda. Schreiben des Abts. 4. Mai 1667.

zu gemeinsamem Vorgehen auf. Von Basel lief die Antwort ein: «wiewohlen wir nun sehr zweiflen, ob darauf etwas fruchtbarlichs erfolgen werde So wollen wir gleichwohl dafeer übrige lobl. Orth. gleicher meinung seyn werden in die Absendung *consentieren.*»

Das Schreiben ging ab. Die Antwort des Abtes lief ein. Sie war abschlägig und in gereiztem Ton gehalten. Die Basler hatten die Befriedigung, ihre Voraussicht erfüllt zu sehen; die Antwort war ihnen nicht befremdlich. Die Berner wollten in Zukunft nichts mehr damit zu tun haben. «Wie nun wir vß dem gnug harten Stylo ersechen, daß Ir Fürstl. Gn. seine gefaste meinung zu endern bim wenigsten ze bewegen sein werde, also findendt wir alle weitere schrifftliche *Sollicitationen* ohne frucht vnd vergebens.»

Basel hatte allerdings den Vorschlag gemacht, die Angelegenheit auf der nächsten Konferenz zu besprechen. Es geschah am 17. Februar 1668 in Baden. Man einigte sich, beim Abte um Verabfolgung des Bräggerschen Gutes nachzusuchen. Alle evangelischen Orte außer Basel unterzeichneten.[1])

Der Abt gab endlich nach, er machte einen Vorschlag. Zürich findet in dem fürstlichen Schreiben allerlei Unklarheit. Der Abt fordert darum Zürich auf, selbst einen Revers abzufassen. Das geschah. Jetzt aber hatte der Abt wieder etwas auszusetzen. Schließlich einigte man sich doch. Zürich hatte am 11. Juni 1668 die Hoffnung ausgesprochen, «daß die *intercessierten* in äusserstem Mangel sitzenden nun entlichen zugesagter massen werden erfreuet werden, die wir auch nicht vnderlassend, den erwartenden erfolg mit müglichen gegenfreundschaffts Bezeugungen vmb Eurer Fürstl. Gnaden zu erwidern.» Am 14. Juni unterzeichnete der Abt den Revers, wonach er des Erbguts der Ehefrau Brägger sich entschlägt, den Kindern ihre betreffende Erbsportion «nach natürlichem Recht und Erbens Rechten ohne Eintrag, Sperr vnd Hinderung» zu verfolgen sich verpflichtet, «vssert daß etwas zu vnentberlicher verpflegunge der 2 biß vff erreichung ver-

---

[1]) St.-A. v. Zürich, A 339. Schreiben des Rats von Basel an Zürich, 5. Oktober 1667, von Bern an Zürich, 23. November 1667 und Basel an Zürich, 27. November 1667 und Schreiben an den Abt, 17. Februar 1668.

nünfftigen alters im Landt blybender Kinderen
halten werden solte.» Zürich dagegen verpflicht
die «schweinung» des Weiberguts nach Möglichke
hüten.[1])

Die Abrechnung konnte vor sich gehen. Sylve
rechnete das Vermögen auf 2419 Reichstaler aus. D
vogt behielt 410 Reichstaler als Tischgeld der Kinder
zurück. Als im Jahre 1676 die Mutter Bürgi gesto
gab es noch einmal Anstände. Die äbtischen Beamte
einen Abzug am Vermögen machen. Da wandten
fessor Hans Heinrich Hottinger, der Spitalschreil
Jakob Bodmer und Hans Jakob Brägger, der Scl
Namen «Ihrer lieben Ehewybern Fr. Elisabetha vn
der Grobin vnd Elisabetha Bürgin»[2]) an den Rat v
und baten um Interzession. Der Rat gewährte sie
Erfolg. Das Erbe wurde ausgeliefert.[3])

Damit war der Bräggerische Handel zu Ende ge
Was mit den Knaben Brägger geworden ist, wissen
Es war ihnen das Recht eingeräumt worden, wenn
zehn Jahre alt geworden seien, sich zu entscheiden
Religion sie folgen wollten. Wie ihr Entschluß au
fallen sein mag, den Vater Brägger muß es doch g
haben, daß er durch die jesuitische Kunst die k
Erziehung seiner Kinder verschuldet hatte.

Doch kehren wir zum Schluß zu Jeremias Bra
Die Antwort des Abtes auf die durch Braun in I
gestellte Lehrfrage bedeutete für den Basler Pfa
vollkommene Rechtfertigung. Sie war ihm umso
gönnen, als er noch lange Zeit unter den Folgen
handlung zu leiden hatte, die ihm im Toggenbu
fahren war. Auf der Synode in Sissach vom Ja
wurde gegen Braun Klage geführt, daß er sehr h
den Predigten fernbleibe und sich mit den Geschä
schuldige, die ihm vom Rat aufgebürdet seien.
aber von seinem Vorgesetzten in Schutz genom

[1]) St.-A. v. Zürich, A 339. Schreiben des Abts an Zürich, 1
Schreiben Zürichs an den Abt, 11. Juni 1668.

[2]) St.-A. v. Zürich A 339. Supplication Herren Hanss Heinri

[3]) St.-A. v. Zürich. Act. 339. Abrechnung Sylvester Grobs

[illegible] mit vier oder fünf Jahren kränklich und verliere ohne Zweifel jetzt zeitweise den Gebrauch der Vernunft.[1])

Das Amt eines Schulmeisters in Liestal und Predigers zu Lausen war dem in seiner Gesundheit geschwächten Manne allmählich zu beschwerlich: er sehnte sich nach einem ruhigeren Posten, wo er seinen Lebensabend in aller Stille zubringen könnte. Sein Wunsch ging in Erfüllung. Im Jahre 1667 wurde die Pfarrei von Tenniken frei, da ihr bisheriger Inhaber, Joh. Jakob Meyer, Helfer an St. Peter in Basel wurde. Am 27. Juli wurde Braun vom Rat in Basel zum Nachfolger erwählt. Er sah hierin eine Fügung des gütigen Gottes. Am 3. November trat er in der kleinen Gemeinde sein Amt an.[2]) Seine Grabinschrift rühmt, daß er hier durch das Beispiel reiner Lehre und schuldlosen Lebens mit ungewöhnlichem Erfolg seine Zuhörer erbaut habe.

Wir hören freilich, da die Synodal- und Kapitelakten gerade während dieser Zeit aussetzen, nicht mehr viel über seine Wirksamkeit. Nur auf der Provinzialsynode, die am 18. Juni 1668 in Sissach stattfand, tritt er noch einmal für etwas ans Licht hervor. Er berichtet nämlich, daß er die Alten beschicke und zur Rechenschaft ziehe, wenn sie ihre Kinder nicht in die Kinderlehre schickten, er halte die Wächter an, daß sie die Leute, «so sich in werendter Zeit auf den strosen befinden», verzeigen sollten. Man gab ihm zur Antwort, daß er auf guten Wegen sei.

Von einer lobenswerten Selbständigkeit und von pädagogischem Verständnis legt seine Mitteilung Zeugnis ab: «weilen der heidelbergische Cathechismus der gemeinde allzue schwär falle, habe er sonderbarer fragstück darauß formiert». Allein für die Würdigung einer solchen selbständigen Gestaltung der religiösen Unterweisung war die Synode nicht reif; es wurde Braun ernstlich nahe gelegt, er solle «entweders bei dem Heidelbergischen, dem alt Baslerischen oder dem Nachtmalsbüchlein, so allerseits recipiert, verpleiben vnd dorinnen keine änderung vornemmen».[3])

---

[1]) St.-A. v. Basel. Kirchenakten D 20. Anno 1666.

[2]) Taufregister von Tenniken. Mitteilung von Herrn Pfr. Merian in Tenniken.

[3]) Kirchenarchiv R 1. Acta Synodi generalis Provincialis. 18. Juni 1668 in Sissach.

Das letzte Jahrzehnt seines Lebe
uns völlig im Dunkel der Vergangenhe
machte er die letzte Eintragung ins Tauf
wurde eine Taufe vollzogen, die bereit
ins Register geschrieben ist. In dieser
krankt sein. Am 8. August «ist er selig
storben». Seine trauernde Gattin und ei
dem Vater in der Kirche von Tenniken
folgende Inschrift trägt:[1])

C. S.

M. IEREMIAS BRAV

BAS. SERVVS I. C. ET C
CŌSTĀTISS. PASTOR PRI
ECCL. LIECHTĒSTEG IN
GIO VLTRA X̄ĪĪĪ. ANN. IN
POST PERPESS. DIRAS H
CRIMINAT. PERSECVT. IN
CERAT. A DENV̄C. MORT
MIN. OMNIP. DEI BRACHI
BERAT. ET IN PATRIĀ R
FACT. ECCL. LAVS. ET T
PER A. XVI. DOCTRINÆ
ET VITÆ INCVLP. EXĒPI
CV̄ FRVCTV ÆDIFICAVIT
DE BEATE IN I. C. OBIIT.
AVG. M. DC. LXXIX. ÆT.
M. V̄I. VRSVLA ZENOINA
VIDVA MOESTISS. FILIIQ
SVPERST. M. H. C. L. D.

[1]) Mitgeteilt von Herrn Pfr. Merian in Tenni

Die Befreiung der Waldstätte im Lichte einer theologischen Mahnschrift der Reformationszeit.

Von

H. Dübi.

Die Stadtbibliothek Bern besitzt seit ungefähr einem Jahre eine Handschrift, welche den Titel führt: De Helvetiæ origine, successu, incremento, gloria, statu præsenti, quibus causis e statu felicissimo ad miserrimum pervenerint, quibusque artibus cum Deo in gratiam redire possint Libri Tres, authore Rodolpho Gualthero, Tigurino, Anno Domini MDXXXVIII. Die Handschrift wurde der Bibliothek geschenkt von Rev. W. A. B. Coolidge in Grindelwald, der sie in den Neunzigerjahren des vorigen Jahrhunderts gekauft hatte, wahrscheinlich bei Georg in Basel. Die Vermutung, daß sie aus der v. Mülinenschen Bibliothek stamme, lag nahe, hat sich aber nicht bestätigt. Die in Karton gebundene, sehr saubere Chronik hat 210 paginierte Seiten groß 4⁰ von je 26 Zeilen, Schriftcharakter des ausgehenden XVII. Jahrhunderts. Eine Dublette dieser Chronik liegt in der Stadtbibliothek in Zürich, von wo sie mir letzten Winter, durch die Freundlichkeit der Verwaltung zur Kollation überlassen wurde. Diese Handschrift hat 191 paginierte Seiten groß 4⁰ von je 29 Zeilen, Schriftcharakter ebenfalls des ausgehenden XVII. Jahrhunderts, ist aber nicht von der nämlichen Hand geschrieben. Die Vergleichung der beiden Handschriften, von denen ich die Berner mit A, die Zürcher mit B bezeichnen will, haben folgende Übereinstimmungen und Verschiedenheiten: Titel und Jahrzahl ist bei beiden gleich, ebenso die Überschrift der Vorrede:

fueritis, gladio consumemini, quoniam os Dom est.» B dagegen hat nach pag. 191 noch 12 paginierte Seiten von andrer Hand, enthaltend Pabst Clemens XI an die schweizerischen Bischöfe, betreffend Kirchensachen von 1711—1718, in Ko mäßig von einer vorangeschriebenen Inhaltsan mentum, begleitet. A hat einige Randbemerku haltsangaben oder Erklärungen des Textes, wäh in B fehlen. So steht am Rand von pag. 4 pag. 9 Helvetiorum libertas justa, non rebelli 3 Reg. 12, pag. 14 Landvogt Grisler, pag. 15 Guili pag. 21 Grislerus a Guilielmo perimitur und L vetiorum recuperatur, pag. 22 Nobilium tolluntu cula, pag. 28 Leopoldus in fuga cadit, pag. 30 Biß so saumst dich gern, pag. 53 Müllhausen, pag. 69 im Bruderholz, pag. 75 FINIS LIBRI PRIMI.

Aus dem vorangegangenen ergibt sich, daß Handschriften Kopien eines älteren und wahrsch lorenen Originals sind. Die Berner Handschrift, gehend geprüft habe, macht den Eindruck gr lässigkeit, sie enthält wenig Verschreibungen und und kann uns, da sie lückenlos ist, wohl das fe ginal ersetzen.

Es erhebt sich nun die Frage, was der Auto Arbeit bezweckte und inwieweit es sich lohnt in weiteren Kreisen bekannt zu machen. Übe sicht spricht sich der offenbar noch junge Verfass

Widmung an die Obrigkeit seiner Vaterstadt aus. Er möchte erstlich durch eine wissenschaftliche Arbeit seinen Dank abstatten für die Förderung, die ihm seit seiner Schulzeit in seinen Studien und im Leben so väterlich erwiesen worden ist und sodann möchte er, nach seinen schwachen Kräften, dazu beitragen, die gegenwärtigen schlimmen Zustände an der Hand der vor der Geschichte gegebenen Lehren zu bessern. Diese moralische Tendenz ist ja schon im Titel ausgesprochen und im Verlauf der drei Bücher wird die These von dem auf- und absteigenden Glück der Eidgenossen als eines von Gott auserwählten und je nach seinem Verhalten belohnten oder bestraften Volkes kunstreich durchgeführt. Uns interessiert vor allem das erste Buch, welches die Entstehung der Eidgenossenschaft und ihre siegreiche Ausbreitung bis zum Ende des Schwabenkrieges beschreibt. Obschon für das tatsächliche der Geschichte aus dieser Chronik wenig oder nichts zu lernen ist, so hat es doch ein gewisses Interresse in einer zusammenhängenden und unter einem einheitlichen Gedanken zusammengefaßten Darstellung die Tradition über diese Zeit kennen zu lernen, wie sie in Humanistenkreisen umlief, bevor Tschudi ihre Weiterentwicklung in seine alles nivellierende Bahn gelenkt hatte und während noch, trotz der Glaubensspaltung, das Einheitsgefühl der Schweizer und ihre Ablösung vom Reiche neu und mächtig war. Denn darin geht der Zürcher Theologe mit dem Unterwaldner Landschreiber und dem Luzerner Chronisten einig, daß die Befreiung der Waldstätte von Österreich keine Rebellion, sondern nur die Wiederherstellung rechtmäßiger, durch Habsburg gestörter Verhältnisse gewesen und die gegenwärtige Freiheit eine legitime sei.

Vor Glarean-Myconius, mit welchem er Sprache und Stoff gemein hat, bietet Gwalther den Vorzug größerer Ausführlichkeit, vor Etterlin, auf welchen ja auch jene zurückgehen, den einer systematischen Motivierung der Vorgänge. Für den Anteil Zürichs an den Vorgängen nach der Schlacht bei Morgarten ist Gwalther natürlich von besonderem Wert, aber wir haben hier auf diese nicht einzutreten. Die theologische Betrachtung geschieht im Sinne Zwinglis, auf dessen Einfluß auch die eingestreuten Polemiken gegen fremden Solddienst hinweisen.

Das Vorhergehende scheint mir hi rechtfertigen, daß hier eine Analyse de richtes über die Entstehung der Eidgen(wird und im Säkularjahre des Schiller: leicht auch dieser Beitrag zur Telliterat

Nach einer, der Entwicklung seiner Einleitung, geht Walther dazu über zu z der Schweizer (Helvetii nennt sie der H frei gewesen sei und niemals eines Fü habe. Das beweisen die Urner, welch abstammend und aus ihren Sitzen vertriet gelassen haben, die Schwizer, welche, stammend, sich hier niederließen und Römern gefesselt oder überwunden w der goldnen Freiheit freuend auf ihren b lebten. Damals war hier das Reich d der römische Dichter Calphurnius (sic!) Verse werden zitiert und eine prosais vollständigt die Schilderung eines län Dann fährt der historische Bericht fort auch ein gewisser Graf Rudolf von Habs ein kluger, vaterlandsliebender und m Gönner der Schweizer und wohlwollend ihr Nachbar war und seine Besitzunge Regensberg und andere mit Gerechtigkei waltete, so nahmen sie ihn zu ihrem P: Es wurden ihnen adlige Vögte (princip die Lande regieren sollten. Diese be aus Furcht vor dem Grafen Rudolf ko ihre bösen Gelüste. Aber indem sie si Verwaltung in die Gunst des Landvolk schafften sie sich zugleich in festen Bur ihre künftige Gewaltherrschaft. Unterdes und gerechte Rudolf und es folgte ihn die Schweiz, sein ganz ungleicher und Albrecht. Dieser verschmähte die Küns brachte durch Krieg und Plünderung a fand aber auch ein dementsprechendes E hatte er auch ähnliche Höflinge, die er

Vögten setzte, eine richtige Rabenbrut (mali corvi ova pessima). Da sie in den Lüsten eines verderbten Fürstenhofes aufgewachsen waren, setzten sie dies Leben auf Kosten der Länder fort. Sie bauten sich auf allen Berggipfeln und anmutigen Hügeln feste Burgen und übten von diesen aus ihre Gewaltherrschaft gegen die armen Bauern, die bei anderen Adligen nicht Schutz gegen diese Peiniger finden konnten. Denn erfahrungsgemäß hält der Adel immer zusammen gegen die Bauern, die von ihm geschunden werden. Es folgt hier eine heftige Diatribe gegen den Adel, dem seine hochmütige Verachtung der Bauern (rustici) und seine Habsucht vorgehalten werden, die ihn sogar unter Heiden wie Cäsar und Alexander sinken lassen, die hierin ein besseres Beispiel gaben. Die Darstellung kehrt zur Bedrückung der Schweizer durch die damaligen Adligen zurück. Nachdem sie sich durch feste Burgen gesichert, nahmen sie den Untertanen ihre Herden, Wiesen, Äcker und Häuser weg und zwangen sie zu pharaonischen Frohndiensten wie Stein- und Kalkfuhren und Holzfällen zum Bau der Zwingburgen. Gegen Frauen und Töchter übten sie schändlichen Mutwillen, indem sie solche in ihre Schlösser entführten und, nachdem sie sie dort mißbraucht hatten, von Kleidern entblößt oder noch schimpflicher behandelt nach Hause zurückschickten. Aus angeborner Einfachheit und Bescheidenheit unterließen es die Schweizer sich mit Gewalt aufzulehnen, sondern sie brachten die Sache vor den König Albrecht und riefen seine Gerechtigkeit an. Aber sie erhielten Antwort, wie die Israeliten von Rehabeam. (III. Buch der Könige, Kap. 12.) Daher wandten sie sich an das Reich, aber gleichfalls ohne Erfolg, da die Fürsten es vorzogen, ihren Lüsten zu fröhnen als sich um der Schweizer willen Unannehmlichkeiten zuzuziehen. Aber während sie den Kalkofen (calcariam) vermeiden wollten, fielen sie in den Kohlenmeiler (carbonariam). Denn Gott strafte sie für ihre Sünden, indem er nicht nur die Schweizer von ihrer Herrschaft befreite, sondern auch ihre eigenen Besitzungen in die Hände jener gab. Da nämlich die Schweizer nirgends Gehör fanden, verschafften sie sich selber Recht. Und dazu bot sich bald Gelegenheit. Es war einer unter den Vögten, ein besonders

gottloser und lüsterner Mensch, der in der Abw
Ehemannes von einer ehrbaren Frau verlangte,
Bad mit ihm teilen sollte, wofür er von dem a
kommenden Gatten mit der Holzaxt erschlagen
war der Schweizerboden von einer Last befr
gleicher Zeit trat der grausamste aller Tyrann
Landvogt Grisler, welcher jeden Tag neue Pla
So fing er an in Uri einen Turm zu bauen, welc
höhnischen Namen «Zwing Ury unter die Stäge
Auch setzte er einen Hut auf eine Stange und
Todesstrafe, daß alle Vorübergehenden diesen gr
Als er einmal durch Unterwalden (sic! Sylvania
ein von einem Landmann, den man Staufa
köstlich gezimmertes Haus sah, betrachtete e
und fragte dann, wem es gehöre. Jener ant
Furcht vor dem Tyrannen: es ist dein, beste
mir zu Lehen gegeben. Der Vogt ritt weg, de
aber fürchtete gewaltsame Wegnahme seines
wie das schon andern begegnet war und wurde
Frau überredet, nach Uri zu gehen. Hier werc
finden, welche ähnliche Not drücke. Er tat s
dort zwei, denen er sein Leid klagte. Sie v
sich darauf zu sterben oder sich zu rächen. U
ragte durch Tapferkeit und Vaterlandsliebe herv
Tell, der es durch seine Taten und seine Kl
brachte, daß diese Mißstände ohne Aufstand
krieg, welche dem Reiche geschadet hätten,
wurden. Eine Gelegenheit, sein Vaterland von d
wirtschaft (camarina) zu befreien, fand er in dem a
Hut. Drei oder viermal ging er, ohne ihm E
erweisen, daran vorüber, aber so unauffällig, d
scheinen konnte. Durch Schmarotzer (corycei
leumder wurde die Sache vor den Landvogt g
Tell, des Hochverrats (læsæ majestatis) angekla
Gericht des Landvogts gestellt, der, wie der
Fabel, Ankläger, Zeuge und Richter in einer
und nur darauf bedacht, Schuld und Strafe zu
Nach dem Grunde seines Ungehorsams gefrag
Wilhelm aufrichtig (animo sincero), es sei aus

Kopf zu schießen, indem er ihn mit dem Tode bedroht, wenn er fehlschieße. Es folgen nun die üblichen Tiraden über solche Grausamkeit mit Verweisungen auf das Altertum, das mit seinen Dionysius, Phalaris und Nero hinter dem Urner Landvogt zurückbleibe. Umgekehrt übertrifft Tell an wahrem Mute und Vaterlandsliebe einen Theseus, Cynegirus, Zopyrus und andere vielgerühmte Männer, was in breiter, aber nicht ungeschickter Parallele bewiesen wird. Er empfiehlt sich und sein Söhnchen Gott, ergreift zwei Pfeile, von denen er den einen auf die Armbrust legt, den andern in das Göller steckt und trifft durch seine Kunst mit Gottes Hilfe den Apfel. Aber das kann den Tyrannen nicht rühren. Er rühmt zwar den Schützen und den Schuß, fragt aber, was er mit dem zweiten Pfeil gewollt habe. Tell antwortet ausweichend, das sei so Schützenbrauch, aber Grisler drängt den naiven und höfischer Verstellung unfähigen Mann zu dem Geständnis, daß er die Absicht gehabt habe, beim verletzen des Kindes mit dem zweiten Pfeil sich an dem Urheber dieses Frevels zu rächen und ihn seinem Sohn als Totenopfer darzubringen. Erschrocken über die Gefahr, in der er geschwebt hat und von den Furien gestachelt trifft der Landvogt Anstalten, den Tell nach Luzern zu einem ihm ähnlichen Vogte zu führen, um mit diesem zusammen eine exemplarische Marter zu ersinnen. Gott aber, der Herzenskündiger (Καρδιογνώστης), wendet alles zum besten. Auf dem gefährlichen Urnersee werden sie von einem fürchterlichen Sturme überfallen. In der Todesangst rät einer der Schiffer, dem starken und des

Sees ausnehmend kundigen Tell die [illegible]
trauen. Grisler willigt ein und Tell [illegible]
wenn ihm das Leben zugesichert werde. (S[illegible]
etwas unklaren Ausdruck «si illi salus negata r
wird losgebunden und an das Steuer gestellt
daß er auch berufen sei, das schwankende
lenken, fügt Gwalther mit einer ächt human
dung hinzu), lenkt das Fahrzeug gegen eine
Klippe nahe dem Ufer und springt, dort ang
Armbrust und seinem Söhnchen, denn auch die
Nero mitgeführt, ans Ufer, indem er den
Fuß in die Wellen zurückstößt. Er selbst err
hohen Berge die Landstraße, auf welcher
durchreiten muß und lauert im Gebüsch ver
spannter Armbrust auf sein Erscheinen. Als
kommt, das Herz voll Zorn und Rachegeda
den rollenden Augen nach dem Entflohene
schießt ihn der Tell vom Pferde. Während s
sich mit dem Gefallenen beschäftigen, der ir
den Geist aushaucht, entflieht Tell, kehrt zu de
Urnern zurück und ermahnt sie, die schon ge
heit zu erneuern. Die Begleiter Grislers wag
Uri zurückzukehren, sondern begeben sich
Jene Befreier der Urner aber (Bruti illi et p
flammen bei ihren gedrückten Landsleuten l
gegen den ganzen Adel. Hier in Renaissa
Vergleich mit der römischen Plebs. Sie ge
keinem Adeligen mehr die Leitung ihres St
trauen. So und aus diesen Gründen, erklärt
Leser, wurden die Vögte vertrieben und die
wieder gewonnen, nicht durch Rebellion u
Verschwörung, wie viele schmähen, sondern
Wiederherstellung der alten Zustände vor
dessen Bedingungen die Vögte gebrochen h
Recht bei König Albrecht zu suchen, wäre tö
so verschafften die Schweizer es sich aus eig
mit Gottes Hilfe. Und damit sie künftig vor
lagerern (latrones) sicher seien, brachen sie
die jenen als Schlupfwinkel gedient hatten.

Es folgt nun eine Digression über Ritterburgen, die in verblüffender Weise den Auslassungen ganz moderner Schulmeister und anderer Geschichtsdilettanten ähnelt, welche in jedem eine Höhe krönenden, verfallenen Gemäuer ein Raubritternest sehen und mit allen Redensarten eines aufgeklärten Freisinns über die Laster derjenigen losziehen, welche einst hier oben gehaust haben mögen. Im Jahre 1538, so kurz nach dem großen Bauernkrieg und in Zwinglis Stadt ist diese ungeschichtliche Auffassung allerdings leicht verständlich und belehrend über den demokratischen Geist, welcher nun auch in der Tradition über die Freiheitskriege der alten Eidgenossen zum Siege gekommen war. Vielleicht ein Nachklang der Diskussionen während des Schwabenkrieges ist die Hervorhebung der Tatsache, daß Gott den Bauern wider den Adel geholfen habe, wie einst Jehova den Israeliten gegen Pharao. In diesem Sinne schließt sich an den Abschnitt über den Adel unter dem Randtitel «Israelitarum et Helvetiorum comparatio» eine 30 Zeilen lange Vergleichung beider Völker und ihrer Schicksale. Gegen den Einwand, woher es denn komme, daß nach so glänzenden Erfolgen der Vorfahren jetzt eine so gefährliche Krisis eingetreten sei, wird an dem Beispiele der Tarquinier, der Römer, der Juden, Alexanders des Großen der Satz durchgeführt, daß gleiche Mittel ein Reich erschaffen und erhalten und das Strafgericht Gottes auch an den Schweizern nachgewiesen. Dann kehrt der Verfasser nach dem ernsten Satze: «Aber wann sie jetzt durch die Stachel der Habsucht gereizt nach Frankreich ziehen, aus Begierde nach Gold in Mailand eindringen, in Ausschweifungen schwelgen und göttliches und menschliches Recht verachten, wird es kein Wunder sein, daß sie wie die anderen ins Verderben rennen,» zu seiner Erzählung zurück.

Nachdem die Schweizer so ihre Freiheit wieder gewonnen und geordnete Zustände hergestellt hatten, fehlte es ihnen nicht an gefährlichen Feinden. König Albrecht freilich wurde durch seinen vorzeitigen Tod bei Windisch daran verhindert, die von ihm sehnlich gewünschte Rache zu vollziehen, aber er hinterließ einen gleichartigen Sohn Leopold, der sogleich daran ging, die Waldstätte mit Krieg zu überziehen. Vergeblich hatten diese nach der Vertreibung der Vögte

sich an die Reichsfürsten gewandt, ...
beteuerten, die alten Freiheitsbriefe und ...
dem Grafen Rudolf vorlegten, welche die ...
von Österreich eingesetzten Vögte ...
erlangten nur einen kurzen Aufschub des ...
Herzoge aus heuchlerischer Berechnung, wie ...
zu tun pflegen, den Schein eines Überfalls verm...
Während dieser Verhandlungen starb, wie g...
Albrecht. Mit Mißachtung aller geschriebenen ...
gann Herzog Leopold, der schlechtere Sohn ei...
Vaters, zum Kriege zu rüsten. Auch dies bewei...
Vorfahren nicht der schuldige Teil gewesen s...
gewiß und voller Verachtung gegen die ar...
niedrig geborenen Bauern und Hirten zogen ...
(Duces et Comites ab Cudepoli, a Lucera vill...
patres et episcopi Marsupiorum) ins Feld, ohne ...
sich wundernd, daß ihnen die Schlüssel der S...
gleich überbracht wurden. Aber als Herzog ...
einen Ort gekommen war, den wir Morgarten ...
er daselbst Schweizer in geringer Anzahl ih...
treten. Unter ihnen waren 70 Männer von erp...
und Tapferkeit, welche den ersten Angriff de...
sich nahmen und ihm mit Gottes Hilfe widerst...
rend des Kampfes kam den Schweizern noch ...
und beide Teile kämpften mit der größten Erl...
einen aus Vaterlandsliebe für Haus und Hof, ...
Kinder, welche ohne sie verloren waren, die ...
Zorn gegen die abtrünnigen und verhaßten B...
da die Leute Leopolds schließlich doch nur fü...
Sache kämpften, wichen sie endlich der überl...
ihrer Gegner und begannen zu fliehen. Aber a...
erging es ihnen schlimm. Denn nach dem To...
Herzogs Leopold, des Urhebers von so viel U...
den fast alle Adeligen gefangen genommen ...
oder ertranken im Ägerisee. Denn da sie un...
Grenzen der Schweizer überschritten hatten ...
Täler und Bergpässe eingedrungen waren, zei...
Erschreckten und Fliehenden kein Ausweg. «S...
diejenigen, welche, während sie dem Volk hät...

es durch Krieg, Pländerung und Mord quälten, als hieße, den wahren Fürsten spielen, wenn alles mit rauh, Mordtaten und Plünderungen erfüllt wird.» These wird weiter durchgeführt an dem Beispiel s von Bayern und der Adeligen gegen Bern (Laupen), els gegen Glarus (Näfels), der verschiedenen Angriffe ich und Luzern (Sempach) u. s. w. Aber wir brechen , da wir uns für einmal nur vorgenommen haben, die iungen eines Zürcher Theologen aus dem Kreise s über die Befreiung der Waldstätte zu analysieren. emand wird dieser Chronik einen Wert als Quelle e Befreiungskriege der Waldstätte zuschreiben wollen; n der bekannten Tradition abweichende Fassung der ng liegt nicht vor. Auch was anfangs dem Leser wie die Rettung des Knaben aus dem Schiffe, findet ion bei Myconius und die Rolle Tells als eines der Mitverschwornen Stauffachers in Uri war schon von aus der Urnerlegende und dem Tellenspiel in die ır gebracht worden. Er und Myconius sind überhaupt ·lagen Gwalthers, aber das kann uns nicht hindern, ennen, daß Gwalther, abgesehen von einigen Irrtümern, ' Tod Herzog Leopolds bei Morgarten, und Schreib- wie die Verlegung der Stauffacherszene nach Unter- dem in der Vorrede ausgesprochenen Ziele ziemlich ekommen ist und unsere Beachtung verdient.

schließe noch einige biographische Notizen an, welche en gebotene Bild etwas aufklären. Ich entnehme sie m Artikel von G. v. Wyß in der Allgemeinen deut- Bibliographie, Bd. 10, S. 239, teils den dort zitierten Quellen wie Leu: Lexikon I, S. 360 und dem Zürcher sblatt der Gesellschaft auf der Chorherrenstube für 1829. dolf Walther oder Gwalther ist der durch seine theo- en Schriften und seine Wirksamkeit als dritter Antistes rcher reformierten Kirche bekannte Schwiegersohn s. Er stammte aus angesehener, aber nicht begüterter icher Familie. Der Großvater Heinrich war Zunft- , Ratsherr und Obervogt zu Wollishofen, auch Fähnd- den mailändischen Zügen. «Sein Sohn Andreas,» so Leu, «wurde in dem Vorbeygang bey dem erbauenden

Zunfthause zum Kämbel von [illegible] unglücklich erschlagen, danalen [illegible] Monat ihrer Schwangerschaft [illegible] A. 1519 geboren Rudolfum.» [illegible] schwächliche Knabe entwickelte sich [illegible] Hinsicht, später so gut und [illegible] 1528 Aufnahme in der von der [illegible] nommenen Schule fand und sich [illegible] des damaligen Vorstehers der [illegible] der Kappeler Schlacht die Schule [illegible] hoben wurde, setzte der junge [illegible] Bullingers Hause in Zürich fort, wo [illegible] malige Gattin, Regula Zwingli, die [illegible] Reformators kennen lernte. 1537 [illegible] eines vornehmen Engländers Nicolas [illegible] nach England, die ihm in London und [illegible] sehr interessante Bekanntschaften eintrug [illegible] später in Beziehungen blieb. Über diese [illegible] ein lateinisches Tagebuch verfaßt, das [illegible] der Bibliothek der Schweizergeschichte [illegible] zitiert wird als: «Itinerarium oder Reisb[illegible] Hr. Rudolf Walther von Zürich mit Nicolao P[illegible] aus Engelland verrichtet, im Jahr 1537, Mss i[illegible] Hrn. Rathsherrn Leu. Nach der gleichen Quel[illegible] in der Sammlung Leu auch eine Abschrift des [illegible] Reiseberichtes in einem von Junker Joh. Casp[illegible] gelegten Sammelband von Lebensbeschrei[illegible] von St. Peter, Großmünster und Fraumünster[illegible] Abschrift oder das Original Gwalthers muß dem [illegible] Neujahrsblattes von 1829 noch vorgelegen haben [illegible] Seite 3), scheint aber seitdem verschwunden zu [illegible] interessant, darüber weitere Nachforschungen [illegible] ein gewisser Zusammenhang zwischen den Schi[illegible] Handschrift und derjenigen des Traktates De [illegible] gine etc. zu bestehen scheint, welcher 1538, [illegible] nach der Rückkehr aus England, verfaßt ist [illegible] Schicksale und Arbeiten Gwalthers nach A[illegible] beiden Jugendschriften, die ihm gewiß alle [illegible] bekannt genug und können deshalb hier über[illegible]

Ein politischer Briefwechsel /ischen Johann Caspar Bluntschli und Wilhelm Wackernagel.

Herausgegeben von Fritz Fleiner.

Korrespondenz zwischen Johann Caspar Bluntschli und Wackernagel erstreckt sich über die Jahre 1828 bis umfaßt gegen 200 Briefe. Herr Staatsarchivar Dr. ackernagel in Basel hat die Schreiben, die sein Vater, Wackernagel, an Bluntschli gerichtet hatte, mit Er- ler Familie Bluntschli kopiert und sie samt den riefen Bluntschlis an Wackernagel chronologisch ge- ıd zusammengestellt. Der Briefband ist Eigentum der ıagel'schen Familien-Stiftung in Basel». Die Initia- Veröffentlichung dieser Korrespondenz ist von den Wilhelm Wackernagels ausgegangen. Die Familie hat ihrerseits die Ermächtigung zu dieser Publikation iewohl die Briefe Aufschlüsse über die verschiedensten nthalten, bleibt die Veröffentlichung auf diejenigen d Briefstellen beschränkt, die sich mit den politischen n beschäftigen. Sie bilden die wertvollsten und in- sten Partien des Briefwechsels. Durch diese Begren- Stoffs sollte gleichzeitig eine gewisse Einheitlichkeit ellung erreicht werden. Die Verantwortlichkeit für ahl trägt der Herausgeber. Im übrigen hat er sich schränkt, die historische Verbindung zwischen den Briefen herzustellen und Einzelheiten zu erläutern, e die Briefe Bezug nehmen.

ın Caspar Bluntschli und Wilhelm Wackernagel ı während ihrer Studienzeit in Berlin, in den Jahren nahe getreten. Sie hatten sich mit wenigen ver- 'reunden — darunter den Schweizern Theodor /on Brugg, Abel Burckhardt und J. J. Herzog von vereinigt zu einer Gesellschaft, welche die Bezeich-

nung «die Namenlose» führte.[1]) Wackernagel (geboren in Berlin den 23. April 1806) durfte schon ...
der Erforschung mittelalterlicher Literatur ...
beiten zurückblicken, während der ...
Bluntschli (geboren in Zürich den 7. März 18...
gekommen war, um vor allem den Vorlesun...
des Begründers der historischen Rechtsschule ...
Als Wackernagel im Jahre 1828 «Gedichte ...
Schülers» veröffentlichte, widmete er sie ...
Herzen den theuren Freunden Caspar Bluntsc...
und Abel Burckhardt von Basel». Nachd...
im September 1828 Berlin verlassen hatte, ...
der Freunde den Verkehr durch einen regelm...
lichen Gedankenaustausch aufrecht erhalten ...
im Jahre 1833 äußere Ereignisse die beid...
zusammenführten. Wackernagel hatte alle d...
durch zunächst in Breslau und dann wieder ...
Leben voll Arbeit, aber auch voll der größten ...
zugebracht, und als die Kunde bei ihm eintr...
in Zürich eine Universität gegründet werden ...
er sich von Berlin aus schriftlich an Bluntschli ...
1832), um sich zu erkundigen, ob er wohl ho...
eine der Professuren an der Universität ihm ...
Bluntschli gab zunächst eine wenig tröstliche A...
vember 1832); als er jedoch zu Beginn des J...
Antreiben J. C. Orellis diesen ablehnenden B...
rief, kam er zu spät.[2]) Denn inzwischen hatte si...
nagel die Aussicht auf eine Berufung nach B...
und als der Ruf nach Basel an ihn erging,

---

[1]) *Rudolf Wackernagel*, Wilhelm Wackernagel; Jugen...
Basel 1885, S. 73. — *Bluntschli*, Denkwürdiges aus meine...
S. 69 ff. Vgl. auch den Aufsatz über Wackernagel in der Allg...
Biographie XL, 460 von *Edwin Schröder* und die von *S. Voegel*...
skizze und Charakteristik W. Wackernagels in den «Klein...
Wilhelm Wackernagel», Bd. III (1874), S. 434 f. Ferner di...
Bluntschli in der Allgemeinen Deutschen Biographie XLVII...
von Knonau.

[2]) *Bluntschli*, Denkwürdiges aus meinem Leben, 188...

[3]) *Rudolf Wackernagel*, Wilhelm Wackernagel, S. 16...

ausend Freuden an. Am 19. April 1833 traf Wacker- in Basel ein.

Auch Bluntschli gelangte nunmehr zu gesicherter Lebens- ng Er wurde neben seinem Lehrer Friedrich Ludwig r zum außerordentlichen Professor an der juristischen tät der neugegründeten Universität Zürich ernannt, aber daneben als Rechtskonsulent der Stadt Zürich r Praxis tätig.

Auf beiden Seiten, bei Bluntschli wie bei Wackernagel, lie Freude darüber aufrichtig, daß man sich räumlich r nahe gerückt war. Dies um so mehr, als Bluntschli it Energie auf die Erforschung des germanischen, ins- dere schweizerischen Rechts zu werfen begann und eben anschickte, die Bausteine zu seiner «Staats- und sgeschichte der Stadt und Landschaft Zürich» zu- enzutragen.[1]) Der Jurist Bluntschli war dadurch auch vissenschaftlichem Gebiet der Nachbar des Literar- ikers Wackernagel geworden.

Allein auch auf einem zweiten Feld trafen die Interessen eiden Freunde zusammen: dem der Politik. In die poli- n Kämpfe Zürichs hatte der junge Bluntschli trotz Jugend schon wiederholt eingegriffen, und wie nahe chwere und ungestüme politische Ringen in der deut- Heimat den jungen Wackernagel berührt hatte, davon seine «Zeitgedichte» aus der Periode 1830—1833 be- Zeugnis ab.[2])

In der Schweiz kam Wackernagel mitten in eine Periode schaftlicher politischer Erregung hinein. In den meisten nen war der Kampf für Einführung neuer liberaler ssungen unter schweren innern Erschütterungen kaum um Abschluß gekommen; in einigen Kantonen stand rise noch bevor. Zu ihnen gehörte Basel. Die von andschaft gegen die Hauptstadt erhobene Forderung voller politischer Gleichberechtigung von Stadt und hatte keine Befriedigung gefunden. Erst die blutigen nisse des 3. August 1833 brachten die Entscheidung:

Der erste Band des Werkes ist 1838, der zweite Band 1839 erschienen.

Diese «Zeitgedichte» hat Wilh. Wackernagel erst 1843 herausgegeben.

gegen die Hauptstadt. Die eidgenössische T
die staatsrechtliche Trennung von Stadt u
Wie Bluntschli über die Politik der regi
Basels dachte, geht aus folgendem Briefe h

Bluntschli an Wackernage

Zürich, den 17.

Lieber Freund!

Die Manuscripte erhältst Du darum so l
ich diese Überreste der Vorzeit nicht den
heit, mit dem alten Rechte, hassenden Lies
die Hände fallen lassen wollte, und bisher
doch etwas ungewiß war. Jetzt da Ihr unter I
Schutze steht, darf ich die Sendung eher w
müßtest Du lange warten, wenn ich auch
dieser Truppen und die Herstellung eine
Existenz für Basel hätte abwarten wollen.

Ich werde Dir bald auch einige durch ih
gezeichnete schweizerische Rechtsquellen, di
Reise gefunden habe, mittheilen.

Für einmahl habe ich nicht Musse, meh
Gott gebe Eurer Stadt Geduld, da er ihr
Talent in der Noth gegeben hat.

Es grüßt Dich

Wackernagel, der als frisch zugewande
politischen Zustände der Schweiz noch nicht
vermochte, hielt mit seinem Urteil über schw
zurück. Sein Auge blieb auf Preußen und
richtet und in den «Zeitgedichten» jener Tage
König, Friedrich Wilhelm III, zu:[1])

---

[1]) «An Friedrich Wilhelm.» Zeitgedichte von W
S. 19.

«Nach dem Schild der Hohenzollern,
Sieh, wie aller Augen schaun!
Nirgends einen ehrenvollern
Giebts in allen deutschen Gaun.
König Friedrich Wilhelm, wag' es,
Setze Deutschlands Kron' aufs Haupt,
Das so manches grossen Tages
Ew'ger Blätterschmuck umlaubt.»

nerzlich berührte es ihn deshalb, daß die Hoffnung, werde die Hegemonie an sich reißen, um Deutschheit und Freiheit zu bringen, in nebelhafte Ferne ias beweisen folgende Briefe:

Wackernagel an Bluntschli.

Arau, 8/10/33.

Lieber Bluntschli,

Meine politischen Gedichte folgen nun auch anbei bern Manuscripten und schlecht geordnet: noch sind Lücken in der Reihe nicht ausgefüllt. Namentlich :h meine Wünsche nach einer preußischen Hegetzt, da Preußen sie beabsichtigt (aber unter welchen en und zu welchen Zwecken!) feyerlicher zurückmüssen. Und so weiter. Urtheile mir nur recht obıd verzeih wenn ich dich unwillkommen belästige . . .

Bluntschli an Wackernagel.

1833. 10. (20).

Lieber Wackernagel!

k für die Mittheilung deiner Gedichte; ich habe sie nit steigender Freude gelesen und wieder gelesen. :h auch nicht immer die politische Ansicht theilen so hinderte mich dieß doch keineswegs, die dich-Bedeutung aufzufassen, und die Lieder zu lieben. :h Dir einige Bemerkungen über Einzelnes, die

zum Theil unserm Freunde Hirzel[1] ...
(freilich ein schlechtes unbedeutendes Gege...
Du es vergleichst mit der reichen Gabe, ...
deine Mitteilung geworden ist, das sich zu di...
der Instrumente zu harmonischem Spiele ...
ich Dir recht dringend ans Herz legen, j...
Hegemonie nicht zu widerrufen. Man muß...
von Zufälligkeiten ab-, und die Verhältniss...
sehen. *Preußen* und das ist die Hauptsach...
voranschreitende Nation, nicht das gegenw...
System, nicht das Ministerium, selbst nicht d...
König, werden und müßen zum Heile Deu...
gemonie erhalten. Sie muß nicht an eine ...
sönlichkeit geknüpft werden, sie bedarf ...
dauernden Grundlage. Der Preußische S...
Volk) der erste Deutsche Staat muß Deutsc...
und führen. Woher, ich bitte Dich, soll son...
ächt Deutsche Entwicklung des Rechts u...
kommen? Solltest Du diese Ansicht nich...
denke, daß die Preußische Hegemonie wahr...
doch eintrifft. Und wie könnte da der Di...
und größer wirken, als wenn er, edle Ges...
setzend, Zutrauen und Glauben vor aller ...
und gerade dadurch mithilft, die in der Se...
schlummernden guten Kräfte zu wecken, ...
zuschlagen. Traue einem nur nicht ganz ...
Gute offen zu; gesetzt, er hätte geschwa...
nun angetrieben, das Vertrauen zu recht...
Gute zu thun. Wie viel mehr Männer, di...
Großen redlich nach dem Guten strebe...
nicht den Eindruck, den die so herrlich...
Einheit hinstrebenden Lieder machen wer...

Entschuldige den Kritikaster, erfreue ...
gedruckten Sammlung und liebe

Deiner

---

[1]) Bernhard Hirzel, der Theologe, der sich dama... Poesie beschäftigte; in seinem späteren Leben hat er a... in den Ereignissen des September 1839 (Zürich-Putsch... Rolle gespielt. *Meyer von Knonau*, Art. «Hirzel» ... Deutschen Biographie XII, S. 483.

— Vor allen Dingen muß ich Dir für Deine Betrachtungen über die preußische Hegemonie danken. Diese Ansicht der Sache scheint mir eben so richtig in politischer Hinsicht als in poetischer fruchtbar. ich werde versuchen sie auszusprechen. Nur stört mich in diesem guten Muthe ein Traum den ich kürzlich hatte: ich hoffe daß er nur von der Furcht gekommen sey und nicht von der Ahnung. Der Siegeswagen vom Brandenburger Thor war ausgezogen und kehrte wieder heim; die Pferde giengen krank und traurig, die Brust starrte ihnen von tödtlichen Pfeilen. —

Allein noch durch eine andere schmerzliche Erfahrung wurde Wackernagel der preußischen Heimat entfremdet. Als Wackernagel im Jahre 1836 durch Vermittlung der preußischen Gesandtschaft in Bern bei der preußischen Regierung darum einkam, es möchte die Gültigkeitsdauer des Reisepasses, der ihm bei der Übersiedelung nach der Schweiz im Jahre 1833 ausgestellt worden war, zum dritten Mal verlängert werden, so empfing er abschlägigen Bescheid, «weil Sie,» wie ihm der preußische Geschäftsträger v. Rochow von Bern aus am 20. September 1836 schrieb, «nach dem Sie als Professor bei der dortigen Universität angestellt worden und also ein dauerndes Domizil in Basel genommen haben, nicht mehr als preußischer Unterthan angesehen werden können.»[1])

Wackernagel berichtet darüber an Bluntschli:

Wackernagel an Bluntschli.

Basel, 18. Oct. 1836.

— Ich bin jetzt ein freyer Mann, frey bis zur Heimatlosigkeit. Die preußische Regierung hat mir, weil ich in

[1]) Akten des Staatsarchivs Basel. Bürgerrecht F 2. 1835—1842.

Basel domiciliert sey, das Recht [illegible]
thanen» entzogen. Nun denken [illegible]
daran, mir das Basler Bürgerrecht zu [illegible]
dieß Anerbieten natürlich mit Dank angenomn
der Erklärung, wenn es geschehe, Basel nicht so
wieder zu verlassen; aber auch mit der, daß
fehlschlage Basel sogleich räumen und mich na
geben würde. Dank ist des Gegendankes w
erkennung der Anerkennung; aber ich weiß d
lieber wünschte. —

Auf den Antrag des Erziehungskollegiums
1836) nahmen jedoch die zuständigen Behörd
und des Kantons Basel am 6. Februar 1837 «H
Wilhelm Wackernagel in Anerkennung seiner
Verdienste um unsere Lehranstalten unentge
Bürgerrecht hiesiger Stadt auf,»[1] und schufe
Heimatlosen eine neue bürgerliche Existenz.
Wackernagel diese Gabe Basel entgolten hat
zu berichten sein.

Dem schriftlichen Gedankenaustausch zwisc
und Wackernagel zur Seite gingen persönlich
künfte der beiden Freunde in Zürich und in Ba
1837 verheiratete sich Wilhelm Wackernagel n
jüngerer Schwester Luise, und als Wackernagel
im darauffolgenden Jahr 1838 dem Freimaur
traten,[2]) so schienen sie miteinander unauflösli
zu werden. Ihr Briefwechsel wird von da an lebh
besondere Bluntschli beginnt, den «Bruder» u
seine geheimsten Gedanken über Wissenschaf
einzuweihen. Wackernagel seinerseits fing an
Schweiz heimisch zu fühlen, und er säumte ni
Freunde zu melden:

---

[1]) Akten des Staatsarchivs Basel: Bürgerrecht F 2. 18

[2]) *Bluntschli*, Denkwürdiges I, S. 395. *Gottfried Wack*
innerung an Bruder Wilhelm Wackernagel (Festgabe der
«Freundschaft und Beständigkeit» zum 28. Januar 1883, S. 3

Wackernagel an Bluntschli.

Basel, 11/12/37.

nach den neuesten Vorfällen in Hanover,[1]) wo ıdern deutschen Fürsten mit ·activer Unthätigkeit ɛn wie dem Könige beliebt (der Bundestag macht s geschähe eben nichts): hast Du jezt immer noch dische Freude an dem Zustande Deutschlands? ich n Theil befinde mich jezt doppelt wohl in meiner ıweizerischen Haut.

«Glücklich sind die schlafen, und die
Sind beglückter, die wandern aus.»

---

nun kamen die Wirren heran, die sich in Zürich ɪn der liberalen Regierung ins Werk gesetzte Be- ɔn David Friedrich Strauß, des Verfassers des Jesu», anschlossen (1839) und die für Bluntschlis olitische Wirksamkeit von ausschlaggebender Be- ȝeworden sind.

m Januar 1839 diese Angelegenheit zum erstenmal n Rat des Kantons Zürich zur Sprache kam, trat energisch gegen die Berufung von Strauß[2]) auf; htete, das religiöse Gefühl des Zürcher Volkes ɛrletzt und die neugegründete Universität in ihrem efährdet werden, wenn an der theologischen Fakultät ɛr der zukünftigen Geistlichen die Gottheit Christi dürfe. Allein er blieb in Minderheit, und erst als ition gegen Strauß ins Volk hinausgetragen wurde eine mächtige Bewegung hervorrief, entschlossen ɛrung und Großer Rat (18. März 1839), die Berufung g zu machen und Strauß mit einer Pension ab- Über diese Ereignisse geben folgende Briefe :

ıtanerkennung der Verfassung von 1833 durch den im Jahre 1837 ıg gelangten König Ernst August und Auflösung der Stände-
.

ıtschli, Denkwürdiges I. S. 202 f.

Wackernagel an Bluntsch

Liebster Bruder!

— Die neuesten Thorheiten Eures gr
Eurer Regierung erregen wie Du Dir den
hier die ernstlichsten Besorgnisse für die K
Wissenschaft, bei mir für beides. Du ha
Handel brav und ehrenhaft benommen; ehr
Freund Schweizer,[1]) der doch als Cantonsr
lectisch verzwickt, als Cantonsrath und a
Theologie nicht so für Strauß hätte spr
zuletzt gegen ihn zu stimmen. Jezt wüns
die Feinde der Universität dieß üble Ereign
Zwecke benützen mögen. Dagegen könnte
wie ich glaube, besonders zweyerley thun
dem Volke die Augen noch besser gegen Sc
denn selbst wenn Strauß auf guten Rath hi
wieder ablehnt, so bleibt doch in Küßnach
Narrennest: das muß fort, oder Ihr habt doch
Schule ein Sträußlein. Sodann sollte (gewi
dafür eine Majorität zu gewinnen) sich auc
versität offen und öffentlich gegen Strauß
klären. —

Bluntschli an Wackernag

— Wir leben hier in einem sonder
Wenn die Regierung bald nachgiebt oder
Hochschule gerettet. Die XXII haben sic
schule ausgesprochen. Wenn es aber zu
Revolution kommen sollte, was ich nicht b

[1]) Alexander Schweizer (1808—1888), der bekann

[2]) Thomas Scherr, Direktor des Lehrerseminars i
eifrigsten Anhänger der Straußpartei. Vergl. über ihn:
in der Allgemeinen Deutschen Biographie XXXI, S. 12

der Bewegung den vollständigsten Sieg wünsche, so kann niemand sagen, wo wieder ein Halt sei. Was fällt Eurer Basler-Zeitung[1]) ein, ihre Notizen aus der Republik[2]) zu holen? Meint sie wirklich auch, die Bewegung gehe vom Pöbel aus und führe zum Pöbel? Die Bewegung hat bei weitem größere Verbreitung und ist ohne Vergleich stärker, als die von 1830. Es ist die Reaktion des christlichen Volksgeistes (wie Schweizer sagte, der allerdings nicht die Stimmung des Großen Rathes berechnet hat, als er sprach) gegen den Radicalismus in Kirche und Schule. Die wird, wenn sie rein durchgeführt wird, die Wunden heilen, welche unser Staatsleben zum Tode gebracht hätten. —

Wie bekannt, gab sich die konservative Opposition mit dem errungenen Sieg nicht zufrieden. Sie verlangte, daß die Regierung zurücktrete, und als sie dies nicht erreichte, so organisierten, unter Duldung der Führer, die Parteigenossen, die im zweiten Gliede standen, den «betenden Aufstand» («Zürich-Putsch» vom 6. September 1839). Die verfassungsmäßigen Behörden wurden gestürzt; ein neuer Großer Rat wählte eine neue Regierung und berief in diese auch Bluntschli (2. Oktober 1839). Wackernagel sandte dem Freund folgenden Glückwunsch zu:

Wackernagel an Bluntschli.

Basel, 25/10/39.

Liebster Bluntschli!

Zürnst Du daß nun schon über einen Monat vergangen ist, seitdem Du in den Regierungsrath eingetreten, und ich Dir noch nicht Glück gewünscht habe zu dieser neuen Würde?

---

[1]) Die «Basler Zeitung» war das Organ der konservativen Partei Basels.

[2]) D. h. aus dem «Schweizerischen Republikaner», dem von Ludwig Snell redigierten Organ der Zürcher Radikalen. Die «Basler Zeitung» hatte in ihrer Nummer vom 28. Februar 1839 (No. 50) aus dem «Republikaner» ein Stimmungsbild abgedruckt: «So wie bei der Geistlichkeit, so kommt auch beim Volke zu dem Religiösen manch Anderweitiges, Unreines hinzu u. s. w.»

Es hat mich allerley daran verhindert [illegible]
haltungen kennst Du, meines Bruders [illegible]
ist gleich darauf gefolgt: auch Göttingen [illegible]
ferien mit uns zubringen wollen.

So wünsche ich Dir denn heute endlich [illegible]
duld und Muth: Du must es ja täglich [illegible]
gleichen Würden schwer drückende Bürden [illegible]
für mich betrachten soll, ob mich freuen oder [illegible]
bin ich noch immer in Zweifel. Freylich [illegible]
Dir zugeredet die Wahl anzunehmen: denn [illegible]
Deine Pflicht, jezt da das lang gehoffte [illegible]
endlich zu Stande gekommen, nicht die Han
und den Gang der Dinge sich selbst zu übe
doch thut es mir leid um die Wissenschaft, d
Lehrer und als Schriftsteller für lange Zeit
gangen bist, und leid für Dich, den die Hast
Geschäfte, den unvermeidlicher Zorn und Ver
neben das Heimweh nach der früheren ruhigern
mit ihren größeren unverkümmerten Früchte
es, langsam aufreiben werden. Die Zeit forde
nur rechte Leute können sie bringen: daß ab
es seyn must, schmerzt mich dennoch. Also
Muth, Geduld, und vor allem andern den Seg

Die konservative Partei des Kantons Züric
die Wurzeln ihrer Kraft in dem Einstehen für di
mäßige Ordnung und in der Verwerfung jed
besessen. Mit dem Zürich-Putsch gab sie dies
preis und zerstörte mit eigener Hand den si
darauf sie stund. Eine andere Schwierigkeit e
bald auf eidgenössischem Gebiet. In den
welche die, im Widerspruch zu Art. 12 des Bu
durchgesetzte Klosteraufhebung im Aargau (13
hervorrief, war sie, als Verteidigerin des besteh
genötigt, die Forderungen der katholischen P
genossenschaft direkt zu unterstützen oder ihn
keinen Widerstand zu leisten. Bluntschli begriff
keit der Lage. Er war deshalb bestrebt, di

des Großen Rates im Frühjahr 1842 dieser Partei die Mehrheit in der Behörde zu sichern.[1])

Als Bluntschli dergestalt seine Vorbereitungen traf, um zu einer führenden Stellung im öffentlichen Leben emporzusteigen, da kreuzte Friedrich Rohmer seinen Weg, und von dem Tage an lagert Friedrich Rohmers Person und Lehre wie ein Verhängnis über Bluntschlis Lebenslauf. Friedrich Rohmer (geboren 1814 in Weißenburg in Bayern[2]) war im Jahre 1841 nach Zürich gekommen, nachdem er in seiner Heimat bereits mit einer philosophischen Arbeit[3]) und mit einer publizistischen Streitschrift gegen das «junge Deutschland»[4]) hervorgetreten war. Friedrich Rohmers jüngerer Bruder, Theodor Rohmer (geboren 1816), hatte sich schon zuvor in Zürich zum Herold Friedrichs gemacht. Er war es auch, der Friedrich Rohmer in Beziehungen zu Bluntschli brachte. Friedrich Rohmer bot Bluntschli alsbald seine Dienste im Kampfe gegen den Radikalismus an: «Ich will Ihnen ein stolzes Wort sagen; ich bin ein Staatsmann von Geburt,» sprach Rohmer zu Bluntschli.[5]) «Ich nehme einen Anteil an dem Schicksale der Welt und will darauf einwirken; ich bin vor allen Dingen Mensch. Meine Bestimmung

---

[1]) Bluntschli hat unter anderem auch in der Biographie, die er seinem Lehrer widmete, dem Romanisten Friedrich Ludwig v. Keller (1799—1860), der hervorragendsten geistigen Kraft der radikal-liberalen Partei Zürichs, diese Ereignisse kurz dargestellt: Allgemeine Deutsche Biographie XV, S. 570 und ferner «Erinnerung an Friedrich Ludwig Keller» (Kritische Vierteljahrsschrift für Gesetzgebung und Rechtswissenschaft, Bd. III (1861), S. 1 f.).

[2]) Vgl. über Friedrich Rohmer den Artikel von *Prantl* in der Allgemeinen Deutschen Biographie XXIX, S. 57.

[3]) *F. Rohmer,* Anfang und Ende der Spekulation, München 1835.

[4]) *F. Rohmer,* An die moderne Belletristik und ihre Söhne und die Herren Gutzkow und Wienbarg insbesondere: zwei Sendschreiben. Stuttgart 1836.

[5]) *Bluntschli,* Denkwürdiges I., S. 265.

ist die Welt. — Der Radikalismus ist ... der Schweiz ist er am meisten verbreitet ... zuerst bekämpft werden. Der Radikalismus ... Würde er siegen, so käme Blut, Blut, Blut. ... sein. ... Ich schlage Ihnen vor, wir wollen f... zusammenwirken, wir beide allein.» Bluntschl... von dem Mann. Die Sicherheit, mit der Rohm... die Gewandtheit, mit welcher er in jedem A... Erscheinungen des Tages auf bestimmte, von... psychologische Prinzipien zurückzuführen in ... verschafften Rohmer die volle geistige H... Bluntschli. Die radikale Partei verfügte in de... Snell[1]) — einem deutschen Flüchtling — gelei... zerischen Republikaner» über ein schlagfert... organ. Bluntschli dagegen bediente sich des ... aus der östlichen Schweiz» für seine Zweck... nun das Blatt dem neuen Verbündeten. Roh... es, in dem «Beobachter» vor allem die Be... Regierungsunfähigkeit des Radikalismus und ... wendigkeit einer Wahlallianz der konservat... liberalen Partei zu entwickeln. Er begann, V... sich im Kanton Zürich und der Schweiz aus ga... politischen Ursachen und lokalen Zuständen ... hatten, auf die Grundkräfte der menschlich... philosophische Anschauungen zurückzuführen ... tische Forderungen des Tages für wissenschaf... auszugeben. Auf diese Weise ist Rohmers L... politischen Parteien entstanden. Ihr Verfasser ... Bedürfnisse der damaligen Wahlkämpfe im ... zugeschnitten, zuerst in einer Reihe von Zeitu... «Beobachter aus der östlichen Schweiz» (14.— ... veröffentlicht.[2]) Die Lehre gipfelt in den Sät...

[1]) Vgl. über Snell den Aufsatz von *Hunziker* in der Allg... Biographie XXXIV S. 508.

[2]) *F. Rohmer*, Dokumentarischer Abriß der Geschichte ... vativen Politik vom Jahr 1842—1847; als Manuskript gedru... — Theodor Rohmer hat diese Artikel im Jahr 1844 in den ... gefaßt: «Friedrich Rohmers Lehre von den politischen Parte... «Friedrich Rohmers Lehre von den politischen Parteien und ... politische Schriften; mit Vorwort und Einleitung von *H. S*...

tischen Parteien spiegelten die Entwicklung des einzelnen Menschen wieder. Der Knabe, rein auf das Lernen angewiesen, sei, sowie er den Händen seines Lehrers entschlüpfe, auf alle Weise radikal; daher vereinigten sich in der radikalen Partei Menschen, die von Natur in ihrem Charakter knabenhaft seien. Der Radikalismus sei deshalb gemäß seinem Charakter kein herrschendes, sondern nur ein anreizendes Element. Der Liberalismus dagegen sei die Repräsentation des jüngern Mannes. Der Liberalismus sei die höchste politische Partei, wenn er Hand in Hand mit dem Konservatismus gehe. Der Liberalismus verhalte sich zum Konservatismus wie ein erwachsener Sohn zum reifen, aber noch nicht alten Vater; daher müßten Konservatismus und Liberalismus als Alliierte auftreten. — Bluntschli glaubte, in dieser Lehre das festeste Fundament für seine liberal-konservative Partei erhalten zu haben [1]) und gab sich dem Wahne hin, die Rohmerschen Theorien würden dem Radikalismus die Gunst der Menge entziehen und ihn ohne weiteres aus dem Sattel heben. Weniger erbaut über Rohmer waren die Freunde in Basel, [2]) die mit Sorge gewahr wurden, wie Bluntschli immer tiefer in den Bannkreis eines Fremden hineingeriet, der, wie sie wußten, sich von Bluntschli und andern politischen Freunden [3]) finanziell unterhalten ließ und dessen Selbstgefühl ihnen in gar keinem Verhältnis zu seiner Einsicht und seinen Leistungen zu stehen schien. Wackernagel ließ es an Warnungen nicht fehlen, wie der nachfolgende Briefwechsel bezeugt.

[1]) Auf Rohmers Parteienlehre beruht die Schrift von *J. C. Bluntschli*, Charakter und Geist der politischen Parteien, 1869.

[2]) Zürcherische Konservative, welche sich vom Rohmerschen Kreise ferne hielten, beurteilten das Verhältnis Bluntschlis zu Rohmer ebenso ungünstig, wie die Basler Gesinnungsgenossen. Vgl. die von *Meyer von Knonau* in der Allgemeinen Deutschen Biographie XLVII, S. 32 mitgeteilten Äußerungen von Georg von Wyss.

[3]) Neben Bluntschli gehörten Heinrich von Orelli (1815—1880) und Heinrich Schultheß (1815—1885; Allgemeine Deutsche Biographie XXXII, S. 694—696) zu den Intimen des Rohmerschen Kreises. Heinrich von Orelli ist im Jahre 1842 in einer kurzen Schrift «Friedrich Rohmer in Zürich; ein politisches Fragment unserer Geschichte» offen für Rohmer eingetreten, und Heinrich Schultheß (der Begründer des «Europäischen Geschichtskalenders») hat noch in spätern Jahren durch Herausgabe von Rohmers politischen Schriften (vgl. oben S. 218, Anmerkung 2) für Rohmer gewirkt.

Bluntschli an Wackernagel

— Unsere Zustände sind entsetzlich kra
nie hatte ich größere Hoffnung auf den Sieg
und des Rechts. Du wirst bemerkt haben,
den «Beobachter» schreibt. Der «Beobachter»
bei uns so auf, daß sie nicht wissen, wie ihnen
Radikalen sind ganz außer sich vor Wuth
hohle thönerne Autorität so zerschlagen wird
servativen ist Unsicherheit eingetreten und do
Gefühl, daß Trost für sie da sei.

Ich kenne nun diese beiden Rohmer ga
ich versichere Dich: Ich habe bis jetzt vo
artigeren geistigen Schöpfung gehört, als vo
Rohmers. Ich bitte Dich, lies einen Aufsatz
Morgenblatt vom Jahre 1835 (od. 1836?) *A*
Belletristik,[1]) bedenke dabei, daß dieß von ein
Jüngling geschrieben ist, und überdem von
der damals den wissenschaftlichen Radicalism
auf die Spitze getrieben, und wenn Du da
den Aufsatz genau gelesen, dann sage mir
darüber.

Kommen die Sachen weiter, so müsse
mündlich das Nähere genau verhandeln und
jetzt muß das Obige genügen; denn Briefe
werden, um die Sachen recht zu besprechen

Wackernagel an Bluntschli

Basel, Herrenfastn., (6. F

— Hättest Du Deine schöne Verheißung
einige Tage zu besuchen, so brauchte es die
nicht; hierüber nicht, und auch nicht über de
Handel. Laß mich offen gestehen daß ich

---

[1]) Vgl. oben S. 217, Anmerkung 4.

[leide]nschaftlichen Aufregung in welche diese Tage der Ent[sch]eidung Euch versetzen, Dich und Deine Freunde nicht [me]hr begreife, Dich, den nüchternen Staatsmann und in Politik keinen ungestümen Neuling, nicht ganz wieder[erk]enne; daß ich bei diesem Stand und Gang der Dinge [meh]r für Euch fürchte als je. Es befremdet mich, daß Du dem Kampf der Principien einen solchen Kampf der [Per]sonen und um Personen hast werden lassen, daß in Deinem [Bla]tte wenigstens Fr. Rohmer und Conservativismus als Sy[non]yma erscheinen. Es macht sogar mir, dem Fremden, [Bed]enken, daß Du den letzten Austrag Eurer Wirren in die [Hän]de von Fremden gelegt hast, zu denen einmal Stadt [und] Land kein Herz haben können, die mehr denn irgend anderer Fremder als Fremde hervortreten, weil sie [übe]rhaupt mehr denn irgend ein anderer mit ihrem Ich [her]vortreten. Ich finde es für die Sache gefährlich, daß dem Fr. Rohmer, ihm unter Augen von seinem Bruder [und] seinen Freunden ein Genius-Götzendienst getrieben [wir]d, der nicht bloß Juden und Heiden, sondern auch [Chr]isten ein Ärgerniß seyn muß, und der den ver[nic]htenden Spott gegen eben denselben nothwendig pro[voz]iert, von welchem Ihr Eure Rettung und die der ganzen [We]lt erwartet. Es scheint mir politisch unpractisch, den [Ho]rizont der Polemik so weit zu fassen, wie Ihr jezt thut, [und] jezt wo vor dem nächsten Schritte die Zürcher Groß[rath]swahlen liegen, weit über Zürich hinaus an den Radi[cali]smus der ganzen Welt den umstürzenden Hebebaum zu [setz]en. Ich fürchte, die Radicalen, die jezt nur dem Rohmer [Sch]letterli ahenken und Schändlichkeiten nachsagen, werden [zul]etzt doch noch mehr als bloß das gethan haben: ich [für]chte, Ihr selber macht Euch durch Eure universal-doctri[när]e Begeisterung eine böse Diversion zu Gunsten der [Ra]dicalen.

Diesen Eindruck macht mir nach Euren Zeitungen die [gan]ze Sache. Nichts wäre mir lieber als geirrt zu haben [und] von Dir (wenn Du's der Mühe werth findest) widerlegt [zu] werden; lieber das, als Recht zu haben: denn ich sehe [für] Euch kaum einen Weg mehr um noch bei Zeiten wieder [ein]zulenken. Ich wollte den Sonntag heimlich beschließen:

aber je mehr ich an Euch denke, desto unh
mir zu Muthe. Lebe wohl, liebster Bruder
Du nicht: Du weist wie ernstlich gut ich es

D

Bluntschli an Wackernage

Z

Lieber Bruder.

— Nun die *Rohmer*. Du fürchtest für mi an mir. Ich begreife Beides, bin aber außer Zweifel zu heben, wenn ich Dich nicht sehe bin ich sicherer als je: ich kämpfe ruhiger, viel entschiedener als je. Glaube mir wen Einmal. Die beiden Rohmer sind keine G Literaten, keine Journalisten, sondern Staa erstem Rang. Und ich habe die seltene wieder und in erhöhtem Maßstabe mit Staat und Politik zu verhandeln.

Dieser Kampf der geführt wird, ist zun ein Kampf der *Personen*, sondern der *Pr* weil die Principien, die der «Beobachter schlagend sind, griffen die *Gegner nur* die überwarfen die Rohmer mit Koth. Sie mu Fremde — der Gegner und der Freunde w klären. Fr. R. wird es noch kurz thun. Aber d spricht im Übrigen nicht von den Personen d dern behandelt ihre Ideen.

Wenn Du aber sagst: Sie treten meh Fremde hervor: so kann ich das in dem daß sie eben in der Schweiz nichts wolle wieder ihre Blicke nach Deutschland richt dem Sinne aber behaupte ich das Gegen wenig Monaten den echten Schweizergeist verstanden haben als Snell, Scherr und Consor Sie wollen die Schweizer schweizerisch ha dieselben nicht mit fremder unpassender Cul und verderben.

Daß der Spott gegen Fr. R. nun wirke, das schadet nichts. Hegel hat sich zum Götzen gestempelt, Schelling läßt sich Weihrauch opfern. Fr. R. ist kein Mensch von dieser Sorte: das kann ich Dich versichern. Seine Jünger verehren Ihn, das ist wahr; sie gehen für ihn durchs Feuer, das ist ein Zeichen für die geistige Kraft, die in Ihm wohnt. Aber als Mensch, als Individuum läßt sich F. R. nicht vergöttern, das kann ich Dir sagen. Er ist kein Heiliger, nichts weniger. Er wird verachtet, wie er verehrt wird. Aber das ist auch wahr: er ist die interessanteste Erscheinung, welche ich bisher zu beobachten Gelegenheit erhalten. Und ich läugne nicht, er ist mir *lieb*. Ihr alle werdet ihn noch erkennen und innerhalb Jahresfrist werden wir uns beruhigter darüber sprechen.

Über unsere Sachen Folgendes: Du kannst es Herrn Rathsherrn Haeusler[1]) mittheilen, den ich zu grüßen bitte: Wir müssen noch *vor dem Mai* einen *geistigen Kampf* mit den Radicalen durchmachen. *Dann erst sind wir der Wahlen sicher.* Jener geistige Kampf wird von *mir* im Einverständniß mit Rohmer geleitet werden. Die ganze Frage des *Christenthums* muß der *Straußisch-Hegelischen Negation* gegenüber nochmals — aber dießmal ohne Leidenschaft, durch bloße geistig freie Erörterung — durchgefochten werden: aber gleichzeitig die Parteien in ihrem Wesen geschildert, das *Bewußtsein* derselben aufgeklärt und die echten politischen Grundsätze mit *Offenheit*, *Wahrheit* und *Entschiedenheit* verfochten auch hier der eigentliche *Radicalismus* — zu unterscheiden von dem *schweizerischen Liberalismus* — geworfen werden.

Bei uns war es die durchaus lügen- und boshafte Polemik des «Republikaner», welche uns seit einem Jahre entsetzlich geschadet und der radikal-liberalen Partei großen geistigen Muth und Stärke verliehen, und in eben dem Maße unsere Partei geschwächt hat. Nun ist es durch die Polemik des «Beobachters» bereits gelungen, den «Republikaner» in den Augen eines großen Theils des Publikums zu de-

werfen. Daher die gestrige Insolvenz[illegible]
blikaners.

Unsere Partei aber hat jetzt schon d
obachter» an Muth und Einsicht sehr gewonne
vom letzten Montag z. B. über Conservatismus
mus gefiel ganz allgemein so sehr, daß von al
Land her verlangt wurde, die Bürklischen
müssen ihn fürs ganze Volk ganz abdrucken.

Ich bitte Dich, beobachte nur den po
bei uns recht genau. Er ist über alle Maße
Und während ich früher nur mit halber Lust Po
thue ich es nunmehr mit dem ganzen W
Interesse.

Hast Du den Aufsatz im Morgenblatt 18
gelesen?[2])

Aber nicht bloß Wackernagel, sondern a
gehörige der konservativen Partei Basels sah
nis, wie Bluntschli und seine konservativen Fre
der Führung eines Ausländers anvertrauten
ihm geleiteten «Basler Zeitung» hielt der Fü
Konservativen, Ratsherr Professor Andreas
seiner Meinung nicht hinter dem Berg. «A
begann sein Leitartikel in der «Basler Zeitung
ruar 1842 (No. 34) «der nun in Zürich beg
hat Bedeutung für die ganze Eidgenossensc
niemand verleugnen, aber zuviel sagen doc
behaupten mit Zürich stehe und falle der
Conservatismus. Es ist das eine Selbstüber
sie in Zürich bei beiden Parteien sich häu
bei aller Anerkennung des Einflusses, den Z

---

[1]) Bluntschli spielt hier auf die Erklärung des «Rep
werde über die Polemik des «Beobachters» «unter Stillschwe
Verachtung hinweggehen». Vgl. «Dokumentarischer Abriß
liberal-konservativen Politik», S. 71. *Bluntschli*, Denkwür

[2]) Vgl. oben S. 220.

[3]) Andreas Heusler, 1802—1868. Vgl. über seine T
von *W. Vischer* in der Allgemeinen Deutschen Biographie

genössische Dinge ausübt und ausüben soll, müssen wir dagegen uns verwahren. Es wäre wahrlich traurig, wenn das Schicksal der Schweiz einzig und allein von dem ungewissen Ausgange des zürcherischen Wahlkampfes abhinge.» Im weitern Verlauf des Artikels wurde aber die Frage aufgeworfen: «Und wer sind denn die Verfechter in diesem Kampfe? Merkwürdig, in dem intelligenten Zürich, dem schweizerischen Athen, vertrauen beide Teile Ausländern die Führung des Streites. Es handelt sich um die wichtigsten Interessen des Volkes, aber Deutsche sind die Heerführer auf beiden Seiten. Es ist das eine Tatsache, die dem Volke von Zürich, offen gesagt, wenig Ehre bringt, daß sich die Parteien auf solche Weise unter die Vormundschaft Fremder stellen. Der «Republikaner», der «Landbote», der «pädagogische Beobachter» werden von geborenen Deutschen redigiert, die, zum Dank für gastfreundliche Aufnahme, seit Jahren die Leute hintereinander zu hetzen suchen, der «östliche Beobachter» hat in neuerer Zeit auch die Hülfe Fremder angerufen, nur der alte David Bürkli soll sich von dieser Manie fremder Intervention frei erhalten. Diese Fremdlinge haben recht gewandt eine schwache Seite des Zürchervolkes herauszufinden gewußt, sie schmeicheln ihm mit der weltgeschichtlichen Bedeutung des Zürcherischen Meinungsstreites, während doch höchst wahrscheinlich die Weltgeschichte sich um diese streitsüchtigen Schulmeister wenig kümmern wird.» Bluntschli blieb jedoch solcher Belehrung unzugänglich:

Bluntschli an Wackernagel.

Zürich, 17. 2. 42.

Mein Lieber.

Ich habe Dir einen langen Brief heute geschrieben und nachher denselben wieder zerrissen. Ich bin heute zornig auf die Radikalen und ärgerlich über die Basler-Zeitung. Und im Zorne und in der Galle ließ ich der Feder zu freien Lauf.

Die Radikalen haben eine förmliche Lügenorganisation, bloß um Fr. Rohmer, wie sie meinen, zu ruinieren, und versteht sich mit ihm mich. Sie wissen recht gut warum. Er

wird sie als *Buben* so züchtigen, wie sichs
Republikaner hat er in ein paar Worten
und der Republikaner und Snell galten als
Gegner. Sie haben die ganze radikale Parte
auf die Beine gesetzt. Und nun zum Dank
lichen Unterstützung kommt die Basler-Zeitu
vor den Radikalen herum, z. B. dem Wüthe
Kind Melchior Hirzel, gibt sich den air des
Feinen, Gebildeten und belfert gegen die
warum? Aus purer *Eifersucht* und *Spießbü*

Doch nein: Basel ist ja eine conservati
Schweiz; wir haben's gesehen. Basel hat
nächstens eine Million auf conservative Intere
Es kann viel damit gethan werden: man k
gewaltige Presse wirken lassen. O der Spi

Ich sage Dir das, der Du Gott sei D
eingefleischter Basler bist, und noch wirst be
daß die Basler — verflucht schlechte Polit
haben sie bewiesen. Aber die Freunde ir
halb verrathen, das ist nicht bloß eine *schl*
ist eine *dumme* Politik.

Ich lobe mir die Radikalen; man weiß de
man mit ihnen ist, man weiß, daß sie *alle, alle*
um den Feind zu schädigen. Aber bei d
ist man nie sicher, ob hinterrücks statt der
in die Seite geführt wird. Doch Basel h
Toga der großartigen Selbständigkeit und
aber keine Römer in der Toga, sondern —

Auch ohne Euch werden wir den Kampf
führen, und er ist so wahr ich ich bin, wicht
als ihr ahndet. Ich aber setze meine ganze
ein, Ehre, Vermögen, wenn's sein muß d
ernst nehme ich die Sache. Und nun ko
bärmlichen Häkeleien derer die sonst *Freu*
schmerzt mich, und darum nur rede ich no
der Schmerz wird mit dem andern verwund
wenn wir *ganz allein* stehen, so kämpfen
zwar mit dem Bewußtsein des guten Recht
Hoffnung auf eine Hülfe, die größer ist, als

riedrich Rohmer aber ist, so wahr ich lebe, ein Mann, *groß* ist, als daß kleine Seelen ihn jetzt schon fassen en; zu groß für die Schweiz, in der er jetzt verläumdet it Koth beworfen wird, und die doch ihm jetzt schon zu danken hat und in Zukunft noch mehr zu danken wird. Doch was geht Friedrich Rohmer die Basler zt an. Aber die conservative Sache geht sie an, und sie diese ferner so erbärmlich verlassen, in der Gefahr ien, so habe ich ein Recht, ihnen das vorzuwerfen.

h hätte Hrn. Haeusler selber geschrieben, aber Du ich träfe den Ton nicht, um es recht zu thun. Ich tter, obwohl mit vollem Recht. Die *Dummheit* ärgert och mehr an dieser ganzen Sache, als die *Immoralität.* erzuckere ihm die Pille, aber gieh sie ihm ein. Es hig. Ihr kennt den Radicalismus nicht: ihr wißt nicht, ef er gefressen, wie er alles vergiftet hat. Ihr seht Hölle nicht; aber ich kenne, ich sehe sie. Und wenn e ihre Schaaren ausspeit, nichts, gar nichts, keine lschaft, keine Familienrücksicht, gar nichts soll mich en, den Kampf durchzuführen.

r lacht in Basel, daß der Kampf für das Christenthum das Straußenthum vom Jahre 1839 eine welthistorische tung gehabt. *Und doch ist's so.* Es war das *erste el* der Weltgeschichte, daß ein Volk *für* das *wissen-lich* im Wesen angegriffene Christenthum sich erhob. en Baselern aber möchte ich empfehlen, die Artikel obachter nicht bloß flüchtig zu lesen, sondern wie's eschieht, zu studieren, sie würden *mehr politischen* bekommen, als ihnen von irgend andersher, z. B. in llg. Zeitung, geboten wird.

Grüße. Dein C. B.

3. II. 42, Sogar der David Bürkli[1]) züchtigt heute die in für ihre »Scheelsucht«, gut so!

---

ie «Basler Zeitung» sah sich daraufhin veranlaßt, ihre sung zu rechtfertigen. Sie schrieb am 16. Februar 1842

---

[1]) David Bürkli, der Herausgeber der konservativen «Freitags-Zeitung».

(Nr. 39), sie werde sich ihre Unabhängigkeit
wolle daher «auch die Fehler unsrer politis
mit Schonung besprechen, in der Meinung, es s
als wenn wir sie durch unsern schwachen Bei
tigem Wege bestärken ... Wir sind daher s
seyn.» Im übrigen aber habe sich, was die Z
Fremden betreffe, ihr Vorwurf allerdings «zu
die Radikalen gerichtet, welche sich zuerst F
gegeben hätten». — Wackernagel suchte na
klärung den Freund in Zürich zu beruhigen:

Wackernagel an Bluntschli.

Bas

Liebster Bruder,

nur ein Wort des Grußes, damit Bruder K
mit ganz leeren Händen heimkomme.

Dein letzter zornvoller Brief ist einem ga
den ich an Dich grade schreiben wollte, nur zuv
Denn auch mich und viele mit mir hatte der th
der Basler Zeitung empört, z. B. auch den
Burckhardt,[1]) der mir nachdrücklich genug sa
kein solcher Aufsatz mehr kommen. Auch hat
fasser selbst alsbald geschämt, und sich, wie
habt, gleich alle Mühe gegeben, das Unrecht
machen. Es hatte ihn eben die Behauptung,
Zürcher Conservatismus der der ganzen Schw
falle, und daß Basel nicht in Betracht komme, s
gebracht. Nun, er ist halt ein Mensch und ei
da wirst Du ihm vergessen und verzeihen, we
schon gethan hast. —

Da für die Jahre 1841 und 1842 Bern Vo
genossenschaft war, so blieb zeitweilig die Le
genössischen Geschäfte den energischen Händ

[1]) Bürgermeister Karl Burckhardt (1795—1850), de
einflußreichste Mann der konservativen Partei Basels. V
Allg. Deutschen Biographie III, S. 574.

en Neuhaus[1]) anvertraut. Mit welcher Entschlossenheit haus gegenüber inneren Wirren vorging, das hatte man ahre 1841 erfahren, als es in den Kantonen Solothurn Aargau zu Unruhen und Bürgerkrieg gekommen war.[2]) kernagel gab nun im März 1842 an Bluntschli eine Nach- weiter, die auf Vorbereitungen zu einer bewaffneten rvention hinwies. Wackernagels Information erwies sich ch als unbegründet. Immerhin zeigt der Briefwechsel, sich hierüber entspann, wessen sich damals die Parteien Schweiz von einander versahen:

Wackernagel an Bluntschli.

Basel, 11/3/42.

Lieber Bruder,

ein auf der Landschaft wohnender Basler Bürger, der nit Euch u. Eurer Sache gut meint, ist soeben herein- ommen, um mir zu Deinen Handen Folgendes mitzuteilen:

1°. Die junge Mannschaft ist für die nächsten 5 Wochen Instruction einberufen. Sonst findet die Instruction immer im Spätjahr statt, dießmal zur Zeit der Frühjahrsarbeit.

2°. Im Zeughause zu Liestal sind die Arbeiten begonnen den um bis zum May 8—9000 scharfe Patronen für die nterie und 1000—1100 für die Artillerie fertig zu haben. wenigen Leute die man des Geheimnisses wegen damit häftigt, sind vom frühen Morgen bis zum späten Abend nter.

Diese letztere, die Hauptnachricht, ist durchaus zuver- g: es liegt jedoch im Interesse des Überbringers, daß on kein öffentlicher Gebrauch gemacht werde. Gott wird h helfen, wenn Ihr auch das Eurige thut.

In alten Treuen

Dein Wilh. Wackernagel Dr.

---

[1]) Vgl. den Aufsatz von *Blösch* in der Allgemeinen Deutschen Bio- ie XXIII, S. 498.

[2]) *Feddersen,* Geschichte der Schweiz. Regeneration von 1830—1848 h 1867), S. 318, 324, 338. *Ed. Bähler* (sen.), Johann Carl Friedrich aus, 1796—1849 (Sammlung bernischer Biographien V, S. 108 ff.; insbes. 7 ff.).

Bluntschli an Wackernagel.

Zürich,

M. L.

Ich danke Dir für Deinen Bericht. Der Pl haus[1]) ist wahnsinnig, aber eben deshalb nich scheinlich, als mancher meint. Ich bitte Dich fü Wachsamkeit. Die thut Noth. Hoffentlich wä kehrtheit der Radikalen so an, daß wir darauf /

Der Kampf ist sehr ernst, aber noch ni Leben hatte ich eine so sichere Zuversicht, uns ist, als eben jetzt.

Du kannst Dir denken, in welch schwieri hier war der Rohmer wegen. Nun ist's sch besser. Das Übrige wird folgen; ich wanke n

Sobald wir weiter sind, so mußt Du mit kannt werden. Seit einem Vierteljahr sehe ich lich und immerfort wächst mir die Überzeugu Wissenschaft ein Wendepunkt ist in der geisti lung, daß von da aus alle Wissenschaften ein bildung erfahren müssen, daß die Welt selbst staltung entgegengeht. So oft ich noch die G diesem Standpunkte aus betrachtet habe, so c den überraschendsten Aufschlüssen gelangt über mus in derselben. Doch davon läßt sich nur komme her, wenn Rohmer's Buch heraus ist. I wir uns schnell verständigen. —

Am 1. Mai 1842 fanden in Zürich die den Großen Rat statt. Keiner der beiden I fiel ein entschiedener Sieg zu. Die radikale ihrem Führer Dr. Jonas Furrer, wie die lil

[1]) Die Würde eines Schultheißen von Bern und — Jahren 1841 und 1842 Vorort der Eidgenossenschaft war — Präsidenten der Tagsatzung bekleidete Neuhaus übrigens nu Im Jahr 1842 ging das Amt an Karl Friedrich Tscharner *Bühler*, a. a. O. S. 120.

vative Partei, unter Bluntschlis Führung, zogen in den Großen Rat in ungefähr gleicher Stärke ein. Der Wahlkampf war von beiden Parteien mit äußerster Erbitterung geführt worden. Julius Fröbel, einer der deutschen Flüchtlinge, zu denen Rohmer bei seiner Ankunft in Zürich in nähere Beziehung getreten war, hatte Rohmers «messianische Geschäfte» in einer besonderen Streitschrift gebrandmarkt[1]) und darin Rohmer als «politischen Cagliostro» denunziert. Schon vorher waren die häuslichen Verhältnisse Rohmers der Gegenstand heftiger Angriffe gewesen. Das führte zu Skandal und zu einem Injurienprozeß, der zwar, da der Angreifer Julius Fröbel in seinen Behauptungen zu weit gegangen war, juristisch zu Gunsten Rohmers entschieden wurde,[2]) aber Rohmer veranlaßte, den Schweizerboden, der ihm zu heiß geworden war, zu verlassen. Die Trennung hob die geistige Gemeinschaft zwischen Bluntschli und Rohmer nicht auf; Rohmersche Anregungen wirkten weiter fort, wie die folgenden Briefe beweisen:

Bluntschli an Frau Wackernagel.

Zürich, 1. Sept. 1842.

Liebe Schwester.

— Die Zeit in Stanz war die schönste, geistig fruchtbarste, die ich bisher genossen habe.[3]) Ich habe mich erholt und gestält. Die wissenschaftlichen Entdeckungen, die ich gemacht, sind so reichhaltig, daß ich Stoff genug hätte für mehrere Jahre, oder besser für ein ganzes Leben, um dieselben weiter zu verarbeiten. Ob ich Muße finden werde zu großen wissenschaftlichen Unternehmungen, bezweifle ich indessen vor der Hand. Immerhin ist der geheimste und tiefste Wunsch meiner Seele, den ich schon in meiner Jugend

---

[1]) *Julius Fröbel,* Friedrich Rohmer aus Weißenburg in Franken und seine messianischen Geschäfte in Zürich, 1842.

[2]) Ein Lebenslauf: Aufzeichnungen, Erinnerungen und Bekenntnisse von *Julius Fröbel,* I (1890), S. 113—120. Vgl. ferner über Julius Fröbel den Aufsatz von *Sander* in der Allgemeinen Deutschen Biographie XLIX, S. 163.

[3]) Über diesen Landaufenthalt in Stans vom Sommer 1842 vgl. *Bluntschli* Denkwürdiges I, S. 316 ff.

gehegt, nunmehr erfüllt. Der *Organismus de* das ***staatliche Leben der Völker*** **liegt** [illegible] räthselt vor mir. Jetzt erst weiß ich, daß ich (bin. Und alle diese Findungen, die ich gema(ich im letzten Grunde Friedrich Rohmer zu ver(Psychologie ich einfach angewendet habe auf schichte. Daraus wirst Du ersehen, daß mein an ihn gebunden bleibt, und daß wer micl letzt, mir das zu rauben sucht, worin allein Werth hat.

Aber nicht bloß das verdanke ich ihm. überdem die letzten Zweifel an der Persönl gehoben und mir ein beruhigendes Verhält den Menschen eröffnet. Das hat vor ihm kei Hegels Dummheiten haben mich nie getäusc Nebel haben mir keine Klarheit verschafft; ur zelnes groß und wahr gefunden in den Werl und einzelner erleuchteter Geister der neuer nun Alles theils bestätigt, theils ins rechte

. . . .

Und wenn es sich um solche Dinge hand stolz genug, um kleine Geldmäkeleien nicht h als sie es verdienen. Es ist kein Funke Basl Ich liebe das Geld, nicht als einen Götzen, mich beuge, sondern als Mittel, um mir zu wenn ich Millionen besäße, so müßten mir di(würden mich nie zu fesseln vermögen. Im Ü schwendung auch nicht meine Sache. Daher ka ganz ruhig sein.[1])

Zum Schluß füge ich noch für Deinen M lich bei, was er nicht glauben wird und den Wer *zuerst,* nachdem er die *Psychologie* e. *Organismus der Sprache* erforscht, wird si(schichte der Philologie einen unsterblichen R(Ich sage dieß bloß deßhalb, weil ich nicht n

[1]) Der Brief, den Frau Luise Wackernagel an ihren Br gerichtet hat, liegt nicht vor. Aus der Antwort Bluntschli die Schwester Besorgnisse darüber geäußert hatte, daß er große Summen zur finanziellen Unterstützung Rohmers ver

später Vorwürfe machte, ich hätte ihn aufmerksam machen nen und das versäumt. Die beiden Bogen der Biographie, er per nefas erhalten, bitte ich sehr geheim zu halten.[1])

Grüße Deinen Mann und den klein-großen Wilhelm, und de nicht zu Baslerisch.

Dein Bruder

C. Bli.

Wackernagel an Bluntschli.

Basel, 13. Hornung 43.

Lieber Bruder,

Das neue Jahr soll nicht zu weit ins Feld gegangen , ehe auch ich Dir und den Deinigen allen Segen Gottes ünscht habe. Ich hole es um so mehr nach, damit Du ı Stillschweigen nicht falsch auslegest, und die Verstim-g, auf welche der letzte Brief Deiner l. Frau hindeutet, : immer tiefer wurzle. Ich bin an Dir, was mir nämlich ›ir und jedem Menschen die Hauptsache ist, niemals irre orden; Du aber wohl an mir, und das gewiß mit Unrecht. r kannst Du mit gutem Gewissen meine Beistimmung ıngen zu Sachen, die ich wenig kenne, die mich aber, :it ich sie kenne, zurückstoßen und zurückstoßen müssen? ırig wäre es, wenn sich's von diesem Punkte aus tren-l weiter spaltete; meine Schuld aber nicht. Vielleicht derst Du mir hier mit dem Vorwurfe absichtlicher Ver-ƙung. Allerdings hast Du mich ausdrücklich aufmerksam ıen lassen, wie viel auch gerade für meine Studien aus Rohmerischen Philosophie zu gewinnen sey. Indessen ieß da, ich könne mir unsterblichen Ruhm erwerben, dieß Hinweisen, diese beständige Rücksicht auf Ruhm Vortheil ist mir auch an der neuen Wissenschaft von r verdächtig gewesen. Ich weiß nicht, ob ich gegen leichen Dinge schon gleichgültig bin: aber ich weiß, ich es seyn will und soll. —

---

[1]) Der Satz bezieht sich auf die Selbstbiographie, die F. Rohmer im ›er 1842 in Zug aufzuzeichnen begann und die nur für die vertrautesten de gedruckt wurde. *Bluntschli*, Denkwürdiges I, S. 315.

Zi

— Ich habe nie an Dir gezweifelt unc
Hoffnung bewahrt, daß es doch noch gut
auch in dem Verhältniß, welches Dir anst
mich aber eine innere Nothwendigkeit
Freiheit zugleich ist.

Aber ich will Dir sagen, was mich ver
das Dreierlei, was aber am Ende zusamm
a) daß, als fast Alle mich im Stiche ließen
geistig und moralisch ungebeugt, wenn scl
und fast allgemein verkannt aushielt, auc
ferne standest b) daß Du in Deinen Äuße
Familie Dich über einen Mann, den Du n
ich aber sehr genau kenne und verehre,
aussprachst, welche mich in dem Munde
z. B. des Verfassers von «Gauner und N
gleichgültig läßt, in dem Munde eines so
Freundes aber nothwendig tief schmerze
Du Dich die Mühe verdrießen ließest, de
Grund zu gehen, soweit das nöthig war, u
zeugen, ob ich wirklich ein Narr gewor
einer geistigen Richtung, welche Deinen Fr
hatte, nicht eine höhere Bedeutung zukom
wöhnlichen wissenschaftlichen Theorie.

Du sagst mir, die beständige Rücksich
Vortheil, auf welche auch ich Dich hingew
zurückgestoßen. Lieber Freund, ich kann
daß Ruhm und Vortheil keine Begriffe sin
Rohmerischen Psychologie einen hohen
Aber das weiß ich auch, daß Du nicht so *n*
bist, um einen Ruhm, der *verdient* ist, zu
kommt Alles auf *Wahrheit* an und auf

---

[1]) Der Kult, der Friedrich Rohmer von seinen A
Bluntschli, gewidmet wurde, fand eine scharfe Kritik in e
«Gauner und Narren; eine politische Komödie von Otto H

— Ich entbrenne manchmal vor geistiger Ungeduld und Thatenlust. Aber dann zügle ich diese Ungeduld wieder und halte sie: wie ich denn muß in dieser erbärmlichen Zeit.

Mit meinem Werk über den Staat bin ich nun so weit vorgerückt, als es *für mich* nöthig war, mit dem Staat und seiner Geschichte ganz ins Klare zu kommen.[1]) Eben da wurde es mir aber auch klar, daß ich dasselbe nicht jetzt herausgeben darf. Die Leute würden's nicht nur nicht verstehen, sondern das Wenige, was sie zu verstehen meinten, geradezu mißverstehen. Nur ein echter Staatsmann könnte es seinem Wesen nach verstehen. Und wie viele gibt es gegenwärtig? Das Volk der Gebildeten aber und Ungebildeten versteht die Theorie nie *vor*, sondern erst *nach* der That.

Es ist das sicher keine Überhebung. Ich wollte, und wie gerne, daß es schon anders, daß die Empfänglichkeit schon da wäre. Aber es hilft nichts; ich kann mich darüber nicht täuschen, ich muß was wahr ist, so schmerzhaft diese Wahrheit für mich ist, eben als wahr annehmen, und darf es gerade darum, weil es wahr ist, auch sagen.

Dagegen habe ich einen andern schriftstellerischen Plan. Ich will ein paar Tauben aussenden, zu sehen, ob die Wasser sich zu verlaufen anfangen. Ich will einen Band *Studien* über den Staat und die Kirche schreiben, und Einzelnes so faßlich als es mir möglich, einläßlicher, genauer besprechen und dabei hübsch anknüpfen an das hergebrachte, gelehrte

---

[1]) *Bluntschli*, Denkwürdiges I, S. 316, 324.

Züri

Lieber Wackernagel.

Ich schicke Dir meinen Entwurf de Theile denselben mit, wem Du magst

Meine Studien rücken vor.[2]) 10 gedruckt. Auf momentanen Succeß rec der radikalen Phase, in welcher der Z ist. Die Zukunft aber gehört uns an. sein stärkt.

Du schreibst mir nichts über Th(eo wirst es doch scharf — nicht bloß wie *lich»* gelesen haben.

In München habe ich zu Neujahr in einem herrlichen Momente seiner E Da ist mir die *Dreieinigkeit* ganz leb getreten. Seine *Race* hat sogar *däm* *Individuum* ist rein und die Spitze des r Das steht nun ganz fest. Ich bin stolz des Elends und der Mißkennung erkan *«der Mensch»;* und nicht «des Menschen

---

[1]) Vgl. darüber unten S. 239.

[2]) Vgl. darüber unten S. 238.

[3]) Im Jahr 1844 war Theodor Rohmers Buch von den politischen Parteien» erschienen. Vgl. ot

erfüllt, so bringt *er* die *Wissenschaft*, und der or
Staat kann nur aus ihm hervorgehen. Das ist mir
wiß, nicht bloß aus dem System, sondern aus der Ge
und aus der unmittelbaren lebendigen Erfahrung.

Was früher nicht möglich war, das ist nun au
erreicht. Er kann jetzt mit den Menschen, auch
ihn nicht verstehen, sprechen und auf sie wirke
schon steht er mitten drin in der großen Politik,
kehrt jetzt schon — ohne Titel, ohne Anstellung
Ministern und Gesandten als eine geistige *Macht*,
diese anerkennen.[1]) Nur Er wird den Radicalismus in
land überwinden, und er wird Deutschland zu ein
macht erheben. Die ersten — schwierigsten —
sind schon zurück gelegt. Die *Theorie* liegt hin
Das *Leben* und die *Praxis* sind schon da.

Als er in der Schweiz unter dem Gewicht des
unter dem Geschrei der ganzen verbündeten radikale
untergegangen zu sein schien, wie Viele hätten da
glaubt, oder es auch nur für möglich gehalten, d
bald schon eine so bedeutende Stellung in Deutschla
alle Erniedrigung, ohne Höflingskünste, ohne eine ä
That, lediglich durch seine Persönlichkeit erringen
Nun wissen es Staatsmänner aus Erfahrung, daß er
borner «Staatsmann» ist, und behandeln ihn so.

Häusler benimmt sich in der Basler Zeitung ge
ein Philister;[2]) nur dürfte er, da er doch nicht wei

---

[1]) Im Gegensatz zu diesen Mitteilungen berichtet Bluntschli
ürdiges aus meinem Leben», Bd. II, insbes. S. 69, Rohmer habe
München nie zu Ansehen und Einfluß bringen können, weil «sein
ung den Menschen unheimlich gewesen sei».

[2]) Bluntschli hat dabei offenbar eine Serie von Zeitungsart
Aargauische Zustände» im Auge (Basler Zeitung 1844, No. 66—68),
erfasser (Heusler) den Tagsatzungsbeschluß von 1843, der die a
Klosterangelegenheit aus Abschied und Traktanden verwies, beklagte,
rinnerte, daß die katholischen Freiämter durch den «fluchwürdigen
ug von 1830 (gegen die Hauptstadt Aarau) einen Frevel begang
elcher seither zur Vergiftung der aargauischen Zustände vieles b
at» (Basler Zeitung vom 18. März 1844). Da Bluntschli die Aufh
Klöster (als Verletzung des Artikels 12 des Bundesvertrages) mißl
ieß er auch keine historischen Entschuldigungsgründe gelten.

als ein solcher, etwas weniger vornehm thun. E
schlecht an. Gysi[1]) wird ihm einen Brief von mi
den er sicher nicht in den Spiegel stecken wird
ist scharf und schneidend, aber wohlverdient.
er würde Dir das Briefchen mittheilen.

Grüße die Luise und den kleinen Götti.

I

Die beiden Werke, von denen in den
gegangenen Briefen die Rede ist, hat Bluntsc
1844 veröffentlicht. Sie stellen unter sich d
größten Gegensätze dar: es sind Äußerungen
einander völlig getrennter Geistesrichtungen, die i
eines Mannes vereinigt waren.

Zunächst erschienen die «Psychologischen S
Staat und Kirche», die — wie der Verfasser i
bemerkte — «einer *neuen Wissenschaft* angehö
was man bisher als Wissenschaft verehrt hatte,
eine dichte, trübe Nebeldecke ausgespannt über
den Blick verhüllend und den Strahl der Sonne
Und es bedarf eines scharfen, schneidenden Mo
damit er diese Nebel verjage, und die Leute gew
wie herrlich die Sonne am blauen Himmel glänzt u
Weiterhin aber fährt Bluntschli fort («Studien», Vor
«Nein, es ist unmöglich, daß die bestehende Verwi
Wissenschaft durch die Menge gehoben werde, n
legenes Individuum kann das Wort sprechen, v
geistigen Mittelpunkt der Wissenschaft feststellt u
die Wissenschaft mit der Religion und mit dem
söhnt. Dieses Individuum, das berufen ist, diese
gabe zu erfüllen, ist Friedrich Rohmer, von der
Wissenschaft.» Auf den Rohmerschen Ideen, denen
das organische Leben der Natur in dem Leben de
Entwicklung der Menschheit wiederspiegelt,[2]) bau

---

[1]) Heinrich Gysi, einer der Zürcher Parteifreunde B
Bluntschli eifriger Freimaurer. *Bluntschli*, Denkwürdiges I, S

[2]) Man vergleiche als Beispiel die Rohmersche Parte
oben S. 219.

seine neue Wissenschaft vom Staat auf: «Staat und Kirche bilden beide den Organismus der Menschheit nach, aber wiederum in verschiedener Art und Richtung; der Staat die Mannheit, die Kirche die Weibheit».[1]) Auf diese Weise glaubte Bluntschli, indem er die Lehre Rohmers von den XVI Grundkräften der Seele auf den Staat übertrug, die XVI Grundorgane des Staatskörpers entdeckt zu haben[2]) und gewann damit «die Elemente einer psychologischen Staatslehre».[3])

Auf festem, juristischem Boden steht dagegen die zweite Arbeit, die Bluntschli im Jahre 1844 veröffentlichte: der Entwurf zum ersten Teil eines Privatrechtlichen Gesetzbuchs für den Kanton Zürich. Bluntschli hatte an Stelle F. L. Kellers[4]) den Auftrag hierzu im Jahre 1844 übernommen. Er hat das Werk im Jahre 1852 zum Abschluß gebracht[5]) und damit ein Gesetzbuch geschaffen, das bis zur Stunde unter den Kodifikationen der Schweiz die erste Stelle einnimmt.

Im Jahre 1844 trat der erste Bürgermeister Zürichs, von Muralt, zurück, und nun war für Bluntschli der seit Jahren ersehnte Augenblick gekommen, der ihm die Erfüllung seines höchsten Wunsches bringen sollte: er hoffte mit dem Amt des ersten Bürgermeisters nicht nur die Leitung der zürcherischen Politik in seine Hand zu bekommen, sondern auch den maßgebenden Einfluß in den eidgenössischen Angelegenheiten zu gewinnen. Allein bei der Bürgermeisterwahl vom 18. Dezember 1844 wurde im sechsten Wahlgang der Kandidat der liberalen Partei, Dr. Zehnder, mit 99 Stimmen zum Bürgermeister gewählt.[6]) Auf Bluntschli waren 97 Stimmen gefallen. Wohl wurde Bluntschli in derselben Sitzung zum Präsidenten des Großen Rats für 1845 gewählt. Allein die Niederlage bei der Bürgermeisterwahl vernichtete für immer seine politischen Aspirationen in der Schweiz. Die beiden Freunde sprachen sich darüber folgendermaßen aus:

[1]) *Bluntschli*, Psychologische Studien über Staat und Kirche, S. 39.

[2]) *Bluntschli* a. a. O., S. 181 f.

[3]) *Bluntschli* a. a. O.; Vorwort, S. XIII.

[4]) Friedrich Ludwig Keller war im Jahre 1843 als Professor an die Universität Halle berufen worden.

[5]) *Eugen Huber*, System und Geschichte des Schweiz. Privatrechts, Bd. IV, S. 194.

[6]) *Bluntschli*, Denkwürdiges I, S. 363.

Wackernagel an Bluntsch

Bas

Mein lieber Bluntschli,

es ist gut, wenn man in den Übeln sell einen Trost zu finden weiß, und so sehe i der unerwarteten bösen Wendung, die Eure gelegenheiten und damit die der ganzen Scl haben. In der That glaube ich und nicht blo Phrase, wenn einmal die Parteien so wie b die Waage halten, daß da die größere St auf Seiten der gerade herrschenden, sonder nierenden sei, daß Du als Präsident des G namentlich als Führer der Opposition fruch wirken kannst als an der Spitze einer unterl mit einem in schwankender Majorität anders Rath. Jedesfalls stehst Du von neuem in ralischen Vortheil einer reinen und gerad Bürgermeister hättest Du eine solche schw können. —

Gott segne und helfe! Wir hier schw zwischen den zwei Nöthen einer Regierung eigensinnig vornehmthuend und verzagt ist wohlwollenden Lahmheit nie weiter als h halben Schritten bringt, und einer radicalen aus einer verwilderten Jugend und mit t Zöpfen täglich stärker recrutiert. Eben jezt holter Versuch gemacht, die Masse der In wußtsein und Thätigkeit zu bringen. Darüb legentlich mehr.

Bester Bluntschli, Du bist mir lieb um D um alter Freundschaft willen: laß fortan nic sein als solche Liebe. Auch im neuen Jahr Deine.

Zürich, den 4. Jänn. 1844. (recte 1845.)

Lieber Wackernagel.

Der Himmel hat es gut mit mir gemeint, daß er bei er Bürgermeisterwahl den Dämon des Radicalismus siegen ieß. Ich hätte in dieser Stellung das *Äußerste* gewagt und äre ein *nutzloses* Opfer der Revolution geworden.

Ich sah sie an jenem Abend ganz klar vor Augen, wie s nunmehr vielen schon klar geworden ist. Und als ich on der Partei gedrängt wurde, in der Regierung zu bleiben, nthüllte ich ihr die ganze kommende Gefahr. Sie waren rstaunt wie vor einer Vision; nun täuschen sich wenige mehr.

Sie ist entfesselt und wird erst besiegt, nachdem sie cheinbar den Sieg erlangt hat.

Die Revolution von 1798 war das *Ende* der *französischen* evolution, ein bloßes *fremdes Nachspiel,* nur in der *wälschen* chweiz eine *Wahrheit.* Die kommende Revolution von 1845 t der *Anfang* der *deutschen* Revolution, und hat einen üthenden innern Zug nach *Zukunft.*

Ob unsere Regierung sich noch lange hält, weiß ich icht. Wahrscheinlich wird der Entscheid bald fallen. Aber as weiß ich, daß wir *so abtreten* werden, daß *darin* der *ame* liegen soll für einen *künftigen* und *dann entscheidenden ieg* des liberal-conservativen Principes.

Eine Revolution kann man entweder *überwältigen* oder *eiten,* aber nie *hemmen* oder *gewinnen.*

Von *Leitung* durch *uns* kann keine Rede sein. Unsere rage ist jetzt schon bloß: Kann sie durch uns *überwältigt* erden *jetzt?* Diese Frage wird ernsthaft erwogen und ann klar beantwortet werden. Und je nach dem *müssen* ir die Regierung in *radikale* Hände legen.

Ich habe über die *Vermittlung* der Schweiz ein Mémoire ausgearbeitet, das einstweilen *verborgen* liegt wie der ame, während das Gewitter tobt und die Wasser schwemmen.

Ich bitte Dich, inliegende Einladungen in Basel zu versenden. Korrespondenzen über *Stimmung* und *Fakta* sind *ehr wichtig.*

Es ist von äußerstem Gewicht, *politisc*
Schweizerische Revolution *bei jedem S*[illegible]
immerfort *bekannt zu machen*. Denn eine
selben ist, daß sie insgeheim unter *falsch*
Jesuiten sind ein wahrer Böhlimann für die
Tage) das *Volk*, das doch nicht revolutio
und so *einschleicht*.

Grüße Luise und deine Kinder.

Die Revolution wird wahrscheinlich *vi*
Geld kosten. In Basel liegt viel Geld nut
würde ich meinen *Kopf* daran setzen, mit
Millionen Gulden in der Hand die schwei
bändigen und die Schweiz zu befriedigen. E
so großen Zweck, und doch nicht zu haben

Nach dem Zusammenbruch seiner politi
Bluntschli (3. April 1845) aus dem Regier
behielt jedoch die Redaktion des Privatrec
buches bei und nahm an der Universität Z
mische Tätigkeit in altem Umfang wieder
Arbeit an dem werdenden Recht gingen gesch
einher über die Anfänge des schweizerisch
Eine Frucht dieser Forschungen bildet di
drei Länder Uri, Schwyz und Unterwalden
ewigen Bünde», die er zuerst im Sommer
öffentlichte und später (1849) als ersten T
schichte des Schweizerischen Bundesrechtes
Er berichtet darüber an Wackernagel:

Bluntschli an Wackernag

Zürich, den

L. W.

Die Luise bringt Dir nebst freundliche
Hæusler bestimmtes Exemplar der III Lä
Tagen erhältst Du nachträglich das erste

schichte des Bundesrechts, wovon jene Broschüre nur ein Abschnitt ist. Ich hatte gehofft, Dir das Heft mitschicken zu können, bin aber so langsam von der Druckerei bedient worden, daß ich genöthigt bin, die Versendung zu verschieben. Inzwischen kannst Du, wenn es Dich interessiert, jenes Exemplar durchlesen.

Ich bin auf Hæuslers Urtheil begierig: da er Kenner in diesen Dingen ist und sich mit der nämlichen Frage selber näher beschäftigt hat. Ich für meinen Theil halte das Räthsel nun für gelöst. Das Resultat ist mir politisch wichtig. Die Meinung, daß die Schweiz empörtes Habsburgerland sei, hat schon sehr um sich gegriffen, und es ist dahin gekommen, daß die Allg. Zeitung eine Gegenansicht, die ihr von einem deutschen Historiker mitgetheilt wurde, trotz vorheriger Zusage nicht aufgenommen hat, bloß weil die Herren die «abgefallene Schweiz» wieder ad saccum zu nehmen hoffen und ihnen daher nur die Koppische Ansicht genehm ist. Das steckt bei den einen bewußt bei den andern unbewußt im Hintergrund. Desto energischer muß die Wahrheit ins Licht gesetzt werden einer falschen Kritik und solchen Gelüsten gegenüber. Ich betrachte daher die Schrift, so klein sie ist, als eine staatsrechtlich und politisch nicht unbedeutende *Ehrenrettung* der *wahren Urschweiz*. Ich bitte Dich, sprich darüber mit Hæusler und bitte ihn, die Sache in der Basler Zeitung zu besprechen. Aber nicht bloß gelehrt, sondern mit Berücksichtigung dieser politischen Sachlage. Den Radikalen ist die Ansicht, daß sich die Länder bloß empört haben, ganz Recht; denn sie sehen darin eine Rechtfertigung ihres revolutionären Geistes. Nur gar zu gerne meinen sie, ihr Treiben sei lauter Tellenthat. Desto nöthiger ist es, ganz entschieden zu reden: das Volk (in seiner bessern Natur) denkt anders als jene Deutschen und diese Radikalen. Aber man muß ihm dazu helfen, seine Gedanken auszusprechen.

Besprich das mit Hæusler oder lege selber Hand ans Werk; ich bitte Dich dafür nicht um meinet- sondern um der Schweiz willen.

Dein C. B.

Inzwischen hatte die Politik des kathc
Luzern durch die Berufung der Jesuiten nac
und durch die Gründung des Sonderbunds d
lischen Kantone (1845) die eidgenössischen
der entscheidenden blutigen Krisis entgeger
reformierten und paritätischen Kantonen ge
ralen und radikalen Elemente die Oberhan
satzungs-Mehrheit der XII Stände war er
Kampf gegen den Sonderbund bis zur Ents
zufechten.

Bluntschli unternahm es, einen Ausgleich
Er entwarf im August 1847 ein politische
programm[3]) und ließ an den Papst Pius IX. ei
gelangen, worin er den heiligen Vater dr
die Jesuiten aus Luzern zurückzurufen. Als,
stand, der Papst auf den Rat des reformierte
einging, versuchte Bluntschli, die reformierte
der verschiedenen Kantone für ein geschlo

---

[1]) Basler Zeitung vom 21. Juli 1846, No. 170, S.

[2]) Joseph Eutych Kopp, der Verfasser der «Geschicht
Bünde», 1845 f. Im Jahre 1846 lag erst der erste Band d
abgeschlossen vor.

[3]) Mitgeteilt in Hiltys Politischem Jahrbuch XIII

[4]) *Bluntschli*, Denkwürdiges I, S. 426–432.

gegen die Tagsatzungsmehrheit zu gewinnen.[1]) Er setzte vor allem seine Hoffnung darauf, das konservative Basel werde, in Erinnerung an die ihm von der Tagsatzungsmehrheit im Jahre 1833 auferlegte Demütigung, ablehnen, gegen den Sonderbund zu Feld zu ziehen. Er fragte deshalb bei Wackernagel an:

Bluntschli an Wackernagel.

Zürich, 11. September 1847.

— Ist's wahr, daß Stadt Basel, wenn die XII Ständemehrheit Krieg beschließt, mitziehen werde, ich weiß nicht aus welcher Schwäche, die sich als Legalität ausgibt? Dann gibt es keinen Punkt, der wagt neutral zu sein im Namen der alten und der künftigen Eidgenossenschaft.

Wackernagel an Bluntschli.

(Ohne Datum; September 1847.)

— Wenn die Zeit nicht drängte (die Zürcher werden gleich abfahren) dann könnte ich manches über die politischen Zustände Basels noch hinzufügen. Nur dieß: man erhebt sich, zwar langsam, aber man erhebt, man ordnet sich, man sucht zum Bewußtsein und zu einiger Kraft zu kommen, und allerdings ist Schmidlin[2]) dabei die Hauptperson. Ein andermal und bald darüber mehr. Lebe wohl.

In der Tat begann die «Basler Zeitung» je näher der Krieg heranrückte, um so entschiedener die Meinung zu verfechten, Basel sei im Falle eines Aufgebots nicht ver-

[1]) Vergl. hierzu die von Prof. *Blösch* aus dem Nachlasse seines Vaters herausgegebenen Briefe schweizerischer Staatsmänner aus der Sonderbundszeit. (*Hiltys* Politisches Jahrbuch XI (1897), S. 132—180.

[2]) Wilhelm Schmidlin, damals Lehrer der Mathematik am Pädagogium, später Mitglied des Direktoriums der Schweizerischen Zentralbahn. *Fritz Burckhardt*, Wilhelm Schmidlin (Basler Jahrbuch 1893, S. 1 ff.).

pflichtet, seine Truppe gegen den «Sonder schicken.[1]) Allein der in ihrer Mehrheit gierung gelang es, in der entscheidenden Rates vom 6. November 1847 den Beschluß zu erwirken. Der Große Rat ließ jedoch wissen, daß er damit «dem zerrütteten Vaterl Opfer seiner Überzeugung bringe.»[2]) — Im Bür Winter 1847 wurde der Sonderbund militärisch Bluntschli und Wackernagel beklagten diesen weil sie darin den Sieg des Radikalismus über vativen Parteien der Schweiz erblickten, der hinfort die führende Stellung im öffentlichen Schweiz verschaffen mußte. Die folgenden darüber Aufschluß.

Wackernagel an Bluntschli.

Basel, 9. Ja

Liebster Doctor,

Glücklich sind, die
sind beglückter, d
die da wachen un
klagen in Frost un

Darum kann ich endlich für Dich, nicht fü etwas besseres wünschen, als daß Du in dem J uns alle unter solchem Leid begonnen, Dir a Stätte finden mögest. Drückt doch dieser eis selbst mich darnieder, dem es leichter wird, die vier Mauern einzuschließen.

---

[1]) «Basler Zeitung» vom 19. Oktober 1847, No. 247,

[2]) Der Beschluß wurde gefaßt mit 64 gegen 49 Stimm tung» vom 6. November 1847, Beilage zu No. 263, S. 1059 ordentlichen eidgenössischen Tagsatzung von 1847, II. Teil, Basler Offiziere weigerten sich jedoch, mit der Basler Truppe heer zu ziehen. Sie wurden darauf in Basel vor Gericht ge monatlicher Haft und zur Degradation verurteilt. — *Emanu* rich Riggenbach-Stehlin 1821—1901 (Basler Jahrbuch 1904, Zeitung» vom 18. November 1847, No. 273, S. 1131. — De 6. November 1847 bewahrte Basel vor dem Schicksal Neuenb

Vielleicht aber ist der sittenlose Abfall unsrer Tage nirgend von so anekelnder Art als gerade hier. Wir haben schon seit Jahr und Tag keine Regierung mehr, und daß wir keine radicale haben, verdanken wir bloß der Rath- und Thatlosigkeit auch dieser Partei. Wir bestehen nur noch dem Scheine nach und durch Herkommen. Selbst die Conservativen, die für die jezige Ordnung der Dinge kein Herz haben können, würden eine neüe willkommen heißen, gegen die sie von Herzen sein dürften: jetzt erlahmt man an der todten Unnatur. Ihr habt doch schon den Despotismus: wir müssen ihn noch wünschen, um aus dieser faulen Anarchie herauszukommen.

Bluntschli beschloß nach dem Scheitern aller seiner politischen Pläne in der Schweiz,[1]) sich in Deutschland nach einem neuen Wirkungskreis umzusehen. Friedrich Rohmer hatte sich seit 1842 in München niedergelassen und forderte Bluntschli dringend auf, vorerst zu ihm zu kommen. «Persönliche Freundschaft und politische Motive hielten mich dann in München fest,» so erzählt Bluntschli (Denkwürdiges II, S. 5). Bluntschli begab sich in der Tat Ende des Jahres 1847 nach München und knüpfte dort die Verbin-

zells-Innerrhoden. Diese beiden Stände hatten sich geweigert, ihre Truppenkontingente zur eidgenössischen Armee zu senden. Die Tagsatzung beschloß daher am 11. Dezember 1847 Neuenburg ein Sühnegeld von Fr. 300000 und Appenzell I. Rh. ein Sühnegeld von Fr. 15000 aufzuerlegen. Abschied der ordentlichen eidgenössischen Tagsatzung vom Jahr 1847, II. Teil, S. 129—144. — Über die von Basel in letzter Stunde während der Tagsatzungssitzung in Bern, Ende Oktober 1847, angestrengten Vermittlungsversuche: *Feddersen*, Geschichte der Schweiz. Regeneration, S. 490. «Basler Zeitung» vom 30 Oktober 1847, Beilage zu No. 257. S. 1034.

[1]) Bluntschli hatte im Oktober 1847 in der in Zürich herausgegebenen «Eidgenössischen Zeitung» einen Artikel veröffentlicht, worin er den bevorstehenden Krieg als einen unverantwortlichen Bürgerkrieg bezeichnete. Das zog ihm und dem Herausgeber der Zeitung (Heinrich Schultheiß) eine Strafuntersuchung zu «wegen Aufreizung zu Widersetzung gegen amtliche Gewalt». Mit der Untersuchung war der damalige kantonale Verhörrichter Jakob Dubs (später Mitglied des Bundesrates) betraut. «Basler Zeitung» vom 30. Oktober 1847, No. 257, S. 1030 und vom 11. November 1847, No. 267, S. 1074. Bluntschli berichtet (Denkwürdiges I. S. 442), man habe sich jedoch der Erbitterung geschämt und Amnestie eintreten lassen.

dungen an, die schließlich im Sommer 1848 :
rufung an die Universität München führten. Zı
bot sich Wackernagel Gelegenheit, an die Univı
überzusiedeln. Allein er lehnte für einmal ab.
Dinge entspann sich folgender Briefwechsel :
Freunden:

Bluntschli an Wackernagel.

Zürich, 15

Lieber Wackernagel.

Ich benutze die Reise meines Bruders Frit
um Dir einige nähere Nachrichten sicher zukomn

Das Schicksal der Schweiz hat mich seh
und ich war Monate lang zu jeder Arbeit un
ging nach Deutschland, theils um mich zu erhol
mich dort nach einem neuen Wirkungskreis

Im München hielt ich mich 15 Tage au
mit dem Fürsten Wallerstein (dem Chef des
mehrere einläßliche Unterredungen, eine sehr ı
mit dem König selbst. Einiges kann ich Dir m
für Hrn. R. H. Haeusler und Schmidlin, verstehı
anderweitiger Divulgation.

Die beiden Bevollmächtigten von Oesterreicl
haben in Paris ein Protokoll unterzeichnet, daß aı
folgende Forderungen gestellt werden: 1. Rüc
Truppen aus den VII Ständen. 2. Neue Wahl
Kantonen nach der Entfernung der Truppen.
auf Veränderungen im Bunde ohne Zustimmuı
tone beziehungsweise der Mächte. Guizot hat
zeichnet, doch vermuthet man, er werde ı
Adresseberatung vorüber sei, mitmachen. Allı
einen ernsten Zusammenstoß der Mächte mit ı

Schon deßhalb kann ich weder nach Preußı
Oesterreich gehen in diesem Augenblick. Ich

[1]) Vgl. dazu *Bluntschli*, Denkwürdiges II, S. 1 ff.

[2]) Ehe die Regierungen ihren Forderungen der Schwei
tung verschaffen konnten, wurden sie, wie bekannt, durch
eigenen Lande an diesem Vorhaben verhindert.

München erklärt, ich werde an keinen Maßregeln der Gewalt gegen die Schweiz Theil nehmen, auch dann nicht, wenn ich dieselben für politisch nöthig und gerechtfertigt hielte, und auch nicht mit Rath.

Baiern will im Deutschen Bunde eine von den Großmächten getrennte und *reservierte* Stellung einnehmen. Es will sich für die Zeit aufsparen, in welcher nach den Stürmen, die nicht ausbleiben, an eine *wahre Vermittlung* zu denken ist, und hält den *deutschen* Standpunkt fest, im Bewußtsein, daß die Interessen und das Recht der Schweiz denen Deutschlands *verwandt* sind. Aus diesem Grunde gehe ich nach Baiern für die Zeit, in welcher es ein Unsinn wäre, in der Schweiz zu versauern und unthätig zu bleiben. Ich werde aufgenommen als Stellvertreter der liberal-konservativen Partei in der Schweiz, welche ebenso durch die Verhältnisse darauf angewiesen ist, eine reservirte Stellung einzunehmen. Als schickliche Form des Übergangs, welche sowohl in der Schweiz als in Baiern keinen Anstoß findet, ist mir eine Professur an der Universität München angeboten. Daneben kann ich für die Gesetzgebung und die höhere Politik verwendet werden, jedoch in relativ sehr unabhängiger Stellung, und mit Rücksicht darauf, daß ich jeder Zeit wieder zu den Schweizerischen Dingen zurück kehren kann. Darüber bin ich mit dem Fürsten Wallerstein einig geworden: und er selbst hat von Anfang an die Sache so aufgefaßt. Die Formalien und materiellen Bedingungen wird mein Freund Rohmer, über den ich mit dem König näher gesprochen, mit Wallerstein ins Reine bringen.[1])

In Stuttgard habe ich den Grafen Beroldingen[2]) und in einer stündigen sehr gehaltreichen — indessen mehr auf die *deutsche* nur mittelbar auf die schweizerische Politik bezüglichen — Audienz den König von Würtemberg gesprochen. Gelingt es, Baiern und Würtemberg in *jener* zusammen zu bringen — ein schweres Stück Arbeit — so ist *Alles* gewonnen. In Würtemberg hat sich auch eine, von der Regierung unabhängige, aber in *beiden* Kammern vertretene

[1]) Die Erwartungen, die Bluntschli auf seinen Freund Friedrich Rohmer setzte, hat Rohmer nicht erfüllt. *Bluntschli*, Denkwürdiges II, S. 22.

[2]) Graf v. Beroldingen, damals württembergischer Minister des Äußern.

liberal-konservative **Partei gebildet und** [illegible]
Politischen Zeitung» ihr Organ gefunden.
empfehlen, daß diese Zeitung (sie erscheint
lich und kostet nur 5 Gulden in Stuttgard)
durch Abonenten unterstützt werde. Hier ge
Ich werde das Blatt auch von München aus be
ist in jeder Hinsicht gut, ein derartiges Organ a
land zu haben. Überhaupt gewinnt die libe
Politik eben jetzt in Deutschland Boden, wäh
Schweiz für einmal den Extremen erlegen is
des schweizerischen Radikalismus hat in D
ganz andere Wirkung, als man in der Schw

Für die Schweiz ist meine bestimmte Üb
Bevor die Zeit da ist, in welcher eine *grüna*
sation der K a n t o n e u n d d e s B u n d e s
werden kann, wird dieselbe nie mehr zum F
und werde ich in derselben nichts zu thun
eignisse und Leiden werden diese Zeit reifen
da, dann komme ich auch wieder. So lange ab
mus herrscht, oder die fremden Bajonette, b

Vielleicht komme ich noch vor meine
Basel. Näheres kann ich hier noch nicht bes
Ansicht über die baslerischen Verhältnisse t
Empfiehl mich Herrn R. H. Haeusler, desse
dauer meine Hochachtung gesteigert hat, u
Frau und die Kinder aufs beste. Für die übe
meinen vorläufigen Dank. Dein

Kommt die Berufung nach München in
zur Discussion, so ist es mir lieb, wenn die
den wahren Gesichtspunkt energisch vertr
Hinblick auf die Schweiz als auf Deutschlan

Wackernagel an Bluntschl

Basel, 6. H

Lieber Freund und Bruder,

Es hat uns weh gethan, daß wir Dich u
nicht mehr haben sehen können, ehe Ihr, viell

das Heimatland verließet. Wir Männer allein kommen eher schon einmal, Du nach der Schweiz oder ich nach Deutschland, und sehen und sprechen uns da wieder. Aber die guten Frauen und die Kinder? Und die Zahl der Deinen hat sich wieder um eins vermehrt, ohne die Leiden und Ängste, welche Ihr unter solchen Umständen fürchten durftet. Wir wünschen Euch dazu von ganzem Herz Glück. —

In derselben Zeit, wo Du Zürich verließest, hatte auch ich auf geschehene Einladung hin neu in Deutschland angeknüpft; es betraf eine Professur in Breslau. Jetzt ruht diese Angelegenheit wieder, und ich lasse sie gerne ruhen, da, wie jetzt die Dinge stehen, es in Basel immer noch erträglicher als namentlich in Breslau ist.

Ich weiß nicht (wie ich überhaupt in Unkenntniß Deiner ganzen jetzigen Lebenslage bin, Deiner Verhältnisse zum Könige, zu den Ministern, zu den liberalen Reichsräthen, und ob Du wirklich Katholik geworden oder nicht), mit welcher Zuversicht Du vielleicht die deutschen Dinge betrachtest; die meinige ist sehr klein, oder vielmehr, sie fehlt mir gänzlich. Das eigentliche Ziel der ganzen Bewegung ist eine große sociale Änderung: aber ich fürchte, wir erleben das Ende nicht und nur deren Gräuel, da von den zwei Parteien, die jezt neben und gegen einander stehn, die eine bloß die Nationalität und die Politik im Auge hat und die eigentliche Zeit- und Weltfrage übersieht, die andere aber mit Aufgebung aller Nationalität und Staatsordnung bloß die gesellschaftliche Umwälzung will. Da sehe ich einstweilen nur Wege zum Untergang und Elemente der Zerstörung, und der Reichsverweser wird, wie ich fürchte, lediglich der Reichsverwesung präsidieren. Es hätte besser gehen können, wenn eigene Thorheit und noch mehr der gehässige Neid der Andern nicht die Preußische Hegemonie unmöglich gemacht hätten, die Hegemonie eines selbstregierenden Fürsten und eines Staates, der durch Mischung der Völkerschaften und der religiösen und politischen Bekenntnisse ein Deutsches Reich im Kleinen und so das maßgebende Beispiel für die übrigen Staaten ist.

Deine Zeitschrift, deren Programm ich dem Ratsherrn Heussler mitgeteilt habe, ist noch nicht hieher gelangt; wir sind sehr begierig darauf, der Sache selbst und Deinetwegen.

In anderthalb Wochen wandert unser ganzes Haus nach Zürich und auf den Heimenstein. Wir werden Euch schmerzlich vermissen. Lebe wohl, lieber Bluntschli; die herzlichsten Grüße und Glückwünsche von uns Allen an Alle.

Dein Wilh. Wackernagel, Dr.

Bluntschli an Wackernagel.

München, 23. Mai 1848.

Lieber Wackernagel.

Meine Pläne sind durch die Weltereignisse zum Theil durchkreuzt, zum Theil modificirt worden. Ich hatte vor, noch einen Besuch in Basel, nicht bloß in Zürich zu machen, bevor ich für längere Zeit München als Wohnort beziehe. Ich bin daran verhindert worden, und muß beides auf gelegenere Zeit verschieben.

Zur Stunde noch bin ich nicht ganz im Reinen mit allen Verhältnissen meines hiesigen Daheim und hiesiger Wirksamkeit. Ich hoffe indessen, daß auch das Übrige mit Gottes Hülfe kommen werde, wie bisher Wichtiges erlangt ist. Meine Stellung ist vorderhand ganz frei, obwohl gerade deßhalb schwierig.

Deutschland wird eine schwere Zeit durchmachen, dann aber doch die Hefe wieder sich setzen, und eine große Nation da sein. Ich empfehle Dir die Zeitschrift, die ich ankündige.[1]) Sie soll während der Gährung das ihrige wirken, damit wenn die Wasser sich verlaufen, wir bereitet seien, den Boden zu bewirthschaften. Hier wird die Zeitschrift stark unterstützt werden, geistig sowohl als durch materielle Förderung. In Frankfurt wird sie sich Gehor erzwingen. Ich bitte Dich, theile das Projekt auch Haeusler mit und sage ihm, daß ich gerne von ihm Mittheilungen uber die Schweiz empfangen würde.

---

[1]) «Blätter für politische Kritik». — *Bluntschli,* Denkwürdiges, II 90. Die Zeitschrift konnte sich nicht lange halten; sie ging wieder ein

Auch sonst theile den Brief nur mit. Vielleicht nimmt Hr. Haeusler die Bezeichnung der Tendenz in die Basler Zeitung auf. Die Zeitschrift soll für liberal-konservative Politik etwa das werden, was die historisch-politischen Blätter für den Ultramontanismus geworden sind. —

Im Ganzen lagert sich eine große Ermüdung über mich. Es ist, wie wenn ich die 18 Jahre Schweizerpolitik nun zu verdauen hätte. Die großen Zeitbegebenheiten — eine umfassendere Revolution gab es in der Geschichte nie — regen mich auf, aber ohne jene Ermüdung zu durchbrechen. Ich weiß gar wohl, daß meine Zeit erst nach Jahren reif wird. Bis dahin will ich aber doch nicht schlafen, so sehr ich den Schlaf liebe.

Herzliche Grüße an Dich und die Deinen von uns allen.

Laß bald Etwas hören.

Dein C. B.

Bluntschli an Wackernagel.

(Zürich, September 1848). Freitag Abend.

Lieber Wackernagel.

Ich traf hier ganz gute Berichte aus München. Die Anstellung ist von dem König *unterzeichnet.* Bei dem Staatsrath liegt zur Stunde der Naturalisationsantrag, eine bloße *Folge* der Anstellung. —

Hier werde ich ausgezeichnet aufgenommen. Ich sehe, wie tiefe Wurzeln ich zurückgelassen. Selbst die Radikalen sind freundlich. Wahrscheinlich werde ich von Zeit zu Zeit herkommen müssen, des Civilcodex wegen.

Tausend Grüße und Dank von

Deinem C. B.

Wackernagel an Bluntschli.

Basel, 24. Herbstm. 1848.

— Unsere herzlichen Glückwünsche, daß nun in Baiern Alles wirklich erledigt ist. Du weist, daß wir wieder Aufruhr in der Nähe haben. Aber er scheint noch kläglicher ausfallen zu sollen als das vorige Mal. Ein[...] noch festgebannt auf den Bann von Lö[...] heimer weigern sich, andere Gemeinden d[...] machen wohl mit, aber so, wie z. B. Hagen, w[...] des Bürgermeisters, ob sie mitziehen wollt[...] die Hand aufhob, und dann auf die Frage, c[...] wollten, wieder keiner, und sie endlich nu[...] meister nachliefen, welcher erklärte, er mü[...] antwortlich gemacht. In Freiburg sind b[...] Truppen, und in Offenburg Minister Hoffma[...] sind wir auf Nachrichten aus Stuttgart, wo [...] der rothen Republik vorläufig wohl entschei[...]

Am 21. Oktober 1848 raffte der Tod [...] Gattin Luise dahin, und da Wackernagel scho[...] aus dem Freimaurerorden ausgetreten war, [...] Klammern hinweg, welche die Freunde bis[...] gehalten hatten. Auch der Briefwechsel läßt[...] Stimmung erkennen; wo politische Fragen b[...] bleibt es bei einem allgemeinen Austausch [...]

Wackernagel an Bluntschli

Basel, 2[...]

— Ein Unglück für Deutschland, daß es [...] Mittelmäßigkeit, ich meine Baiern, gibt, die [...] will und nicht groß sein kann, daß unter [...] fast keiner ein Mann ist und unter seine[...] wenige die Fürstenart nach Gottes Gnaden hab[...] Gagern. Ein großer Moment und ein kleines [...]

Bluntschli an Wackernage[l]

München, den 2[...]

— Die deutsche Sache steht sehr schlim[...] Meinung: und Heinrich Gagern hat nicht die [...] daß sie so traurig steht. Die Aussichten [...]

deutsches Reich sind gering, denn dieses ohne und im Gegensatz zu Österreich ist eine Lüge und eine haltlose Anmaßung. Das innere Deutschland droht zum Spielball der Revolution auf der einen und der Preußenherrschaft auf der andern Seite zu werden, und die Franzosen dürfen Hoffnung fassen, das linke Rheinufer als Beute aus dem Konkurse der feindlichen Parteien zu erhalten, die über Deutschland wie über eine Beute hergefallen sind. Würde Bayern entschlossen und einig für Deutschland einstehen und Preußen und Österreich wieder vereinigen, so wäre noch Rettung möglich. Aber ich fürchte, daß auch hier die Kraft gelähmt wird durch die Agitation derer, welche die Republik wollen und die blinde Nachbeterei derer, welche die Republik fördern, ohne sie zu wollen. Ein Glück, wenn sich der dreißigjährige Krieg nicht erneuert, oder wenigstens ein rascheres Ende nimmt, als der letzte, der die deutsche Politik für Jahrhunderte gründlich ruiniert hat.

Von Herzen der Deine

Dr. Bluntschli.

Im Sommer 1849 erging an Wackernagel der Ruf, die neuerrichtete germanistische Professur an der Universität Wien zu übernehmen.[1]) Wackernagel sagte zu und hatte bereits alle Vorbereitungen zur Reise getroffen, als er sich im November 1849 mit Maria Salomea Sarasin von Basel, einer Freundin seiner verstorbenen Frau, verlobte. Die Mutter der Braut «machte Schwierigkeiten, sie so weit bis nach Wien von sich zu lassen,» schreibt Wackernagel am 29. November 1849 an Bluntschli, «das bestärkte mich in meinem schon ältern Bedenken, ob überhaupt in Wien für die Erziehung und Unterkunft der Kinder gesorgt sei.» Wackernagel zog daher in Wien seine Zusage zurück und setzte in Basel «im bisherigen bescheidenen und mühsamen Amt», wie er an Bluntschli berichtet, seine Tätigkeit fort. Der Vaterstadt Basel blieb

[1]) Die Professur war eine der Schöpfungen des um Österreichs Unterrichtswesen hochverdienten Ministers, des Grafen Leo von Thun. Nachdem Wackernagel abgelehnt hatte, übernahm Th. v. Karajan die Stelle. *M. v. Karajan*, Art. «Karajan» in der Allgemeinen Deutschen Biographie XV, S. 109 f., insbes. S. 111. *G. Wolf*, Zur Geschichte der Wiener Universität, 1883, S. 118.

dadurch eine Kraft erhalten, die ihr nicht nur im Lehramt, sondern auch im großen Rat (seit 18 verschiedensten wissenschaftlichen und gemein missionen die wertvollsten Dienste leistete. Dezember 1851 Bluntschli aus München seine Basel: «Der König[1]) ist geneigt, für Hebung schaft durch Berufung ausgezeichneter Männer Universität zu wirken, deßhalb schreibe ich Du geneigt, einem Rufe zu folgen, wenn er und unter welchen Bedingungen?» Wacke sogleich Bedenken, die dem konfessionellen stammten. Die beiden Freunde sprachen si darüber aus.

Bluntschli an Wackernagel.

München, 2

— Die konfessionellen Schwierigkeiten bedenklich als Du Dir vorstellst. Ich habe d nie gefürchtet, obwohl ich als Jurist mehr betroffen bin. Denn ich lese deutsche Rechts im Staatsrecht auch über das Verhältniß zu Und die Zuhörer werden später Beamte; d der Ultramontanen ist daher mehr auf de Juristen als der Historiker gerichtet. Dabei Gegensätze oft scharf genug. Einige Gefah im Leben immer, und wenn Ihr in Basel ris Radicalen einmal die Universität schließen, hier risquiren, daß in der Zukunft einmal die einigen Professoren Unannehmlichkeiten ber Die Wahrscheinlichkeit für dieses ist aber g für jenes.

Man weiß übrigens hier recht gut, daß Litteratur und die deutsche Wissenschaft vorn Geiste beruht, der den Protestantismus herv auch vorzugsweise protestantisch ist. Und auch gelehrt werden. Es kommt nun allerdin

---

[1]) Maximilian II.

an, die Katholiken zu Protestanten machen zu wollen, wohl aber ist die Aufgabe, auch sie für *geistesfreie Mitwirkung* in Wissenschaft und Litteratur zu gewinnen und zu erwecken. Meine Überzeugung ist, daß die deutsche Wissenschaft und Litteratur erst dann ihre Vollendung erreichen wird, wenn das bisher überwiegende protestantische beziehungsweise sächsisch-schwäbische Element in dem katholischen beziehungsweise bairisch-österreichischen seine Ergänzung gefunden haben wird. Zur Zeit aber müssen wir Protestanten auch im Süden die Bahn öffnen und als Lehrmeister dienen. Und das kann ich Dich versichern, die Anlagen des Volks sind vortrefflich. Sie haben viel Gemüth und viel gesunden Menschenverstand: Eigenschaften, deren die deutsche Litteratur und Wissenschaft gar sehr bedarf, wenn beide aus dem kränkelnden und abstrakten Zustand wieder genesen sollen. —

Bluntschli an Wackernagel.

München, 9. Jan. 1852.

— So weit ist man hier längst, um an der Universität von diesen Dingen ganz bequem und nach Überzeugung zu sprechen. Auch die Katholiken wissen recht gut, daß mit Hutten und Luther eine neue Litteratur beginnt und Du wirst gar keinen Anstoß finden, wenn Du ihre große Bedeutung für die Entwicklung der Sprache und wenn Du die ganze gewaltige protestantische Einwirkung auf die Wissenschaft der Wahrheit gemäß schilderst. Die Zeloten, die dergleichen nicht hören mögen, bleiben weg. Aber die Masse der Studirenden kümmert sich um derlei obscure Empfindlichkeit gar nichts. In den bessern Köpfen der Katholiken ist überall der Instinkt, daß sie in diesen Dingen von den gereifteren Protestanten lernen können. Sie würden nur durch protestantischen *Haß* und *Verachtung* ihres *gemütlichen Naturels* und *ihres Strebens* geärgert und gereizt, *durchaus nicht durch die offenste mit Wohlwollen gepaarte Wahrhaftigkeit.* Sie haben viel gesunden Verstand und bei dem sind sie, wenn es auch großentheils an der wissenschaftlichen

Vorbildung noch fehlt, immer zu fassen
durchweg bescheiden. Sobald sie wirkli
Gründlichkeit sehen, so sind sie voll Achtun
Phraseologie und die suffisante Rednerei
deutschen ist ihnen zuwider. Da ziehen sie si
und loben ihr — «Bier». Das die Student

Nun die ultramontane Partei. Die we
lich ärgern, wenn wieder ein Protestant Prof
nicht einmal Alle. Die Radikalen ärgern s
wenn ein Konservativer Professor wird. Das
zu bedeuten, wenn der Professor nur ein tü
Dann macht er sich seine Stellung selbst.
nicht genug darauf aufmerksam machen: I
sind hier größer als in einer Schweizerstadt,
sind sich nicht so auf dem Nacken und an
genirt es nicht, wenn ultramontane oder
etwas auszusetzen haben. Dafür habe ich
in denen man dazu lacht. Bayern aber ist e
ein Drittel der Bevölkerung protestantisch ist
liken Deine Litteraturgeschichte nicht recht –
von den Studenten, denn der Mehrheit dieser
nach Deiner gründlichen und ernsten Wei
Höchste, was Du risquiren kannst, daß sie n
lischen Docenten auffordern, darüber meh
zu lesen. Was schadet denn das? Nur A
so besser vorzutragen und den Sieg zu ge

Aber nun gar ein ultramontanes Minister
vor der Hand nicht an diesen Umschwung
möglich ist, so ist am Ende auch das mögl
Auch für die äußerste Gefahr läßt sich sorg
nur in Deiner Antwort die *Bedingung* zu st
der Staat Deine Dienste entbehren zu soll
die *ganze Besoldung* auch dann *garantirt*
bist vor dieser Gefahr auch gerettet und
dem anderwärts dann leicht eine Anstellun

Es gelang Bluntschli nicht, Wackernag
zerstreuen, und Wackernagel blieb wiederu

Universität treu. Aber er empfand trotzdem das Bedürfnis, sich von Bluntschli auch fürderhin über bayrische Verhältnisse unterrichten zu lassen:

Bluntschli an Wackernagel.

München, 24. Febr. 1856.

— Das sind beachtenswerthe Zeichen der hiesigen Stimmung, die wenigstens zeigen, daß die Furcht vor den Ultramontanen ungegründet ist. Sie sind nur mächtig, so weit man sie fürchtet und weil man sich fürchtet. Der Artikel der Allg. Zeitung über die Königsabende gibt eine unrichtige Vorstellung und ist so geschrieben worden — freilich ungeschickt — um die Meinung irre zu leiten. Ringseis [1]) war ein einziges Mal da und vor dem Streit; seither ist er nie wieder geladen worden. Damals hatte sich der König bestimmen lassen, eine Verständigung unter den Parteien zu versuchen und an jenem Abend Ringseis und mich zu seinen Seiten gesetzt. Die Rede und der darauf folgende Kampf hat die Unmöglichkeit einer solchen Vermittlung klar gemacht und der Versuch ist nicht wiederholt worden. An den Abenden, die oft wöchentlich 2 mal, aber immer wenigstens 1 mal etwa 10—12 Gäste im Schloß versammeln, erscheinen äußerst selten Ultramontane und der freie Geist der Wissenschaft spricht sich da ganz offen aus. Da ich seit längerer Zeit fast immer zugezogen bin und selber ganz frei spreche, so kann ich das mit gutem Gewissen bezeugen. Die Gespräche sind in den ersten 1½—2 Stunden durchweg wissenschaftlich und beziehen sich auf die Erscheinungen der neuern Zeit. Im Billardzimmer, wohin man sich dann begibt, wird Einzelnes im Zwiegespräch ergänzt und weiter geführt. In der Schlußsession endlich — aber mit der Cigarre wie zu Anfang — wird Poesie und schöne Litteratur getrieben. Der König ist an diesen Abenden durchaus gentleman und liebenswürdiger, als ich es zuvor für möglich gehalten.

[1]) Ringseis, Professor der Medizin, «ein fanatischer, aber ein aufrichtiger Ultramontaner,» wie Bluntschli ihn charakterisiert. (Denkwürdiges II, S. 231.) — Über den politischen Streit, den Bluntschli gegen Ringseis durchzufechten hatte: *Bluntschli*, Denkwürdiges II, S. 231—233.

Ich hoffe, wir werden nächstens ein [illegible] schaftliches Seminar hier gründen. Dann [illegible] Schüler zu bilden, und damit der wich[illegible] Lehrers erreicht. Noch 10 Jahre und der bi gebliebene Süden wird sich auch auf dem Gebiet schaft bewähren . . .

Dein Dr.

Bluntschli an Wackernagel.

München, [illegible]

— Unsere hiesige Politik ist meines Erachter Niveau des gesunden Menschenverstandes. Der Napoleon ist ganz blind und hält die Blindheit tismus, das Mißtrauen gegen Preußen ist ein untib Hinderniß der einzig möglichen Einigung von vorerst durch Verständigung mit Preußen. Au ist kein Vertrauen und doch handelt man ger wenn man einzig auf Österreich vertrauen d liebt den Ultramontanismus nicht und thut ihm

Die Süddeutsche Zeitung, an der ich groß nehme, hat eine harte Arbeit, diesen rauhen Bo machen. Kennst Du das Blatt? Die Allg. Zeitu trotz des Verfalls noch immer die Autorität für

Die Schweiz geht dagegen prächtig vorwä einzige Klage ist, daß sie die geistigen Interesse noch beachtet, zu sehr den materiellen und de politischen hingegeben ist. Ihre Fortschritte in cultur (Wissenschaft und Kunst) sind durchaus Kräfte und ihrer Aufgabe würdig. Habt Ihr de einer Akademie ganz fallen lassen? Merkt a Particularismus der einzelnen Universitäten u. s. eine confóderirte Gestaltung einer schweizerische anstalt den Leuchtthürmen kein Licht nehmen, Licht verstärken würde, und der Aufschwung auch den Theilen zu Gute käme.

Wäre ich in der Schweiz, ich würde mir wahre Lebensaufgabe machen und nicht ruhen, danke in dieser oder jener Form verwirklicht w

---

Im Frühjahr 1858 erging an Wackernagel ein Ruf an die Universität Berlin, in die alte Heimat.[1]) Allein auch diesmal gewann es Wackernagel über sich, abzulehnen. Er verzichtete damit endgültig auf eine umfassende akademische Wirksamkeit und nahm — so stark auch der Anreiz sein mochte — eine Gelegenheit nicht wahr, die ihm erlaubt hätte, sich ganz auf die wissenschaftliche Arbeit zurückzuziehen. Tief schmerzte es ihn deshalb, daß ihn bei den Frühjahrswahlen desselben Jahres seine konservativen Gesinnungsgenossen im Stiche ließen. Er hat darüber an Bluntschli berichtet:

Wackernagel an Bluntschli.

Basel, 24. Aug. 1861.

— Soll ich jetzt von mir selbst noch sprechen, so muß ich leider berichten, daß ich leider nicht mehr mit dem Sinn wie vor zwei bis drei Jahrzehnden an Basel und an meinem Amt hier hange, seitdem mir der Neid und die Engherzigkeit des Graecismus und Romanismus das germanische Seminar zu Grunde gerichtet[2]) und namentlich seitdem mich in demselben Jahre, wo ich mein Silberjubiläum mit dem Lehramt feiern sollte und ich einen Ruf nach Berlin meiner Geburtsstadt ausgeschlagen, bei einer Neuwahl des Großen Rathes nicht bloß wie natürlich der Radicalismus wieder ausgeschlossen hat, sondern auch der Conservatismus, weil ich ja, wie es in einer Wahlberathung hieß, ein fremder Professor sei. Ich muß bekennen, ich habe dieses Wort, das mir in meinem Leben ein paar Jahrzehende voll alberner Selbsttäuschung und damit ein überhaupt verpfuschtes Leben zeigt, noch immer nicht verwinden können und ich bewege mich seitdem mit meiner Gemüthsverfassung Basel gegenüber zwischen den Worten Platens und Goethe's «wie leicht es ist die

[1]) Wackernagel sollte in Berlin die Nachfolge des im Jahre 1856 verstorbenen Friedrich Heinrich von der Hagen übernehmen. Nachdem Wackernagel abgelehnt hatte, berief sodann die Regierung den Germanisten Karl Müllenhoff. — *Wilhelm Scherer*, Karl Müllenhoff, 1896. S. 103.

[2]) Über die Personalverhältnisse der Universität Basel gibt Aufschluß die Schrift von *Albert Teichmann*, Die Universität Basel in den fünfzig Jahren seit ihrer Reorganisation im Jahre 1835, Basel 1885.

Heimat aufzugeben und doch wie schwer
zweite» und «wenn ich dich liebe, wenn
was geht's dich an?» Ich ziehe mich jet
mehr auf mich und das Haus und die Fam

Und gleichwohl bereue ich es nicht di
wo ich hätte weggehen können, es nicht g
Es steht ja leider auch in Deutschland überal
wer die Ziele des Lebens höher als zwisch
sucht, doch nur in die große Bresche fällt
hoffen darf, sie für den nachschreitenden
helfen. Ich stehe mit meiner Überzeugung
Seiten der s. g. Gothaner und des Natio
doch so bald viel von ihm zu erwarten.
diesem großen Gewirre von Schwächen und
wenn Gott nicht irgendwie ein Wunder th
retten als Blut und Elend?

Es würde mir wohl thun, da das Schreib
arm und ungeschickt ist, diese Dinge mit Di
zusprechen. Hier fehlt mir dazu fast aller
pflegen für deutsche Dinge nicht Sinn noch
besitzen, und meine deutschen Mitangest
sämmtlich Ratten, die nach der Pfeife von A
Ich selbst habe dieß Blatt, das ich früher
Jahr und Tag wieder abgeschafft.

Im Jahr 1861 übertrug das badische Minis
die staatsrechtliche Professur an der Univer
die bisher Robert von Mohl bekleidet hatte
rief der Großherzog von Baden Bluntschli in d
und bot ihm dort Gelegenheit zu politischer
dieser hatte sich Bluntschli seit langem
denn er selbst hielt dafür, er sei nur
Professor, zu vier Siebteln aber Politiker.
beglückwünschte ihn zur Übersiedlung nach

[1] Erst ein Jahrzehnt später, am 23. April 1868, w
der Akademischen Zunft als Nachfolger des verstorbe
aufs neue in den Grossen Rat gewählt — ein Jahr vor

[2] D. h. der «Augsburger Allgemeinen Zeitung.»

[3] *Bluntschli.* Denkwürdiges II S. 309.

Wackernagel an Bluntschli.

Basel, 3. Jan. 62.

Geliebter Freund und Bruder!

Der erste Brief, den ich in diesem Jahre schreibe, soll einer an Dich sein um Dir und auch uns Glück zu wünschen, daß Du uns durch den Umzug nach Heidelberg um ein gutes Stück näher gebracht, leichter von hier aus zu erreichen und leichter bieher zu uns zu bringen bist. Ich wenigstens hoffe, es werde auch das eine von den guten Folgen dieser großen Änderung sein.

Aber das ist doch Nebensache dabei. Die Hauptsache und der eigentliche Gegenstand meiner großen Freude ist Deine Erlösung aus Baiern und die neue Stellung in Baden, in Heidelberg, in Karlsruhe. Dort lebtest Du in unnatürlichen Verhältnissen, und die zunehmende Enttäuschung, die immer deutlichere Erfolglosigkeit alles Kämpfens hätte endlich auch Deine Kampfesfreudigkeit in Gemüthsverbitterung verwandeln, wo nicht gar brechen müssen; schon der Kampfplatz, auf den Du dort angewiesen warst, der bloße publicistische, war Dir nicht angemessen. Jetzt aber kannst Du auch wieder auf staatsmännische Weise wirken und verfeindest Dich durch Deine Lehren nicht mit den höchsten Gewalthabern. Roggenbach ist kein Roué der Bureaus und der Großherzog nicht vorzeitig abgemüdet, und beide sind vernünftig genug sich nicht einzubilden, die Badenser seien eine Nation für sich, die das übrige Deutschland nichts angehe.

Und wie schön hast Du bereits gewirkt! Meine Seele hat gejauchzt über Deine Kammerrede.

Mit diesen Euren Kammer- und Regierungsworten ist endlich einmal der rechte erste Eisbruch gethan.[1]) Wie lange aber wird es noch dauern, bis die Strömung so befreit und

---

[1]) Bluntschli hatte sich sogleich nach Eintritt in die Erste Kammer, am 10. Dezember 1861, in den Verhandlungen über die Antwortadresse auf die Thronrede mit einer politischen Programmrede eingeführt. *Bluntschli*, Denkwürdiges III, S. 27.

das Landvolk bereits in hellen Haufen zus begeben sollte, um die erregten Gemüter Die genannten Abgeordneten, «glaubwürdige hatten den Auftrag, dem Landvolke die V zugeben, daß Regierung und Bürger der St größte Vertrauen setzten. Als Beweis da an die Baselbieter die Aufforderung richten, gemeinschaftlich mit ihrer Bürgerschaft zu b werde deshalb ihr Piket mit Dragonern, Jägern wozu sie selbst die Offiziere wählen mögen erwarten. Schließlich wurden Vischer und S auftragt, sich an die Grenze zu begeben, um rücht vom Anmarsche der Berner und Solot digungen einzuziehen.

Aber das gefürchtete Ereignis eines Zug vor die Stadt Basel trat nicht ein. Vorneh mühungen von Schmid und Stehlin gelang leute davon abzubringen. Allerdings kam n sich im letzten Augenblicke ein großer Mang herausstellte, indem für 2000 Mann nur 25 zutreiben waren. Am 19. Januar rückten Landmiliz in die Stadt ein. Zwei Tage vo Bauern das landvögtliche Schloß Waldenburg steckt und in den folgenden Nächten gingen au Farnsburg und Homburg in Flammen auf[1].)

Die landläufige Ansicht geht dahin, die von den Baselbietern auf einen Wink der gezündet worden. Für Homburg und Farn zutreffen, nicht aber für Waldenburg. Dassel mehr von den Bauern auf Geheiß der städ der Revolutionspartei in Brand gesteckt. I fassung hat Professor Burckhardt-Finsler vor den urkundlichen Beweis erbracht, indem e wertvolle und zuverlässige Angaben, die er d

[1]) Hans Frey, Die Staatsumwälzung des Kantons I jahrsblatt 1876, S. 46 ff.

Albert Burckhardt-Finsler, Die Revolution zu Basel. B S. 54 ff.

dem Bann Rohmerscher Ideen und erwies sich allezeit Rohmer gegenüber als ein Freund voll Uneigennützigkeit. «Die gegenwärtige Welt und vermutlich auch die nächste Generation haben kein Verständnis dafür und keine Ahnung davon, daß von diesen Ideen aus die Heilung kommen wird für die verwirrte Menschheit,» so schrieb Bluntschli nach Rohmers Tod (Denkwürdiges II, S. 268), und er lebte der Überzeugung, daß diese Kraft nicht nur von den politischen Schriften Rohmers, sondern nicht minder von dessen psychologischen Abhandlungen ausstrahlen werde. Er kam immer wieder auf die Rohmersche Definition des Seins «als der Verbindung von Unterlage und Eigenschaft» zurück (Denkwürdiges I, S. 279, II, S. 269) und erblickte in ihr einen der Fundamentalsätze aller Psychologie. Wenige Wochen noch vor seinem Tode (1881) sprach Bluntschli zu seinen Angehörigen: «Man schätzt mich als Lehrer des Staatsrechts, ich habe einen Namen erworben, der auch im Ausland bekannt und geehrt ist; was aber das Bedeutendste in mir ist, das kennt die Welt nicht und das ist, daß ich Friedrich Rohmer und seine Lehre verstanden habe.»[1]) (Denkwürdiges III, S. 490). Die Politik hatte im Jahre 1842 Bluntschli und Rohmer zusammengeführt. In den politischen und staatsrechtlichen Schriften Bluntschlis ist diese geistige Abhängigkeit von Rohmer stetsfort am deutlichsten sichtbar geblieben. In dieses «durch die Selbsterkenntnis Eines Mannes» begründete Reich der «frei gewordenen Wissenschaft»,[2]) darin Friedrich Rohmer fast wie ein Religionsstifter verehrt wurde, konnte jedoch Wackernagel dem Freunde nicht mehr folgen. Wackernagel erkannte in dem Bluntschli, der im Banne Rohmers stand, den nüchternen Forscher und Juristen nicht wieder, welcher die

---

[1]) Bluntschli war Mitglied des «Ordens der frei gewordenen Wissenschaft», den Friedrich Rohmer im Jahre 1844 gestiftet hatte (Denkwürdiges III, S. 236). Er beteiligte sich ferner an dem umfangreichen Werk, in dem die wenigen Anhänger Rohmers die Rohmerschen Lehren zur Darstellung zu bringen beschlossen (Denkwürdiges III, S. 236, 285). Bluntschli schrieb dafür den ersten Band: Friedrich Rohmers Wissenschaft und Leben. I. Band: Die Wissenschaft von Gott. 1871.

[2]) *Bluntschli*, Psychologische Studien über Staat und Kirche, S. 181.

[illegible] [illegible]ische Recht[illegible]
Gesetzbuch für den [illegible]
Bluntschli seinerseits [illegible]
begangenes Unrecht, [illegible]
deutung Wackernagels [illegible]
Leben und Treiben [illegible]
und sich von den [illegible]
des Tages, die ihm Politik [illegible]
bürdeten, die Zeit für die [illegible]
stehlen ließ, die in seiner [illegible]
imstande war. Allein so tief im Laufe der Zeit die Kl[illegible]
wurde, welche die beiden Männer voneinander trennte —
die Achtung vor des andern Freundes glänzender Begab[illegible]
hat jeder von ihnen treu bewahrt.[1]

---

[1] Man vergleiche damit auch die Charakterisierung Bluntschlis [illegible] Lebenserinnerungen von *Robert v. Mohl*, Bd. II (1902), S. 1[illegible]—155.

Die Gewaltmittel der Basler Revolutionsführer von 1798.

Von

Hans Joneli.

Unter der Bevölkerung der Landschaft hatte sich am 16. Januar das Gerücht verbreitet, es seien zur Besetzung der landvögtlichen Schlösser bernische und solothurnische Truppen im Anzuge, und zwar, wie man annahm, um den Freistaat Basel, der in der Frage der Bundeserneuerung sich von der Eidgenossenschaft zu trennen begann, mit Gewalt auf der Seite der übrigen Orte zurückzuhalten, und um den städtischen Anhängern der bestehenden Rechtsordnung, welche nur widerstrebend und zögernd aus Furcht vor der überlegenen Landbevölkerung in eine Verfassungsänderung sich fügten, durch militärische Besetzung der Landschaft zu neuem Siege zu verhelfen. Ja es hieß sogar, der Kleine Rat habe im geheimen eidgenössische Hilfe begehrt. Daß derartige Gerüchte die ohnehin schon erregte Landbevölkerung noch mehr in Wallung brachten, läßt sich begreifen. Durch einen Zug vor die Stadt Basel sollte nun eine rasche Entscheidung herbeigeführt werden.

Von der zunehmenden Gährung auf der Landschaft hatte der Kleine Rat natürlich umgehend Kenntnis erhalten; er ernannte daher am 18. Januar eine Deputation, bestehend aus den vier angesehenen Revolutionsmännern Lukas Legrand, Peter Vischer, Johann Jakob Schmid und Hans Georg Stehlin,[1]) welche sich unverzüglich nach Liestal, wo

[1]) Johann Lukas Legrand. 1755—1836. (Vergl. Hans Buser, J. L. Legrand. Basler Biographien, Bd. 1, S. 233—284.)

Peter Vischer. 1751—1823.

Johann Jakob Schmid, J. U. L. und Notar. 1765—1828.

Hans Georg Stehlin, Staatsrat und eidgenössischer Oberst. 1760—1832.

an die Baselbieter die Aufforderung richte
gemeinschaftlich mit ihrer Bürgerschaft zu
werde deshalb ihr Piket mit Dragonern, Jäg
wozu sie selbst die Offiziere wählen mög
erwarten. Schließlich wurden Vischer und
auftragt, sich an die Grenze zu begeben,
rücht vom Anmarsche der Berner und So
digungen einzuziehen.

Aber das gefürchtete Ereignis eines Z
vor die Stadt Basel trat nicht ein. Vorn
mühungen von Schmid und Stehlin gelan
leute davon abzubringen. Allerdings kam
sich im letzten Augenblicke ein großer Ma
herausstellte, indem für 2000 Mann nur
zutreiben waren. Am 19. Januar rückte
Landmiliz in die Stadt ein. Zwei Tage
Bauern das landvögtliche Schloß Waldenb
steckt und in den folgenden Nächten gingen
Farnsburg und Homburg in Flammen auf[1].

Die landläufige Ansicht geht dahin, di
von den Baselbietern auf einen Wink d
gezündet worden. Für Homburg und Fa
zutreffen, nicht aber für Waldenburg. Das
mehr von den Bauern auf Geheiß der s
der Revolutionspartei in Brand gesteckt.
fassung hat Professor Burckhardt-Finsler v
den urkundlichen Beweis erbracht, indem
wertvolle und zuverlässige Angaben, die er

[1]) Hans Frey, Die Staatsumwälzung des Kanto
jahrsblatt 1876, S. 46 ff.

Albert Burckhardt-Finsler, Die Revolution zu Basel.
S. 54 ff.

«Lebensführung» des Pfarrers Nikolaus von Brunn[1]) entnommen hatte, veröffentlichte. Aus diesen ist ferner ersichtlich, daß auch der Zug der Bauern vor die Stadt Basel von den städtischen Revolutionsmännern betrieben worden war. Die betreffende Stelle in Pfarrer von Brunns Lebensführung lautet:

«Auf eine sonderbare Weise gelangte ich dazu, dieses geheime Machwerk kennen zu lernen. Der Künstler F. . . ., der bey mir in Bubendorf sich aufhielt, vernahm bei einem Besuche in Liestal, daß ich den Liestaler Demagogen verdächtig gemacht worden sey, weil ich mich nie daselbst sehen lasse. Ich entschloß mich also, den 17 mich dahin zu begeben. Wie ich in das Uhrenmacher Hochsche Haus eintrat, fand ich dort eine ganze Gesellschaft von Revolutionsmännern versammelt, von welchen ich vernahm, daß sie nur auf Befehl von Basel warteten, um zu erfahren, was weiter vorzunehmen sey. Der Sohn des Hauses erschien nun bald mit einer geheimen Ordonnanz versehen von Basel und äußerte sich im Eifer laut: Mr. Le Grand habe ihm aufgetragen, man müsse nun alles thun, was nöthig sey, um die Basler Bürger einzuschüchtern, welche noch immer das französische System verwerfen. Hierauf nahm man ihn in ein Nebenzimmer, wo er aber so laut wurde, daß ich auch das verstand, was ich nicht hätte verstehen sollen: Es sey nöthig, zuerst das Waldenburger Schloß anzuzünden, nachdem man zuvor alles darin Befindliche in Sicherheit gebracht habe. In allen Gemeinden und in Liestal solle man Freyheitsbäume aufstellen und das Volk aufbieten, um nach Basel zu ziehen mit dem Vorgeben, es seyen schon 4000 Mann versammelt, denn ohne diese Anstalten würde kaum zu erwarten sein, daß dem Volk die Freiheit erteilt würde.

Dies war nun genug für mich, um einzusehen, daß der Plan der französisch Gesinnten nicht mißlingen könne. Eines gelang mir zu befördern, daß anstatt der französischen Blutmütze der Schweizerhut auf den Freiheitsbaum aufgesteckt wurde. Auch hatte ich das Vergnügen, zu sehen, daß sie es nicht eher wagten, das Volk aufzubieten und das Walden-

[1]) Nikolaus von Brunn. 1766—1849, war 1795—1804 Pfarrer in Bubendorf.

burger Schloß anzuzünden, als bis die Na[illegible]
daß ihnen das Volk diese Anzeigen [illegible]
reisten auch wirklich erst nach drei Uhr ab[illegible]
Basel schon um ein Uhr hieß, das Walden[illegible]
brenne.»[1])

Bei unserm Studium von Akten aus der Z[illegible]
ganges, stießen wir auch auf solche, die
von Brunns in vollem Umfange bestätigen. A[illegible]
im weitern noch hervor, daß die städtische
Revolutionspartei, um ihre Sache rasch un[illegible]
Siege zu führen, nicht nur die Bauern aufge[illegible]
das Waldenburger Schloß anzuzünden und vo[illegible]
ziehen, sondern auch das Gerücht auf die Lan[illegible]
getragen hatten, der Geheime Rat habe eidgen[illegible]
begehrt. Obschon wir uns lieber mit den positi[illegible]
der Revolution von 1798 befassen, wollen
unterlassen, die meist ungedruckten Akten a[illegible]
zu veröffentlichen, um so zur Feststellung d[illegible]
Wahrheit über die Ereignisse im Frühjahr 17[illegible]
trag zu liefern.

In einer Sammlung von Briefen und Dr[illegible]
wahrscheinlich aus dem Nachlasse des Bürge[illegible]
Burckhardt[2]) herrühren, befindet sich auch ein
Schreiben ohne Datum und Unterschrift, den
Urheber des Waldenburger Schloßbrandes f[illegible]
entnehmen:

«Auch sind würklich die zwei Mann vo[illegible]
wegen ihrem Erschaftsbegehren hier auf dem
welchem ich Ihro Gnaden gestern Abend noch e[illegible]
zugestellt habe, sie wollen auf die Erkannt[illegible]
Diese erzehlten mir, als sie heute Morgen ge[illegible]

---

[1]) Herr Kaufmann Emanuel von Brunn-Flury hatte di[illegible]
keit, uns die zweibändige Lebensführung seines Urgroßva[illegible]
zu überlassen. Wir haben derselben sehr wertvolle Angab[illegible]
umwälzung von 1798 entnommen und können daher nicht
Brunn an dieser Stelle unseren aufrichtigsten Dank auszu[illegible]
uns wiedergegebene Stelle hat, wie bereits erwähnt wurde, P[illegible]
Finsler schon vor mehreren Jahren veröffentlicht. (Vergl. Ba[illegible]
S. 54 und 55).

[2]) Peter Burckhardt. 1742—1817.

Bären der Äschemer Vorstadt wo sie übernachtet, in die Stadt wollten, begegnete ihnen in der Vorstadt ein ziemlich alter Mann, gut gekleidet, wissen aber nicht, ob er Bürger oder Hintersäß oder wer er seye. Dieser sagte zu ihnen, ihr seyt gewiß aus dem Basel Gebiet, sie antworteten ja, alsdann sagte er, wie gehts im Land, darauf sagten sie, alleweg. Da gab er Ihnen zur Antwort: Wehret Euch braf, jaget die Landvögte aus den Schlössern, bringet Sie aber nicht ums Leben, zerstöret aber alles was ihr könnt, er versichere sie, daß ihnen kein Haar gekrümmt werde, im Gegentheil, daß sie hier genug Hülfe finden werden; und also sey dieser Mann den Steinen Berg hinab, mit einer Tabak Pfeife im Mund.»[1])

Zweifelsohne ist der Verfasser dieses Schreibens in der Kanzlei zu suchen. Aus der Anrede geht im weitern hervor, daß es sich um eine Mitteilung an den Bürgermeister Peter Burckhardt handelt. Der andere der beiden Bürgermeister, Andreas Buxtorf,[2]) kommt nicht in Betracht, da er damals in Aarau an der Tagsatzung weilte. Wann das Schreiben ausgefertigt wurde, läßt sich nicht genau feststellen; nur scheint soviel sicher, daß es vor dem 15. Januar entstanden sein muß. Für diese Auffassung bieten die Angaben in den Notanden des Appellationsherrn Schweighauser[3]) einige Anhaltspunkte. Wir erfahren aus ihnen aber auch, daß Peter Burckhardt bereits von anderer Seite über die Pläne der Revolutionsmänner unterrichtet worden war. Die betreffende Stelle in Schweighausers Notanden — es handelt sich um eine Einschaltung — lautet:

«Der Amtsbürgermeister Peter Burckhardt erzählt bey Eröffnung der heutigen Großen Rathsversammlung,[4]) was ihm seit einigen Tagen über die Lage der Umstände zu Stadt und Land in Erfahrung gekommen, gibt unter anderm zu verstehen, er besorge im Lauf dieser Woche verschiedene bedenkliche Auftritte auf der Landschaft, sogar wolle man den nächsten Donnerstag dazu vorherdeuten.

---

[1]) Vaterländische Bibliothek, Sammelband O 26[2], No. 71.

[2]) Andreas Buxtorf. 1740—1815.

[3]) Johannes Schweighauser. 1738—1806.

[4]) Montag, den 15. Januar.

Es erwahrte sich auch die Sache so ziml
Schloß Waldenburg ward den 17.[1]) in Brand
(wie man erfahren hat) von den Betreibern di
Basel, durch einen (wie man nun sagt) mit u
Unterschrift ins Land gesandten Brief die e
leute noch mehr aufgehetzt, indem man darin
Geheime Rath habe von den Ständen Bern u
Hülfsvölker gegen unsere Landschaft verlangt,
würklich im Anmarsch sich befinden sollen,
falsche Nachricht ihre Würkung in Liestall ge
Volksausschüsse sogleich Aufgebote aller Orte
ließen, die allgemein gegen die Stadt erbitt
allda auch bey der Bürgerschaft viel Aufsehe
nisse erweckte, so ward den 18. darauf eine De
Liestall gesandt.

Dieses Machwerk hat den Gang der Re
beschleuniget, das Geheime Comité allhier de
bekannten Revolutionairs erhielt dadurch was s
600 Mann Landvolk zu ihrer Beschützung me
Stadt, und dadurch bekam das Landvolk die

In der vorhin erwähnten Sammlung vo
Drucksachen aus dem Nachlasse Peter Burckh
sich noch ein weiteres Schreiben, aus dem eb
lich ist, daß die städtischen Führer der Re
vor der Gewalt nicht zurückschreckten. Es la

«Der Freund kennet den großen Plan, de
ausgeführt und ganz Europa erzittern mache
beschwöre Sie, reden Sie mit allen ihren Freu
Deputation von Liestall und dem Land ein *oh*
und *ohnbedingtes Ja* gegeben werde. Dies i
Mittel unsere Stadt vor einem großen Unglück
Heute und morgen ist noch Zeit. Dienstag mor

Von wem diese geheimnisvollen Zeilen h
mochten wir, trotz vielfacher Schriftenvergleic
zustellen. Die Adresse ist leider durchgestrich
sich mit einiger Mühe der Name Merian entziffe

[1]) Mittwoch, den 17. Januar.

[2]) Vaterländische Bibliothek, Sammelband O 26[2], No

[3]) Vaterländische Bibliothek, Sammelband O 26[2], No.

rland rettete!) dieser biedre Schweizer
enossen zurück, und bat sie, noch so
er sich selbst überzeugt haben würde,
i man so wortbrüchig an ihnen handeln
oße Schwierigkeiten überredete er sie,
währen. Bei seiner Ankunft in Basel
Menschen-Freund so gern hören wird,
sler Correspondenten ihn hintergangen
beruhigenden Nachricht reiste er nach

an. 1733—1820.

742—1811.

enmacher.

Hans Georg Stehlin gemeint und nicht Johann
n eifriger Anhänger der neuen Grundsätze.

waren, und so boten denn Schmid und Ste
Einfluß auf, die erregten Gemüter zu beru
erfreulicherweise auch gelang.

Es kann natürlich nicht unsere Aufgab
schen Revolutionsführer zu rechtfertigen. A
die Gewalt wurde nicht dazu gebraucht,
den Willen einer Minderheit aufzudränge
wurde die Gewalt ausgeübt, um dem bein
Willen des Volkes endlich zum Siege zu v
kleine Minderheit, die allerdings das gelten
hatte, zum Nachgeben zu veranlassen.

Die von den Führern der Revolutionspa
Gewaltmittel verfehlten indes ihre Wirku
am 20. Januar fand die Revolution mit de
Freiheitsbriefes, der dem Landvolke die
gleichheit sicherte, ihr unblutiges Ende.

Bericht eines französischen Generals über die politische Lage der Schweiz im Jahre 1804.

von

Fritz Vischer.

Am 18. Juli des Jahres 1804 erteilte der französische Kriegsminister Berthier auf den Willen Napoleons hin Horace Sébastiani[1]) — damals Brigadegeneral — den Auftrag, sich, um die herrschende Stimmung in der Schweiz zu erkunden, für längere Zeit in die kleinen Kantone zu begeben.[2])

Sébastiani verstand es, die Mission mit dem ihm angeborenen diplomatischen Geschicke zu erfüllen; er verfügte sich in die Schweiz, hielt sich in Bern und den kleinen Kantonen angeblich als Vergnügungsreisender lange Zeit auf und erstattete dem Kaiser einläßlichen Bericht über alles Gesehene und etwa sonst von Angehörigen der schweizerischen Nation Vernommene.

Sébastianis Bericht — reich an genrehaften Einzelzügen — gibt, ähnlich seinem schon im Jahre 1802 über Ägypten verfaßten «geheimen Bericht», die innere und äußere Lage des Landes möglichst getreu wieder. Vor allem war es natürlich Bonaparte wichtig, zu erfahren, welchen Eindruck seine Erhebung zum Kaiser der Franzosen in der Schweiz gemacht

[1]) Horace-François-Bastien Sébastiani (1775–1851), wie Bonaparte in Korsika geboren, begab sich in frühen Jahren in französische Kriegsdienste. Schon 1800 besaß er den Rang eines Obersten und wurde dann zu diplomatischen Missionen verwendet, erst in Ägypten, später in der Schweiz. Nach dem Preßburger Frieden (1805) wurde er außerordentlicher Gesandter in der Türkei und kehrte erst 1811 nach Frankreich zurück. Unter Ludwig XVIII und Louis-Philippe entwickelte er noch mit Erfolg parlamentarische und diplomatische Tätigkeit.

[2]) Vgl. Napoléon, Correspondance IX, pag. 538.

habe und mit welchen Erwartungen er [illegible]
tralität der Schweiz im Falle eines ausbrech[illegible]
krieges zählen könne.

Schon am 30. Thermidor (18. August)
seine am 3. Thermidor (21. Juli) unternom
reise vollendet und stattete nunmehr Napol
Bericht darüber ab.

Derselbe hat sich in intaktem Zustand
den «Archives des affaires étrangères» zu
«Suisse 1805». Er lautet wie folgt:

30. Thermidor (18.

Le Général Sébastiani à S. M. L'I

Les ordres de Sa Majesté m'ayant été tra
midor, par Mr. le maréchal Berthier, Minist
je partis le même jour pour les mettre à
me dirigeai sur Berne. J'ai pensé qu'il était
et conforme aux instructions que j'ai reçue
de l'état des choses et de la situation des
courus. Je les présenterai comme je les ai
avec cette fidélité qui m'est ordinaire, et
droit d'attendre de moi.

Mes observations sur la Suisse se sont
palement sur la position actuelle, intérieure
chaque canton, résultant de l'acte de Médi
que l'établissement de la nouvelle dynastie
produit, de leurs dispositions pour le Gou
çais, leurs rapports avec les autres puissan
et j'ai cherché à découvrir enfin quelle se
de l'Helvétie, en cas d'une nouvelle guer
Pour mettre plus de clarté et de précision
je donnerai un article séparé sur chacun des
visités et je ferai ensuite un aperçu général
nement fédéré.

Berne.

Lorsque je suis arrivé à Berne, la Diète
assemblée. Pendant la session elle a suivi l
est tracée par l'acte de Médiation. Cepen

pouvoir créer quelques emplois militaires[1]) dont il n'est point parlé dans la constitution, et contre lesquels les nouveaux cantons et Lucerne ont protesté.

Le rachat des dimes, dont le prix n'avait pas été fixé par l'acte de Médiation, offre des sujets de division. Quelques cantons l'ont fixé à un taux beaucoup trop haut, d'autres à un taux beaucoup trop bas; de manière que les intérêts particuliers ont été froissés.[2]) La Diète, comme toutes les assemblées, était divisée en deux partis: Le premier, composé de presque tous les anciens cantons, avait seize voix; le second, composé des nouveaux et d'un petit nombre d'anciens, n'en avait que huit. Telle est l'influence de l'esprit de parti dans les assemblées que les questions, quelles que fussent la justice et la raison de la proposition faite, étaient toujours décidées avec la majorité du côté auquel appartenait l'opiniant. Le parti des anciens cantons a paru vouloir faire quelques tentatives pour se rapprocher de l'oligarchie et de l'ancienne constitution des treize cantons. Les nouveaux se sont attachés fortement à l'acte de Médiation et ont eu les couleurs démocratiques. On s'étonnera sans doute que les petits cantons, quoique démocratiques, fassent cause commune avec les anciens cantons oligarques, mais on verra plus bas que les petits cantons, qui par la forme de leur gouvernement, jouissent d'une grande liberté, sont cependant dominés par un petit nombre d'hommes et notamment par Reding,[3]) partisan décidé de l'ancien ordre de choses.

---

[1]) Gemeint ist die Einführung eines ständigen Generalstabes, einer Zentral-Militärschule und einer zentralen Kriegskasse. Namentlich der ständige Generalstab erregte in der Waadt, St. Gallen, Aargau und Tessin den größten Anstoß.

[2]) Mehrere Kantone setzten den Loskaufspreis des Zehnten auf das 18- oder 20-fache des mittleren Jahresertrages an, andere aber, wie z. B. Zürich, erhöhten ihn bis auf das 25-fache für den großen Zehnten und die Grundzinse.

[3]) Alois Reding von Biberegg (1765—1818), erst Offizier in spanischen Diensten, stand im Mai 1798 an der Spitze der Landesverteidigung von Schwitz. Er war der angesehenste Vertreter der föderalistischen Partei in den Waldstätten. Im November 1801 stellte ihn der helvetische Senat an die Spitze des Kleinen Rates mit dem Titel des ersten Landammannes der Schweiz. Schon im April des Jahres 1802 wurde er aber infolge des unitarischen Staats-

Dans le canton de Berne, l'acte de M
généralement plaisir, et le nouvel ordre jud
est un des bienfaits que les habitants de la
précient le plus. L'Empereur y est admiré e
blissement de la nouvelle dynastie plaît au
Les oligarques trouvent plus d'affinité dans le
vernement français avec leurs idées, les au
plus de stabilité et ont plus de confiance.

Lucerne.

Ce canton est divisé en deux partis fo
contre l'autre. Celui de la ville, à la tête du
le colonel Pfyffer,[1]) fait tous ses efforts pour
cienne autorité. L'autre, composé de toute la
secondé par Mr. Mayer[2]) de la ville, voudra
de la démocratie ou conserver la forme de
établie par l'acte de Médiation. Il paraît
hommes du parti oligarque sont en contact av
Mr. Pfyffer n'a quitté leur service que depuis
Il regarde l'acte de Médiation plutôt comme
ment aux anciennes constitutions que comme un
des nouvelles, et il s'en est franchement ouv

En parlant de la Suisse et des malheurs
éprouvés, je lui fis sentir qu'aussitôt que l'E
parvenu à la tête du gouvernement français, il
de rendre à la nation helvétique la tranquillit
dance. «Oui,» me dit-il, «mais c'est cependa
seilla l'invasion des treize cantons, pour avoi
cessaire à son expédition d'Egypte.»

Je lui démontrai l'absurdité d'une semb
en lui faisant observer que l'invasion de la S
lieu pendant le séjour de l'Empereur au cong

streiches» seines Amtes enthoben. Im Herbst desselben Ja
die in Schwitz versammelte eidgenössische Tagsatzung, wurd
wegen angeblichen Widerstandes gegen General Ney sam
Hirzel bis im Frühjahr 1803 auf der Festung Aarburg ein
1803 wurde er erster Landammann von Schwitz.

[1]) Ratsherr Karl Pfyffer von Luzern.

[2]) Laurenz Mayer von Luzern.

et que l'expédition d'Egypte n'avait été arrêtée que plusieurs mois après.' Il sentit la vérité de mes observations et revint franchement de ses idées. Ce bruit calomnieux est répandu par les Anglais.[1])

Ce canton mérite d'autant plus d'attention qu'étant le lieu où réside le Nonce du Pape, il exerce de l'influence sur tous les cantons catholiques. La grande majorité du canton est très affectionnée à la France et à l'Empereur.

Unterwalden.

Ce petit canton est déchiré par des divisions intestines. L'acte de Médiation plait à tous les partis, et la nouvelle constitution n'est que le renouvellement de l'ancienne, dépouillée de nombreux abus. La France n'est pas aimée à Unterwalden, et on le concevra aisément lorsqu'on saura qu'après la bataille de Stanzstad le canton devint la proie d'un incendie dont les terribles effets subsistent encore. Le Landaman actuel, Mr. Vurch (Würsch)[2]) a eu sa maison brûlée. Les prêtres cherchent à y conserver le souvenir de la guerre en laissant au milieu de l'autel de l'église de Stans une ouverture faite par une balle que le hazard y a fait porter, et qu'ils font regarder comme un acte d'impiété. Ils animent ainsi un peuple fanatique et irrité dans ses sentimens de haine contre nous.

L'Empereur cependant y excite de l'admiration, et l'établissement de la nouvelle dynastie donne aux habitans le désir et l'espoir de rentrer au service de France. On sait que, proportion gardée, le canton d'Unterwalden est celui qui a toujours fourni le plus de soldats.

Uri.

Ce canton jouit de la tranquillité et la mésintelligence qui existait entre le bourg d'Altorf et la campagne, se calme.[3])

---

[1]) Die Unwahrscheinlichkeit von Pfyffers Behauptung liegt heute offen zu Tage. (Vgl. Hüffer, Der Rastatter Kongreß, Bd I, p. 369—370.)

[2]) Franz Anton Würsch.

[3]) Wahrscheinlich eine Anspielung auf den im Frühjahr 1799 wegen seines Wohlstandes von den Urnern in Brand ge[illegible]ckten Altorf.

L'acte de Médiation lui a donné le bonheu
aussi l'Empereur y est adoré.

Un jeune enfant demandait un jour à son
lait souvent de Bonaparte et de ses victoires,
était aussi grand que Guillaume Tell. «Mon ar
dit cet habitant d'Altorf, «ces deux héros s
grands; si Bonaparte était né à Uri, il aurait
Tell, et Guillaume Tell aurait été Bonaparte
en France.»

Cette petite anecdote m'a été racontée par
cier au service de Piémont, plein d'instruction e

Schwitz.

Le canton de Schwitz conserve toujours
influence, non seulement sur les petits canto
sur les autres. L'acte de Médiation lui a r
cienne constitution, à quelques modifications
généralement fait plaisir. Schwitz est entièren
Aloïs Reding, qui a été le Général des petits
qu'ils furent attaqués par l'armée française sou
Général Schauenbourg.

Cet homme est à peu près taillé sur le mo
et en joue le rôle. Même désintéressement, n
politiques, plus d'audace, aussi ami de l'ind
son pays que Paoli; il le gouverne aussi desp
par les mêmes moyens que lui. Les prêtres est
qui dans les petits cantons, comme en Corse,
peuple. Il n'existe pas deux pays qui se resse
tage, physiquement et moralement, que l'intéri
et les petits cantons suisses. Les voyageurs

[1]) Pasquale Paoli (1725—1807), ein eifriger Vorkämp
Korsikas, verteidigte die Insel während eines Jahres glückli
schaft der Franzosen. Als aber im jahre 1789 die flü
Patrioten auf Mirabeaus Antrag von der Nationalversamml
wurden, begab sich Paoli nach Paris und erhielt daselbst
den Titel eines Generalleutnants und das Kommando v
Ludwigs XVI. Hinrichtung sagte er sich indessen von d
Partei der Insel los und wurde vom Konvent als Verrät
Jahre 1795 mußte er deshalb die Insel verlassen und nach L

vant leurs champs d'Assemblées populaires qui n'ont plus de la liberté que le tumulte grossier et vague d'un peuple ignorant, dominé par quelques chefs.

Ces montagnards conservent encore une certaine fierté, mais ce ne sont plus les hommes du 14ième siècle; leurs mœurs sont corrompues, et celui qui gagnerait leurs chefs (ce qui ne serait pas difficile) asservirait les descendans de Guillaume Tell. Leur service chez les puissances de l'Europe et leur séjour dans les capitales, leur ont fait contracter des habitudes et des goûts qui ne s'accordent point avec la vie patriarchale de leurs ancêtres, et en perdant la simplicité de leurs mœurs, leur amour pour la liberté s'est affaibli.

Les prêtres dans ce canton sont ennemis de la France. Aujourd'hui ils entretiennent le peuple de la prochaine destruction de cet Empire par les Russes que Dieu appelle pour venger la réligion et lui rendre sa pûreté primitive; et on le croit!

Quelques Ánglais avaient passé à Schwitz peu de jours avant moi avec des passeports de Savans; ils s'introduisent en Italie, en Suisse et même en France. Je crois qu'il est instant de s'assurer de ceux qui depuis quelque tems y sont arrivés sous ce prétexte ou sous tout autre.

Glaris.

Glaris est très content de sa constitution actuelle. L'établissement de la dignité Impériale en France a été un sujet de contentement. En général, les cantons Protestans ou mixtes sont animés d'un meilleur esprit et jouissent de plus d'union intérieure et de prospérité.

Appenzell.

La situation de ce canton ne laisse rien à désirer; l'esprit en est excellent. Je vais raconter un fait qui le peint à merveille. M^{r}. Pitchofferten[1]) homme généralement estimé et Landaman actuel du Rode intérieur, haranguant dernièrement le peuple assemblé lui dit: «Mes amis! il y a dans le monde une isle française, appellée la Corse; dans

[1]) Karl Franz Bischofberger.

cette isle est né Bonaparte. Cet homme, mes grand, bien extraordinaire; on l'a fait d'abord Général en chef, enfin Premier Consul de Franc vaincu les ennemis de son pays et fait le b concitoyens. On prétend qu'il va être nommé talens, ses vertus, ses victoires sont si grand éloquence étant un peu en défaut) il finit en toujours l'aimer, lui obéir, Général, consul c'est le bienfaiteur de la Suisse et du monde

Coire.

Les Grisons ont été fâchés de perdre leur politique et de faire partie du Corps Helvétiq l'acte de Médiation ayant fait cesser l'état pé trouvaient, y a été accueilli avec plaisir, et la stitution, de leur aveu, est plus adaptée à Ce canton a deux partis: Le premier a pour le second les Planta. Ils ne sont divisés qu nation, mais ils aiment l'un et l'autre leur pays de ces deux familles a des possessions en Hon y est marié et y réside actuellement.[1]) Le sont attachés à L'Empereur et désirent le ser avec impatience l'organisation des troupes Suis

Aperçu Général sur la Suiss

Le canton de Berne semble prendre déj influence et un certain patronage qui lui fo devenir un jour le chef-lieu de la Suisse. Sa richesses et ses lumières lui donnent cet asc contredit, la France est l'état que les Suisse le plus, et l'Empereur est admiré et aimé en qu'en l'an VIII, le Gouvernement français av Suisse l'empire de la force: Ses résultats ap la crainte et auraient disparu avec elle, on l'obéissance, mais accompagnée de la haine.

L'acte de Médiation appartient à une faisante; c'est une conception de la plus hau

---

[1]) Karl Ulysses von Salis-Marschlins. 1760—1818.

le tems ne fait que consolider cet édifice. Ce pacte fédératif sera d'autant plus durable qu'il concilie les intérêts réciproques des citoyens dans les cantons et des cantons entre eux. —

Les Suisses désirent ardemment l'organisation du corps de troupes qu'ils doivent fournir à la France. Cette opération délicate, sagement faite, resserrera davantage encore les liens d'amitié entre les deux états, et offrira à notre empire une garantie parfaite.

Mr. d'Affry est porteur d'une liste de nomination d'officiers, faite de concert avec Mr. de Watteville. Quoique ce travail soit généralement bon, il serait dangereux de l'adopter en entier.

Les hommes influens du parti qui leur est opposé, en ont été écartés. Je crois cependant qu'il serait prudent et juste de les bien traiter, parceque leurs intérêts se lient davantage à ceux du Gouvernement français. D'ailleurs s'ils ne sont pas en majorité dans les Gouvernemens, ils le sont dans la masse de la population. Le parti Bernois quoiqu'il ait beaucoup gagné par l'acte de Médiation, est encore loin de ce qu'il était avant la révolution; il est assez content, il est attaché à l'Empereur, mais il a fait cause commune avec les Bourbons, et s'il pouvait espérer de les voir reparaître sur l'horizon politique, il croirait toucher au moment du rétablissement de Son ancien Gouvernement qui est l'objet de ses vœux. Un adroit mélange des deux partis parait nécessaire dans la composition des officiers de cette troupe.

Les Anglais pourront avec beaucoup d'argent intriguer en Suisse et la troubler, mais ils ne parviendront jamais à l'armer contre la France et à y avoir même une influence dangereuse. Je crois qu'ils font quelques tentatives dans ce moment, mais sans succès. L'Autriche a plus de partisans en Helvétie; Reding, Backmann[1]) qui s'est retiré à Constance et quelques hommes qui ont servi dans le corps de Hotze,[2]) lui sont attachés, et en cas de guerre entre la

[1]) Nikolaus Franz Bachmann (1740—1831), errichtete im Jahre 1799 eines der von England besoldeten Schweizerregimenter. Dasselbe hatte die Aufgabe, die Operationen der russischen Armee in der franche comté zu unterstützen.

[2]) Friedrich Freiher v. Hotze (1739—1799), der bekannte österreichische Feldmarschall, welcher bei Schänis den Tod fand.

à une grande proximité. L'occup
sitions encouragerait nos amis, cc
sous le point de vue militaire, lie
de l'armée du Rhin avec celles
St. Gotthard; et, en cas d'offens
Rheintal et Feldkirch, ferait pre
l'Inn; et favorisant les opérations
pourrait faire la jonction des de
sur le Muer et menacer la ca
Autrichien.

TAFEL II.

Wappen im Armorial de Gelre.

Miszellen.

Basler Wappen in einer Brüsseler Handschrift. (Hierzu
Il.) Vor 15 jahren hat der Verfasser dieser Zeilen in
rächtigen Handschrift No. 15652—15656 der königlichen
othek von Brüssel, Section des Manuscrits, einige Wappen
eizerischen Ursprungs notiert. Inzwischen hat N.-V. Bouton
ris unter dem Titel Galre, Héraut d'Armes 1334—1370,
nboeck on Armorial, sechs Bände von Reproduktionen
liesem Manuskript erscheinen lassen; das ganze Unter-
en ist auf zehn Bände zum Preis von 5000 Franken be-
et. Unter diesen Umständen ist keine öffentliche Bib-
k der Schweiz im Fall, das Werk anzuschaffen und des-
hat der Schreiber dieses anläßlich eines neuern Besuches
Brüsseler Bibliothek mechanische Reproduktionen der
ensla, die in dem Pergamentband enthalten sind, fertigen
n. Er hat bei dieser Gelegenheit das Original mit der
er Edition, die auf Durchzeichnungen beruht und von Hand
iert ist, verglichen und dabei konstatiert, daß eine photo-
ische Edition, wie bei der Zürcher Wappenrolle, durch-
icht überflüssig, im Gegenteil wünschbar ist.
Der Autor des Wappenbuches nennt sich auf den Seiten 14
19 selbst: er trug den Heroldsnamen Gelre. Am Beginn
uchs liest man die Jahrzahl 1334, an verschiedenen Stellen
Datum 1340, in einem Gedichte endlich 1369.
Die Wappen sind in verschiedener Größe, aber alle farbig
führt; alle sind sorgfältig behandelt. Von schweizerischen
hlechtern seien erwähnt: Kiburg, Nidau, Rineck, Wagen-
Die drei Basler finden sich auf einer Seite (41 verso)
nander: auf Zeile 1 an zweiter Stelle «die von raemsteyn»
bärtigem Mannsrumpf in schneckenförmiger Mütze; auf
2 «der monic von basil» mit dem Mönch, dessen Kutte
elmdecke benützt ist, und daneben «rinach» mit dem be-
en Zimier. Die Helme zeigen den Übergang vom Kübel-
Hochhelm, bald in Profil-, bald in Dreiviertelansicht.

E. A. Stückelberg.

) Für alles nähere verweisen wir auf die oben zitierte Publikation, so-
f deren detaillierten Prospekt.

Miszellen.

Basler Wappen in einer Brüsseler Handschrift. (Hierzu Tafel II.) Vor 15 Jahren hat der Verfasser dieser Zeilen in der prächtigen Handschrift No. 15652—15656 der königlichen Bibliothek von Brüssel, Section des Manuscrits, einige Wappen schweizerischen Ursprungs notiert. Inzwischen hat N.-V. Bouton in Paris unter dem Titel Galre, Héraut d'Armes 1334—1370. Wapenboeck on Armorial, sechs Bände von Reproduktionen aus diesem Manuskript erscheinen lassen; das ganze Unternehmen ist auf zehn Bände zum Preis von 5000 Franken berechnet. Unter diesen Umständen ist keine öffentliche Bibliothek der Schweiz im Fall, das Werk anzuschaffen und deshalb hat der Schreiber dieses anläßlich eines neuern Besuches der Brüsseler Bibliothek mechanische Reproduktionen der Basiliensia, die in dem Pergamentband enthalten sind, fertigen lassen. Er hat bei dieser Gelegenheit das Original mit der Pariser Edition, die auf Durchzeichnungen beruht und von Hand koloriert ist, verglichen und dabei konstatiert, daß eine photographische Edition, wie bei der Zürcher Wappenrolle, durchaus nicht überflüssig, im Gegenteil wünschbar ist.

Der Autor des Wappenbuches nennt sich auf den Seiten 14 und 19 selbst; er trug den Heroldsnamen Gelre. Am Beginn des Buchs liest man die Jahrzahl 1334, an verschiedenen Stellen das Datum 1340, in einem Gedichte endlich 1369.

Die Wappen sind in verschiedener Größe, aber alle farbig ausgeführt; alle sind sorgfältig behandelt. Von schweizerischen Geschlechtern seien erwähnt: Kiburg, Nidau, Rineck, Wagenburg. Die drei Basler finden sich auf einer Seite (41 verso) beieinander: auf Zeile 1 an zweiter Stelle «die von raemsteyn» mit bärtigem Mannsrumpf in schneckenförmiger Mütze; auf Zeile 2 «der monic von basil» mit dem Mönch, dessen Kutte als Helmdecke benützt ist, und daneben «rinach» mit dem bekannten Zimier. Die Helme zeigen den Übergang vom Kübelzum Hochhelm, bald in Profil-, bald in Dreiviertelansicht.

E. A. Stückelberg.

---

[1]) Für alles nähere verweisen wir auf die oben zitierte Publikation, sowie auf deren detaillierten Prospekt.

Einige Mitteilungen über Peter Ochs. In d
24. auf den 25. Juni 1799 war Peter Ochs gezwu
seine Demission als Mitglied des helvetischen
direktoriums zu geben und sich sogleich nach Ba
einem Orte zurückzuziehen: er wählte Rolle i
Kanton Léman zu seinem Aufenthaltsorte.[1]) Trotz
der sich nun von allen Seiten gegen den gestürzt
erhob, fühlten sich seine Gegner im Direktoriu
beruhigt, sie hatten die bedeutende Persönlichkeit
Kollegen genügend kennen gelernt, um seinen
jetzt noch zu fürchten. Sie wünschten, daß e
enthalt in Basel, seiner engern Heimat, nehme ur
in dieser Hinsicht den dortigen Regierungsstatth
er solle «mit redlicher Genauigkeit auf alle Vert
Bürgers Director Ochs, auf die Verhältnisse, i
mit dem Inn- und Auslande stehen mag, und se
Persohn, wenn er in Basel angekommen seyn w
sam seyn».[2])

Schmid versprach mit allem Eifer, sich dies
unterziehen; über Ochs selbst konnte er aber
es gehe das Gerücht, «daß er nicht in die hie
kommen, sondern sich in Aarau aufhalten wür
ist ganz gewiß gestern seine Gattin mit ihren
Oltigen, einem an der sogenannten Schafmatte g
unsers Cantons abgereist, welches nur auf 2 Stunc
entfernt liegt. Dort hat ihre Familie ein Land
Ochs einige Zeit bewohnen zu wollen vorgab;
aber wird Bürger Ochs auch dorthin kommen, d
nicht glauben, daß er gegen den Willen des D
Aarau verbleiben würde. In Oltigen aber wäre
sehr schwehr sowohl in Ansehung seines Brie
seines Umgangs zu beobachten, weil dieser C
einsam liegt, dennoch aber viele Wege sowohl a
Aargau als aus dem Frikthal dahin führen. E
alles darauf an, ob das Vollziehungsdirectorium
Ochs den Canton oder aber nur die Gemeind B
Wohnort angewiesen hat».[3])

Anstatt einer Antwort auf diese Anfrage erh
Regierungsstatthalter wenige Tage darauf eine
gefaßte Aufforderung, dem Direktorium unverz

[1]) Johannes Strickler, Aktensammlung aus der Zeit
Republik IV, S. 863 ff.

[2]) Staatsarchiv Basel, Politisches Z 1. Das Vollziehu
den Regierungsstatthalter des Kantons Basel; d. d. 1799 Ju

[3]) Der Regierungsstatthalter zu Basel an das Vollzie
d. d. 1799 Juli 13.

kunden, «ob der Bürger exdirector Ochs sich gegenwärtig in dem Kanton befinde oder im verneinenden Falle, wo er sich in diesem Augenblick aufhalten möge».[1]) Trotz eingehenden Nachforschungen konnte Schmid nur Vermutungen nach Bern berichten. Ochs befinde sich nach allen Meldungen nicht zu [illegible]ngen, es sei aber sehr wahrscheinlich, «daß er, wo nicht in Aarau selbst, doch wenigstens im Canton Aargau sich aufhalte».[2])

Indessen scheint man sich zu Bern des bisherigen Verhaltens gegenüber dem frühern Mitdirektor geschämt zu haben. Um nun den mißlichen Eindruck hiervon zu verwischen, wurde Schmid befohlen, «alles beyzutragen, was immer im Kreise seiner Wirksamkeit liegt, um zu bewirken, daß derselbe nicht nur mit gehöriger Achtung aufgenommen, sondern auch während seinem Aufenthalte entweder in der Stadt oder auf dem Lande des Kantons jenen Schutz und jene Behandlung genieße, die ihm Gerechtigkeit und Wohlstand schuldig sind».[3])

Kaum hatte der Regierungsstatthalter zu Basel diese Instruktion erhalten, so konnte er nach Bern berichten, daß Bürger Ochs am 25. Juli abends in genannter Stadt angelangt sei, um sich daselbst bleibend niederzulassen. Zugleich verspricht er, den Intentionen des Direktoriums gemäß sich gegenüber Ochs zu verhalten, der vermutlich sich im Anfang nicht «im Publico» sehen lassen werde. Jedenfalls konnte man nicht vorsichtig genug sein in Anbetracht der Stimmung mancher Basler gegenüber ihrem berühmten Mitbürger. Schmid berichtet hierüber, «daß viele der hiesigen Bürger sehr über ihn entrüstet sind und daß es unter veränderten Umständen leicht zu sonderbaren Auftritten kommen könnte».[4])

Bei dem Aufsehen, das der Sturz des Basler Staatsmannes allgemein erregte, war es nicht verwunderlich, daß die Zeitungen vielfach Wahres und Unwahres über ihn berichteten. So konnten die erstaunten Bewohner von Liestal in den «Helvetischen Neuigkeiten» vom 7. August 1799 folgende Notiz lesen: «Bei der letzten Reise des Exdirectors Ochs nach Basel war er zu Liechstall in Gefahr, von den Weibern mißhandelt zu werden. Fränkisches Militär rettete ihn.»

Wenn irgendwo, so mußte Ochs auf der Landschaft Basel

---

[1]) Das Vollziehungsdirektorium an den Regierungsstatthalter zu Basel; Bern, d. d. 1799 Juli 17.

[2]) Der Regierungsstatthalter zu Basel an das Vollziehungsdirektorium d. d. 1799 Juli 24.

[3]) Das Vollziehungsdirektorium an den Regierungsstatthalter zu Basel; Bern, d. d. 1799, Juli 23.

[4]) Der Regierungsstatthalter zu Basel an das Vollziehungsdirektorium; d. d. 1799, Juli 27.

und zu Liestal mit gutem Grund warme Symp
eine solche Nachricht klang daher sehr unwah
Unterstatthalter des Distriktes Liestal, Brodtbec
er davon Kunde erhielt, einen lebhaften Protes
rungsstatthalter zu Basel. Er könne diese «N
eher als eine grobe Lüge bezeichnen, als er se
des kurzen Aufenthaltes Ochsens in Liestal ge
sei ruhig gewesen, niemand habe ihn mit Worte
beleidigt.[1])

Um nun einen Widerruf zu erreichen, wa
an den helvetischen Justizminister mit dringende
die nötigen Schritte gegen den Herausgeber d
Neuigkeiten» zu tun, um solchen lügnerische
für allemal ein Ende zu bereiten.[2]) Der Herausg
Zeender, entschuldigte sich damit, daß er die
dem «Straßburger Weltboten»[3]) entnommen hab
dieselbe nächstens dementieren zu lassen.[4])

Wie richtig der Basler Regierungsstatthalt
mancher Basler gegenüber Ochs beurteilt hatte,
Wochen später ein Vorfall über den Ochs s
Schmid folgendermaßen berichtete: «Sous
sureté publique, je crois devoir vous dénonc
arrivé hier vendredi vers les deux heures de l'
liquement dans la rue de la fontaine de St. U

«Je me rendois tranquillement chèz mon be
lorsque j'entendis derrière moi à une certaine
une voix aigre et confuse. Je tournai la tête
toyen Emanuel Fæsch, qui, sans aucune provoc
de ma part me regardoit avec des yeux hagar
de la main et proféroit des injures. Sur cela
à la fenêtre du citoyen Gemuseus[6]) et dit à

---

[1]) Der Unterstatthalter des Distriktes Liestal an r
halter zu Basel; Liestal, d. d. 1799, August 9.

[2]) Der Regierungsstatthalter zu Basel an den helveti
d. d. 1799, August 10.

[3]) Der Straßburger Weltbote, No. 157 des Jahres 1

[4]) Der helvetische Justizminister an den Regierungs
Bern, d. d. 1799, August 24. Mit Beilage einer Kopie eines
an den Justizminister. — Eine Berichtigung erfolgte wirk
tischen Neuigkeiten; d. d. 1799 August 28.

[5]) J. J. Zäslin, getauft 1750, Februar 1, gestorben
des XIII Herrn Hans Heinrich Zäslin und der Margaretha
Anna Katharina Vischer wurde geboren 1748, August
Leonhard Vischer-Birr.

[6]) Nach gefälliger Mitteilung von Herrn Dr. Karl S
hard Gemuseus, der Herrenküfer, Blumenrain 23.

le Versicherung, daß die gewünschten Schriften vorfinden. Alles was man zu Basel hierüber erte, sei ein Gerede, wonach «le citoyen Oché de publier une pareille brochure». Sobald ein.ation erscheinen würde, werde man sie ihm mitist wohl nie geschrieben worden.

August Huber.

¹) Der Regierungsstatthalter zu Basel an den helvetischen Minister wärtigen, Bégos; d. d. 1799, September 19.

Über Pläne und Karten des Baselgebietes aus dem 17. Jahrhundert.

Von

Fritz Burckhardt.

Vorwort.

Die Geschichte der Vermessungen in der Schweiz hat eine eingehende Darstellung gefunden durch Rudolf Wolf; sie bildet die historische Einleitung zu den Arbeiten der schweizerisch-geodätischen Kommission und ist im Jahre 1879 in Zürich erschienen.

Wer sich erinnert, mit welcher Emsigkeit, Umsicht und Sorgfalt er das Material teils selbst gesammelt hat, teils hat sammeln lassen, wieviel ihm auch schon als dem Verfasser der vier Bände: Biographien zur Kulturgeschichte der Schweiz, Zürich 1858--1862, zu Gebote stand, und wer sich zugleich für die allmähliche Ausgestaltung der Kartographie in unserem Lande interessiert, der wird aus Wolfs Arbeit viel Belehrung schöpfen und zugleich angeregt werden, weiter in den Archiven und andern Sammlungen nachzuforschen, um das gezeichnete Bild zu vervollständigen und durch neues Detail zu beleben. Denn niemand hat besser als der Verfasser der Geschichte erkannt, daß noch manche nicht ganz unwesentliche Einzelheit, die, früherer Untersuchung entgangen, zur Vervollständigung einen kleinen Beitrag liefert, bei gründlicher Nachforschung sich auffinden lasse, und daß solche Einzelforschung, die zunächst mehr lokales Interesse hat, sich dem weitern und allgemeinen Rahmen passend einfüge.

Als nun die bisher beim Baudepartement [illegible] wahrten ältern Pläne, die unsere Umgebung [illegible] das Staatsarchiv verbracht und da geordnet und [illegible]t wurden, erachtete ich es als eine nicht undankbare A[illegible], den Arbeiten der beiden Lohnherren Meyer ([illegible] und *Georg Friedrich*, Sohn) eine etwas eingehendere [illegible]merksamkeit zu schenken, als ich es zu der Zeit tun konnte[illegible]e, da ich, aufgefordert von R. Wolf, das mir vorgelegte Materi[illegible]al zu Gesicht bekam, ein Material, das in sehr ungenügende[illegible]er Weise untergebracht und in der Folge der Trennung d[illegible]es Kantons auseinandergerissen war. Auch heute noch ka[illegible]nn ich es nicht unternehmen, ein vollständiges Bild der Tati[illegible]g-keit der beiden Meyer zu entwerfen, weil ein großer T[illegible]eil ihrer Arbeit andern Gebieten als dem unsrigen angehört[illegible]e; ich werde mich auf die Pläne und Karten beschränken, d[illegible]ie das Gebiet von Basel mit seinen Grenzen betreffen.

Bei dieser Untersuchung erfreute ich mich des all[illegible]en ähnlichen Bestrebungen und Arbeiten unablässigen Entgeg[illegible]n-kommens von seiten des Vorstehers des Basler Staatsarchi[illegible]vs, Herrn Dr. Rud. Wackernagel und seiner Unterbeamten, [illegible]es Herrn Rud. Säuberlin und des Herrn Dr. A. Huber und in nicht minderem Grade der Dienstfertigkeit des Herrn La[illegible]nd-schreibers Jakob Haumüller, der mir die Einsicht in [illegible]die Schätze des Basellandschaftlichen Staatsarchivs in Liestal er-öffnete und meine Arbeit mit lebhaftem Interesse verfolgte. Ferners unterstützten mich bei dieser Arbeit die Ober-bibliothekare der hiesigen öffentlichen Bibliothek und der Zürcher Kantonalbibliothek, die Herren Dr. C. Chr. Bernoulli und Dr. Heinrich Weber. Hierfür sei diesen Herren der wärmste Dank gesagt.

I. Hans Bock, der Maler.

Die älteste geometrische Darstellung unseres Gebietes stammt von Sebastian Münster, der in seiner im Jahre 1537 in Frankfurt erschienenen «Cosmographey» an dem Heidelberger Kärtchen gezeigt hat, wie der «vmbkreiß einer statt oder Landtschafft zu verzeichnen, Mappen vnd Landtafeln zu machen». Diese Ausgabe der «Cosmographey» gehört zu den großen Seltenheiten; Zürich besitzt sie. Sal. Vögelin jun. hat sie im Anzeiger für Schweiz. Geschichte 1877 beschrieben; ein defektes Exemplar ist in der Basler öffentlichen Bibliothek (Ziegl. 546). Aus dem vollständigen Zürcher Exemplar entnimmt Wolf[1]) folgende von S. Münster aufgestellte Vermessungsmethode mit Hilfe einer Bussole und eines Halbkreises:

Man steigt auf einen Turm oder Berg, stellt den Halbkreis mit der Bussole so auf, daß seine Mittellinie in den Meridian fällt, richtet den drehbaren Radius auf verschiedene von da aus sichtbare Punkte, jeweilen ablesend, verzeichnet die so erhaltenen Azimute und trägt schließlich auf jede dadurch entstandene Richtung die Anzahl Meilen auf, welche man für die Distanzen der betreffenden Punkte durch «fußgang oder ritt» erhalten hat; dann begibt man sich auf einen dieser neu bestimmten Punkte, verfährt da in der gleichen Weise und fährt so fort, bis man eine hinlängliche Anzahl von Punkten festgelegt hat, um das übrige mit Sicherheit einzeichnen zu können. (Ausführlicheres siehe Beilage 1.)

Aus dieser Darlegung Münsters erkennt man, daß ihm daran lag, das Kartenzeichnen von dem Augenmaße möglichst zu emanzipieren. Eine große Genauigkeit und Vollkommenheit war mit seinen Hilfsmitteln kaum zu erreichen, aber manche bisherige Ungenauigkeit wohl zu vermeiden.

Im Jahre 1540 veröffentlichte Münster in Basel eine neue lateinische Ausgabe der Geographie des Ptolemäus, wobei er den 28 Landtafeln des Autors noch 20 neue beifügte, von denen eine die Schweiz darstellt. Diese wird gewöhnlich als erste Schweizerkarte bezeichnet, obgleich sie nach den vergleichenden Messungen von Wolf und nach dem Grade ihrer Genauigkeit eine Reduktion der ältern Tschudischen Karte, die fast vollständig vergessen war, zu sein scheint.

In spätern Ausgaben der «Cosmographey» erscheint eine Karte unseres Gebietes unter dem Titel: Basiliensis Territorii Descriptio nova; sie ist auch dem von Ortelius 1595 herausgegebenen Atlas beigefügt, und mag mit den

[1]) Wolf, R., Gesch. d. Vermess., S. 8.

von Münster angegebenen Hilfsmitteln erstellt sein, ohne noch dem zu entsprechen, was zum mindesten von einem Kartenbilde erwartet werden darf. Hierzu bedurfte es genauerer Vermessung oder, wie man sich ausdrückte, einer Grundlegung.

Die erste bekannte Notiz von einer Grundlegung unserer Stadt findet sich im Ratsprotokoll vom 1. April 1588, aus dem wir erfahren, daß Hans Bock, der Maler, für einen Grundriß der Stadt Basel 40 Gulden erhalten habe. Ob dieser Auftrag wohl in irgend einem Zusammenhang steht mit den Befestigungsprojekten, die Basel in jenen Jahren ausarbeiten ließ?

Es erscheint hier ein Maler mit der Lösung einer geometrischen Aufgabe betraut; das begegnet vielleicht einigem Mißtrauen in bezug auf die Genauigkeit der Aufnahme, die wir selbst nicht mehr besitzen. Wir werden aber Hans Bock von einer Seite kennen lernen, die das Mißtrauen zu zerstreuen geeignet ist.

Über die Lebensverhältnisse von Hans Bock, ganz besonders über seine Tätigkeit als Maler, werden wir orientiert durch die Sammlung des urkundlichen Materials, welches R. Wackernagel in der Zeitschrift für die Geschichte des Oberrheins, Neue Folge, Bd. VI, S. 301—304, als Basler Mitteilungen zur Geschichte der Kunst und des Kunsthandwerks zusammengestellt hat, und durch die Biographie, verfaßt von Ed. His-Heusler, im Basler Jahrbuch 1892, S. 136—164, sowie durch den von P. Ganz redigierten Artikel: Bock Hans, der ältere, im schweizerischen Künstlerlexikon. Die Beteiligung Bocks an den Malereien von Münster und Rathaus in Basel wird in den Geschichten dieser Gebäude von R. Wackernagel und Alb. Burckhardt (1881 und 1886) geschildert.

Einige die Familienverhältnisse Bocks betreffende, von bisher bekannten, abweichende Angaben verweise ich in die Beilagen. (Beilage 2.)

Mit der künstlerischen Tätigkeit von Hans Bock will ich mich nicht beschäftigen — es ist dies in den genannten Publikationen zur Genüge und mit mehr Sachkenntnis geschehen, als mir zu Gebote steht — sondern ausschließlich mit der geometrischen, der Feldmeßarbeit, von der e

...sei für ihn einträglicher gewesen als die andere. ...daß diese Seite von Bocks Arbeit bisher übergangen worden wäre, da sie namentlich in der Biographie von E. His [1]) ...berücksichtigt worden ist, sondern weil es mir gelungen ist, ...früher bekannten einiges Neue in dieser Richtung beizufügen.

Gegen das Ende des 16. Jahrhunderts beschäftigte sich die Regierung von Basel vielfach mit der Erhaltung und Vervollständigung der Befestigungswerke und zog als Sachverständigen (1588) den Festungsbaumeister Daniel Specklin von Straßburg bei, der sich zur Mitarbeit bereit erklärte. Er verlangte eine Grundlegung der Schanzen.[2])

Schon sieben Wochen später lesen wir[3]): «Hans Bokh ...gend, der die Statt Basell in Grundt gelegt. Ist siner Arbeit 40 fl. abzukhommen.»

Ob nun Hans Bock den Grundriß der Stadt aus Auftrag der Regierung angefertigt, wofür die sieben Wochen doch kaum ausgereicht hätten, oder ob er auf eigene Faust die Aufnahme gemacht, ohne Beziehung auf die Befestigungsarbeiten, wird kaum zu entscheiden sein. Immerhin zeigt die Tatsache, daß Bock neben seiner künstlerischen Tätigkeit sich schon damals erfolgreich mit Feldmeßarbeit beschäftigt hat.

Als Basilius Amerbach das Theater von Augusta raurica ausmessen wollte, nahm er Hans Bock zu Hilfe. Zweimal hat dieser dort gemessen, im Mai und im November 1590, und Umrißzeichnungen entworfen, von denen die eine bezeichnet ist: Mai 1590, Bockij delineatio, und die zweite: Nov. 1590, Ex Bockij delineatione, additis omissis ab eo sive per festinationem præteritis. Bei den handschriftlichen Aufzeichnungen Amerbachs, welche die öffentliche Bibliothek besitzt, finden sich auch Papierscheiben mit Radien versehen, die ohne Zweifel die mit irgend einem Winkelinstrument gemessenen Azimute gewisser Punkte im Theater enthalten. Welcher Art und Konstruktion sein Instrument mag gewesen sein, wissen wir nicht; aber aus etwas späterer Zeit liegen Zeugnisse vor, daß Hans Bock auch in weiteren Kreisen

[1]) E. His a. a. O., S. 157.
[2]) Ratsprot. v. 10. Febr. 1588.
[3]) Ratsprot. v. 1. April 1588.

wegen seiner Feldmeßarbeiten eines guten freut und an dem Meßapparate Vervollkon geführt hat.

Hiervon spricht ein anderer Erfinder, Be der ein eigenes Instrument dem Bockschen vo uns wohl bekannt macht mit der Aufgabe, löste, aber nicht mit der instrumentalen V welcher er sie löste. Die hierauf bezüglicl sich auf Seite 10 der «Trigonometria planor Vnderricht vnnd Beschreibung eines neuwe quemen Geometrischen Instruments etc., be Benjamin Bramero. Marpurg 1617». (Öff. Bibl.

Seite 10: «Letzlichen hat der wol erfahrn Bock zu Basel, ein Instrument inventiret v welches von vielen in Secret gehalten wirdt, auff einander gesetzten Quadranten, oder ge verfertiget, damit man heydes die Horizontali perpendiculanische Höhe abnemen könne, w Creutzlini vnd mehrentheyls einen rechten Wi vnd was man damit abgesehen, muß mit pr proportionirten Circkeln abgetragen, auch zwisc angenommenen Ständen jederzeit gerade zahle theylen lassen, gebraucht werden, oder aber andere Schrege dinge abmessen wil, brauche auffgerichten Platten Bapierene Scheiben, au Winckel gesucht vnd abgetragen werden müss weilen den Magneten, was nun solches für mit sich bringt, ist leichtlich zu erachten, v weitleufftig zu erweisen.»

B. Bramer gibt uns keine nähere Beschr strumentes von Bock; wir erfahren jedoch, hat zur Aufnahme horizontaler und vertikale daß dazu Papierscheiben verwendet worden

Eben ein solches Instrument nun wird andern Schrift bis in alle Einzelheiten hinei und da in ihrer Vorrede auf Hans Bock Be wird, und der Verfasser ein Klein-Uhrenma ist, so wird die Vermutung nicht zu kühn e der Mechaniker dem Bockschen Gedanken

endung der Geometrie jährlich ihre Felder geteilt haben
nd fährt fort:

«Also da man noch heutigs tags solcher maßen in gespann vnnd zweytracht kompt: kan man bald widerumb, mit geringer Arbeit, durch dise Kunst, ohne großen kosten zu ch, fried vnd einigkeit kommen: Vnd kan auch auff kein andere form, weiß vnd weg eigentlicher vnd grundtlicher gehandlet werden. Wie dann zweiffelsohn mengklichen t nur in einer loblichen Statt Basel, sondern auch anderstwo wohl bewußt, vnd es der Kunstreiche Mahler, M. Hans Bock, etlichen dergleichen vorgefalnen wichtigen gespanen, die zwor gar lange zeit mit vil vnnd grossen unkosten in rechts gangen gewesen, eben durch dise hochlobliche Kunstmittel Werck erwiesen hat.»

Die Schrift enthält zwei Teile; im ersten werden in wölf Kapiteln die einzelnen Stücke, Scheiben, Schrauben, üße, Senkel beschrieben und abgebildet und die Anwendung des Instrumentes im Feld unter verschiedenen örtlichen Bedingungen gelehrt; im zweiten aber auseinandergesetzt, ie man unter etwas unregelmäßigen Verhältnissen sich benehmen, wie man die gemessenen Größen, Winkel und Längen auf einem Papierbogen abtragen soll und wie man ch des Instrumentes mit Vorteil auch zu militärischen Zwecken bedienen kann.

Hieraus wird uns klar, daß Hans Bock durchaus befähigt ar, neben bedeutenden Aufträgen künstlerischer Art nicht nder schwierige und zeitraubende geodätische Arbeiten übernehmen und durchzuführen, zumal da er von seinen ebenfalls begabten heranwachsenden Söhnen unterstützt wurde. Die bedeutendste mag wohl die Vermessung von Colmar mit seinem Gebiete gewesen sein infolge eines Auftrages, den er im Jahre 1611 erhielt und der nicht ohne Mißhelligkeiten zum Abschluß kam (1616).[1] Die wiederholten Nachforschungen über den Verbleib der von Colmar angenommenen Teile dieser Arbeit haben nicht zur Auffindung geführt. Sie scheinen spurlos verschwunden zu sein, so berichtet das Stadtarchiv der Stadt Colmar.

Wie Lörer in seiner Schrift erwähnt, gaben auch Grenzstreitigkeiten in unserm Gebiet und den benachbarten Ortschaften Anlaß, Bocks geometrische Kenntnisse in Anspruch zu nehmen. So sagt das Ratsprotokoll vom 24. März 16[illegible]:

«Hans Boken soll man für seinen Ollspurgischen Abriß geben ein hundert thaler, Und dann den Winterhalden-spann auch in Grundt legen lassen.»

Und am 11. Dezember 1619:

«Hans Bokh hat suppliciert umb Belohnung seiner mü[he], so er an grundtlegung beeder spenningen händlen zwischen Helliken und Hemmiken, item Meisprach und Zeinigen, desgleichen dem Abriß der Winterhalden und Rinacher spans verdient.»

Beschlossen: «solle ihm 80 fl. gegeben werden.»

Solche Vorfälle mögen die Regierung darauf aufmerksam gemacht haben, daß eine genauere Feststellung der Marksteine, sowohl an den Grenzen gegen das Ausland, wie auch gegen die anderer Kantone, noch fehle, eine solche aber allein gegen fortwährende Grenzstreitigkeiten einigermaßen schütze. Zur Übernahme dieser Arbeit erschien als geeignetste Persönlichkeit Hans Bock, der Maler

Den Auftrag, mit ihm darüber zu verhandeln, enthält das Ratsprotokoll vom 12. Juni 1620:

«Mit Hans Bocken zu handeln, wie die Landschaft in Grundt zu legen ist. H. Iselin bei St Martin, H. Rippel und mir, dem Stattschreiber bevohlen.»

[1]) Basl. Jahrb. 1892: E. His-Heusler, S. 158 ff. Auszug aus H[illegible] mann, Journ d. Colmar: 15.. 28. Aug. 1889.

Schon am 14. Juni meldet das Protokoll:

«Die Deputierten haben angebracht, daß M. Hans Bokh seiner statt Basell vd zugehörigen Landtschaft Umbkreis vd Zirk geflissenlich in Grund zu legen willig, hierzu aber seiner zweien Söhnen bedürftig seie, Vnd für sie drei täglich 1 ½ fl. fordere, neben speis vnd drank. Zu dem müeßen auch zwe so der Landmarch kundig jeder weilen zugegen sein, so solche march weisen.»

Beschlossen: «Soll ins Werk gesetzt werden.»

Über den Fortgang dieser großen Arbeit wissen wir nichts und von dem Resultate war bisher ebenfalls nichts näheres bekannt. E. His sagt S. 157: Ein solcher Grundriß ist nicht vorhanden. Mit Recht ist dieser Verlust sehr beklagt worden, sowohl um der Person des Meisters, als um der Sache selbst willen.

Da ich nun glaube, einen größern Teil der Arbeit aufgefunden zu haben, so sei mir gestattet, zu erörtern, wie ich dazu gekommen bin, eine nicht unbedeutende Zahl von Plänen in den Archiven von Baselstadt und Baselland als die auf Bocks Vermessung beruhenden Originalpläne zu erkennen, obgleich sowohl der Name des Autors als die Zeit der Herstellung fehlen.

Im Staatsarchiv Baselstadt befindet sich mit A 1. 26 (No. 1 des nachfolgenden Verzeichnisses) bezeichnet ein «Orthographischer Grundriß des Riechemer Bahns», unterschrieben M. Jacob Meyer G., Mens. Jan. Anno 1643[1]); exakt kopiert von Emanuel Büchel Anno 1747, mit der Bemerkung:

«Dieser Plan ist nach Herrn Bocken Grundriß verjüngt; das Territorium so viel die Zeit zugegeben verbessert, die Anguli aber (so meistentheils falsch apparieren) auf bessere Gelegenheit Gnd. Befelch zu remedieren eingestellt.»

Wie alle Zeichnungen Emanuel Büchels, so ist auch diese mit größter Sorgfalt ausgeführt und umfaßt Riehen mit Umgebung, oben links Inzlingen, unten links Ober-Tüllingen und Weil und reicht unten rechts an den Rhein beim Hornberg. Da eine Länge von 4000 Schuh auf dem Plane 85,3 Millimeter mißt und aller Wahrscheinlichkeit nach

---

1) Näheres über diesen Plan im Verzeichnis der Arbeiten Jacob Meyers.

Feldschuh (1 Rute = 16 [illegible]
so ist der Maßstab der [illegible]

Jakob Meyer (geb. [illegible]
Barfüßern angestellt worden, [illegible]
daß er vorher schon eine [illegible]
vollendet habe. Daher benutzte [illegible]
Marchsteine (mit A und B bezeichnet) [illegible]
um eine schnurgerade Linie [illegible]
schon vorhandenes Material und [illegible]
arbeitete.

Dieses Original glaube ich [illegible]
stammt aus dem Planarchiv des [illegible]
sich nun im Staatsarchiv Baselstadt, [illegible]
In einem früheren Verzeichnisse ist [illegible]
Riehen-Bettingen: Bock, J. Meyer. [illegible]
Unterschrift und keine Zeitangabe, er [illegible]
Auf- und Einrollen gelitten und ist [illegible]
frisch auf Leinwand gezogen worden, [illegible]
Randteile leider abgeschnitten und [illegible]
den sind.

Die vollständige Übereinstimmung [illegible]
Ortschaften, Flurnamen, aller Bannsteine [illegible]
Bezeichnungen und ihrer Numerierung, [illegible]
Zweifel Raum, daß J. Meyer diesen Plan [illegible]
um seine Reduktion herzustellen. Hierzu [illegible]
Distanzen auf ihm doppelt so groß sind, [illegible]
graphischen Grundriß Meyers. 200 Schuh [illegible]
haben eine Länge von 173 Millimeter, was, unte[illegible]
setzung, daß auch Feldschuh gemeint sind, e[illegible]
ergibt von 1:6500. Diese Voraussetzung ka[illegible]
Hilfe der Siegfriedkarte (1:25000) geprüft [illegible]
Abstand von Weil bis Inzlingen beträgt in [illegible]
meter, auf dem Plan 69 Zentimeter, daher ver[illegible]
Maßstab des Planes zu dem der Siegfriedkarte [illegible]
ist also *1:6500.*[1]) Die 4000 Schuh des [illegible]
wie erwähnt, 17,3 Zentimeter, also sind 40[illegible]

[1]) Zu bemerken ist, daß die Zeichnungen der [illegible]
schiedenen Karten nicht immer den größten Grad von [illegible]

[..]7,3 . 6500 Zentimeter, woraus sich ergibt, daß 1 Schuh = [..],281 Meter, welches die Länge des Feldschuhes ist.

Die auf dem Originalplan enthaltenen Ortschaften Riehen, [B]ettingen, Chrischona, Stetten, Inzlingen, Weil (teilweise), der [W]enken sind bis in die Einzelheiten abgebildet und die ver[s]chiedenen Beschäftigungen und Personen, wie das Heuen, [d]ie Hasenjagd, der Schweinehirt, der Feldmesser bilden eine [S]taffage, die die sichere Hand des Künstlers verraten.

Außer diesen Bildern aber findet sich auch dort, wo [W]ald dargestellt wird, ein besonderer Baumschlag. Auf [m]einen Wunsch brachte Herr Dr. Pl. Ganz einige der Kunst[s]ammlung angehörende Bocksche Zeichnungen, nämlich solche [v]on Söhnen Bocks, zur Vergleichung auf das Staatsarchiv. [E]s ergab sich eine ganz unzweideutige Übereinstimmung der [Z]eichnung mit dem Plane in bezug auf den Baumschlag ent[f]ernter Waldung, der sich nun so charakteristisch erwies, daß [e]s mir in der Folge möglich wurde, jeden Bockschen Plan, [a]uf dem Waldung eingezeichnet ist, auf den ersten Blick zu [e]rkennen; die Zeichnung aber, die diese Vergleichung er[m]öglichte, ist unterzeichnet: «Niclauss Bockh anno 1620», [s]tammt also aus der Zeit, da der Vater Bock die Grund[l]egung des Baselgebietes in Verbindung mit zweien seiner [S]öhne begonnen hat.

Außer dieser Übereinstimmung, den Baumschlag be[t]reffend, zeigt sich auch eine auffallende Ähnlichkeit zwischen [P]lan und Zeichnung in der Darstellung der Figuren, beson[d]ers von Pferd und Reiter, mit ihren heftigen, weit aus[g]reifenden Bewegungen. Auch diese finden wir wieder auf [d]en bald zu beschreibenden Bockschen Plänen im Staats[ar]chiv Baselland, die sich dann auch durch die Schriftzüge [u]nd die alten Ziffern kenntlich machen.

Die Frage bleibt offen, ob Niklaus Bock allein sämtliche [P]läne gezeichnet hat, die als Bocksche erkannt werden und [d]ie das Resultat der Vermessung von 1620—1624 sind, oder [o]b der andere beteiligte Bruder, dessen Name hierbei nicht [g]enannt ist, auch an deren Ausführung mitgearbeitet hat

Nachdem ich einmal die besondern Merkmale der Bock[s]chen Planzeichnung erkannt hatte, zweifelte ich nicht mehr [d]aran, daß der im Staatsarchiv Baselland mit A 38 (alte Bezeichnung C 10) bezeichnete Plan: «Meisprachs und Zininger streitigs ort oben uff der Schöneberg», von Bock stammt und sich demgemäß auf den im Ratsprotokoll vom 11. Dezember 1619 erwähnten Grenzstreit bezieht.

Aber ich wurde noch weiter geführt. Die große Unternehmung Bocks bestand in der Feststellung aller Marchsteine des Kantons Basel, sowohl gegen das Ausland als gegen die angrenzenden Kantone. Die Aufzeichnung geschah nach dem Maßstab von 1 : 4500, was selbstverständlich eine große Zahl von Blättern erforderte, von denen schon im 18. Jahrhundert manche verschleppt waren.

In dem Register «über die Landcharten und Bücher in der obern Kantzley: Verzeichnuß der Carten und Riß über Zwing und Bahne der Statt und Landschaft Basel» wird gemeldet:

«Es hat N. Bock in dem Jahre 1620 auß Hochobrigkeitlichem Befehl alle Grentzstein des Basel-Gebiets abgemessen und etlich und dreyßig geometrische Riße verfertigt, welche die Baselische Landlinien von Groß Hüningen an biß an Augst um das gantze Baselgebieth in sich begreiffen, dann die Riehemer und Klein Hüninger Grentzstein sonderbar abgemessen.

Von diesen Carten sind verschiedene von der Canzley weggekommen. Es hat aber Herr Ingrossist Bruckner[1] No. 4. 6. 6. 7. 8. 12. 17. 18. 29 und den Riß über Ollspurg auß einer Privat Bibliothec widerum zur Canzley gebracht, also daß nun zu mahlen vorhanden No. IV. VI. VI. VII. VIII. IX. X. XI. XII. XVII. XVIII. XIX. XX. XXII. XXIII. XXIV. XXV. XXVI. XXVII. XXIX, samt einer Beschreibung darüber in Kartendekkel. Auch eine Carte über Biel-Bencken.»

Ich bemerke zunächst, daß hier N. Bock erwähnt wird, was mit dem von mir gefundenen Sohnes Namen übereinstimmt. Von den Plänen aber, die aufgezählt werden, findet sich keiner im Staatsarchiv Baselstadt, was E. His zu der Meinung veranlaßt hat, daß überhaupt von der Bockschen Vermessung nichts mehr aufzufinden sei. Nun ist infolge der Trennung des Kantons ein Teil der Archivalien nach

[1]) Daniel Bruckner (1705–1781), J. U. L. Herausgeber der von E. Büchel gezeichneten, von Auvray unter der Leitung des Herrn von Mechel gestochenen Karte des Kantons Basel 1766 und der Merkwürdigkeiten der Landschaft Basel I–XXIV 1748–1763.

Liestal gelangt, darunter zahlreiche Pläne der beiden Lohnherren Meyer, von denen in der Folge soll berichtet werden, alle oder doch die meisten mit dem Namen unterzeichnet und meist auch mit der Jahreszahl, im dortigen genauen Register aufgeführt, und daneben Pläne, die auch einem der beiden Meyer zugeschrieben waren, obgleich sie weder den Namen des Autors, noch die Angabe der Zeit enthalten. Diese sind alle auf rauher Leinwand aufgezogen, tragen neben der heutigen Signatur eine alte, bestehend in einer Zahl, in sogenannten arabischen Ziffern.

Als ich diese anonymen Rollen eröffnete, erkannte ich in ihnen sofort die Bocksche Arbeit, indem alle, die Karte von Riehen und Umgegend charakterisierenden Merkmale sich wieder auf diesen vorfanden, und mehr noch als dies: es kamen nach und nach gerade die im obengenannten «Verzeichnuß» enthaltenen Nummern hervor, nicht ganz alle, doch die Mehrzahl, wie aus folgendem mag entnommen werden:

Bezeichnung unter [illegible]	Inhalt.		Bezeichnung im Staatsarchiv Liestal
4.	fehlt.		
6.	Reinacher Bann		Lade III F 20 (ist nicht von Bock, sondern von J. Meyer)
6.	Grenzlinie	von Reinach. Mönchenstein .	C 178
7. 8. 9.	fehlen.		
10.	Grenzlinie	bei der Schorenmatten . . .	A 51
11.	»	oberhalb Reigoltswyl . . .	A 47
12.	»	beim Ramstein	A 46
17.	»	v. der Froburg bis Eptingen	A 26
18.	»	oberhalb Lostorf	A 36
19.	»	von der Geißfluh, Schafmatt bis Burgfluh	A 27
20.	»	zwischen Rothenfluh, Wegenstetten und Wittenau .	A 49
22.	»	auf Erfenmatt	A 23
23.	»	bei Buus	A 21
24.	»	v. Zeinigen, Magd., Maisprach	A 40
25.	»	zwisch. Maisprach u. Iglingen	A 39
26.	»	bei Nußhof	A 41
27.	fehlt.		
29.	Grenzlinie	von Giebenach-Augst längs dem Violenbach	A 30
Ohne Nummer	»	von Olsberg beim Ursprung des Violenbaches	A 42

Trotz sorgfältigen Nachforschungen sind
lenden Teile nicht aufgefunden worden,
daß es noch geschehen kann. Außer den aufg
mern ist im Staatsarchiv Baselland noch entha
mer 15, die Abscheidung auf Wannenfluh, Al
Bärwyl enthaltend.

Der Maßstab der Grenzpläne ist durchweg
Rute gleich einem Millimeter). Auf jedem
Meridian gezeichnet und die Skala mit ausgesp

Manche enthalten die zierlichsten Zeichn
A 36,[1]) A 51, alle den besondern Baumschlag

Eine auf dem Plane Bruckner 10, basell
Archiv A 51, enthaltene Bemerkung, die von
(wahrscheinlich G. Fr. Meyers) eingetragen
Bockschen Ursprung des Planes in sprechend

«Diesen Zwischenstein, so zwar ungehauw
ausgelassen, die Nochburen erkennen ihne
giltigen Banstein.»

Als dann wiederum während des dreißig
sich die Regierung von Basel mit den Be
beschäftigte, die ihr als genügend für die Z
findung des Pulvers, als ungenügend bei den g
geschildert wurden, ließ sie sich zu eben d
das Abbrechen alter Türme und Aufmauern vo
verhandelt wurde, von Hans Bock, dem Mal
der Stadt zeichnen, wofür er vom Rat im
50 Gulden bezahlt erhielt. Man wird kaum in
auch diesen Stadtgrundriß mit der Schanzen
Zusammenhang bringt.[2]) Ob mit der Bezei
Bock, der Maler», der altersschwache Vater
dessen Söhne ohne Zweifel den Plan gezeichn
der 1576 (wahrscheinlich) geborene Sohn Han
gestellt bleiben. Ist der Vater gemeint, so w
nung jedenfalls die letzte größere, geometris
greisen Künstlers; sie ist nicht mehr vorhand

Gerechte Bewunderung wurde von jebe
Plane der Stadt Basel gezollt, den Matthäus M

---

[1]) Diesem Plane ist das nebenstehende Bild entnom
[2]) Heusler, A., Vater, Beitr. z. vaterl. Gesch. VIII, S.

5 ausgeführt, der Regierung von Basel übergeben hat, der jetzt im historischen Museum sich befindet. Die eue Wiedergabe zahlreicher Einzelheiten, die mit der t verschwunden sind, machen ihn zu einer unvergleichen Urkunde für das Stadtbild des 17. Jahrhunderts. Bei auerer Betrachtung wird man erkennen, daß er nicht ein künstlerisches Werk ist, sondern daß ihm auch eine

Textabbildung 2:
Ausschnitt aus dem Plan: Grenzlinie oberhalb Lostorf.

metrische Grundlage zukommt, worauf auch die Skala dem ausgespannten Zirkel hinweist. Wenn man aber Lebenslauf Merians verfolgt, besonders durch die Jugend-, so findet sich kaum irgendwo der Raum für eine solche beit; denn der 1593 Geborene kam sechzehnjährig nach ich, wo er sich unter dem Kupferstecher und Maler trich Meyer ausbildete. Im Anschluß an diese Lehrzeit chte er eine Reise nach Nancy und dann nach Paris, wo 1615 den Plan der Stadt Paris ausarbeitete. Wo bleibt da die Zeit für die Aufnahme von Basel? Schwerwiegende Vermutung, die Grundlage des Merianschen Stadtplanes von Basel sei die Vermessung, die Hans Bock 1588 aus Auftrag der Regierung unternommen und ausgeführt hat. Es wird hierdurch das Verdienst, das sich Matthäus Merian um seine Vaterstadt erworben hat, in keiner Weise geschmälert.

II. Die Lohnherren Jakob und Georg Friedrich Meyer.

Über die Lebensverhältnisse des Jakob Meyer und seines Sohnes Georg Friedrich Meyer werden wir orientiert durch die ihren Leichenpredigten beigefügten Personalien, die teilweise eigene Aufzeichnungen enthalten und deren Richtigkeit als verbürgt angesehen werden darf. Obwohl diese Lebensbilder schon einmal abgedruckt worden sind, nämlich in Rudolf Wolfs historischen Notizen, 170, halte ich es doch für wünschenswert, daß sie hier, in Verbindung mit einem Verzeichnis der Arbeiten beider Männer und einigen den Ratsprotokollen und andern amtlichen Urkunden entnommenen Tatsachen, wieder abgedruckt werden und zwar um so mehr, als sich beim ersten Abdruck einige nicht unwesentliche Fehler eingeschlichen haben. Diese Personalien sind enthalten in der Sammlung von Leichenpredigten auf der öffentlichen Bibliothek: Bd. XXIV, No. 34 und Band XX[illegible] No. 17 und bieten uns alles Wesentliche aus dem Lebensgang dieser beiden zunächst für unser Gemeinwesen, aber auch darüber hinaus für das weitere Vaterland wie für das benachbarte Ausland fruchtbar tätigen Männer:

a) Jakob Meyer. Die Leichenfeier hat stattgefunden am 26. Juni 1678 zu St. Leonhard in Basel.

«Betreffend den verstorbenen Herrn Lohn-herren sel. so hat er selbsten vor seinem End, seinen Lebens-lauff zum theil auffgesetzt. Es ist derselbige An. 1614 den 21. Augusti, von Christlichen vnd gottseligen Eltern, an diese Welt geboren worden. — Sein Vatter ist gewesen, Herr Hans Jacob Meyer, gewesener Vnder-käuffler allhier, seine Mutter, Fraw Kunigunda Syff. Von denselbigen ist er durch Gottes Gnade wol erzogen worden, wie er dann die Classes des Gymnasii auff Burg alle durchgegangen vnd An. 1632 ad lectiones ablicas promovirt worden, hat darauff dergestalten in den reyen Künsten sich geübet, vnd mit solchem successu udieret, dass er An. 1634 Artium Baccalaureus, vnd An. 1636 agister Artium creieret worden. Darauff hat er sich auff as Studium Theologicum eine Zeitlang gelegt. Es hat aber ie grosse Begierde, welche er von Natur gehabt, zu den athematischen Künsten getragen, vorgetroffen, wie er sich ann beydes in Theoria vnd Praxi trefflich geübet, vnd seine Wissenschaft in der Rechen-kunst, Abmessen-kunst durch ützliche Bücher, welche in den Druck zu vnterschiedlichen malen gegeben worden, gewiesen vnd gezeiget hat. So hat er auch in der Fortification-kunst treffliche progressus gemacht, vnd sich etwas Zeit bei Herrn Paul Mörhäuser, welcher Ihr Hochfürstl. Durchl. Herren Hertzog Bernhard etc. gedient, ufgehalten. — Nach seiner Widerkunfft, ist jhme die liebe heranwachsende Jugend, An. 1641 in der Knaben-schul, bey den Baarfüssern anvertrawet worden, welchem Dienst er über die 18 Jahr mit gutem Vergnügen abgewartet, darneben auch sonsten mit Vnderrichtung, beydes Einheimischen vnd frembden, sein Talent wol angelegt, vnd sonderlich in den Mathematischen Künsten sich rühmlich gebrauchen lassen. An. 1659 haben Unsere Gnädige Herren, sich seiner Diensten in dem Weltlichen Stand angefangen zu gebrauchen, vnd hme die Schaffnerey zu St. Martin vnd Augustinern anvertrawet. Ist darauff auch von E. Ehren-zunfft zu Spinnwettern herfür gezogen worden, vnd zu einem Sechser, Schreiber, und endlich zu einem Hauss-meister erwehlet worden. — Und nach dem An. 1668 Herr Krug, gewesener Lohn-herr, in ein Ehren-Regiment beruffen worden, ist jhme in demselbigen Jahr das wichtige Lohn-ambt auffgetragen worden. — In dem Jahr 1637 hat er sich auch in den Ehestand begeben, mit Frawen Anna Catharina Lewerin, mit welcher er acht Kinder erzeuget, von welchen noch ein Sohn und zwo Töchtern im Leben. Nach deren Hinscheid ist er in die andere Ehe getretten, An. 1648 mit Fraw Maria Ringlin, seiner gegenwärtigen betrübten Frawen Wittib, mit deren hn Gott mit fünff Kindern gesegnet, ein Sohn und vier Töchtern, darvon noch der Sohn vnd drey Töchtern in dem Leben. — Sein Leben ist männiglich wol bekant: Er ist

freundlich, gut-müthig, dienst-geflissen vnd eh
wesen, hat dem Baw- vnd Lohn-ambt mit gross
Frewden abgewartet, vnd ob er wohl diese l
über sich nicht zum besten befunden, hat er si
gemuntert vnd sein Ambt nach Möglichkeit ve
dem übrigen hat er in der Abwartung seine
seine bawfällige Hütten gedacht, eine Zeitlang
dienst fleissig besucht, vnd seinen Glauben c
zeuget, darneben sein Hauss in einem vnd c
bestellt, vnd geordnet, wie man es nach seine
anschicken soll, und wie in dem Eingang der
meldet worden, selbsten verordnet: was man f
text bei seiner Bestattung erklären solle.» —
Kampff ist zwar kurtz aber ein seliger Kampf
Er starb seines Alters 63 Jahr 10 Monat, Monta
3 Uhr (21. Juni 1678).

b) Georg Friedrich Meyer. Die Leichenfe
gefunden am 28. Dezember 1693 zu St. Leonh

«Herr Georg Fridrich Meyer, vnser werther
Mitbruder selig ist an dise Welt geboren Ann
11. Hornung, vnd in dieser Pfarrkirchen geta
Sein Herr Vatter ist gewesen, Herr Jacob M
verdienter Lohnherr diser Statt, welcher in de
den 26. Junii allhie begraben. Die Mutter w
Catharina Lewerin, welche er gleich in der k
lohren. — Von seinem lieben Vatter sel. ist er
auff in der Forcht des Herren aufferzogen wor
alle Classes des Gymnasii durchloffen, vnd so v
dass er die Lateinische Sprach wohl erlehrnet,
Hand zu schreiben erlangt, auch ein schön con
setzen können. — Nach dem Exempel seines
hat er von Kindheit an eine hefftige Begierd
auff die Mathematischen Künste zu legen, vnd
liche Anführung sich beydes in Theoria vnd P
geübet, vnd in der Rechen-, Abmessung-, wie
fication- vnd Bau-kunst etc., ein gute wissens
Seinem Vatter sel. hat er wohl under die ar
vnd helffen die bekante Landkarten des Elsas
end bringen Es hat auch der damalige Gub

es der Hertzog Mazarin jhne aus sonderbarer affection
ich genommen, vmb seine eigenthumliche Landschafften,
Metz vnd Trier in grund zu legen, welches der Herr
mit gutem succes verrichtet. — Darauff Anno 1670, vmb
weiters in praxi zu üben, in Lotharingen zu seinem
ten Bruder sich verfügt, vnd Espinal bevestigen helffen.
l obwohl Ihr. Durchl. der Hertzog von Lotharingen jhme
ditiones antragen lassen, hat er jedoch solche auss-
chlagen, weilen er durch Franckreich vnd Niederland
e Reiss vorgenommen, vmb sich in seiner Kunst besser
exerciren. Allein weil sein lieber Vatter alt vnd baw-
g, vnd ohne seine Hülff nicht wol konte fortkommen,
er seine Gedancken ändern müssen. — Anno 1673 den
Jenner, ist er durch Gottes Anschickung in den h. Eh-
d getretten, mit Jungfr. Sara Burckhardin, seiner nunmehr
hst betrübten Fr. Wittib, Herren Hieronymi Burckharden
Lobl. Statt-gerichts Beysitzers, vnd Fr. Sybillä Freyin,
lche der Allerhöchste in jhrem hohen Alter vnd grossem
mer stärke vnd tröste) leiblicher Tochter.[1]) Vnd hat
mit auf die 21 Jahr lang ein gesegnete vnd fridsame Ehe
essen, vnd erzeugt 4 Kinder, 1 Sohn, vnd 3 Töchteren.
welchen sambtlich der grosse Gott mit seiner Gnade
le walten vnd verhelffen, dass sie dem Exempel des selig
storbenen Herren Vatters in der Frombkeit vnd andern
genden mögen nachfolgen! Seine Zeit hat er nicht im
ssigang zugebracht, sonder ist überauss fleissig und arbeit-
gewesen, junge leuth hat er in den Mathematischen
nsten getrewlich unterricht von Einheimischen vnd Fremb-
; viel nutzliche Collegia gehalten, auch ein vnd das andre
cimen sehen lassen durch mathematische Schrifften, welche
Theil in den Druck kommen, also dass sein Namme in
frembde aussgebreitet worden: Was er in der Architectur
Geographicis für eine Erfahrung erlangt, hat er selbsten
ern Gnädigen Herren erwiesen auff der Landschafft, vnd
räntzenden Orten, da er alles sehr accurat abgerissen,
entlich auffgezeichnet, vnd in gewisse Taffelen abgetheilt
; fünff davon sind allbereit auff das Rathhauss gelieffert,
übrigen drey Stück sind noch ausszufertigen übrig.

[1]) Stammbaum Taf. IV A, Col. 3.

Cicero erzählt von Panætio und Appelle, das
ein Buch, der ander ein Gemähld Coae Veneris a
aber nach jhrem Tod seye Niemand gefunde
welcher dise stuck habe aussmachen können. Es
besorgen, dass schwerlich ein solcher Successor
welcher durchauss disen Schaden (so durch seine
geschehen) ersetzen werde, vnd die noch nicht aus
Stuck, ohnaussgefertiget möchten ligen verbleib
zweiffelsohn wol getan, wann gute Ingenia, so
matischen Künsten von Natur lust haben, vmb sic
zu üben und perfectioniren, angefrischt wurden, vı
anständigen Amptern gebraucht wurden. — Es
Herren sel. so wohl in dem Römischen Reich, al
der Cron Franckreich ansehnliche stellen angetrag
Wie dann An. 1677 Ihr Hochf. Durchl. der Hr. H
Saxen-Eisenach jhne hereden wolte, Keyserliche I
zunemmen. Vnd in dem folgenden 1678 hat H
Monclar jhn zu sich beruffen, vnd. bey sich behal
Es hat aber der Eyffer in der Religion, die Liebe
landes, und der kindliche respect gegen seinen al
auch das Zusprechen seiner Freunden jhn bey u
Vatterland behalten. — Gott hat sich seiner Dier
in der Frembde, sonder in seinem geliebten
beschlossen zu gebrauchen. Indem er Anno 16
seiner guten qualiteten in das Ehren-Regiment be
als ein Rathsherr der Ehrenzunfft zu den Spinnw
gesetzt worden. Ist auch darauff bald, so wohl
aber in der Eydgnossschafft mit vnderschiedlich
stellen begnadet worden. — In dem Jahr 1689 ist
Wein-ampt und die stell eines Eltesten, von d
anvertrawet worden. Anno 1690 ward er Haup
Steinen-quartier. Es sind auch jhme sonsten alle
putationes vnd verdriessliche Commissiones a
worden, darinnen er sich also betragen, dass U
digen Herren mit seinen Verrichtungen wol zu fr
Freund vnd Feinde bekennen müssen, dass er
vnpartheyisch durchgegangen. — Er ist auch in
gnossschafft so werth gewesen: dass er von den H
lichen Herren Ehrengesandten zu Oberen Baden

auss Befehl ihrer Herren Principalen Anno 1689 (weil man sich eines Durchzugs besorgte) als ein Eydgnossischer Ingenieur an die Gräntzen vnd benachbarte Ort, solche zu besichtigen, vnd die gefährlichsten Päss mit Schantzen zu versehen, ist verordnet vnd gebraucht worden. Sein Sorg vnd Fleiss ist auch von den Hr. Eydgnossen wol erkant vnd ansehnlich belohnet worden. — Als An. 1691 das wichtige Lohn-ampt ledig worden, hat er auff Zusprechen vnd Einrathen guter Freunden, weilen er sonderlich zu disem Ampt tüchtig befunden worden, sich bei Vnsern Gnädigen Herren angegeben, vnd darauff in der grossen Rathsversamlung einhellig zu einem Lohnherren erwehlt worden. Vnd obwohl er seine Rathsstell vnd andere Ehren-ämpter auffgegeben, ist er dannoch seiner Ehrenzunfft so lieb gewesen, dass er von seinen Zunfftbrüdern zu einem Sechser, vnd hiemit in den grossen Rath kommen, vnd bald darauff wiederumb von Vnsern Gnädigen Herren jhme die Eltisten-stelle bey dieser Christl. Gemeinde, zu seinen sonderbaren Frewden, anvertrawet worden. — Ich soll auch billich das nicht vnvermeldet lassen, dass er sich bey Ernewerung dieser Kirchen eyfferig hat gebrauchen lassen, vnd guten Rath gegeben, dass sie mehr Lufft vnd Liecht bekommen, wie es an dem Tag ligt. — Wie er das schwere Lohnampt verwaltet, kan ich nicht besser sagen, als mit seinen eigenen Worten: Wie er dann seinen Lebenslauff selbsten vor seinem Tod schrifftlich auffgesetzt: Betreffend mein Ampt, so hab ich mir fürnemlich die Ehre Gottes, des Vatterlands Wolfahrt, meiner Gnädigen Herren vnd einer gantzen Ehren-Burgerschafft Nutzen, nach eusserstem Vermögen gesucht. Vnd henckt noch diese Worte an: Es ist die pure Vnmöglichkeit, dass man bei dem verdriesslichen vnd verhassten Lohnampts dienst allen recht thun kann: Er tröste sich aber allezeit seines guten Gewissens, vnd begehre mehr nicht, als mit einem ruhigen Gewissen von diser Welt abzuscheiden, vnd seine Seel dem Allerhöchsten, der solche gegeben hat, auffzuopffern. — Vor 18 Wochen hat seine tödtliche Kranckheit jhren Anfang genommen, vnd obwohl die Fürnehmsten Herren Medici allhier allen fleiss angewendet, haben doch die Artzneyen nicht anschlagen wollen. — In Ansehung seines noch ruhigen

Alters, hat er zwar bissweylen Hoffnung ges werde jhn wieder auffrichten, vnd in meinei gleichsamb ein Gelübd gethan, wann jhm Gott helffen werde, so wolle er sein talent nicht ve in den Mathematischen Künsten, ohne einige ehrlicher Burgers Kinder, welche Lust darzu h formiren vnd wochentlich in dem Frühling vnd das Feld hinauss zu führen. — In den letztei man jhn vermahnte zu ruhen, hat er jhme se vorgesagt vnd vermeldet: Seine Ruhe werde in angehen, welches auch beschehen, vnd ist nach diser beyden Tagen seliglich an dem H. Wienac dem Gebett der Umbstehenden, in seinem Heylanc seines Alters 49 Jahr, weniger 6 Wochen (25. D

Den Vater Jakob Meyer treffen wir zuerst i Tätigkeit an der Knabenschule zu Barfüßern (

Bis zur Reformation hatte diese Schule die Schüler entweder für den geistlichen Ber für die Dienstleistungen in der Kirche zu erzieh gabe gestaltete sich nach der Reformation und ders nach der Eröffnung des Gymnasiums un zu einer Volksschule ohne Lateinunterricht, zu ei Schule, wurde. Als Frucht dieser pädagogisch dürfen wir die Publikation der kurzen Lehrmitte die er begonnen und die sein Sohn fortgeführt denen in der Folge noch die Rede sein wird.

Aber neben der Schule ging er doch seiner zu praktischer Geometrie nach, was uns bezeug die von ihm bearbeitete Reduktion der Bocksch Riehen und Umgebung, die uns gelehrt hat, di Pläne überhaupt zu erkennen. Ob er diese Ar trag oder aus freien Stücken übernommen un hat, wissen wir nicht. Sie hat aber gewiß dazu ihm sowohl in Basel als in der Umgebung de geschickten Feldmessers zu verschaffen und ihm träge zuzuführen.

[1] Th. Burckhardt-Biedermann, Geschichte des Gymna S. 15. 65.

Das Ratsprotokoll vom 3. Oktober 1657 teilt mit:

« M. Jacob Meyer, Teutscher Schullmeister auffem Baarfüsserplatz, welcher vnsern Gn. Hn. schon von guetter Zeit hero mit grundlegungen, Rissen vnd Schrifften vnderschiedlich gedient, hat zum recompens umb ein zimlich vnd Ihr. Gn. gefälliges Warttgeld vnderthenig supplicirt, doch nicht auf den Schueldienst, mit erbiettung fernerer seiner willigst vnverdrossenen diensten zue allen und jeden khünfftigen begebenheitten.

Beschlossen: Den HHrn. am Dreyerambt vberwiesen hierüber Bedenkens zu haben vnd vnsern gn. Hn. dasselbe mit ehistem zu eröffnen. »

Schon am 31. Oktober 1657 erfolgt die Antwort:

« Weilen Er, Hr. Meyer, als in der Meßkunst trefflich vnd wohl geübt vnd erfahren, vnsern Gn. Hrn. schon öffters gedient, vnd niemals remunerirt worden, man auch seine dienste in ein vnd andrem weg noch ferners bedörffen werde, daß dannenhero Ihme zue recompens vnd ergözlichkeit ad dies vitæ, oder so lang es Vnsren Gn. Hrn. als der Hohen Obrigkeit belieben würde, frohnfastenlich zwo vierzel Korn, vnd fünf Gulden in Gelt gereicht vnd gelieffert, auch solche Besoldung Ihme bis auf vorstehende Weynacht-Frohnfasten für's vergangene für ein ganzes Jahr abgevolgt werden, volgens das erste quartal dieses bestimbten Warttgelts auf Fastnacht-Frohnfasten des vorerwarttenden 1658 Jahrs angehen soll. Jedoch mit dieser austrüklichen Erleutterung vnd vorbehalt, daß dises ein pures personal vnd vom Schueldienst genzlichen abgesondert seye, auch auf denselbigen in khein weiß noch weg gezogen werden solle.

Beschlossen: Blibt durchaus bei eröffnetem Bedenckhen, dergestalten, daß man Ihme, H. Meyern jetzt auf Martini pro ein ganzes Jahr 8 Vl. Korn, vnd 20 fl. in gelt, zuesambt 2 Saum Weins, jedoch dise allein für·dißmahl vnd semel per semper, zukhommen lassen, vnd mit reichung des künfftigen auf Fastnacht-Frohnfasten 1658 der anfang gemacht werden solle, so lang es der Obrigkheit gefallen würde. »

Das Verzeichnis von Jakob Meyers Arbeiten beweist, daß er neben seinem Schulamte einen großen Fleiß auf Feldmeßarbeit und Planzeichnen verwandte, und das hörte keineswegs auf, als er im Jahre 1658 in die Verwaltung St. Martin und zu den Augustinern als Schaffner wurde, zu einer Zeit, da begonnen wurde, die S der einzelnen Klostergüter zu vereinigen zum Zw Vereinfachung und der leichtern, bisweilen gar nicht Überwachung. Am Ende des 17. Jahrhunderts wa samte Verwaltung des Basler Klostergutes in zwei schaften zusammengefaßt: das Direktorium der S und die Domprobstei.[1])

Meyers Name wurde weithin bekannt. Nach Berner Regierung im Juni 1659 durch den Präfe Lenzburg bei Konrad Gyger, dem Zürcher Geom geblich darum nachgesucht hatte, daß er die Grafsch burg aufnehme und zeichne, schrieb der Landvogt J bach am 4. November 1659 an den Kriegsrat in B

«Da mir befohlen worden umb ein tauglich hiesige Graffschaft in grund zu legen mich zu u habe ich diesem Willen gehorsamlich nachgelebt wegen Hrn. Jacob Meyer, einen zu solchem werck ve Mann von Basel zu besichtigung der Gelegenheit u kreises hiesiger Graffschaft allhero beschieden, a deren genommenen augenschyn die gebührende Be so Er von solcher Grundlegung zu fordern und v vermeinte, mir zu vermelden begehrt, darauff er a anforderung sich uff die 50 Pistolen (Duplonen) be gethan.»

Es scheint aber nicht zur Ausführung der A kommen zu sein.[2])

Eine andere bedeutende Arbeit wurde ihm de Mazarin, dem Gouverneur des Elsaß, übertrage

---

[1]) R. Wackernagel, das Kirchen- und Schulgut des Kantons S. 113 ff.

[2]) R. Wolf, Geschichte der Vermessungen, S. 38.

[3]) Herzog von Mazarin hieß der im Jahre 1661 mit einer Kardinals, Hortense Mancini, vermählte Armand de la Porte et de la Ochs, P., Geschichte der Stadt und Landschaft Basel VII, S. 75, diesem neuen Landvogt von Mazarin bei einem Besuche in Bas Behörde große Ehre erwiesen worden sei und bemerkt, die Ehre gewesen als die Freundschaft, die man von ihm empfing.

Das Ratsprotokoll vom 19. Junij 1667 meldet:

«Schreiben von dem Hertzogen Mazarini aus Beffort gehrt, weil er gewillet, das gantze obere vnd vndere lsaß in Eine regulare Carten bringen zu lassen, meine . Hrn. verwilligen wolten sich deß hiesigen Ingenieurs Jacoben Meyers Diensten zu gebrauchen.

Ist auch Meine gn. Hrn. XIII an Ihne deßwegen abgebene Antwort gehört.

Beschlossen: Bleibt dabey.»

Das Konzept dieser Antwort vom 18. Juni 1667 (Missen 1667) lautet:

«Herrn Hertzogen Mazarini.

E. fürstl. Gn. abgegebenes Schreiben ist vns vom Wideringer dieses zurecht eingeliefert worden. Vnd haben wir raussen Was dieselbe wegen vorhabender Verfertigung ner regularen Carte Vebers gantze Ellsaß, vnd darzu berend diensten Vnsers Burgers Jakoben Meyers an uns genen, in Mehrerem verstanden. Sollen darüber E. fürstl. . dienstlichen anzudeuten nicht vmbgehen, daß ermelter cob Meyer von uns nicht allein für einen Ingenieur bellet vnd danoher verschiedene Gebäue zu versehen, sonrn auch noch über dieses Eine doppelte Schaffney zu verlten hat, also seine dienstgescheft einiges langes außbleiben cht leiden; gleichwohl aber, vnd damit E. fürstl. Gn. Unser enstgeneigtes Gemüth umb so viel mehrers zu verspüren r vns nicht entgegen seyn lassen, daß derselbe E. fürstl. . in dero Vorhaben so viel ohne Versäumnis seiner gerten maßen habenden diensten sein kann, nach möglichit aufwarten möge.

Vnd thun damit E. F. Gn. Gottes gewaltigem Schutz allen selbs verlangenden Fürstl. Wohlergehen getreulich pfehlen.»

In dieser großen Arbeit wurde er von seinem erst jährigen Sohne Georg Friedrich kräftig unterstützt, so daß ihm gelang, die Arbeit durchzuführen in den Jahren von 67 bis 1670. Ob die in den Personalien J. Meyers auf-führte «bekannte» Landkarte des Elsaß im Original ganz er teilweise noch vorhanden ist, habe ich bis jetzt nicht

erfahren können; hingegen existiert und ist
zeichnis als Nr. 33 aufgenommen eine gestoc
Elsaß vom Jahr 1677, verbessert 1703 und
Arbeit des Georg Friedrich Meyer, Geograph
in Basel. Dem geneigten Leser wird mitg
Verfasser, das Land durchwandernd, alles a
lichste aufgezeichnet habe. Von einer Mes
zahlreichen Plänen des Vaters und des Sohne
nicht. Es mag dies als Erklärung dafür di
Distanzen auf der Karte verglichen mit de
heutigen Karte in hohem Maße schwanken, s
einer großen Zahl von Distanzenvergleichung
erkannt werden kann. Wahrscheinlich ist er
1 : 187 500.

Man gelangt über diesen Punkt auch ni
heit unter Berücksichtigung der auf der Kart
Skalen, deren eine aus 4000 Rheinländisch
andere aus zwei französischen Meilen besteht
eine Länge von 9,45 — 9,5 cm, die zweite v

Die Rheinländische Rute hat 12 Schuh, e
eine Länge von 0,31385 m. 4000 Rhl. Rt. h
Länge von 4000 × 12 × 0,31385 m = 15064
diesen eine Länge von 9,45 cm entspricht,
als Maßstab 1 : 159000.

Wenn man ferner die französische Meil
sieht gleich 4,444 Kilometer, so sind 8,8888
der Karte 57 Millimeter lang, der Maßstab

Da diese Zahlen mit den aus der Karte
neten nicht übereinstimmen, so muß irgend
sein, den ich nicht angeben kann.

Nicht ohne Interesse ist die Übereinstin
die Meyersche Karte zeigt mit der Karte von D
vom Jahre 1576. Der Maßstab ist der gleich
Karte umfaßt das ganze Elsaß, im Norden e
Parallelkreis durch Landau, im Süden durch
grenzt, während die Meyersche Karte darübe

[1]) Siehe Bernoulli, C. Chr.: Ein Karteninkunabelba
der J. M. Zieglerschen Kartensammlung 1904, No. 52.

m Norden bis Dürkheim, im Süden bis Dachsfelden, wobei die icht elsässischen Partien weniger ausführlich behandelt sind.

Die Gebirge sind dargestellt als einseitig schattierte Hügelreihen, ziemlich kunstlos. Es ist kaum anzunehmen, daß G. F. Meyer eine eigentliche Vermessung des Landes vorgenommen habe; mir scheint er die Arbeit, wie dem Leser mitgeteilt wird, peragrando, nicht wie bei vielen Plänen echt, mensurando (s. v. v.) unternommen zu haben, vielleicht mit dem Schritt- oder Wegzähler, den er in seinem Compendium Arithmeticæ Germanæ (1700), S. 120, erwähnt.[1]) Man erhält bei der Prüfung dieser Karte nicht den Eindruck einer Originalarbeit, sondern einer durchgreifenden Revision. Diese betraf hauptsächlich den Lauf der Flüsse und besonders auch die Konfiguration des Rheins mit seinen zahlreichen Inseln.

Jakob Meyers geometrische Arbeiten fallen in die Jahre 643 bis etwa 1670. Soweit sie mir bekannt geworden, sind sie in dem nachfolgenden Verzeichnis zusammengestellt; aus der Zeit, da ihm das Amt eines Lohnherrn übertragen wurde (1668) sind kaum mehr Arbeiten vorhanden, an denen nicht auch sein Sohn beteiligt gewesen wäre, indem das Amt seine Zeit in vollem Maße in Anspruch nahm.

Manche von den vorhandenen Plänen zeigen eine gewisse Verwandtschaft mit den Bockschen, die er gekannt und von denen er selbst ja einen (siehe S. 299) auf die Hälfte reduziert hat und gerade einen, der sich durch verschiedene Zeichnungen von Künstlerhand bemerkbar machte; so auch er Plan der Birs von Angenstein bis Münchenstein, No. 18 St.-A. L. A 1), der Plan der Birs von Münchenstein bis an en Rhein, No. 11 (St.-A. B. T 26), der des Schlosses Gundelingen, No. 15 (St.-A. B. S 2, 40) u. a. Die Gesamtausführung eugt von Geschick und großer Sorgfalt.

* * *

Am Anfang der 70er Jahre des 17. Jahrhunderts kehrte er Sohn Georg Friedrich Meyer in seine Vaterstadt zurück

[1]) Item ein Reisender findt an bey sich tragendem Wegzehler, daß er n hier bis nach Colmar 78459 einfache schritt gethan habe, die machen 56918 schuh u. s. w.

in der Absicht, seine in der Fremde erworbenen Kenntnisse im Dienste Basels zu verwenden und seinem alternden Vater einen Teil der Arbeit abzunehmen. Aus den nächsten Jahren sind nur wenig Pläne seiner Hand bekannt.

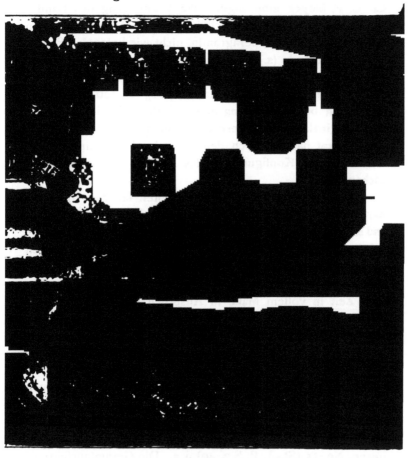

Textabbildung 3:
Meyers Meßinstrumente (Ausschnitt aus No. 34: StA. L: C 95).

Eine in der öffentlichen Bibliothek, No. 71 Cl. 8, aufbewahrte, aus der Falkeysenschen Sammlung stammende Karte des Gebietes von Basel mag besonders hervorgehoben werden: Territorium Basileense secum finitimis regionibus. Nach alten Verzeichnissen und nach der Mitteilung von Daniel Bruckner stammt sie aus dem Jahre 1678 und ohne Zweivon G. F. Meyer, der sie nicht unterzeichnet hat, deren Schriftzüge aber diese Autorschaft bezeugen. Da bis zu jener Zeit eine allgemeine Vermessung nur von Hans Bock mit seinen Söhnen vorgenommen worden und eine Reihe [illegible]zelmessungen von Jakob Meyer, vielleicht auch eigene, [illegible] uns nicht bekannt sind, so hat G. F. Meyer, diese be-[illegible]d, eine Karte erstellt, die eine Genauigkeit besitzt, [illegible] sich noch wenig Schweizerkarten jener Zeit erfreuten, [illegible] sie auch nicht an das heute Verlangte hinanreicht. Eine [illegible] Karte gleichen Inhalts aber kleineren Maßstabes (statt [illegible]000 nur 1 : 81 000) besitzt nach Wolf, Geschichte der [illegible]sung, S. 39, Note 10, die Bibliothek der mathematisch-[illegible]ischen Gesellschaft in Zürich. Diese ist bezeichnet: [illegible] Meyer fecit.

Wahrscheinlich hat diese Meyersche Karte mit Ver-[illegible]erungen, welche die spätere Vermessung des Gebietes [illegible] haben, den folgenden Publikationen von Christoph [illegible]ner und Daniel Bruckner als Grundlage gedient, von [illegible] die erste (1729) einen Maßstab von 1 : 112 500, die [illegible], von Emanuel Büchel gezeichnete, einen Maßstab von 1 : 84 375 hat (Beilage III). Wolf, Geschichte der Ver-[illegible]ung, S. 38, Note 6, verwechselt diese Karte mit der [illegible]nnten großen Karte von G. F. Meyer mit dem Maß-[illegible] : 10 000, deren unfertige Ausführung beim Tode Meyers [illegible] Personalien der Leichenpredigt erwähnt wird.

[illegible] das Jahr 1678 fällt der Beginn einer Hauptarbeit [illegible] Meyers. Er nahm die Gemarkung Biel-Benken auf und [illegible]nete davon einen Plan. Es eignete sich dieses von [illegible]-bischöflichem Land vollständig umgebene, vom übrigen [illegible]nton ganz abgesonderte Gebiet ganz besonders gut zu einer Art von Musterarbeit. Ich glaube nicht zu irren in der Annahme, daß dieser Plan (No. 34) derjenige sei, der im Staatsarchiv Liestal mit C 95 signiert ist und der sich in der Ausführung vor vielen andern Arbeiten hervortut; er enthält zierliche Abbildungen der Bussole, des Winkelinstrumentes und der Meßkette und zeigt uns hierdurch, mit welchen Hilfsmitteln der Geometer zu arbeiten gewohnt war. Das nebenstehende Bild ist diesem Plane entnommen.

G. F. Meyer hatte bei der Aufnahme dieses Planes den

entsprechenden Bockschen Plan zur Hand, wi
eingetragenen Bemerkung hervorgeht:

«Diesen Stein hat Bock außgelassen und
Stein 48 zum Stein 50 gezogen.»

Unter den Originalplänen von Bock feh
Biel-Benken, so daß die Differenz zwischen B
nicht kann kontrolliert werden. Übrigens be
die Aufnahme des Planes die Beziehung zu
auch die Zeichnung, indem der Baumschlag
maßen nachgeahmt und auch die übrige Auss
eignet ist, an die Bockschen Pläne zu erinn
haben die Lohnherren Meyer bei bedeutend
Verzierung nicht gespart; schon Jakob Mey
Plane: Die Bürß deren vnndere ergießung etc.
T 26, in unserm Verzeichnis No. 11) zwei Putte
instrumenten: Bussole, Sonnenuhr, Halbkreis mit

Das Haushaltungsprotokoll (Staatsarchiv
Montag den 7. octobris a° 1678:

«Hat man mit H. Ingenieur Meyer ger
Carten Veber Vnser gn. Hr. Landtschafft zr m
der hat eröffnet, daß allbereit Benkhen ausge
in dem Mönchensteiner Ambt mit den part
vortfahren, allsdan auch in die obern ämbte
wolte. Dabei hat H. Stattschreiber die verord
Landtvogt auff Mönchenstein zu machen vorh
pflegung vnd Hülfleistung halb, abgelesen.

Beschlossen: Bleibt bei H. Obervogts ans
soll in Gottes nammen mit den angefang
Carten mit fleys vortfahren.»

An die verschiedenen Ämter des Kant
schon am 5. Oktober 1678 folgender Befehl
bücher D 7, S. 289):

«Wir Bürgermeister und Raht der Statt
Vnsern lieben Getrewen Schultheiß vnd Ober
Ampteren Vnsern Gruß, vnd dabei zu vernem
wir Vnsern Lieben Getrewen Burger, Ingeni
messer, Georg Friderich Meyer, Befehl aufg
Vnser gantzes Gebieth einen Grundriß zu v
haben Wir Euch ein solches hiemit notificire

wollen, bey Vnsern Vnterthanen Ewerer Beamptung gebiethlich zu verschaffen, daß auf Vorzeigung dieses, Sie sambt vnd sonders, vnd besonders die Vnterbeampte Ihme, Meyern, auff sein jehweiliges Begehren zu Beschleunigung dieses Ihme anbefohlene Werckhs mit Pferdt, Frohnungen vndt sonsten in all andere weeg anhandts gehen vnd behülffsamb erscheinen sollen. Es solle auch Einjeder Vnserer Oberamptleuthen, die Zehrung, so für Ihne bey den Würthen, auffgehen möchte, bezahlen, deßgleichen denjenigen Beambten, so ihm des tags veber an die Hand gegangen, abends noch einen stuck Brodes vnd ein Maas Wein reichen lassen, vnd solches seiner künfftigen Jahresrechnung ordentlich einverleiben, Versehen Vns dessen zu einem Jeden, vnd seind Euch sampt vnd sonders zu Gn. vnd allem gutten gewogen. Geben vnder Vnserer Statt hiefürgedrucktem minderm Insigel. Den 5[t] octobris A° 1678. »

Hierauf ging Meyer rüstig an die Arbeit. Er schritt von Dorf zu Dorf, bestimmte die Lage aller Grenzsteine, sowohl zwischen den verschiedenen Gemarkungen als zwischen dem Kanton und den Nachbarn, wobei ihm ortskundige Männer, die von ihren Bannritten her alle Steine kannten, als Wegweiser dienten. Die Skizzen des Feldmessers nebst zahlreichen Abbildungen von Schlössern, Kirchen, Klöstern, oft mit Angabe der Anzahl der Bürger eines jeden Ortes, der Flurnamen und der Namen der Ortsvorsteher, die bei der Arbeit behilflich waren, sind gesammelt in einem großen Bande, der sich im Staatsarchiv Liestal befindet und bezeichnet ist « II F Allgemeines: Entwürfe von G. F. Meyer »; dieser enthält 730 Blätter in Folio.

Die einzelnen, je eine Gemarkung oder einen Bezirk betreffenden Aufnahmen und übrigen Notizen sind zusammengeheftet und mit 1—24 numeriert. Es fehlen 9, 10, 13.

In Bezug auf 9 und 10 läßt sich vermuten, daß sie Bin-ingen, Bottmingen u. s. w. enthalten möchten; 13 befindet sich n Staatsarchiv Basel (T 1. Gemeindeakten Kleinhüningen).

Auf den meisten im großen Bande zusammengebundenen eften sind Angaben über die Zeit der Aufnahme, so daß se der Zeit nach können geordnet werden. Bei einigen be ich keine Zeitangabe gefunden.

In der nebenstehenden Tabelle ist der In
Bandes II F des Staatsarchivs in Liestal folge
ordnet:

Kolonne A enthält die Nummern der einzel
gehefteten Faszikel. Die Abweich
Reihenfolge bei 5 und 22 sind a
Nummern 9 und 10 fehlen. 13
archiv Baselstadt.

» B gibt die hauptsächlichsten Ortsna
Gemarkungen vermessen worden

» C Die Blätter des Bandes in fortl
merierung.

» D Die Zeit der Aufnahme im Feld

» E Die zeitliche Reihenfolge der Auf
zu bemerken ist, daß bei einigen d
entweder ganz fehlen oder aber un
um sie sicher einzureihen; diese
einem Sternchen (*) bezeichnet.

Zu bemerken ist endlich, daß unbesch
mitgezählt sind.

Die Hauptarbeit des Geometers bestan
stellung der Marchsteine; sie schreitet fort
Stein und gibt zunächst die jeweilige Dista
einanderfolgender an, nebst den Winkeln, den
nach dem vorhergehenden und folgenden mite
wobei an die Stelle von Winkeln über 180° de
zu 360° eingetragen ist, weil das Halbkreisinst
Winkel als 180° zu messen nicht gestattete;
mußten, da nicht angenommen werden ko
Messungsfehler sowohl der Längen als der W
nügend ausgleichen, eine Reihe von Punk
werden, behufs Vermeidung zu großer Abw
geschieht bei genauen Aufnahmen durch Mess
und ein anschließendes Dreiecksnetz, indem
Dreiecken erster, zweiter, dritter u. s. w. Or
ragende Punkte, Signale, Türme und dergl.
solches Dreiecksnetz hat nun Meyer nicht übe
legt; er hat nur eine Reihe von Punkten von

Der Band II F des Staatsarchivs in Liestal.

B	C	D	E
Oltingen, Zeglingen, Kilchberg, Rüneberg	1— 68	1680. 7. 20—23 8. 4— 7 8. 23—30	XVI
Tenniken, Rucheptingen, Diegten	69—123	1681. 6.	XX
Sissach samt Zunzgerbann u. Hardt	124—158	1681. 4. 19—23	XVIII
Rothenflue, Anwil	159—183	1680. 6. 17	XV
Wildenstein, Stammburg samt Gütern (ist nach 7 eingebunden) .	261 - 270	1681. 10.	XXIV
Wallenberger Vogtey, Reigoltswil, Arboltswil, Lampenberg, Höllstein	184—233	1679. 10.	X*
Lupsingen	234—260	1679. 7. 11	VIII
Zyfen	271—287	1679. 8. 4	IX
Hierher dürften die Feldmesserskizzen der Gemarkungen . .	—	—	I*
Biel-Benken, Binningen, Bottmingen etc. gehören	—	1678. 4—7	II*
Mönchenstein	288—304	1678. 9.	IV
Holeesachen	305—316	1678. 8.	III*
Kleinhüningen (im Basler Staatsarchiv Gemeindeakten T 1) . .	—	1681. 9. 28—29	XXIII
Augst, Aristorf, Wintersingen, Meisprach, Buus, Hemmiken (s. 22)	317—328	1680. 3—5	XII*
Bubendorf	329—346	1679. 7. 2	VII
Meisprach, Buus, Hemmiken . .	347—378	1680. 5. 25	XIV
Homburger Vogtey mit Teilen von Rucheptingen, Langenbruck, Läufelfingen	379—420	1680. 9. 10	XVII
Gelterkind., Rotenflue, Ormalingen	421—438	1681.	XXII
Langenbruck	439—465	1679.	X*
Wallenburg, Ober- u. Niederdorf, Benwil, Hölstein, Ramlisburg, Arboltswil, Liederschwil, Titterten, Reigoltswil, Luwiler . . .	466—506	1681. 7. 12	XXI
Muttenz, Pratteln (nach 22 eingeb.)	589—635	1678. 10-11	V
Augsterbann, Olsberg, Aristorf, Wintersingen, Gibenach	507—588	1680. 3—5	XIII
Liestaler Bann	636 - 683	1679. 4—7	VI
Gelterkinden, Ormalingen, Bökten, Tecknau, Wenslingen, Rickenbach, Diepflingen	684—710	1681. 5. 17	XIX

Standpunkten aus einvisiert und die Wink
treffenden Visierlinien miteinander bildet
Eine Basis wurde nicht gemessen.

Beispiele solcher Orientierungen find
schiedenen Blättern, so Fol. 380: observat.
vier Schlösser im Baselgebiet auf dem Feld
kinden und Witisburg. Vom Standpunkt a
mit der Bezeichnung: 69° 40′ Homburg, 1
fluo, 141° 5′ Wallenburg, 164° 10′ Ra
Farnsburg.

Entsprechende Angaben enthalten Fol
halb Füllinsdorf auf dem Boll, Fol. 594 auf
Fol. 669 obs. trigonom. beim Trattzug an der

Daß G. F. Meyer auch Messungen seine
sagte er schon auf Fol. 1: obs. trigon. patri

Auch in den Fällen, wo die Längenmes
Graben unterbrochen und dadurch direkt n
hat er sich mit trigonometrischer Berechnung
2. Seite: In einem Dreieck werden gemess
Ruten und die beiden anliegenden Winkel 4
um die dem letztern gegenüberliegende, un
fernung zu berechnen. So auch Fol. 440,
und Messung wird das Nähere in Beilage

Mit der Lösung der rein geometrisc
gnügt sich Meyer nicht. Offenbar in der A
messungen später zu einem Gesamtbilde, z
großem Maßstab zusammenzuarbeiten, zei
skizzenhaft zwar, viele Ansichten, welche d
Berge, die Lage der Ortschaften in der Ur
geben. Sogar die einzelnen Häuser der Dörf
stellt und ein besonderer Fleiß, aber auch v
wendet auf die Zeichnung hervorragender G
Klöster und Schlösser, die teilweise äußerst
gegeben sind.

Als Beispiele dargestellter Dörfer mög
Tenniken (Fol. 89), Zunzgen (Fol. 137, 138),
Bukten (Fol. 399), Frenkendorf (Fol. 644), G
685), und an Schlössern und Klöstern finden
Waldenburg (Fol. 191, 196) und vom Schloß

Grundriß (Fol. 261), ein prospectus orientalis, meridionalis, septentrionalis (Fol. 266, 268), Innenhof und Turm (Fol. 269), nochmals Wildenstein (Fol. 473), Schloß Mönchenstein (Fol. 303), Schloß und Dorf Mönchenstein in Vogelperspektive (Fol. 304), Farnsburg prospectus orientalis (Fol. 364), Homburg von Mitternacht (Fol. 392), Kloster Olsberg (Fol. 528).

Da Meyer auf die Hilfe sach- und ortskundiger Personen angewiesen war, so fühlte er sich auch verpflichtet, ihre Namen aufzuzählen. So (Fol. 562) «die Obervögt, Pfarherren vnd auch die Underbeamten des Baselgebietes, benandtlich: Meyer, Undervögt, Geschworne, Amtspfleger vnd Kilchmeyer des Baselgebiets, so mir in Abmessung desselben behülflich gewessen. Erstlich in dem Farnsperger Ambt Landvogt Hr. Johannes Buxdorff u. s. w.»

Eine Extraleistung war die Erstellung einer Sonnenuhr am Pfarrhause zu Wintersingen (Fol. 549) und ein Spezialvergnügen die Portraitierung eines Gredeli in Muttenz (Fol. 595).

Wiederholt erscheint am Ende der Vermessung einer Gemarkung ein: laus deo, Gott geb Gnad; die Stammburg Wildenstein verläßt er mit dem Spruche: Alles was athem hatt, Lobe den Herrn, vnsern Gott, dan er gibt Weißheit vnd verstand vnd wer ihn bittet, den erhört er.

Das in den Jahren 1678—1681 gesammelte Material kam bald zu partieller Verwendung, indem G. F. Meyer eine Reihe im Verzeichnis aufgeführte Grundrisse einzelner Gemarkungen, Grenzlinien und andere Pläne ausführte und zwar in verschiedenen Maßstäben, vorherrschend in 1 : 6500 und 1 : 10000.

Am 23. Mai 1682 meldet das Haushaltungsprotokoll (Staatsarchiv Basel G 2. 2): «Wegen Verbesserung des H. Ingenieurs Meyers besoldung, so da bestehet in 60 ℔, 5 Vrzl. Korn vnd 2 S. Wein jährlich, ist gut befunden worden: daß hinkünftig Ihme jährlich 60 ℔ in Geld, so dan an statt 5 Vrzl. zechen, vnd an statt 2 Saum Wein Sechs Saum Wein sollen gericht werden.»

Sodann am 21. Oktober 1684: «Wegen H. Ingenieur Meyers, welcher seit mehr als 4 Jahren 67 Tag zugebracht vnd in circa 15 abrüß von allerhandt Materj gemacht, dahero einer discretion würdig, ist guth befunden worden, ihme 100℔

für alles vnd alles zu geben, Hinkünfftig aber
ein tag für sein müh, neben fueter vnd mahl, (
zalt, darein aber die machende riß mit eingerecl

Außer der großen Aufgabe der Vermess
maligen Kantons Basel traten auch noch ande
heran, zumal in den unruhigen Zeiten, in denei
Durchmärsche fremder Truppen durch unser G
wurden.

Einige in unser Verzeichnis als No. 56, 57 ai
Risse zeigen, daß Meyer in Basel Gelegenheit
seine in Lothringen erworbenen Kenntnisse ii
kation anzuwenden und zwar zunächst an dei
des St. Johanntores. Hierauf aber beschränkt
Tätigkeit nach dieser Richtung hin nicht.

In den eidgenössischen Abschieden der Jal
1690 wird Meyers mehrere Mal gedacht, so:
Kriegsräten in Augst wird auf dringendes E
französischen Gesandten der Auftrag erteilt, ii
zu Augst und an der Birs zu errichtenden Sc
Beizug des Herrn Rathsherrn Meyer und ande
kundigen einen Augenschein einnehmen unc
Kostenberechnungen fertigen zu lassen und di
zösischen Gesandten nach Solothurn zu senden, (
von dorther bezahlt werden.

Darauf erkannte die Regierung von Base
349): «Wir Bürgermeister und Rhat der Statt Bas
hiemit, demnach Wir vnserm g. l. Mitrhat und Ing
Friedrich Meyern Befelch aufgetragen, denen
vnsern Grenzen sich befindlichen eidgenossi
Kriegsrhät in verfertigung gewisser von seit
Lobl. Eydgnoßschafft diser enden gutbefundener
an die Handt zu gehen, vnd aber zu Beford
werkh vnserer Vnderthanen Frohnung ohnumb
nöthen seind, Als befehlen Wir hiemit vnd
gesambten vnsern g. l. Schultheiß vnd Obervö
obern vnd undern Ämbtern, Ihme, vnserm Mitr
nieur auff sein jehweilig mündlich oder schriftli
so viel Persohnen, Fuehren, Handfröhner vnd Scha
als er begehren wirt allweg sambt erforderlichem V

an Orth vnd End Ers erfordern möchte, ohnweigerlich zur Hand zu schicken, vnd denenselben ernstlich zu befehlen, daß sie sich in der ihnen anbefohlenen Arbeit fleißig erzeigen, vnd ohne sein, vnsers Mitrhats oder seiner Nachgesetzten Befelchhabern dimission davon nit auszustehen bey Vermeidung vnserer Vngnad, gestalten wir vns von dem ein vnd andern gehorsamer parition genzlich versehen. Geben vnder vnserer Statt hiefür auffgetrucktem mindern Insigel den 12 Mai 1689.»

Meyer selbst erhielt von der Regierung einen ähnlich lautenden Brief, worin ihm die Vollmacht zur Einforderung von Frohnarbeiten und Leistungen erteilt wird.

S. 286, Juli 1689: Die Kriegsräte in Liestal berichten — — und bemerken, es sollte dem Ratsherrn Meyer von Basel für die Leitung der Schanz- und Redoutenwerke eine gebührende Belohnung ausgesetzt werden. — — Was die Belohnung des Ratsherrn Meyer von Basel betrifft, so wird dies den Kriegsräten überlassen, in der Meinung, daß sie aus dem Überschuß der empfangenen französischen Gelder bestritten werde.

S. 299, September 1689: Die Kriegsräte erstatten über die Verdienste des Ratsherrn Meyer von Basel als Ingenieur einen günstigen Bericht und empfehlen ihn zu einer entsprechenden Belohnung. In Antwort hierauf werden sie beauftragt, von ihm zu vernehmen, was die Gebühr sein möchte, und ihn zu bezahlen, sofern die Kriegskasse es erlaube; im entgegengesetzten Falle sollen sie die Orte wieder berichten.

S. 336, April 1690: Die Kriegsräte in Liestal bringen in Erinnerung, es möchte dem Ratsherrn Meyer von Basel wegen seiner Verdienste der Titel eines eidgenössischen Ingenieurs erteilt werden. Das verlangte Patent wird in Aussicht gestellt.

S. 355, August 1690: Auf abermalige Anregung der Kriegsräte zu Augst wird dem Ratsherrn Meyer von Basel für seine vielen Bemühungen als eidgenössischer Ingenieur ein Geschenk von sechs Reichstalern von jedem Ort für Anschaffung eines Ehrengeschirrs zuerkannt. Einige Orte deponieren ihren Teil sogleich bei der eidgenössischen Kanzlei, andere nehmen die Sache ad referendum.

Durch diese kriegstechnischen Beschäftig
die Übernahme des Lohnamtes (1691) mit sei
leichten Aufgaben wurde die Ausführung
nämlich der zusammenhängenden Verwertung
Vermessungsarbeit verzögert. Meyer erstell
große Karte des ganzen Gebietes (No. 63) i
1 : 10000. Diese Karte mißt in der Höhe
in der Länge oder Breite 3,34 Meter und ha
Fläche von nahezu 10 Quadratmeter; sie e
Ortschaften des Gebietes in ausgeführter
Straßen und Bäche, alle Marchsteine der Bä
steine; jedoch ist keine Bergzeichnung vorh
sonalien bei der Leichenrede sagen, daß
(1693) erst ein Teil der Tafeln, aus welche
sammengesetzt ist, vollendet gewesen sei u
es möchte sich niemand finden, der sie
Wer das vermocht hat, wissen wir nicht; a
Karte befindet sich heute in befriedigende
Staatsarchiv Basel auf großer Rolle zum He
Aufziehen eingerichtet. Diese Arbeit gehört
den wertvollsten, die Schweiz betreffenden,
Arbeiten jener Zeit. Die Prüfung der Genau
gleichung einer Reihe von Distanzen mit den
auf der Randegger'schen Karte, deren Maß
ergibt ganz allgemein, daß Distanzen Base
Maisprach, Bretzwil-Gelterkinden, Waldenbu
andere, stets auf der Meyerschen Karte fünf
als auf der Randegger'schen; Abweichungen
vorgekommen.

Eine Übersicht über die Arbeiten de
herren Meyer, soweit sie das Gebiet von B
Grenzen betreffen, gibt das Verzeichnis, da

Höhe 49 cm. Länge 36,6 cm.
Skala 4000 Schuh (= 8,6 cm). Maßstab 1 : 13000.

Viro prudentiæ consiliique dexteritate pollentissimo Domino Melchiori Guggero, senatori, tredecemviro et præfecto in Riechen gravissimo, meritissimo, Dno et Mecoenati suo observandissimo exiguis hisce riechensibus delineationibus ad exactiorem ejusdem topographiam studia sua officiose dedicat offert. M. Jacob Meyer, G. Mens. Jan. An. MDCXLIII.

Exakt kopiert von Emanuel Büchel Anno 1747.

Dieser Plan ist nach Herrn Bocken Grundriß verjüngt: das Territorium so viel die Zeit zugeben verbessert, die Anguli aber (so meistentheils falsch apparieren) auf bessere Gelegenheit Gnd. Befelch zu remedieren eingestellt worden.

2. Eine zweite Kopie (nach der Büchelschen) trägt die Überschrift: **StA. B: A 1. 27.**

Copia eines Grundrisses des Riehen Bahns von Jacob Meyer auß dem Bockischen Original nach verjüngtem Maßstab gezogen und von Em. Büchel copiert, als von dessen Copia auch diese genohmen worden von L. Fesch Obervogt zu Richen 1777.

3. Ein Stück aus diesem Grundriß in überaus zierlicher Ausführung; umfaßt Riehen, Stetten, Weil. Bezeichnet 1643 Emanuel Büchel fecit. **StA. B: Bauakten X. 1.**

Höhe 25,7 cm. Länge 19,1 cm.

Alles in gleichem Maßstab wie **A 1. 26.** (No. 1).

Hierzu eine Ansicht von Ober- und Nieder-Dillingen, Weil, und in der linken Ecke unten Riehen, Kirche und einige Häuser.

4. Bericht über die Bahn und Zehendenstein am Weyler Berg im Schlüpf gelegen. Meyer Ing. **StA. B: A 1. 14. 15.**

Höhe 28 cm. Länge 36 cm.

Eine Steinsatzung im Schlipf, festgeschätz...
1642, ausgeführt am 2. Januar 1643. Berich
folgende Nummer.

5. Geometrischer Bericht über die in
2. Januar zwischen Weyll und Riechen zu
Bahnstein. M. Jac. Meyer mensuravit.

Höhe 30 cm. Länge 93,6 cm.
Skala 10 Baselruten (= 9 cm). Maßst

6. Der mehreren Statt Basel Zwing
metrischer Grundriss. M. Jacob Meyer 1653.

Höhe 147 cm. Länge 144 cm.
Skala 300 Baselruten (= 26,7 cm). M

Länge eines Basell Veltschuehs, deren
machen (= 0,2813 m).

Länge eines Decimal oder Landmesser S
eine Baselruetten thuendt (0,453 m).

Bemerkung: Das Maß des Dezimalschuhes ist u
zeichnet. Auf Plan L **A 19**, No. 52, richtig (0,4500 m);
schuh auf L **B 79**, No. 36 (0,225 m).

Oben Mitte: Inhaltsangabe

Links: Bericht über die Bann oder Hoche Herrlichkeits-Stein.

Rechts: Dedikation
Wappen: Hummel,
hardt,]

Unten: Die Stadt selbst nach Merians Plan auf ca
Bericht über den Umbgang der Statt: 13 336
6668 Schritt.

7. Der mehreren Statt Basel Zwing
metrischer Grundriss durch Herrn Lohnher
A. 1635[1]) verfertigt, und hier umb 6¹/₄ mah
tragen 1773. Ohne Autor.

Maßstab 1 : 31 250.

Bemerkung: Dieser Plan wird mit der unricht
Dan. Huber, Tagebuch I, § 425, erwähnt.

---

[1]) Irrtümlich statt 1653; siehe No. 6 dieses Verzei

8. Eigendlicher Bericht über die neun liegenden Zehnden Stein uff Bruderholtz zwischen den Bähnen Oberweiler vnd Bottmingen. Jac. Meyer 4. Sept. 1656.

StA. L: C 100; alte Bezeichn. **F 5.**

Höhe 36,5 cm. Länge 89 cm.

Skala 100 Ruten (= 9 cm). Maßstab 1 : 5000.

Abbildung des Schlosses Bottmingen.

9. Augst: Grundriß der Galleza Matten. M. Jacob Meyer mensuravit. Ao. 57 m. apr. **StA. L: C 91;** alte Bezeichn. **C 5.**

Skala 30 Baselruten (= 9,3 cm). Maßstab 1 : 1500.

Inhalt: Areal an Ergolz und Rhein stoßend.

10. Abscheidung von Helfis- und Hausmatten, Grundriß der Ergelzmatten. M. Meyer mensuravit. Ao. 57 mens. Apr.

StA. L: C 141; alte Bezeichn. **B 2.**

Höhe 31 cm. Länge 62 cm.

Skala 30 Ruten (= 9,2 cm). Maßstab ca. 1 : 1500.

11. Die Bürss deren wundere ergiessung vndt Fluss: Thallgeländt sambt angrentzender Gelegenheit, von dem Schloss Mönchenstein an biss an den Rhein, auss der rechten wahren Grundlinien nach verjüngter geometrischer Proportion auf newe Orthographische Art eigendlich gezeichnet.

StA. B: T 26 und **T 27.**

Höhe 63 cm. Länge 221 cm.

Doppelte Skala: Rheinl. Maßstab: 136 Ruth. à 12 Schue.
Baßlerisch Maßstab: 120 Ruth. à 16 Schue
(= 19 cm).

Maßstab ca. 1 : 2840.

Schilderung des Flußlaufes von der Quelle bis zum Rhein. Nutzen des Flusses dargestellt durch Nasenfang, Teiche, Mühlen. Zeichnungen von Dörfern und Schlössern: Hirten, Fischer, Bauern. Hierzu zwei Putten mit den Meßinstrumenten: Bussole, Sonnenuhr, Halbkreis mit Diopter.

Links unten in besonderer Umrahmung: Perspektiv und Übersehung dieser ganzen Landtschafft der Bürs von Mittnacht har gezeichnet.

In herzförmigem Rahmen: Karte des Birslaufs von der Quelle bis zum Rhein.

Rechts oben: Wappen von Mönchenstein
des Dorfes.

Rechts unten: Amplissimo Reipubl.: B
Dominis suis clementiss. Tabula hacce geogr
elaborata officia sua undiquaque paratissima
offert M. Jacob Meyer. mens. Octob. Anno M

12. Ein Plan enthaltend den Lauf der W
bis Riechen nebst den zufliessenden Bächlin u
M. Jac. Meyer Ing. delineavit. **StA. B:**

Höhe 17,2 cm. Länge 41 cm.

Bei einem Punkte C steht: Das alte Wur
Müljdeychs; Dahin es auch wieder verglichen
den 6. Septemb.

13. Geographische Verzeichnuss der Situ
Flusses sambt angrenzender Landtschaft v
Angenstein an bis under Mönchenstein. Anno
J. Meyer Ing. mens.

Höhe 45 cm. Länge 133 cm.
Skala: 200 Ruth. eine à 16 Schue, die
gemeinen gehens (= 17,7 cm). Ma

Saubere Zeichnungen der einzelnen Dörf
(siehe No. 18).

14. Eigendlicher Grundriss des Distri
Landts, welches der Hersberger vorgehen
zuo denselbigen Höffen solle gehört haben.
A. 1660. **StA. L: A 34**; alte

Höhe 50,8 cm. Länge 47,5 cm.
Skala 100 Baselruten (= 9 cm). Maßs

In der Ecke unten rechts ein Kärtchen
24,5 cm lang.

Skala 300 Baselruten (= 3,8 cm). Ma

In derselben Rolle **A 34** sind noch zwei
Umgebung, beide ohne Namen, mit der alten
C 9, der Handschrift nach von J. Meyer. **C**
300 Ruten (= 13,5 cm). Maßstab 1 : 10000.

15. Geometrische Verzeichnuss des Schlosses newen Gundeldingen sambt desselbigen gueteren in Basellbahn. Jacob Meyer mensuravit, mense Aprili 1662. **StA. B: S 2. 40.**

Höhe 70 cm. Länge 191 cm.
Skala 40 Baselruten (= 21,3 cm). Maßstab ca. 1:845.

Dem Edl. Ehrenvesten vnd Hochgelehrten Herrn Frantz Platneren beyder Rechten candidato als Eigenthumblichem Besitzer diseres wie auch des größeren Schlosses Gundeldingen, meinem in sonders HochgeEhrten Herren zur sondern Ehren vnd wohlgefallen deliniert vnd vbergeben durch Jacob Meyern.

Links oben: Das Plattersche Wappen.

Rechts oben: Mehrere Bilder: Ichnographia oder Grundriß, Orthographia oder Standriß, Scenographia oder Prospekt.

Beschreibung der Situation und Größe des Areals. Summa summarum aller dieser güettern 1499232 Schue, die machen 107 Juchardt 12 Quadratruthen vnd 23 Schue. (NB. Decimalschuhe im Quadrat.)

Unten: Meßkette, Halbkreis, Zirkel.

16. Grundriss des Hofes Michelfelden sambt desselbigen Bahn und Guetteren Lobl. Statt Basel eigenthumblich zustendig. Jacob Meyer mensuravit Ao. 1664, mense Julio.

StA. B: S 1. 50. S 1. 49.

Höhe 71 cm. Länge 141 cm.
Skala 60 Baselruten (= 13,6 cm) Maßstab 1:2000.

Oben rechts in verziertem Rahmen: Dedikation.
Unten rechts: Beschreibung.

17. **StA. B: S 1. 49** ist eine Kopie von **S 1. 50,** gezeichnet vom Sohne G. F. Meyer; die Dedikation fehlt.

18. Geographische Verzeichnuss der Situation des Bürssflusses sambt angrenzende Landschafft von dem Schloss Angenstein an bis under Mönchenstein. J. Meyer delineavit Ao. 1665 mens. Octob.

StA. L: A 1; alte Bezeichn. **S No. 1,** auch **AD No. 74.**

Höhe 47,5 cm. Länge 133 cm.
Skala 200 Ruten (= 17,7 cm). Maßstab 1:5000.

Ein schöner Original-Plan mit Zeichnungen aller Schlösser und Dörfer des Gebietes. (Siehe No. 13).

19. Delineatio vnd Verzeichnuss der bei
ob Langenbruckh etc. sambt kurzem Bericht
Streitt vnd Zanckbrunnen nebst schriftlichem
Jacob Meyer 1666. **StA. L: A 56;** alte Bez

Skala 50 Baselruten (= 50 mm). Maßsta

20. Grundriss der beyden Strassen, oder Al
uff Bruoderholtz in Basel Bahn. Jac. Meyer Ap

Höhe 38 cm. Länge 160 cm. **St**

Scala longitudinis 80 R. (= 21,8 cm). Maß

Scala latitudinis 18 R. (= 98 cm). Maßs

Reicht vom Anfang des Almentweges bei
bis an den Reinacher Bann; eingetragen sind al
und deren Abstände.

21. Grundriss eines Waldts in Muttenzer
bigem Berge bey Alt-Wartenburg gelegen: de
ständig. Jac. Meyer mensuravit. **StA. L:** ohne

Höhe 45,5 cm. Länge 69,5 cm.

Skala 50 Basel-Ruthen ein à 16 schue (=
Maßstab 1 : 1000.

22. Grundriss der Landmarch vnd Bannlin
Bern, Basel vnd Solothurner Gebieth uff den
M. J. Meyer fecit. **StA. L: A 50;** alte B

Höhe 35 cm. Länge 48 cm.

Skala 150 Baselruten (= 13,4 cm). Maßs

23. Grenzsteine des Reinacher Bannes. M.
ohne Jahreszahl. **StA. L: Lade III F20;** alte Be

Höhe 42 cm. Länge 93 cm.

Skala 100 Ruten (= 10 cm). Maßstab 1

Dieser Plan gehört wohl zu denen, die als
wiedergefundene Bocksche Pläne aufgezählt we
die beiden Nummern VI lassen vermuten, daß n
zwei verschiedene Pläne bezeichnet werden.

24. Grenzsteine des Reinacher Bannes in sc
führung und besserer Erhaltung. M. Jacob Me
StA. L: C 180; alte I

Höhe 53 cm. Länge 75 cm.

Skala 100 Ruten (= 10 cm).

Beide Pläne (23 und 24) unterscheiden sich
den Bockschen durch den Baumschlag und die S

25. Grundriss vnd verzeichnuss der Marchlinien vnd Hohen Herlichkeit-Steinen zwischen dem Hochlobl. Hauss Oesterreich vnd der Lobl. Statt Basell, von oben auff den Hofmatten vnd dem Kleffelberg an biß nach Augst an der Bruckh, wie sich Anno 1662 befunden. Ohne Überschrift, aber von der Handschrift von Jakob Meyer.

StA. L: A 32; alte Bezeichn. **C 2.**

Höhe 40 cm. Länge 119 cm.

Skala 500 Ruten (= 10,9 cm). Maßstab 1 : 20000.

26. Grundriss der Grentzen zwischen Meisprach, Buus und Wintersingen und den österr. Dörfern Zeinigen, Melibach und Magden. **StA. L: A 25**; alte Bezeichn. **C 17.**

Höhe 54,5 cm. Länge 41,7 cm.

Skala 200 Ruten (= 9 cm). Maßstab 1 : 10000.

Enthält eine Zeichnung von Schloß Farnsburg, Dorf Buus, Maisprach, sämtliche Herrlichkeitssteine und einige Bannsteine.

Bemerkung: Dieser Plan umfaßt dasselbe Gebiet wie **StA. L, A 31** in gleichem Maßstab von G. F. Meyer 1684; weicht nicht unwesentlich ab.

27. Bannabgrenzung Arlesheim-Mönchenstein. J. Meyer, ohne Jahreszahl. **StA. L: C 87**; alte Bezeichn. **No. 7.**

Ein unregelmäßig abgeschnittenes Blatt.

Skala 400 Schuh (= 9 cm). Maßstab 1 : 2000.

28. Grundriss einer Bastion zwischen Riehemer und Blaesithor, ausserhalb dem Stattgraben an dem Zwinger gelegen, sambt einem vnvorgreifflichen Bedenkhen, wie ein solches wider reparirt vnd in Defension gebracht werden könte. Wahrscheinlich von Jakob Meyer. **StA. B: A 1. 74.**

Ein Grundriß und zwei Profile.

Skala 150 Werkschuh zu dem Grundriß dienl. (= 10,6 m). Maßstab 1 : 400.

Skala 60 Werkschuh zu den zwei Profilen dienl. (= 9,6 cm. Maßstab 1 : 175.

29. Eigendliche Verzeichnus des Zehends St. Michaels, der Stift Praesentz vnd Quotidian in Basel gehörig. Jac. Meyer Ing. mens., ohne Jahreszahl. **StA. B: A 1. 1.**

Höhe 37,5 cm. Länge 61,6 cm.

Skala 30 Baselruten (= 13,5 cm). Maßstab 1 : 1000.

Zwei Liegenschaften zwischen Kuchingaesslin und Nawengaesslin, zerteilt durch das Haymattgässlin.

30. Grundriss des Hoffs Michelfelden samb
Bahn und Guetteren Lobl. Statt Basel eigent
stendig.

Höhe 71 cm. Länge 141 cm.

31. Grundriss der in Ao. 1670 den 17. August
tembris geschlagenen euchenen Bahnpfeillern
setzten Lohen-Steinen zwischen den Bahnen der
Dorffs Weill, vnd der minderen Statt Basel;
Ao 1672 den 13. Nov. zwischen vermeldtem D
dem Baslerischen Dorff Riehen verglichenen
new gesetzten Bahnsteinen, an der Wiese gel
Meyer Ing. fecit 1670. St.

Höhe 66 cm. Länge 114 cm.
Skala 50 Baselruthen, eine à 16 deren Schu
Maßstab ca. 1:1830.

32. Grundriss eines stückh Waldes in In
gelegen, dem Lobl. Deputaten Ampt in Ba
G. Frideric. Meyer Ing. mensuravit Ao. 1676.

St

Höhe 49,6 cm. Länge 67 cm.

Fläche der Waldung: 2167 quadr. Ruten gebe
weniger 3 quadr. Ruten.

In der Skala scheint ein Versehen zu sein;
es heißen 15.

33. Alsatiæ superioris et Inferioris Accur
graphica Descriptio. Öff. Bibl.:

Benevole Lector.

Mappa hæc ab Authore qui ipsemet totam h
peragrando omnia accuratissime notavit, delineata
aliæ ejusdem descriptiones vel jam prodierint,
prodituræ essent, illæ tamen utpote ab author
qui ipsam regionem non visitarunt, et proin ex
huic cedere absque dubio necesse habebunt.

Autor erat Georg: Fridericus Meyerus, celeb
et Architectus Basil.

Apud Joh. Lucam Hoffmannum Basileæ.

Provinciæ hujus latitud 47° 48′ et 49°, a prim
et 29°. Quorum quilibet 15 mill. germ. facit. Ao.
G. J. Correcta 1703.

Höhe 42,7 cm. Länge 155 cm.

Die Karte besteht aus 3 Blättern. Maßstab ca. 1:180000.

Links unten: Skala 2 Meilen, bestehend aus 2000 rheinändischen Ruten (= 9,45 cm).

Rechts unten: Skala 2 französische Meilen, mutmaßlich eues (= 5,7 cm).

Oben links: Ein Doppelwappen; der Teil links ist das r Landgrafschaft im Ober-Elsaß, der Teil rechts das der afen von Werd, die zeitweise die Landgrafschaft im Unteraß innehatten. (Mitteilung des Herrn Staatsarchivar Dr. R. ackernagel.)

34. **Geometrischer Grundriss der Bannlinien bey den örffern Benckhen vnd Biel: Lobl. Statt Basel eigenthumbch zustendig.** Per Georgium Fridericum Meyerum Geogr. et ng. Bas. mens. Aug. Ao. 1678. **StA. L: C 95**; alte Bez. **F 8.**

Höhe 92 cm. Länge 115 cm.

Skala 80 Ruten (= 10,9 cm). Maßstab 1:3300.

Bemerkung: Beim Stein 49 steht: Diesen Stein hat Bockh außgelassen d die Lini vom Stein 48 zu dem Stein 50 gezogen.

O. unten, W. oben, N. rechts, S. links.

Zierliche Abbildung der Bussole, des Winkelinstrumentes d der Meßkette; Bienenkorb, Ackergeräte.

Umgang 2129 Ruten 7 Schuh 5 Zoll = 2 1/2 Stunden Weges.

35. **Geometrischer Grundriss des Bratteler, Muttenzer d Mönchensteiner Bannes.** G. Fridericus Meyerus Geogr. Ing. Bas. 1678 Nov. Dec. **StA. L: B 80**; alte Bezeichn. **F 1.**

Höhe 120 cm. Länge 150 cm.

Skala 200 Ruten (= 13,8 cm). Maßstab 1:6500.

Reicht in der Breite vom St. Albantor bis Augst.

Stimmt überein mit F 1 des Registers.

36. **Grundriss der Statt Liechtstal sambt derselben Zwing d bans gerechtsame.** Per Georg. Frid. Meyerum Ing. Bas. 1679. 1680. **StA. L: B 79**; alte Bezeichn. **B O.**

Höhe 148 cm. Länge 152 cm.

Skala 300 Ruten (= 20,6 cm). Maßstab 1:6500.

Eingezeichnet ist eine Linie als Länge von 1/2 Dezimalhuh (= 22,5 cm).

Ein prächtiger Plan mit Angabe sämtlicher Flurnamen, ner ausführlichen Beschreibung der ganzen Bannlinie und ben rechts eine Jagdszene.

37. Geometrische Verzeichnuss der Dorffsc
Arisdorf, Wintersingen, Meysprach, Buus vnd
sambt deren Landmarch vnd Bansgerechtigkeite
Fridericus Meyerus Ing. mensuravit et fecit Ao.
Apr.-Jul. **StA. L: A 58**; alte Bez

Höhe 71 cm. Länge 172 cm.

Skala 250 Ruten (= 11,2 cm). Maßstab 1

38. Grundriss der Landmarch zwischen den
Dörfern Oltingen, Zeglingen; sodann denen sollc
Dörfern Kienberg, Erlinsbach und dem Hofe
G. F. Meyer 1680. Kopie von J. J. Schäfer 1794. S

Skala 200 Baselruten (= 9 cm). Maßstab

39. Grundriss etlicher Feldern und Matten, w
diss- theils jenseits des Bürseckhs gelegen: davon
Spittal alhier der Zebenden gebühret. Per G. Fr
Ing. et Geog. Basil. Ao. 1680 mens. Febr.

StA. B: Spitalarch

Höhe 62 cm. Länge 104 cm.

Skala 60 Baselruten (= 19 cm). Maßstab

40. Die Homburger Vogtei. Mensur. et labo
Frideric. Meyerum Geogr. et Ing. Bas. 1680. 168

StA. L: B 77; alte B

Höhe 108 cm. Länge 64 cm.

Skala 200 Ruten (= 9 cm). Maßstab 1 : 1

Abbildung: Schloß Homburg.

41. Grundriss der Landmarch zwischen lob
vnd lobl. Statt Sollothurn auff der Geisfluo,
Leitschenberg, Brandeck vnd Burgfluo, wie solc
den 15. Octob./25. Sept. mitt 19 Landsteinen au
vnd versehen worden. G. Fridericus Meyerus m

StA. L: mit **A 27** zusammengerollt; alte B

Höhe 32 cm. Länge 76 cm.

Skala 300 Baselruten (= 135 mm). Maßst

42. Kleinhüningen. **StA. B: Gemein**

Skizzen des Feldmessers, den Skizzen des g
im Liestaler Archiv entsprechend; mit No. 13 bez
fehlend.

Darstellung des Dorfes mit allen Häusern. Cives 20. Visierlinien nach verschiedenen entfernten Punkten eingetragen.

Notiz: 17 Dezimalbaselschuhe geben 2 rheinländ. Ruten.
9 » » $12^1/_2$ franz. Schuhe.

43. Grundriss des sogenannten Spitzes in Biel-bencken Bann gelegen. G. Fridericus Meyer. Ing. Bas. mensur. Ao. 1681. 27. Oct. **St A. L: C 96**; alte Bezeichn. **F 9.**

Höhe 47 cm. Länge 55 cm.
Skala 80 Ruten (= 18,5 cm). Maßstab ca. 1 : 2000.

44. Das Kloster Schönthal sambt dem Kilchzimmer, wie auch deroselben Aeckher, Matten, Weyden und Hochwälden (sic.) dem grossen Spittal alhier eigentumlich zustaendig. G. Frid. Meyer Geog. et Ing. Basil. mensuravit et fecit 1682. **St A. B: Spitalpläne 12.**

Höhe 78,5 cm. Länge 69,5 cm.
Skala 90 Baselruten (= 10 cm). Maßstab ca. 1 : 4000.
Abbildung: Kloster Schönthal.

45. Der Mehreren Stadt Basel Zwing und Bann. Vermutlich von G. F. Meyer. Den 28. vndt 29. Julij, den 11. Aug., den 14. und 15. dito 1682. **St A. B: J 1. 13.**

Heft der Notizen des Feldmessers.

46. Grenzlinie zwischen Waldenburger-, Farnsburger-, Homburger-Vogtey und Solothurn (Düreck, Kamber, Iffenthal, Hauenstein). G. Friederich Meyer 1682. **St A. L: A 33**; alte Bezeichn. **E 2.**

Höhe 30,5 cm. Länge 59 cm.
Skala 200 Ruten (= 9 cm). Maßstab 1 : 10000.

47. Grundriss der Landmarch zwischen dem Baslerischen Dorff Riehen vnd dem marggraefischen Dorff Weill, sambt dem sogenannten Bischoffs-Ackher. Letzterer im Schlipf, 16 Jucharten eingeschlossen. G. Fr. Meyer Ing. fecit. 1683 mens. Aug. **St A. B: A 1. 16.**

Höhe 33,5 cm. Länge 48,8 cm.

48. Grundriss des Hoffs Michelfelden sambt desselbigen Bann und guetteren: Lobl. Statt Basel eigenthumblich zu-

stendig. Georg. Fridericus Meyerus Ing. m
1683.

Höhe 70 cm. Länge 111 cm.

Skala 40 Baselruten (= 9 cm). Maßst

49. Grundris der neuwen Französischen
halb dem Dorff Gross-Hüningen am Rhein,
verfertiget samt denjenigen Wercken und E
sie in dem Werth und auf Marggraefische
annoch aufzuführen. G. Fridericus Meyerus
ravit et fecit 1683. Juxta exemplar Meyeri
linus 1744. **Öff. Bi**

Höhe 30,5 cm. Länge 38 cm.

Skala: Dise laenge haltet 1860 franz. S
Diese laenge haltet 200 Franz
jedes 6 fr. schue lang (= 7,
Maßstab 1:5400.

50. Grenzlinie von Augst bis Wintersing
J. B. mensuravit 1680 et fecit 1684. **StA. L:**

Höhe 45 cm. Länge 100 cm.

Skala 200 Ruten (= 9 cm). Maßstab

51. Grundriss der Landmarch und Ba
den Basler Dorffschaften Hemmiken, Buus,
Wintersingen; sodann die oesterreichischen H
oder Nidorff, Zeinigen, Möli vndt Magten. C
StA. L: A 31; al

Skala 400 Ruten (= 18 cm). Maßstab

52. Grundriss der Landmarch vnd Ba
dem Baslerischen Dorff Bretzwihl vnd dem
Dorff Nonningen. Georgius Fridericus Mey
fecit Ao. 1685 mensis Maij. **StA. L: A 19;** al

Skala 200 Baselruten (= 138 mm). M

Auf diesem Plan ist eine Linie gezoge
Länge eines Dezimalschuhs, deren 10 eine
machen (≐ 0,45 m).

53. Zeichnung eines Wuhrs in der W
Ing. 1685. **StA. B**

Höhe 16,9 cm. Länge 29,3 cm.

54. Orthographia der Statt Liechstall Lobl. Statt Basel Jurisdiction. **StA. L: C 144**; alte Bezeichn. **B 3.**
Höhe 140 cm. Länge 97 cm.
Gewidmet J. R. Wettstein new Burgermeister (1683 oder 1685).
And. Burckhardt oberst Zunftmeister.
Niclaus Rippel alt Burgermeister.

Eine vogelperspektivische Ansicht von Liestal, unten rechts in Grundplan von Liestal; dieser auch auf besonderem Blatte:

Geometrischer Grundriss der Statt Liechtstall, Baslerischer Jurisdiction. G. F. M. f. **StA. L:** alte Bezeichn. **B 1.**
Skala 20 Ruten (= 4,5 cm). Maßstab 1 : 2000.

55. Grundriss des Rheins zwischen Gros und Klein Hüningen. F. Meyer f. 1686. **Öff. Bibl.: Cl 71.**
Höhe 31 cm. Länge 41 cm.
Skala 100 Baselruten (= 76 mm). Maßstab 1 : 6000.
Skizze der Vöstung gros Hüningen mit Redouten.

56. Delineation des Presthafften Gewölbs, vnd der darauf gesetzten Blattformen bey dem St. Johan Thor sambt zweyen Profilen, wie derselbigen grossen Costen zu ersparen, widerumb zu helfen, vnd in die Defension zu bringen wäre. G. F. Meyer fecit 1686. **StA. B: A 1. 69.**

57. Hierzu: Dessein, wie die Plattform könte vergrössert vnd dem Presten des Gewölbes geholfen werden mit seinen Embrasuren oder Schusslöchern. **StA. B: A 1. 70.**

Grundriss der new gemachten Plattform vnd Gewölben bey St. Johan Thor. **StA. B: A 1. 71.**

58. Grundriss des Schlosses Lands Cron sampt der Landmarch, welche da Ihro Königl. Maj. In Frankhreich Landt vnd das Solothurnische von einander scheidet. G. F. Meyer Ing. f. 1687. **StA. B: A 1. 6.**
Höhe 38,3 cm. Länge 68 cm.
Skala von 100 frantzösischen toisen (= 8 cm) ergibt Maßstab 1 : 2435.
Diese Landtscheidung ist durch die schwarzgezogene Linien A B C D E F undt G angedeutet etc.

59. Geometrischer Entwurff der sogenannten Hagenau, der Bürss, sodan der gegenüberlegen Lähen-matten und dem Teuch. G. F. Meyer d. Rahts mens. A. 1688 mense Augusto. **StA. B: S 1. 58.**

Scala oder verjüngter Mastab, von 40 Baselruthen eine à 10 Decimalschue gerechnet, wornach dieser abriss verjüngt auffgerissen worden (= 22,7 cm).
Maßstab 1 : 8000.

60. Grundriss eines Stuckh Hochwaldts zu Reigoltswihl, genannt im Gempis, welches vnser Gn. Herren vndt Oberen der Fr. Zunfftmeister Burckhardtin zu ihrer Weydt einzuschlagen verwilligt. Fr. Meyer mensuravit Ao. 1688.
Öff. Bibl: Sch. C I. 73.

Höhe 33 cm. Länge 39,5 cm.
Skala 30 Ruten (= 0,9 m). Maßstab 1 : 150.

Eine Skizze mit eingezeichneten Dreiecken und mit je einer Höhe zur Berechnung des Inhaltes.

Nach R. Wolf, Geschichte der Vermessungen in der Schweiz. Zürich 1879, S. 38.

61. Ein kleiner Plan aus der Gegend von Hüningen. G. Friedr. Meyer Ing. Bas. fecit 1684. **St A. Zürich.**

62. Planimetrische Delineation des Rheinflusses von Rheinfelden bis nach Hüningen. Fieri me fecit F. Meyer, Senat. et Ing. Bas. Ao. 1689. Mense Majo. **St A. Zürich.**
Skala 400 Baselruten (= 90 mm). Maßstab 1 : 20000.

63. Grosse Karte des Kantons Basel. Ohne Jahreszahl, ohne Unterschrift. **St A. B: Rolle.**

Höhe 293 cm. Länge 334 cm.
Skala 500 Ruten (= 22,5 cm). Maßstab 1 : 10000.

Diese Karte ist im Text besprochen.

Die Aufnahmen im Felde für diese Karte sind in dem großen Bande *St A. L: Altes Archiv II F.*

64. Grosse Karte umfassend das Gebiet: Düreck, Froburg, Schaffmatt, Bann Rotenflue, Ormalingen, Gelterkinden, Riggenbach, Hersberg, Zunzger Hardt. Unfertig nach 1690.
St A. L: B 76; alte Bezeichn. C 18.

Maßstab 1 : 10000.

Kopie eines Teiles der großen Karte von F. G. Meyer.

65. Amt Waldenburg. **St A. L: B 81.**

Maßstab 1 : 10000.

Nach der grossen Meyerischen Karte, welche sich auf der Kantzley befindet, copirt und ausgezogen von Emanuel Büchel.

66. Sissach Dorf und Zehntengüter. Georg. Frid. Meyer. Ing. et Senat. Basil. mensuravit et elaboravit Ao. 1689. 1690. 1691. 1692. **StA. L: C 188. 189** in einer Rolle.

Höhe ca. 74 cm. Länge 120 cm.
Maßstab ca. 1 : 2800.

C 188 diesseits dem Ergoltzbach gelegen.
C 189 jenseits dem Ergoltzbach gelegen.
Jedes Blatt mit schöner Kopie von Emanuel Büchel.

67. Planimetrische Delineation des Rheinflusses von Rheinfelden bis naher Hüningen, sampt den oesterr. Eydgenossischen vnd französischen Grentzen. G. F. Meyer des Rahts. **StA. B: G 1. 17.**

Erklärung dieser Delineation:

Höhe 57,5 cm. Länge 105 cm.
Skala 1000 Baselruthen, deren 800 eine gemeine Stundt machen (= 22,5 cm). Maßstab 1 : 20000.

Projekt zur Verwahrung der eidgenössischen Grenzen gegen fremde Durchmärsche.

68. Grundriss eines Stuckh Landts bey Dornach an der Bruckh gelegen sambt der Bürss. Georg Friedr. Meyer Jac. fil. fecit. **StA. B: D 173.**

Höhe 34,3 cm. Länge 48,5 cm.
Skala 150 Schritte (= 0,12 m). Maßstab 1 : 1125.

69. Grundriss der streittenden Banlinien, zwischen Lobl. Statt Basell vnd dem Fleckhen Mönchenstein, von dem Rhein bis zum ersten Thierlistein auff Bruderholtz. G. Frid. Meyer. **StA. B: G 1. 6.**

Höhe 31 cm. Länge 120,5 cm.
Skala 100 Baselruten (= 8,9 cm). Maßstab 1 : 5000.

70. Unter den verschiedenen Plänen von Parzellen sind von G. Meyer: **StA.: Spitalpl. 16.**

No. 6.	1670.	Maßstab ca. 1 : 150.
» 7.	1670.	
» 8.	1670.	
» 9.	1680.	
» 14.	1681.	Maßstab 1 : 50.

Die Parzellen gehören dem Spital.

71. **Grenzen zwischen den** [illegible] **Wintersingen, Magten, Aristorf** (**[illegible]** berg). Ohne Jahreszahl, ohne Überschrift. [illegible]

Länge 49 cm. Höhe 39 cm.

Skala 50 Ruten (= 20,5 mm). Maßst[illegible]

72. Territorium Basileense secum fini[illegible] Ohne Unterschrift. [illegible]

Höhe 58 cm. Länge 59 cm.

Skala 1. 1600 Baselruten (= 10,5—1[illegible]

2. 2000 » (= 13,4 cm)

3. 2400 » (= 16 cm)..

Maßstab ca. 1 : 67 500.

Die Karte ist orientiert: West rechts, S[illegible]

Äußerste Punkte: S Rud. Bechburg, O We[illegible] cron, N Rötelen.

Eigenhändige Karte von G. F. Meyer, [illegible] worden sein.

Nach R. Wolf, Gesch. der Verm., S. 39, die Bibliothek der mathematisch-militärische[illegible] Zürich eine

73. Eigenhändige Karte von Basel. G[illegible] Ing. fecit.

35 cm auf 30 cm.

Skala 2 Stund (= 91 mm). Maßstab [illegible]

NB. Wenn die Stunde gleich 800 Rute[illegible]

74. Territorium urbis Basiliensis. Auth[illegible] Meyer. E. Ull. fecit. **Öff. I**[illegible]

Höhe 29 cm. Länge 34,5 cm.

Maßstab $^{2}/_{5}$ der Meyerschen Karte.

Hierzu eine flüchtige Skizze in gleichem [illegible]

Öff. Bi[illegible]

Eine Kopie der reduzierten Karte von L. [illegible] wig Wentz) besitzt Herr Prof. A. Riggenbach.

Auf den Meyerschen Karten beruhen [illegible] folgenden:

75. Territorium Basileense cum finitimi[illegible] Christophorus Brunner 1729. **Öff. Bib**[illegible]

Ohne Bilder: Höhe 34 cm. Länge 35[illegible]

Mit Bildern: Höhe 49 cm. Länge 50[illegible]

Maßstab $^{3}/_{4}$ der eigenhändigen G. F. Meyerschen Karte, also 1 : 112 500. **Öff. Bibl.: C l. 8.**

3 Skalen: Zwo geringe Stunden (= 6,4 cm).
Zwo gemeine Stunden (= 8,05 cm).
Zwo starke Stunden (= 9,4 cm).

Umrahmung:

Links:	Rudera Rauracorum.	Rechts:	Prosp. b. Münchenstein a. d. Bruck.
	Farnsburg.		Münchenstein.
	Homburg.		Riechen.
	Ramstein.		Klein Hüningen.
Unten:	Liechtstal, Basel, Wallenberg.		

76. Canton Basel: Daniel Bruckner autor. Emanuel Büchel delineavit. Gravé à Bâle par P. L. Auvray, Parisien. Sous les soins de Mr. de Mechel 1766.

Höhe 42 cm. Länge 51 cm.
Skala 2000 Baselruten (= 10,6 cm).
Maßstab Bruckner : Meyer = 4 : 5; also Maßstab der Brucknerschen Karte ca. 1 : 84 375.

Diese Brucknersche Karte ist von Peter Merian in der Übersicht der Gebirgsbildungen in den Umgebungen von Basel (1821) als die bei weitem beste bezeichnet, ungeachtet ihres Alters. Daneben leistete ihm die «äußerst genaue», durch Prof. Huber im Jahre 1816 publizierte Karte des Bezirks Birseck treffliche Dienste. Huber aber hat bei der Zeichnung seiner Karte auch G. F. Meyersche Pläne benutzt (siehe Huber, Tagebuch I, S. 733. 1816 April).

IV. Die Lehrbüchlein.

Einer besondern Tätigkeit Jakob Meyers und auch seines Sohnes Georg Friedrich habe ich bis jetzt nur im Vorbeigehen gedacht, nämlich der Bearbeitung verschiedener, die elementare Mathematik jener Zeit umfassender Lehrbücher, die sich schon äußerlich durch ihr kleines Format bemerkbar machten und als wirkliche Taschenbücher verwendbar erwiesen. Wenn diese auch im Zusammenhang stehen mit dem Lehramt, das Jakob Meyer von 1641—1659 bekleidete, so sind sie doch größtenteils später veröffentlicht worden und nicht ohne Erfolg; denn wir finden sie in verschiedenen und wesentlich vermehrten Ausgaben selbst nocl Zeit nach dem Tode des Sohnes.

Im folgenden gebe ich die Titel derjenigen von denen ich das älteste der öffentlichen Biblio geben, die übrigen aber auf ihr gefunden hab schränke mich auf kurze, charakteristische Anga dem Inhalt wird einiges bei der Besprechung der des Messens (Beilage 4) verwendet werden.

1. **Geometria Theoretica: Handgriff dess (Lineals** etc. colligirt vnd zusammentragen durcl Meyern. Gedruckt zu Basel bey Georg Decker,

Titelbild: Der Lehrer unterrichtet in Geoı börer von verschiedenen Berufsarten, Handwerl Militär u. s. w.

Widmung: Herrn Axel von Taupadel, Herre u.s.w., sodann Joh. Friderich Betzen, Herren zu Altk

Vorrede datiert: 24 Junij An. 1657. Hiezu gedicht von M. Joh. Jakobus Ringle, dem Schwag

Schluß: Hiemit so werde ich diß Compen Handgriff deß Circuls vnd der Lineal beschließen vnder deß ein zeitlang von dem Pappeir auff da zur praxin selbsten begeben.

Eine weitere Ausgabe derselben Schrift «v übersehen vnd vermehrt durch Jacob Meyer, Lon druckt zu Basel bey Johann Brandmyller, Im J (K b XII. 17. 3.) Ohne Titelbild.

Widmung an die Vorgesetzten der Spinnwe Sebast. Spörlin, Jakob Schrade, Hans Ludwig F Frantz Beck.

Vorrede: Geben Basel den 1 Januarii, An. Gedicht von J. J. Ringle.

Schluß des Büchleins: Hiemit so werde ich schließen; wer mehrers hievon zu wissen begehı Herrn Daniel Schwenters sel. herrlichen vnd gro von der Geometria lesen.

Eine fernere Ausgabe ist betitelt: Jacob M gewesenen Lonherren Geometria Theoretica ode deß Circul vnd Lineals, von neuem übersehen und

Appendice vermehrt. Durch seinen Sohn Georg Friderich Meyer, Lonherrn. Gedruckt zu Basel, Bey Joh. Rudolph Genath, An. MDCXCI. (K b XII. 18.)

Ohne Titelbild. Widmung: Friderico Magno, Margraffen zu Baden und Hochberg u. s. w. 12 Julij 1691. Eine neue, undatierte Vorrede. Das Gedicht von M. Joh. Jacob Ringle und eines von Jeremias Gemusäus.

Hinzugefügt ist einiges von den Muschellinien, der Perspektive und den Kegelschnitten.

2. **Compendium Arithmeticæ Germ. oder Teutsches Rechen-Büchlein** durch Jacob Meyern. Von neuem übersehen und vermehrt. Basel, In Verlegung Fr. Platers und J. P. Richters. Druckts Jacob Bertsche. Anno 1700. (K b XII. 16.)

Titelbild: Ein Lehrer unterrichtet drei Zuhörer an einem Tisch, auf dem Geld liegt und Zahlen geschrieben sind.

Vorrede: Geben Basel den 2 Martii Anno 1665. Jacob Meyer.

In dieser Vorrede steht, er sei «schon für ungefähr 13 Jahren verursacht worden, gegenwärtiges Rechenbüchlein, denen in dieser Kunst noch ungeübten Lehrjüngern zum besten, als ein Anfang und Fundament zu beschreiben und in Druck zu geben,» so daß also die erste Ausgabe 1652 veranstaltet worden wäre. Als Beweggrund für die Herausgabe führt der Verfasser an: «weilen das nützliche Rechenbüchlein weyland Herren Notarii Joh. Jakob Rothen sel. nicht mehr zu bekommen: Warumben ich dazu mahlen zum theil meines Ampts sein erachtet, diß geringe Wercklein für die Hand zu nehmen, und solches nach dem Methodo und Reglen der meisterlich beschriebenen Arithmetic, des auch weyland Hochgelehrten Herren Christian Wursteisens, Professor Mathem. lobl. Universitet allhier,[1]) so viel immer mög-

[1]) Christian Wurstisen hat im Jahr 1569 in Basel bei Samuel Apiarius auf den Wunsch des Pariser Professors Petrus Ramus (Petrus von der Lauberhütten) dessen Arithmetik in deutscher Sprache herausgegeben: «Ein sehr Nutzliche vnd Kunstreiche Arithmetik, oder Rechenkunst, auß warem Grund durch Petrum Ramum, der Hohen schuol zuo Paryß, Königlichen Professorn in Latein beschriben: Jetzund aber, auß des Authoris bevelch, aller Mathematischen künsten Liebhabern, zuo guotem verteutscht, durch M. Christianum Wurstisium, der Universitet zuo Basel Mathematicum. Deßglichen vormals in teutscher Sprach nie außgangen.»

lich, und die teutsche Sprach erleiden mögen
Hierzu ein Sonnet von M. J. J. Ringle.

Enthält die einfachsten Rechnungsarten mit
und gewöhnlichen Brüchen (keine Dezimalbrüc
metische und geometrische Progression, die
simplex und multiplex, und die besondern
Regula societatis, quinque, Alligatio; Progress

An vielen Beispielen, die sich auf Basel u
beziehen, erkennt man nicht nur den geüb
sondern auch den einsichtigen Lehrer, der d
seiner Beispiele dem an sich trockenen Unt
Arithmetik Inhalt und Leben erteilt.

3. **Compendium Geometriæ Practicæ siv**
Kurtzer Bericht, vom Veldtmessen vnd Veldt
Jacob Meyern, In Verlegung Johann Königs
In Basell. Getruckt bey Joh. Rudolph Genath
Vorrede: Geben Basel den 22 Jan. Anno 1663.
(K b XII. 17, No. 1.)

Enthält eine Besprechung von Maßen,
heimischen als ausländischen (siehe Beilage
Beispiele durch aus der Praxis des Feldmes
läuterung der gebrauchten Instrumente.

Eine spätere Ausgabe: «Basel In Verlag Jo
sel. Erben Anno 1712» hat ein Titelbild, darstell
des Feldmessers und der Gehilfen; Meßkette

Die Vorrede ist ebenfalls unterschrieben:
den 22 Jan. Anno 1663. Jacob Meyer. (K b

4. **Arithmetica practica.** Herren Anton
seel. des berühmten Rechenmeisters in Nürnl
vnd Sinnreiche Auffgaben, in der Rechenkun
newen, kurtzen vnd behänden manier Practic
lich erklärt durch Jacob Meyern. Gedruckt
Johann Rudolph Genath, Anno MDCLXVI.

Widmung: Herrn Johann Holtzeren, gew
heiß zu Thun.

Vorrede: Datum Basell den 5. Decemb.
laufenden 1665 Jahres. Jacob Meyer, Schaffne
vnd Augustin,

Gedicht von M. Joh. Jakob Ringle. (**K b XII. 13.**)

Das Erste Büchlin handlet von der Gemeinen oder Kauff-männischen Practic; das andre Büchlein handlet von der rechten vnd künstlichen Practic.

Eine weitere Ausgabe vom Jahre 1695 hat ein Titelbild, das Eingangstor zum Kaufhaus darstellend, das jetzt im Posthofe ist, gezeichnet von F. Meyer. (**K b XII. 14.**)

Meyer bemühte sich, im Gegensatz zu vielen Autoren, die Auflösungen der Aufgaben zu erklären und nicht nur Aufgabe und facit neben einander zu stellen, und schreibt in der Vorrede spottend:

«Es sind zwar wohlgedachten vnseres Authoris wie auch seines Nachfahrs Herren Sebastiani Curtii seel. Exempel vnd Aufgaben, weilen sie ohne Operation vnd Vnderweisung, nur ledig aufgeben vnd darauf das Facit gesetzt worden, rechte Suspensæ Hederæ, die mich an der Würthen außgehängte Schilte, woran mit großen Buchstaben geschrieben stehet: Hierein kehr ein, da ist gut Wein, gemahnen: als wolten ermelte Herren sagen, wann ihr diese Kunst vnd Practic erlernen wolt, so komt zu uns naher Nürnberg, dann da haben wir den Trächter, diese vnd andere Wissenschaften euch einzugießen.»

Die Vorrede auch dieser späteren Ausgabe ist unterschrieben wie die ältere.

5. **Arithmetica decimalis.** Das ist Rechen-kunst der Zehenden Zahl. Von Newem übersehen vnd vermehrt. Durch Jacob Meyern. In Verlegung Johann König, Buchhändlers. Getruckt zu Basel. Bey Joh. Rudolph Genath Anno 1669. Vorrede: Datum Basel 1. Jan. Ao. saluti 1669. (**K b XII. 15.**)

Nach dem Titel sollte man annehmen, daß das die Dezimalrechnung behandelnde Büchlein schon in einer früheren Ausgabe erschienen sei. Allein die Vorrede vom 1. Januar 1669 sagt folgendes aus: Quæ fieri possunt per pauca non debent fieri per plura; Welches dann die meiste vrsach ist, daß ich vergangene Jahr etliche Mathematische wissenschafften vnd nun auch disere Decimal compendiose in kleiner vnd geschmeidiger form hab außgehen lassen.

Im 17. Jahrhundert waren Dezimalteilungen und Dezimalbrüche noch nicht im allgemeinen Gebrauch, so sehr durch

ihre Anwendung das Rechnen erleichtert u
wird. Beim Feldmessen, wo Messung und I
die Hand reichen, machte sich das Bedürfnis
gemeiner geltend, und es wurde die Rute
100 Zoll, 1000 Gran, 10000 Skrupel geteilt,
darauf, daß der Schuh eine ungewöhnliche
indem er 0,45 Meter maß (also $1^1/_2$ Fuß Schw

Die Dezimalstellen wurden in anderer W
als heute, indem hinter die Zahl eine Ziffer g
durch ein Häkchen abgetrennt wurde, also 47
hieß: 4 Ruten, 7 Schuh, 3 Zoll, 4 Gran.

Meyer gibt nun an: die Ziffer 0 bedeute R
2 Zoll, 3 Gran, 4 Skrupel bei Längenmessung
dies nichts anderes aus, als wenn man sagt, je
die Zahl der Dezimalstellen an, wobei die vor
Zahl Ruten sind. Entsprechendes erörtert e
und Körpermessungen, wobei den Ziffern ei
deutung zukommt, wie leicht ersichtlich. D
zeichnung stammt von Jost Bürgi oder von J

Außer den verschiedenen Rechnungen
brüchen enthält das Büchlein einen Maßstab,
dem rheinländischen Schuh entspricht, der unte
einheiten am bekanntesten war (0,3138 Meter
von ihm in Gran und Skrupel eingeteilt und
Schuhe verschiedener Länder mit ihm ver
den 55 verschiedenen Schuhmaßen sind denn
Schuh, der 896 Skrupel, und der Dezimalschuh, d
mißt (S. 138—144). Die Bezeichnung Fuß ist
Gebrauch.

6. **Stereometria sive Dimensio Solidorum.**
messung Cörperlicher Dingen, oder Visierkun
von Georg Friderich Meyer, Ing. Getruckt
Joh. Rudolph Genath. Anno MDCLXXV.

Titelbild: Ausblick auf einen Springbr
treppe, Einblick in den Keller. Gezeichnet

Widmung: Carolo Gustavo Merian in Fra
zeichnet: Geben in Basel, den 1. May 1675. G
Meyer, Ingenieur.

Vorrede ohne Datum.

Gedicht von M. Joh. Jakob Ringle. (**K b XII. 17, No. 2.**)

Eine zweite Ausgabe ist: **Stereometrica sive Dimensio Solidorum.** Das ist: Visier-Kunst oder Außmessung Cörperlichen Dingen. An Tag gegeben von Georg Friderich Meyer, deß Raths und Ingenieur. Getruckt zu Basel. Bey Joh. Rudolph Genath. Anno 1691.

Titelbild: Ausblick auf einen Springbrunnen, Kellertreppe, Einblick in den Keller.

Widmung an Herrn Emanuel Fäsch, Christoff Iselin, Andreas Burckhard. Basel den 16. Junii MDCXCI.

Vorrede ohne Datum. Kein Gedicht. (**K b XII. 19**)

Besprochen wird die Ausmessung von Körpern und Hohlräumen; ein ganz besonderes Interesse wird dem Ausvisieren der Fässer gewidmet. Es sind beigegeben eine Tafel der Quadratwurzeln der Zahlen von 0,1 bis 394, eine Tafel der Kubikwurzeln der Zahlen von 1 bis 1136 und eine sogenannte Proportionaltabel zur Berechnung des Inhaltes von Fässern, wenn diese nicht ganz voll sind.

7. **Doctrina Triangulorum sive Trigonometria.** Die Lehr, von Messung der Trianglen. Sambt dem gebrauch der Tabularum Sinuum, Tangentium et Secantium. Beschrieben von Georg Friderich Meyer, Ing. In Verlegung, Hans Rudolph vnd Ludwig Königs, Buchführeren in Basell. Getruckt, Bey Joh. Rudolph Genath. An. MDCLXXIIX. (**K b XII. 21.**)

Titelblatt: Zeichnung und Stich von G. F. Meyer. Ein Putte mit Halbkreisinstrument, daneben liegend die Meßkette (Labore) und ein Buch (Industria).

Vorrede: unterschrieben Basel den 20. Febr. 1678. Georg Friderich Meyer, Ing.

Gedichte von M. Joh. Jakob Ringle, M. Paulus Euler SS. M. C., Christophorus Räberus S. S. T. St.

Die verschiedenen Instrumente werden aufgeführt, die Lösungen der verschiedenen einfachen trigonometrischen Aufgaben besprochen und an Beispielen geübt und die Anwendung der Tafeln von Sinus, Tangens, Secans gelehrt. Logarithmische Berechnung ist ausgeschlossen.

1. **Cosmographei.** Mappa Europæ. Eygentlich fürgebildet, außgelegt vnnd beschribenn. Vonn aller land vnd Stett ankunfft, Gelegenheyt, sitten ietziger Handtierung vnd Wesen durch **Sebastianum Munsterum** antag geben. Getruckt zu Franckfurt am Meyn. Bei Christian Egenolff. 1537.

Beschreibung, Anleytung, wie man geschicklich einen vmbkreiß beschreiben soll. Sebastianus Münster:

Wann du nun die umbligend stät vnnd flecken wilt setzen in deine beschreibung, so thu jm also wie folgt. Steig vff ein thurn oder auff ein berg bey deiner statt gelegen vnd seh dich um vnd wo du auff zwo, drei oder vier meilen weit ein flecken sihest oder sein gewisse Gelegenheit da richt hin das Instrument des halben circkels mit solcher weiß. Setz ein guten Compaß auff die mittellinien des halben circkels vnd wend sie beid herumb biß das zünglin recht felt vnd heb es also steiff oder leg es also gstelt auff etwas, darnach richt die regel des halben circkels auff die statt die du von fernen gsehen hast, so würt sie dir zeygen wie vil puncten solch stat weitter gegen orient zu oder occident zu gelegen ist, dann dein stat. Darnach hefft mit einer nadel das Quadrentlin auff dein statt vnd reiß ein blind lini hinauß über den ietzt gefunden puncten (dann vff diser lini wirt ligen die gesehen stat) vnnd sihe wie vil meilen dahin sein von deiner statt, also weit spann den circkel auff vnd setz ein fuß in dein statt vnnd wo der ander hin reycht auff der linien, da würt sein die leger statt des gesehen fleckens. Exempel. Von Heydelberg sein 4 großer meilen ghen Worms, für die hab ich genommen 5 zimlicher meilen. Ich hab auch mit dem halben circkel gefunden, daß sie 20 puncten weitter gegen occident ligt vnd das gegen mittnacht zu, darumb hefft ich das Quadrentlin auff Heydelberg, vnnd mach ein lini über den zwentzigsten puncten hinauß vnnd nemme 5 meil mit dem circkel, vnd setz den einen fuß auff Heydelberg, so würt mir der ander vffgemelter linien zeigen wo Worms ligen soll vnd ich schreib es also in mein täflin. Darnach observir ich Speier u. s. w.

2. **Hans Bocks** Geburtsjahr ist ebensowenig bekannt wie sein Todesjahr. Man nimmt an, er sei um 1550 geboren und um 1624 gestorben.

Im Taufregister St. Leonhard (1529--1578 umfassend) liest man: «1542 Martius. Hans Bock, Kind getaufft heißt Hans, gfatter Hans Oltinger, Christiana Wentz, die 4.»

Da der Name Bock, den verschiedenen Taufregistern nach zu urteilen, sonst in Basel in jener Zeit nicht vorkommt, glaubte ich den Geburts- oder Tauftag des Malers Hans Bock gefunden zu haben. Und stände an der Stelle des väterlichen Vornamens Hans der Vorname Peter, so wäre ich meiner Sache sicher; so aber bleibt der Zweifel bestehen, daß im Kirchenbuche ein anderer, gleichnamiger Einwohner Basels kann gemeint sein. Der Vater unseres Hans Bock hieß Peter und wohnte in Zabern, wie aus folgendem Schreiben des Rates von Basel hervorgeht (Staatsarchiv, Missiven 1585):

An Schultheiß vnd Rat der Stadt Ellsaß-Zabern.

Hans Bock der Mahler vnser getreuwer lieber Burger hat vnß vnderthänig zu erkehnnen geben, Nachdem seine liebe Mutter Brigida Negerin, weiland Peter Bocken des Steinmezen, seines Vaters, euwers mittburgers hinterlaßne wittib, verschiner Zeit mit todt alhie bey ihme verscheyden vnd er jez wegen ihrer Verlassenschaft bey euch endlichen abkummen wölle mit bitt ihme mit fürgeschrifft behülfflich zu sein, das er desto schleiniger abgefertigt werde vnd wider zu seiner Hußhalttung vnd Geschäfften sich einstellen köhnne. Hierauff haben wir sein Bitt angesehen vnd Begehren zimlich geacht, vnd ihne billich, als wir vnsern Burgern schuldig, befürdern sollen, vnd euch mit fleiß ihne recommendieren, allen günstigen Willen in sachen dieser vor Euch zu verbandlen zu erzeigen vnd genießen lassen, daß er euwers gewesenen Burgers seligen Ehleiblicher Sohn vnd wegen seiner fürtreffenlicher Kunst vnd wolhalttens seinem angebornen Vatterland zu Ehren, ruhm vnd lob, das ihme gegen euch zu gutem gereichen soll, also daß wir gespenen mögen, diese fürgeschrifft ersprießlich gewesen, staht vns vmb euch in eyn andern weg womöglich zu erwidern vnd seind euch mit freundnachbarschafft wol gewogen. Datum den 1585. Sig. Ulrich.

Hans Bock wurde in das Bürgerrecht v genommen 1573; in dem gleichen Jahre trat melzunft, wie im Namenregister des Zunftbuc ist (statt 1572), und verehelichte sich mit Elsbe (gestorben April 1600).

Im Ehe- und Taufbuch, Kirchenarchiv A fassend die Jahre 1559—1587, 1588—1628 der Pe sind folgende Kinder von Hans Bock und Elsbe als Täuflinge enthalten:

Madle, 14. Oktober 1574.
Felix, 16. März 1578 (St. Martin), Himn gestorben 12. August 1629.
Salome, 8. Dezember 1579.
Elsbeth, 8. April 1582.
Emanuel, 27. Dezember 1584, unter den Basilius Amerbach; Himmelzunft 161
Peter, 3. Dezember 1587.
Nicolaus, 23. Juni 1590, Himmelzunft 16
Albrecht, 28. März 1594.

Hierzu kommt noch, in den Kirchenbüch zufinden:

Hans, wahrscheinlich 1576 geboren.

Man hat Grund anzunehmen, daß Hans Felix; der Abstand der Geburtstage von Ma beträgt vierzig Monate; die Mitte fällt auf Juni Termin man als den wahrscheinlichen für di Hans annehmen darf.

3. **Daniel Huber**, Tagebuch I, S. 428—44

Letzteren Mittwochs, den 8. Februar, war Pf. Falkeysen zu St. Leonhardt und besah eine reichhaltigen Sammlung von Schweitzer-Char befand sich eine vom Canton Basel, ein Handr herrn Meyer, aus der Mitte des 17. Jahrhun beschreibt sie 470: Herr Falkeysen hatte die G Charte nebst einem Band, welcher die Büchels

Zeichnungen der Kupfer und Charten zu den Brucknerschen Merkwürdigkeiten enthält, auf einige Zeit anzuvertrauen. Ich will hier, bis ich es vollständiger tun kann, einige Bemerkungen über den Meyerschen Handriß und die Büchelsche Originalzeichnung der Charte des Kantons anführen.

Huber vergleicht nun diese Büchelsche Zeichnung mit der in Kupfer gestochenen Brucknerschen Karte. Aus den Abweichungen geht hervor, daß Bruckner sich bemüht hat, Verbesserungen gegenüber der Originalzeichnung anzubringen.

Von der Meyerschen Karte sagt Huber (436):

Meyer hat an mehreren Orten als Bruckner Waldung bestimmt verzeichnet. Die Flüsse haben bei ersteren mehr Biegungen. Vielleicht ist dieß nur Manier, vielleicht aber auch der Natur gemäß gezeichnet und auf Messungen oder wenigstens Ansichten oder Faustrisse sich gründend. Wenigstens ist dies bei der Frenke der Fall; zwischen Bubendorf-Bad und Höllstein hat der Bach und die Landstraße eine Menge Biegungen, welche bey Bruckner ganz nicht, bei Meyer vielleicht zu stark angezeichnet sind.

437: Indem ich diese Bemerkungen niederschrieb, fällt mir in Sinn, die Brunnersche Charte auch zu vergleichen, und da sehe ich, außer der umgekehrten Orientierung, daß diese eine Copie der Meyerschen Zeichnung ist.

Es zeigt sich dies durch mehrere Umstände: 1. Die Figur der Gränzen des Cantons sowohl, als der Vogteyen von einander stimmen sehr gut überein. 2. Sind die Wälder, welche Meyer durch grüne Farbe deutlich auf seinem Risse angezeichnet hat, alle durch Hauffen kleiner Bäume angedeutet. 3. Trifft die zum Theil fehlerhafte Schreibart der Namen in beyden mit einander überein, z. E.: Hennigen statt Hemmiken, Urmelingen, Andwil, Luwil, Augst an der Bruck, Augst im Frickthal nennt Meyer Augst Dorf, Brunner geht hier etwas ab und schreibt Kaiser Augst. Den Violenbach nennen beide nur Bächlein. Bei dessen Ursprung hat Meyer einen ziemlich unbestimmten Fleck, wie einen kleinen Weyer, und bemerkt dabei: Ursprung. Brunner zeichnet ein Häuschen, wie ein Dörfchen oder Hof, und nennt es auch: Ursprung. 4. Sind bei Brunner die nämlichen Maßstäbe wie bey Meyer, und haben auch wörtlich genau die nämlichen Überschriften. Bei genauerer [illegible] man vielleicht noch mehr Beweise für den [illegible] die Brunnersche Charte eine Kopie der Meyerschen sey.

So weit Daniel Huber.

Ich füge diesen Beweisen für die Abhängigkeit der Brucknerschen und Brunnerschen Karte von der Meyerschen noch folgendes bei:

Herr Prof. Alb. Riggenbach fand auf der ihm gehörenden, von L. W. (Ludwig Wentz) kopierten Verkleinerung der Meyerschen Karte eine Ortschaft Volkenspurg zwischen Chrischona und Herten, woselbst wohl eine Flur den Namen Volkertsberg trägt, wie man in der badischen Generalstabskarte findet, wo aber eine Ortschaft dieses Namens nie bestanden hat. Die eigenhändige Meyersche Karte (C I. 8) zeigt auch an dem betreffenden Orte Volckenspurg, die Zürcherkarte Volgensburg,[1]) die Brunnersche Wolchenspurg, die Brucknersche Wolckenspurg, die Sauttersche Wolchemburg, die Vischersche (Atlas minor) Uolckenspurg und so schleppt sich dieser Name durch die Walser-Homannische, die Karte von Clermont, die von Haas, die lithographierten Karten von N. Hosch bis in das Jahr 1845. Erst die Karte von Andreas Kündig von 1848 hat diesen Ort eliminiert. Um aber doch gegen G. Fr. Meyer gerecht zu sein, muß erwähnt werden, daß die große Karte im Maßstab von 1:10000 diesen Ort auch nicht kennt.

Huber ergänzt seine frühere Vergleichung der Meyerschen und Brunnerschen Karte im Abschnitt 447:

Meyer hat die Anhöhe ichnographisch durch Schraffirungen bemerkt, freylich nicht sehr schön und an einigen Orten die Schraffirstriche weit auseinander oder grob gezeichnet. Zwischen innen sind nur an einigen Stellen hin und wieder einzelne Schraffirstriche so unbestimmt oder zweifelhaft angezeichnet, um gleichsam anzudeuten, daß hier das Land nicht ganz eben sey. Brunner hat nun an einigen Orten die schraffirten Anhöhen-Züge beybehalten, hingegen die ganze Charte mit kleinen perspektivisch gezeichneten

---

[1]) Nach gefälliger Mitteilung des Herrn Dr. Weber, Oberbibliothekar der Kantonsbibliothek.

[illegible] übersät, besonders wo Meyer nur so einzelne Schraffirstriche hatte, so daß die Brunnersche Charte wie eine Wiese aussieht, auf welcher man soeben Dung abgeladen hat.

448: Um eine Idee von dem Verhältniß der Meyerschen, Brunnerschen und Brucknerschen Charten zu haben, maß ich nach einem andern Maßstabe die Länge von 2000 Baselruthen, welche auf allen drei Charten angegeben ist und fand sie 925, 564, 742. Diese drey Zahlen sind ziemlich nahe im Verhältnisse von 5, 3 und 4.

Das sind die Verhältniszahlen, die auch ich gefunden habe.

4. Masse und Messung.

Längenmaß. J. Meyer verwirft in Comp Geom. Pract., S. 4, den Schritt als Maß, indessen gibt er selbst bisweilen Distanzen in Schritt an, wobei ein Schritt gleich zwei Feldschuhen angenommen wird.

Die Länge des *Schuhes,* die auch in verschiedenen Ländern und Orten sehr verschieden ist, wird folgendermaßen festgesetzt:

Teilt man den rheinländischen Schuh in tausend gleiche Teile (Skrupel), so mißt der Basler Schuh, von dem auf die Rute 16 gehen, 896 Skrupel. Da nun der rheinländische Schuh 0,31 385 m mißt, so mißt der Basler Schuh 0,896 × 0,31 285 m = *0,2813 m;* diese Länge, früher allein bei Messungen im Gebrauch, heißt *Feldschuh.* Die große Vereinfachung, die mit der Dezimaleinteilung verbunden ist, veranlaßt nun eine andere Teilung der Rute, nämlich in 10 Schuhe *(Dezimalschuhe);* die Länge dieses Dezimalschuhes ist also *0,4500 m.* Diese Berechnung stimmt mit der Angabe in Furrers Volkswirtschaftlichem Lexikon der Schweiz II, 370.

Die Richtigkeit kann geprüft werden an einem vorhandenen Maßstabe — ich besitze einen solchen — und an Angaben auf den Meyerschen Plänen, indem wiederholt Linien gezogen sind mit der Bezeichnung: Die Länge eines Basel Feldschuhes oder die Länge eines Dezimalschuhes. Wenn diese Längen, wie z. B. auf J. Meyers Plan: «Der mehreren Statt Basel Zwing und Banns geom. Grundriss», nicht vollständig mit den berechneten Maßen übereinstimmen, indem hier der Dezimalschuh um drei Millimeter zu groß erscheint, so kann

der Grund in einer ungenauen Zeichnung o
derung des Papiers oder der Leinwand lieg
andern Plänen haben die Linien die richtig
z. B. auf dem Plan No. 52.

Die *Rute* also hat 16 Feldschuh oder 10
und mißt daher 4,5 m.

Hiernach ist die Angabe Th. Burckhardt-Bi
berichtigen, der in Basl. Zeitschr. f. Gesch. u. Al
S. 27, den Basler Fuß gleich 0,2982 m ansetzt.

Die Instrumente, mit denen im Felde di
messen wurden, waren die *Schnur* und die *M*
Schnur habe ich nur auf einem Plane angegeb
nämlich auf dem Bockschen Plan von Riehen (
hat dort eine Länge von 200 Feldschuhen.
Comp. Geom. Pract. (1663), S. 12, verwirft d
der Schnur, da eine solche dem Wetter nach
gehe und daher fehlerhafte Resultate ergebe;
und beschreibt er die *Meßkette*, die auch heut
weniger allgemein, im Gebrauche ist.

Abgebildet ist sie und ihre Anwendung b
Comp. Geom. Pract. (1663), S. 12—14; im Ge
gestellt, ebenfalls im Titelbild der Ausgabe v
besonders schön gezeichnet auf dem Plan Biel-B
und in No. 15.

In den Skizzen des großen Liestaler Ba
noch eine andere Bezeichnung vor, die auf di
der Meßkette zurückzuführen ist. Die Kette, für
bestand aus Einzelstäben von starkem Eisendr
Dezimalschuh lang, die mit Ringen kettenarti
gefügt waren. Jedes Stäbchen hieß ein *Gleich* (
den Messungen wurde je am Ende einer Meßk
Pfahl eingeschlagen, welcher Name auf die Län
wurde, so daß man die Bezeichnung findet: *Kette*
oder auch *Pfähle* und *Gleiche*. Ein Ausdruck
heißt: (23 × 5 + 2,9) Ruten = 117 Ruten 9 Sch
in Ketten und Gleichen finden sich in Fol. 56. 5
von Kilchmeyer Rickenbacher vom 4. Weinmon

Flächenmaß. Die Quadratrute enthält 16 ×
schuh Feldmaß oder 10 × 10 Quadratschuh De

Für größere Flächen diente als Maß die *Juchart;* sie ithält 140 Quadratruten. Die *Quadratrute* enthält 4,5 × 4,5 : 20,25 m², also die Juchart 140 × 20,25 = *2835 m²*.

Das Areal des Wildensteins thutt 47962 Ruthen 70 Schue, so 342½ Jucharten 12 Ruthen 7 Schue. (StA. Liestal, roßer Band, Fol. 257).

Zum Zwecke der Berechnung wurde das Areal in Dreike zerlegt, in jedem eine Höhe errichtet und die Hälfte s Produktes von Höhe und Grundlinie angegeben; alle ese Produkte summiert ergaben das Areal.

Hie und da erkennt man nur an leichten Rinnen im ipier die Errichtung von Höhen; so z. B. bei der Berechıng der Zunzger Hardt (Fol. 120), deren Fläche zu 330 Juıarten berechnet wird.

Winkelmessung. Die Einteilung des Kreises war die ıch heute noch übliche; allein die Genauigkeit des beıtzten Instrumentes scheint nicht über den zwölften Teil nes Grades, also fünf Minuten, hinausgegangen zu sein, dem keine Minutenzahlen vorkommen, die nicht durch fünf ilbar sind. Abgebildet ist das Instrument in dem schon :nannten Plane Liestal C 95, auch anderswo, doch hier am ınauesten und zierlichsten. Es besteht aus einem ein:teilten Halbkreis mit einem Lineal; wahrscheinlich mit ıer Dioptervorrichtung, drehbar um den Mittelpunkt des 'eises; das Instrument auf einem mit einer Spitze verhenen Stahe war mit einem Kugelgelenk versehen und nach n verschiedenen Seiten drehbar. Den Gebrauch schildert :yer in der Doctr. Triangul., S. 9, mit folgenden Worten:

«Wann man einen Angulum eines Trianguli nach seinen aden und Minuten abmessen will, legt man eine Seiten :ses Geometrischen halben Circuls an die Linien, so den dachten Winckhel hilfft machen, also daß sein Centrum n spitzen des Anguli berühre. Die andere bewegliche gul aber ruckt man nach der andern Seiten des Winckhels, e viel nun dieselbige gradus und minuten abschneydet, so :l haltet auch gedachter Winckhel, diß versteht sich in ıeoria.»

Zur Orientierung auf den Meridians bediente man sich r *Bussole.* Die Winkel werden etwas anders bezeichnet,

in W... einem Feldsch...
also einem Feldsch...
für die Messungen, bei
Minuten genügte.

Aargauische Güter- und Zinsrötel.

Von

Walther Merz.

Die Veröffentlichung einiger Güter- und Zinsrötel des aargauischen Adels und der Gotteshäuser, die bisher nicht bekannt, ja teilweise völlig unzugänglich waren, bedarf kaum einer Rechtfertigung; zum ersten Stück dürfte überhaupt im Aargau kein Analogon sich finden, und die Murenser Rötel werden in dem neu entfachten Streite über die Acta Murensia willkommen sein.

1. Der Zinsrotel Ulrichs von Rinach von 1295

gibt eine in topographischer Anordnung angelegte Zusammenstellung der Einkünfte des Ritters Ulrich I. von der obern Rinach (1261 XI. 20. — † 23. II. 1310) vom Eigen, Erbe oder von Lehen. Die Aufzählung beginnt unten im Surental und geht talaufwärts, um dann in das Wynental überzugehen, das von oben nach unten durchlaufen wird, worauf das Seetal von unten nach oben sich anschließt. Nach und nach wurden zu Lebzeiten des Ritters neue Erwerbungen nachgetragen; daß aber das Verzeichnis auch nach seinem Tode noch benutzt ward, beweisen zwei viel spätere Zusätze. Es gelangte mit einem bedeutenden Teile des Archives der Herren von Rinach wohl durch Ulrichs V. von Rinach, des Großenkels Ulrichs I., Tochter an deren Gemahl Hans von Halwil,[1]) der bei Sempach fiel, und verblieb fortan im Archiv Halwil, wo mir jüngst die photographische Aufnahme durch die Gräfin W. von Halwil in zuvorkommender Weise gestattet wurde.[2])

1295.

¶ Dirre zins rodel wart geschriben do m:
vnseres heren gebúrt tvsvnch zweihvndert nivnze
iar. Vnd stat hie gesamenet vnd geschriben d
V̊lriches von Rinach, es si von eigen, von er
lehen. [Er kŏfte ein egen gůt ze Muchein v
dem Stéber, dez sint zwo schv̊bozzen, / vnd
mút kernen.][3]) (Ŏch het kŏfet in dem selben d
kernen geltes von dem selben Nicolaus.)[4])

¶ Er kŏft ze Swaboltz tal von dem von l
erbe von dem gotzshvs von Tysentis, das giltet
habern / vnd zwen schillenge vnd zwei phvnt.[5]

¶ So het er ze Hvsen bi Scheftlanch eir
giltet drizech schillinge; das kŏfte er von her
von / Iffendal vmbe nivn march.

¶ So het er ze Staffelbach einen zehende
zwelf stvche chernen, den kŏfte er von Bvrc
Chůn svne von / Liebecge, vnd sinen brv̊dern, v
von Vrienstein.

So het er ze Staffelbach, das ime giltet sechs
stv́ke vnd ein viertel dinkeln vnd vivnftenhalbe
phenningen. In disem gv̊te ist div mv́li ze Sta
der zehende sin rechte lehen von Vrienstein vn
/ sin lehen von Steinibrvnnen. Das selbe gv̊t, da
stein lehen ist, das kŏft er vmbe hern Rv̊dolfen vc

So het ze Staffelbach ein gv̊t, des ist eir
achere, das giltet vinf mivtte dincheln; dis gv̊t l
hern March/warde von Ifendal.

So het er ze Staffelbach ein gv̊t, des sint zwo
vnd geltent driv malter dinkeln vnd haberen gi
/ kŏfet vnd geverteget vúr lidiges eigen von V̊l.

So het er ze Staffelbach ein schv̊poze bi de
giltet drie mv́tte kernen; die kŏfte er von Niclav

¶ So het er ze Wininkon, das ime giltet
drizik mútte kernen vnd vúnf schillinge, vnd i
gv̊t / miner vrowen vnd ir kinden rechtes erbe
ze Honrein.
vnd wart kŏfet von dien von Baldecge. ¶ So h
selben dorf ein gv̊t, das koft er von Wer. im

giltet iii mutte kernen vnd ist halbes eigen vnd halbes erbe von Zovingen. ¶ So het er da v ʒ geltes eigens. /

¶ So kôft er in dem selben dorf ein gv̊t von P. Vilthresch vii ʒ geltes, dc ist erbe von Wininkon mit iiii phenigen.

¶ So het er ze Chvlmbrowe ein gv̊t, das giltet nivne mv́tte dinkeln vnd zwei malter baberen.

¶ So het er ze Bivrron ein eigen schv̊possa, div giltet vünfzehen schillinge; die kôfte er von hern Jacobe vnd hern Hein/rich von Rinach, die man nemmet des Berners schv̊posse.

¶ So het er ze Slierbach kôfet ein eigen von Niclavse von Irflinkon vmbe zehen march, vnd giltet driv malter dinkeln / vnd zwei malter haberen.

¶ So het er ze Wezwile ein gv̊t, das giltet vier malter dinkeln vnd vier malter haberen, vnd ist das selbe gv̊t / miner vrowen vnd kinden rechtes erbe. [So het er in dem selbv́n dorf ein gv̊t, das kôft er von sinem amman / vnd sinen kinden vnd giltet ein mv́t kernen vnd ein malter habern vnd i mv́t bonon vnd zwen β vnd ist erbe von Engelberg vnd git / zwen phen. zinse.] [6])

¶ So het er ze Scheinkon ein eigen gv̊t, das er kôfte von Johanse von Irflinkon, das giltet vier malter dinkeln vnd / sechs mv́tte habern vnd nivne schillinge.

¶ So het er bi Svrse ze Mivnkingen ein eigen, das giltet driv malter dinkeln vnd haberen gilich vnd wart kôfet / von hern Jacobe von Schekon (!) vmbe zwenzech phvnt. So het er ein eigen zem hove bi Svrse, das giltet ein malter dinkeln vnd drizehen schillinge pheningen, das kôfte er ôch / von hern Jacobe von Schenkon vmbe zehen march.

¶ So horet zv̊ dem selben gv̊te ein gv̊t, das lit ze Gatwile vnd giltet zwelf schillinge.

¶ So het er ze Obernchilch ein gv̊t, das giltet aht malter dinkeln vnd haberen gilich, das kôfte er von Walthe Baslere von / Svrse.

[¶ So het er ze Stegen ein eigen gv̊t, das giltet sechs mv́t dinkeln vnd [7]) sechs mv́t habern, das ist kôft von Johans von Winnon.] [8])

¶ So het er ze Stegen ein eigen gv̊t, das giltet einen mv́tte dinkeln vnd einen mv́tte baberen, das kôfte er von hern V̊lriche / von Iffendal. [So het er ze Stegen ein gv̊t,

dc giltet sehs mvtte dincheln vnd haber
kőfet von Vlrich / von Nottewil vnd ist
mit drittem halbem schillinge, vnd gant di

¶ So het er ze Gatwile ein gvt, das malter dinkeln vnd haberen gelich; das i chilch mit einem / schillinge pheningen v hern Wern. von Kienberch.

So het er in dem selben dorf ein ei vier malter dinkeln vnd baberen gelich, hern Jacobe / von Schenkon.

So het er in dem selbem dorf ein gv schillinge.

[¶ So het er ein gemein eigen gůt man ze Bruglun, daz gilt zwenzig malter d daz / kőften si von hern Burchart von Ta

¶ So het er in der Rota ein eigen gv das giltet ein malter dinkeln vnd ein m driv / viertel kernem vnd ein swin, sol zehe

[¶ So het er ein gvt ze Sweikhúsern, schillinge vnd wart gekőfet von Walthe v sines brvder kinden.] [10])

¶ So het er ze Oye ein eigen gvt das giltet zehen vierteil kernen vnd ein schillin- / ge gelten.

So het er in dem selben dorf ein eig vattere, das giltet zwen mvtte kernen haberen. /

So het er in dem selben dorf ein Arnolde Trvtmanne, das giltet zehen m haberen, das kőfet / er von dem gotshvs ist ir beider erbe von dem selben gotzhv eigen guot in dem sel/ben dorf, dz gilt kernen, da kőft er von hern Eppen von mûter [11]) (vnd / hesit / des b/ernger / gvt)

[¶ So het er ze Notwile ein [13]) schvp malter / dinkeln vnd habern Zvrich mes.] er in dem selben dorf ein gvt, das chvf von Hilprettingen vnd gilttvt drv malter ha Zúrich mes.] [14])

¶ So het er ze Hilprechtingen ein eigen gv̊t von sinem vatter, das giltet sehsthab(!) malter dinkeln vnd sehsthab(!) malter haberen. /

[So het er ein gv̊t, dc kôft er von V̊lrich von Hiltprechtingen, vnd giltet nv́n mv́tte dinkeln vnd habern.] [10])

[So het er ze Notwile ein eigen gv̊t, das giltz achtenhalbv́n mv́t dinkeln vnd habern, vnd kôft ez von V̊lrich von Notwile.] [8])

¶ So het er ze Nivdorf ein gv̊t, das giltet nivne mv́tte dinkeln vnd nivne mv́tte haberen vnd viere schillinge vnd ein / swin, sol zwelve schillinge gelten. Dis gv̊t wart kôfet von einer vrowon von Sempach, hies vro Heiliwig, vnd von / ir svne vnd ist erbe von Honrein vnd git dar driv schillinge ze zinse.

So het er in dem selben dorf ein eigen gv̊t von sinem vatter, das giltet zehen schillinge.

¶ So het er da ein eigen, das giltet iiii malter dinkelen vnd baberen ii vierteil minra vnd ward kôft von Bilgerine von Sempach. /

¶ So het er ze Adelswile einen hof, der giltet sechse malter dinkeln vnd sechse malter haberen vnd nivne schillinge pheningen, / der selbe hof wart kôfet von dem gotteshvs von Schennis vnd ist miner vrowen vnd ir kinden recht erbe von dem gottes- / hvs von Mivnster, dem div eigenschaft geverteget wart von dem vorgenanden gotteshvs von Schennis.

So het er in dem selben dorf ein gv̊t, das der Brunnemeister hatte, das hôret ôch in den hof vnd giltet achtodehaben (!) schil- / linch, pheningen.

[So het er in dem selbv́n dorf [15]) vii schillinge geltes, da das Bv̊choltz stv̊nt.] [8])

So het er in dem selben dorf ein gv̊t, das die hant, die in dem selben dorf geheizen sint von Lvcerrvn, vnd hôret ôch in den / hof, das giltet drittenhalben schillinch pheningen.

So het er in dem selben dorf ein gv̊t, das wart mit anderem gv̊te gewechselt vmbe den hof ze Emmv̊te mit minen herren / von Mivnster, das giltet driv mv́tte dinkeln vnd ein malter baberen vnd einen mv́tte vasmv̊ses.

So het er in dem selben dorf ein eigen gůt, das giltet sechse viertel kornes.

So het er ze Nidern Adelswile ein gût, das giltet dinkeln vnd zwen mvtte baberen vnd ist erbe vor

¶ So het er ze Niderwile ein gût von si das giltet driv malter dinkeln vnd zwei malter l ein swin, sol / gelten vúnf schillinge pheningen.

¶ So het er ze Nidern Emmûte ein gût zwen jaren jetweders iares sechse viertel kernen drit- / ten iare nicht, vnd ist das selbe gût sin sinem vatter.

¶ So het er ze Chagenswile ein eigen gût vatter, das giltet vúnf mvtte dinkeln vnd vivnf m / vnd ein swin, vivnf schillingen wert, dar vúr iergelich siben schillinge.

¶ So het er am Swarzenberge ein eigen gû vatter, das giltet vier mvtte kernen.

¶ So het er ze Menzchon ein gût, das giltet dinkeln vnd zehen mvtte habern vnd ein swin, vivnf / schillinge. Dis gût kôfte er von hern V Baldewile.

¶ So het er ze Pheffinkon ein gût, das g vierteil kernen.

¶ So het er ze Amelgeswile ein eigen gvo vatter, das giltet sechse mvtte dinkeln vnd se haberen. //

So het er in dem selben dorf ein gût, das mvtte kernen, das kôfte er von livten ze Sengen, / bvlivte ze na namen, vnd ist sin erbe von der ze Lenzburg, vnd swer dis selbe gût bvwet, chap/pellvn den zins verrichten.

¶ So het er ze Gvndolzwile ein eigen bi das giltet vivnf mvtte baberen.

So het er ze Nidern Gvndolzwili ein gût siben mivtte kernen vnd zwei malter habern schillinge phe- / ningen, das kôfte er von hern Bivttinkon, der hern Walthers tochter hatte vor

¶ So het er ze Zezwile ein gût, das giltet dinkeln vnd ein malter habern, das kôfte er v von Irflinkon vnd / ist erbe von der kilchen ze R git ze zinse einen schillinch pheningen.

ꝗ So het er ze Kvlmbe einen hof, der giltet vivnfzehen
nivtte kernen vnd zwei malter habern vnd ein phvnt phenin-
en, vnd ist / der selbe hof miner vrowen vnd ir kinden
echt eigen.

So het er in dem selben dorf einen zehenden, der giltet
inlivf malter dinkeln vnd habern gelich vnd ist lehen von
ivsegge. /

So het er in dem selben dorf ein gût, das giltet nivne
ivtte kernen vnd zwei viertel[16]) vnd zwei malter habern
nd zwelfe schil- / linge pheningen vnd acht kloben vlachses,[17])
as kôfte er von hern Marchwarde von Iffendal.

So het er in dem selben dorf ein gût, das giltet vivnf
ivtte kernen, das kôfte er von dem Stiebere von Arowa.

So het er in dem selben dorf ein gût, das giltet zwein
ivtte kernen vnd zwei malter habern vnd zwelfe schillinge
heningen, / das kôfte er von Johanse von Moshein. [ꝗ Ôch
et kôfet hie von Nicolaus Stiebers zehen vierteil kernen
eltes, ist len von Arburc.][18])

So het er in dem selben dorf ein schûpûz, div giltet
inlivf viertel kernen, dar vmb gab er Vlrich von Arbvrg
inen wingarten, / der lit ze Bvrron vor der bvrg, vnd ein
hûpûz, div lit ze Rûda.

So het er in dem selben dorf ein gût, ein hvs vnd
vestat mit achern, die darzû hôrent, vnd giltet einen
ivtte kernen, das / kôfte er von hern Marchwarde von
endal.

So het er in Obern Chvlnbe ein gût, das giltet nivn
ivtte kernen vnd zwei malter habern vnd vier swin, iegch-
is vivnf schil- / ling wert, vnd zehen schillinge pheningen,
r gand siben schillinge dem gotteshvse ze sant Gallen
der ze erbe zinse. Dis gût / kôfte er von hern Mathyse
n Schenkon. ꝗ So kôfte er da von Hartemanne von Herten-
ein ein eigen, das giltet vii mvt kernen / vnd vii mvt
beren vnd viiii ß pheningen. ꝗ So kôfte er da von heren
al[ther] von Halenwile i schûpoze mit einem zekenden, dv
lten / zwene mitt kernen vnd xvii ß pheningen, vnd ist
n von Rvsecce.

ꝗ So het er ze Esche bi Livtwile ein gût, das giltet dri-
hen viertel kernen, dis gût das sin eigen von sinem vatter.

giltet einlúf vierteil kernen, von Růdolf / ·
burger ist ze Arôwa.]'[8])

ɋ So het er am Vrevelsberge bi Bir·
giltet zehen viertel habern, das kôfte er vo
von Moshein. /

ɋ So het er ze Seon ein gůt, das
mivtte kernen vnd zwelf schillinge pheninge
er von / hern Heinrike dem Lintwurme ve
ist miner vrowen vnd ir kinden rechtes ei
wirt / ierlich verrichtet von dem hove ze
erbeschaft ist gelidigot.

ɋ So het er ze Sengen' ein gůt, das
kernen vnd nivne pheninge, das kôfte er ·
von Lovenberg. /

ɋ So het er ze Stevcningen ein gůt
viertel kernen.

So het er in dem selben dorf das zwei

ɋ So het er ze Wolfharzwile eigene
eis drivzehen viertel kernen; dis gůt das l
dem Svnder / holz, das er vnd her Chůno

So giltet das andere in dem selben
dinkeln vnd drie mv̂tte habern vnd zwei v
ein swin, sol / vivnf schillinge gelten.

So giltet das dritte gůt, das er in den
drie mivtte kernen vnd einen mivtte nvsse

So giltet ime aber ein gůt in dem :
mivtte kernen.

So giltet ime aber in dem selben de
viertel kernen.

ɋ So het er ze Richarzwile ein eigen gůt
das giltet vivnf mivtte kernen vnd zwen n
einen / mv̂tte nvssen.

So het er in dem selben dorf ein gůt
malter dinkeln vnd zwei malter habern,
Wernher dem / Schenken vnd Chůnrat sir
dem Lerower von Mellingen vnd ist mine
kinden rechtes erbe / von dem hvs ze Honr
schillinch dar ze zinse.

So het er in dem selben dorf ein eigen gůt, das giltet driv malter dinkeln vnd sechse mvtte habern vnd zwei viertel kernen / vnd zwen mivtte vasmůses vnd vierzehen schillinge vivr vleisch vnd vivr win. Dis gůt wechselte er mit hern Wilhelme / von Moshein.

So het er in dem selben dorf ein mivli, div giltet viere mvtte kernen.

¶ So het er einen hof z Tempinkon, der giltet nivne mivtte kernen vnd zehen mivtte habern vnd drie mvtte vasmůses / vnd zweilf schillinge pheningen. [¶ So het er ze Knullun ein gůt, daz gilt trú malter dinkuln vnd trú malter / habern vnd ist erbe von dem goteshuse von Lucerun vnd gebent ǒch die lenlúte gent siben sillingen.][20])

¶ So het er ze Williswile ein gůt, das giltet eins vierteils minre den siben mvtte dinkeln vnd habern, vnd ist des gůtes / ein teil eigen, der andere teil ist erbe von Honrein vnd git einen schillinch zinse.

[So het er ze Reimerswile ein gůt, dat[21]) giltet sechs vierteil dinkeln vnd habern, das kǒft er von Heinin dem / Kvrbler, Růdolfes brůdvr an der Mattvn.][9])

¶ So het er vor der nivwen bvrk ze Rinach ein gůt, das giltet zwei malter dinkeln vnd zwei malter habern. [vnd ein rütti / vnd ein bongarten gilt v ſtal[21]) dinkel.][22])

¶ So het er in dem dorf ze Hergesperg ein eigen gůt, das giltet driv malter dinkeln vnd zwei malter habern, das kǒfte er / von hern Jacobe vnd hern Heinriche von Rinach.

So het er in dem selben dorf ein gůt, das giltet vivnf mvtte dinkeln vnd vivnf mvtte habern vnd sechse schillinge. Dis / gůt wart mit anderen gůteren gewechselt mit minen herren von Mivnster vmbe den hof ze Emmvte.

So het er in dem selben dorf einen mvtte dinkelen geltes, den kǒfte er von Hermanne von Hivsern vnd sinen gemeindern vnd / ist erbe von Hiltzchilch mit aht pheningen.

So het er in dem selben dorf ein gůt, das giltet vivnf mivtte dinkeln vnd sechse mivtte baberen, vnd ist das selbe / gůt erbe von Mivnster.

So het er in dem selben dorf ein gůt, das giltet driv viertel kernen, das kǒfte er von Růdolfe an der Matton.

So het er in dem selben dorf ein gůt, das g
viertel dinkeln vnd sechse viertel habern, das k
Hessen vnd / ist erbe von Mivnster.

So het er in dem selben dorf ein gůt, das
viertel kernen, das kǒfte er von einen[21]) knechte,
der / Rebere, vnd ist ǒch erbe von Mivnster.

So het er in dem selben dorf gůt,[22]) das g
viertel dinkeln, das kǒfte er von Heinrike dem
Mivnster / vnd von dem Hechte, vnd ist erbe vo

So het er in dem selben dorf einen garten v
stat, da Růdolfes stadel von Irflinkon vffe stůnt.

[So het er ze Echse[24]) ein gůt, das giltit v
mvͤt kernen vnd kofet es von Johans von Win
herbe von Hon-/rein mit einen halben[25]) phvnde[25])

[¶ So het er in dem dorf ze Armense ein gůt
sehs vierteil kernen vnd ist eigen vnd wart kǒfe
hans von Winon.][26])

[¶ So het er zvͤ Kulme ein eigun gůt, gilt
kernen vnd siben schilling vnd ein phunt ph
kǒft / er von hern Johans von Wartenfelsch.][9])

[So het er ze Stůfin ein gůt, das giltit nvͤn m
vnd ist len von der herschath[21]).][14])

[So hand si iij juhart aker ze Rynah ob
holtz, gilt ij mút baber vnd git gen Múnster iiij

Item ze Gundeltschwil iij β ze vogty.][27])

[Daz gůt ze Stegen, daz phand ist von J
Winun, / giltet sechze můt dinkeln vnd sechze můt

Hic[29]) stat geschriben mins hern Vͦlriches vc
Rinach.

¶ Div vogeteia ze Tannvn mit kilchen vnd
dinge hôret inen an zem vierden teile.

¶ So het er ein vogeteia ze Herzenerlon,
sechse vierteil baberen.

¶ So het er ein gesaste vogeteia ze Irflinkon
vivnf schillinge.

¶ So het er ein gesaste vogeteia ze Varen
giltet drie schillinge.

¶ So het er ein gesaste vogeteia in dem
Gvndolzwile, div giltet drie schillinge.

¶ So het er in dem Slvchen bi Zezwile vier schůpossen
n vogeteia.

¶ So het er ze Livtwile sibendehalbe schůposse von
geteia.

¶ So het er ze Esche zwo schůposse von vogeteia.

[So het er ein hof ze Ebnôt, der heist Stechols,[20]) der
lt vij[21]) stuch, den kôf vnd[22]) ein phunt phenning; der
lb hof ist len / von Froburg vnd kôft in von Nicolaus
n Irflinkon.][23])

riginal: Perg. 23½/135½ cm, aus zwei Stücken von 67
und 69 cm bestehend, die durch ein Pergamentriemchen
zusammengehalten sind, im Archiv Halwil.

Anmerkungen.

[1]) Über die Genealogie der Herren von Rinach vgl. die Mittelalterlichen
rganlagen und Wehrbauten des Kantons Argau, S. 452/53.

[2]) Ein Register zu sämtlichen Röteln wird die Erklärung der Orts- und
rnamen bringen.

[3]) Wenig späterer Zusatz. Niklaus der Stieber, Bürger zu Aarau, er-
heint 1310 III. 31. und 1332 I. 28., Argovia XI 22, 44.

[4]) Noch etwas späterer und wieder ausgestrichener Zusatz.

[5]) Ausgestrichen und von gleichzeitiger Hand ersetzt durch xiii stuche
d i phunt pheninge.

[6]) Zusatz von fast gleichzeitiger Hand.

[7]) Vor «vnd» ist ein unterpungiertes v.

[8]) Zusatz von fast gleichzeitiger Hand, doch nicht derjenigen der Note 6.

[9]) Zusatz von fast gleichzeitiger Hand, verschieden von derjenigen der
ten 6 und 8.

[10]) Spätere Hand (Anfang des 14. Jahrhunderts).

[11]) Zusatz von gleichzeitiger Hand. Ritter Eppo von Küßnach erscheint
82—† 1329, seine Mutter Adelheid 1284.

[12]) Randzusatz von wenig späterer Hand.

[13]) Vor «ein» steht ein e.

[14]) Zusatz aus dem ersten Jahrzehnt des 14. Jahrhunderts.

[15]) Nach «dorf» ist «ein» ausgestrichen.

[16]) «nivne» ist von wenig späterer Hand unterstrichen und darüber
setzt «zehen», ebenso ist durchgestrichen «vnd zwei viertel».

[17]) «vnd acht kloben vlachses» ist von späterer Hand ausgestrichen,
l. Note 16.

[18]) Nachtrag von wenig späterer Hand; Rudolf von Endvelt, des Rats
Aarau, erscheint 1270 II. 26., III. 25. und X. 27.

[19]) Radierte Stelle (etwa acht Buchstaben); das folgende «vnd — Betten-
l» ist ausgestrichen.

[20]) Zusatz von der Hand der Note 18.

[21]) sic!

[22]) Zusatz wohl aus dem Ende des XIV. Jahrhunderts.

[23]) sic! «ein» fehlt!

[31]) Aus viij radiert.
[32]) Vorlage vñ.
[33]) Ganz verblaßte Schrift von späterer Hand zu

2. Lehenverzeichnis der Herren v

Erste Hälfte des XIV. Jahrhun

¶ Dis sint die zehenden hie nach g von Húnoberg ze lichen hant, die si sch/afften, die dar nach bi ieclichem ge

¶ Des ersten den zehenden halben
Item den zehenden ze Hunziswile.
Item den zehenden ze Betwile.
Item den Zetzwile ŏch ein zehende
Item den zehenden ze Barre.
Item den zehenden ze Bliggestorf.
Item den zehenden an Flůrberg.
Item den zehenden ze Hûsen.
Item den zehenden ze Walterswile.
Item den zehenden ze Húndlital.
Item den zehenden ze Hinderburg.
Item den zehenden in der Swanda.
Item den zehenden ze Meinzingen.
Item den zehenden in dem Gerúte.
Item den zehenden in der Ŏwe.
Item den zehenden ze Brėttingen.
Item disú nachgeschribnen gûter, vo hant / si von Habsburg vnd von Kiburg
Item Walchwile vnd Einmv̊te.
Item bi dem sew, dz da heisset Zv den graf / Eberhartz seligen.
Item V̊delgeswile von der herschaft
Item Steinhusen von Chiburg.
Item Bettwile von Chiburg.
Item Huntziswile von Chiburg.

Item Chöllikon von Chiburg.

Item Boswile von Chiburg.

Item Chulenbe von Chiburg vnd dú gûter ze Winnun, **e da / heissent** des Joders vnd Berwartz.

Item Isenbrechtswile von Habsburg.

Item von Wolhusen sanct Andres vnd dú vogtii vnd **imol/tikon** vnd der hof ze Nidren Kamo, Theinikon vnd **/ gûter, dú** da heissent des Künzen gûter, vnd dú andren **ter / da bi.**

Item von Schnabelburg den hof ze Barr vnd die zehen**n, / die si** hant in der selben parrochii, vnd dú schaf **ge / vnd dú** Chamowe vnd ze Altorf. Item Öisten vnd **ollenweide. /**

Item von Tierstein Benziswile, dz gilt acht stuk.

Item von Rúsegga dú vogtii ze Hůnoberg. Item Ennin, der hof Kemnaton. Item der hof ze Hinderburg. Item ulnbe nit / der kilchen. Item der hof Zetzwile. Item bregge vnd Halwile. / Item in Chamowe.

Item von Eschibach in der Chamowe xvii stuk vnd die / <die lút>, die si hant enend der Rúsa.

Item von Weliswile (!) die vogtii ze Weliswile (!) vnd Richt/liswile vnd ze Bůsinkon.

Item von Ramstein Metmenstetten.

Diser rodel ist genuwret vnd abgeschriben in dem xxiij° / jar am zehenden tag hôimanotz.

riginal: Perg. 12½/38 cm im Archiv Halwil. Die mit Zinnober geschriebene Datumzeile stammt von anderer, späterer Hand und gehört ins Jahr 1383, während der übrige Teil des Rotels dem Schriftcharakter nach der ersten Hälfte des XIV. Jahrhunderts entstammt.

3. Güter- und Einkünfterötel des Klosters Muri.

Anfang des XIV. Jahrhunderts.

Die drei Rötel, wovon zwei im Stadtarchiv Bremgarten, r dritte im Staatsarchiv Aargau liegen, stammen vom lben Schreiber wie die Hand A der Schriftproben des bsburgischen Urbars, sind demnach zu etwa 1310 anzusetzen.

A. Erster Rotel.

Hic notantur bona et redditus monaste jura que de eisdem bonis et redditibus m bentur eidem.

¶ Primo in villa Mure due scopose dict reddunt v modios spelte et vii½ modios auen cum valentem v β d., item vj vlnas panni line item pro seruitio dicto winmeini / ii½ β d., it dicto hofart in araturis agrorum vj jugera, i annum ad singulas quindenas / seruitium di wan, item ij pullos dictos stuffelhůnr.

¶ Item ibidem due scopose dicte des W dunt similem censum prioribus duabus scop exceptis seruiciis dictis hofart et winmeni.

¶ Item ibidem du[e scop]ose dicte die ẘst reddunt iiij modios spelte et iiij modios [aue carnibus v β d., item ij pullos[2]) dictos [stuffell

¶ Item ibidem due alie s[coposc] dicte ‹ poszen reddunt v modios spelte et vii½ modi porcum valentem v β d., item [. vlnas pan]ni tůch, item per totum annum per singulas quinc dictum tagwan, item ij pullos dictos [stuffelh *schoposarum vna modo concessa est dicto* V *spelte, ij modios auene et pro ½ parte omnib di[ver]sis.*

¶ Item ibidem due scopose dicte Hvn similem censum duabus scoposis inmediate s totum.

¶ Item ibidem due scopose dicti Huser r censum per totum sicut due inmediate prece

¶ Item ibidem due scopose dicte Tronhe dem censum per totum, quem due inmedia scopose soluunt.

¶ Item due scopose ibidem dicte Hůbe v modios spelte et vii½ modios auene, item j tem v β, item vj vinas panni dicti hůbtůch, ite dicto winmeni ii½ β d., item pro seruicio dict turis agrorum vj jugera, item per totum ann quindenas seruicium dictum ein tagẘan, item ij

¶ Item ibidem due scopose dicte Wetterschinun gůt reddunt v modios spelte, vj modios auene, item j porcum valentem v β d., item vj vlnas panni linei dicti hůbtůch, item ad singulas quindenas per annum seruicium dictum ein tagwan, item ij pullos vt supra.

¶ Item ibidem due scopose dicte Bochschindinun gůt reddunt xv quartalia spelte et vj modios auene, item[2]) medium porcum valentem ii½ β d.,[2]) item pro carnibus v β,[3]) item vj vlnas panni dicti hůbtůch, item per annum ad singulas quindenas seruicium dictum ein tagwan, item ij pullos vt supra.

¶ Item ibidem due scopose dicti Butwile reddunt v modios spelte et vj modios auene, item j porcum valentem v β d., item panni linei dicti hůbtůch vj vlnas. Item pratum in Hofsteitten eisdem duabus scoposis annexum reddit vj quartalia auene, item ij pullos.

¶ Item ibidem due scopose Rudolfi de Vtzena reddunt v modios spelte et vii½ modios auene, item j porcum valentem v β d., item panni linei dicti hubtůch vj vlnas, item[4]) per totum annum ad singulas quindenas pro seruicio dicto hofart in araturis agrorum vj jugera,[4]) item per totum annum ad singulas quindenas seruicium dictum ein tagwan, item ij pullos vt supra.

¶ Item ibidem due scopose dicti Hann reddunt v modios spelte et vii½ modios auene, item j porcum valentem v β d., item panni linei dicti hůbtůch vj vlnas, item per totum annum ad singulas quindenas seruicium dictum ein tagwan, item ij pullos vt supra.

¶ Item ibidem due scopose an dem Klingen reddunt v modios spelte et vii½ modios auene, item j porcum valentem v β d., item vj vlnas panni linei dicti hůbtůch, item pro seruitio dicto winmeni ii½ β d., item pro seruicio dicto hofart in agrorum culturis vj jugera, item per totum annum ad singulas quindenas seruitium dictum ein tagwan, item vt supra ij pullos.[5])

¶ Item ibidem due scopose dicti Dienisen reddunt v modios spelte et vii½ modios auene, item j porcum valentem v β d., item vj vlnas panni linei dicti hůbtüch, item pro seruicio dicto winmeni ii½ β d., item pro seruicio dicto hofart in culturis agrorum vj jugera, item per totum annum ad singulas quindenas seruitium dictum ein tagwan, item ij pullos vt supra.

¶ Item ibidem due scopose villici red
spelte et vii½ modios auene, item porcum v
item vj vlnas panni dicti hubtůch, item per t
singulas quindenas seruicium dictum ein tagwa
vt supra.

¶ Item ibidem due scopose dicti Geil re
spelte et vii½ modios auene, item j porcum v
item vj vlnas panni dicti hůbtůch, item pe
ad singulas quindenas seruitium dictum ein
ij pullos vt supra.

¶ Item due scopose ibidem dicti Sethel
v modios spelte et vij modios auene, item j
tem v β d., item vj vlnas panni dicti hůbtůch,
annum ad singulas quindenas seruitium dict
item ij pullos vt supra.

¶ Item ibidem due scopose Ůlrici de Me
dunt v modios spelte et vii½ modios auene,
valentem v β d., item vj vlnas panni dicti hů
totum annum ad singulas quindenas seruici
tagwan, item ij pullos vt supra.

¶ Item ibidem due scopose dicte Mǒrgir
v modios spelte et vii½ modios auene, item
tem v β, item vj vlnas panni dicti hůbtůch,
annum ad singulas quindenas seruicium dictu
item ij pullos vt supra.

¶ Item ibidem due scopose dicte Stale
v modios spelte et vii½ modios auene, item j
tem v β d., item vj vlnas panni dicti hůbtůch, it
dicto winmeni ii½ β d., item per annum ad sing
seruicium dictum ein tagwan.

¶ Item ibidem due scopose dicti Beltz red
spelte et vj modios auene, item j porcum v
item vj vlnas panni dicti hůbtůch.

¶ Item ibidem due scopose dicti Weber re
spelte et vii½ modios auene, item j porcum v
item vj vlnas panni dicti hůbtůch, item pro
winmeni ii½ β d., item pro seruicio dicto h
agrorum vj jugera, item per annum ad sing
seruicium dictum ein tagwan, item ij pullos v

¶ Item ibidem bona dicti Holtzrùti reddunt vj quartalia tritici, item bona dicti Senger iij quartalia tritici, item ager Wernheri dicti Weber ij quartalia tritici.

¶ Item ibidem due scopose Heinrici de Ydental et Ch. dicti Fůge reddunt v modios spelte et vii½ modios auene, item j porcum valentem v β d., item vj vlnas panni dicti hůbtůch, item per annum ad singulas quindenas seruicium dictum ein tagwan, item ij pullos vt supra.

¶ Item ibidem due scopose Johannis de Yppisbůl reddunt v modios spelte et vii½ modios auene, item j porcum valentem v β d., item vj vlnas panni dicti hůbtuch, item per annum ad singulas quindenas seruicium dictum ein tagwan, item ij pullos vt supra.

¶ Item ibidem due scopose zer Horlachen reddunt v modios spelte et vii½ modios auene, item j porcum valentem v β d., item vj vlnas panni dicti hůbtůch, item pro seruicio dicto tagwan tantum ij β d., item ij pullos.

¶ Item ibidem due scopose an dem Spilhofe reddunt v modios spelte et vii½ modios auene, item j porcum valentem v β d., item vj vlnas panni dicti hůbtůch, item pro seruicio dicto tagwan ij β d., item ij pullos.

¶ Item ibidem due scopose dicte Hartliebs gůt reddunt v modios spelte et vii½ modios auene, item j porcum valentem v β d., item vj vlnas panni dicti hůbtůch, item pro seruicio dicto winmeni ii½ β d., item per annum ad singulas quindenas seruitium dictum ein tagwan, item ij pullos.

¶ Item ibidem due scopose zem Steine Heinr. Fůges reddunt v modios spelte et vii½ modios auene, item j porcum valentem v β d., item vj vlnas panni dicti hůbtůch, item pro seruicio dicto winmeni ii½ β d., item pro seruicio dicto hofart in culturis agrorum vj jugera, item per annum ad singulas quindenas seruitium dictum ein tagwan, item ij pullos.

¶ Item ibidem vna scoposa dicta Schilmans gůt reddit x quartalia tritici.

¶ Item ibidem due scopose dicte Vtzeners gůt reddunt v modios spelte et vii½ modios auene, item j porcum valentem v β d., item vj vlnas panni dicti hůbtůch, item pro seruicio dicto winmeni ii½ β, item pro seruicio dicto hofart in culturis agrorum vj jugera, item pro seruicio dicto tagwane ij β d., item ij pullos vt supra.

¶ Item ibidem scoposa dicti Hesseler e
reddit ij modios siliginis et ij modios auene
valentem v ß d.

¶ Item ibidem scoposa dicti Kelrman
siliginis et ij modios auene, item j porcum

¶ Item molendinum in Waltaswile reddit
et vj quartalia siliginis [j maltrum auene]
valentem v ß dnr. [Item duo agri dicti ze
vnus ager dictus zen Rûtinen bi dem Sa
ij denarios.][84])

¶ Item ibidem bona Walth. Spreinge red
tritici.[85])

¶ Item ibidem scoposa .. dicte Wisina
tritici, item j porcum valentem v ß d.

¶ Item ibidem scoposa Walth. Heberlinge
talia tritici, item j porcum valentem v ß d.

¶ Item scoposa Heinrici in dem Bongart
dios tritici, item j porcum valentem v ß d.

¶ Item ibidem scoposa .. dictorum Husne
dios tritici.

¶ Item ibidem scoposa Heinrici de Gerso
dios tritici, item j porcum valentem v ß d.

¶ Item ibidem scoposa .. dicti Kindeler
tritici, item porcum valentem v ß d.

¶ Item ibidem scoposa Walth. Floscher
tritici, item j porcum valentem v ß d.

¶ Item ibidem scoposa et pratum pleban
reddit v modios tritici.[86])

¶ Item[87]) ibidem bona quondam domini
reddunt in festo Martini viij ß d.

¶ Item ibidem an Bernharts Egerdon de
reddit j quartale siliginis. [Item ibidem ag
hârtz Egerdon reddit j denarium.][88])

¶ Item ibidem ager vf dem Juch qui fuit i
reddit iiij quartalia tritici.

¶ Item ibidem ager dictus Bûllisacher r
tritici. [¶ Item quoddam nouale dictum Obhi
iij d.][89])

ꝗ Item in dem Byrharte[6]) bona ibidem pertinentia monasterio in Mure reddunt xxij modios et j quartale siliginis, item j quartale[7]) tritici[7]) et v[7]) ß d., item in autumpno vj pullos et in carnispriuio vj pullos.

ꝗ Item in Brunegga medius[8]) mansus reddit ij quartalia siliginis.

ꝗ Item in Sechwile[9]) bona[6]) ibidem predicto monasterio pertinentia reddunt vij modios siliginis, item pro carnibus x ß d., item ij pullos.

ꝗ Item in Woloswile bona[10]) Růd. et Hermanni dictorum Birere, que eisdem jure hereditario sunt locata, reddunt ix modios tritici et x solidos denarios. Item ibidem ager dictus ob Reise ij quartalia siliginis.

ꝗ Item bona Jacobi de Schennis videlicet in Neislibach, in Otwissingen et in der Salach reddunt v d.

ꝗ Item in villa Meillingen curia monasterii predicti reddit v[11]) maltra et iij[12]) quartalia[11]) spelte et v[11]) maltra et iij[12]) quartalia[11]) auene et iij modios ordei.

ꝗ Item ibidem bona V̊lrici de Switz reddunt v ß d. [Item vnum pratum situm aput Buggen műli reddit v den.][13])

ꝗ Item ibidem pomerium dicti Zeppel an dem Santbůle reddit iij d.[14])

ꝗ Item in Rordorf Seinnenrúti reddit v modios tritici. [Item in Fislibach iiij^or den.][15])

ꝗ Item bona in Bůsnanch reddit ij quartalia siliginis.[14])

ꝗ Item in Reimerswile bona Burch. des Obereisten reddunt x quartalia tritici.

ꝗ Item ibidem bona dicta Krieginun gůt reddunt iij quartalia et j huprecht tritici.

ꝗ Item ibidem bona monialium in Gnadental reddunt vij quartalia tritici.

ꝗ Item in Tintinchon bona earundem monialium reddunt xiiij d.

ꝗ Item in villa Meillingen bona earundem monialium reddunt vij ß d.

ꝗ Item ibidem vinea dictarum monialium reddit xij d. [Item ibidem nouale dicte Rabusen reddit ij d.].[16])

ꝗ Item ibidem horreum ipsarum reddit ij d. [Item ibidem vinea villici de Rordorf reddit ij denar.][16])

¶ Item in Stetchon bona dicta Schůrm
j modium tritici.

¶ Item ibidem bona Wernheri de Sultz re
tritici.[17])

¶ Item ibidem bona dicti Ruchefůre red
tritici.

¶ Item ibidem bona dicti Windeschere
talia tritici.

¶ Item in Kůnttena bona fabri reddunt

¶ Item in Sultz bona dicti Vnnutz redd

¶ Item in Archoltswile bona dicti Fůge
talia tritici et xviij quartalia auene, item v β
ad custodem].[16])

Item xxx oua et in carnispriuio j pullu

¶ Item ....[18])

¶ Item bona in villa Neislibach reddunt

¶ Item bona dicti Velwer de Sarmansdorf
talia spelte et v quartalia auene.

¶ Item in Tintinchon bona in dem bache

¶ Item ibidem bona illius de Switz redd

¶ Item ibidem bona Berchtoldi Růmli red

¶ Item ibidem bona carpentarii reddunt

¶ Item in Degrang bona dicta Berwart
ginis reddunt.[19])

¶ Item bona monasterii in Mure sita in
schinchon reddunt xij modios siliginis et l
sol. d.[14])

¶ Item in Heglingen bona domini Ůl
reddunt v½ modios tritici.[14]) Item xx oua e
ij pullos.

¶ Item in Gôsslinchon bona Heinrici d
reddunt v quartalia tritici et vj quartalia sil

¶ Item in Vischbach scoposa[22]) Jacobi
reddit x β d.[22])

¶ Item ibidem bona Burchardi de Hol
sacriste reddunt j modium tritici et ii½ maltra
modios et ij quartalia siliginis, item in carnisp

¶ Item decima in Sultz et in Kůntena r
communem estimationem x maltra auene, x

in leguminibus xx frusta, item in siligine xx frusta, interdum etiam plus et interdum minus.[23])

ꝗ Item[24]) in Lúppliswalt primo bona prope puteum reddunt j maltrum siliginis et j maltrum auene, item j modium ordei, item viij β d., item in carnispriuio j pullum.

ꝗ Item ibidem. bona V̊lrici dicti Hann reddunt ij modios siliginis et iiij modios auene, item in carnispriuio j pullum.

ꝗ Item ibidem bona dicti Wannere et bona Heinrici in dem Weidgraben reddunt vj modios siliginis et vj modios auene, item v β d., item in carnispriuio ij pullos.

ꝗ Item ibidem bona dicti Spreinge in dem Weidgraben reddunt iij modios siliginis et iij modios auene, item ii½ β d., item in carnispriuio j pullum.

ꝗ Item ibidem bona in dem Weidgraben reddunt v modios siliginis et iiij modios auene, item viij β d., item j modium ordei, item in carnispriuio j pullum.

ꝗ In villa quoque Lúppliswalt pertinent districtus et bannus monasterio in Mure.[25])

ꝗ Item in Buttinchon primo bona dicta das Langèrle reddunt vj β d.[14])

ꝗ Item ibidem bona prope Risam reddunt iiij modios et iij quartalia tritici, item v β d.[14])

ꝗ Item pratum in Nidernmos reddit j modium auene.

ꝗ Item bona in pomerio in Werwile reddunt x quartalia tritici.

[Item bona in Lupphang, Mellingen, Hegglingen, Tottikon, Tintikon, Vispach, Gőslikon, Lúppliswal[26]) xl modios spelte, cxvj modios ij quartalia auene, lxxxv modios tritici, xlij modios siliginis, ij modios et iij[27]) quartalia ordei, iij lib. et iij β j d. Summa clv modios tritici.][28])

[ꝗ Item area H. dicti Húbscher sita iuxta arcam R. Húbscher[29]) et pratum dictum Sweigmatta et alia bona predicte aree annexa reddunt vj quartalia tritici.][30])

[Item pratum dictum Sweigmat Růd. Húpscher reddit ij quartalia auene, tenet Růdolfus villicus de Bůlisaker.][31])

ꝗ Item in Waltaswile primo bona dicta der Hehchelerrun gůt reddunt ij modios siliginis.

ꝗ Item ibidem area dicti Húbscher reddit j modium siliginis et[32]) j modium auene[32]) ij[33]) quartalia auene.[33]) [14])

et vj quartalia siliginis [j maltrum auene]
valentem v ß dnr. [Item duo agri dicti ze
vnus ager dictus zen Rútinen bi dem Sa
ij denarios.][84])

¶ Item ibidem bona Walth. Spreinge red
tritici.[85])

¶ Item ibidem scoposa .. dicte Wisina
tritici, item j porcum valentem v ß d.

¶ Item ibidem scoposa Walth. Heberlinge
talia tritici, item j porcum valentem v ß d.

¶ Item scoposa Heinrici in dem Bongart
dios tritici, item j porcum valentem v ß d.

¶ Item ibidem scoposa .. dictorum Husne
dios tritici.

¶ Item ibidem scoposa Heinrici de Gerso
dios tritici, item j porcum valentem v ß d.

¶ Item ibidem scoposa .. dicti Kindeler
tritici, item porcum valentem v ß d.

¶ Item ibidem scoposa Walth. Floscher
tritici, item j porcum valentem v ß d.

¶ Item ibidem scoposa et pratum pleban
reddit v modios tritici.[86])

¶ Item[87]) ibidem bona quondam domini
reddunt in festo Martini viij ß d.

¶ Item ibidem an Bernharts Egerdon d
reddit j quartale siliginis. [Item ibidem a
hártz Egerdon reddit j denarium.][88])

¶ Item ibidem ager vf dem Juch qui fuit
reddit iiij quartalia tritici.

¶ Item ibidem ager dictus Bůllisacher r
tritici. [¶ Item quoddam nouale dictum Obb
iij d.][89])

¶ Item in Walthúsern primo curia ibidem reddit . . . .[41]) Item ij porcos quorum uterque valere debet v ß d. Item c oua, item in autumpno ij pullos et in carnispriuio ij pullos.

¶ . . . . . .[40])

¶ Item[42]) pratum situm apud Vilinger Matten reddit vj den. ¶ Item ager uf der Èbnete reddit vnum frustum.

¶ . . . . . .[40])

¶ Item ibidem ager dictus Kaltisens ager in der Sweigmatton et ager dictus uf Birchenstal reddunt vnum modium tritici.

¶ Item vnum pratum dictum dú grôzze nider ôwe reddit viij[to] den. ¶ Item pratum dictum dú minre nider ôwe reddit iiij[43]) d.

¶ Item ager dictus Êrzlisrúti reddit ij d.

[¶ Item[44]) der Ammaninen Rúti hinder Wettingers bůl reddit ij modios tritici iii½ quartalia siliginis.][45])

[¶ Item ibidem ager ze dem Schurtenweg bi den Rútinen reddit ij quartalia tritici, tenet H. Bongarter.][46])

¶ Primo[47]) in Wolon curia ibidem, que pro lantgarba locari consueuit ex antiquo, et decima eidem curie annexa reddunt secundum communem estimationem annis communibus xx modios tritici, item xxx modios siliginis, item xij maltra auene, item in leguminibus xviij frusta, item j porcum valentem viij ß et iiij d., item c oua. Lantgarba etiam et decima eiusdem curie soluunt interdum plus et interdum[48]) minus.

¶ Item bona in dem Wile eidem curie annexa reddunt xij ß d. et j obulum, item [iiij modios j quartale][49]) siliginis.

¶ Item bona puerorum magistri Burchardi eidem curie attinentia reddunt v½ ß d.

¶ Item bona . . dictorum Tegdingerra reddunt in festo Johannis pro censu viij d. et in festo Martini pro ferr. ix d., item j modium spelte et j quartale auene, item in carnispriuio j pullum.

¶ Item bona Ûlrici an dem Steine eidem curie annexa reddunt j quartale spelte, item xvj d. in festo Martini.

¶ Item bona Heinrici der Kindon annexa p
reddunt ij quartalia siliginis.

¶ Item bona . . dictorum Růmlina reddunt
spelte et medium quartale auene et viij d.

¶ Item ager Heinrici der Kinden eidem c
reddit j quartale tritici.

¶ Item bona Hartmanni dicti Tegdinger
quartale tritici et j quartale spelte, item in fe
xiij d. et iiij d. in festo Martini.

¶ Item bona Ůlrici de Lútwile eidem cu
reddunt iij quartalia et j fertonem siliginis, i
Johannis xij d.

¶ Item bona Ůlrici dicti Tegdingere dicte
reddunt ij d.

¶ Item bona Heinrici dicti Blumo eidem
reddunt j modium siliginis [j modium tritici].[50]

¶ Item bona Ůlrici dicti Stromeier eidem
reddunt vj quartalia spelte, item iiij d. et j qua

¶ Item bona[51]) Chůnradi dicti Groszo eid
nexa reddunt j quartale et j fertonem siliginis

¶ Item bona Ch. de Blitzenbůch eidem cu
reddunt iij quartalia spelte et ij d.

¶ Item bona Burch. Molitoris eidem curie a
dunt j modium siliginis et ij d.

¶ Item bona Heinrici in der Gúppha eidem
reddunt in festo Martini vj d.

¶ Item bona Růdolfi Stromeier eidem curi
dunt in festo Johannis ij d. et in festo Martini x
H. Schůpůsser de Tottikon j d. de agris quos em
Rúmmelin et a sorore eius et a H. Walthuser

¶ Item bona Stanglini eidem curie anne
festo Johannis viij[52]) d. et in festo Martini ij qua
[et j modium tritici.][53])

¶ Item bona Heinrici Rinnacher eidem cu

¶ Item bona Ůlrici der Kinden eidem curi
dunt j quartale auene dictum ein biseligs vier

¶ Item bona Waltheri Rephein eidem
reddunt ij quartalia siliginis.

ꝗ Item bona Ite Repheinun eidem curie annexa reddunt ij quartalia et j biseligs quartale siliginis.

ꝗ Item bona Heinrici Rephein eidem curie annexa reddunt ij quartalia et j quartale biseligs siliginis.

ꝗ Item bona Waltheri Benmüsli eidem curie annexa reddunt ij ꞵ et vij d.

ꝗ Item bona Hartliebi Molitoris et fratrum suorum eidem curie annexa reddunt in festo Johannis iiij d. et in festo Martini xviij d. et j quartale et j fertonem siliginis.

ꝗ Item bona dicti Nüwenburgerre eidem curie annexa reddunt xj quartalia spelte et iij modios auene et j modium siliginis.

ꝗ Item bona magistri Hartmanni an dem Steine ipsi curie annexa reddunt vj quartalia spelte et iij ꞵ d. in festo Johannis.

ꝗ Item bona Ch. Sutoris eidem curie annexa reddunt in festo Johannis x d. et in festo Martini xvj d.

ꝗ Item bona Ch. de Marchenmos videlicet area ad dictam curiam pertinens xij d.

ꝗ Item bona Ch. Nüchome eidem curie annexa reddunt iij d.

ꝗ Item scoposa illius de Sarmansdorf eidem curie annexa reddunt iij ꞵ d. [j modium tritici]. [50])

ꝗ Item bona Ch. an dem Steine eidem curie annexa reddunt ij quartalia siliginis et ij quartalia auene.

ꝗ Item bona V̊lrici Adelberti junioris eidem curie annexa reddunt j modium siliginis et j modium auene.

ꝗ Item bona V̊lrici Adelberti senioris eidem curie annexa reddunt ij quartalia siliginis et ij quartalia auene.

ꝗ Item bona V̊lrici Bocli in der Gassun eidem curie annexa reddunt j quartale spelte et ij d.

ꝗ Item bona illius de Lerowa eidem curie annexa reddunt iij ꞵ d. in festo Johannis [iiii modios tritici]. [50])

[ꝗ Item H. dictus Grübler de Bremgarten j d. de agro ob strasse. ꝗ Item V̊lricus de Hylfikon j d. de agro dicto der gl . . . [55]) ꝗ Item Wilh. (?) Bůlisaker j d.

ꝗ Item H. Sacrista de Wolon j d. de vna rüti ob Waltaswile.

ꝗ Item Hartmannus Sacrista de Wolon j d ob Waltaswile.][56])

[ꝗ Item bonum Schongðus quod coluit Hem soluit monasterio in Mure ij modios tritici.][57])

ꝗ Item bona V̈lrici de Bullinchon videlicet lacu eidem curie annexus reddit ij d.

ꝗ Item bona Pantaleonis de Hedingen eid nexa reddunt v[59]) β et iiij[58]) d.

ꝗ Item bona Chunradi de Beinwile eidem reddunt iij β d. in festo Johannis.

ꝗ Item bona Heinrici de Heitersberg eidem reddunt iij β d. in festo Martini.

ꝗ Item bona Chunradi Kilchere eidem reddunt iij d.

ꝗ Item bona V̊lrici dicti Hirtz eidem curie an xviij d.

ꝗ Item bona Burchardi villici ab dorf eidem reddunt in festo Johannis xxxiiij d. et in festo pro vij ferr. xiiij d., item j modium spelte et ij quartalia siliginis et ii½ quartalia auene.

ꝗ Item bona Waltheri ab dorf eidem curie an in festo Johannis xij d.

ꝗ Item bona Waltheri dicti Grúbler eidem reddunt j quartale spelte et vj d. in festo Mar

ꝗ Item bona Rů̊dolfi dicti Grafo eidem reddunt j quartale biseligs spelte et i½ ferr.

ꝗ Item ob Waltaswile nouale Ch. Bůrgende pertinens reddit ij d.

ꝗ Item area et bona Chunradi Sutoris qu Wernher Forster de Vilmeringen eidem curie ij d. Item bona Petri de Ringlinchon an Hugs v d. [ij d. de agro zer Lôrlen, j d. de prat schen.][60])

ꝗ Item bona dicti Tegdingere et aliorum q bonis sibi participant reddunt iij β d.

ꝗ Item ager V̊lrici Sutoris ob strasze red

ꝗ Item bona masculorum de Alsatia eidem reddunt vj d. [et de agro an Lů̊gaton j den.][6]

¶ Item in Wolon curia[61]) de Al..... reddit x.. modios tritici et ..ij maltra spelte[61]) auene et iij modios ordei, item in carnispriuio ij pullos.

¶ Item ibidem scoposa illius de Lerowa reddit x quartalia siliginis[62]) [iiij^{or}..... colit V̊li Meyer.][62])

¶ Item ibidem bona Johannis Sutoris reddunt iij modios tritici.[62])

¶ Item bona Heinrici de Kama in dem Heitenmos reddunt iij modios tritici.[62])

¶ Item bona Stanglini reddunt j modium tritici. [Item Hedi Vasenachtin j modius tritici de domo et area in qua residet.][63])

¶ Item bona dicti Zuricher que tenet V̈lricus Hartlieb reddunt iiij modios tritici.[62])

¶ Item area Heinrici ab dorf reddit j quartale tritici. [Item de bonis H. dicti Blůmen j modium tritici pro modio colit Joh. Detinger.][64])

¶ Item ager an Satteln V̈lrici[65]) Hartliebs reddit vj quartalia tritici[65]) [reddit ij d.].[64])

¶ Item bona Waltheri Bocli reddunt iij modios tritici.[62]) [Item Heini frŏ Berchtun ij quartalia tritici que emit brůder V̊li].[63])

¶ Item bona Burchardi Molitoris reddunt j maltrum siliginis et j maltrum auene, item porcum valentem viij β d.[62])

¶ Item ager eiusdem Burchardi reddit j quartale tritici. [Item Vlricus villicus vj quartalia tritici de duobus pratis ze Fulunbach et de agro et prato dicto zem nidern dorn.[63]) Item ij quartalia tritici predictus de vno agro dicto zer brame studun.][64])

¶ Item bona hereditaria eiusdem Burchardi reddunt vj quartalia tritici.

¶ Item ager in Grundelosun brunnen et bona sibi annexa reddunt j[66]) modium tritici.[66])

¶ Item bona .. dictorum Rúmlina reddunt j modium tritici.

¶ Item ager ex alia parte ponticule dicte ze Atzenstege reddit ij[66]) quartalia tritici.[66])

¶ Item bona Textoris de Mure reddunt j modium tritici et ij modios auene et ij modios siliginis et j modium ordei et j modium pisorum. [Item ager an dem Esche qui fuit

dicti Adelbrechs i quartale [illegible]
j quartale tritici. Item [illegible]
talia tritici.][64])

¶ Item bona Cellerarij de [illegible]

¶ Item area Vaderfiln et [illegible]
ij[65]) modios tritici.[66])

¶ Item bona in noualibus [illegible]

[¶ Item ager dictus uf dem wege [illegible]
aker viij^to den.][68])

¶ Item tres agelli Marchoemos [illegible]
dorf, qui pro lantgarba locantur, [illegible]

¶ Item ager villice de Vilmeringen [illegible]
siliginis.

¶ Item ager Ůlrici dicti Tegdingere [illegible]
iij quartalia tritici.

¶ Item noualia zem Schurtenwege [illegible]
siliginis.

[¶ Item ager hinder dem hage [illegible]
reddit v[68]) quartalia tritici.][69])

[Bona in Waltaswile et in [illegible]
viiij modios spelte lxxvij modios auene [illegible]
dios tritici lxxviij modios siliginis iij [illegible]
leguminum iii½ lib. d. iij β iiij d. xiij porci. Su[illegible]
modios tritici et ij quartalia.][70])

[¶ Item ager situs en mitz an dem [illegible]
agrum pertinentem curie et ager situs [illegible]
reddunt iij quartalia tritici, quos tenet H. [illegible]

¶ In villa etiam Wolon pertinet [illegible]
districtus predicto monasterio in Mure.

[Summa tercia ccc°xliij modios tritici [illegible]
xvj β iij d. xiiij porcos.][70])

[Notandum quod dictus agellus in dem v[illegible]

[Notandum quod ager in dem varn [illegible]
kriesibon bi dem Guntzhart acker, quos [illegible]
reddunt iij modios tritici.][64])

Original: Pergamentrotel aus 4 Stücken, [illegible]
+ 52,5 cm lang und $\frac{20,5}{21,5}$ cm breit, im [illegible]
garten.

Anmerkungen.

[1]) Diesen Satz strich eine spätere Hand und schrieb darüber dubitatur. — dem Satz in der Mitte des Pergaments steht ein q.

[2]) Der mit item beginnende, die ganze Zeile füllende Schluß des Satzes radiert.

[3]) Rasur.

[4]) Das übrige radiert, später wurde die ganze Stelle ausgestrichen.

[5]) Der Zins wurde nie ausgesetzt, dafür aber ein 3 cm breiter Raum zwei Schriftzeilen) leer gelassen.

[6]) Von hier an später ausgestrichen.

[7]) Fast vollständig ausradiert.

[8]) Auf Rasur, kaum erkennbar.

[9]) Oder Sethwile.

[10]) Das folgende von fast gleichzeitiger, vielleicht sogar der nämlichen d etwas später mit schwärzerer Tinte geschrieben.

[11]) Auf Rasur mit schwärzerer Tinte, gleiche Hand.

[12]) ursprünglich scheint bloß ij gestanden zu haben.

[13]) Spätere Hand, nicht identisch mit derjenigen der Note 10.

[14]) Die ganze Stelle wurde später ausgestrichen.

[15]) Hand der Note 13.

[16]) Hand der Note 10.

[17]) Hier beginnt eine Hand aus dem Ende des XIV. Jahrhunderts einen trag, der sich über den leeren Raum hinter den nächsten elf Zeilen erkt; er lautet: Item V̊lricus et H. fratres [hier steht über der Zeile von spätерer Hand Remerswile] et Hedw (?) . . . et . . . . . sorores eorundem in dem Bache tenent tres scoposas. Item . . de Husern et C. de Gelt- (?) tenent ij^as scoposas. Item Walt. villicus j scoposam que colitur a am muliere d . . . . Item Arn. dictus Snider (?) et (?) sorores j scoposam. Item Ar. de Sigboldingen et sorores j scoposam. C. Trubo (?) et Ar. Tru . . . (?) tenent j scoposam. Item liberi Petri . . . . j scoposam. Item iste scopose reddunt j lib. dnar. (?) et jura que tur velle et erschätz. — Die Schrift ist nur mit größter Mühe annähernd ntziffern, weil fast völlig ausgelöscht.

[18]) Die ganze Zeile ist ausradiert.

[19]) Etwas dunklere Tinte, aber gleiche Hand. Nach dieser Stelle ist eine Zeile leerer Raum gelassen.

[20]) Rasur.

[21]) Lesart nicht ganz sicher.

[21])—[22]) Ausgestrichen.

[23]) Hier endet das erste Pergamentstück. Auf der Rückseite desselben von wenig späterer Hand: ꝗ In Tottikon. / Item in Brunegg. / Item in oswile. / Item in villa Mellingen. / Item in Neslibach. / Item in Sulze Küntnach. / Item in Lúpliswalt. / Item in Waltaswile. / Item in Walt-rn. / Item in Wolun.

[24]) Das hier beginnende zweite Pergamentblatt trägt oben ein R.

[25]) Nach dieser Stelle ist für eine Zeile leerer Raum gelassen.

[28]) Zusatz von späterer Hand, vgl. Note 70.

[29]) Korrigiert aus schübscher.

[30]) Wenig späterer Zusatz.

[31]) Zusatz von späterer Hand als derjenigen der Note 30.

[32])—[33]) Ursprüngliche Hand, aber dunklere Tinte.

[33]) Wenig späterer Zusatz.

[34]) Zusätze von wenig späterer Hand mit dunklerer Tinte.

[35]) «vj quart. trit.» ist ausgestrichen und von der Hand der vorigen [illegible] ersetzt durch «iij modios tritici»; eine noch etwas spätere Hand fügte [illegible] lich bei «ad custodem».

[36]) Hier endigt die ursprüngliche Hand auf diesem zweiten Bl[illegible] latte.

[37]) Hier beginnt eine fast gleichzeitige, sehr wahrscheinlich [illegible] selbe Hand ein wenig später, mit dunklerer Tinte; sie reicht bis N[illegible] Note [illegible]

[38]) Hand der Note 34.

[39]) Statt «obbilstigen» setzte eine wenig spätere Hand «im [illegible]

[40]) Rasur.

[41]) Rasur einer ganzen Zeile.

[42]) Von hier an beginnt eine andere, indes ebenfalls nahezu [illegible] zeitige Hand.

[43]) Später geändert in viij.

[44]) Zusatz von einer der Hand der Note 17 ähnlichen Hand.

[45]) Hier endet das zweite Pergamentblatt.

[46]) Mit diesem Zusatz von der Hand der Note 44 beginnt da[illegible] Pergamentblatt, das oben ein S trägt.

[47]) Von hier an wieder die ursprüngliche Hand.

[48]) Hier ist magis ausgestrichen.

[49]) Von späterer Hand auf Rasur.

[50]) Von etwas späterer Hand.

[51]) Hier ist Heinr. ausgestrichen.

[52]) Auf Rasur.

[53]) Dieser Zusatz von wenig späterer Hand wurde wieder ausra[illegible]en.

[54]) Die ganze Stelle wurde wieder gestrichen.

[55]) Schrift vollständig verschwunden.

[56]) Zusätze von einer ähnlichen Hand wie die der Note 17, doch [illegible] identisch mit derjenigen der Note 44; Schrift stark abgegriffen, stellen[illegible] nur mit Mühe lesbar. Hier endet das dritte Pergamentblatt.

[57]) Mit diesem Zusatz von der Hand der Note 44 beginnt da[illegible] Pergamentblatt, das oben ein t trägt und auf der Rückseite die Notiz: Lùpliswald. / Item Walteswile. / Item Walthùsern. / Item in Wolen.

[58]) Auf Rasur.

[59]) j modium ist wieder ausgestrichen.

[60]) Wenig späterer Zusatz.

[61])—[61]) Diese Stelle ist dick durchstrichen und daher nur teilweise [illegible]

[62]) Die ganze Stelle ist ausgestrichen.

[63]) Späterer Zusatz, ausgestrichen.

[65]) Zusatz von der Hand der vorigen Note, nicht ausgestrichen.
[66])—[66]) Ausgestrichen.
[67])—[67]) Ausradiert.
[67]) Loch im Pergament.
[68]) Radiert aus vj.
[69]) Hand der Note 37.
[70]) Hand aus der zweiten Hälfte des XIV. Jahrhunderts; vgl. Note 28.

C. Dritter Rotel.

Hic continentur vniuerse summe annone videlicet tri- siliginis, spelte, ordei, auene et leguminum in villis ulis / pertinentibus monasterio in Mvre.[1])

Primo in Müre summa tritici ad xi½ modium se extendit. / ¶ Item summa siliginis x quartalia. ¶ Item summa spelte viij[to] / maltra et iij quartalia. ¶ Item summa auene lvj ra et vj quartalia.

¶ Item summa denariorum tam de seruicio dicto win- i quam de decima minuta ibidem de censu sancti Jo- nis et sancti Martini vj lib. vj sol. et iiij d.[2])

¶ Item summa porcorum xxix [cum ½][3]) in eadem villa c. [¶ Item summa panni linei clxxiiij[or 4]) vlne.][5])

¶ Item in Wolon primo summa tritici xlv modii minus quartale. ¶ Item summa siliginis xxv modii et j quartale. ¶ Item ibidem summa spelte x[6]) modii et ½ quartale.[6]) em summa auene v maltra et[7]) j quartale.[7]) ¶ Item ma ordei iiij[or] modii.

¶ Item summa pisorum j modius. ¶ Item summa dena- um iij[8]) lib. et iiij[or 8]) sol. minus[9]) duobus denariis.[9]) ¶ Item rcus valens viij sol. d.

¶ Item summa curie villici in Wolon xx modii tritici. ¶ Item summa siliginis xxx modii. ¶ Item summa auene naltra.[10]) ¶ Item summa leguminum xviij[to] frusta.[8]) ¶ Item porcus valens viij[to] sol. et iiij[or] d.[11])

¶ Item in Rüdinkon primo summa tritici videlicet j modius. ¶ Item summa spelte ij maltra et ij[12]) modii minus[13]) quartale.[13])

¶ Item summa denariorum tam de dicto fridschatz quam censu sancti Johannis et Martini viii½ sol. minus j denr.
¶ Item in Mettenschönge primo summa videlicet iiij[or] modii.

¶ Item summa denariorum ibidem de vniu
nibus conput[atis] ad j lib. et xiij d. se exten

¶ Item in Nidernschönge summa tritici a
se [14]) extendit et dimidium quartale.[14]) ¶ Iten
vj quartalia. ¶ Item summa denariorum omnit
ix sol. [et j obul.].[15]) ¶ Item ibidem j porcus

¶ Item in Betwile primo summa tritici j
ibidem viij d.

¶ Item in Tennewile summa tritici videli

¶ Item summa denariorum ibidem exten
et xvj sol. minus iiij[or] denr.

¶ Item in Varwang . . . .
¶ Item summa denariorum omnibus conputat
. . .[17]) sol. den.

¶ Item in Altwiz primo summa tritici vj qu
ibidem summa spelte videlicet vj maltra. ¶ Iten
iiij[or] maltra. ¶ Item summa piscium qui dicunt

¶ Item ibidem j aries.

¶ Item in Miswangen et in Liele j maltru
vj modii auene.[18])

¶ Item in Gangoltswile primo summa triti
se extendit.

¶ Item summa spelte vj maltra. ¶ Item
iiij[or] maltra et ij modii. ¶ Item summa den
et ij sol. et ix d. omnibus conput[atis]. ¶ Ite
cium qui dicuntur balchen ad mdc se extend

¶ Item in Boswile summa tritici xlix[19])
j quartale.[20])

¶ Item summa siliginis videlicet ij modii.
auene ij quartalia. ¶ Item summa denariorun
putat[is] ad iij lib. et[21]) iij sol. et vij denr.
Item j porcus valens viij β.

¶ Item in Büntznach summa annone
auene siliginis et leguminis omnibus conputa
frusta et iiij[or][22]) quartalia tritici se extendit.
millii. Item ij d.

¶ Item in Butwile primo summa tritici
lx[24]) modios et j quartale tritici. ¶ Item i
fabarum j maltrum et vij modii et i½ quart.

ordei similiter j maltrum iiij modii et ½ quartale. ¶ Item summa spelte ix modii et ij quartalia. [¶ Item summa auene iij maltra.][28] ¶ Item summa denariorum ibidem partibus singulis conputatis extendit se ad vij lib. et xiij d.[26])

¶ Item ibidem summa panni qui dicitur hůbtůch xij vlne.

¶ Item ibidem porcus[27]) vnus valens tantummodo v sol den.[27])

¶ Item in Geltwile summa tritici vij quartalia.

¶ Item summa spelte xiiij^or maltra et iij modii et j quartale.

¶ Item summa auene xviiij maltra minus tribus quartalibus.

¶ Item summa denariorum j lib. [xvj sol.][28]) et iij denr.

¶ Item summa panni ad xl vlnas minus duabus[29]) se extendit.

¶ Item summa porcorum ibidem videlicet vi½, quilibet valens v sol. denr.

¶ Item in Kriental summa tritici vj quartalia.

¶ Item summa denariorum vj solidi et iiij^or d.

¶ Item in dem Wye summa tritici xij modii et j quartale [et viij^to ime tritici].[30]) ¶ Item summa auene ij maltra. ¶ Item summa denariorum ibidem omnibus conput[atis[1] viij sol. et viij d.

¶ Item porcus j valens viij sol. denr.

[Item decima minuta in dem Wye ij porcos valentes xviij^to β.][31])

¶ Item der Kilchbůl summa tritici iiij^or modii et j quartale. ¶ Item summa denariorum ij sol. et ij d.

¶ [32]) Item in Nidingen summa tritici vj modii et j quartale tritici. Item summa spelte iij modii. ¶ Summa auene iiij^or modii. ¶ Summa denariorum x β cum ij d.[32])

¶ Item in Nidingen summa tritici viij[33]) modii et ij quartalia tritici.

Item summa spelte iij modii. Item summa auene iiij^or modii. Item summa denariorum x[34]) cum vj d.[34])

¶ Item in der Gúpphe summa tritici x[35]) modii et j quartale.

¶ Item summa siliginis j modius. ¶ Item summa spelte vj quartalia.

¶ Item summa auene vj quartalia. ¶ Item summa denariorum ibidem de censibus et iuribus vniuersis omnibus

conpu[tatis] j lib. et v[38]) [illegible]
[illegible] ibidem videlicet iij [illegible]

¶ Item an der Egga [illegible]
ibidem summa denariorum [illegible]
j d. Summa tritici vij quartalia. [illegible]

¶ Item in Altznach summa [illegible]
tritici.

¶ Item in Dúrmulon prima [illegible]
¶ Item summa auene j maltrum. ¶ [illegible]
x½ sol. denr.

¶ Item porcus j valens viij solid. [illegible]

¶ Item in Birche [et in Lutingen] [illegible]
modii. ¶ Item summa spelte iij maltra [illegible]
denariorum ibidem vniuersis censibus et [illegible]
videlicet j lib. et xviij solid. cum j [illegible]
summa auene iij[40]) maltra et ij modii. [illegible]

[Item decima minuta in Birche et in [illegible]
ij porcos valentes xviij β.][41])

¶ Item in Arnstowe summa tritici [illegible]

¶ Item summa auene vj maltra et [illegible]
summa denariorum vniuersi census et [illegible]
xiiij^or sol. denr.

¶ Item ibidem noua decima iij [illegible]
minus et aliquando magis.

¶ Item in Werde summa tritici ij quartalia [illegible]
denariorum omnibus conputatis censibus [illegible]

¶ Item an dem Gerúte summa tritici viij [illegible]

¶ Item summa siliginis j modius [illegible]
¶ Item summa spelte ij maltra. ¶ Item [illegible]
maltra minus j quart. ¶ Item summa [illegible]
¶ Item summa denariorum ibidem ij lib. [illegible]

¶ Item in Althúsern summa tritici x [illegible]
duobus quartalibus.[44])

¶ Item summa siliginis xxx modii. [Item [illegible]
spelte j maltrum et iij modii.][45]) ¶ Item [illegible]
ij maltra et ij quartalia. ¶ Item summa [illegible]
censibus quam de aliis iuribus nobis pertinentibus [illegible]
et ix sol.[47]) se extendit. ¶ Item summa porcorum [illegible]
vterque debet valere x sol. denr.

¶ Item in Besenbúrron summa spelte v modii. ¶ Item ma auene ii1/2 maltr. ¶ Item summa denariorum j lib. et L

¶ Item in Wigwile summa tritici xxx modii.

¶ Item summa spelte ibidem xxviij maltra minus vno tale.

¶ Item summa auene xxix maltra et ij quartalia.

¶ Item ij quartalia ordei. ¶ Item summa denariorum 'niuersis censibus et iuribus nobis pertinentibus j lib. et denr. ¶ Item ij porci quorum vnus debet valere x sol. lter viijto solid.

¶ Item in Beinwile summa tritici videlicet vj quartalia.

¶ Item summa spelte ij maltra. ¶ Item summa auene andem.

¶ Item duo[48]) porci quorum vnus[48]) valere debet x solid. [48]) alter viij sol. d.[48]) Summa denariorum viij ꝫ.

¶ Item in Owe summa spelte iiijor maltra et ij modii as i fertone.

¶ Item summa auene tantundem. ¶ Item summa de-orum ibidem et de censibus arearum in Meienberg ex-lit se ad viijto solidos et iij denr.

¶ Item in Alinkon summa tritici videlicet v quartalia.

¶ Item ibidem summa spelte iij maltra et[49]) j modius[49]) quartalia.

¶ Item summa auene iij maltra et ij quartalia.

¶ Item summa denariorum de censibus vniuersis ac aliis ous nobis pertinentibus ii1/2 lib. et xviij denr.

¶ Item in Ettenowe summa denariorum v sol. qui dantur anniuersario.

¶ Item in Vare curia ibidem xij denr.

¶ Item in Egtiswile summa denariorum iij sol. d.

¶ Item in Gernswile summa spelte iij maltra.

¶ Item summa auene tantundem. ¶ Item summa de-orum ibidem omnibus conput[atis] iij sol. et j d.

¶ Item[50]) in Appwile summa spelte j maltrum. ¶ Item ma auene ibidem tantumdem. ¶ Item summa denariorum ol. pro anniuersario et ix denr. de censu.[51])

¶ Item in Butwile summa denariorum v sol. d.

¶ Item in Rústiswile summa tritici j modius et ij quartalia.

¶ Item summa spelte ibidem ij modii. ¶ Item summa auene tantundem.

¶ [16])

Auf der Rückseite des zweiten Pergamentstücks:[17])

¶ Item in Liele summa tritici iij quartalia, summa spelte iiij°ʳ maltra, summa auene ij maltra, summa denariorum xii 1/2 ß et j porcus valens viij ß.

¶ in Maswandon summa tritici ij modii, summa denariorum j lib. cum v ß.

¶ Item in Arne summa tritici viij modii. Item summa spelte vij quartalia. Item summa auene ij maltra et vij quartalia.

Item summa denariorum xvj d.

¶ Item in Ottenbach summa tritici ij modii.

¶ Item in Kinthusen summa tritici ij modii.

Original: Pergamentrotel, aus zwei Stücken bestehend, 12—12,5 cm breit und 73,5 + 67 cm lang, im Staatsarchiv Aargau: Muri Q IV Z 1. Die Hand ist die nämliche wie die der beiden Bremgartner Rötel, Zusätze und Änderungen erfolgten entweder von ursprünglicher oder wenig späterer Hand. Eine viel spätere Hand bemerkte auf der Rückseite: Hic colliguntur vniuersæ summæ annonæ scilicet ordei, auenæ et huiusmodi.

Anmerkungen.

[1]) Hier steht mit Verweisungszeichen die zu Note 5 gedruckte Stelle

[2]) vj sol. et iiij d. ist ausgestrichen und von wenig späterer Hand über der Zeile ersetzt worden durch xij sol et viii 1/2 d.

[3]) Über der Zeile von ursprünglicher Hand.

[4]) Eine wenig spätere Hand änderte die Zahl in clxx et v.

[5]) Durch Verweisungszeichen hieher gewiesene Stelle (vgl. Note 1) von ursprunglicher Hand.

[6])—[6]) Ausgestrichen und von ursprünglicher Hand geändert in vij modii.

[7])—[7]) Ausgestrichen und wohl von ursprünglicher Hand ersetzt durch ij modii et v quartalia.

[8]) Auf Rasur.

[9])—[9]) Ausgestrichen und von wenig späterer Hand ersetzt durch cum v 1/2 d.

[10]) Vorlage mal, wobei al. auf Rasur.

[11])—[11]) Auf Rasur, etwas spätere Hand.

[12]) Radiert in j mod.

[13])—[13]) Ausgestrichen und ersetzt durch et i 1/2 quartalia.

[14])—[14]) Ausgestrichen und ersetzt durch minus j quart.

[15]) Über der Zeile.

16) Rasur.

17) Rasur, mit verblaßter Tinte ist darauf xl von nicht ursprünglicher Hand geschrieben.

18)—18) Ausgestrichen und ersetzt durch et j maltrum et ij quartalia auene.

19) ix steht auf Rasur.

20)—20) Ausgestrichen und ersetzt durch et j quartale.

21)—21) Ausgestrichen und ersetzt durch v sol. et viij d.

22) ij steht auf Rasur.

23) iiij^{or} ob der Zeile statt der ursprünglichen aber radierten Zahl (iij?).

24) Ausgestrichen und ersetzt durch lxiij.

25) Über der Zeile.

26) Ausgestrichen und ersetzt erst durch xvj, dann, nachdem auch diese Ziffer wieder gestrichen worden, durch xix d.

27)—27) Ausgestrichen und ersetzt durch ij porci valentes x ß.

28) Über der Zeile, aber von ursprünglicher Hand.

29) Ausgestrichen und ersetzt durch i½.

30) Über der Zeile von ursprünglicher Hand.

31) Von ursprünglicher Hand später nachgetragen.

32)—32) Die ganze Stelle von ursprünglicher Hand ausgestrichen. Hier endet der erste Pergamentstreifen.

33) Radiert und in viiij geändert.

34) Ausgestrichen und ersetzt durch xiiij^{or} ß cum ij denr.

35) Auf Rasur.

36) Ausgestrichen und ersetzt durch viij.

37) Ausgestrichen und ersetzt durch quinque.

38) Über der Zeile von der wenig spätern, vielleicht ursprünglichen Hand, welche die Ziffern änderte.

39) Über der Zeile wird iiij^{or} beigefügt, die Ziffer also in xxiiij^{or} geändert.

40) Gestrichen und ersetzt durch v.

41) Zusatz von späterer Hand.

42) Ausgestrichen und ersetzt durch et iii½ quart.

43) Nach v ist sol. ausgestrichen.

44) Ausgestrichen und ersetzt durch et j quartale tritici.

45) Durch Verweisungszeichen hieher gewiesen; von wenig späterer Hand.

46) Ausgestrichen und ersetzt durch auene; Hand der Note 45.

47) Über der Zeile ist von etwas späterer Hand beigefügt minus j d.

48)—48) Von gleicher Hand gestrichen und ersetzt durch vnus porcus qui.

49)—49) Gestrichen.

50) Über dieser Zeile sind zwei nachträgliche Zusätze wieder ausradiert.

51) Der Zusatz von späterer Hand et v ß wurde wieder radiert.

52) Es folgen noch drei vollstandig ausradierte Zeilen.

53) Von gleichzeitiger Hand.

Owe, ŏwe, ôwe, s. Au und Auw.
— dû grôzze nider ôwe und dû minre nider ôwe in Waldhäusern 383.
Oye s. Ei.

Pfäffikon, Pheffinkon (B Sursee, K Luzern) 366.

Rabusen, . . dicta, Bäuerin in Mellingen Dorf 379.
Ramstein, Freie von 373.
Reber, der, ein knecht zu Herlisberg 370.
Reimerswile s. Remetschwil und Römerswil.
Reinach, Rynah (B Kulm) 370; s. auch Rinach.
Reise, ob, s. Oberreis.
Reitnau, Reitnowa (B Zofingen) 378.
Remetschwil, Reimerswile, Remerswile (B Baden) 379. 389.
Rephein, Walther, Bauer in Wohlen 384, Ita u. Heinrich 385.
Retswil, Richarzwile (B Hochdorf, K Luzern) 368 f.
Reuss, Rúsa, Fluß 373.
Richarzwile s. Retswil.
Richterswil, Richtliswile (B Horgen, K Zürich) 373.
Rifferswile (B Affoltern, K Zürich), jacobus de, Bauer in Fischbach 380.
Rinach, niuwe burk ze, Oberrinach (G Herlisberg, B Hochdorf, K Luzern) 369.
— her Jacob von 363, 369, her Heinrich 363, 369, her Ůlrich I. 361, 362, 368, 370, her Chůno sin brůder 368, Ulrich V. 361.
Ringlinchon (G Witikon, B u. K Zürich), Peter de, Bebauer von Gütern in Wohlen 386.
Rinnacher, Heinricus, Bauer in Wohlen 384.
Risa, wohl ein Bach in Büttikon, kaum Ritzi bei Oberniesenberg 381.
Riusegge s. Rüssegg.
Rohrdorf, Rordorf (B Baden) 379, villicus 379.
Römerswil, Reimerswile (B Hochdorf, K Luzern) 369.
Roregge, abgegangener Ortsname (wo?) 373.
Rot, in der Rota (G Großwangen, B Sursee, K Luzern) 364.
Ruchefúre, Bauer in Stetten 380.
Rued, Růda (B Kulm) 366, 367.
Rüedikon, Růdinkon (G Schongau, B Hochdorf, K Luzern) 391.
Rumentikon, Rumoltikon (G Cham, K Zug) 373.
Růmli, Berchtold, Bauer in Dintiken 380; Růmlina und Rúmlina, Bauern in Wohlen 384, 387.

Fur die Bestimmung der Orts- und Flurnamen verdanke ich gef. Mitteilungen der Herren Dr. H. Herzog in Aarau und Dr. J. L. Brandstetter in Luzern.

Zwei frühmittelalterliche Kapitelle.

Von

E. A Stückelberg.

(Hierzu Tafeln III und IV.)

Zu den merkwürdigsten Überresten des alten Basel, die bisher von der Wissenschaft nicht beachtet worden sind, gehören zwei Kapitelle, deren Beschreibung und Bestimmung in den nachfolgenden Zeilen versucht werden soll.

Die beiden Baufragmente[1]) geben sich durch Gleichheit des Maßstabes (oberer Durchmesser 0,475, Höhe 0,355, Breite der Seiten des Achtecks unten 0,13) und des Materials, sowie durch gleichmäßige Sorgfalt in der Ausführung als zusammengehörig zu erkennen. Das eine Stück ist auch insofern dem andern verwandt, als sie beide auf allen vier Seiten ihren Skulpturenschmuck in identischer Form wiederholen. Endlich ist beiden dasselbe Schicksal widerfahren: sie wurden zu Becken ausgehöhlt und zerbrachen deshalb. Der sonstige Erhaltungszustand ist ein sehr guter, indem die Kapitelle weder bestoßen noch abgeschliffen sind; bei dem einen (A) finden sich sogar noch Spuren von Polychromie.

Beide Kapitelle stellen die primitivste Form des Baugliedes dar, das vom Quadrat des Auflagers bezw. der Deckplatte überführte zum Rund der Säulentrommel; dies geschieht durch vier kräftige «Hiebe» an den Ecken, wodurch der Würfel nach unten zum achteckigen Gebilde umgestaltet wird. Diese Form geht wie zahlreiche Ornamente der romanischen Architektur auf Reminiszenzen oder Gewohnheiten der Holzbaukunst zurück. Wir finden solche Kapitelle mit

---

[1]) In photographischen Abbildungen der historisch-antiquarischen Gesellschaft vorgelegt vom Verfasser am 27. November 1905.

Eckhieben schon im V. Jahrhundert zu Rave
genden Säkulum eine Reminiszenz am eufrasi
des Doms zu Parenzo,[2]) im VI. oder VII. Jahrh
Eusebiuskrypta zu Pavia,[3]) 712 zu Valpolic
S. Pietro zu Toscanella,[5]) 879 zu S. Satiro
zwischen diesem Jahr und 882 in Pieve di S
zu S. Miniato al Monte bei Florenz,[8]) im XI.
Aosta, Mailand und Como.[9]) Dem achten Jahrh
zugeschrieben die Kapitelle von Cividale,[10])
Verona;[12]) andere nicht näher datierbare Exe
Flavigny, Tournus,[13]) S. Martin-de-Londres (H
main-Le-Puy, S. Generoux,[14]) Issoudun[15]) un
Ringsted[17]) und Schwärzloch.[18]) Dieselbe For
hieb aber durch ein längliches Blatt verdec
noch die goldene Altartafel Kaiser Heinrichs
also ein Werk vom Anfang des XI. Jahrhu
ganzen wie in den Einzelheiten näher der ka
nischen Formenwelt als dem romanischen Sti

Aus allem wird klar, daß es sich um
uralte Kapitellform handelt, die dem Frühm
ist, aber bis ins XI. Jahrhundert gelegentlich

Kapitell A zeigt figürlichen Schmuck, bes
identischen Gürtelbildern von Engeln. Der Ko
tümlich gebildet: niedere Stirn, an der Oberf
Augen und sehr langes Kinn. Hinter demsel
mit radialen Kerben verzierter Nimbus.[19]) D
Ärmelkleides sind roh, die rechte Hand mach
des lateinischen Segens. Die Flügel sind au
füllen in eleganter Weise das Feld. Außen,
der Flügel, ist mit derselben Tendenz des F

[1]) Rivoira, Le Origini della architettura lombarda 1901,
S. 91. Wir folgen den Datierungen Rivoiras. — [3]) a. a. O. S
S. 190. — [5]) a. a. O. S. 151, 157 und 166. — [6]) a. a. O. S.
S. 278 und 281. — [8]) a. a. O. S. 321. — [9]) a. a. O. S. 27
L'architecture en Italie du VIe au XIe siècle. Trad. Le Monni
[11]) a. a. O. S. 335. — [12]) a. a. O. S. 113. — [13]) Blavignac,
[14]) Gailhabaud. — [15]) Enlart, Manuel I. S. 370, 372 und
— [17]) Otte, Handb. II. 5. Aufl., S. 225. — [18]) Paulus, D
bergs, S. 401. — [19]) Ähnlich zu Toulouse: Vöge, Anfäng
Stiles, S. 74 und 85.

ne kleine Volute eingeschoben. Die Hiebe sind jeweilen ziert mit einer aus der Basis aufsteigenden Palmette in elief. Der Abakus zeigt auf vertieftem, von einer Leiste nfaßten Feld vier abwechselnd aufrecht oder gestürzt geichnete Ornamente, die einem Bäumchen, wie es auf rolingischen Textilien der Schweiz vorkommt, oder einer die Breite gezogenen Palmette vergleichbar sind.

Kapitell B zeigt nur ornamentalen Schmuck. Die vier itenflächen werden eingenommen von je einem baumtigen Zierglied, das oben in einen lilienartigen Gipfel ausuft und jeweilen unter den Verästungen gegürtet ist. Aufllend und bemerkenswert ist, daß die untern Zweige wurmtig zusammenlaufen mit dem untersten Zweig des Oberastes. uch die Eckhiebe haben nur bäumchenartigen Schmuck; derlbe ist einmal gegürtet und läuft oben in ein Herzblatt aus. us dem Wulst oder Reif, der wie bei Kapitell A den untern bschluß bildet, wächst hier eine Reihe von Blättchen, ähnlich em Eierstab heraus. Der Abakus trägt in vertieftem Feld id erhöhtem Rahmen ein Rankenornament.[1]) Derartige anken finden sich sowohl auf frühmittelalterlichen wie auf manischen Denkmälern in unzähligen Beispielen.[2]) Der Baum igegen ist charakteristisch; er erinnert stark an ein Ornaent auf dem karolingischen Buchdeckel aus Sitten, der in e Sammlung Spitzer gelangt ist.[3]) Auch der stilisierte um des Bildes von Samuel und David im goldenen Psalter St. Gallen sei hier angeführt. Ein Bestandteil, die Lilie, idet sich auf dem Schuh des hl. German zu Delsberg,[4]) wie an unzähligen longobardischen Skulpturen des Frühittelalters.[5]) Auch das herzförmige Blatt findet sich in esem Ornamentenkreis.[6]) Antike Reminiszenzen bei diesen

[1]) Fernand de Mély glaubte beim Schmuck des Abakus eine zweite, Kapitell unbeteiligte Hand zu erkennen.

[2]) Vgl. z. B. den Schrankenpfosten links vor der Apsis von S. Clemente in m; ein frühmittelalterliches Kästchen in München aus Bein, ein romanisches (?) Chur, karolingische Buchmalerei in St. Gallen, in S. Ambrogio zu Mailand.

[3]) Blavignac, Tafel XXV* Fig. 4: auch Beissel, Bilder aus der Geschichte r altchristlichen Kunst .... S. 314.

[4]) Abg. Stückelberg, Gesch. der Reliquien, S. 82.

[5]) Ders. Longob. Plastik, S. 61.

[6]) a. a. O. S. 66.

Kapitellen sind die Palmette, die Volute, die Bl
vielleicht die Ranke am Abakus. Beigefügt
weder in Basel, an den spätern Münsterbauten
Umgegend, Kapitelle dieser oder ähnlicher F
zierung sich finden.

Über die Epoche dieser Kapitelldekoratic
Prälat D. F. Schneider in Mainz: «Der Orna
ist sehr früh (IX.—X. Jahrhundert?) — wenn
schichte und künstlerischen Traditionen der b
zusammengeht. Oft hinken ja Landschaften betr
der Zeit nach; aber doch ist der Typ sehr alt
klingt an Denkmäler des VIII.—X. Jahrhunder

Welches ist nun das Material dieser Kap
bestehen aus feinkörnigem, rotem Sandstein
mischen und altchristlichen Epoche, d. h. in de
römischen Straßen noch in gutem Zustande
waren, verwendete man bei uns die Landst
Transport per Achse für die Bausteine, die
brochen wurden. Nach Zerfall der Straßen tra
straße hervor, und gerade in Basel verwende
für den Sargdeckel des Bischofs Rudolf († 91
Sandstein, der zu Schiff den Rhein herab ge
und der mindestens seit dem XI. Jahrhundert
feiner behauene Bauglieder gewählt wurde.
und IX. Jahrhundert besitzen wir in Basel k
Skulpturen, deren Material hier als Analogo
geführt werden.

Die ursprüngliche Bestimmung der bei
dürfte sich aus folgendem ergeben: der Chara
Stückes weist auf ein Gebäude religiösen C
ein weltliches, wie z. B. eine königliche Pfalz,[2]
geschlossen. Der Reichtum des Schmucks ge
die Hauptkirche des Ortes zu denken; nun sind
in Basel gefunden worden, dessen wichtigst

---

[1]) Entstanden aus einem korrumpierten Eierstab. Vgl
Beispiel zu S. Guilhem-du-Désert, Enlart, Manuel I, zu S. 1

[2]) Erwähnt in den Verordnungen Bischof Hattos, Tho
z. vaterl. Gesch., Neue Folge V, S. 257 und 260.

Gebäude im Frühmittelalter die Kirche des Monasteriums[1]) war, die östlich vom Abhang gegen den Rhein, westlich von der Linie des Straßenzugs[2]) Rittergasse-Augustinergasse begrenzt gewesen sein dürfte. Der Maßstab der Kapitelle schließt nun eine Verwendung im Langhause aus. Da sie auf allen vier Seiten gleichmäßig ausgearbeitet sind, fällt auch der Gedanke an einen Portalschmuck außer Betracht; der Reichtum an Schmuck spricht auch zuungunsten einer Krypta, in deren Dunkel er kaum zur Geltung gekommen wäre. Es sind auch keine Spuren von Rauch daran wahrnehmbar. Es bleibt, sowohl durch den Maßstab, als die Qualität der Erhaltung empfohlen, der Gedanke an Ziborienkapitelle übrig. Hier waren die beiden Baustücke vor Reibung geschützt, hier eignete sich Kapitell A mit dem Engelsbild für den Schmuck des vordern, Kapitell B für den des hintern Säulenpaars.

Altarziborien[3]) gehören nun seit dem IV. Jahrhundert zu den Bestandteilen aller bedeutenderen Kirchen. Während sie sich in Italien in großer Zahl erhalten haben, sind sie diesseits der Alpen nur in spärlichen Überresten auf uns gekommen. Aber sie haben auch bei uns existiert: Beweis, die Verse, welche Bischof Hatto von Basel für ein 823 geweihtes Altarziborium zu Reichenau dichtete.[4])

Hält man zusammen, daß allgemeine Form und Ornamentcharakter auf das Frühmittelalter weisen, daß weder an den noch erhaltenen Bauteilen des Münsters, noch sonstigen Bauwerken der frühromanischen Epoche (Kreuzgang von St. Alban und Krypta von St. Leonhard) ähnliche Kapitelle

---

[1]) Wie in der «Pfalz», so hat die Sprache im «Münster» den ältesten Tatbestand aufbewahrt; bevor wir eine Kathedrale hatten, war in Basel ein Monasterium, ein Männerkloster oder Stift.

[2]) Stehlin, Baugeschichte des Basler Münsters, S. 6, gibt eine anschauliche Situationsskizze für den Bau des XI. Jahrhunderts; dieser Bau besaß schon zwei Krypten, eine vordere und eine hintere, wovon die erstere offenbar aus karolingischer Zeit stammte.

[3]) Diese Überbauten beim Altar — dem Heiligengrab — gehen zurück auf die pyramidenförmigen Ädikeln antiker Grabanlagen. Näheres bei Holtzinger, Die altchristliche Architektur, S. 133—148; vgl. dazu Cattaneos und Rivoiras oben zitierte Schriften. Des Verfassers Longob. Plastik, S. 99.

[4]) Walahfrid Strabo bei Thommen a. a. O. S. 159.

vorkommen, daß vielmehr dieser Typus im XI. Jahrh schon dem Würfelkapitell weicht, so bleiben uns al liche Daten für unsere Baustücke übrig: VII. und VII hundert: das Monasterium bezw. die Kathedrale der B Ragnachar, Walaus (744) oder Baldebert († 762). U Kathedrale Waldos, oder eher Hattos, unter Ka Großen.[1]) Nach 917, d. h. Zeit der wiederhergestellte den Ungarn zerstörten Kathedrale der Bischöfe V (948), Landelous (961) u. s. w. Zwischen 1006 und Neubau Kaiser Heinrichs II.

Die erste Periode dürfte ausgeschlossen sein, sorgfältige Arbeit der Kapitelle nicht an diese Jahrhu in denen der merowingische Stil in unsern Landen h denken läßt. Unter den drei andern Daten scheint Zeit Karls des Großen am ehesten in Betracht zu ko des Kaisers Beziehungen zum Bistum Basel und zum Hatto, der Reichtum der Arbeit, die antiken Remini in der Ornamentik, Hattos in Reichenau bewiesener B die aus den damaligen Listen der Konfraternitatsbücl ergebende Blüte des Bistums, all das zusammengen läßt uns eher auf das IX. als auf das folgende Jahrl schließen, währenddem Basel verwüstet darniederlag bliebe noch übrig: der Heinrichsbau, das Münster n zwei Fassadentürmen und den zwei Krypten. Aber d mals noch Ziborienaltäre bei uns in Übung gewes und daß die Ornamentik unserer Kapitelle in dies paßt, scheint mir schwer zu beweisen.

Zum Schluß noch eine Bemerkung über die s Schicksale unserer Baufragmente. Beide Kapitelle sin träglich halbkuglig ausgehöhlt worden und ein seitliche wurde zum Zweck des Wasserabzugs angebracht. Da zur Folge, daß die betreffende durchschlagene Seite, ganze Kapitell zerbrach. A ging in drei Stücke, di am Steinenbachgäßlein ausgegraben worden sind; si den wieder zusammengesetzt und das neuerstandene K wurde zum Hauptstück einer interessanten Privatsan

[1]) Braunschweiger Chronik a. a. O. S. 150.

[2]) Erfurter Chronik a. a. O. S. 181. Lektion des Breviers ebend

Basels. B brach auf der durchlochten Seite aus; das Randstück ging verloren, der Hauptteil des Kapitells gelangte ins historische Museum. Es ist absolut ausgeschlossen, daß die beiden Steine von Anfang an als Becken gearbeitet waren. «Alle zu Gefässen bestimmten Geräte, seien es Taufbecken oder anderes, haben stets bauchige Form .... Hier ist eine Adaptierung eines zu anderen, nämlich zu baulichen Zwecken geschaffenen Werkstückes erfolgt. Die Öffnung nach abwärts könnte auf Verwendung als Sakrarium zum Wegführen von Weihrauch, Resten von geweihten Gegenständen, heiligem Öl und von zum Reinigen verwendeter Baumwolle, Lappen, Asche u. s. w. aus der Sakristei gedeutet werden.» [1])

Wir haben also zwei Kapitelle und zwar höchst wahrscheinlich solche vom Ziborium des hattonischen Münsters vor uns.[2])

[1]) Brief von Prälat D. Schneider, Mainz, 4. Nov. 1905, an den Verfasser.

[2]) Die wohlgelungene Aufnahme von Kapitell A verdanken wir der Güte von Frau St.-P.; Kapitell B ist mit einer andern Linse photographiert worden, erscheint daher in den Proportionen etwas verschieden.

Hans Holbeins Ehefrau und ihı Ehemann Ulrich Schmid

Von

August Burckhardt.

Wie bekannt hat seinerzeit schon Dr. F seinen verdienstvollen archivalischen Forschun Holbein den Jüngeren nachgewiesen, daß de frau Elisabeth eine verwitwete Schmid gewe ist schon damals von ihm die Vermutung worden, daß der Elisabeth erster Mann identis mit einem Gerber Ulrich Schmid, der zu Anfang hunderts mehrfach genannt wird.[1] Weitere Na nun, die der Verfasser seither im Gerichtsarchiv hat, haben nicht nur die volle Richtigkeit Hypothese ergeben, sondern es sind dabei a schiedene nicht uninteressante Tatsachen über ersten Ehemannes persönliche Verhältnisse zu die deren Veröffentlichung wohl rechtfertigen

Zum besseren Verständnis des folgenden ı vorausgeschickt werden, daß diejenige Linie de Familie, der der genannte Ulrich angehört scheidung von einer anderen Linie desselben in der zudem noch dieselben Vornamen wi bräuchlich waren, den Zunamen «Schliffstein daß nicht selten in den Aktenstücken der urs schlechtsname weggelassen und der Betreffe Beinamen genannt wird, also z. B. Ulrich od

[1]) Vgl. Ed. His: «Die Basler Archive über Hans Holb (Basel, 1870), S. 20 und 21.

stein, statt Uly Schmid, genannt Schliffstein. Sie trugen den Beinamen offenbar nach einer Liegenschaft dieses Namens. Zwar kann, vorderhand wenigstens, nicht mehr nachgewiesen werden, daß eine solche im Besitze der Familie gewesen ist: weder das Haus Gerbergasse 72, noch dasjenige Gerbergäßlein 41, die beide diesen Namen führten. Vielmehr wohnte die Familie während vier Generationen — nämlich von 1439, da Hans Schmid von Konstanz, der Krämer, das Haus gekauft hatte, bis 1564, da dessen Urgroßkinder, die Kinder Anthonys des Jüngeren, dasselbe wieder verkauften — im Hause «zum kleinen Venedig» (Gerbergasse 19); dieses ist also das Stammhaus des Geschlechtes. 1479 erwarben dann Anthony der Ältere, genannt Schliffstein, der Gerber, und seine Ehefrau Anna Gernler dazu noch die Nachbarliegenschaft «zum Reckholder» (Gerbergasse 21), die die Witwe 50 Jahre später an ihren Sohn, den Ratsherrn Anthony den Jüngeren, den Bruder unseres Ulrich, verkaufte, im Besitz von dessen Erben das Haus bis 1572 verblieb.

Doch kehren wir zu Frau Elisabeth zurück. Die älteste Notiz über dieselbe stammt aus dem Jahre 1512 und lautet im Fertigungsbuche wörtlich folgendermaßen: «Frau Sibille von Kilchen ... erzalt wie sy sunder liebe und vertruwen trüge zu Elsbethen, Ulrich Schlyffsteins, burgers ze Basel, efrowen, irer swester tochter, die sy von jugent uff erzogen, die sich noch bisshar in irem willen gehorsamlich halten hette; so were sy in willen kommen, sy derselben irer gutwilkeiten mit irem zitlichen gut zu ergetzen und sy zu irem erben ze setzen» u. s. w. Als ihre Geschwister nennt Frau Sibylle von Kilchen an derselben Stelle eine Elsin Bintzenstöckin in Ehrenstetten, einem kleinen Dörfchen im großherzoglich badischen Amte Staufen; ferner eine Verena Locherer zu Freiburg im Breisgau und endlich einen ebenfalls wieder in Ehrenstetten wohnhaften N. N. Senn, den Witwer einer dritten Schwester, die alle drei gleichfalls mit Legaten bedacht werden. Die vier Schwestern waren, wie wir aus einer Notiz des Fertigungsbuches von 1494 erfahren, Töchter des eben damals verstorbenen Erhard Metzger in Ehrenstetten und dessen noch lebenden Ehefrau Ennelin. Im Jahre 1518 widerrief nun aber Frau Sibylle ihr eben erwähntes Testament von 1512 wieder, indem sie — später ohne Angabe der Gründe, die sie zu diesem Schritte veranlaßten — der im früheren Testament an erster Stelle genannten Schwester Elisabeth Binzenstock statt 20 nun nur noch 10 ℔ aussetzte. Sie war damals «irs libs» schon sehr krank und nicht mehr fähig auf die Gasse hinunterzugehen, so daß die Fertigung in ihrem Hause, «zum Heutschenberg», am alten Rindermarkt (Gerbergasse 24), ausgestellt werden mußte; sie ist auch bald darauf, jedenfalls noch im selben Jahre, gestorben.

Es mag gleich hier noch beigefügt werden, daß, wie wir aus dem Fertigungsbuche von 1508 erfahren, Frau Sibylle — wohl schon seit 1504 — die Witwe des Schlossers und Ratsherrn zu Schmiden Hans von Kilchen war, mit dem sie, als dessen zweite Ehefrau, schon seit 1494 verheiratet erscheint. Beide Ehen waren augenscheinlich kinderlos geblieben und deshalb wohl hatte das Ehepaar die Nichte an Kindes Statt angenommen. Wessen Tochter ist nun aber diese gewesen? Vermutlich doch einer der drei im Testament von 1512 genannten Schwestern der Testatorin. Freilich wird nirgends ausdrücklich gesagt, daß die genannten *alle* Geschwister der Frau Sibylle gewesen seien; immerhin spricht die Wahrscheinlichkeit dafür, da nicht anzunehmen ist, daß wenn noch andere nahe Verwandte — z. B. Kinder von weiteren verstorbenen Geschwistern — vorhanden gewesen wären, diese im Testament einfach übergangen worden sein sollten; wird doch auch, wie wir gesehen haben, der Witwer Senn der vor 1512 verstorbenen dritten Schwester noch 1518 unter den Erben mitaufgezählt. Angenommen nun, daß Elisabeth die Tochter einer der drei im Testament genannten Schwestern gewesen ist, ist es doch das Naheliegendste, in Elisabeth Binzenstock die Mutter der Elisabeth Schmid, bezw. Holbein, zu sehen. Durchaus nicht etwa der Namengleichheit wegen, sondern weil wir in diesem Falle dann auch eine einigermaßen befriedigende Erklärung für die auffallende Tatsache hätten, daß ihr von ihrer Schwester von Kilchen ein kleineres Erbteil, als den beiden anderen Schwestern, ist zugedacht worden; war ihre Tochter Universalerbin, so konnte sie, falls sie es für nötig hielt, ihre Mutter noch weiter bedenken.

Bald nach ihrer Pflegemutter — noch im Sommer 1518 — verlor Elisabeth Schmid auch ihre leibliche Mutter, wie wir dies aus folgender Stelle im Urteilsbuch von 1518 ersehen: «Da gypt gwalt Elsppet, wylend Ulin Smids, des gerwers seligen wittwe, mit Steffan Rickenpach, dem grichtzknecht, irem vogt, Anthonin Schmid, dem gerwer, irem swager, ir väterlich (und) mütterlich erbgut und alles, das iro zu Erenstetten oder anderswo zu erb gefallen und man iro sunst zu thun schuldig ist, gutlich oder rechtlich inzepringen lugende.»

Wenden wir uns zu ihrem Gatten Ulrich Schmid, als dessen Ehefrau sie, wie wir gesehen haben, seit 1512 erscheint. Er ist ihr schon frühe wieder entrissen worden; wann er gestorben ist, wissen wir freilich nicht, doch ist er also jedenfalls im Frühjahr 1518 tot. Seine letzte Erwähnung aber fällt, wie wir noch sehen werden, in den Sommer 1515; zwischen diesen beiden Zeitpunkten muß demnach sein Tod erfolgt sein. Zum ersten Male begegnet uns sein Name im Jahre 1510. Da wird er, gleichwie auch noch in den Jahren 1511 und 1515, mit unter denjenigen aufgezählt, die als Kriegsknechte nach Italien ausgezogen sind. Doch muß er auch schon früher, d. h. spätestens 1509, in welchem Jahre bekanntlich durch Schinner die Verhandlungen zwischen den Eidgenossen und dem heiligen Stuhl ihren Anfang nahmen, als Söldner — und zwar damals im Dienste Frankreichs — nach Italien gezogen sein, wie wir aus einer Notiz des Urteilsbuches von 1518 zu schließen haben. Wir lesen da nämlich unter dem 27. Februar wörtlich folgendes: «Sabbatho Reminiscere da geben gwallt Elspeth, wylend Uli Smids genant Slifstein, des gerwers eeliche wittwe, und Margretha, wylend Hannsen Lachers, des rebmans seligen wittwe, beyd mit Steffan Rickenbach, dem grichtzknecht zu Basel, ir beeder rechtgebner vogt, dem sy ouch der vogtye anred warend, Pettern Linder, dem tuchscherer, die sold, so ir beyd eemann selige in dienst der cron Franckrich vor iaren zu Pistoren under einem houptman von Schafhusen, so todes abgangen sin sol, verdient haben — als dann dieselb bezalung gefallen ist von demselben houptman sinen erben oder sunst andern personen, die sollich sold hinder inen hetten — gütlich oder rechtlich inzepringen.»

Wir erfahren also aus vorstehendem Aktenst
Ulrich Schmid vor Jahren in Diensten der Krone Fı
unter einem Schaffhauser Hauptmann, an einem
bei Pistoja teilgenommen hatte. Über dieses, s
sehe, weiter nicht bekannte Scharmützel bei Pi
ich, und zwar in den Kundschaften von 1511,
weitere Notiz gefunden, die es erlaubt, den Zeit
selben noch etwas näher zu präzisieren. Sie lautet
Heckel, den man nempt Swertfeger, wirt zum g
burger zu Basel, juravit et dixit: im sye kunt un
dz in der kriegsübung sich haltende zwusent kun
jestat von Franckrych, unserm gnedigisten herr
unnd den Venedigern anderntheils, in dem herzu
furter veldtschlacht vor Pistoria, sye er, der züg,
vesten junkhern Hannsen von Diessbachs, des l
schryber gewesen, da sye ... junkher Henman i
ouch ingeschrieben worden, aber er sye nit by
musterung zu Meyland gewesen, sunder in der n
der andern und dritten musterung gemustert, un
selb junkher Henman durch in, den zügen, ben
sins solds bezalt worden wie ander knecht, als
rodeln sin, des zügen, handschrifft ... anzeigt, un
der bezalung halb junkher Henman inn rodeln
ander knecht, so irs solds bezalt worden sind; e
hab ouch also uff geheiss junkher Ludwig von (
junkher Hannsen von Diessbachs als der houpt
selben junkher Henman im Graben ingeschriben;
empfelch, hett er ine noch kein andern knecht ing
Nit witer ist im von angezogner meynung ze wi
niemand zu lieb noch zu leid, dann dem rechte
warheit zu furdrung zu urkund.»

Diese Aussage des Mathis Heckel ist in ver
Hinsicht sehr lehrreich und interessant. Zunächst
nun, daß die Schlacht bei Pistoja in den Somm
setzen ist, d. h. daß sie in den Feldzug gehört
Ligue von Cambray gegen das immer mächtiger
Venedig seit dem Frühling dieses Jahres führte
Hauptereignis die Schlacht bei Agnatello an de
der Nähe von Cremona, war, in welcher speziel

zösische Heer die venetianische Landmacht aufs Haupt schlug: am 14. Mai 1509. Es wird nun freilich, so viel ich wenigstens sehe, nirgends berichtet, daß damals auch noch so weit südlich vom Hauptkriegsschauplatz Kämpfe zwischen Franzosen und Venetianern stattgefunden haben. Immerhin ist es doch andererseits auch nicht ausgeschlossen, daß einzelne Korps aus der Romagna, wo ja zu jener Zeit auch gekämpft wurde — speziell zwischen dem Papst und den Venetianern — bis nach Pistoja hinunter verschlagen worden sind. Es ist ferner nicht unmöglich, daß ein solcher Vorstoß der Franzosen nach Südwesten irgendwie im Zusammenhang stand mit dem ebenfalls in jenen Tagen gemachten, allerdings fehlgeschlagenen, Versuch der Pisaner, sich von der Oberherrschaft der Florentiner wieder freizumachen; waren sie doch schon 1495, bei einem ersten derartigen Versuche, ebenfalls von den Franzosen unterstützt worden. Nicht die geringste Folge dieses weitausgedehnten Krieges ist die endgültige Unterwerfung Pisas unter Florenz gewesen. Es ist also, wie ich glaube, nicht ausgeschlossen, daß damals, nach vorausgegangener Verständigung mit den Pisanern, die Franzosen einen Angriff auf florentinisches Gebiet versucht hatten, der den Zweck gehabt hätte, die Aufmerksamkeit von Pisa ab und gegen sich selbst zu lenken, und daß es dabei zu einem Scharmützel in der Nähe des ebenfalls — schon seit dem Anfang des XIV. Jahrhunderts — florentinischen Pistoja gekommen ist. Immerhin wage ich diese meine Ansicht einstweilen als bloße Hypothese vorzubringen.

Venedig sowohl, als auch seine Gegner — namentlich Frankreich und der Papst — hatten sich zu Beginn des Krieges um Truppenbewilligungen an die Eidgenossenschaft gewendet gehabt, doch ohne Erfolg; die Tagsatzung hatte beschlossen, neutral zu bleiben. Zwar konnte man es nicht verhindern, daß ganze Scharen eidgenössischer Knechte sowohl dem Papst als auch dem König von Frankreich zuliefen. Es waren hauptsächlich die beiden Berner Hauptleute Hans von Diesbach und Ludwig von Erlach, die damals im Geheimen für Frankreich warben und die deshalb auch mit Konfiskation ihrer Güter bestraft wurden. Ersteren haben wir schon in Mathis Heckels Bericht erwähnt gefunden;

letzterer ist vielleicht mit dem im selben Be Junker Ludwig von Glach identisch, dessen N Form augenscheinlich korrumpiert ist. Freili demselben möglicherweise auch Junker Ludw aus Schaffhausen gemeint sein, der zwar e drücklich als Hauptmann erwähnt wird, der aus Rueger wissen, schon 1499 im Schwab gekämpft hat. Obgleich er erst lange nach ist — noch 1532 ist er am Leben —, so ist ausgeschlossen, daß wir in ihm den Schaffhau sehen dürfen, unter dem im Jahre 1509 Ulri Pistoja gekämpft hat. In Betracht käme außer noch Hans im Thurm, der 1515 bei Marignan gegen ihn jedoch spricht zunächst, daß er da Offizier, sondern als einfacher Kriegsknecht und ferner, daß nichts davon bekannt ist, daß in Italien gekämpft hat.

Besonders lehrreich sind die beiden Beri und 1518 für uns auch dadurch, daß wir an neuen Beispielen sehen, wie schutz- und weh in den nicht kapitulierten fremden Kriegsdienst in bezug auf Soldauszahlung meist dastande eben durchaus abhängig von der Willkür u Willen ihrer Hauptleute, da sie in sogenannt Kriegsdiensten stehend, nur in den allersel auf tatkräftige Unterstützung ihrer Ansprüc Regierungen hoffen konnten. Viel besser war Beziehung natürlich daran bei denjenigen K denen sich die einzelnen Orte mehr oder w beteiligten. So war es nun aber der Fall n nächstfolgenden Jahren in päpstlichem Solde Zügen der Eidgenossen nach Italien. Die derselben, der sogenannte Chiasserzug von kalte Winterfeldzug» von 1511, leiteten freili Ära nichts weniger als glückverheißend ein; tem Namen und kleinem Lob», wie sich V ausdrückt, kehrten die Eidgenossen beide Heimat zurück. Um so größeren Ruhm brach allerdings die Feldzüge von 1512, 1513 und

Aus den noch erhaltenen und genau geführten Kriegsrodeln für diese späteren Kriegszüge erfahren wir sowohl die Namen der 400 Knechte, die 1510 unter Hauptmann Jakob Meyer (zum Hasen, dem späteren Bürgermeister), «gen. Rom» (!), als auch der ebenfalls 400 Mann, die von den Zünften und ab der Landschaft Basel das Jahr darauf «ze unseren lieben Eidgenossen von Switz gen Bellentz wider den Kunig von Franckenrich», diesmal unter den Hauptleuten Junker Henmann Offenburg und Hans Lompart, nach Italien aufbrachen. Beide Mal zog auch Ulrich Schmid unter den Ausgehobenen der Gerbernzunft mit. An den Feldzügen von 1512 und 1513 jedoch nahm er — wohl infolge der schlimmen Erfahrungen, die er in den beiden vorgehenden Jahren in Oberitalien gemacht hatte — nicht mehr teil. Wir treffen ihn erst 1515 wieder in den Kriegsrodeln aufgeführt. Bekanntlich schickten die Basler damals drei Fähnlein hintereinander nach Italien: das erste, 200 Mann stark, unter Junker Henman Offenburg am 9. Mai, das zweite, bei 600 Mann, unter Alt-Oberstzunftmeister Hans Trutmann am 25. Juni, das dritte endlich, auf das dringende Mahnen namentlich Berns hin, sogar 800 Mann stark — so daß Basel also damals 1600 Mann im Felde stehen hatte — am 24. August unter Junker Heinrich Meltinger. Bei diesem dritten Aufgebot nun befand sich auch unser Ulrich Schmid; er nahm somit an der berühmten zweitägigen Riesenschlacht bei Marignano vom 13. und 14. September teil. Gegen 7000 Eidgenossen sollen damals die Wahlstatt bedeckt haben; leider kennen wir die Anzahl der gefallenen Basler nicht, doch wird uns ausdrücklich bezeugt, daß ihrer viele gewesen seien. Ob auch Ulrich Schmid unter ihnen war, wissen wir nicht; doch ist es fast anzunehmen, da wir seinem Namen später nicht mehr begegnen. Wie schon früher bemerkt wurde, steht bloß fest, daß er am 27. Februar 1518 tot ist.

Seine Witwe Elisabeth ging dann 1520 oder 1521 ihre zweite Ehe mit Hans Holbein ein, als dessen Ehefrau sie zum ersten Male 1528, anläßlich eines Hauskaufes, genannt wird. Gestorben ist sie im Frühjahr 1549 und hat also auch ihren zweiten Gatten um fast sechs Jahre überlebt. Ihr einziges Kind erster Ehe — das einzige wenigstens, von dem wir Kenntnis haben — Franz Schmid, g Großvater ein Gerber, starb ebenfalls noch im Jahre 1546, mit Hinterlassung einer Wi Töchter, Dorothea und Elsbeth, die mit ihren wohl = Oheim), dem Gerber German Zoss, ve Genannter Franz Schmid war 1534 zünftig ge wir schließen dürfen, daß er ums Jahr 1514 g ist. Von seinen Töchtern heiratete die e später den Krämer Christian Ströwapfel, di beth, den Hieronymus Halffer, Prädikante Aus zweiter Ehe, mit Hans Holbein, hatte so viel wir wissen, vier Kinder: 1. Philip schmied und Diamantschleifer, der nach lä halten in Paris und Lissabon sich schließlic niederließ, wo er, gegen 90 Jahre alt, zirka 161 soll (?). Von ihm, resp. seinem 1612 geadelt 1629 in Wien verstorbenen gleichnamigen So die jetzt in Wien und Hannover lebenden heinsberg ab;[1]) 2. Katharina, die sich am 4. dem verwitweten Ratsherrn zu Metzgern verheiratete und die am 8. Februar 1590 3. Jakob, ebenfalls gleich seinem älteren Br schmied, und unverheiratet 1552 in Lond endlich 4. Küngolt, die sich 1549 mit dem Kl Andreas Syff verheiratete und die am 15. Sep also im gleichen Jahre wie ihre Schweste gestorben ist.

---

[1]) Vergl. darüber außer His a. a. O. auch noch Dr. Holbeiners (Leipzig, 1905), S. 50 und folgende, sowie S

(tot 1494).
uxor: Ennelin (1494).

uxor: N. N. Zürcher

Antony Schmid, genannt Schliffst[ein]
Gerber (1479 — gest. 1492).
uxor: Anna Gerster (1479—15[..])

Sibylle
(1494 — gest. 1518).
mar.: Hans von Kilchen,
Schlosser, des Rats zu Basel
(1484—1503, tot 1508).

Elisabeth
(1512 – gest. 1518).
mar.: N. N. Binzenstock in Ehrenstetten.

Verena
(1512—1518).
mar.: N. N.
Locherer in Freiburg.

Tochter
(tot 1512).
mar.: N. N. Senn
in Ehrenstetten
(1512—1518).

Elisabeth (Binzenstock?)
(1512 — gest. 1549).
mar. I: Ulrich Schmid, genannt
Schliffstein, Gerber
(1509 – 1515, tot 1518).
mar. II: Hans Holbein, der Maler
von Augsburg
(geb. 1497, gest. 1543).

Hans Schmid, genannt Schliffstein,
Metzger (1498 – gest. 1508).
uxor: Anna (1508).

Anton Schmid, genannt Sch[liffstein]
Gerber, des Rats
(geb. 1486, gest. 156[.]
uxor: Magdalena Vyt (ge[b.]
gest. 1571).

Franz Schmid, Gerber
(1534 — gest. 1546).
uxor: Küngolt (Zoss?)
(1544—1549).

2 Töchter.

Philipp Holbein,
Goldschmied
(geb. ca. 1522,
tot 1612).
uxor: N. N.

Holbein v. Holbeinsberg in Wien und
Hannover(?)

Katharina Holbein
(geb. ca. 1527,
gest. 1590).
mar.: Jakob Gyssler,
Metzger, des Rats
(1535 — gest. 1556).

2 Söhne und
3 Töchter.

Jakob Holbein,
Goldschmied
(geb. ca. 1529. gest.
unverheiratet 1552).

Küngolt Holbein
(geb. ca. 1530,
gest. 1590).
mar.: Andreas Syff,
Müller in Kleinbasel
(geb. 1528, genannt
bis 1569).

2 Söhne und
5 Töchter.

Anna Schmid
(1546 — gest. 15[..]
mar.: Stadtschre[iber]
Heinrich Falk[...]
(geb. 1507, gest. 1[...]

Drei Basler Steinurkunden.

Von

Rudolf Wackernagel.

Mittelalterliche Steinurkunden sind in Deutschland selten, und es wird daher begrüßt werden, wenn wir hier drei solcher Denkmäler, sämtliche aus Basel, namhaft machen. Sie fallen in die Jahre 1264, 1307, 1437. Um Originalurkunden handelt es sich dabei nicht; die Beglaubigung und deshalb jeder urkundliche Beweiswert mangelt den auf Stein oder Erz eingegrabenen Texten; sie haben nur die Geltung von Urkundenabschriften. Von den hier mitgeteilten Stücken ersetzen jedoch die beiden ersten die Originale, die sich nicht erhalten haben.

1. (Siehe Tafel V.) Sandsteinplatte im Historischen Museum zu Basel (55 cm breit und 50 cm hoch). Der Stein kam vor einigen Jahren beim Abbruch des Hauses Freiestraße No. 21 zum Vorschein; er war dort als Material vermauert gewesen.

Der Text wird gebildet durch 17 Zeilen; von diesen sind die Zeilen 5, 6, 12, 13, 14 (je 53 cm lang) vollständig erhalten, die übrigen entweder an den Enden defekt oder in der Mitte durch eine Abscharrung beschädigt.

Die Schrift besteht aus lateinischen Majuskeln des 13. Jahrhunderts. Zu beachten sind die zum Teil starken Abkürzungen, die Ligaturen, die Verwendung mehrerer Formen für denselben Buchstaben (D, E, M, T).

KENEL · AD · DEDVCEDV · A
ER · ETIA · PCVRET · QD · STILLICIDIV · O
KESTL · POSSIT · SI · PLACVIT · P · EVDE · KAN
SINE · DETIORATOE · PDCI · MVRI · ITE · TRES
FENESTRE · QS · HT · IDE · SRIB · VERS9 · DOMV · DNI
DE · KEISTVL · IN · STABVLV · ET · CELLARIV · SIBI
VCETIA · NON · DEBET · OBSRV · Q · Q · M · L · ETIA
OBSCVRARI · ET · C · 9SESIT · EI9DE · DOM9 · DNI
DE · KEISTVL · HVGO · DCS · MEIHART · SV
TOR · QVI · EA R AIO · TEN · AB · IPO · IG · HAC · 9VE
TONE · CORA · NOB · PTESTATA · ET · PVBLICATA · ROGATI
SIGILLO · NRO · 9MVNI · VNACV · SIGILLO · PREDCI · DNI · DE · KEI
STVL · DVXIM9 · ROBORADA · ACTV · SILEE · ANO · DNI ·
M · CC · LXIIII · XIIII · KL · MARTII · HOC · ETIA · E · ADIECTV
QD · IDE · SHRIBER · POTEST · LICITE · SVBT9 · MVRV · SAL
RITORIO · ET · LOCO · DNI · DE · KEISTVL · ITA · QD · SVV
EDAT · ET · MVR9 · NO · CADAT CARE

Dieser Text lautet transskribiert so [mit Ergänzungen]:

m?
or? kenel ad deducendum a[quam].
[Idem Schrib]er etiam procuret, quod stillicidium [domus domini]
[de] Keiserstůl possit si placuerit per eundem kan[alem]
[deduci] sine deterioratione predicti muri. item tres
fenestre, quas habet idem Sriber versus domum domini
de Keiserstůl in stabulum et cellarium sibi
[l]ucentia, non debent [o]bstrui quoquomodo vel etiam
obscurari et [in ho]c consensit ejusdem domus domini
de Keiserstůl [inhabitator] Hugo dictus Meinhart su-
tor qui ea[m jure heredit]ario tenet ab ipso. Igitur hanc conven-
tionem coram nobis protestatam et publicatam rogati
sigillo nostro conmuni unacum sigillo predicti domini de Keiserstůl duximus roborandam. Actum [Ba]silee, anno domini
M. CC. L. X. IIII., XIIII. Kl. martii. Hoc etiam est adjectum,
quod idem Shriber potest licite subtus murum sal-
[vo ter]ritorio et loco domini de Keiserstůl ita, quod suum
endat et murus non cadat, [edifi] care.

Der Stein ist, wie sich hieraus ergibt, nicht vollständig. Am Schlusse scheint nichts zu fehlen; wohl aber mangelt ein nicht unbeträchtliches Stück am Eingang.

Die Urkunde ist kaum vom [illegible] Domkapitel (vgl. z. B. die gleichlautende [illegible] Urkunde des Domkapitels im Basler [illegible] ausgestellt. Sie betrifft ein Abkommen [illegible] barn, dem Herrn von Kaiserstuhl und [illegible] Wasserleitung und Fensterrecht, und [illegible] daß diese Nachbarhäuser in der [illegible] thor, auf der Rheinseite, gelegen [illegible] im Basler Urkundenbuch II, 7, No. 11 [illegible] von 1268 grenzten an diesem Orte die [illegible] genannt Brotmeister und des Ritters [illegible] einander; nach den Urkunden ebenda [illegible] No 492, hieß Heinrich der Brotmeister [illegible] Das in Frage stehende Haus des [illegible] weise an die Deutschherren (Urkundenbuch [illegible]

2. (Siehe Tafel VI.) Diese Urkunde, [illegible] der Johanniter befindlich, ist, nachdem [illegible] worden, nur aus einer Zeichnung des [illegible] Jahre 1775 bekannt. Sie wurde durch [illegible] publiziert und behandelt im Anzeiger für [illegible] kunde 1896, 81; hier beschränken wir uns [illegible] wiederzugeben, und verweisen im übrigen auf [illegible] Stückelbergs.

Der Text lautet [mit Ergänzungen]:

Ich her Johans ze Rine von Hesingen ein ritter duon kunt allen [illegible] ent, daz ich von der gesetzede unde von der ordenunge hern [illegible] alkes von Hagenowe mins enis durch siner sele willen unde [illegible] minr vordern unde mine sele unde aller minr nach komenden [illegible] met hie disen alter mit zwein unde fúnfzig marken silbers [illegible] umbe gebúrt also daz man hie eins priesters me han sol ewiclich [illegible] hie sint de fúnfte sin der disen alter besingen sol alle tage [illegible] che als vil daz dirre alter dri manot unbesungen belibe unde [illegible] die zwo unde fúnfzic marke silbers oder daz gelt daz da von [illegible] burc gevallen sin da mitte man da einen alter unde einen priester [illegible] do man zalte von gotes geburt drúzehenhundert jare unde siben [illegible]

3. (Siehe Textabbildung 4.) Steinplatte in [illegible] des Heizraumes bei der Waisenhauskirche, [illegible] Sakristei der Karthause, eingemauert (114 [illegible] hoch).

Die Inschrift besteht aus zehn Zeilen und ist vollständig erhalten. Ihre schönen gotischen Minuskeln, nebst einigen großen Zierbuchstaben, zwischen den die Zeilen trennenden Strichen, füllen die Platte wie ein edles Ornament.

Textabbildung 4:
Basler Steinurkunde von 1437.

R . i . xpo . P. d. Thomas Epus Wigornien de Anglia ob sue
ac Thome Polton et Isabęlle suoru paretum aiarum salutem .
et ad dei glorioseq virgis Marie mris dei et oim Scor laudem
donavit semel dutaxat pro celle Sacriste perpetueq Cappellanie
fundatoe . C . lb. Anglican . Quare Couet9 se i caitate obligauit
ad cotidiana defunctor Missam pro personis memoratis Sub
pena.xxx.floreor. Ren. quor essent.v.Carthusie maioi et.v.ecclie
infra cui9 parochiam hui9 dom9 bona situatur . xx . veo domui
londoniar. ad fabricas applicadi. Act. Anno a Natitate dni
M . CCCC . XXXVII . die XXVIII . Mensis Augusti.

[Rev]erendus in Christo pater dominus Thomas episcopus Wigorniensis de Anglia ob sue
[ac] Thome Polton et Isabelle suorum parentum animarum salutem
[et a]d dei glorioseque virginis Marie matris dei et omnium sanctorum laudem
[don]avit semel dumtaxat pro celle sacriste perpetueque cappellanie
[fun]datione C libras Anglicanas, quare conventus se in caritate obligavit
[ad] cotidianam defunctorum missam pro personis memoratis sub
[pen]a XXX florenorum Renensium, quorum essent V Carthusie majori et V ecclesie,
[infr]a cujus parochiam hujus domus bona situantur, XX vero domui
[lo]ndoniarum ad fabricas applicandi. Actum anno a nativitate domini
[M] CCCC. *XXXVII, die XXVIII.* mensis Augusti.

Der in der Inschrift genannte Stifter dei
Sakristans und einer Kaplanei ist Thomas Pol
von Worcester, der am Konzil in Basel teilnal
am 31. August 1433 [1]) starb. Er wurde im Chc
hause vor dem Hochaltar versus sacristiam besl
chronica fundationis Carthusie erwähnt ihn als
großen Wohltäter des Hauses.[2]) Er hat den N
Ausbau der ursprünglich durch den Westfalen I
Ludensched gegründeten Cella N im großen Kre
Sakristanszelle,[4]) sowie eine Kaplanei gestiftet; i
einem Fenster des kleinen Kreuzganges ein v
schenktes Glasgemälde zu sehen.[5]) Im liber b
ist auf dem Blatte des 31. August seiner mi
Worten gedacht:

Hac die anno domini 1433 obiit reverendu
pater dominus Thomas episcopus Wygorniensis d
parte cujus recepimus centum florenos et est sepult
mum altare chori nostri versus sacristiam. Item p
mus sexcentos et xxx florenos. Emimus pro cc
eiusdem peccunie aliqua bona in Tannekilch. Ill
pater fundator fuit celle sacriste scilicet N et I
beneficia specialia a primis patribus sibi promis
in sacristia signata, que postea per capitulum ger
conmutata sunt.

Es ergibt sich hieraus unter anderem, da
schriftstein sich noch heute an seiner ursprüngl
in der Sakristei befindet.

Der auf diesem Stein eingegrabene Text ist j
anderes als ein Extrakt aus der Originalurkund
und Konvents der Karthause vom 28. August
geben den Text dieser Urkunde nach der Ausfe
im Archiv der Basler Karthause[6]) liegt:

[1]) Dieses Datum gibt der liber benefactorum Carthusie, (
archiv Basel, Karthause L.). Die bei Tonjola, Basilea sepulta 3
Grabschrift nennt als Todestag den 1. September.

[2]) Liber benefactorum 249.

[3]) Basler Chroniken I, 292.

[4]) Basler Chroniken I, 285, 498.

[5]) Anzeiger für schweiz. Altertumskunde 1890, 375.

[6]) Staatsarchiv Basel, Karthause Urk. 136. Das Pergamen
Schnitte, Striche oder sonstige Zeichen eines Teilzettels, was d
mung der Urkunde über die vier Exemplare erwarten läßt.

Omnibus hoc presens scriptum quatripartitum visuris vel **audituris nos** prior et conventus domus Vallis beate Margarete **ordinis Cartus**iensis in minori Basilea salutem in domino sempi**ternam. Noveritis** quod nos ex unanimi consensu et voluntate **sufficienti deliberacione** prehabita, in quantum possumus sine **offensa omnipotentis dei,** ymmo ardentes eterno creatori pluri**mum complacere,** quociens Christicolas cooperante spiritu sancto **allicimus ad opera** pietatis, per presentes nos et successores **nostros astringimus** et recognoscimus nos obligatos et astrictos **ad manutenendum** reficiendum reparandum et quociens opus **fuerit reedificandum** perpetuis temporibus unam cellam in mo**nasterio nostro** predicto, quam honorabiles et discreti viri ma**gistri Reginaldus** Kentwode decanus ecclesie cathedralis sancti **Pauli Londoniensis,** Philippus [1]) Polton [2]) clericus, Willermus [3]) Hende clericus, Ricardus [4]) Quatermayns armiger et Thomas Lanyngton [5]) executores testamenti reverendi in Christo patris et domini domini Thome Polton [2]) nuper Wygorniensis episcopi, cujus corpus in monasterio nostro predicto sepultum est, ad honorem dei et gloriose matris ejus et in edificacionem dicti nostri monasterii et divini cultus augmentum construi et funditus edificari disposuerunt sumptibus suis magnis. Iidem executores ad honorem dei et pro salute anime dicti domini Thome Polton [2]) et animarum Thome et Isabelle parentum dicti nuper domini Thome episcopi et omnium fidelium defunctorum, ut pro fundatore unius monachi in prefato nostro monasterio re et nomine qui continue divina in eodem celebraret merito haberetur, in utilitatem dicti monasterii seu domus pro sustentacione ejusdem monachi liberaliter centum libras monete Anglicane contulerunt humiliter supplicando, quatenus hujusmodi doni beneficium per eosdem caritative collatum in pios usus admittere curaremus. Nos igitur, quos non decet beneficiorum esse immemores, concessimus et concedimus intuitu caritatis pro nobis et successoribus nostris statuimus et ordinavimus, quantum possumus sine offensa dei juris et ordinis nostri, quod in ecclesia nostra conventuali sive monasterio nostro predicto monachus, qui predictam cellam pro tempore occupaverit, quando sanus et incolumis fuerit ac dispositus, singulis diebus pro salute anime dicti reverendi patris ac animarum predictarum celebrabit. Et si ipse monachus decrepitus vel imbecillis, morbo ac senio confractus aut utroque lumine orbatus seu qualiter-

[1]) Phus *A.* — [2]) Poltoñ *A.* — [3]) Willmus *A.* — [4]) Rcus *A.* — [5]) Lanyngtoñ *A.*

cunque ad impotenciam pervenerit, continue d
impotencia alius monachus ydoneus et dicte d
monasterii confrater de communi consensu et
seu presidentis in eodem, qui pro tempore fuerit
missarum modo quo premittitur supplebit in om
nisi legitimo et notorio impedimento, utpote s
pestilenciam in eadem domo aut discrimina g
vasionem[1]) hostium seu subitam combustione
nostre seu quamlibet aliam causam taliter qu
retur numerus, ut non sint monachi qui protu
brare missas modo et forma superius expressi
cito dictum monasterium nostrum annuente d
uberiorem fortunam pervenerit et debitus ac s
numerus viguerit in eodem, nos et successor
dilacione contradictionis objecte faciemus sin
confratrem nostrum ydoneum unam missam ut
brari. Et si nos predictos priorem et conven
successores ob aliquam aliam causam volunt
sariam alibi moram trahere contigerit, ita q
sufficiant ultra onera juxta regulam et fun
nostre, in loco hujusmodi more nostre seu ha
pro eisdem cotidie faciemus continue celebrari
supradictis. Et si in defectu nostro hujusmodi
monachum et confratrem dicte domus nostre
nostros occupata non fuerit aut a celebracione
quam ut premittitur cessatum fuerit ultra men
expresse ac unanimiter consentimus, quod prio
domus Cartusie nostri ordinis generalis qui pr
de vinctis et possessionibus nostris ubicunque
constitutis summam triginta florenorum Ren
libere levare poterit, de quibus quidem trigin
que floreni ad fabricam ecclesie dicti monas
Cartusie, quinque floreni ad fabricam matric
civitatis et diocesis infra cujus territorium h
fuerint et possessiones, et viginti floreni ad f
monasterii beate Marie ordinis Cartusiensis
Londoniensem in Anglia sine contradictione
seu successorum nostrorum volumus et conce
et sic pro rata porcione temporis sive per m
minus in premissis ea concernentibus in nobis
nostris quociens et quando hujusmodi notabile

[1]) invasione *A*.

absit contigerit reperiri. Et quia si deo placuerit hujusmodi penas ut debemus totis viribus evitare, promittimus bona fide pro nobis et successoribus nostris premissa fideliter perficere et continuare meliori modo quo possit intelligi pro complendo prefato pio desiderio executorum predictorum dicti nuper reverendi patris, quod tenor literarum nostrarum presentis concessionis et astrictionis nostre bis in anno ad minus publice in capitulo nostro coram confratribus domus nostre more solito congregatis legetur ac presidens qui pro tempore fuerit ad servandam inviolabiliter concessionem nostram supradictam firmiter injunget modo et forma supradictis. Pars vero una indentata penes prefatos executores, secunda pars penes nos et successores nostros in domo nostra predicta, tercia vero pars penes predictum priorem Cartusie generalem et successores suos et quarta pars penes priorem et conventum ordinis Cartusiensis prope Londonum remanebunt. In cujus rei testimonium sigillum nostrum conventuale inferius est appendum. Datum Basilee, anno domini M CCCC tricesimo septimo, in vigilia decollacionis beati Johannis baptiste.

Das Archiv der Karthause verwahrt auch noch das Konzept dieser Urkunde.[1]) Es ist auf Papier geschrieben, mit sehr wenigen Korrekturen. Nur drei Abweichungen sind namhaft zu machen: im Konzept ist jeweilen prior Carthusie provincialis geschrieben, das Wort provincialis aber nachträglich durch generalis ersetzt; für indentata ist eine Lücke gelassen; ferner lautet im Konzepte der Schluß:

— prope Londonum remanebunt. Et nos executores prelibati dicti reverendi patris presentem concessionem caritativam pro salute anime dicti nuper reverendi patris factam libenti animo in graciarum actionibus accepimus et acceptamus. In cujus rei testimonium sigillum nostrum ac sigilla executorum predictorum alternatim sunt appensa in approbacionem premissorum. Super quibus omnibus et singulis requisivimus magistrum A B notarium publicum subscriptum ad conficiendum instrumentum vel instrumenta et in publicam formam redigere prout superius sunt expressa. Acta sunt hec

Das Beachtenswerteste aber ist ein auf der Rückseite des Konzeptes stehender Text. Er erweist sich als ein von berühmten Juristen des Konzils erstattetes Rechtsgutachten

[1]) Staatsarchiv Basel, Karthause Akten Q 10.

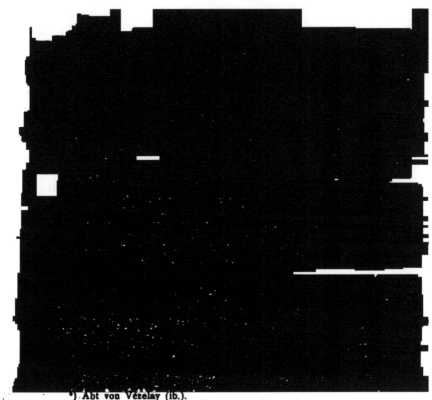

[4]) Abt von Vézelay (ib.).

[5]) Nicht Riczardus, sondern Robertus de Poers, Archidiakon von Lismore in Irland (ib.).

Miszellen.

Zwei Basler Bischöfe im Heiligenhimmel. Bis jetzt ist für keinen historischen Bischof von Basel nachgewiesen worden, daß er als heilig oder selig angesehen oder verehrt worden ist. S. Pantulus, der angebliche erste Bischof unserer Stadt, ist eine gänzlich legendäre Persönlichkeit; andere in den Listen aufgeführte Bischöfe sind entweder ebenso unhistorisch oder aber das ihnen beigelegte Prädikat Sanctus hat nicht die Bedeutung von heilig, sondern ist nur Titulatur wie heute «der Hochwürdigste» oder «S. Gnaden».[1] Auch dem Epithet Beatus, das häufig mit sanctus = heilig äquivalent ist, kommt in dem Fall, wo es einem Basler Prälaten beigelegt wird, nicht die Bedeutung von kanonisiert bezw. beatifiziert zu. Wenn also Bischof Ortlieb, der den Basler Reliquienschatz durch das heilige, vom Kreuzzug nach Hause gebrachte Blut[2]) gemehrt hat, gelegentlich in einem Nekrolog Beatus genannt wird, so will das nur so viel heißen wie verstorben, selig. Von einem Kult dieses Bischofs findet sich keinerlei Spur.

Anders steht es mit Waldo und seinem Nachfolger Hatto. Diese beiden sind in Reichenau, wo sie Äbte waren und Hatto begraben war, tatsächlich als Beati angesehen worden.[3]) Dies beweist ein Kupferstich des XVIII. Jahrhunderts,[4]) der vom Konvent des Inselklosters dem Prior Maurus Hummel gewidmet worden ist; als Verfertiger zeichnen Joseph[5]) und Johann Klauber in Augsburg, zwei für hagiographische Zwecke vielbeschäftigte Stecher. Auf diesem Bilde, dessen Komposition und Inhalt zweifellos nicht auf der Willkür der Künstler, sondern wohldurchdachten Angaben, vielleicht sogar Skizzen der geistlichen Besteller beruht, finden wir die Basler Bischöfe Waldo und Hatto mit dem Heiligenschein dargestellt, mit der Beischrift Beatus und in der Gesellschaft von andern zum Teil allgemein verehrten und bekannten Sancti und Beati. Das Blatt will mit

---

[1]) Vgl. Hipp. Delehaye, Légendes hagiographiques. Brüssel 1905, S. 122.

[2]) Noch heute, zu Mariastein, erhalten.

[3]) Der Kult der Heiligen und Seligen beginnt stets am Ort des Grabes.

[4]) Sammlung des Verfassers; Höhe 0,18 m, Breite 0.117 m.

[5]) Vgl. Schweiz. Archiv für Volkskunde 1905, S. 3.

der Gruppe gewissermaßen den Heiligenhimmel (stellen, wie solches im XVII. und XVIII. Jahrhund Sitte war. Der Kupferstich enthält in einem das Datum 1742 und zeigt in der Mitte das I heiligen Blutes und rings herum die Gürtel- bilder folgender Heiliger und Seliger: S. Wolfg: S. Pirmin, Bischof, S. Meinrad, Märtyrer, B. Eg B. Ratold, Bischof, B. Etho, Abt und Bischof, H und Bischof, B. Waldo, Abt und Bischof, B. Al: B. Erlebold, Abt, B Simeon Bardo, Mönch, B. Wa Abt, B. Hermann der Lahme, Mönch, B. Wetti, großer Teil dieser Heiligen ist in ihrer besonder als Förderer des Reichenauer Reliquienschatzes I Ratold hatte die Markusreliquien, Waldo die h reliquien[2]) gebracht, Alawicus ein kaiserliches Dip erlangt, während Symeon dargestellt ist mit eine der Hochzeit zu Kana in den Händen,[3]) den er I dition nach Reichenau gebracht hat.

Waldo ist auf dem Kupferstich als Benedil gebildet mit einem Kreuz an der Halskette; er Händen ein Kissen, auf dem inmitten der Dorn Kreuzpartikel ruht. Rechts neben dem Abt steht stab. Abt Hetto (so) trägt ebenfalls Benediktine mit der über den Kopf geschlagenen Kapuze. In hält er ein Kreuz, vor ihm liegt Krummstab u ist möglich, daß diese Bilder verkleinerte Wied Ölgemälden sind, die einst im Kloster Reichen haben. E. A

Geflüchtete Basler Kirchenschätze. In \ Gotteshäusern der Urschweiz werden Kunstwerke von denen die Tradition geht, sie seien bei od Bildersturm aus Basel geflüchtet, gestohlen oder ver

Daß einzelne Reliquien nach Muri und Beu sind, steht fest; auch Beromünster hat, wenn Dürlers Descriptio SS. reliquiarum (Mskr. des XVII. in Fol. zu Beromünster,[4]) S. 16) glauben dürfen, baslerischen Kirchen erhalten. Ein Jüngling, Cas büel, Chorherr zu Münster, soll dieses 1529 ge

[1]) Kalender der Bischöfe von Basel; spirituelle Gene siedeln abg. bei Vautrey Histoire des Evêques de Bâle I, S.

[2]) Stückelberg, Basel als Reliquienstätte in kath. Schwe

[3]) F. de Mély, Vases de Cana. Monuments et Mémoi l'Academie des Inscriptions etc. Paris 1904, S. 22—23 des

[4]) Die Einsendung dieser mit vielen Abbildungen ve schrift verdankt der Schreiber S. Gn. Herrn Stiftspropst Estei

tere «frustum» soll aus einer Kirche Basels (offenbar S. Theodor) stammen, während die übrigen Reliquien[2]) aus dem Hochaltar des Münsters herrührten. Die Liste paßt durchaus zu dem, was wir anderweitig über die Heiltümer Basels erfahren, und was die erhaltenen Authentiken berichten. Der Colomanskult ist für Basel beglaubigt und die Partikel von dem großen byzantinischen heiligen Demetrius stammte offenbar aus der Beute von Konstantinopel, die der Abt von Päris 1205 nach Basel brachte.

E. A. Stückelberg.

Zwei politische Parodieen. Im Stadtarchiv Bremgarten fanden sich unter ungeordneten alten Papieren zwei Parodieen des Unser Vater und des Dies iræ, die wohl bisher nicht veröffentlicht sein dürften. Die eine wurde aus Madrid offenbar von einem in spanischen Diensten stehenden Bürger von Bremgarten nach Hause gesandt, die andere ist von unbeholfener Hand geschrieben, offenbar nach einer stellenweise etwas verdorbenen oder unlesbaren Vorlage, daher unklare Stellen sich finden. Eine ähnliche Gebetsparodie, das Vaterunser des Fricktalerbauern von 1799 ff., steht in Argovia IX, 192 ff.

Torstensohnische Vatter vnser.

1.	Mein Torstensohn waist aber waß, Du kanst noch nit betten daß	vatter vnser.
2.	Ich glaub nit, daß auff erden jemahls Ein solcher schalck gewesen alß	der du bist.
3.	Du stilst vnd raubst, trachtest nur nach schaz, Darumb wirst du haben gar kein plaz	im himmell.
4.	Du suochst nur ruohm vnnd eittell ehr, Fragst nicht darnach, ob gott der herr	gehailiget werde.
5.	Du hast verdient, darffs gutt rundt sagen, Daß man soll an den galgen schlagen	dein nam.
6.	Vil guett vnd gelth, so du bekommen Vnd überal hinweggenommen	zukomme vnß.
7.	Ich zweifle nit, du loßer gesell, Es werdt dort sein die ewig höll	dein reich.
8.	Mein Torstensohn, bildts dir nit ein, Daß alzeit soll geschehen vnnd sein	dein will.

---

[1]) Vgl. des Verfassers «Basel als Reliquienstätte», S. 16.

[2]) Die Gebeinteile sind in Federzeichnung in Dürlers Mskr. abgebildet.

9.	Alß vnheil, so du für vnnd für Vnd hast vermaint, gott gebe es dir	geschehe.
10.	Wolt gott, daß auff der ganzen erden Kein Torstensohn solt gefunden werden	gleich wie im himmell.
11.	Wil dan deiner niemandt begert, So bist du im himmell ganz nichts werth	alß auff erden.
12.	Waß du mit vnrecht vnd bößen sorgen Vnß hast gestollen, wert nit biß morgen	gib vnß heütt.
13.	Nimbst alleß hinweckh vnnd führst daruon Ist doch nit dein, wessen ist es dann?	vnser.
14.	Torstensohn, du nielter fraß, Du bist nit werdt, daß du frist daß	teglich brodt
15.	Durch stellen vnd rauben bist du reich, Daß dirß der liebe Gott verzeich	vnnd vergib
16.	Du muost in der höll werden gerochen, Dan der himmell ist lengst versprochen	vnnß.
17.	Der teüffell wirdt dich dorth einschliessen, Waß gilts, du wirst theür bezallen müessen	vnser schuldt.
18.	Weil du der kirchen nit vnderthenig, So wirdt dir Gott deinne sündt so wenig	alß auch wir vergeben.
19.	Gib her, waß du vnß gestollen hast, Daß wir bezallen den großen last	vnsern schuldigern.
20.	Du sprichst: soldat schon das pferdt nit, Waß nit wil mitgehen, daß treibe mit	vnd füere.
21.	O teüffell, du fauller hurren sohn, Komb baldt, holl nur den Torstensohn,	vnß nit.
22.	Weil Möhren gleichsam soll sein dein diren, Darum hast du auch wollen Prün einführen	in versuochung.
23.	Aber sey trüllet dich so sehr, Du schreist: verlaß vnß nit, o herr.	sonder erlöß vnß.
24.	Gott hört nicht an dein falsche bitt, Er wirt dich auch erlössen nit	vor allem übell.
25.	Daß du am bodengram leidest großen schmerzen, Gönnen wir dir von ganzem herzen.	Amen.

Hollandi Nænia.

Dies iræ, dies illa
solvet fœdus in favilla.
teste suedi Tigo scylla.

Quantus tremor est futurus,
cum Philippus sit venturus
has paludes aggressurus.

Tuba mirum spargens sonum
per unita regionum
coget omnes ante thronum.

Mars stubebit et Bellona,
dum rex dicet: redde bona,
posthac vives sub corona.

Mites scriptus adducetur
cum quo Gallus unietur,
unde leo subjugetur.

Hic rex ergo cum sedebit,
nil Calvini remanebit,
vera fides refulgebit.

Quid sum miser tunc dicturus,
quem patronum rogaturus,
cum vix Anglus sit securus.

Rex invictæ potestatis
depressisti nostros satis;
si cedendum, cedo fatis.

Posthac colam Romam piè
nolo esse cœna iræ,
ne me perdas illa die.

Pro leone multa passus,
ut hic staret, eras lassus,
tantus labor, sit cassus.

Magne rector liliorum
assor, timor populorum
parce terris Batavorum.

Dum Hispanum domuisti
Lusitanum erexisti
mihi quoque spem dedisti.

Preces meæ non sunt dignæ,
sed rex magne fac benignè
ne tuorum cremer igne.

Inter tuos locum præsta,
ut Romana colam festa
et ut canam tua gesta.

Confutatis Calvi brutis
statis patri restitutis,
redde mihi spem salutis.

Oro suplex et acclinis
ut Calvinismus fiat cinis,
lachrimarum ut sit finis.

Madritæ 12 Maij 1714.

Walther Merz.

Mitteilungen aus dem Basler Universitätsarchiv.

I. In Ergänzung zu den Mitteilungen, welche Rud. Thommen[1]) und Ludwig Ehinger[2]) über den Aufenthalt des berühmten französischen Gelehrten Franz Hotmann zu Basel geben, folgen hiernach zwei dem Universitätsarchiv entnommene Aktenstücke. Beide sind an die Universität gerichtet; das eine bezieht sich auf die Übersiedelung von Genf nach Basel, das andere auf eine Berufung an die junge Universität Leyden.

1. Sal. Magnifice domine rector vosque clarissimi et præstantissimi viri theologiæ, jurisprudentiæ, medicinæ, philosophiæ ceterarumque optimarum artium professores, domini mei observatissimi.

Multæ sunt graves causæ, quæ jampridem impulerunt animum meum ad migrationem in inclytam civitatem vestram instituendam, de quibus cum reverendo viro doctore Simone Sulcero et clarissimis quibusdam aliis viris cum egissem, ostenderunt se consilium meum vehementer probare; seseque paratos fore

---

[1]) R. Thommen, Geschichte der Universität Basel, S. 178 ff.

[2]) L. Ehinger; Franz Hotmann, ein französischer Gelehrter, Staatsmann und Publizist des XVI. Jahrhunderts in Beiträge zur vaterländischen Geschichte, Bd. XIV, S. 45 ff.

professi sunt, ea de re cum amplissimo senatu
spem fecerunt id se facile impetraturos. Itaque
tempus migrationi huic commodissimum videat
vobis peto quæsoque, ut valetudini meæ ratione
nunc omne cœlium (ut jampridem experior) o
neque gravetur dignitas vestra negotium hoc am
vestro commendare. Spero fore, ut neque vos
dationis neque amplissimum senatum sui erg
poeniteat. Valete magnifice doctor rector vosq
spectatissimi viri. Deum oro, ut inclytam rempu
fortunet vosque omnes singulari sua benevolenti

Genevæ 25 maij 78.

dignitatis et m
vestræ studi
Hotom

Adresse: magnifico et singulari dignitate præ
doctore Christiano Wurstisio, rectori inclytæ a
liensis domino et amico observando. Basileæ.

Orig. Pap. in Universitätsarchiv Basel III.
Sein Siegel ist aufgedrückt.

2. Hochgelehrten, weysen fürsichtigen,
godsfeuchtige hernn.

Also wir zuo gottes ehr und dienst diss
Hollandt den zeyger von disen, wolgelehrten Al
an euwer f. w. abgefertiget haben, umb deselt
an zu langen und versouchen, das den godtsf
berumpte und hochgelehrten herrn Francisco Ho
consultus sich in dienst in unser stadtt Leyden in
da soltt mögen transportirenn und sich alhie er
folgenden last und befelch, so wir den furge
darzu geben haben zum eindt derselmen univer
mehr in guten ansehen und reputation gebroch
mag werden bsunder zu diser zeyt, das gottes
in desen ländernn von Hollandtt ghandeltt, a
und gsucht und die universiteyt, so zu Louani
wohe in den umbligende provincien nitt versu
quentirt mögen werden obermits den ungelaub
der feindtt, so habend wir euwer f. w. wol h
dessen wellen gebetten han (uns gentzlich ve
die gute günstigkeyt und affectie, so die selbige
beweisen mögend) ze gehengen und zů lassen,
günnen, und auch hand anhalten, das der vorg
mannus sich in unseren denst als voren machen
uber solches den fůrgemelten Padloo darinn alle
gehör wellen verliehen, und sollen und werden
uns desto mehr verbunden sein zu euwernn f. w

mitt hochgelehrte weise fürsichtige verstendige und godtsfeuchtige hernn, der almechtig godtt sey mitt euwer f. w. Gschriben in den Hage in Hollandt den 24 martij 1579.

der ordonnancie von den stenden von Hollandt.

Gleichzeitige deutsche Übersetzung des ebenfalls vorhandenen holländischen Originals[1]) *in Universitätsarchiv Basel III.*

II. Denkschrift der Universität zugunsten ihres Angehörigen Francesco Pucci[2]) *aus Florenz, der vom Rate wegen religiöser Irrlehren mit Wegweisung bedroht ist.*

Edlen *etc.* herren, demnach e. g. und st. e. w. kurtzverruckhter tagen durch ihre verordnete deputaten, unsere gönstige herren, uns ettliche artickhell zu erhallttung guter ordnung und disciplin in hochen und nideren schulen fürtragen lassen mit befelch, denselbigen fleysig und ernstlich nach zu khommen, desgleichen das wir Franciscum Puccium als ein der universitet angehörigen studiosum von wegen seiner thesi oder schlussredt, die er umb einer verhofften disputation willen in ein auffschlagzedell vor ettlich monat truckhen lassen, auch anderer irrigen meynungen halben aus diser statt hinweysen solltten, dises alles haben wir mit gepüerlicher underthenigkheit angehöret unndt vernommen.

Gehen hierauff e. g. unndt e. w. dienstlich zu erkhennen, das wir die puncten allsampt, so von e. g. die schulen undt stipendiaten betreffendt ohne zweiffell vätterlicher wohlmeynung an uns gelangt, so vill menschlich unnd möglich, in würckhliche vollstreckung zu richten, anhalltten und verschaffen wöllen alls solche sachen, welche durch gute gsatz angesehen der studierenden jugendt zu gut dienen und reichen mögen.

Was aber vorgenandten Puccium anlanget, da so sindt ettliche unsers erachtens wichtige ursachen in bedencken kommen, derenhalb die execution von e. g. erkanten hinweysung einer gantzen universitet rhat beschwerlich fallen will, welche wir dann an der wolermellten unserer gönstigen herren deputaten oberherren widerumb langen lassenn beineben erzellung der ursachen, so unns beschwereten, mit beger, das sein w. dieselbigen bey e. g. anzeigen unndt uns dess zu erlassen verschaffen wölltte. Darauff aber mittwochen nechstverschienen erfolget, das wolermelltte herren deputaten innammen e. g. unns widergebracht endweders disen Puccium hinzuweysen oder aber in der universitet matricula auszuthun. Weren aber

---

[1]) Einer Wiedergabe des Originals setzte das Holländische des XVI. Jahrhunderts zu große Schwierigkeiten entgegen.

[2]) In der Universitätsmatrikel (A N II 4), Fol. 21^{v} ist Franciscus Puccius Florentinus unter dem Jahr 1576 eingetragen.

ursachen, darumb wir unns beider beschwärdt auff khünfftigenn rahtstag derselbigen grundt e. g. berichten.

Weill wir nun e. w. alls unseren gnedigen in aller gepüer schuldige gehorsame zu leisten auch willig seindt, da so haben wir e. g. zu umbgehn sollen, warumb unns solche vollstrecku unnd nachtheill einer loblichen universitet zu v schwerlich sey.

Unndt für das erste, gnedig herren, so sein jetz noch zuvor jemalen gesinnet gwesen, einen unserem der hochen schul verspruch zu erhallt irrige und diser kirchen christlichen lehr und con wertige meinungen allhie spargieren und ausgiess dasselbig khundt und wüssendtlich, das einer d herren theologis bezeuget und solches von je wurde, sonder mit solchen personen dermassen das sie wüssen, inen kein neüwerung, irrung n anzufahen oder, wo sie nitt gehorchten, vonn un unndt sie allsdann e. g. zu vermeldenn.

Wan nun auch dess ermelltten Puccy halbe e. w. diser oder anderer sachen wegen klegte für wir dan bescheehen sein vermeinen, darumb sie billich geachtet und erkandt, da so wöllen wir hochen oberkheit, ja auch der hochverstendigen k meinung und sententz mit nichten eingeredt hab nit bey uns, disen Puccium, darin er der universite verwürcket haben möchte, zu vertedingen od opiniones zu probieren oder zu urtheillen, son e. g. erkantnus zu verrichten schwerlich bedunck ursachen wegen.

Erstlich das sich vilermelltter Puccius, ein Fl adell, hievor bey anderhalb jaren seines allter dreysigsten bey der universitet alls ein studio derselbigen glopt unndt geschworen, derhalben worden ist, auch damals kein ursach gwesen, da nit gleich wie andere annemmen sollen, diewe weib noch kindt, auch gute zeugnus und abschied und studierens aus Engellandt mit sich gebracht seither mit seinem wandel und thun in besuchu num und übungen als ein studiosus erbarlich u hallttenn anders unns nitt zu wüssen.

Nit weniger aber ists, dass er in diser z logische thesin oder puncten auff ein zedell t der meinung, ihm sollte denselbigen nach schu putieren und zu bewaren erlaubt werden. Weill unserer religion nitt allerdingen gemäss durch di logos sonderbarlich erkandt worden, da so ist ihm solche dispensation von ermellten herren abgestrickt unndt zuruckh gestellt worden.

Das aber von deren oder anderen seiner opinionen wegen oder das er die irgendt aussgossen, für uns von einichem jemalen ettwas klag kommen seye, ist nie beschechen. Sodan nun, gnedig herren, unbeklagter, unverhörter unnd unendtschlossner sachen halb niemandt straff anzulegen unndt diser Puccius weder seines glaubens noch wandels halb vor unns rector unndt regentz nie angeben, beschuldiget noch beklagt, er auch nie fürgestellet und verhöret worden, will unns gar beschwerlich und bey frömbden nachteilig fallen, das wir einem, den wir in unser verspruch mit eidtspflicht angenommen, hinweysen solten, den wir nie seiner misshandlung wegen für unns gestellet noch zu verantwortung kommen lassen. Da aber zuvor unndt allweg breüchig gewesen, das wir die studiosos bey unns in pflicht auffgenommen, wie zu allem gutem schirmen als auch sie ettwas misshandlet und verschuldet nach verhörter sach straffen sollen, auch gwüsslich biss dahin, wo ettwas klag kommen, kheinem übersechen noch geschonet worden ist.

Sollten wir dan zum andern gedachtem Puccio, weil die sachen allso geschaffen, weithere wohnung allhie abstricken oder, das noch schwerer und gröser ist, ihn als ein ehrlosen man, der sein eidt unndt pflicht wüssendtlich überfahren und gebrochen, (dan solchs tregt die ematriculation mit sich), aus der universitet buch durchstreichen, möchten wir in verdacht kommen, alls ob wir ihn hinderrucks bey e. g. allso schwerlich angeben und beklagt hetten und an ihm nit so bidermännisch gehandlet, das wir ihn doch zuvor solchs fürgelegt, item ob er diser oder jhener anklag gestendig, verhöret, desshalb an im überzogen unndt ungepürlich gehandlet hetten.

Unndt ist sonderlich unns bedencklich, das er Puccius oder andere dises orts (dovon kein offendtlich laster, sonder glaubensmeihnung gehandellt) unns fürwerffen möchte, wie wir nitt allein wider geschribene recht, sonder auch das heitter gebott Christi an ihm gehandelltt: dann so je ein bruder irret, will Christus, das man den erstlich in geheim, darnach vor zweyen oder dreyen zeugen warnen unndt zu lettst erst vor der gemein anzeigen und nitt allso stützlichen unverhöret straffen solle.

Zudem halltten unsere ordnung heitter in, das wir allen hinwegziehenden studenten ihres bey unns geübten lebens, handels und studierens wegen, je nachdem ein jeder verdient hat, briefflich zeugnus ze geben verpflicht seindt. Undt ist wohl müeglich, das gedachter Puccius gleicher gestalltt ein dergleichen abschyd von uns begeren werde. Sollen wir dan in disem abschid anzeigen, das er sich bey unns hallten, dises khönnen wir mit gutem gwüssen weyll er nie vor uns verklagt, fürgfordert noch uberzeuget worden. Sollen wir aber ihm ein ehrl geben (wie er dan erbarlich bey uns, so vill wi lebt und die lectiones vleysig besucht hat), so menglich nit unbillich fürgeworffen werden, wa dan haben heissen von hinnen ziechen und die

Und wöllen aber hierin, wie vorgemelltt, w seine sach verthedigen, noch e. g. erkhandtnus a einreden, sonder so e. g. und e. w. solches je hat oder noch weitthers gefallen wurdt, erachten über ihn mit solchem bericht informiert, das si weysung mit fugen wol erkhennen mögen, da unbeklagten bey unns bisher khein solcher sen kondten.

Wie dan auch e. st. e. w. bey ihnen gefaller unns niemahlen zu volstrecken ufgelegt, sonder dorin geschonet unnd nit wöllen, das wir die sac erkennet, vollziehen sollen, dessen gnedigen will auch dienstlichen bedancken.

Hieneben sollen wir dannocht e. g. nit unhe das diser Puccius aus vermerckung, was seinetha ban sich bey dem herren decano theologiæ, so schlossen, selbs auffs ehest hinweg zu ziehen, sol gelltt, damit er sein tischherren Leo Curio (der heimisch) abzallen köndte, von Lyon her zuges dess er dan täglich gewerttig seye. Und habe auc desselbigen, das er sein costgelltt nitt abzurichte dahin nit wohl mit ehren hinziehen köndten; man wölt ihn nit von oberkeith wegen heiss welches im sonst niergend widerfahren, sein leb lich und verweysslich stehn wurde. Darneben a lopt, sich seiner schlusspuncten und anderer m nichten zu vernemen lassen; sagt auch, so ihm s vor aufferlegt, wollt er sich gehorsamlich erzeigt

Solchs seindt gnedig liebe herren ungefahr darumb wir unns nehermahlen der execution g weysung gnedigklich zu erlassen, fleissig gepetten auch dissmals gleichergstalltt underthenig, das, cution je allso fürgehn sollte, dieselbig durch und weg, so e. g. und e. w. wol zu handen, zu ein lobliche universitet dahin nit zu weysen, d auslendischen alls ein treffenliche ungepüer zu glimpff angezogen werden und zu ernidrigung de reputation dienen möchte, dan wir sonst e. g. un dem bösen zu verhütung und fürderung alles gut reichen mag, nach unserem vermögen zu gehorsamen schuldig und bereit seind, thund unns auch derselbigen jetz und allweg zu gnaden befehlen.

e. g. unndt st. e. w. willige

rector und regentz der universitet zu Basell.

Gleichzeitige Abschrift in Universitätsarchiv Basel III.

III. Statuten der französischen Nation an der Basler Universität.

Faict a Basle le 4ᵉ decembre 1582.

Le 4 de decembre 1581 la nation Françoise s'est assemblee et apres longue et meure deliberation considerant, quil estoit raison et avis necessaire, que une si bonne compagnie ne fut dissipee ains plutost unie ensemble dung estroit lien damitie, laquelle ne se pouvoit procurer que par le commun consentement dung chascun, duquel il a si bien aparu, que tous dun accord ont resoulu de se entretenir paisiblement, saidans et secourans les ungs les aultres par toutes voyes et legitimes et tant que peult pourter la liberte du lieu, ou nous sommes. Pourtant est il, que en ung si grand nombre ne peult estre, quil ni ayt de la confusion, si le gouvernement des affaires, qui concernent lantretien de ladite nation, nest comis es mains de certains personnages capables et suffisants pour les administrer, ladite en a ordonne deus dentre tous, nommes Bretagne[1]) et La Baulme,[2]) esleus par comun suffrage, qui auront la surintendence desdites affaires, selon que elle leur a este limite par ladite nation, ainsi quil sera dict en apres. Et daultant, que le nombre seulement de deus ne sembloit assez fort pour endurer une si grande charge, ladite nation a trouve bon, que cinq dentre elle fussent adjoincts ausdits sieurs surintendans, affin que par leur advis et conseil le tout se puisse mieulx et plus facilement administrer: a scavoir monsieur Munis,[3]) Chambrung,[4]) Bonnepart,[5]) du Pont[6]) et de Sponde.[7]) Tous lesquels ensemble ont promis de se pourter fidelement en leur charge tant, que ladite nation en demeura contente et satisfaicte. Laquelle charge ils maineront par lespace de six mois seulement, lesquels expires toute la nation advisera de la leur

---

[1]) In der Universitätsmatrikel ist er Fol. 32 unter dem Jahr 1581 als Isaacus Bretaigne Burgundus Semoriensis eingetragen.

[2]) Ebenda Fol. 24ᵛ. 1578, September 3. Petrus Sannerius Balmanus Aquitanus Gallus.

[3]) Ebenda Fol. 32ᵛ. 1581. Joannes Munierius Burgundus Heduus.

[4]) Derselbe findet sich nicht in der Matrikel.

[5]) Ebenda Fol. 35ᵛ. 1582. Joannes Ponparteus Melodunensis Gallus.

[6]) Ebenda Fol. 32, 1581, finden sich Petrus und Christianus Pontanus Biernenses. Einer von diesen wird wohl gemeint sein.

[7]) Ebenda Fol. 31. 1581, April. Joannes Spondanus Maulonensis Vasco.

[illegible]

Item pour ce que la concorde [illegible] qui vivent ensemble, et que toutesfois il [illegible] plus grands amis du monde tumbent en quelque debat [illegible] portance, dont sensuyvroit la ruyne de lun ou de lautre [illegible] nation a ordonne, que lesdits surintendens conseilliers [illegible] la cognoissance dudit debat pour estaindre par leur arbitrage toute occasion de se desunir, auquel arbitrage une chacune partie sera tenue dobeir a poegne dune amende, que luy imposeront lesdits sieurs surintendents et conseilliers selon la gravite de sa desobeissance.

Item ung chacung nationaire escripra son nom au livre de la nation, lequel sera es mains desdits sieurs surintendents.

Konzept im Universitätsarchiv Basel III.

IV. Ein an den Rat der Stadt Basel gerichtetes Memorial des Rektors der Universität, Christian Wurstisen, zugunsten der Pferde des daselbst studierenden Bernhard von Schulenburg aus der Mark Brandenburg. 1584.

Gestreng . . . herren, als bey 14 tagen ongefahr Bernhart von Schůlenburg, ein junger unnd stattlicher vom adel aus der marck Brandeburg gebürtig, mit seinen dienern unnd drey pferden allhie ankommen, in willens diser hieygen universitet bis auf herpst nechstkünftig beyzůwonen unnd alsdann fürbass in Franckreich zů verreisen, auch hierumb, als er für sich, seine diener und pferd im Offenburgerhof herberg gedingt, sich bey mir als einem rectore erzeigt unnd auf leistung des gewonlichen juraments einschreiben unnd der hohen schůl einverleiben lassen, sellet doch für, das ime ermelte seine pferd von sich zů thůn oder in ein ofne herberg zů stellen, gebotten worden.

Wann nun sich bemelter von Schůlenburg hieran sehr beschwert befunden, mich desshalb als ein unwirdiger rector angesůcht, ihme, der seines erachtens in ein befreyte universitet ankommen, wo möglich diser beschwerd abzůhelffen, mit vermeldung, das ihm seine pferd bey sich zů haben, in kheiner privilegierten hohen schůl niemaln benommen worden, da so hab ich ampts halben nit umbgehn köndten noch sollen e. s. e. w. berichts weiss gantz dienstlich zů erkennen geben:

Erstlich, das der allhieygen universitet recht, freyheit unnd gesetz das lauter vermögen unnd inn sich halten, das alle die, so umb studierens willen hieharkommen, ihre gepürliche eidtspflicht thůnd und sich intitulieren lassen, für sich selbst, auch ire diener unnd was sie ongefahr mit sich bringen, so lang sie dem studio beywohnen, burgerliche freyheit unnd grechtsame beyneben der statt schutz, schirm unnd gleidt haben unnd deren geniessen sollen.

Wann nun bey allen anderen universiteten breuchig unnd loblich herkommen, dessgleichen auch in der allhieygen aus kraft angeregter freiheit vor diser zeit weder graven, herren, edlen noch anderen vermöglichen unnd gewirdigten leuten, so gmeiner statt unnd schůl zů Basel mit eidtspflicht einverleibet, unverbotten gewesen, dann das, wie sie ire diener (obschon dieselbigen kheine studenten), wann ihnen gelegen, also auch ire pferd bey sich halten mögen, so fern sie dieselbigen auf iren leib zů warten und umb kheiner meerschatzung, gewinns und ausleihung willen an barren gestelt, wie dann solchs weitläufig und mit vilen exemplen vor abgelofner jaren, wo von nöten, wol köndte gelutert werden. Da so hatt e. g. weisslich zů betrachten, ob dieselbig einstheils zů abbruch angeregter freyheit, so je ein rector järlich vor aller menge verlesen lasst, anderstheils folgender ursachen halb der ganzen statt ehre, so dann der hohen schůl aufnemmen und nutz berürend hierinn irgent einem gesüchigen wirt eintrag zu thůn, gestatten wölle.

Dann, gnädige herren, obschon under den studiosis wenig, mehrmals auch kheine vorhanden, so eigne pferd bey sich zů halten begeren, khan es doch nit ausbleiben, dann das in nammhaften universiteten, als dann die allhieyg von gotts gnaden worden, in die nit nur stipendiaten unnd arme gsellen, sonnder auch etwan hohe unnd stattliche personen hinfliessen, bissweilen gefunden werden, welche ihrer pferden nit entrahten wöllen noch zů entrahten gewon seind. Zů zeiten kommen aus Italien unnd anderen nationen ehrliche leut mit pferden an, ihre gradus anzůnemmen unnd zů promovieren, als dann nach einem oder

zweien monaten widerumb wegzůziehen: denselbig
schwerlich fallen, wann sie, die ihre heusserzins
tischgelt theur gnůg bezalen müssen und sonsten
habent, auch ihre pferde von sich thůn, in ofn
stellen unnd also der wirten gefangne sein müsste

Zůmal hatt sich euwer s. e. w. wol zů eri
zwüschen studenten unnd anderen gmeinen ges
underscheid zů machen, dann die studenten, so d
müssen, gmeiner statt und universitet Basel nutz
unnd iren schaden zůwenden, nit nur solang sie
verhalten, sondern auch nachmalen, billich mehrer
niessen sollen. Da es mit anderen frömbden g
solchen personen, als vor etlich jaren, da der Co
hie gwesen, die zů und von reitenden unbekante
statt unverpflichten Franzosen gwesen, vil ein ande
trogt, welche desshalb billich in die gmeinen her
wiesen werden.

Insonderheit aber gnädige liebe herren, wie
statt umbgelt unnd gefellen weder gibt noch nimm
denten pferd zehren an ofnen wirten oder nit, al
hatt euwer s. e. w. vernünftig zů bedencken, ob n
universitet zum abnemmen unnd verachtung, darzů e
statt zů verkleinerung unnd spöttlicher nachred gere
wann man gegenwirtiger vom adel, auch andere g
edelleut, so noch hie seind, oder aufs künftig umb d
willen hiehar kommen mögen, dahin tringen wölt, d
sie pferd hetten, dieselbigen entweders von sich
verkauffen müssten. Wann nammlich dieihenigen,
also ferr gedemütiget, das sie der statt unnd schůl
eid gethon, derselbigen freyheit nit mehr geniesser
nit solche neuwerung bey frömbden fürsten, herren
da dise leut hinkommen, einer oberkeit diser lol
Basel zů vilerley mercklichs unglimpfs möchte an
gedeutet werden und dieselb in ein unfreundtlichen
darzů sonst vermöglichen leuten, hohen unnd nid
geben, ab diser statt unnd universitet ein unwill
winnen, dadurch die zierlich unnd, ob gott wi
burgerschaft nit unnutzliche versamlung zerfliessen
gang gebracht werden möchte.

Welchs dann alles euwer s. e. w. ich einsthei
meines ampts halben, anderstheils von wegen aner
zum vatterland dienstlich erinneren unnd als den
digen zů betrachten fürbilden wöllen, mit bitt, sol
im besten anzůnemmen unnd sich hierüber von we
versitet eines gnädigen und gönstigen bescheidts z

Christianus Vrstisi

Konzept von Wurstisens Hand in Universitätsarchiv Basel III.

Eintrag auf demselben Aktenstück, ebenfalls von Wurstisen geschrieben:

Nota:

Auf disen eingelegten bericht ist sampstags den 27 junij anno 84 von einer ersamen raht folgender bscheid gfallen und mir durch die herren deputaten angezeigt: erstlich, des gegenwirtigen von Schůlenburgs halb mög er seine pferd bey sich behalten. Begeh sich aber aufs künftig, das solcher personen mehr kehmen, die da pferd zů halten gesinnet, sollen dieselbigen, wo sie studenten, von wirten unbekümmert bleiben, jedoch, weil sich villeicht leute under dem schein der hohen schůl einflicken möchten, die wol alsbald umb studierens willen nit ankommen, sollen allzeit unser gnädige herren die ersamen heupter darumb begrüsst werden, welche dann befelch haben, wie sie sich hierinn verhalten sollen je nach gestalt der sachen unnd personen.

Ad memoriam hiehar verzeichnet.

August Huber.

Im Thesaurus Diplomaticus Wettsteinianus II, No. 37, findet sich eine interessante statistische Notiz über den Stand der katholischen Kirche in Frankreich im Jahre 1635, die wertvoll genug ist, um abgedruckt zu werden. Sie lautet:

Extraict de l'eglise de France et son revenu 1635.

Premierement l'eglise de France autrement nommée Gallicanne est maintenant doué de quinze archevesques, qui sont: Lyon, Sens, Rouen, Arles, Tours, Bourges, Reims, Bourdeaux, Toullouze, Narbonne, Aix, Vienne, Ambrant, Augzeres, Paris.

Soubz lesquelles archevechéz il y a nombre de 295 evesché garnies de 120000 curéz et paroisses.

Plus il y a 1456 abayes.

Plus 13000 priaurés.

Plus 200 comanderie de Malte.

Plus 152000 chappelles ayant leurs chappellains.

Plus 687 abayes de religieux.

Plus 700 couvant de cordeliers.

Plus des carmes, augustins, jacobins, bonhommes, chartreux, jesuittes et autres religieux 14077, lesquels ecclesiastiques possedent 9000 places et chasteaux, qui ont haute, moienne et base justice, possedent encores lesdits ecclesiastiques 249000(?) monastaires, qui ont 700000 arpents de vignes, qu'ils font à leur mains ou baillent à ferme sans y comprendre 40000 arpant de terre, ou ils prennent le tiers et les quarts.

Partant il se trouve, que ladite eglise a de revenu par année en deniers comptant francs et liquites la somme de

TAFEL III.

TAFEL IV.

Kapitell B (Historisches Museum, Basel).

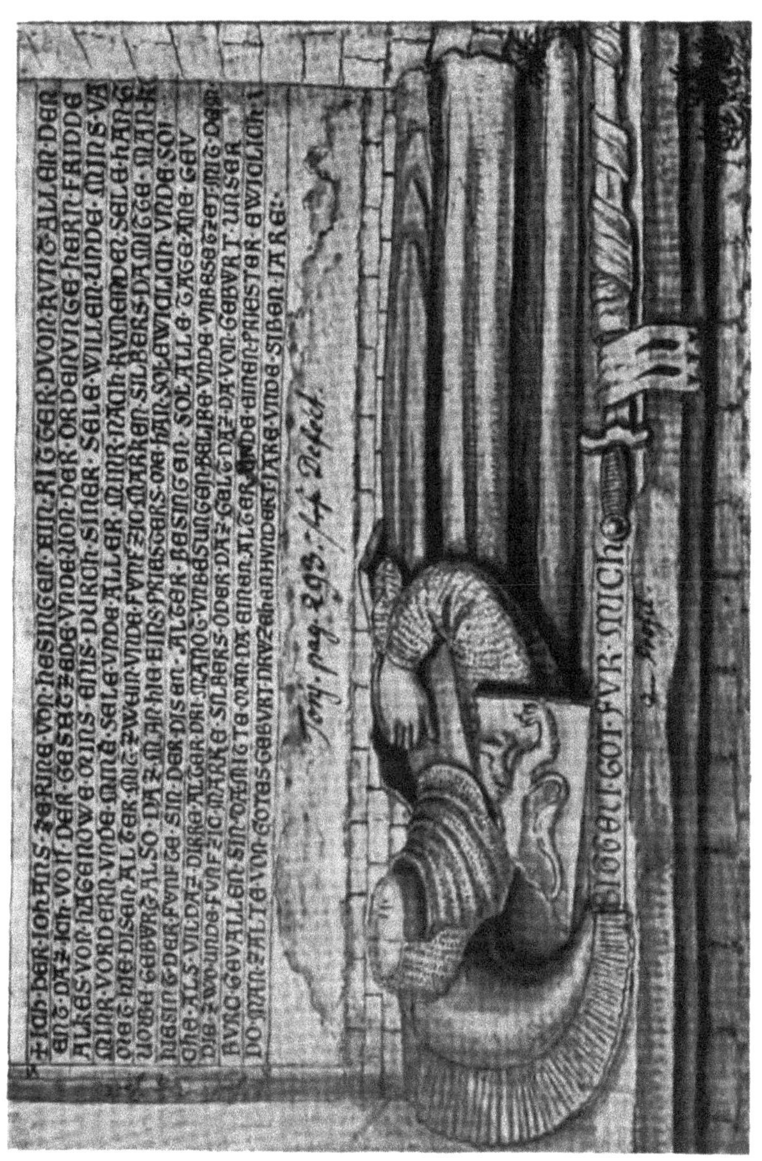

TAFEL VI.

Basler Steinurkunde von 1307.

(Cliché des Anzeigers für Schweizerische Altertumskunde.)

Dreißigster Jahresbericht

der

historischen und antiquarischen Gesellschaft.

I. Mitglieder und Kommissionen.

Die historische Gesellschaft zählte am Schlusse des Vereinsjahres 1903/04 258 Mitglieder. Von diesen verlor sie im Laufe des Berichtsjahres 12, 5 durch Austritt und 7 durch Tod, nämlich die Herren Dr. Adolf Burckhardt-Bischoff, Pfarrer G. Heusler, Dr. Ed. His, Prof. Franz Overbeck, Rudolf Sarasin-Thiersch, A. Schlumberger-Ehinger und Dr. Theophil Vischer-Passavant. Diese ziffernmäßige Einbuße wurde durch den Eintritt von 10 neuen Mitgliedern ausgeglichen, es sind dies die Herren: Otto Burckhardt, Arthur Erzer, Gustav Helbing, Fritz Heusler, Dr. Karl Lichtenhahn, Dr. A. Pfister, Dr. Emil Schaub, Dr. Paul Speiser-Thurneysen, Rudolf Suter, Dr. Fritz Vischer, sodaß der Gesellschaft am Schlusse des Vereinsjahres 256 Mitglieder angehörten.

Bei der in der ersten Sitzung vorgenommenen statutenmäßigen Neuwahl der Kommission wurden von den bisherigen Mitgliedern die Herren Dr. G. Finsler, Prof. E. Hoffmann-Krayer, Dr. F. Holzach, Dr. J. Schneider und Dr. K. Stehlin bestätigt, neu gewählt Prof. R. Thommen und Dr. R. Wackernagel, die an die Stelle von Prof. Adolf Socin, der im vorausgegangenen Vereinsjahr gestorben war, und von Dr. August Bernoulli, der eine Wiederwahl abgelehnt hatte, traten. Diesen beiden letztgenannten Herren, die ihre Pflichten als Kommissionsmitglieder stets gewissenhaft erfüllt und von denen Herr Dr. Bernoulli seit dem Jahre 1877 auch das Amt des Kassiers mit Genauigkeit und außerordentlicher Sorgfalt für die finanzielle Fundierung der gesellschaftlichen Unt nehmungen verwaltet hatte, gebührt auch an ein Wort des Dankes für ihre der Gesellschaf Dienste.

Vorsteher der Gesellschaft wurde Prof. Tho halter Prof. Hoffmann, Kassier Dr. Stehlin ur Dr. Holzach.

Außer der Kommission bestehen noch fo schüsse:

1. Für die Zeitschrift: Prof. Albert Burckl Dr. Stehlin und Dr. R. Wackernagel.
2. Für das Urkundenbuch: Prof. A. Burckl Prof. A. Heusler, Dr. K. Stehlin, Prof.] und Dr. R. Wackernagel.
3. Für die Ausgrabungen in Augst: D hardt-Biedermann, Fr. Frey, Salinenverwal Augst und Dr. K. Stehlin.
4. Für baslerische Stadtaltertümer: Dr. E. A. Stückelberg und Dr. K. Stehlir

Herr Dr. K. Stehlin leitete außerdem die historischen Grundbuch.

II. Sitzungen und gesellige Anläs

An den 11 Gesellschaftssitzungen, welche g Bären, einmal in der Rebleutenzunft und zw Safranzunft stattfanden, wurden folgende Vorträ

1904.

10. Oktober: Herr Prof. John Meier: Das '
25. Oktober: Herr Prof. Hoffmann-Kraye rische Hochzeitsgebräuche.
21. November: Herr Dr. L. Freivogel: Übe hungen Basels zur Markgraf (I. Teil).
5. Dezember: Herr Prof. Münzer: Neue Qu schichte der römischen Rep
19. Dezember: Herr Dr. Albert Oeri: Der Re Rolle.

1905.

16. Januar: Herr Dr. Jakob Oeri: Die politischen Nöte des Euripides.

30. Januar: Herr Dr. E. A. Stückelberg: Der Lokalcharakter schweizerischer Gotteshäuser.

13. Februar: Herr Prof. Körte: Was wurde im römischen Theater in Augst gespielt?
Herr Dr. K. Stehlin: Die Äschenvorstadt.

27. Februar: Herr Dr. August Burckhardt: Die Familie Eberler genannt Grünzweig, ein Basler Geschlecht des XIV. und XV. Jahrhunderts.

20. März: Herr Dr. R. Luginbühl: Der Galgenkrieg.

3. April: Herr Dr. L. Freivogel: Über die Beziehungen Basels zur Markgrafschaft Baden (II. Teil).

Die Durchschnittszahl der Besucher für sämtliche 11 Sitzungen betrug 41 (Maximum 65, Minimum 25).

Sonntag den 2. Juli fand ein Ausflug nach dem Kloster Rheinau statt, an dem sich leider nur eine kleine Anzahl von Mitgliedern beteiligte. Herr Dr. E. Stückelberg hatte die Freundlichkeit, an Ort und Stelle einige Mitteilungen über den Bau und die Ausstattung der Stiftskirche zu machen, die durch Vorweisung von Bildern und den unmittelbaren Augenschein wirksam unterstützt wurden. Ebenso haben wir Herrn Monsignore J. Burtscher für seine Bemühung, den Teilnehmern alles, was irgend ihr Interesse erregen konnte, zugänglich zu machen und für seine freundliche Führung bestens zu danken.

III. Bibliothek.

Die Bibliothek der Gesellschaft vermehrte sich im Berichtsjahr um 349 Bände und 101 Broschüren (1903/1904: 358 Bände und 69 Broschüren). Die Zahl der Tauschgesellschaften beträgt 202.

IV. Wissenschaftliche Unternehmungen und Publikationen.

In Augst wurde die Ausgrabung der nördlichen Nebenräume und ihre Sicherung durch Zementabdeckungen durchgeführt, ebenso die Herstellung geordneter Böschungen längs des Westrandes der Ausgrabung. Eine geometri: nahme des ganzen Theaters ist im Gange. Das der letztjährigen Kollekte ermöglichte es, für das J einen erhöhten Bundesbeitrag von Fr. 3000. — zu welcher jedoch erst in der nächsten Jahresrech scheinen wird.

Von der Zeitschrift erschienen die beiden I III. Bandes zu den regelmäßigen Terminen. Im üb die Kommission in betreff der Zeitschrift zwei wic schlüsse gefaßt. Es soll erstens namentlich im Inte Tauschverkehrs die Bogenzahl von 20 nun auf : und zweitens aus verschiedenen Gründen den Mit fortan ein Honorar von 20 Franken per Bogen bezahl

Von dem Urkundenbuch ist der 9. Band, t von Prof. R. Thommen, vollendet und zur Ausgabe I reicht bis 1522. Derselbe Herausgeber hat mit de des 10. Bandes schon begonnen, den er binnen J durchzuführen hofft. Für den 11. und letzten Band Dr. August Huber die Sammlung und Ordnung des so weit gefördert, daß mit dem Druck unmittelbar : Erscheinen des vorhergehenden Bandes begonnei kann. Auf diese Weise ist, wie schon jetzt mit Ge festgestellt werden darf, der ursprüngliche Plan, das U buch bis zum Jahre 1798 heraufzuführen, wenn aucl vollem Umfang, so doch in einer allen billigen Anfor genügenden Weise ausgeführt worden.

Das Zettelmaterial des historischen Grun hat sich im verflossenen Jahre um 5084 Zettel Der Totalbestand beträgt zur Zeit 132586 Zet Generalregister der Liegenschaftseigentümer wurde es enthält bis jetzt etwas über 40000 Namen.

Basel, den 31. August 1905.

F. Holzach, Scl

Vom Vorstand genehmigt den 11. September 1905.

Jahresrechnung

der historischen und antiquarischen Gesellschaft

vom 1. September 1904 bis 31. August 1905.

A. Gesellschaftskasse.

		Fr. Cts.
Einnahmen:		
Zinsen		174. 75
Jahresbeiträge von		
233 Mitgliedern . . . . à Fr. 12.— . .		2796.—
9 » im Ausland à Fr. 11.40 netto		102.96
19 » mit höhern Beiträgen . . .		400.—
261		3473. 71
[Mitgliederbestand am 31. August 1904 .	258	
Ausgetreten vor Einzug der Beiträge . .	7	
	251	
Neu eingetreten	10	
Zahlende Mitglieder	261	
Ausgetreten nach Einzug der Beiträge . .	5	
Mitgliederbestand am 31. August 1905 . .	256]	
Ausgaben:		
Sitzungsanzeigen an die Mitglieder		210.50
Lokalmiete		10.—
Ausflug nach Schinznach, Spesen		25.—
Porti		82.30
Buchbinderrechnungen der Bibliothek		327.80
Ordnung des Gesellschaftsarchivs		60.90
Löhne für verschiedene Besorgungen		104.95
Diversa		87.55
Übertrag des halben Saldo auf den historischen Fonds		1282.35
Übertrag des halben Saldo auf den antiquarischen Fonds		1282.36
		3473. 71

B. Historischer Fonds.

Einnahmen:

Saldo alter Rechnung . . . .
Übertrag aus der Gesellschaftskasse . . . . .

Ausgaben:

Concilium Basiliense, Defizit von Band IV . . .
Concilium Basiliense, Defizit von Band V . . .
Beitrag an die Zeitschrift, 1/2 der Kosten . . .
Saldo auf neue Rechnung . . . .

C. Antiquarischer Fonds.

Einnahmen:

Saldo alter Rechnung . . . .
Verkauf von Beschreibungen von Augst . . .
Verkauf von 1 Exemplar Merianischer Stadtplan
Verkauf von Photographien . . . .
Pachtzins in Augst . . . .
Übertrag aus der Gesellschaftskasse . . . . .

Ausgaben:

Beitrag an die Auslagen der Delegation für das alte Basel . . . .
Fundprämien an die Arbeiter in Augst . . .
Beitrag an die Schweiz. Gesellschaft für Erhaltung historischer Kunstdenkmäler . . . .
Gemeindesteuer in Augst . . . .
Beitrag an die Ausgrabungen in Augst . . . .
Beitrag an die Zeitschrift, 1/2 der Kosten . . .
Saldo auf neue Rechnung . . . .

D. Spezialfonds für die Ausgrabungen in Augst.

Einnahmen:

Bundesbeitrag pro 1904 . . . .
Beitrag des Vereins für das Historische Museum
Beitrag aus dem Antiquarischen Fonds . . . .
Beiträge von Mitgliedern und Altertumsfreunden
Erlös von Holz . . . .
Passivsaldo auf neue Rechnung . . . . . .

	Fr. Cts.
Ausgaben:	
Passivsaldo alter Rechnung	775.80
Graberlöhne	1763.95
Werkzeugreparaturen etc.	44.35
Landentschädigung für Schienenweg und Schutthalde	83.—
Zahlungen an Maurer Natterer für Maurerarbeiten	1400.55
Zahlungen an Bausteinfabrik Kaiseraugst für Mauermaterial	1387.70
	5455.35

E. Spezialfonds zum Basler Urkundenbuch.

	Fr. Cts.
Einnahmen:	
Saldo alter Rechnung	4114.80
Zins ab obigem Saldo à 3½%	144.—
Staatsbeitrag für 1905	2000.—
	6258.80
Ausgaben:	
Zahlung an die Kommission für das Urkundenbuch	600.—
Kopiaturen	237.50
Übernahme von 20 ungebundenen Exemplaren, Band IX 2	328.—
Übernahme von 25 gebundenen Exemplaren, Band IX 2	560.—
Saldo auf neue Rechnung	4533.30
	6258.80

F. Historisches Grundbuch.

	Fr. Cts.
Einnahmen:	
Staatsbeitrag für 1905	1200.—
Beitrag eines Mitgliedes	1225.40
	2425.40
Ausgaben:	
Auslagen im Jahr 1904	2425.40

G. Basler Zeitschrift für Geschichte und Altertumskunde.

	Fr. Cts.
Einnahmen:	
24 Abonnemente à Fr. 4.05	97.50
Beitrag aus dem Historischen Fonds	716.15
Beitrag aus dem Antiquarischen Fonds	716.15
	1529.80

Der Rechnungsrevisor:	Der Kassier:
E. R. Seiler-La Roche.	**K. Stehlin.**

Vom Vorstand genehmigt am 11. September 1905.

Verzeichnis der Mitglieder

der

historischen und antiquarischen Gesellschaft.

31. August 1905.

A. Ordentliche Mitglieder.

Herr Alioth-Veith, Alfred, Dr.
» Alioth-Vischer, Wilhelm
» Bachofen-Burckhardt, Karl.
» Bachofen-Burckhardt, Wilhelm.
» Bally, Otto, Kommerzienrat, in Säckingen.
» Barth, Paul, Dr.
» de Bary-von Bavier, Rudolf.
» Baumgartner, Adolf, Prof.
» Baur, Franz, Maler.
» Baur, Fried., Dr.
» Bernoulli-Burckhardt, A., Dr.
» Bernoulli-Burger, K. Ch., Dr.
» Bernoulli-Reber, J. J., Prof.
» Bernoulli-Vischer, W.
» Bernoulli-von der Tann, W.
» Bertholet-Wagner, Felix.
» Besson-Scherer, Joseph.
» Bieder, Adolf, Dr.
» Bischoff, Wilhelm, alt Reg.-Rat.
» Bischoff-Hoffmann, Karl, Dr.
» Bischoff-Ryhiner, Emil.
» Bischoff-Wieland, Eug., Dr.
» Bourcart-Burckhardt, C. D.
» Bourcart-Grosjean, Ch., in Gebweiler.
» Bourcart-Vischer, A., in Gebweiler.

Herr Brömmel, Berthold, Dr.
» Brüderlin-Ronus, Rudolf.
» Burckhardt-Biedermann, Th., Dr.
» Burckhardt-Böringer, Otto.
» Burckhardt-Brenner, F., Prof.
» Burckhardt-Burckhardt, A., Dr.,
» Burckhardt-Burckhardt, Hans.
» Burckhardt-Fetscherin, Hans, Dr Reg.-Rat.
» Burckhardt-Finsler, A., Prof., Reg.-Rat.
» Burckhardt-Friedrich, A., Prof.
» Burckhardt-Grossmann, Ed.
» Burckhardt-Heusler, A.
» Burckhardt-Merian, Adolf.
» Burckhardt-Merian, Eduard.
» Burckhardt-Merian, Julius.
» Burckhardt-Rüsch, Ad.
» Burckhardt-Sarasin, Karl.
» Burckhardt-Schazmann, Karl Christoph, Prof.
» Burckhardt-Vischer, Wilh., Dr.
» Burckhardt-Werthemann, Daniel, Prof.
» Burckhardt-Zahn, Karl.
» Buser, Hans, Dr.
» Christ-Iselin, Wilhelm.
» Christ-Merian, Balthasar.

Herr Christ-Merian, Hans.
» Cohn, Arthur, Dr.
» David, Heinrich. Dr., Reg.-Rat.
» Dietschy-Burckhardt, J. J.
» Eckel-Labhart, Charles.
» Eckenstein-Schröter, Ed.
» Egger-Hufschmid, Paul.
» Eppenberger, Hermann, Dr.
» Erzer, Arthur, in Dornach.
» Fäh, Franz, Dr.
» Fäsch, Emil, Architekt.
» Feigenwinter, Ernst, Dr.
» Feigenwinter, Niklaus, Fürsprech, in Arlesheim.
» Fininger-Merian, Leonh., Dr.
» Finsler, Georg, Dr.
» Fleiner-Schmidlin, Ed.
» Pleiner-Veith, F., Prof.
» Forcart-Bachofen, R.
» Freivogel, Ludwig, Dr.
» Frey-Freyvogel, Wilhelm.
» Frey, Friedrich, Salinenverwalter, in Kaiser-Augst.
» Frey, Hans, Dr.
» Ganz, Paul, Dr.
» Gauss, Karl, Pfr. in Liestal.
» Geering-Respinger, Adolf.
» Geering, Traugott, Dr.
» Geigy, Alfred, Dr.
» Geigy-Burckhardt, Karl.
» Geigy-Hagenbach, Karl.
» Geigy-Merian, Rudolf.
» Geigy-Schlumberger, J. R., Dr.
» Gelzer, Karl, Pfarrer.
» Georg-Neukirch, H.
» Gessler-Herzog, K. A.
» Gessler-Otto, Alb., Prof.
» Goppelsröder, Friedr., Prof.
» Göttisheim, Emil, Dr.
» Gräter-Campiche, A.
» Grossmann-Stähelin, R.
» Grüninger, Robert, Dr.
» Hagenbach-Berri, F., Prof.
» Hagenbach-Bischoff, Ed., Prof.
» Hägler-AWengen, Ad., Dr.
» Handmann, Rud., Pfarrer, Prof.
» Helbing-Bernoulli, G.

Herr ...
» ...
» ...
» Hoch-...
» Hoffman...
» Huber, ...
» ImOber...
» Iselin-...
» Iselin, ...
» Iselin-...
» Kern-...
» Köchlin-...
» Köchlin-...
» Köchlin-...
» Köchlin-...
» Körte, ...
» Kündig, ...
» LaRoche...
» LaRoche...
» LaRoche...
» LaRoche...
» LaRoche...
» Lichten...
» Linder-...
» Lotz-Tr...
» Luginbü...
» Lüscher...
» Lüscher...
» Mähly-E...
» Mangold...
» Markus, ...
» Mechel ...
» Meier, J...
» Mende-...
» Merian, ...
» Merian-...
» Merian-...

Herr Merian, Rudolf, Dr.
» Merian, Samuel.
» Merian-Thurneysen, A.
» Merian-Zäslin, J. R.
» Meyer, Adalbert, im Roten Haus.
» Meyer, Emanuel.
» Meyer-Lieb, Paul, Dr.
» Meyer-Schmid, Karl, Prof.
» Miville-Iselin, R.
» de Montet, Albert.
» Moosherr, Theodor, Dr.
» Münzer, F., Prof.
» Mylius-Gemuseus, H. A.
» Nef, Karl, Dr.
» Nötzlin-Werthemann, R.
» Oeri, Albert, Dr.
» Oeri, Jakob, Dr.
» Paravicini, Karl, Dr.
» Paravicini-Engel, E.
» Paravicini-Vischer, Rudolf.
» Passavant-Allemandi, E.
» Pfister, A., Dr.
» Preiswerk, E., Dr.
» Preiswerk-Ringwald, R.
» Probst, Emanuel, Dr.
» Reese, H. L. W., Reg.-Rat.
» Refardt, Arnold.
» Rensch, Gustav.
» Rieder, Albert, in Köln.
» Riggenbach-Iselin, A.
» Riggenbach-Stückelberger, Ed.
» v. Ritter, Paul, Dr.
» Ryhiner-Stehlin, Albert.
» v. Salis, Arnold, Antistes.
» Sarasin, Fritz, Dr.
» Sarasin, Paul, Dr.
» Sarasin-Alioth, P.
» Sarasin-Bischoff, Theodor.
» Sarasin-Iselin, Alfred.
» Sarasin-Iselin, Wilhelm.
» Sarasin-Schlumberger, Jakob.
» Sarasin-Thurneysen, Hans.
» Sarasin-Vischer, Rudolf.
» Sartorius, Karl, Pfarrer in Pratteln.
» Sartorius-Preiswerk, Fritz.
» Schaub, Emil, Dr.

Herr Schetty-Oechslin, Karl.
» **Schlumberger-Vischer, Charles.**
» **v. Schlumberger, Jean, Dr., Staatsrat, in Gebweiler.**
» Schmid-Paganini, J., Dr.
» Schneider, J. J., Dr.
» v. Schönau, Hermann, Freiherr, **in Schwörstadt.**
» Schönauer, Heinrich, Dr.
» Schwabe-Changuion, Benno.
» **Seiler-LaRoche, E. R.**
» Senn, Hans, Pfarrer in Sissach.
» Senn-Otto, F.
» Settelen-Hoch, E.
» Siegfried, Traugott, Dr.
» Siegmund-Barruschky, L., Dr.
» Siegmund-von Glenck, B.
» Speiser, Fritz, Prof., in Freiburg i. S.
» Speiser-Sarasin, Paul, Prof.
» Speiser-Strobl, Wilhelm.
» Speiser-Thurneysen, Paul, Dr.
» Spetz, Georges, in Isenheim.
» von Speyr-Bölger, Albert.
» Stähelin, Felix, Dr.
» Stähelin-Bischoff, A.
» Stähelin-Lieb, G., Pfarrer.
» Stähelin-Merian, Ernst, Pfarrer.
» Stähelin-Vischer, A.
» Stähelin-Von der Mühll, Ch. R.
» Stamm-Preiswerk, J.
» Stehlin, Hans Georg, Dr.
» Stehlin, Karl, Dr.
» Stehlin-von Bavier, F.
» Stickelberger, Emanuel.
» Stuckert, Otto.
» Stückelberg, E. A., Dr.
» Stutz, Ulrich, Prof. in Bonn.
» Sulger, August, Dr.
» Suter, Rudolf, Architekt.
» Thommen, Emil, Dr.
» Thommen, Rudolf, Prof.
» Trüdinger, Ph.
» Uebelin-Trautwein, F. W.
» Veraguth, Daniel, Dr.
» Vischer-Bachofen, Fritz.
» Vischer-Burckhardt, Rudolf.

B. Korrespondierend

Herr Grimm, Jul., Dr., in Wiesbaden.
» Gelzer, Heinrich, Prof., in Jena.

Her
»

C. Ehrenmitgl

Herr Delisle, Leopold, Administrator der Nationalbibliothek, in Paris.
» Dragendorff, Hans, Prof., in Frankfurt a. M.
» v. Liebenau, Th., Dr., Staatsarchivar, in Luzern.
» Meyer von Knonau, Gerold, Prof., in Zürich.

Hei
»

Lightning Source UK Ltd.
Milton Keynes UK
UKHW010958100119
335176UK00007B/276/P